PETER CORNELIUS CLAUSSEN

MAGISTRI DOCTISSIMI ROMANI

FORSCHUNGEN ZUR KUNSTGESCHICHTE UND CHRISTLICHEN ARCHÄOLOGIE

VERÖFFENTLICHUNG DES KUNSTGESCHICHTLICHEN INSTITUTS
DER JOHANNES GUTENBERG-UNIVERSITÄT

BEGRÜNDET VON FRIEDRICH GERKE †

HERAUSGEGEBEN VON

RICHARD HAMANN-MACLEAN UND OTTO FELD

VIERZEHNTER BAND

FRANZ STEINER VERLAG WIESBADEN GMBH
STUTTGART 1987

PETER CORNELIUS CLAUSSEN

MAGISTRI DOCTISSIMI ROMANI

DIE RÖMISCHEN MARMORKÜNSTLER DES MITTELALTERS

(CORPUS COSMATORUM I)

MIT 300 ABBILDUNGEN AUF 150 TAFELN

FRANZ STEINER VERLAG WIESBADEN GMBH
STUTTGART 1987

CIP-Kurztitelaufnahme der Deutschen Bibliothek

Claussen, Peter Cornelius:
Magistri doctissimi Romani : d. röm. Marmorkünstler d. Mittelalters ; (corpus Cosmatorum) / Peter Cornelius Claussen. – Stuttgart : Steiner-Verlag-Wiesbaden-GmbH, 1987.
    Forschungen zur Kunstgeschichte und christlichen Archäologie ; Bd. 14)
    ISBN 3-515-04242-3
NE: GT

INHALTSÜBERSICHT

I. VORWORT

Diese Studie über namentlich bekannte römische Marmorkünstler und ihre Werke ist aus den Vorarbeiten für eine Gesamtschau römischer oder römisch beeinflußter Kunst im 12. und 13. Jahrhundert entstanden. Der vorliegende Band ist zwar, indem er den Künstler, bzw. die Künstlerfamilie in den Mittelpunkt der Fragestellung rückt, in sich thematisch geschlossen. Er ist aber gleichzeitig Bestandteil und Auftakt dieses größeren Projektes.

Wenn Richard Krautheimer im Vorwort zu seinem großen Werk „Rome, Profile of a City 312—1308" beschreibt, wieviel auch ihm — nach 50 Jahren Erfahrung und Kennerschaft — in dieser Stadt entgangen ist, so bitte ich mit größerem Recht um Nachsicht für Fehler und mögliche Auslassungen. Zwar habe ich mich um Vollständigkeit bemüht, konnte aber keineswegs allen bibliographischen Möglichkeiten nachgehen. Umfang und Zuverlässigkeit der Bibliographien und Nachweise von Bild- und Schriftquellen in Krautheimers „Corpus Basilicarum Christianarum Romae" sind mir ein wegweisendes, aber schwer zu erreichendes Vorbild.

Ferdinand Gregorovius hat den ersten Band seiner „Geschichte der Stadt Rom im Mittelalter", 1859, nur sieben Jahre nachdem er die Stadt betreten und die Arbeit in römischen Archiven begonnen hatte, publiziert. Das ist als Arbeitsleistung unvorstellbar. Für einen heutigen Historiker geriete wahrscheinlich die Darstellung von sieben Jahren römischer Stadt- und Kirchengeschichte zur Lebensaufgabe. Gregorovius stellt Geschichte dar wie ein überlanges, aber niemals langweiliges Bühnenstück: pendelnd zwischen Drama, Tragödie und burlesker Komödie. Beim Leser dieser mehr als ein Jahrtausend umfassenden Darstellung führt das zu dem merkwürdigen Effekt, daß die Situationen topisch werden, Namen und politische Konstellationen scheinen in den Jahrhunderten bisweilen austauschbar, weil die Kulissen (die die Kunstgeschichte vor allem interessieren) mit geringen Veränderungen bestehen bleiben, und die Helden und Schurken nur die Namen wechseln: Papst und Gegenpapst, Kaiser im Westen und Kaiser im Osten, König und Gegenkönig, Byzanz und das Normannenreich. Dazu die immer gegenwärtigen aber stets wechselnden Interessen der großen römischen Familien und ihre vielfältigen Verflechtungen mit der Kurie — schließlich auch die gelegentlich aufflammenden republikanischen Tendenzen.

Die Analyse kann jeweils nur einen Mikroschnitt, ein Präparat für die vergrößernde Optik, herstellen. Gregorovius vermeidet konsequent solche Feindifferenzierung des römischen Dauerkonflikts und setzt auf das Prinzip der Anschaulichkeit eines großen Kontinuums, zusammengesetzt aus unendlich vielen Anekdoten. Mit der Anekdote wird die Historie zum Sprechen gebracht. Wenn wir z.B. erfahren, wie die gefährdeten Päpste ihren jeweiligen Häschern durch Hinterausgänge und in den abenteuerlichsten Verkleidungen mit dem gut christlichen Esel als Reittier entkamen, so ist das Bestandteil eines ungeheuer facettenreichen, einprägsamen und anschaulichen Bildes von der mittelalterlichen Geschichte Roms. Dieses ist allerdings nicht frei von Überzeichnungen. Rom wird geschildert als heruntergekommene Agrargemeinde mit einem überproportional hohen Anteil adeliger Straßenräuber und anderer Beutelabschneider. So pittoresk eine solche Vorstellung ist, hier wird eine Arbeit wie die vorliegende korrigierend gegensteuern.

Die Werke der Kunst scheinen gegenüber einer solchen Geschichtsschreibung als stumme Hinterlassenschaft, als Kulisse. Daß sie selbst historisches Zeugnis sind, hat Richard Krautheimer in seinem Buch über die mittelalterliche Stadt Rom aber sehr deutlich machen können. Auch Monumente können zum Sprechen gebracht werden, allerdings mit jenen hermeneutischen Vorbehalten, denen sich alle historischen Wissenschaften bewußt sind. Jede Interpretation ist in Gefahr, durch die notwendig fokussierende Sicht solchen Fehlerquellen zu erliegen, wie sie Leo Szilard in seiner erstaunlich aktuellen Satire „Report on Grand Central Terminal" 1948 geschildert hat. Gewiß ist das Science Fiction, aber in des Wortes doppelter Bedeutung: Die Situation gleicht jedenfalls sehr der des auf die Vergangenheit blickenden Historikers: Wissenschaftlich neugierige Wesen von einem anderen Stern landen auf der Erde, kurz nachdem sich die Menschheit atomar ausgerottet hat. Sie lassen ein Forscherteam zurück, um diese seltsame Kultur zu studieren. Objekt ihrer Forschungsbemühungen ist der New Yorker Hauptbahnhof. Die Fallstudie erweist sich als äußerst ergiebig: Schon nach wenigen Tagen ist ausgemacht, daß sich die Menschen in zwei Rassen teilen, die Raucher und die Nichtraucher. Die eine Rasse ist schwarz, die andere weiß. Offenbar ausgestorben ist eine geflügelte Rasse, die nur auf Bildzeugnissen vorkommt und die ausschließlich der Nichtraucher-Rasse zugehörte. Die Hypothesen der außerirdischen Anthropologen dringen aber bis in das Kultleben der Menschen vor. In deren Zusammenleben spielen kleine Metallscheiben eine herausragende Rolle, die man bei sich trug. Für den Erwerb dieser Metallscheiben nahm der Mensch größte Mühsal auf sich. Ihr Zweck war es, in einer (kultisch-religiösen?) Handlung geopfert zu werden, wenn der Mensch seine Exkremente in dafür bestimmte dunkle Räume ablegte, die so verborgen lagen, daß nur ein hochentwickelter Geruchssinn sie auffinden konnte.

Ich habe diese Parabel eingeschoben, weil sie mir klar gemacht hat, wie weit sich Wissenschaft vom wirklichen Leben einer vergangenen Zeit entfernen kann. Die Disziplin, von der ein Wissenschaftler erwartet, dieses Defizit ausfüllen zu können, ist selten die eigene. Historiker erwarten das häufig von Kunst- und Literaturwissenschaftlern und umgekehrt. So habe ich immer viel von den historischen Sozialwissenschaften erwartet. Doch diese ist nicht einmal in der Lage, eine statistische Erfassung des mittelalterlichen Roms zu liefern. Streitpunkt ist u.a. die Bevölkerungszahl Roms. Für das 12. Jahrhundert schwanken die Schätzungen zwischen 15.000 und 200.000. Es ist deshalb ein Glücksfall, daß ein Historiker, Robert Brentano, den Mut gefunden hat, ein sozialgeschichtlich orientiertes Buch über das mittelalterliche Rom zu schreiben, das den Boden der (scheinbar) gesicherten Statistik verläßt, anschauliche Fiktion nicht scheut und in manchen Partien an die anekdotische Schreibweise von Ferdinand Gregorovius erinnert.

Der vorliegende Text besitzt diese literarische Anschaulichkeit nicht. Er ist ein Katalog zufällig erhaltener Nachrichten über namentlich bekannte Künstler und ihre Werke, soweit sie erhalten sind oder erschlossen werden können. Das macht aber gerade das Besondere der mittelalterlichen Kunst in Rom aus: Schon im 12. und 13. Jahrhundert kann man eine Vielzahl von Künstlern und Künstlerdynastien mit ihren Werken namhaft machen.

Über das antike Rom wissen wir ungleich mehr als über das mittelalterliche. Topographisch genaue Modelle veranschaulichen alle Phasen der Stadtentwicklung bis in die Spätantike. Sehr intensiv war auch die antiquarische Erforschung des frühchristlichen Roms. Ganz gegenteilig ist das Bild und die wissenschaftliche Durchdringung, wenn man sich dem Mittelalter zuwendet. Rom wird hier vielfach als von der Wirklichkeit losgelöste Legende, als ideologiegeladenes Wort ins Spiel gebracht. Über das Aussehen der Stadt hat man sich, vielleicht um das angenehm bukolische Bild des dörflichen Roms im Schatten antiker Ruinen nicht aufgeben zu müssen, bis zu dem erwähnten Werk Krautheimers wenig gekümmert.

Gewiß waren nicht mehr alle ummauerten Teile bewohnt. Aber unbezweifelbar war Rom eine große Stadt. 1167 brachte man bei der Schlacht am Monte Porzio 30.000 Mann auf. 300–400 Kirchen und Konvente gab es in der Stadt, dazu die aufwendige Hofhaltung des Papstes und der Kardinäle. Das allein mag aufwiegen, daß Rom weder als Handelsplatz Bedeutung errang, noch selbst Handelsgüter produzierte. Die einzige überhaupt erwähnenswerte Industrie ist übrigens die der römischen Marmorkünstler. Was diese Stadt vor andere dieser Zeit stellte, war ein selbstbewußter Adel, der die wichtigsten Kurienämter besetzte und — sehr häufig — auch den Papst stellte, eine rege Stiftungstätigkeit der Kardinäle und Päpste und ein ständiger Besucherstrom von auswärtigen Fürsten, Kirchenfürsten, hohen Geistlichen und natürlich von Pilgern. Auf diese Weise lebte die römische Kommune weitgehend von der Kirche. Wahrscheinlich war das hochmittelalterliche Rom weniger heruntergekommen, als es unser „Gipfelblick" von der Antike zur Renaissance bzw. Barockzeit zu sehen erlaubt. Nicht nur die Kirchen Roms wurden in einer an frühchristlicher Antike geschulten Renovatio-Bewegung wiederhergestellt oder überhaupt neu erbaut, auch Roms Straßen waren von prächtigen mittelalterlichen Säulenstellungen mit marmorverzierten Gebälken gesäumt. Dekrete zum Schutze antiker Denkmäler wurden erlassen und Instandsetzungsarbeiten an antiken Monumenten durchgeführt, sogar ein Obelisk auf dem Kapitol neu errichtet. Daß man das Kolosseum oder die großen Triumphbögen in Adelsburgen verwandelte, ist nicht so sehr Barbarei, sondern Aneignung. Nur auf diese Weise sind uns die antiken Architekturen erhalten geblieben.

Die hochmittelalterliche Renovatio Romae ist auf dem Gebiet der Kunst in hohem Maße das Werk der Marmorari Romani. Ihre Leistungen sind bislang kaum bemerkt und wissenschaftlich nur sehr unzulänglich dargestellt worden. So wie ein neues Kunstlexikon (Lexikon der Kunst IV, Leipzig 1977, S. 159—170) der Stadt Rom insgesamt 11 Seiten Text, dem Mittelalter der Stadt aber nur vier Sätze gibt, deren erster lautet: ,,Das mittelalterliche Rom ist wenig belangvoll, es beschränkt sich meist auf Umbauten, Ausstattungen, Kirchtürme; Teile Roms verfielen.'', so gering wurde häufig auch die Leistung der Marmorari Romani eingeschätzt. Ihr aus einem Irrtum geborener Name ,,Cosmati'', den ich in meinem Text möglichst vermeide, simplifiziert das ungeheuer vielfältige, aber in sich doch zusammenhängende Bild römischer Kunst in den zwei Jahrhunderten nach dem Investiturstreit, indem er es auf die Eigenheiten einer Familie zusammendrängt.

Immer wieder hat man das Kunsthandwerkliche der römischen Kunst gegenüber der monumentalen und bildhaften Kunst des Nordens betont. Dabei wird ganz übersehen, daß es sich nicht um die zufällige Vorliebe oder das zufällige Unvermögen einer Künstlerfamilie handelt, sondern um eine Kunstform, in der sich die päpstliche und kommunale Renovatio Romae adäquat repräsentiert fand. Die speziellen Bedingungen dieser Kunst können im vorliegenden Band nur angedeutet werden.

Vielen habe ich zu danken für Hilfe mannigfacher Art. Der Max-Planck-Gesellschaft verdanke ich ein Stipendium an der Bibliotheca Hertziana in Rom. Dort entstand die Idee für das vorliegende Buch Auch in meinen Heidelberger Jahren habe ich die ausgezeichneten Arbeitsmöglichkeiten des Römischen Instituts immer wieder in Anspruch nehmen dürfen, unterstützt von einer großzügig gewährten Reisebeihilfe der Deutschen Forschungsgemeinschaft (1977—81). Danken möchte ich vor allem Hans Belting, ohne dessen Zuspruch die Arbeit niemals zustande gekommen wäre. Dank auch an Richard Krautheimer, der jedem, der das Glück hat, ihn kennenzulernen, menschlich und wissenschaftlich (und das ist keine Polarität) zum Vorbild wird. Danken möchte ich allen Römischen und Heidelberger Freunden, die ich hier nicht namentlich aufführen kann, die aber auf vielfältige Weise zu der Arbeit beigetragen haben. Die Deutsche Forschungsgemeinschaft hat mit einem großzügigen Zuschuß die Drucklegung ermöglicht, die beim Franz Steiner Verlag in guten Händen lag. Danken möchte ich auch den Herausgebern.

II. EINLEITUNG

Grenzen des Themas. Die Umrisse der Arbeit sind durch den Gegenstand bestimmt: Es geht um Künstler, die sich durch ihr Fach, die Marmorbearbeitung, von anderen Künstlern unterscheiden. Durch die Produkte und die Formensprache ihrer Kunst bilden sie zudem eine Gruppe, die sich durch ihre Herkunft — Rom — geographisch und durch die Vielzahl datierter Werke auch zeitlich genau eingrenzen läßt.

Die Künstler Roms, nicht nur die Marmorari, haben ihre Werke im Mittelalter häufig, wahrscheinlich in der Regel, signiert. Auch Malersignaturen sind in vergleichsweise hoher Zahl überliefert. Den größten Anteil an den Bau- und Ausstattungsaufgaben kirchlicher Kunst hatten in Rom jedoch die Marmorari. Die Fülle des Spolienmarmors ließ es zu, daß viele Bereiche, die andernorts in Stein oder in anderem, weniger kostbarem Material von Steinmetzen oder Malern hergestellt wurden, hier automatisch in ihr Aufgabenfeld fielen. Dieses umfaßt so unterschiedliche Bereiche wie den Zuschnitt der vielfarbigen Opus Sectile Pavimente, also Flächendekoration, ferner Kleinarchitektur innerhalb der liturgischen Ausstattung mit einem hohen Anteil architektonischer und figuraler Skulptur; schließlich die Architekturglieder der Monumentalbauten: Säulen, Kapitelle, Gebälke. Das Verbindende all dieser Aufgaben ist das Material. Daß die Marmorari darüber hinaus auch zu Meistern des Mosaiks wurden, ist aus dem Willen heraus entstanden, Marmor durch farbige Inkrustationen zusätzlich zu schmücken.

Das Verbreitungsgebiet (Abb. 1) entspricht ziemlich genau der heutigen Region Latium. Die römische Marmorkunst ist, das würde die entsprechend dichtere Verbreitungskarte der anonymen Denkmäler noch präziser zeigen, Kennzeichen und Leitmotiv einer Kunstlandschaft. Der Schwerpunkt der Aufträge außerhalb Roms lag in den Bergen östlich und südöstlich der Stadt mit ihren alten Abteien und Bischofsstädten. Ein zweites wichtiges Gebiet liegt im Bereich der Tuff-Hügel nördlich von Rom zwischen Città Castellana und Tarquinia. Dieser Bereich zwischen Viterbo im Norden und Gaeta im Süden ist nur in wenigen Fällen überschritten worden: einige Arbeiten in den Abruzzen, die auch ohne Signatur sofort von der Kunst der dort tätigen Künstler zu unterscheiden sind; einige Aufträge in Umbrien, Campanien und Kalabrien, wobei hier die Nähe zu einheimischen Werkstätten größer ist. Schließlich gibt es vereinzelte Spuren, die nach Norden führen: nach Gurk und als ein breiter, bedeutender Einstrom die Intervention römischer Marmorkünstler in Westminster Abbey (London).

Die zeitlichen Grenzen sind durch den Bestand vorgegeben. Es handelt sich um einen Zeitraum von zwei Jahrhunderten (Abb. 2), innerhalb dessen man von einer kontinuierlichen prosperierenden Kunstindustrie sprechen kann, die trotz mancher Veränderungen zwischen 1100 und 1300 ihr wiedererkennbares Gesicht behält. Die frühchristliche Marmorkunst Roms ist als Handwerkstradition nicht bis ins hohe Mittelalter fortgesetzt worden. Vereinzelte Stücke des Frühmittelalters weisen keine Merkmale auf, die sie als Fortsetzung der einen oder Stifter der neuen Tradition ausweisen würden. Möglicherweise liegt der Beginn der hochmittelalterlichen Renovatio Romae in der Marmorkunst schon in den Jahrzehnten vor 1100. Die Wirren des Investiturstreits und die Zerstörungen und Plünderungen Roms unter Robert Guiscard haben davon heute keine sicher identifizierbare Spur übriggelassen. Das Ende römischer Marmorkunst um 1300 ist von der Gefangennahme Bonifaz VIII (1303) bis zum Exil des päpstlichen Hofes in Avignon (seit 1309) historisch genau zu bestimmen.

Stand der Forschung. Das wissenschaftliche Interesse an der römischen Marmorkunst des Hochmittelalters begann im 19. Jahrhundert mit dem Studium der Inschriften: Carlo Promis, Giovanni Baptista De Rossi und E. Henry Stevenson sind die wichtigsten Forscher des Beginns. Bis um die Jahrhundertwende war das Wesentliche auf diesem Gebiet geleistet. In der Folgezeit verlegte sich das

Interesse zunehmend auf eine Bestandsaufnahme des Erhaltenen (besonders wichtig Arthur L. Frothingham) und auf die Frage nach dem persönlichen Oeuvre der Künstler, die durch Inschriften namentlich bekannt waren. Gustavo Giovannoni darf in diesen Fragen als überragender Kenner und
genauer Beobachter gelten. Aufs Ganze gesehen blieb es jedoch bei wenigen Einzelstu-
dien. Das Werk von Gustave Clausse, Les marbriers Romains, ist trotz des konzisen Titels wenig hilf-
reich, da es ohne erkennbares Konzept Marmorwerke von der Toskana bis Sizilien zusammenstellt.
Für den Benutzer bietet es durch eine große Zahl von sachlichen Fehlern und den Verzicht auf sämtliche Nachweise mehr Fallen als Fakten.

Was nach 1930 an zusammenfassenden Werken erschienen ist, genügt wissenschaftlichen Anforderungen kaum. Es sind die Dissertation von A. M. Bessone Aureli und der populäre und durch seine
vorzüglichen Abbildungen nützliche Band von Edward Hutton, The Cosmati. Beide Arbeiten blieben
hinter dem von Giovannoni erreichten Wissensstand zurück und haben durch Mißverständnisse, Ver-
wechslungen, sowie ungeprüft und unkritisch übernommene Meinungen die — zugegeben komplizierte — Materie eher verwirrt. Ein zusammenfassendes Werk über die Kunst der Marmorari Romani ist
also bis heute Desiderat.

Dorothy Glass hat in ihrer 1968 abgeschlossenen und 1980 in überarbeiteter Fassung veröffentlichten Dissertation nur die Pavimente untersucht. Trotz einiger sachlicher Fehler hat dieser Überblick
eines wichtigen Teilgebietes im Aufgabenfeld der Marmorari Romani meine Arbeit sehr erleichtert.
Es wäre zu wünschen, daß auch über andere Bereiche der liturgischen Ausstattung (Ambonen, Altar-
Confessio-Ziborium, Schola Cantorum, Osterleuchter, Throne, Grabmäler) Arbeiten entstehen, die
allerdings die jeweilige liturgische Funktion stärker in den Vordergrund rücken sollten, als das in der
Arbeit von Dorothy Glass geschehen ist. Die drei Dissertationen, die zum Themenbereich mittelalterlicher Marmorkunst seit 1983 erschienen sind, gehen tatsächlich in diese Richtung. Zu nennen ist die
Arbeit von Elaine DeBenedictis über die sogenannte Schola Cantorum. Die liturgischen Quellen führen hier zu einer klareren Funktionstrennung und Begriffsbildung, die den mißverständlichen, aber
fest eingeführten Terminus kaum verdrängen werden. Ich verwende den Begriff „Schola Cantorum",
um damit den umfriedeten Bezirk der Mönche, bzw. Kanoniker beim Chorgebet zu bezeichnen. Mit
der päpstlichen Sängerschule hat der archäologische Terminus, so gebraucht, nichts zu tun. Hervorzuheben, da historisch vorzüglich recherchiert, ist die Untersuchung von Ingo Herklotz über die Entwicklung und Bedeutung des Wandgrabs im römischen Bereich. Die Ergebnisse sind, soweit sie mein
Thema betreffen, in der vorliegenden Arbeit berücksichtigt worden. Eine beispielhafte Dokumentation hat Irmgard Maria Voss zu S. Andrea in Flumine bei Ponzano Romano vorgelegt. Die davon
ausgehenden Überlegungen zum ionischen Kapitell im mittelalterlichen Rom ergänzen meine Arbeit
und werden von Frau Voss im Rahmen eines Forschungsprojektes weiterverfolgt. Derartige monographisch angelegte Arbeiten über einzelne, mittelalterliche Monumente in Latium bleiben ein dringendes
Desiderat.

Ziele des Gesamtvorhabens „Mittelalterliche Marmorkunst in Rom". Eine Analyse der Stilentwicklung in der Kunst und eine Synopse im jeweiligen historischen Kontext ist für das römische Gebiet
des Hochmittelalters nur gelegentlich für die Malerei versucht worden. Auf dem Gebiet der Architektur und ihrer Ausstattung ist diese Aufgabe noch zu leisten. Hier sehe ich eines der vordringlichen Ziele dieser Arbeit, die später durch einen topographischen Katalog sowie durch einen Ergebnisband ergänzt
werden soll. Besonderes Interesse gilt innerhalb des Gesamtvorhabens dem Verhältnis einer mittelalterlichen, italienischen Kommune zur Antike sowie der Antwort, die auf den Anspruch, den die Antike weckt, mit den Mitteln der Kunst gefunden wird. Ich führe damit an römischen Beispielen eine
Diskussion fort, die in jüngerer Zeit vor allem durch Max Seidel am Beispiel des Pisaner Doms Impul-
se bekommen hat. Daß die antikisierenden Formen der Marmorari Romani gültiger Ausdruck einer
Zeit sind, in der sich in Rom sowohl der Papst als auch die Kommune auf die Antike berufen konnten,
ist unbestritten. Fragen zur politischen Aussagefähigkeit einzelner Denkmäler der Marmorari Romani

hat bisher vor allem Karl Noehles (Renovatio) gestellt. Den dort eingeschlagenen Weg will ich weitergehen, indem ich besonderes Augenmerk auf die Interessen der Auftraggeber richte.

Zu den augenblicklich heiß diskutierten Problemen der sozialen Stellung, des Selbstbewußtseins und der Abhängigkeit (bzw. partiellen Autonomie) des mittelalterlichen Künstlers, zum Aufbau seiner Werkstatt und zum Problem des rationalen Einsatzes der Mittel durch Spezialisierung und Präfabrikation wird schon vorliegende Arbeit mit neuem Material aufwarten.

Der geplante topographische Katalog (Corpus Cosmatorum II) wird die Reste von mittelalterlichen Marmorausstattungen in 93 römischen Kirchen umfassen, ferner einige Profanbauten. Außerhalb Roms folgen 87 weitere Kirchenbauten. Abgeschlossen wird der topographische Katalog mit einer Bestandsaufnahme der Werke, die sich in Museumsbesitz befinden. Ein Ergebnisband (Corpus Cosmatorum III) ,,Römische Marmorkunst 1100—1300'' soll das Gesamtvorhaben abrunden. Es sind folgende Kapitel vorgesehen:

I.   Einleitung
II.   Römische Marmorkunst 1100—1300.
      1. Systematik und Spezifikation. a) Geographische Grenzen. Merkmale und Kennzeichen. b) Typen und Gattungen. c) Quantität, Überlieferung und Erhaltung. d) Auftraggeber.
      2. Entwicklung. a) Die Anfänge mittelalterlicher Marmorkunst in Rom und auf dem Montecassino. b) Die Erneuerung Roms im 12. Jahrhundert. c) Der Höhepunkt: Opus Romanum von Innocenz III (1198) bis Alexander IV (1254—61). d) Römische Kunsttradition und französische Gotik bis zu Bonifaz VIII (1294—1303).
III. Wirkungsgeschichte. a) Skulptur in Rom und Süditalien zur Zeit Friedrich II. b) Die Expedition römischer Kunst nach England. c) Arnolfo und der Beginn naturnaher Bildhauerkunst in Rom. Geben und Nehmen. d) Assisi und der postume Siegeszug römischer Dekorationskunst in der Trecentomalerei. e) Rezeptionsformen in Renaissance und Gegenreformation. f) Die Wiederentdeckung in Wissenschaft und Kunst seit dem 18. Jahrhundert.
IV.   Deutung. a) Antike und Mittelalter. Marmor als Medium römischer Renovatio. b) Römische Prachtentfaltung. Mittelalterliche Ästhetik und Architekturutopie.
V.   Werkstattt. a) Material. b) Verträge, Export, Präfabrikation, Spezialisierung. c) Werkstatt, Familienfirmen, Arbeitsorganisation.
VI.   Zur Sozialgeschichte der Künstler. a) Statistik. b) Soziale Stellung. c) Signaturen.
VII. Anhang: Leitformen des Ornament-Repertoires. a) Opus Sectile (Pavimente). b) Mosaikinkrustationen. c) Kapitelle.

III. MAGISTRI DOCTISSIMI ROMANI
DIE KÜNSTLER: KATALOG UND SYNOPSE

1. VORBEMERKUNG

Eine Zusammenstellung möglichst aller Informationen, die bis heute über die einzelnen römischen Marmorkünstler des 12. und 13. Jahrhunderts bekannt sind, ist mit der Hypothek einer sehr zufälligen und ungleichmäßigen Überlieferung belastet. Auch die Kunstwerke selbst sind, wenn sie noch existieren, vielfach Fragment oder aus ihrem ursprünglichen Zusammenhang gerissen. Gegen Ende des 13. Jahrhunderts müssen die Kirchen Roms und vielleicht auch Roms Straßen ein Gesicht gehabt haben, das wesentlich durch die Kunst der römischen Marmorari geprägt war. Man kann davon ausgehen, daß nahezu jede der vielen hundert Kirchen Roms und des römischen Umlands im Laufe des 12. und 13. Jahrhunderts eine neue ,,Cosmaten''-Ausstattung bekommen hat. Ohne diese Rechnung beweisen zu können, möchte ich behaupten, daß mindestens vier Fünftel der römisch geprägten mittelalterlichen Marmorkunst verloren sind, vielfach ohne eine historische Spur hinterlassen zu haben.

Die folgende katalogartige Übersicht von knapp 60 Künstlern und ihres jeweiligen Oeuvres täuscht demnach eine Vollständigkeit vor, die nach Lage der Dinge garnicht zu erreichen ist. Daß in den letzten Jahren drei Signaturen, und durch diese, zwei bislang unbekannte Künstler neu aufgefunden werden konnten, ist Indiz für diese Unvollständigkeit[1]. Für alle historischen oder stilgeschichtlichen Schlüsse, die aus dem vorliegenden Material gezogen werden , muß man also mit Unsicherheitsfaktoren rechnen. Doch ist allein die Tatsache, daß eine Kunstgattung in ihren einzelnen Meistern konkret namhaft gemacht werden kann, daß Künstlerdynastien über mehrere Generationen und mit einem erheblichen Oeuvre nachzuweisen sind, einzigartig in dieser Zeit. Deshalb ist diesem Teil innerhalb der Gesamtarbeit auch solches Gewicht gegeben worden.

Die Auflistung ist nicht dem Alphabet gefolgt. Will man einen einzelnen Namen nachschlagen, so sucht man zweckmäßigerweise zuerst im Index oder in der Inhaltsübersicht nach der Seitenzahl. Das Ordnungsprinzip ist im wesentlichen chronologisch. Allerdings sind die Familien nicht zugunsten einer exakten chronologischen Reihung aufgelöst worden. Das hätte zu ständigen und unnötigen Wiederholungen oder Querverweisen im Text geführt, denn es sind sehr viele Werke im Familienverband entstanden und auch gemeinsam signiert worden. Da einzelne Familien über ein Jahrhundert nachgewiesen werden können und dabei mit anderen Familien oder Einzelkünstlern synchron gehen, kommt es zwangsläufig zu zeitlichen Überschneidungen: Auf den letzten Sproß der Laurentius-Sippe (Mitte 13. Jahrhundert) folgt der ,,Stammvater'' der Vassalletti, dessen Tätigkeit hundert Jahre früher liegt (vgl. Abb. 2).

Angestrebt ist mit diesem Ordnungsprinzip gleichzeitig eine Stilgeschichte der römischen Marmorkunst über zwei Jahrhunderte. Allerdings ist die kontinuierliche Lektüre durch Zwischenpassagen erschwert, die Katalogcharakter haben, Quellen aufarbeiten oder einfach Ordnung in die komplizierte Überlieferungsgeschichte zu bringen versuchen. Einige Abschnitte gleichen kleinen Monographien. Sie handeln über die Künstler, für die ein quantitativ und qualitativ herausragendes Oeuvre gesichert ist und durch Zuschreibungen vervollständigt werden kann. Beispiele sind Jacobus Laurentii oder Vassalletto. Andere Künstler wie Petrus Oderisius sind durch künstlerische Innovationen oder Be-

---

[1] Vor 1979 wurde in Cori ein Fragment mit der gemeinsamen Signatur von Johannes und Petrus Bassallettus gefunden. Johannes war bislang unbekannt. Vgl. S. 109f. – Bruno Contardi fand gegen 1976 die Erwähnung einer Signatur des Jacobus im Diözesanarchiv von Ferentino. Vgl. S. 76f. – Ich fand in Panvinios Aufzeichnungen eine Signatur des Oderisius Stephani für die Ausstattung von S. Agnese. Als Fragment konnte ich Teile dieser Inschrift im Lapidarium wiederentdecken. Oderisius Stephani war der Forschung bisher unbekannt. Vgl. S. 172.

sonderheiten ihrer Biographie Anlaß für eine intensivere Auseinandersetzung. Auch die Abschnitte über die großen Familien, besonders über die des Laurentius und die des Vassalletto, lassen sich jeweils als Monographien eines wichtigen Teilgebietes der mittelalterlichen Kunst in Rom lesen.

Nicht berücksichtigt wurden die wenigen Nachrichten über Baumeister im römischen Gebiet, da sie offensichtlich einem anderen Bereich und Metier entstammen als die Marmorari[2]. Ausgeschlossen sind auch alle Marmorkünstler, die ihre Heimat bzw. ihr Arbeitsfeld außerhalb Roms haben, z.B. eigenständige Künstler Umbriens, Campaniens und der Abruzzen[3]. Schließlich haben die vereinzelten Signaturen von Marmorkünstlern des Frühmittelalters keine Aufnahme gefunden[4]. Vergeblich wird man den Florentiner Arnolfo die Cambio suchen, der in seiner römischen Zeit durchaus römische Traditionen fortsetzt. In den Abschnitten über Petrus Oderisius und Johannes Cosmati spielt er allerdings eine große Rolle[5].

Abweichend von der bisher in der deutschsprachigen Forschung geübten Praxis, „Kosmaten" mit griechischem K zu schreiben, habe ich die Schreibweise „Cosmaten" vorgezogen, da sie mir interna-

---

[2] Architekten- oder Baumeisterinschriften sind im übrigen Italien recht verbreitet. Man denke nur an die des Lanfrancus in Modena oder die des Busketus in Pisa. (Vgl. Claussen, Früher Künstlerstolz S. 7ff.). Im römischen Gebiet fehlen sie, wenn man von der Signatur in Véroli absieht. An der Vorhalle von S. Erasmo dort ist die Signatur eines Martinus zu lesen, die Frothingham nach Ausweis der Architektur und der Epigraphik ins 12. Jahrhundert datiert:

EST MANIBUS FACTUS MARTINI
QUE PROBAT ARCUS

Lit. Frothingham 1890 S. 307ff.; Dietl, Topik S. 35 und 148. Dazu kommen einige Namen, die zufällig in Archiven gefunden wurden: Jacopo de Yseo. Am. 12.9.1163 zahlte Orso Caetani an Meister Jacopo de Yseo durch die Rektoren von Anagni vier Pfund Lohn „pro opere edificationis palacii comunis Anagne". Don. G. Caetani, Domus Caietana, Roma 1927 I S. 39; G. Matthiae, Fasi costruttive nella cattedrale di Anagni, in: Palladio 6, 1942 S. 41ff. Magister Cassetta und Nicola de Pilao waren Baumeister unter Bonifaz VIII, ohne daß man sie bis heute als Architekten und Künstlerpersönlichkeiten fassen könnte. Es fehlt an Untersuchungen. Sie waren beteiligt am Bau des Papstpalastes in Anagni, arbeiteten in Palestrina, im Kastell von Trevi, in Guarcino, Frosinone und Silvamolle. Schließlich setzten sie die Straße von Rom nach Anagni instand. Cassetta war 1299 mit Restaurierungsarbeiten im Lateran beschäftigt. Vielleicht darf man in ihm den architektonischen Leiter und Ingenieur der Vorarbeiten für das Heilige Jahr 1300 sehen. Die ehemalige Benediktionsloggia, die zu diesem Anlaß an die nördliche Flanke des päpstlichen Palastes angebaut wurde, scheint mir aber — nach Ausweis der Formen — eher ein Werk der Marmorari Romani zu sein. Vgl. S.220 und Abb. 283. Lit. Rohault de Fleury, Latran S. 196; Filippini S. 53; Bessone S. 45.

[3] Gelegentlich wurden Künstler unter die „Cosmaten" gezählt, die in eigenen lokalen, nicht-römischen Traditionen stehen. So nimmt z.B. Hutton S. 40 und 52 (ähnlich wie Clausse, S. 179ff.) zwei Künstler auf, Rudolfus und Binellus, die in Bevagna (Umbr.) Werke und Signaturen hinterlassen haben. Alles deutet aber darauf hin, daß es sich um Angehörige der reichen und produktiven Bildhauerschule in der Region um Spoleto handelt. Faloci-Pulignani, Memorie epigrafiche S. 23 ff. hat das meiste davon zusammengestellt. Außerdem H. Grisar, Una scuola classica S. 42ff. Einer dieser umbrischen Marmorari ist — wie manche römischen Künstler — nach Campanien gerufen worden. 1279 signiert Magister Matteus de Narnia das ehem. Ziborium des Domes von Ravello (Bessone S. 47, 152f.; C. Guglielmi Faldi, Il Duomo di Ravello, Associazone fra le casse di risparmio italiane 1974 S. 33f.). Eine völlig eigenständige Schule von Bildhauern und Marmorkünstlern gab es auch in den Abruzzen (Bertaux II S. 553ff.; Lehmann-Brockhaus, Kanzeln). Sogar im südlichen Latium, um Priverno, entsteht im späten 13. Jahrhundert eine eigenständige Werkstatt. Die Kanzel von S. Lorenzo in Amaseno ist 1291 signiert worden durch Meister Petrus Gulimari aus Piperno (= Priverno) und seine Söhne Morisus und Jacobus (Frothingham 1890 S. 312f.).

[4] Künstlersignaturen des Frühmittelalters sind niemals systematisch erfaßt worden. Einige hat Springer, Commentatio S. 12ff. zusammengestellt. Im Lateranmuseum haben sich Teile eines karolingischen Ziboriums erhalten, das aus der lange zerstörten Basilika del Porto stammen soll. Es ist von einem Stephanus signiert (Clausse S. 56). Für S. Prassede ist die Grabinschrift des Kardinals Petrus von SS. Giovanni e Paolo aus dem 10. Jahrhundert überliefert. Dabei die Signatur: CHRISTIANUS MAGISTER FECIT. (Promis S. 4. Springer, Commentatio S. 12; Clausse S. 52f. verlegt das Grab nach S. Sabina) Der Türsturz (und damit das ganze Portal) von S. Maria in Cosmedin ist an der Unterseite folgendermaßen signiert:

+ IOANNES + DE VENETIA ME FECIT

Alessandra Melucco Vaccaro, in: Corpus della scultura VII, III S. 163ff. datiert das Portal ins 11. Jahrhundert.

[5] Vor allem Romanini, Arnolfo mit der älteren Literatur. Seitdem erschienen und wichtig für die römische Zeit Arnolfos: Gardner, Arnolfo und Bauch, Grabbild. Zuletzt Garms.

tional verständlicher erscheint. Anders halte ich es mit den Künstlernamen. Hier berufe ich mich entgegen den italienischen Gepflogenheiten auf den Wortlaut der Signaturen. Das bedeutet in den meisten Fällen eine latinisierte Version: Petrus Oderisii statt Pietro di Oderisio, Johannes Cosmati statt Giovanni di Cosma. Die Künstlerfamilien werden, ich folge damit einer bewährten Praxis, nach den jeweils ältesten nachweisbaren Mitgliedern benannt. Es sind das gewöhnlich Vornamen. Ein Sonderfall ist nur der Name Vassalletto, der schon im 12. Jahrhundert zum Familiennamen im modernen Sinne geworden zu sein scheint.

Eine synoptische Tabelle (Abb. 2) zeigt als älteste Familie im 12. Jahrhundert die des Paulus mit sieben (?) Mitgliedern in vier (?) Generationen und die des Rainerius (= Ranuccio) mit sechs Meistern in vier Generationen. Es folgen die beiden produktivsten Familien: die des Laurentius (fünf Meister — vier Generationen) und die des Vassalletto (fünf Meister? — drei Generationen?). Beide sind von der Mitte des 12. Jahrhunderts bis in die zweite Hälfte des 13. Jahrhunderts nachweisbar. Diese Spätzeit bestimmen aber zwei andere Familien, die des Oderisius und die des Cosmatus (fünf Meister — drei Generationen). Letzterer wurde für die Kunstrichtung eponym[6]. Die Generationsfolge habe ich in der Tabelle jeweils durch die vorgestellte römische Ziffer zu verdeutlichen versucht.

Insgesamt kommen 52 Namen ins Spiel, von denen allerdings sieben nicht durch Signaturen, sondern durch zufällige urkundliche Erwähnungen bekannt sind[7]. Diese habe ich wie jede zeitgenössische urkundliche Erwähnung in der Tabelle (Abb. 2) gekennzeichnet (Urk. oder U.). Sechs weitere Signaturen habe ich nicht in die Zahl aufgenommen, weil es fraglich ist, ob es sich wirklich um Marmorari handelt. Sie sind ganz am Schluß der Arbeit aufgelistet. 52 Meisternamen innerhalb einer Kunstgattung und in einer Stadt sind für sich genommen sehr viel. Verteilt über zwei Jahrhunderte zeigt sich aber in der Synopse (Abb. 2), daß selten mehr als sechs Werkstätten nebeneinander gearbeitet haben. Sicher ist auch die Zahl von 52 Künstlern bei weitem nicht vollständig. Die Dichte und Häufigkeit von Signaturen bei einzelnen Künstlern — von Jacobus Laurentii kennen wir allein dreizehn Signaturen — sprechen aber dafür, daß immerhin ein erheblicher Teil der Meister, ich rechne mit etwa der Hälfte, namentlich bekannt sind. Zu ihnen kommt dann aber noch ein Mehrfaches an nicht signierenden Mitarbeitern, Lehrlingen und Helfern[8]. Ich möchte sogar behaupten, daß uns die großen Werkstattführer, an die seit dem späten 12. Jahrhundert bis in die Zeit Alexanders IV (1254—61) der Löwenanteil der kirchlichen Aufträge vergeben wurde, nahezu ausnahmslos bekannt sind. Und das, obwohl nur von knapp der Hälfte der aufgelisteten Künstler (24) sichere Werke erhalten sind. Diese Namen sind in der synoptischen Tabelle (Abb. 2) einfach unterstrichen. Diejenigen Künstler, die sich im Laufe der Untersuchung als besonders wichtig erwiesen haben, sind doppelt unterstrichen[9]. Von acht Meistern ist außer einem Bruchstück mit der Signatur kein Oeuvre gesichert. Die Signaturen von sieben Künstlern sind überhaupt nur aus barocken Inschriftensammlungen bekannt. Die Anzahl der Signaturen eines Künstlers habe ich in der Tabelle jeweils hinter den Namen gesetzt. Wenn ein Künstler also wie folgt eingetragen ist: II. *Jacobus Laurentii* (13) (Urk.) so kann man dem entnehmen, daß Jacobus zur zweiten Generation seiner Familie gehört, seine Oeuvre zumindest teilweise bekannt ist, er zu den wichtigsten Marmorari überhaupt gehört, 13 Signaturen von ihm überliefert sind und daß er außerdem auch urkundlich erwähnt ist.

---

[6] Vgl. S.206ff.

[7] Es sind in der Reihenfolge des Textes: Alexius, Nicola da Vassalictu (= Vassalletto), Jacobellus, Petrus Cosmati, Lucantonio Johannis, Cintio Salvati, Johannes de Aventino.

[8] Aus den Verträgen für den Kreuzgang von Sassovivo wissen wir, daß außer dem signierenden Meister Petrus de Maria noch vier weitere Marmorari mitwirkten: Marcus, Jacobus, Alese de Berardo und Nicolaus de Vassalictu. Vgl. auch S. 162 und Anm. 892, 897.

[9] Diese „Großen" unter den Marmorari Romani sind: Paulus, Nicolaus de Angelo, Petrus und Nicolaus Ranucii, Laurentius, Jacobus Laurentii, Cosmas (Jacobi), Petrus Bassalettus, Vassalletto, Drudus de Trivio, Petrus Oderisius, Cosmatus und Johannes Cosmati.

2. DIE PAULUS-FAMILIE

Die bisher bekannten Mitglieder der ältesten Sippe der Marmorari Romani sollen im Folgenden verteilt auf vier Generationen vorgestellt werden. Das Werk des Stammvaters Paulus hat seinen Schwerpunkt in den Anfangsjahrzehnten des 12. Jahrhunderts. Seine vier Söhne Johannes, Angelus, Sasso und Petrus signieren um die Mitte des Jahrhunderts unter auffälliger Betonung des Vaternamens. Hier ist der Familienzusammenhang deshalb eindeutig nachzuweisen. Anders ist es in der nächsten Generation. Daß Nicolaus de Angelo, dessen Hauptwerke in den Jahren um 1180 entstanden sind, Sohn des Paulus-Sohnes Angelus ist, ist nicht mehr als eine Wahrscheinlichkeit. Es spricht manches dafür, daß es noch andere Mitglieder der Stirps Pauli in der dritten Generation gab, doch keiner ist sonst als Marmorarius nachgewiesen[10].

Nicht zu beweisen, nur zu postulieren, ist schließlich, daß ,,Doctor'' Johannes cognomine Nicolao, der wie Nicolaus de Angelo als Römer im südlichen Latium gearbeitet hat, dessen Sohn war.

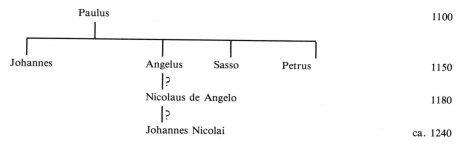

a) PAULUS

Solange keine zusätzlichen Quellen über die Anfänge der Marmorari Romani auftauchen, muß man Paulus als ihren ,,Stammvater'' ansehen. Er ist in der italienischen Forschung lange Zeit nur aus den Inschriften seiner Söhne bekannt gewesen, bis De Rossi 1875 eine Signatur des Meisters aus Alt St. Peter veröffentlichte[11]. Daß Paulus Teile der Ausstattung des Domes von Ferentino geschaffen hatte, wurde erst 1884 bekannt, als Stevenson eine inkrustierte Schrankenplatte mit der Signatur des Meisters auf der ,,Mostra della città di Roma'' in Turin zeigte[12]. Bis dahin war in Italien unbekannt geblieben, daß Witte schon 1825 im Kunstblatt auf diese Signatur und die Beziehung zu den Werken der Paulus-Söhne in Rom aufmerksam gemacht hatte[13]. Auch Burckhardts Cicerone setzt die Kenntnis des Paulus-Oeuvre in Ferentino voraus[14].

Daß somit ein Künstlername für die Frühzeit des 12. Jahrhunderts nachgewiesen war, hatte zur Folge, daß fast jede zwischen 1100 und 1130 entstandene Marmorausstattung mit Paulus in Verbindung gebracht wurde[15]. Deshalb ist es wichtig, sich mit seinen gesicherten Werken auseinanderzusetzen. Und diese gibt es nur in Ferentino. Daß diese Basis für alle weitergehenden Schlüsse sehr schmal ist, wird sich im Folgenden zeigen.

---

[10] Über die Grabplatte eines Magister Jacobus filius Angeli Nicolai siehe S. 33. Falls dieser überhaupt in verwandtschaftlichen Beziehungen zur Paulus-Sippe stehen sollte, so ist er dem Handwerkerstand entwachsen: er war päpstlicher Schreiber und Kleriker von SS. Giovanni e Paolo. Im Archiv von SS. Bonifacio ed Alessio fungiert in einer Urkunde aus dem Jahre 1153 als Zeuge ein Johannes Sassonis de Paulo. Da das chronologisch gut paßt, könnte es sich um einen Paulus-Enkel handeln, dessen Metier allerdings unbekannt ist. Siehe Monaci, Regesto Nr. XVI S. 386f.
[11] De Rossi, 1890 S. 125f.
[12] Stevenson, Mostra S. 170f.
[13] Witte S. 183.
[14] Burckhardt, Cicerone II, 1 S. 27ff.
[15] Vgl. dazu Grossi Gondi S. 53ff. und vor allem Glass, BAR S. 9f. 18f.

Paulus in Ferentino, Kathedrale S. Ambrogio[16]. Von der Ausstattung des frühen 12. Jahrhunderts haben sich außer großen Teilen des Langhauspavimentes zwei nahezu quadratische Schrankenplatten (Abb. 3) jeweils mit dem zugehörigen Stück des aufliegenden Brüstungsgesimses erhalten. Sie sind im Zuge der Restaurierung von 1904 als Teile der Abschrankung des erhöhten Sanktuariums links und rechts an den Aufgängen zum Altar in einem Ensemble wiederverwendet worden, das einen Ausstattungszustand des 13. Jahrhunderts mit starken Ergänzungen zu rekonstruieren versucht[17].

Im Brüstungsgesims rechts (Abb. 4) liest man die Signatur in steiler und rhythmisch lebendiger Kapitalis, die ihrem Charakter nach in die Zeit um 1100 paßt:

HOC OPIFEX MAGNUS FECIT VIR NOMINE PAULUS
Das machte der große Werkmeister (Handwerker/Künstler), ein Mann namens Paulus.

Das Selbstbewußtsein, das aus den Worten opifex magnus und vir (= freier Mann) sowie aus der Größe und Auffälligkeit der Schrift spricht, ist typisch für die Anfangsphase eines freien Künstler- und Handwerkerstandes[18]. Noch fehlt der Zunfttitel Magister.

Darunter, auf der oberen und unteren Rahmenfläche der Schrankenplatte liest man in etwas kleinerer, aber epigraphisch identischer Kapitalis die Translations- und Stifterinschrift:

MARTIR MIRIFICUS IACET HIC AMBROSIUS INTUS
PRESUL ERAT SUMMUS PASCHALIS PAPA SECUNDUS
QUANDO SUB ALTARI SACRA MARTIRIS OSSA LOCAVIT
AECCL(ESI)A PASTOR PIUS AUGUSTINUS ET ACTOR.

Als die Reliquien des Ambrosius in den Altar transloziert wurden, herrschte Papst Paschalis II (1099–1118), und Bischof von Ferentino war Augustinus. Von letzterem wissen wir, daß er 1110 gestorben ist[19]. Vor 1110 sind auch die Arbeiten des Paulus zu datieren, genauer zwischen 1099 und 1110. In der Inschrift auf der gegenüberliegenden Platte wird auf eine Beischrift der Reliquien im Altarsepulcrum verwiesen, die die Auffindung unter Paschalis I. authentisiert[20].

Vor 1184 waren die Platten in der Ambrosius-Kapelle in die Wand eingelassen. So sind sie in einer Inschriftsammlung des frühen 18. Jahrhunderts zeichnerisch wiedergegeben[21]. Eine Moscioni-Aufnahme (Abb. 4) zeigt die Marmorplatte noch in der barocken Vermauerung. Witte hat 1825 diesen Zustand folgendermaßen beschrieben: „In der Capelle des heil. Ambrosius im Dome zu Ferentino ist über dem Seitenaltar ein Grab aus zwey, durch eine Marmorleiste getrennten Platten bestehend, welche, mit Mosaik von vielerley Steinen (nicht Glas) ausgelegt, einen Schmuck von achteckigen Steinen zeigen"[22]. Witte hat die Platten als Teile eines Heiligengrabes gedeutet. Zwar spricht die Inschrift links

---

[16] Lit. Suarez Cod. Vat. lat 7929 f. 236; Stevenson, Cod. Vat. lat 1058 f. 7ov; Witte 1825, S. 183; Gaye 1839, S. 245; Burckhardt, Cicerone II, 1; Stevenson, in: Bulletino d'archeologia cristiana Ser. 3, 5 1880 S. 59; Stevenson, Mostra 1884 S. 170f.; Clausse 1897 S. 144; L. Morosini, Notizie storiche della città di Ferentino, Roma 1905 S. 60; Venturi III S. 768; Bessone S. 12; Hutton S. 33 und 54; V. Celani, Ferentino nella storia, nell'arte e nella vita moderna, Latina 1972²; Glass BAR S. 16ff., S. 65ff.; Storia dell'arte territorio: Ferentino (ed. A. M. Romanini), in: Storia della città 15/16 1980. Darin besonders Contardi, Il pavimento und Tomei, L'arredo.

[17] Glass, BAR S. 66. Moscioni hat eine ganze Serie von Photos der Kathedrale vor der Restaurierung aufgenommen. Auch Tomei, L'arredo S. 105ff. und Contardi, Il pavimento S. 101f.

[18] Vgl. Claussen, Künstlerstolz S. 11f. Zur Signatur zuletzt Dietl, Topik S. 154.

[19] Morosini, Ferentino S. 60, Stevenson, Mostra S. 170f. grenzt den Zeitraum aus Gründen, die mir nicht bekannt sind, noch genauer ein. 1106 sei der Dombau begonnen worden, so daß bis zum Tod des Bischofs nur 4 Jahre Spanne für die Bau- und Ausstattungsarbeit geblieben sei. Vielleicht ein zu enger zeitlicher Spielraum.

[20] + Primitus inventus fuerit quo tempore sanctus
(Si l)ibet inquiri Paschalis tempore primi
(Ma)rtiris in pulchro docuit scriptura sepulcro.

[21] Cod. Vat. lat. 1729 f. 236.

[22] Witte S. 183.

von einem *pulchrum sepulcrum*, doch wird aus der Formulierung *quando sub altari ossa locavit* deutlich, daß es sich um ein Grab unter dem Altar gehandelt haben muß. Die Formulierung spricht auch dafür, daß der Altar schon — wie nach der Erneuerung des 13. Jahrhunderts — über der Confessio auf einem erhöhten Sanktuariumsniveau gestanden hat.

Daß es sich um die beiden inneren Platten der Altarschranke — wie rekonstruiert — gehandelt hat, ist ziemlich wahrscheinlich. Schon das Brüstungsgesims spricht dafür. In S. Maria in Cosmedin in Rom hat man zwei ähnliche Platten (Abb. 5, 6), die dort in Zweitverwendung ins Paviment vor dem Altar gelangt waren, in entsprechender Weise rekonstruiert[23]. Auch sie tragen eine Stifterinschrift, die in die Zeit um 1123 datiert werden kann. Derselbe Fall begegnet noch nach 1160 in S. Andrea in Flumine bei Ponzano Romano (Abb. 51). Auch hier wieder eine Stifterinschrift[24]. Unangetastet ist eine solche Anlage des frühen 12. Jahrhunderts, die das erhöhte Sanktuarium abschrankt, den Blick und den Weg zur Confessio aber offenläßt, auch in S. Clemente (Abb. 7) in Rom erhalten, dort allerdings mehrheitlich aus wiederverwendeten Schrankenteilen des 6. Jahrhunderts zusammengefügt[25].

Es ist wahrscheinlich, daß Paulus in Ferentino auch Confessio, Altar und Ziborium erbaut hat. Alles ist den Erneuerungen des 13. Jahrhunderts spurlos zum Opfer gefallen. So bleiben vom aufrecht stehenden liturgischen Mobiliar nur die Platten (Abb. 4) mit den Inschriften. Sie sind in einem großen Rechteckfeld so inkrustiert, daß ein breiter Marmorrand übrigbleibt. Porphyrquadrate bilden ein diagonales Schachbrett, in dem die hellen Felder aus Marmorsteinchen geschnittene Andreaskreuze zeigen. Dieses Muster ist nach Dorothy Glass im ganzen 12. und 13. Jahrhundert verwendet worden[26]. Auch die erwähnten Platten in S. Maria in Cosmedin zeigen es (Abb. 6). Nur daß hier der Rand durch einen unendlichen Rapport von sich überlappenden Blütenmustern gebildet wird.

Da die Disposition des Langhauspaviments in Ferentino (Abb. 7) mit der anderer Marmorausstattungen des frühen 12. Jahrhunderts (Abb. 8, 9) übereinstimmt und deshalb in der Schaffenszeit des Paulus entstanden sein wird, möchte ich mit Dorothy Glass annehmen, daß es ein Werk unseres Meisters ist[27]. Es ist durch Korrosion und durch die Eliminierung der Schola Cantorum sehr beschädigt gewesen und in unserem Jahrhundert unter Verwendung vieler neuer Steine durchgreifend restauriert worden. Ein Plan des Paviments aus dieser Zeit ist von Glass erwähnt, aber nicht veröffentlicht worden[28].

In der Mittelachse des Langhauses führt vom Hauptportal ein ornamentierter Weg im Paviment durch die ehemalige Schola Cantorum hindurch bis zur Fenestella Confessionis und zum Altar. Er besteht aus einer Reihung von Rundformen, die wir Kreisschlingen-Band nennen. Unterbrochen ist dieser Weg nur zwischen dem Eingang und der Stufe, die den Beginn der ehemaligen Schola Cantorum anzeigt, durch ein sehr großes quadratisches Feld, das von einem Fünfkreis-Muster (Quincunx) ausgefüllt ist. Flankiert werden diese Zentralmuster in der Längsachse durch längsrechteckige Felder mit einförmiger und kleinteiliger Steinfüllung, die die verbleibenden Flächen des Langhauses und der Seitenschiffe bedecken. Die einzelnen Muster der Inkrustationen sind von Dorothy Glass untersucht und gezeichnet worden[29].

Dorothy Glass hat eine Gruppe früher Pavimente zusammengestellt, die ebenfalls in der Zeit Paschalis II (1099—1118) entstanden sind: Außer in Ferentino sind in den römischen Kirchen S. Clemen-

[23] Der Stifter Alfanus, Kämmerer Calixt II (1119—23) und möglicherweise Nutznießer des zu dieser Zeit nicht wahrgenommenen Kardinaltitels von S. Maria in Cosmedin, hat sich am Thron, am Altar, an der Sanktuariumsschranke (Abb. 6), an den Glocken und an seinem aufwendigen Grabmal in der Vorhalle (Abb. 120) epigraphisch verewigen lassen.

[24] Vgl. das Kapitel über die Laurentius-Familie S. 45ff.

[25] Vgl. S. 12ff. Grundlegend und mit reicher Bibliographie Krautheimer, Corpus I S. 177ff. Zuletzt Lloyd, S. Clemente S. 185ff.

[26] Glass, BAR S. 144 Abb. 14.

[27] Glass, BAR S. 66.

[28] Glass, BAR S. 67.

[29] Glass, BAR S. 144—146.

te (Abb. 7), SS. Quattro Coronati (Abb. 9) und S. Maria in Cosmedin (Abb. 8, vor 1123) Pavimente nach dem Prinzip eines Mittelweges aus Kreisschlingenmustern mit flankierenden Rechteckfeldern entworfen worden[30]. Auch in S. Croce in Gerusalemme und S. Crisogono (beide stark restauriert) findet man eine derartige Zeichnung[31]. Ungeklärt ist die Bedeutung des Fünfkreismusters im Langhaus, z.T. wie in S. Maria in Cosmedin (Abb. 8) mit riesigen Porphyrrotae[32]. Es kann eine Funktion in der Festtagsliturgie, bei Prozessionen und beim feierlichen Empfang des Papstes vorausgesetzt werden.

Ob nun wirklich alle Pavimente dieser sogenannten „Paulus-Gruppe" Werke des Paulus sind, muß offen bleiben. Für das folgenreiche Neukonzept der Kirchenausstattungen unter Paschalis II hat sich diese Bezeichnung bewährt, wenn man Stil und Werkstatt auf eine Kurzformel bringen will.

Paulus in Rom, S. Pietro in Vaticano[33]. Im Jahre 1123 weihte Calixt II (1119—23) den neuen Hochaltar von S. Pietro, der über dem Altar Gregors des Großen errichtet worden war und diesen einschloß[34]. Im Liber Pontificalis wird berichtet, daß unter den kostbaren Geräten, die der Papst an die Peterskirche gab, auch *campanas et pavimenta* waren[35]. Wenn man *pavimenta* wörtlich nehmen darf, ist eine Neuausstattung von S. Pietro, die ein Paviment einschloß, zwischen 1119 und 1123 urkundlich belegt. Die Weihe von 1123 gibt wahrscheinlich den Schlußpunkt von Arbeiten an, die auch schon vor 1119 begonnen worden sein können. Die zeitliche Parallele zu S. Maria in Cosmedin, geweiht ebenfalls 1123, aber auch zu den Gründungen der Zeit Paschalis II (1099—1118) in S. Clemente, SS. Quattro Coronati und Ferentino, ist auffällig. Die Ähnlichkeiten in dieser Gruppe früher Marmorausstattungen, insbesondere der Pavimente, haben dazu geführt, daß man sie nach dem Ferentino signierenden Marmorarius Paulus-Gruppe nennt.

Unter diesen Voraussetzungen gewinnt eine mittelalterliche Inschrift besondere Bedeutung, die im Vestibül des Kasinos Pius IV (1555—59) in den Vatikanischen Gärten als antiquarische Zweitverwendung in den Fußboden verlegt wurde[36]. Der epigraphische Charakter spricht nach De Rossi für eine Datierung ins späte 11. oder frühe 12. Jahrhundert[37].

NUNC OPERIS QUIC QUID CHORUS ECCE NITET PRETIOSI,
ARTIFICIS SCULTRIS COMSIT BONA DEXTPRA PAULI

[30] Vgl. die entsprechenden Abschnitte zu diesen Kirchen bei Glass, BAR.

[31] Glass, BAR S. 89ff. unnd Tf. 22 und 23 für S. Croce; S. 87f. und Tf. 20 und 21 für S. Crisogono.

[32] Leider ist Dorothy Glass (Diss. und BAR) der Frage nach der liturgischen Inszenierung durch das Paviment wie der nach der Interdependenz von Liturgie und liturgischer Ausstattung aus dem Weg gegangen. Eine Ikonologie der Cosmatenböden hat sie nur am Beispiel des „Ausnahme"-Pavimentes von Alt-St. Peter und hier nur in Bezug auf die Kaiserkrönung versucht. Glass, Papal Patronage S. 386ff. Malmstrom, Speculations S. 18ff. meint, die großen zentralisierenden Muster im Laienteil des Langhauses seien Übernahmen aus dem byzantinischen Bereich. Das früheste Beispiel sei das desiderianische Paviment auf dem Montecassino. Die Frage ist bis heute ungeklärt. Eine kleine eigene Beobachtung: Bei der Feier des Palmsonntags wird in S. Saba auf der Porphyrrota des Fünfkreises im westlichen Mittelschiff die Hostie auf einem Tischaltar aufgestellt. Auch wenn dieser Brauch modern sein mag, so beweist er doch, daß das Paviment auch heute noch als „Regieanweisung" für bestimmte herausgehobene Orte der Liturgie und des Kirchenraumes aufgefaßt wird.

[33] Lit.: De Rossi 1875 S. 125f.; Richter 1877 S. 338; Boni 1893 S. 6; Forcella VI S. 73; Frothingham 1889 S. 183f.; Glass Diss. S. 9ff. und S. 269f.; Krautheimer V S. 171ff. mit ausführlicher Bibliographie; Glass BAR S. 121f.

[34] Vgl. Krautheimer V S. 176; Egidi, Necrologi I S. 286. Auch Petrus Mallius, Descriptio Basilicae Vaticanae, in: Valentini Zucchetti III S. 435 „optimis marmoribus vestivit et decoravit".

[35] Liber Ponificalis, Duchesne II S. 323.

[36] Die beiden Platten mit Inkrustationsmustern sind in der Mittelachse des Vestibüls verlegt. Eine Gesamtansicht zeigt W. Friedländer, Das Kasino Pius des Vierten (Kunstgeschichtliche Forschungen 3) Leipzig 1912 Tf. 11. Die Inschrift erwähnt er allerdings nicht. Die neuere Forschung über das Kasino nimmt überhaupt keine Notiz von ihr.

[37] De Rossi, 1875 S. 125f., mit einer epigraphisch genauen Wiedergabe der Inschrift. Auch Boni 1893 S. 6 und Richter 1877 S. 338; Dietl, Topik S. 22 und 154.

Die Übersetzung ist nicht ganz leicht. Dorothy Glass hält den Text für sinnlos, wenn man nicht *comsit* als *cum sit* läse[38]. Ich ziehe eine Lesung *com(p)sit* vor. Meine eigene Übersetzung folgt mehr dem Sinn als dem Wortlaut: Siehe es strahlt nun der Chor. Die gute Rechte des Künstlers und Bildhauers Paulus schmückte (polierte) das kostbare Werk.

Die Betonung der rechten Hand findet sich gelegentlich auch in anderen Signaturen des 12. Jahrhunderts[39]. Bona dextra geht im Stolz auf die kundige Hand des *artifex* und *sculptor* Paulus aber über andere Formulierungen hinaus. Wie in Ferentino durch *opifex* ist hier durch *artifex* und *sculptor* der Handwerker bzw. Künstler betont. Der Künstlerstolz dieser Signatur präsentiert sich (*bona dextra*) als Handwerkerstolz, ohne bisher mit dem Titel Magister in einen geregelten Berufsstand eingebunden zu sein[40].

Als das Kasino Pius IV 1562 vollendet war, waren der Chor, das Querhaus und die westlichen Teile des Langhauses von Alt St. Peter schon längst dem Neubau zum Opfer gefallen. Unsere Kenntnis der ehemaligen Ausstattung dieser Teile ist gering. Als man um 1600 daran ging, die verbliebenen Reste im östlichen Langhausteil von Alt St. Peter zu inventarisieren und z.T. in die Grotten zu überführen, waren von den Teilen, die zu Beginn des 16. Jahrhunderts zerstört worden waren, außer Grundrißangaben nur noch wenige historische Nachrichten oder substantielle Überreste vorhanden[41]. Die beiden Platten mit Cosmaten-Inkrustationen im Kasino Pius IV müssen deshalb als seltene Spolien der Westteile von Alt-St. Peter besonders beachtet werden.

Die Platten ähneln in der Größe (70 mal 98 cm) und auch in der Art ihrer Steininkrustation stark den Schrankenplatten in Ferentino (Abb. 4, Paulus — vor 1110), in S. Maria in Cosmedin (Abb. 5, 6 — Paulus-Gruppe vor 1123) und in Ponzano Romano (Abb. 51, Nicolaus Ranucci und Söhne ca. 1165 – 70)[42]. In jedem dieser Fälle haben sich nur die beiden inneren Platten der Sanktuariumsschranke erhalten und jedesmal mit einer Stifter- oder Künstlerinschrift. Damit scheint mir auch für die beiden Platten aus Alt-St. Peter eine Bestimmung als Abschrankung jeweils seitlich vor dem Hauptaltar von Alt-St. Peter — wahrscheinlich auf dem Niveau des erhöhten Sanktuariums — gesichert[43].

In der Signatur werden der Glanz und die Kostbarkeit des Chores unterstrichen. Petrus Mallius rühmt in der zweiten Hälfte des 12. Jahrhunderts Calixt II, der den Altar *optimis marmoribus vestivit et decoravit*[44]. Somit kann es als sicher gelten, daß Paulus zumindest den Bereich des Hochaltars und

[38] Glass, BAR S. 122. Meine erste Lesung COM(PO)S(V)IT ziehe ich zurück. Vgl. Claussen, Künstlerstolz S. 12.
[39] Vgl. unten den Abschnitt über die Paulussöhne in S. Marco und Claussen, Künstlerstolz S. 10ff. Atto signierte z.B. in dieser Weise um die Mitte des 12. Jahrhunderts die Kirche von Bovara (Umbr.). Ausführlich zu dieser Signaturformel Dietl, Topik S. 21ff.

ATTO SUA DEXTRA TEMPLUM FECIT ATQUE FENESTRAM — CUI DEUS ETERNAM VITAM TRIBUAT ATQUE SUPERNAM

in Lucca an der Fassade von S. Martino 1204: MIL CC III CONDIDIT ELECTI TAM PULCRAS DEXTRA GUIDECTI siehe G. Kopp, Die Skulpturen der Fassade von San Martino in Lucca, Worms 1981 S. 77 Abb. 97.
[40] Vgl. die Signatur des Paulus in Ferentino S. 8. Dazu auch Claussen, Künstlerstolz S. 11ff.
[41] Grundlegend für die Ausstattung Alpharanus ed. Cerrati, Grimaldi ed. Niggl und Niggl Diss.
[42] Vgl. die entsprechenden Abschnitte zu Paulus in Ferentino S. 8ff. und Nicolaus Ranucii in Ponzano Romano S. 45ff.
[43] Zur Altarerhöhung unter Gregor dem Großen (590–604) Krautheimer V S. 259ff. Auch Toynbee-Ward Perkins 1956 S. 272ff.
[44] Petrus Mallius, Descriptio Basilicae Vaticanae, in: Valentini Zucchetti III S. 435.

dessen Abschrankung geschaffen hat, ein Ensemble, das mit der Weihe 1123 fertiggestellt gewesen sein dürfte. Unsicherheit bleibt, ob Paulus auch eine Schola Cantorum oder ein Paviment geschaffen hat. Wahrscheinlich ist die Schola Cantorum, die bis ins frühe 16. Jahrhundert bestand, ein Werk der Zeit um 1200 [45]. Die Beschreibungen des Pavimentes von Alt-St. Peter durch Alpharanus und Grimaldi, die Dorothy Glass ausgewertet hat, könnten sehr wohl einen „Cosmaten"-Boden gemeint haben. Zumindest eine Teilerneuerung im Sanktuariumsbereich dürfte sich hinter der erwähnten *pavimenta*-Stiftung von Calixt II verbergen. Krautheimer jedenfalls zieht eine Datierung des Pavimentes in hochmittelalterliche Zeit (11. bis 13. Jahrhundert) der bisher herrschenden Meinung vor, der Boden gehöre zur konstantinischen Ausstattung [46]. Nicht gesichert ist die Signatur des:

Paulus in Cave, S. Lorenzo[47]. In der romanischen Kirche S. Lorenzo außerhalb von Cave hat sich eine marmorne Altarfront (?) im Paviment mit ausführlicher Weihinschrift erhalten [48]. Im Jahre 1093 unter dem Pontifikat des Gegenpapstes Clemens II (1080—1100) wurde der Altar mit einer Reihe von Reliquien durch Bischof Hugo (Ugone Candidi) von Palestrina geweiht. Es folgt eine Schlußzeile mit einer Fürbitte für einen gewissen Paulus cum suis omnibus:

PAULUS CU SUIS OIB ME MORARE DEUS[49]

Schon im 19. Jahrhundert hatte man diesen Paulus mit dem im benachbarten Ferentino signierenden Meister identifiziert. Jacob Burckhardt schreibt: „in Rocca di Cave bei Palestrina ein Altarvorsatz von Mag. Paulus, vom Jahre 1093, das älteste bez(eichnete) und dat(ierte) Werk der Cosmatenkunst; im Dom zu Ferentino ein ähnlicher Vorsatz, wohl vom selben Meister (1106—1113)"[50]. Frothingham schlägt 1889 ebenfalls vor, die Altarplatte und den ganzen Altar in S. Lorenzo bei Cave zum Werk des Paulus zu zählen. Die Formulierung *cum suis omnibus* hält er für ein Indiz, daß Paulus mit einer Anzahl von Schülern gearbeitet hat[51].

Hätten beide recht, so ergäbe sich für die allerfrühesten Zeugnisse der „Cosmaten" ein bemerkenswerter Schwerpunkt (Abb. 1) außerhalb Roms in der Gegend Palestrinas und Ferentinos, letzteres auf halbem Wege zwischen dem Montecassino und Rom. Doch gibt sich jener Paulus in Cave durch nichts als Künstler zu erkennen. Die reine Fürbitte spricht eher für einen Stifter, obwohl auch Signaturen gelegentlich mit einer Fürbitte verbunden sind[52]. Relativ ungewöhnlich ist auch, daß sich eine Künstlersignatur einer Weihinschrift so direkt anschließt. Doch war offenbar der Hauptaltar im benachbarten Palestrina 1117 in gleicher Weise durch Gregor aurifex signiert worden[53].

Paulus-Zuschreibungen. Im anonymen „Niemandsland" zwischen 1090 und 1130 ist man — bei der offensichtlichen Ähnlichkeit der meisten erhaltenen Werke — versucht, Paulus das Monopol in seiner Kunst zu geben. Und auszuschließen ist es wirklich nicht, daß der Opifex Magnus als Artifex und Sculptor zur Zeit Paschalis II und Calixt II die Hauptwerkstatt Roms betrieb.

---

[45] Der Ambo jedenfalls war von Jacobus Laurentii (vgl. S. 64f.) signiert worden.

[46] Krautheimer V S. 213.

[47] Lit.: Ricci I, 496; Mothes S. 672; Burckhard II, 1 S. 27; Frothingham 1889 S. 184; P. Boccardi Storoni, A. Curuni, L. Donari, S. Lorenzo/Cave, S. Vittoria/Monteleone Sabina. Storia Ipotesi. (Archivio di documenti e rilievi dei mon. 1) Roma 1979 S. 6.

[48] Ricci I S. 496; Mothes S. 672; Frothingham 1889 S. 184; Boccardi Storoni S. 6.

[49] Nach Frothingham 1889 S. 184. Mothes S. 672 hatte fälschlich OPB gelesen und Boccardi Storoni S. 6: OMB.

[50] Burckhardt II, 1 S. 27.

[51] Frothingham 1889 S. 184.

[52] So z.B. der Baumeister Atto in Foligno und Bovara. Vgl. Claussen, Künstlerstolz S. 10f.

[53] Vgl. S. 235.

Zu den Pavimenten der Paulus-Gruppe (einschließlich möglicherweise der Paulus-Söhne) rechnet Dorothy Glass außer Ferentino (Abb. 7a): SS. Quattro Coronati (Abb. 9, geweiht 1111), S. Clemente (Abb. 7, beg. ca. 1100) und S. Maria in Cosmedin (Abb. 8, geweiht 1123), S. Prassede, S. Agnese in Agone, S. Benedetto in Piscinula, S. Croce in Gerusalemme und SS. Cosma e Damiano sowie die kleine Abteikirche S. Antimo bei Nazzano[54]. Aber gerade das wahrscheinlich früheste der erhaltenen Pavimente, das in Castel S. Elia (geweiht 1099), gibt sie wegen charakteristischer Unterschiede der Familie des Rainerius (Ranuccio-Gruppe)[55]. Wenn sich nicht weitere Signaturen finden, ist es beim fragmentarischen Zustand des Erhaltenen schwer, wenn nicht unmöglich, positive Kriterien für eine Zuschreibung an Paulus zu finden. Das wunderbar erhaltene liturgische Mobiliar von S. Clemente (Abb. 7) unterscheidet sich eben schon deshalb von dem in S. Maria in Cosmedin oder Ferentino, weil es zum überwiegenden Teil Spolien des 6. Jahrhunderts sind, die neu arrangiert wurden. In dieser Einschätzung der Lage möchte ich nur die Ausstattung von S. Maria in Cosmedin (Abb. 5), das Paviment, die Schrankenplatten, Teile der Schola Cantorum und den Ambo (ohne Osterleuchter) für so verwandt mit Ferentino (Abb. 3) halten, daß eine Zuschreibung an Paulus erlaubt ist. Von Grossi-Gondi ist in einer vorsichtigen Formulierung vorgeschlagen worden, ob nicht die (heute verdeckte) Front der Confessio von S. Lorenzo in Lucina ein Werk des Paulus sein könnte. Der Vergleich der Steininkrustationen zuseiten des Reliquienfensters überzeugt: wie in Ferentino erkennt man ein schräges Schachbrett, darin alternierend hellere Kreuze[56]. Der Altar ist wahrscheinlich durch den Gegenpapst Anaklet II im Jahr 1130 geweiht worden[57].

b. JOHANNES, PETRUS, ANGELUS UND SASSO – DIE SÖHNE DES PAULUS

Zwischen 1144 und 1153 kennen wir vier Gemeinschaftssignaturen der Paulus-Söhne. Zwei davon sind erhalten. Alle vier hatten ihren Ort im Gebälk eines Altarziboriums. Die gemeinschaftliche Signatur und das immer gleiche Objekt, das sie signieren, deuten auf einen eingespielten Werkstattbetrieb, vielleicht auch auf etwas wie Spezialisierung. In jeder der Signaturen taucht recht betont der Name des Vaters auf, in S. Lorenzo fuori le mura sogar zusammen mit dessen Berufsbezeichnung: *filii Pauli marmorarii*. Hier wird ganz deutlich gemacht, daß die Söhne die Firma des erfolgreichen Vaters gemeinschaftlich weiterführen und sich auf den „Firmengründer" berufen. Die spezialisierte Berufsbezeichnung *marmorarius* ist inzwischen eingeführt, ebenso der Handwerkstitel Magister, mit dem sich die Brüder (außer in S. Marco) bezeichnen. Die Berufsbezeichnungen Opifex Magnus, Artifex und Sculptor, mit denen sich Paulus in seinen Signaturen rühmte, gehören der „heroischen" Anfangsphase des Marmorhandwerks an und sind um die Mitte des 12. Jahrhunderts Vergangenheit. Die Konkurrenz anderer Werkstätten hatte inzwischen zu einer berufsständigen Formierung, zumindest zu einer Regelanpassung innerhalb der Berufsgruppe geführt. Daher auch die Gleichförmigkeit der Signaturen[58].

Einzeln sind die Brüder offenbar nicht in Erscheinung getreten[59]. Trotzdem kann man aus den Signaturen eine gewisse Hierarchie ablesen, die aber nichts über die Einzelleistung aussagt. In der frühe–

[54] Glass BAR S. 18.

[55] Glass BAR S. 19f. und S. 61f.

[56] Grossi-Gondi S. 55f.

[57] Francesco Gandolfo ist einer interessanten Geschichtsfälschung auf die Spur gekommen. Offensichtlich wollte man das Andenken an die Weihe durch den Gegenpapst durch die nachträgliche Inschrift des Papstthrones in der Apsis auslöschen, die die Weihe in die Zeit Paschalis II (1112) rückdatiert. Gandolfo, Reimpiego bes. S. 211ff.

[58] Vgl. Claussen, Künstlerstolz S. 20f.

[59] Daß Angelus mit dem gleichnamigen Marmorarius identifiziert werden kann, der um 1200 zusammen mit Cesar in Amalfi gearbeitet hat, halte ich aus chronologischen Gründen für wenig wahrscheinlich. Vgl. S. 154.

sten Signatur, in S. Croce in Gerusalemme, signiert Johannes als capo: ,,Johannes de Paulo cum fratribus suis . . .". Er steht auch sonst an erster Stelle. Wahrscheinlich war er also der älteste. Der jüngste ist wahrscheinlich Petrus. Er war in S. Croce noch nicht dabei und signiert erst seit 1148 in
S. Lorenzo fuori le mura regelmäßig mit seinen Brüdern. Die Dynastie fortgesetzt hat offenbar nur
Angelus. Man nimmt an, daß der wichtigste Meister der zweiten Hälfte des 12. Jahrhunderts, Nicolaus
de Angelo, sein Sohn war[60].

Wenn die Paulus-Söhne auch jeweils nur Ziborien signiert haben, werden sie wie ihr Vater für den
ganzen Altarbereich und das Paviment verantwortlich zeichnen[61]. Pavimentreste, die stilistisch in die
erste Hälfte oder in die Mitte des 12. Jahrhunderts gehören, gibt es in drei der vier Kirchen[62]. In ihrem
Oeuvre taucht erstmals das künftig (bis ca. 1267) kanonische Altarziborium mit mehrgeschossigem
Baldachin auf (vgl. Anagni Abb. 112). Die beiden erhaltenen Ziborien früherer Zeit, das in Castel S.
Elia (Abb. 10) und das in S. Clemente (Abb. 7), schließen hingegen mit einem flachen Giebeldach ab.
Ob die Söhne die neue Form selbst kreiert oder ob sie ein (uns verlorenes) Beispiel des Vaters nachge-
ahmt haben, ist bislang nicht zu entscheiden[63].

Mit der Renovatio von S. Lorenzo fuori le mura und von drei prominenten Titelkirchen innerhalb
eines Jahrzehnts muß die Werkstatt — besonders da man ein Mehrfaches an spurlos zerstörten Aufträgen hinzurechnen kann — gut ausgelastet gewesen sein. Wenn man die Stifterinschriften an den
Ziborien liest, bekommt man den Eindruck eines regelrechten Wettbewerbs unter den Kardinälen,
nicht hinter anderen Erneuerungen zurückzustehen. Die Renovatio, die zur Zeit des Paulus in wenigen
Schwerpunkten Zeichen für die Zukunft gesetzt hatte, wirkt nun um die Mitte des Jahrhunderts in
die Breite. Und daran, daß die Kunst der Marmorari Romani den römischen Kirchen schon im 12.
Jahrhundert ein einheitliches und unverwechselbares Gesicht gab, hatte die zweite Generation der
Paulus-Familie großen Anteil. Allerdings beschränkt sich dieser Anteil wie bei Paulus auf die liturgische Innenausstattung des Kirchengebäudes. Es ist das aber in der ersten Hälfte des 12. Jahrhunderts
keine Spezialisierung, sondern der Ausgangspunkt römischen Marmorhandwerks überhaupt. Erst ab
1150 wurden weitere Aufgabengebiete ,,hinzuerobert". Es folgen die vier gesicherten Werke in der
Reihenfolge ihrer Entstehung.

Paulus-Söhne (Johannes, Angelus und Sasso) in S. Croce in Gerusalemme, Rom[64]. Unter Benedikt
XIV (1740—58) wurde das Ziborium des 12. Jahrhunderts neben anderen Teilen der mittelalterlichen
Ausstattung einer spätbarocken Erneuerung geopfert[65]. In einer Reihe von Inschriftensammlungen ist
der Wortlaut der Stifter- und Künstlerinschrift genau überliefert:

---

[60] Vgl. S. 19. Vielleicht ist ein Sohn des Sasso im Jahre 1153 als Zeuge erwähnt worden. Im Archiv von S. Alessio firmiert
ein Johannes Sassonis de Paulo. Allerdings ohne Berufsangabe. A. Monaci, Regesto di Sant Alessio all'Aventino, in:
A.S.R.S.P. 27, 1904 S. 386 f Nr. xvi.

[61] Der Ort der Signatur (und auch der Stifterinschrift) ist nun die Innenseite des Ziboriengebälks. Die Paulus-Signaturen an
den Brüstungsplatten seitlich des Altars waren noch stärker auf den Betrachter bezogen. Hier hat man hingegen den Eindruck,
die Signaturen richteten sich zum Altar und suchten die größtmögliche Nähe zur dort gefeierten Eucharistie.

[62] Glass BAR S. 86f. (SS. Cosma e Damiano), S. 89f (S. Croce in Gerusalemme), S. 104ff. (S. Marco).

[63] Wenn Paulus, wie ich annehme, ein neues Ziborium zur Altarweihe 1123 in St. Peter fertiggestellt hatte, so könnte er
damit den Typus geschaffen haben, der nicht nur für die eigenen Söhne vorbildlich blieb. Vgl. S. 10. Denkbar ist, daß er für
das verlorene hochmittelalterliche Ziborium in St. Peter Weinlaubsäulen des konstantinischen Fastigiums wiederverwendet hat.
Die Nachbildungen dieser Säulen in SS. Trinità dei Monti (Rom), in Cave (Abb. 33) und in Neapel (ehemals Castel del Monte)
mögen ursprünglich ähnlich verwendet worden sein.

[64] Lit.: Zur Überlieferungsgeschichte der Signatur vgl. Anm. 66, Ugonio, Stazioni (1588) S. 205; Ciampini, De sacris aedifi-
ciis (1693) I S. 8f.; R. Besozzi, La storia della basilica di Santa Croce in Gerusalemme, Roma 1750; De Rossi, 1875 S. 125;
Clausse, Marbriers S. 133; Lanciani, Scavi (1902) I S. 16; Frothingham, Monuments (1908) S. 350f; S. Ortolani, S. Croce in
Gerusalemme, Roma 1924 (Le chiese di Roma illustrate 6); S. Ortolani², Roma 1969 (Le chiese die Roma illustrate 106); Bessone
S. 12; Krautheimer I S. 169; Armellini/Cecchelli S. 981ff; Hutton S. 33; Glass Diss. S. 206ff.; Glass BAR S. 89ff.

[65] Ortolani² S. 33.

+TEGM ID HVBALDVS   + IOHES DE PAVLO CVM
FORE FECIT CARDIQ: NA+   FRĪB SVIS
VIR PRVDENS CLEMENS   ANGLO ET SASSO HVIVS
DISCRETVS ET SPVA+   OP' MAGISTRI FVERVNT R

In vollem Wortlaut: Tegumentum istud Hubaldus/fore fecit Cardinalis/vir prudens clemens/discretus et spiritualis/Iohannes de Paulo cum/fratribus suis Angelo et Sasso huius/operis magistri fuerunt Romani[66].

Ubaldo de Caccianemici war 1144 von seinem Oheim, Papst Lucius II (1144—45), zum Kardinal von S. Croce bestimmt worden. Noch 1154 wird er erwähnt, war aber seit 1148 Kardinalbischof von Porto[67]. S. Croce war auch die Titelkirche des Oheims (Gerardo de Caccianemici) gewesen, ehe dieser Papst geworden war. Es ist sehr wahrscheinlich, daß er S. Croce nicht während seines elfmonatigen Pontifikats erbaute (wie der Liber Pontificalis schreibt), sondern damit schon in seiner Zeit als Kardinal begann[68]. Fertig geworden ist die Innenausstattung dann aber erst unter seinem Neffen Hubaldus, wahrscheinlich zwischen 1145 (Tod Lucius II, der sonst sicher in der Inschrift erwähnt worden wäre) und 1148 als Hubaldus Kardinalbischof wurde[69]. Aus Beschreibungen des 17. und 18. Jahrhunderts wissen wir, daß der Altar mit seinem Ziborium im Querhaus stand. Hier zeichnet ihn auch der Grundriß bei Ciampini ein[70].

Besozzi liefert 1750, direkt nach der Zerstörung, eine genaue (und geradezu bedauernde) Schilderung des alten Zustandes[71]. Der Altar hob sich drei Stufen über das „Cosmaten“-Paviment des Mittelschiffes. Die Säulen des Ziboriums bestanden zwei aus Breccia, zwei aus Porta Santa (nicht alle vier aus Porphyr — wie Ciampini schreibt). „Co' suoi piedistalli, basi e capitelli d'ottimo gusto a riguardo de'tempi ne'quali fu fabricato“. Dieses Kompliment ist vielleicht ein Hinweis darauf, daß als Kapitelle Spolien verwendet worden sind wie in S. Lorenzo fuori le mura (siehe unten). Das erste Geschoß des Baldachins war quadratisch auf Säulchen. Die Signatur befand sich auf dem Architrav *verso la tribuna*. Das zweite Geschoß war achteckig und niedriger, ein drittes Geschoß ruhte auf noch kürzeren Säulchen. Das Dach bestand aus acht Marmorplatten, darauf noch ein Knauf mit Kreuz. Es entspricht damit dem Normaltypus eines Altarziboriums (vgl. Abb. 51, Ponzano Romano) im 12. Jahrhundert.

Das Paviment ist in seiner Substanz zwar weitgehend erneuert, folgt aber in der Zeichnung ganz dem Schema der Paulus-Gruppe; ein Mittelweg bestehend aus einem Muster von Kreisschlingen[72]. Im

---

[66] Die Inschrift ist wiedergegeben nach Besozzi (1750) S. 31f.; Weitere Überlieferung: Panvinio, Cod. Vat. lat. 6781 f. 122v; Terrebilinus Cod. Casanat. Vol. III f286; Bibl. Vallic. G 28 f2; Gualdi Cod. Vat. lat. 8253 f135v; Stevenson Cod. Vat. lat. 10581 f15. Forcella VIII S. 186 Nr. 409; De Rossi 1875 S. 125 zitiert die Signatur nach Panvinio ohne das Schluß-R. Ortolani[2] S. 33 ergänzt das Schluß-R als R(omae). Daß der Zusatz „Romanus“ bei einem Werk in der Stadt gemacht wird, ist eine Merkwürdigkeit, die nur am Ende des 13. Jahrhunderts am Grab Kardinal Gonsalves von Johannes Cosmati wieder zu beobachten ist. Siehe S. 229ff.

[67] Ortolani[2] S. 20; (Ortolani[1] S. 15); auch Besozzi 1750 S. 107.

[68] Liber Pontificalis, Duchesne II S. 355; Johannes Diaconus beschreibt die Restaurierung „de ruinis a fundamento, praeclaro et admirando opere renovavit“ Mabillon, Museum (1724) II S. 568. Die Reliquie, die in einem Depositorium über dem Triumphbogen verschlossen war, trug das Verschlußsiegel des Papstes noch aus seiner Kardinalszeit. Das scheint mir ein Hinweis darauf, daß der Bau schon vor 1144 weitgehend fertiggestellt war.

[69] Hutton S. 33 hängt an die Signatur des Datum MCXLIII — ohne allen Grund. Hubaldus war zu dieser Zeit noch nicht einmal Kardinal. Krautheimer I S. 169 und nach ihm Glass Diss. S. 206ff. und Glass BAR S. 89ff. nehmen aus mir unbekannten Gründen eine feste Datierung 1148 an.

[70] Ciampini, De sacris aedificiis I Tab. IV S. 8f.

[71] Besozzi 1750 S. 31f.

[72] Glass BAR S. 80 mutmaßt, daß die Kreisschlingenmuster im Bereich der ehem. Schola Cantorum, die in der Substanz alt sind, ursprünglich aus dem westlichen Langhaus stammen. Mit ihnen hätten die Schäden, die durch die Beseitigung der Schola Cantorum entstanden waren, ausgeglichen werden sollen. Die heutigen Kreisschlingen im westlichen Langhaus seien dann eine relativ moderne Angleichung an das mittelalterliche Bild. Besozzi 1750 S. 35 hatte den Zustand des Pavimentes, wie er

westlichen Teil des Langhauses, vor dem Ort der ehemaligen Schola Cantorum, ist der Weg wie in den anderen Kirchen dieser Gruppe durch einen großen Fünfkreis unterbrochen.

Paulus-Söhne (Johannes, Petrus, Angelus und Sasso) in S. Lorenzo fuori le mura, Rom[73]. Trotz einer Translozierung und zweier tiefgreifender Restaurierungen der Bekrönung haben sich große Teile des Altarziboriums von S. Lorenzo fuori le mura (Abb. 11) aus dem Jahre 1148 erhalten. Auf den Architraven liest man die Stifter- und Künstlernamen sowie das Datum[74]:

Innen am östlichen Balken:

ANN · D · M C XL VIII EGO HUGO HVMILIS ABBS HOC
OPVS FIERI FECI

und am westlichen Balken:

IOHS PETRVS ANGLS ET SASSO FILII PAVLI MARMOR
HVI' OPIS MAGISTRI FVER

Die Position des Ziboriums (und des Hauptaltares) ist nicht die des 12. Jahrhunderts[75]. Die heutigen Ostteile der Kirche sind der ursprüngliche, gewestete Kirchenraum des 6. Jahrhunderts (Pelagius-Bau)[76]. In dem Sanktuarium dieses spätantiken Kirchenraumes, einige Meter weiter westlich und auf tieferem Niveau als in der heute bestehenden Anlage des 13. Jahrhunderts, hatte das Ziborium seinen ursprünglichen Platz[77]. Als man dann unter Honorius III (1216—27) im Westen eine große Basilika anbaute und die Pelagianische Kirche zum Sanktuarium machte, wurde der Hauptaltar in seiner Richtung umorientiert[78]. Die Neueinrichtung der Krypta und des erhöhten Sanktuariums geht dann erst auf die Stiftungen unter Innocenz IV (1243—54) zurück[79]. Diese äußerst prächtige Ausstattung, wahrscheinlich ein Werk Vassalletos, hat den Altarbaldachin der Paulus-Söhne wohl vor allem deshalb unverändert in ihr Konzept übernommen, weil er besonders kostbar ist[80]. Vier rote Porphyrsäulen tragen in der Größe sehr gut passende, antike korinthische Kapitelle: Spolien also und somit ein Kennzeichen der römischen Renovatio der ersten Hälfte des 12. Jahrhunderts, in der man antike Größe vor allem dadurch wiederherzustellen versuchte, daß man Antike substantiell als Spolie einsetzte[81].

sich kurz vor der Erneuerung 1743/44 bot, folgendermaßen beschrieben: „Tutto il pavimento della chiesa eccettuatane quella parte della Nave maggiore, in cui anticamente eravi il coro" (= Schola Cantorum)", come pure il pavimento della Tribuna, era formato, come sogliono dir li Latini, opere Tesselato, cioè composto di varj piccioli pezzetti di pietra di diverso colore con singolare artificio fra loro uniti, ed a sito a sito per maggior consistenza, e sodezza con lastre di marmo interrotti".

[73] Lit.: Promis (1836) S. 8; Didron (1855) S. 172; Stevenson, Mostra S. 171f.; Clausse, Marbriers S. 132; Bessone S. 13; Hutton S. 33; Krautheimer II S. 1ff.; A. Muñoz, La basilica; P. Giuseppe da Bra, San Lorenzo fuori le mura, Roma 1952; G. Matthiae, San Lorenzo fuori le mura (Le chiese die Roma illustrae 89) Roma 1966; Glass BAR S. 101ff.

[74] Die Inschrift ist in vielen epigraphischen Sammlungen verzeichnet: Suárez Cod. Vat. lat. 9140 f118v; Panvinio Cod. Vat. lat. 6780 f35; außerdem Forcella XII S. 510 Nr. 565.

[75] Matthiae, S. Lorenzo S. 86 und S. 105.

[76] Über den Bau Pelagius II (579—90) Krautheimer II S. 1—144.

[77] Matthiae, S. Lorenzo S. 86, S. 105f. schreibt, man habe bei dem Heiligengrab eine Erhöhung in den Grundmaßen des Ziboriums gefunden. Die verschiedenen Studien der westlichen Veränderungen im 12. Jahrhundert sind nach den sehr kompliziert zu lesenden Grabungsbefunden von Richard Krautheimer und Paul Frankl in tentativen Rekonstruktionszeichnungen dargestellt worden. Krautheimer II S. 128 ff. Fig. 123. Der Hauptaltar mit dem Ziborium von 1148 stand nach dieser Rekonstruktion in einem querhausartigen Rückchor, der im Westen anschloß und durch die Öffnung der beseitigten Pelagianischen Apsis mit dem östlich anschließenden Kirchenraum (und dem Heiligengrab) kommunizierte.

[78] Krautheimer II S. 1—S. 114.

[79] Schröder, Kunstfördernde Tätigkeit, S. 38.

[80] Vgl. auch S. 138ff. über die mutmaßliche Vassalletto-Werkstatt in S. Lorenzo.

[81] Monumente sind die Casa Crescenzi und S. Maria in Trastevere (1148 vollendet). Malmstrom, Speculations S. 59 glaubt allerdings, daß auch schon die ionischen Kapitelle von S. Maria in Trastevere mittelalterliche Kopien sind. Nach eigener Anschauung hatte ich diese immer für antik gehalten (im 19. Jahrhundert überarbeitet).

Erhalten vom Werk der Paulus-Söhne sind heute nur noch die Architravbalken mit ihren abgetreppten Profilen und das erste, quadratische Freigeschoß mit jeweils sieben Säulen an jeder Seite. Ansichten aus dem 18. und dem frühen 19. Jahrhundert zeigen darüber eine barocke Kuppel mit einem aufgesetzten Laternengeschoß[82]. Das zweite Freigeschoß, die Bedachung und die achteckige Laterne darüber sind also historisierende Ergänzungen des 19. Jahrhunderts. Immerhin läßt eine Darstellung des gleichen Baldachintypus in den Wandmalereien des 13. Jahrhunderts in der Vorhalle von S. Lorenzo den Schluß zu, daß die Rekonstruktion in den Grundzügen richtig ist[83]. Verglichen mit anderen Ziborien sind nur die Säulchen im zweiten Freigeschoß zu lang geraten[84].

Paulus-Söhne (Johannes, Petrus, Angelus und Sasso) in SS. Cosma e Damiano, Rom[85]. Als SS. Cosma e Damiano 1631 unter Urban VIII (1623—44) „horizontal" in eine kryptenartige Unterkirche auf dem Fußbodenniveau des 12. Jahrhunderts und darüber eine Oberkirche geteilt wurde, zerstörte man die mittelalterliche Ausstattung bis auf wenige Teile[86]. Aus Panvinios Beschreibung wissen wir, daß außer dem teilweise erhaltenen Paviment eine Schola Cantorum mit zwei Ambonen vorhanden war[87]. Außerdem: „Altare maius quattor habet columnas, quibus marmoreum ciborium substeatur, nigri albique colorie, ingentis valoris; sub eo sunt corpora sanctorum Cos(me) et Dam(iani), Antimj, Leontij et Eurepij"[88].

Das einstufige Podest für den Altar und das Ziborium sowie der Altar selbst haben sich in der Krypta unangetastet von größeren Restaurierungen erhalten. Daß das Ziborium die Signaturen des Stifters und der Künstler trug, weiß man aus einer Reihe von barocken Inschriftensammlungen[89]. Daß aber der Architrav mit beiden Signaturen erhalten ist und offen neben dem Eingang zur „Presepe" liegt, ist allen Bearbeitern bisher entgangen. Man liest an der Innenseite des wohlerhaltenen Marmorbalkens in sehr sorgfältiger Kapitalis:

GVIDO DIAC̄ CARD̄ HVĪ ECCL'E ET APL'ICE SEDIS CANCELL' HOC OPUS FIERI FECIT

IOH'ES PETRVS ANGEL'S SASSO FILII PAULI
HUIVS OPERIS MAGISTRI FVERVNT

Wahrscheinlich folgte auf dem anschließenden Architrav eine Datierung, die aber schon im Barock verstümmelt war[90]. Kardinal Guido starb 1149[91]. Seine großartige Grabinschrift und wahrscheinlich sein Grab (Abb. 118, 119) sind bekannt[92]. Ich nehme an, daß die Marmorausstattung und das Ziborium erst kurz vor seinem Tode entstanden, denn es ist wahrscheinlich diese Ausstattung, die von Hadrian IV (1154—59) neugeweiht wurde[93]. Dem erhaltenen Architrav und der Beschreibung von Panvi-

---

[82] Z.B. die Zeichnung von Bunsen 1823, abgebildet bei Muñoz, La basilica S. 25.
[83] Vgl. Rohault de Fleury, La messe II S. 29.
[84] Vgl. Abb. 51: Ponzano Romano.
[85] Lit.: Panvinio Cod. Vat. lat. 6780f. 45; Ugonio, Stazioni (1588) S. 180; Gualdi, Cod. Vat. lat. 8254 f. 351; De Rossi 1867 S. 66; Giovannoni, Opere S. 279; Biasotti/Whitehead, Cosma e Damiano; Krautheimer I S. 137ff; P. Chioccioni, La basilica e il convento dei Santi Cosma e Damiano in Roma, Roma 1963 S. 71ff; Glass, Diss. S. 199f; Glass BAR S. 86f.
[86] Chioccioni, La basilica S. 115ff.
[87] Panvinio Cod. Vat. lat. 6780 f. 45. Die Transkription des sehr unleserlichen Manuskripts stammt von Stanislao Legrelle, abgedruckt in Biasotti/Whitehead, Cosma e Damiano S. 111: „Pavimentum omne marmoreum fuit, nunc pars maior advulsa, habet in medio chorum cum duobus pulpitis marmoreum, tesselato opere et prophyreticis ac serpentinis lapidibus ornatum".
[88] Biasotti/Whitehead, Cosma e Damiano S. 111.
[89] Gualdi Cod. Vat. lat. 8254 f. 351.
[90] Gualdi schreibt: Guido Diac. Card. huius Eccles. et Apostolice sedis Cancell. Hoc opus fieri fecit anno DNI MC...
[91] Zenker, Kardinalskollegium S. 146ff. Sonst wird häufig 1153 als Todesdatum genannt.
[92] Vgl. S. 104ff. Die Grabinschrift (ohne die Signatur des Romanus Basilletti) in Forcella IV S. 64.
[93] Liber Pontificalis, ed. Duchesne II S. 396.

nio nach zu schließen, glich das Ziborium dem von S. Lorenzo. Wieder sind die Säulen aus erlesenem Material — wahrscheinlich antike Spolien. Was vom Paviment im Altarbereich erhalten ist, dürfte nach Dorothy Glass im 12. Jahrhundert entstanden sein. Es weist Ähnlichkeiten mit den Mustern in S. Clemente (Abb. 7) und S. Crisogono — beide Paulus-Gruppe — auf. Ungewöhnlich ist der Altar. Das Sanktuarium ist nicht in der römischen Weise erhöht, um eine Confessio unter dem Altar zu ermöglichen, sondern die Confessio ist dem Altarstipes inkorporiert[94].

Außer bei dem Reliquienaltar in der päpstlichen Kapelle Sancta Sanctorum kenne ich dafür in Rom keine Parallele. Der Altar ist auch ungewöhnlich klein und besteht aus auffällig schwarz-weiß geädertem Marmor. Es ist gut denkbar, daß Teile einer früheren liturgischen Ausstattung wieder Verwendung fanden. Nicht zu den Werken der Paulus-Söhne gehört ein gedrehter mosaikinkrustierter Osterleuchter in der heutigen Oberkirche[95]. Er stammt wie ein Tabernakelschränkchen aus dem fortgeschrittenen 13. Jahrhundert.

Paulus-Söhne (Johannes, Petrus, Angelus und Sasso) in S. Marco, Rom[96]. Als Kardinal Quirini gegen 1736 die Innenausstattung von S. Marco und besonders den Altarbereich erneuern ließ, zerstörte er ein Altarziborium des 12. Jahrhunderts[97]. In einer Anzahl von leicht variierenden Transskriptionen ist die Stifter- und Künstlerinschrift überliefert worden[98]. Die Datierung wurde z. T. 1153 gelesen (so bei Forcella), z. T. als 1154 — wie in der rekonstruierenden Redaktion der Inschrift von De Rossi, die hier wiedergegeben wird[99]

IN N.D. MAGISTER GIL PBR CARD S MARCI IVSSIT HOC FIERI PRO REDEMPTIONE ANIME SVE ANN. DNI M C L III IND. II
FACTUM EST PER MANVS IOHIS PETRI ANGELI ET SASSONIS FILIOR PAVLI

Den Beweis dafür, daß es sich wieder um ein Ziborium des schon bekannten Typus gehandelt hat, bieten zehn Säulchen, die in die linke Wand der Portikus vermauert wurden. Sie weisen drei verschiedene Maße auf: Es sind vier längere, zwei mittelgroße und vier kleine Säulen. ganz offensichtlich handelt es sich um Reste des ersten, viereckigen und des zweiten oktogonalen Geschosses sowie der abschließenden Laterne[100]. Andere Teile der Ausstattung des 12. Jahrhunderts sind nicht erhalten[101].

---

[94] Zu diesem Altartypus Braun, Altar S. 194, der den Altar als ein Werk aus der Zeit Felix IV (526—30) ansieht. Auch Rohault de Fleury, La messe I S. 220 Pl. 82 mit einer Datierung ins 12. Jahrhundert.

[95] Chioccioni, La basilica S. 90 hält fälschlich auch das Wandtabernakel und den Osterleuchter für ein Werk der Paulus-Söhne.

[96] Lit.: Ugonio, Stazioni S. 158; Martinelli, Roma ex ethnica sacra 1653 S. 171ff.; De Rossi, 1875 S. 125; Clausse, Marbrier S. 132; P. Dengel, M. Dvorak, H. Egger, Der Palazzo di Venezia in Rom, Wien 1909; P. Dengel, Palast und Basilika San Marco in Rom. Aktenstücke zur Geschichte, Topographie, Bau- und Kunstgeschichte des Palazzo di San Marco, genannt Palazzo di Venezia und der Basilika von San Marco in Rom, Rom 1913; F. Hermanin, San Marco, Roma 1932 (Le chiese di Roma illustrate 30); Armellini/Cecchelli S. 561; Bessone S. 13f.; Hutton S. 33; Glass, Diss. S. 237ff.; Glass BAR S. 104ff.

[97] Zur Bau- und Restaurierungsgeschichte von S. Marco P. Dengel, M. Dvorak, H. Egger, Der Palazzo di Venezia in Rom, Wien 1909; P. Dengel, Palast und Basilika San Marco in Rom, Rom 1913; F. Hermanin, San Marco (Le chiese di Roma illustrate 30) Roma 1932; Krautheimer II S. 216f.

[98] De Winghe, cod. Menestrier f. 222; Bibl. Vat. Cod. Chigi II V 167 f. 322v; Ugonio: Bibl. Vat. Cod. Barb. lat. 1994 f. 487; ,,in ciborio; IN N.DNI Magyster Gil pbr Card. S. Marci iussit hoc fieri pro redemptione anime sue. Ann. DNI MCLIII Ind. II factum per manus Johis Petrus Angeli et Sassoni filii Pauli"; Gualdi: Cod. Bat. lat. 8253 f. 379/80: ,,Mag. Gilibertus prb. Card. Tit. S. Marci iussit" (Ein Gigilbertus, presb. card. Marci ist 1143 und 145 bezeugt, Pflugk, Acta I S. 171 und 176); Forcella IV S. 345 Nr. 818. Hutton S. 33 verwechselt die Inschrift von SS. Cosma e Damiano mit der von S. Marco.

[99] De Rossi 1875 S. 125. Er bezieht sich dabei auf die Inschriftensammlung de Winghes (siehe obige Anm.), die sich damals in seinen Händen befand, und eine anonyme, spanische Inschriftensammlung (Cod. Chigi I.V 167). Zu den Reliquienübertragungen unter Eugen III in S. Marco besonders Martinelli, Roma ex ethnica sacra 1653 S. 171ff.

[100] Das Ziborium glich damit dem Typus, wie er in Ponzano Romano (Abb. 51) erhalten ist.

[101] Ein kleiner Löwe, der bis 1981 am Hauptportal seinen Platz hatte, gehört sicher einer Ausstattungsphase des 13. Jahrhunderts an. Im Frühjahr 1982 war er verschwunden.

Das Paviment ist vielfach restauriert und nur in einigen Feldern noch dem Grundbestand der Paulus-Söhne zuzurechnen[102].

c) NICOLAUS DE ANGELO

Seit den Untersuchungen, die Carlo Promis 1836 veröffentlicht hat, gilt Nicolaus de Angelo als Sohn des Angelus filius Pauli[103]. Für diese Einbindung eines der bedeutendsten Marmorkünstler Roms in die Paulus-Familie spricht außer der Identität des Vaternamens mit einem der Paulus-Söhne auch die Chronologie: die erhaltenen Werke des Nicolaus stammen aus der zweiten Hälfte des 12. Jahrhunderts. Ein Nachweis der Familienzusammengehörigkeit ist das aber nicht. Auch hat sich in seinen gesicherten Werken nichts erhalten, was mit den Arbeiten der Vätergeneration zu vergleichen wäre. Trotzdem ist die Einbindung in die Familie des Paulus wahrscheinlich.

Gegenüber den überlieferten Werken der Paulus-Söhne nimmt sich das Oeuvre des Nicolaus de Angelo sehr uneinheitlich aus. Er signierte sowohl architektonische Werke am Außenbau (einen Turm und eine Vorhalle) als auch Innenausstattungen: einen Altarbereich (?) und einen Osterleuchter. Nur weniges ist erhalten: der Turm in Gaeta (Abb. 12) und der Osterleuchter in S. Paolo fuori le mura (Abb. 26). Und hätten wir nicht die Signaturen, niemand käme auf die Idee, in diesen unvergleichbaren Werken die gleiche Hand zu sehen. Das wenige, was wir über den Künstler aus seinen erhaltenen oder überlieferten Werken schließen können, spricht für eine äußerst vielseitige Persönlichkeit von großer innovatorischer Kraft. Er ist der erste der römischen Marmormeister, der außerhalb des engeren römischen Gebietes arbeitet. Der Größe seiner Aufgaben nach zu urteilen, ist er auch der erste, der eine umfangreiche Werkstatt, eine „Bauhütte", zu leiten hatte. Es ist zu vermuten, daß unter der Regie des Nicolaus einige der anderen römischen Meister seiner oder der nachfolgenden Generationen gearbeitet und gelernt haben.

Nicolaus de Angelo in Gaeta, Kathedrale SS. Erasmo e Marziano[104]. Das hohe Untergeschoß des Turmes (Abb. 12), das gleichzeitig Portalvorhalle und monumentaler Treppenaufgang ist, trägt an der Außenseite des mächtigen inneren Gurtbogens eine Signatur[105]. Man liest sie auf den beiden Keilsteinen (Abb. 13), die einen skulpierten Johannesadler auf dem Scheitelstein flankieren

NICO	LA N
ANGE	LV RO
MANV	MAG
STER M	FECIT

---

[102] Glass, BAR S. 104ff.

[103] Promis S. 9. Ausführlich über Nicolaus de Angelo zuletzt Bassan S. 120f., Anm. 10.

[104] Lit.: P. Fedele, Un'iscrizione del campanile di Gaeta, in: Boll. della Soc. Filol. Romana 3, 1902 S. 13f.; S. Ferraro, Memorie religiose e civili della città di Gaeta, Napoli 1903; P. Fantasia, Sui monumenti medioevali die Gaeta e specialmente sul Campanile e sul Candelabro, in: Annali de Reale Istituto Technico di Napoli 1916—17, 1917—18 (1920); Giovannoni, Opere S. 280; Serafini, Torri S. 125ff.; Bessone S. 14f. und 137ff.; S. Aurigemma, A. de Santis, Gaeta, Formia, Minturno, Roma 1955 1964²; G. Frengo, Il Campanile di Gaeta, in: Napoli Nobilissima 8, 1969 S. 154ff.; F. Colozzo, M. di Mauro, E. Vaudo, Il Campanile del Duomo di Gaeta, Gaeta 1972; A. Giordano, La Cattedra Episcopale di Gaeta, Gaeta 1972.

[105] Die Inschrift wurde 1902 durch Salvatore Ferraro unter einer Schmutzschicht entdeckt. S. Ferraro, Memorie religiose e civili della città di Gaeta, Napoli 1903 S. 123ff.; Eine ältere Abschrift der Signatur bewahrt das Archivio Capitolare in Gaeta, siehe F. Colozzo, M. Di Marco, E. Vaudo, Il Campanile del Duomo di Gaeta, Gaeta 1972 S. 50; In Rom wurde der wichtige Fund sofort durch Pietro Fedele, Un'iscrizione del campanile di Gaeta, in: Boll. della Soc. Filol. Romana 3, 1902 S. 13f. bekannt gemacht. Außerdem P. Fantasia, Sui monumenti medioevali di Gaeta e specialmente sul Campanile e sul Candelabro, in: Annali de Reale Istituto Tecnico di Napoli 1916/17—1917/18 (1920); Giovannoni, Opere S. 280; Serafini, Torri S. 125ff. Bessone S. 14f. und 137ff; S. Aurigemma, A. De Santis, Gaeta-Formia-Minturno, Roma 1955, 1964²; G. Frengo, Il Campanile di Gaeta, in: Napoli Nobilissima 8, 1969 S. 154ff.

Eine sichere Auflösung der Satzstruktur und der Abkürzungen ist bisher nicht erfolgt[106]. Sicher ist aber, daß das N der ersten Zeile als NATV ergänzt werden darf. Das M der letzten Zeile hat man bisher als MARMORIUS gelesen; ich schlage dagegen ME vor. So bekommt die Tätigkeit des Künstlers ein Objekt. Der Sinn der Inschrift ist in jedem Falle klar: es signiert ein Meister Nicolaus, Sohn des Angelus, von römischer Abkunft.

Seit man die Inschrift kurz nach der Jahrhundertwende wiederentdeckt hat, ist sie als Signatur des Architekten interpretiert worden[107]. Man bezog das Testament des Pandulphus Pelagrosius aus dem Jahr 1148, in dem der Kathedrale der Baugrund für den zukünftigen Glockenturm (und die Treppe) zur Verfügung gestellt wird, auf den Baubeginn des Turmes unter Nicolaus de Angelo[108]. Ein Datum, das reichlich früh liegt, nicht nur, wenn man bedenkt, daß die früheste überlieferte Signatur des mutmaßlichen Vaters Angelus ebenfalls aus dem Jahre 1148 stammt, sondern auch beim Vergleich mit anderer Architektur: Spitzbogen, wie die im Portalgeschoß des Turmes, sind noch im ausgehenden 12. Jahrhundert äußerst selten im südlichen Italien. Das Datum steht für einen Moment, in dem zwar eine Bauabsicht vorlag, mit dem Bau aber noch nicht begonnen worden sein kann. Es gibt einen *terminus post quem* an, sagt aber nichts über den tatsächlichen Baubeginn aus. Fertiggestellt wurden die Obergeschosse des Turmes jedenfalls erst in der zweiten Hälfte des 13. Jahrhundert[109].

Das Turmuntergeschoß weist Nicolaus de Angelo nicht nur als veritablen Architekten aus. Die Art der Signatur zuseiten des Johannesadlers spricht dafür, daß hier gleichzeitig ein ausgezeichneter Bildhauer signiert hat. Architektur und Skulptur sollen im Folgenden kurz charakterisiert werden. Das hohe Untergeschoß des Turmes (Abb. 12) überwölbt mit seiner Vorhalle eine steile Treppenanlage, die den am Hang errichteten Dom vom Niveau der Unterstadt und vom Hafen aus zugänglich macht. Nur das erste Joch mit seinen beiden mächtigen Gurtbögen und einem Kreuzgratgewölbe trägt den Turm. Das zweite leitet über zu einer gewölbten Apsidiole über der Nische des Portals[110]. Die ungeheuer massive Konstruktion ist aus den Blöcken antiker Bauten errichtet. Die Spolien sind z.T. so versetzt, daß man ihre Zierglieder außen sehen kann. Besonders die Sockel und die Ecksteine sind durch solche Stücke ausgezeichnet, deren antike Epigraphik deutlich sichtbar ist. Trotz des Spitzbogens, der

[106] Entweder es handelt sich um eine Häufung von Nominativen Nicolaus natus Angelus Romanus Magister me fecit — in dieser Eigentümlichkeit ist die Signatur der Künstlerinschrift des Romanus filius Constantinus marmararius im Kreuzgang von Monreale (sp. 12. Jahrhundert s. S.236f. verwandt — oder ein dialektgefärbtes Volgare hat das Schluß-O des Ablativs in ein U verwandelt. Man müßte dann lesen: Nicola(us) nato Angelo Romano Magister me fecit. Die Interpretation von Colozzo etc., Campanile S. 52ff., es habe ein Angelus, ein sonst unbekannter Sohn des Nicolaus de Angelo signiert, entbehrt jeder Grundlage.

[107] Siehe Ferraro, Fedele und Serafini.

[108] Zuletzt Colozzo S. 59ff. mit dem ausführlichen Text der Urkunden und einer italienischen Übersetzung. Eine Notiz im Codex Diplomaticus Cajetanus überliefert: CCCXXXIX Pandulphus Palagrosius filius D. Landulphi Magnifici dat Ecclesiae Cathedrali portionem terrae ante domum suam sitae, necessariam in Opere Campanarii et Gradus eiusdem. Mense Ianuario Indictione undecima Cajetae.
An. 1148 In Nomine Domini etc. Cartulam concessiones et traditiones seu donationes scribi et firmari factio Ego Panduluphus Palagrosius vir honestus filius Domni Landulfi magnifici bone memorie; etc. ...dono trado atque concedo in tua videlicet Ecclesia Sancte Dei genitricis et virginis Marie episcopii caietani, terram quidem de publico quam dominus Iohannes Senior huius Civitatis michi pro utilitate aspectuum domibus meis donavit prout carta publici Notarii declarat et manifestat; Itaque eamdem terram in prephata ecclesia trado, dono atque concedo quantumcumque in opere videlicet Campanarii et Gradus eiusdem, necesse fuerit; etc.

[109] Colozzo S. 74f.

[110] Eine Nische als Umraum des Portals ist mir in dieser reinen Form nicht ein zweites Mal bekannt. Vergleichen könnte man die Westportale von S. Marco in Venedig, besonders die drei Portale im Inneren des Narthex, die noch aus dem 11. Jahrhundert stammen. In Deutschland ist das Doppelportal von St. Emmeram in Regensburg als Nische ausgebildet.

[110a] Eine Geschichte des Spitzbogens im südlichen Italien ist noch nicht geschrieben worden. Gaeta gehört in jedem Falle zu den frühen Beispielen. Islamische Einflüsse liegen besonders nahe. Die ursprünglich siebenschiffige Kathedrale dürfte eher einer Moschee geglichen haben als einer christlichen Kirche. Über den ursprünglichen Zustand A. Giordano, La Cattedra Episcopale di Gaeta, Gaeta 1972, S. 17. Eine rekonstruierte isometrische Ansicht der Kirche im Mittelalter mit Spitzbogenarkaden bei Colozzo, Il campanile. Angebundener Faltplan.

in seiner Stelzung an islamische Einflüsse denken läßt, ist die Antikenähe der Architektur groß[110a]. Die Front wirkt mit ihren eingestellten Säulen und dem weit vorragenden, umlaufenden Kämpfergesims wie ein übersteilter Triumphbogen. Im Inneren sieht man, daß mächtige Wandpfeiler, in deren Ecken antike Säulen gestellt sind, die Gurtbögen des Gewölbes tragen. Dabei ist das Sockelniveau der inneren Gewölbevorlagen der ansteigenden Treppe folgend erheblich erhöht. Den Spitzbogen am Außenbau umzieht ein fein ornamentiertes Gesims, bestehend aus Zahnschnitt, Eierstab und wiederum Zahnschnitt, das von zwei Konsolen in Form von Akanthusvoluten getragen wird. Diese antikenahe Gesimsornamentik verbindet die Architektur mit einer Reihe von Bauten in Campanien, die im ausgehenden 11. oder im 12. Jahrhundert entstanden sind[111]. Ein weit ausladendes und ebenfalls mit Zahnschnitt ornamentiertes Gesims schließt das Untergeschoß des Turmes ab. Der Triumphbogen des Eingangs, die acht antiken Säulen, die monumentale Treppe und schließlich die Nische, in die das Portal eingeschnitten ist, alles das sind Motive mit einem starken Bezug zu antiker Hoheitsarchitektur. Mir ist kein zweites mittel- oder süditalienisches Beispiel bekannt, das so starke Mittel einsetzt, um ein Kirchenportal zu akzentuieren.

Mit der römischen Baupraxis des 12. Jahrhunderts hat der Turm nichts gemein[112]. Der römische Künstler hat die Aufgabe, die ihm gestellt worden war, in der Sprache seiner Auftraggeber erfüllt. Die campanische Ornamentik und der Spitzbogen beweisen, daß er sich im Süden gut auskannte und auf der Höhe der Baugewohnheiten seiner Zeit stand. Die Art, in der die antiken Hoheitsformen der Architektur kombiniert und eingesetzt sind, beweisen aber, daß unser Marmorarius nicht blind durch Rom gegangen ist. In Gaeta bot sich eine Aufgabe, deren Anspruch und Monumentalität nicht mit den üblichen Arbeiten in römischen Kirchen zu vergleichen ist. Nicolaus de Angelo hat diese Aufgabe mit großer Kompetenz gelöst. Diese Mimikry, die mit der Kunstlandschaft auch die künstlerische Form wechselt, muß den Kunsthistoriker bedenklich stimmen, der nur seinem Auge vertrauend, eine persönliches Oeuvre für einen mittelalterlichen Künstler zusammenzustellen sucht. Man kann niemals sicher sein, daß z.B. ein „Cosmat", der die römischen Gebiete verläßt, um sein Brot in Süditalien zu verdienen, hier als solcher zu erkennen wäre.

Der Johannesadler im Gewölbe (Abb. 13), den die Signatur einrahmt, ist, für sich genommen, eine virtuos gemeisterte Skulptur. Er wurde eindeutig für diese Stelle gearbeitet, wenn er auch wahrscheinlich nicht ein Stück mit dem Keilstein ist: Die Höhenmaße und auch der Flügelkontur passen sich sehr genau der Keilform des Steines an. Das Bruchstück einer Kanzel scheidet als ursprüngliche Bestimmung aus, denn der freiplastisch gearbeitete Kopf mit dem flachen Nimbus kann nicht als Stütze eines Lesepultes fungieren[113]. Der Adler wendet sich zur Seite und hebt im Fluge die Fänge mit der

[111] Dazu gehören die Kathedralen von Aversa und Salerno, D'Onofrio, Pace, Campania; Vor allem V. Pace, Campania XI secolo, Tradizione e innovazioni in una terra normanna, in: Romanico Padano — Romanico Europeo, Atti del Convegno internazionale Modena/Parma 1977, Parma 1982.

[112] Man könnte allenfalls das aus römischen Spolien errichtete Untergeschoß des Campaniles von SS. Giovanni e Paolo (Abb. 35) erwähnen, eine Kirche, deren Fassade ich in wesentlichen Teilen Nicolaus de Angelo zuschreiben möchte. Siehe unten S. 32f.

[113] Im Dommuseum von Gaeta werden Bruchstücke einer Kanzel aus dem späten 12. Jahrhundert bewahrt, darunter ein Adam, von der Schlange umwunden, und ein Adler als Pultträger. L. Salerno, Il museo diocesano di Gaeta e Mostra di opere restaurate nella provincia di Latina, Gaeta 1956; wichtig für die Beurteilung kampanischer Kanzeln W. F. Volbach, Ein antikisierendes Bruchstück von einer kampanischen Kanzel in Berlin, in: Jahrbuch der Preußischen Kunstsammlungen 53, 1932 S. 183ff.; auch Glass, Romanesque Sculpture. Es ist m.W. bisher nicht geklärt, wann die beiden wunderbaren Treppenwangen mit Jonasszenen (Abb. 15, 16), die zu einem Ambo gehört haben, an die Seitenwände der Turmhalle versetzt worden sind. Dem Stil nach können sie um 1200 entstanden sein. Glass, Romanesque Sculpture S. 320 Anm. 54 datiert sie in die erste Hälfte des 13. Jahrhunderts. Vgl. auch D. Glass, Jonah in Campania, in: Commentari 27, 1976 S. 179—93. Es ist nur eine Hypothese und eine gewagte dazu, die sich mir in der Vorhalle aufgedrängt hat: Wäre es nicht möglich, daß die Jonasreliefs ihren Platz schon bald nach ihrer Entstehung an der Treppe gefunden hätten? Die auffällige Inkongruenz der Längenmaße wäre in diesem Fall leichter zu erklären als bei einem symmetrisch angelegten Ambo vom Typ Ravello. Vielleicht gab man den Kanzelplan zugunsten einer modernen „salernitanischen" Lösung auf, versetzte aber die schönen Reliefs an eine andere Treppe, nämlich an die des monumentalen Eingangs. Möglicherweise war auch erst eine der beiden Jonasszenen, die linke (Abb. 28), in der Jonas ver-

Schrift, als trüge er eine Beute. Die weit gefächerten Schwanzfedern versuchen, in der anderen Richtung gegenzusteuern. Nur die Flügel sind in ihrer Symmetrie der heraldisch wirkenden Tradition solcher Adlerbilder in Süditalien verpflichtet. Die Bewegung des Körpers erinnert an Darstellungen des Evangelistensymbols in Umbrien oder in Oberitalien[114]. Auch der ornamentierte Nimbus weckt Assoziationen an die großen Bildhauerschulen im südfranzösisch-oberitalienischen Gebiet, an Gilabertus in Toulouse oder Nicolaus in Verona[115]. Ohne weitreichende Reisen des Nicolaus de Angelo postulieren zu wollen, möchte ich doch annehmen, daß der römische Künstler wohlinformiert war über die Architektur und Bildhauerkunst seiner Zeit in Italien. Ein Wissen und Können, das der Auftrag von Gaeta in gewisser Weise freizusetzen half. Mir ist kein zweites bildhauerisches Zeugnis eines römischen Marmorkünstlers im 12. Jahrhundert von solcher Bewegung und technischer Meisterschaft bekannt.

Der Adler ist aber nicht das einzige Zeugnis der Bildhauerkunst des Nicolaus de Angelo in Gaeta[116]. An beiden Ecken der Turmfassade springt außen in Höhe des Spitzbogenscheitels je eine Löwenskulptur (Abb. 14) mächtig hervor. Beide sind mittelalterlich und für diese Stelle geschaffen: Sie sind eins mit den Eckquadern, in die jeweils die Hälfte des Hinterleibes eingeht. Wie die (fast durchweg) späteren Löwen der römischen „Cosmaten" sind sie als liegende gegeben, die Vorderpranken parallel nach vorne gestreckt. Die Wiedergabe der Muskeln an den Schenkeln und die unschematische Behandlung der Mähnenlocken und auch die Art, in der sich der Rachen der Bestien mit hochgezogenen Lefzen öffnet, scheint mir so verwandt mit den Portallöwen von SS. Giovanni e Paolo (Abb. 37) in Rom, daß ich an einen direkten künstlerischen Zusammenhang glaube[117].

Architektur und Skulptur des Turmes von Gaeta geben Nicolaus de Angelo eine Ausnahmestellung unter den römischen Künstlern des 12. Jahrhunderts. Er ist der erste, der nachweisbar außerhalb der engeren römischen Kunstlandschaft gearbeitet hat und den Schritt zum Architekten getan hat. Umso wichtiger ist es, für diesen großen Zuwachs an Erfahrung ein Datum zu haben. Hier stehen wir aber vor offenen Fragen. Außer dem terminus post quem 1148 sind wir auf stilistische Erwägungen und auf die Korrelation mit datierten Werken des Meisters angewiesen. Die übrigen Arbeiten liegen alle im letzten Drittel des Jahrhunderts und ragen möglicherweise noch in die Zeit um 1200 hinein. 1148 ist, wie wir schon angesprochen haben, schon deshalb unwahrscheinlich, weil in dieser Zeit erst die frühesten Signaturen des Vaters überliefert sind. Die Korrespondenz der Formen mit SS. Giovanni e Paolo macht m.E. eine Datierung zwischen 1160 und 1180 wahrscheinlich.

Nicolaus de Angelo in S. Giovanni in Laterano, Rom[118]. Ein bedeutender architektonischer Auftrag an Nicolaus de Angelo ist uns nur aus einer Reihe von Nachzeichnungen (Abb. 19) und einem recht

schluckt wird, fertiggeworden, und man ergänzte die Rettungsszene (Abb. 27) indem man das volle Längenmaß des Turmjoches ausnutzte. Was dieser Hypothese ihren Sinn gibt, ist die Ikonographie: Die Treppe mit der Hoheitsnische spielt mit den Erlösungsszenen der Jonasgeschichte und mit dem Johannesadler des Nicolaus de Angelo im Bogenscheitel deutlich auf das inhaltliche Programm einer Kanzel an. Wenn man die Binnenzeichnung im Gefieder des Adlers (Abb. 13) mit der der Schuppen des Ungeheuers in der Rettungsszene (Abb. 15) vergleicht, kann man nicht ausschließen, daß hier ein künstlerischer Zusammenhang besteht. Allerdings müßte man dann die Tätigkeitszeit unseres Meisters bis zumindest zur Jahrhundertwende verlängern. Der Stil ist ganz und gar kampanisch und von einer Qualität der Ausführung, für die es in Rom kein Äquivalent gibt.

[114] Die Seitenbewegung des Tieres kann man ähnlich an den Fassadenreliefs von S. Eutizio oder in Spoleto am Dom und an S. Pietro beobachten.

[115] B. Rupprecht, Romanische Skulptur in Frankreich, München 1975, Tf. 24 und 25. E. Arslan, La pittura e la scultura Veronese dal secolo VIII al secolo XIII, Milano 1943 fig. 116, 117.

[116] Die Vermutung von Bessone S. 15 und S. 137ff., Nicolaus de Angelo sei auch der Bildhauer der figürlichen Brüstungsplatten aus S. Lucia in Gaeta, ist unbegründet. Die Platten befinden sich heute in Boston. Siehe W. Cahn, Romanesque Sculpture in American Collections IV. The Isabella Stewart Gardner Museum Boston, in: Gesta 8, 1969 S. 47ff. S. 51f. Besonne zählt sogar noch den Osterleuchter von Gaeta, ohne Zweifel ein Werk der zweiten Hälfte des 13. Jahrhunderts, zum Oeuvre unseres Meisters.

[117] Siehe S. 32f.

[118] Lit.: Ugonio Bibl. Vat. Cod. Barb. XXX, 63ff; Caesare Rasponi, De Basilica et Patriarchio Lateranense, Roma 1656 S. 34; Ciampini, De sacris aedificiis Tab. I und S. 12; Frothingham 1886 S. 414ff.; de Rossi, Raccolta S. 306f.; Clausse S.

detaillierten Stich bei Ciampini (Abb. 17) bekannt[119].Es ist die ehemalige Vorhalle an der (östlichen) Hauptfassade von S. Giovanni in Laterano, die das äußere Bild der Papstkirche seit dem späten 12. Jahrhundert bestimmte, bis sie 1732 durch die neue Fassade von Galilei ersetzt wurde. Aber noch in die Barockfassade versetzte man Spolien der mittelalterlichen Portikus — vielleicht einige der antiken Säulen und vor allem die Architravinschrift des 12. Jahrhunderts: DOGMATE PAPALI DATUR AC SIMUL IMPERIALI etc.[120]. Die Signatur des Künstlers ist allerdings verloren. Wenn man dem Ciampini-Strich trauen darf, nahm sie die ganze Breite unterhalb des Architraves an der geschlossenen Mauerfront auf der rechten Seite ein, also eine Länge von nahezu fünf Metern. Die Buchstabengröße entsprach anscheinend der Architravinschrift:

NICOLAUS ANGELI FECIT HOC OPUS[121].

Die Vorhalle des Nicolaus de Angelo nahm nicht die ganze Breite der Lateranfassade ein. Von den beiden südlichen Seitenschiffen blieb mit der Thomaskapelle ein Teil der frühmittelalterlichen Portikus erhalten[122]. Die Höhe der Vorhalle des 12. Jahrhunderts richtete sich nach der Kapelle. Das allein spricht für einen planerischen Kompromiß, der die alte Bausubstanz zu berücksichtigen hatte. Kapelle und Vorhalle bekamen ein einheitliches Pultdach.

Detaillierte Grundrisse (Abb. 18), die im Zusammenhang mit den Umbauplänen Borrominis angefertigt wurden, zeigen, daß die Front der Säulenstellung in einer leichten Schräge zur Fassade verläuft, so daß die äußerste Säule auf der linken Seite vor der Mauer der Thomaskapelle zu stehen kommt[123]. Das wirkt fast so, als habe man erwogen, die Kapelle mit Architrav und der Portikus zu verblenden. Da der Beginn der Inschrift auf dem Architrav aber offenbar nicht beschnitten ist, scheint diese planerische Möglichkeit nicht wahrgenommen worden zu sein. Die Portikus selbst (Abb. 17, 19) bestand aus einem reich gegliederten Marmorarchitrav mit Fries und Gesims über sechs Säulen auf Postamenten mit ionischen Kapitellen. Die zweite Säule von rechts war kanneliert. Statt eines Pfeilers lehnte sich die offene Säulenstellung rechts an ein breites Mauerstück, das von einer rundbogigen Türöffnung durchbrochen war. Das Gebälk führte bis an die Nordecke heran. Seine untere Zone trägt die

136; Giovannoni, Opere S. 280; Lauer, Latran S. 184; Wilpert, Mosaiken S. 210f.; Armellini/Cecchelli II S. 760ff.; Bessone S. 16; Waetzoldt, Kopien S. 36; Hutton S. 33; Matthiae, Pittura Romana II S. 155f.; ders., Pittura Politica S. 61ff.; Buchowiecki I S. 438; Krautheimer, Corpus V S. 12 und 16; Glass, BAR S. 78f.

[119] Ciampini, De sacris aedificiis Tab. I. Die alten Ansichten und Aufmessungen sind von Krautheimer V S. 3ff. und S. 61ff. ausführlich behandelt worden. Die älteste und berühmteste Ansicht ist das Wandbild Giottos ‚der Traum Innocenz III‘ in der Oberkirche von Assisi. Franziskus stützt als Eckpfeiler die wankende Vorhalle der Lateranskirche. Eine der schönsten Veduten ist die des Anonymus Pacetti: Egger, Veduten I Taf. 91; Die früheste, antiquarische genaue Wiedergabe der Portikus findet sich in einem gemalten Medaillon im Lateranbaptisterium, entstanden kurz vor 1644 (Abb. 19). Die Aufnahme stellte mir freundlicherweise Volker Hoffmann, München, zur Verfügung. Zur alten Fassade des Lateran und Borrominis Umbauplänen V. Hoffmann, Die Fassade von San Giovanni in Laterano 313/14−1649, in: Röm. Jb. f. Kg. 17, 1975 S. 1ff.

[120] Zu Inhalt und Datierung der Inschrift siehe S. 24. Teile der Inschrift sind durch Kopien ersetzt worden. Die Originale finden sich im Lapidarium an der Südwand des Kreuzgangs von S. Giovanni in Laterano. Siehe auch Krautheimer V S. 12 und Silvagni, Epigraphica I, 2 No. 1493 pl. XLI, 5; Daß die Inschrift ihrem epigraphischen Charakter nach ins 12. Jahrhundert gehört, ist in jüngster Zeit von Francesco Gandolfo in einem bisher unveröffentlichten Vortrag angezweifelt worden. Ich teile diese Bedenken nicht. Für eine Datierung ins 13. Jahrhundert plädiert auch Bassan S. 120, Anm. 10.

[121] Man sieht unterhalb des Gebälks den zusätzlichen Marmorstreifen, der die Signatur trägt, auch deutlich auf der Ansicht der Fassade im Lateransbaptisterium (siehe oben und Abb. 19). Ciampinis Stich ist also korrekt.

[122] Siehe auch Krautheimer Corpus V S. 16. Die Ansicht vor 1644 im Baptisterium (Abb. 19) zeigt die Wand der Thomaskapelle noch geschlossen und nur durch einige kleine, unregelmäßige Fenster perforiert. Ciampinis Stich und auch die Grundrisse der Borromini-Zeit zeigen dagegen drei offene Arkaden mit Rundbögen. Wenn das nicht Rekonstruktion ist, muß die Thomaskapelle in den vierziger Jahren des 17. Jahrhunderts in eine offene Vorhalle verwandelt worden sein. Im Ordo Romanus des Cencius Camerarius spielt die Thomaskapelle eine Rolle. Siehe Liber Censuum S. 294 b. Siehe auch A. M. Colini, Storia e topografia del Celio nell'antichità, in: Atti della Pontificia Accademia Romana di Archeologia, Serie III Memorie 7, 1944 S. 364f.

[123] Die Grundrisse bei Krautheimer, Corpus V S. 4.

erwähnte monumentale Inschrift. Der breitere Fries darüber war mit seinen Mosaikszenen Träger bildlicher Information. Ein Gesims mit Löwenköpfen bildete den oberen Abschluß[124].

Da einige der architektonischen und ornamentalen Einzelheiten Innovationen sind, muß man sich über die Zeit der Entstehung klar werden. Die Vorhalle ist nicht inschriftlich datiert. Es waren und sind historische Erwägungen, die als Argument herangezogen wurden und werden. Ugonio schloß aus der Übereinstimmung der Portikus-Inschrift „Dogmate Papali . . .“ mit der Apsisinschrift Nicolaus IV (1288—92) aus dem Jahre 1291, daß dieser auch die Vorhalle veranlaßt habe[125]. Dagegen spricht die Signatur des Nicolaus, dessen Oeuvre in der zweiten Hälfte des 12. Jahrhunderts entstanden ist. Außerdem wäre eine antikisierende Portikus mit Architrav im späten 13. Jahrhundert ein Anachronismus. Lauer nahm an, die Vorhalle sei unter Hadrian IV (1154—59) entstanden. Er bezog eine sonst nicht näher bezeichnete Mosaikarbeit, die unter diesem Papst entstanden ist, auf den Mosaikfries der Vorhalle[126]. Clausse vermutet die Zeit Eugen III und gibt das Datum 1153, für das er jeden Bezug schuldig bleibt[127]. Seit Frothingham (1886) die Arbeitsperiode des Nicolaus de Angelo — letztlich ohne Nachweis — in die Zeit zwischen 1150—1181 „festschrieb“, ging man zumeist davon aus, die Vorhalle müsse unter dem Pontifikat Alexander III (1159—81) entstanden sein[128]. Frothingham bringt dafür ein Argument: In der unter Alexander III erweiterten Fassung der Beschreibung der Lateranskirche durch den Diakon Paulus von S. Giovanni ist eben schon die Inschrift „Dogmate Papali . . .“ erwähnt[129]. Da er jedoch nicht schreibt, in welcher Fassung der „Descriptio Lateranensis Ecclesiae“ er die Inschrift wiedergefunden hat, und Valentini-Zucchetti eine Version abdrucken, in der die Inschrift nicht erwähnt ist, müssen doch sehr erhebliche Bedenken gegen dieses Argument angemeldet werden[130].

Eine dezidiert ausgesprochene Meinung hat Guglielmo Matthiae[131]. Die Portikus sei noch unter Alexander III entstanden. Er setzt die Schaffenszeit Nicolaus de Angelos, Frothingham folgend, mit dem Pontifikat des Papstes gleich. Der Mosaikfries (Abb. 20), könne aber erst im Pontifikat Clemens III (1187—91) konzipiert und zur Ausführung gekommen sein, weil die beiden Szenen der Eroberung Jerusalems durch Titus und Vespasian erst nach 1187, nach der Eroberung Jerusalems durch Saladin, ihren Sinn als Kreuzzugsaufforderung bekämen. Dieses auf den ersten Blick einleuchtende Argument soll einer kurzen Kritik unterzogen werden. Eine Stütze für seine These glaubt Matthiae in Platinas Papstkatalog gefunden zu haben. Dieser habe die Portikus-Mosaiken in das Pontifikat Clemens III (1187—91) datiert und stützte sich damit auf eine lebendige Tradition. Nun spricht Platina zwar von Mosaiken, gibt aber keinen Ort an, wo diese Arbeiten in der Laterankirche ausgeführt wur-

---

[124] Ciampini, De sacris aedificiis S. 10—14 beschreibt die Portikus folgendermaßen: „Porticus contignatio sex magnis columnis innititur, tribus puris, totidem striatis, cum capitulis Doricis (!) . . . Peristylium, et corona e Pario marmore sunt. Zophorus vero sat eleganter tessellis compactus, in quasdam areolas, sive lacunas distinguitur, inter quas jacent versicolorum, nec ignobilium marmorum orbiculi crustis conspicui . . .“ Über die Mosaiken siehe unten.

[125] Ugonio, Stazioni (1588) S. 39. Ders. auch Bibl. Vat. Cod. Barb. XXX, 63ff. Rasponi, De basilica S. 34, Ciampini, De sacris aedificiis S. 10f. und Rohault de Fleury, Latran S. 179f. und S. 468 sind in der Datierung Ugonio gefolgt.

[126] Lauer, Latran S. 184. Auch Giovannoni, Opere S. 280, der ein Werk anläßlich der Krönung Friedrich I Barbarossa vermutet. Das ist historisch unwahrscheinlich.

[127] Clausse, Marbriers S. 136.

[128] Frothingham 1886 S. 414ff.

[129] Frothingham 1886 S. 415. Zur Descriptio Lateranensis Ecclesiae des Paulus, Diakon von S. Giovanni in Laterano, Migne PL 194, Sp. 1543—60; Lauer, Latran S. 391ff.; Valentini-Zucchetti III S. 319ff. Frothingham stützt sich offenbar auf die Nachricht von Rohault de Fleury (Latran S. 468), daß Petrus Diaconus den Text wiedergibt.

[130] Es ist hier nicht der Raum, die Ausgaben der „Descriptio“ kritisch zu kommentieren. Auch Valentini-Zucchetti kompilieren und nehmen spätere Zusätze auf, ohne sie als solche zu kennzeichnen. Eine Neubearbeitung des ganzen Quellenkomplexes von historischer und kunsthistorischer Seite wäre dringend erforderlich.

[131] Matthiae, Pittura Romana II S. 155 und ders., Pittura Politica S. 61ff.

den[132]. Wenn ich im folgenden die Beweiskraft der Argumente Matthiaes schwäche, möchte ich damit keineswegs ausschließen, daß die Vorhalle noch zur Zeit Alexanders III erbaut und ihren Mosaikschmuck dann unter den Nachfolgepäpsten erhalten hat. Nur berücksichtigt die bestechende Idee, das ikonographische Programm der Vorhalle sei als Dokument der Trauer über den Verlust Jerusalems und als Aufforderung zur Rückeroberung zu verstehen, nicht die Eigeninteressen und die Selbstdarstellung der Kirche und des Kapitels von S. Giovanni in Laterano. Und diese Interessen, die im polemisch geführten Streit mit dem rivalisierenden Kapitel von St. Peter noch angeheizt wurden, sind m.E. ausschlaggebend für das Bildprogramm. Etwa die Hälfte der Szenen ist in barocken Kopien (Abb. 20) überliefert[133] Zwei zeigen Episoden aus der Eroberung Jerusalems durch Vespasian und Titus. Drei andere Konstantin und Silvester. Eine weitere die Enthauptung Johannes des Täufers. Zwei Szenen sind nicht sicher gedeutet[134]. Konstantin, der Gründer von S. Giovanni in Laterano, seine Taufe und die Darstellung des Titelheiligen sind thematisch eindeutig auf die Laterankirche zentriert[135]. Matthiae geht bei seiner Deutung aber allein von den Szenen der Eroberung Jerusalems durch Titus und Vespasian aus, die er als Anspielung auf den unter Friedrich I Barbarossa 1189—90 unternommenen Kreuzzug auffaßt. Es ist ihm dabei entgangen, daß auch diese Szenen die Eigeninteressen der Laterankirche dokumentieren. Das Kapitel von S. Giovanni in Laterano glaubte sich nämlich in Besitz des salomonischen Tempelschatzes, den Titus und Vespasian im Triumph nach Rom geführt hatten. Unter die wertvollsten Reliquien der Kirche rechnet der schon erwähnte Johannes Diaconus die Bundeslade, den siebenarmigen Leuchter, Moses Gesetzestafeln, Aarons Stab und anderes Tempelinventar[136]. Petrus Mallius, Kanoniker von St. Peter, konnte die Laterankirche ob dieses Erbes in einem polemischen Gedicht als Synagoge betiteln[137]. Im übrigen Zusammenhang dieses Frieses wird völlig klar, daß die Szenen der Eroberung Jerusalems durch Titus und Vespasian auf den Reliquienschatz aus dem Salomonischen Tempel und damit auf dessen legitime Nachfolgerin, die Laterankirche, anspielen. Auch spielt die Portikus-Inschrift „Dogmate Papali datur ac simul Imperiali . . ." natürlich nicht so sehr auf die Errichtung der Portikus und ein aktuelles „Konkordat" zwischen Papst und Kaiser an, sondern auf die Gründung der Abtei unter Konstantin und Silvester[138].

Ob die Harmonie zwischen Papst und Kaiser, der gleichgewichtige Einklang von Regnum et Sacerdotium, der in der Inschrift beschworen wird, aber zu allen Zeiten des 12. Jahrhunderts so programmatisch an die Kirche des Papstes geschrieben worden wäre, erscheint zumindest fraglich. Vor der Aussöhnung zwischen Alexander III und Barbarossa 1177 in Venedig halte ich die Inschrift für anachronistisch[139]. Mehr als zehn Jahre hatte der Papst Rom nicht betreten können. Erst 1178, als

---

[132] In der mir vorliegenden späteren Auflage von Bartolomeo Platina, Le vite de pontefici dal Salvator nostro fino al Paolo II, Venetia 1663 steht über Clemens III S. 339 „. . . e fece una buona spesa nel palagio di Laterano, et adornò anche d'opera di mosaico la Chiesa".

[133] Ciampini, De sacris aedificiis Tab. II; Cod. Vat. Barb. lat. 4423 fol. 14, 15, 16, 17, 18, 19; Rohault de Fleury, Latran II Tav. 8; Lauer, Latran S. 182ff.; Wilpert, Mosaiken S. 210ff. Waetzoldt, Kopien S. 26 und Abb. 83 bis 88. Die Mosaiken befanden sich offenbar schon im 17. Jahrhundert in einem miserablen Zustand. Einige der Inschriften hat Ciampini S. 12 überliefert.

[134] Wahrscheinlich Christus in der Vorhölle und Martyrium der Hl. Philomena. Waetzoldt, Kopien S. 26.

[135] Dazu C. Walter S. 169ff.; auch H. Belting, Palastaulen S. 79.

[136] Valentini-Zucchetti S. 336ff.; Eine ausgezeichnete Analyse des „Salomonischen Erbteils" der Laterankirche hat Ursula Nilgen, Fastigium S. 21 f. und Anm. 55 geleistet. Dort auch weitere Literatur.

[137] Petrus Mallius dedizierte sein Werk „Descriptio Basilicae Vaticanae" (wie Johannes Diaconus) Alexander III (1159—81). Text bei Valentini-Zucchetti S. 382ff. S. 379f.

[138] Ich habe den Verdacht, daß die lange Inschrift, die von Nikolaus IV in der Apsis wörtlich wiederholt wurde (und um 1290 gewiß ohne „tagespolitische" Anspielung auf einen Kaiser), nicht für die Vorhalle erfunden wurde, sondern einen bestehenden, wichtigen, urkundenähnlichen Text wiedergibt. Das müßten aber weitere Nachforschungen erweisen. Die Inschrift ist von vielen kopiert worden, wobei nicht klar ist, bei welchem Vers die Vorhalleninschrift endete. Die Apsisinschrift jedenfalls war noch länger. Siehe Laurentio Schradero, Monumentorum (1592) S. 138; Caesare Rasponi, De Basilica et Patriarchio Lateranense, Roma 1656 S. 34; Ciampini, De sacris aedificiis, Tab. I; Piazza, Gerarchia (1703) S. 332f.

[139] Gregorovius, Rom II, 1 S. 251f.

der Papst mit dem Ehrengeleit der Deutschen triumphal in Rom im Lateran Einzug hielt, wird die Vorhalle mit Fries und Inschrift ihren Anfang genommen haben. Im Jahre 1179, als Alexander III ein großes ökumenisches Konzil mit 300 Bischöfen im Lateran zusammenrief, war die Vorhalle sicher im Bau. Möglicherweise zog sich die Fertigstellung wirklich bis in die Regierungszeit der Nachfolger Alexander III, Lucius III (1181—85) hin. Diese regierten aber zumeist weit entfernt von Rom und hatten wenig Anlaß, Einigkeit mit dem Kaisertum in dieser Weise zu demonstrieren.

Da diese historischen Erwägungen sich mit dem Stil der Vorhallenarchitektur, soweit aus den Nachzeichnungen ersichtlich, und mit den Daten des übrigen Werkes von Nicolaus de Angelo gut vertragen, möchte ich die Jahre nach 1178 als Entstehungszeit dieser ersten bedeutenden Prachtvorhalle im römischen Gebiet vorschlagen. Mit einer Datierung um 1180 läßt sich die Bedeutung der Vorhalle von S. Giovanni im Oeuvre des Nicolaus besser beschreiben. Es gibt Voraussetzungen für diesen Vorhallentypus:

Mit Sicherheit älter sind andere Vorhallen des 12. Jahrhunderts mit Architrav wie die von S. Cecilia, diese mit einem Mosaikfries, wahrscheinlich auch die von SS. Giovanni e Paolo (Abb. 35, 36. mit einer momumentalen Inschrift); letztere wahrscheinlich selbst ein Werk des Nicolaus de Angelo[140]. Nicht die Portikus auf Säulen und mit Gebälk ist das Neue der Architektur des Nicolaus, sondern der an der Antike orientierte Kanon der Gliederung: Auf den (wahrscheinlich mittelalterlichen) ionischen Kapitellen ruhte ein Architrav. Die glatte Marmorfläche war Träger der monumentalen Inschrift. Von diesem durch ein Gesims abgesetzt lagerte darüber die Frieszone, die in der Antike so häufig Träger bildlicher Aussage war. Sie war in unserem Falle dekoriert mit farbigen Rotae, zwischen ihnen figürliche Mosaiken. Das abschließende Traufgesims war mehrfach gegliedert. Im Sima saßen wie am antiken Tempel eine Reihe von Löwenmasken, die möglicherweise als Wasserspeier dienten[141].

Die Pracht und antikennahe Harmonie der Vorhalle des Nicolaus an der Kirche des Papstes muß um 1180 als außergewöhnlich und für die römische Kunst epochemachend angesehen werden[142]. Die großartigsten Zeugnisse der Wirkung dieses Werkes sind die monumentalen Vorhallen in Terracina (Abb. 21, 22, um 1200)[143], in Cività Castellana (Abb. 98, 1210. Jacobus Laurentii und Sohn Cosmas)[144] und von S. Lorenzo fuori le mura (Abb. 189, ca. 1220—30. Vassalletto-Werkstatt)[145]. Auch die Gebälkzone der beiden Pracht-Kreuzgänge von S. Paolo fuori le mura (Abb. 172) und S. Giovanni in Laterno (Abb. 179, Vassalletto und Petrus (?) Vasallettus) halten sich in wesentlichen Details wie den Löwenmasken im Sima an das Vorbild des Nicolaus de Angelo[146]. Eine Besonderheit ist schließlich auch die monumentale Signatur. Ihr Pathos liegt nicht in der Formulierung, sondern in der Position: Was uns wie Anmaßung erscheint, die Künstlerinschrift in gleicher Größe und fast gleicher Position wie der feierliche, programmatische Text der Fassadeninschrift: Die Auftraggeber des Nicolaus de Angelo müssen diesen Rang der künstlerischen Selbstdarstellung für berechtigt gehalten haben.

---

[140] Die Zuschreibung der Vorhalle von SS. Giovanni e Paolo an Nicolaus de Angelo S. 32f.

[141] Das Traufgesims des Hadrianstempels ist mit seinen Löwenprotomen modern erneuert. E. Nash, Bildlexikon zur Topographie des antiken Rom, Tübingen 1961 I S. 457. Ein Bruchstück des originalen Gesimses mit einem Löwenkopf liegt zwischen den Säulen, Die Rekonstruktion ist also korrekt. Palladio hat in seinen Antikennachzeichnungen das Gebälk des Jupiter Serapis Tempels in Rom mit Löwenköpfen gezeichnet. G. Zorzi, J disegni delle antichità di Andrea Palladio, Venezia 1959, fig. 153. Das schönste Gesimsteil mit Löwenprotomen ist als Gebälk einer Portikus an einem mittelalterlichen Haus (wohl 12. Jahrhundert) in der Via S. Celsio 60/61 vermauert. Dazu Krautheimer, Rome S. 188 und S. 289ff. Antike Vorbilder standen den mittelalterlichen Künstlern also vor Augen. Ein weiteres Beispiel bei Bassan S. 130, Abb. 47.

[142] Reste eines Abschlußgesimses mit Tierköpfen befinden sich im Lapidarium von Grottaferrata. Meines Erachtens gehören diese Fragmente zu einer Vorhalle der Abteikirche aus dem späteren 12. Jahrhundert.

[143] In den Mosaiken des Vorhallenarchitraves in Terracina (Abb. 22) wird dann die Kreuzzugsidee wirklich manifest. Hier dürften der Verlust Jerusalems 1187 und die (legendäre?) Beteiligung Terracinas am ersten Kreuzzug eine Rolle spielen.

[144] Siehe S. 81ff.

[145] Siehe S. 138ff.

[146] Siehe S. 126ff. und S. 132ff.

Nicolaus de Angelo in S. Bartolomeo all'Isola, Rom[147]. Nicolaus de Angelo war an einer Erneuerung von S. Bartolomeo beteiligt. Das bezeugt eine Signatur, die Tarugi im Anschluß an eine dreißigzeilige Weihinschrift aus dem Jahre 1180 überliefert[148].

NICOLAUS DE ANGELO FECIT HOC OPUS.

Was der Künstler aber signiert hat und was sonst von seiner Hand stammt, ist bis heute unbekannt. Kompliziert wird die Zuweisung der erhaltenen mittelalterlichen Teile zusätzlich durch eine zweite Signatur, die sich auf einer inkrustierten Säule aus S. Bartolomeo in SS. Bonifacio ed Alessio (Abb. 86, 87) erhalten hat[149]: Jacobus Laurentii zeichnet für 19 dieser Säulchen und für ihre Kapitelle verantwortlich.

1157 hatte die Kirche unter einer Tiberüberschwemmung sehr gelitten. Unter Alexander III wurde sie dann wieder instandgesetzt. Eine Arbeit, von der ich glaube, daß sie im Wesentlichen unter der Leitung des Nicolaus de Angelo stand. Ob seine Signatur sich an der Confessio befand, wie mehrfach behauptet wurde, ist nicht zu beweisen. Da die Inschrift aber auf die Confessio und die Reliquien der Kirche Bezug nimmt und die Signatur daran anschließt, liegt der Gedanke nahe. Es kann sich nicht um eine Signatur am Ziborium gehandelt haben: Dieses ist 1284 erneuert worden[150]. Denkbar ist, daß Nicolaus für den gesamten Altarbereich, der natürlich auch ein 12. Jahrhundert-Ziborium einschloß, und für die Schrankenanlage verantwortlich zeichnete, Jacobus Laurentii dagegen nur für eine Säulenstellung auf den Schranken. Von diesen Arbeiten des Nicolaus de Angelo ist kein sicheres Zeugnis erhalten[151]. Ich möchte seiner Hand zwei Löwen (Abb. 24, 25) zuweisen, die heute den Eingang der Marienkapelle flankieren, die Pater Casimiro aber noch am Hauptportal gesehen hatte[152]. Der obere Teil der Rahmung des Portals gilt als Arbeit des frühen 12. Jahrhunderts. Eine Inschrift nimmt auf Kaiser Otto III Bezug und nennt das Datum 1113[153]. Im übrigen sind die Gewände barock überarbeitet. Die beiden Löwen, die an ihren Rücklagen noch Teile des Rahmenprofils zeigen, bildeten ein Stück mit dem unteren Teil. Diese Löwen sind ihrem Stil nach im späten 12. Jahrhundert entstanden. Als zähnefletschende Bestien gehören sie zwar einem anderen Typus an als die Löwen am Turm von Gaeta (Abb. 14), doch ist die Art, in der die Physiognomie von tief eingravierten Kraftlinien geprägt wird, sehr vergleichbar mit diesen und auch den Portallöwen von SS. Giovanni e Paolo (Abb. 37)[154].

---

[147] Tarusius (Kardinal Francesco Maria Tarugi. Visita Apostolica 1701) Cod. Vallic. O. 26; P. Casimiro, Memorie storiche delle chiese e conventi de'frati minori della provincia Romana, Roma 1744 S. 277, 1845² S. 385ff.; Promis S. 10f.; A. Ricci, Storia dell'architettura in Italia, Roma 1848–53 S. 358 und 378; Frothingham 1886 S. 415; Stevenson Cod. Vat. lat. 10581 f. 8v; Clausse S. 135; Giovannoni, Note S. 12 Anm. 2; Bessone S. 16; A. Pazzini, L'antica Chiesa di S. Adalberto, in: Capitolium 10, 1934 S. 191ff.; Armellini-Cecchelli II S. 762; Buchowiecki I S. 438; Glass BAR S. 78f.

[148] Tarusius Cod. Vallic. o. 26. Danach auch P. Casimiro 1744 S. 277; 1845² S. 385ff. Promis S. 10f.; A. Ricci, S. 358 und 3781 Frothingham 1886 S. 415; Stevenson Cod. Vat. lat. 10581 f. 8v; Clausse S. 135; Giovannoni, Note S. 12 Anm. 2; Armellini-Cecchelli II S. 762; Hutton S. 33; Buchowiecki I S. 438; Glass BAR S. 78f.

[149] Siehe dazu S. 73ff.

[150] Stifter (nicht Künstler!) war Ognissanti Callarario de'Tederini; Martinelli (1653) S. 78 überliefert die Inschrift. Siehe auch Severano (1630) S. 323; Casimiro (1845² S. 385ff; Lanciani Scavi S. 17. Die schönen Porphyrsäulen, die das Ziborium trugen, stammen möglicherweise von dem Vorgängerziborium des 12. Jahrhunderts (Nicolaus de Angelo?). Sie wurden 1829 in die Galeria degli Arazzi im Vatikan gebracht. Lanciani, Scavi S. 35.

[151] Armellini-Cecchelli S. 761ff. sehen auch den berühmten Marmor-Pozzo von S. Bartolomeo als Werk des Nicolaus. Das ist unwahrscheinlich. Ich schließe mich den Argumenten De Francovichs an und plädiere für eine Entstehung in der ersten Hälfte des 11. Jahrhunderts. G. De Francovich, Il puteale di S. Bartolomeo all'Isola in Roma, in: Bolletino d'arte 1936, S. 207–24; mit ikonographischen Argumenten für eine Datierung ins 12. Jahrhundert. J. Braun, Die Brunneneinfassung zu S. Bartolomeo all'Isola zu Rom, in: R.Q. Schr. 45, 1937 S. 25ff.

[152] Casimiro (1744) S. 278; Auch Marangoni, Cose gentilesche S. 367. Gandolfo, Cattedra S. 346f. glaubt fälschlich, die Löwen hätten zu einer Art „pontile" gehört. Vgl. dazu unten S. 32f. über Jacobus Laurentii.

[153] N. Roisecco, Roma antica e moderna, Rom 1765 Bd. I S. 229; Die Inschrift bei Silvagni, Epigraphica If. 23,3.

[154] Siehe unten S. 32f.

Ihre geringen Dimensionen verbinden die Löwen von S. Bartolomeo allerdings mit solchen des 13. Jahrhunderts, z.B. mit denen der Vassalletto-Werkstatt im Kreuzgang des Lateran (Abb. 167)[155]. Diese Proportionen sind durch den schmalen und wahrscheinlich älteren Portalrahmen vorgegeben.

Die Löwen sind nicht nur bedeutende Zeugnisse der Bildhauerkunst des Nicolaus, sondern auch Schrittmacher einer der wichtigsten bildhauerischen Aufgabengebiete der Marmorari Romani. Sowohl Jacobus Laurentii als auch Petrus Vassalletto waren seine Mitarbeiter, und beide übernehmen in ihren großen Werkstätten den Löwentypus, den Nicolaus de Angelo in einer sehr lebendigen Auseinandersetzung mit antiken (und möglicherweise auch oberitalienischen bzw. toskanischen) Vorbildern geschaffen hatte[156]. Es ist anzunehmen, daß die barocke Vorhalle von S. Bartolomeo all'Isola eine mittelalterliche Vorläuferin hatte. Auch sie ist möglicherweise unter Nicolaus de Angelo entstanden. Ein Argument dafür ist ein Fragment der ehemaligen Mosaikausstattung der Fassade, das als querrechteckiges Oval (Abb. 23) im Raum über der Portikus erhalten ist. Es zeigt Christus als Pantokrator mit dem offenen Buch in der Linken. Matthiae datiert dieses Mosaik in die Mitte des 12. Jahrhundert oder kurz danach[157]. Es könnte auch — wie die Löwen — nach 1180 bei einem Ausbau der Fassade unter der Ägide des Nicolaus de Angelo entstanden sein.

Nicolaus de Angelo und der Osterleuchter von S. Paolo fuori le mura, Rom[158]. Das einzige erhaltene Werk, für das die Beteiligung des Nicolaus de Angelo in Rom gesichert ist, gibt bis heute Rätsel auf: Es ist der hohe Osterleuchter aus Marmor (Abb. 26) in S. Paolo fuori le mura, der in einer unglücklichen Aufstellung des 19. Jahrhunders im südlichen Querhaus der Basilika steht[159]. Die Signatur in winzigen, schwer lesbaren Buchstaben auf dem Ring unterhalb der Reliefs mit der Gefangennahme Christi (Abb. 27, 30) verrät uns:

EGO NICON(L)AVS DE ANGILO CVM PETRO BASSALETTO HOC OPVS CŌPLEVI[160].

[155] Zu Löwen des 13. Jahrhunderts siehe Claussen, Scultura Romana. Gandolfo, Cattedra S. 346f. schreibt die Löwen dem Jacobus Laurentii zu und vergleicht sie mit den Portallöwen von Cività Castellana (Abb. 80). Dieser Bildvergleich ist aber eher dazu geeignet, mich von der Andersartigkeit zu überzeugen.

[156] Wie in Gaeta hat man den Eindruck, daß (vorausgesetzt es ist Nicolaus) unser Künstler über die Hauptströmung romanischer Skulptur recht gut Bescheid wußte. Vergleicht man etwa die Löwen, die die Kanzel des Pisaner Domes (Guillelmus, nach 1163) — jetzt Cagliari — getragen haben, so muß die motivische Ähnlichkeit z.B. der spindelförmigen Zornesfalten an der Nasenwurzel auffallen. Siehe G. Kopp, Die Skulpturen der Fassade von San Martino in Lucca, Worms 1981 S. 129ff. mit Lit. Dort Abb. 24—27.

[157] Matthiae, Pittura S. 56; Matthiae, Mosaici S. 323f. deutet an, daß die Machart des Mosaiks eher solchen Kräften entspricht, die gewöhnt waren, nichtfigürliche Mosaiken zu gestalten. Mit der Zuschreibung an römische Marmorari gewinnt die Möglichkeit einer Beteiligung des Nicolaus de Angelo am Fassadenmosaik an Wahrscheinlichkeit. Schließlich war auch die Portikus der Laterankirche, die er signiert hat, durch einen figürlichen Mosaikfries geschmückt.

[158] Lit.: Ciampini, Vetera Monumenta I S. 24f.; N. M. Nicolai, Della basilica di S. Paolo, Roma 1815; Promis S. 9; v.d. Hagen 1818 S. 137; C. Barbier de Montault, Description de la basilique de S. Paul hors-le-mura à Rome, Rome 1866; Clausse S. 134; A. Schmidt, Osterkerze und Osterleuchter, in: Zeitschrift für christliche Kunst 24, 1911; E. Lavagnino, S. Paolo sulla Via Ostiense, Roma 1924 (Le chiese di Roma illustrate 12); Jullian, candélabre; Bessone S. 10; Hutton S. 33; Noehles, Renovatio S. 17ff.; M. Petrassi, L'artistico candelabro di San Paolo, in: Capitolium 46, 1971 S. 4—12.E. Bassan, Il candelabro di S. Paolo fuori le mura: note sulla scultura a Roma tra XII e XIII secolo, in: Storia dell'arte 45, 1982, S. 117ff.

[159] Vom 17. bis ins frühe 19. Jahrhundert stand der Leuchter im westlichen Vorhof im Freien. Ein anonymer Stich des 18. Jahrhunderts zeigt ihn an dieser Stelle. A. Boccolini, Saggio di un catalogo dei disegni ed incisioni relativi alla Bas. di S. Paolo, in: Benedictina VIII 1954 S. 324 Tf. III, 4. Er trug damals die drei Berge des Chigi Wappens und ein Kreuz. Ciampini, Vetera Monumenta I S. 24f.; v. d. Hagen 1828 S. 136f. Über den ehemaligen Aufstellungsort gibt es keine Nachrichten. Sicher gehört der Leuchter in den Zusammenhang eines Ambos (zwei überliefert Panvinio) und einer Schola Cantorum. Wenn man die im Grundriß überlieferte Position der liturgischen Ausstattung von Alt-St. Peter (Abb. 115) als Parallele heranziehen darf, dann dürften Ambo und Leuchter sowie die Schola Cantorum asymmetrisch auf der linken Seite des Langhauses nicht allzuweit vor dem Hochaltar plaziert gewesen sei. Aus Panvinios Beschreibung der liturgischen Ausstattung geht allerdings die Position nicht genau hervor. Krautheimer V S. 129. Panvinios Manuskript wurde veröffentlicht und ausgewertet von S. Pesarini, La basilica S. 386ff.

[160] Die Lesungen der Signatur weichen voneinander ab. Recht zuverlässig scheint mir Ciampini, Vetera Monumenta I S. 24f.: EGO NICOLAUS DE ANGELO CUM PETRO PASSALLECTO HOC OPUS COMPLEVI. Siehe auch N. M. Nicolai, Della Basilica di S. Paolo, Roma 1815 S. 296ff.; v. d. Hagen 1818 S. 137; Promis S. 9 liest die inzwischen noch unleserlichere

Andere Inschriften gehen auf die Bedeutung des Lichterbaumes ein und nennen den Stifter, einen Mönch Othonus, der bisher in anderen Quellen nicht namhaft gemacht werden konnte[161].

Die Gemeinschaftssignatur der beiden Meister, Nicolaus de Angelo und Petrus Vassallettus (Basalletto), läßt deutlich erkennen, daß Nicolaus als der Tonangebende von beiden galt. Deshalb soll der Leuchter als künstlerische Gesamtkonzeption an dieser Stelle unter seinem Namen untersucht werden. Kriterien, den Anteil der beiden Meister voneinander zu scheiden, sind nach der Lage der Dinge nur schwer aufzustellen. Die hohe Marmorsäule erhebt sich über einem Sockel (Abb. 28), der in seiner Form an ein umgekehrtes Kapitell erinnert. Sphinxähnliche Halbwesen zwischen Löwe und Mensch stützen paarweise die Ecken des Sockels. Jeweils zwei an jeder Ecke lassen Platz zwischen sich für vier gekrönte Gestalten, drei davon männlich, eine weiblich[162]. Über dem Sockel erhebt sich der Kandelaber (Abb. 26, 27) in acht trommelartigen Geschossen. Die unterste Zone umschlingt eine Ranke mit krautigen Blättern, die durch allerlei Gewürm und Getier belebt ist. Darüber finden sich in drei Geschossen figurenreiche Reliefs: Szenen aus der Passion Christi bis zur Himmelfahrt[163]. Die Funktion des Leuchters in der Liturgie der Osternacht hat also einen deutlichen Reflex im ikonographischen Programm. Dann steigt der Säulenstamm in zwei rankenumwachsenen Geschossen bis in die Zone, in der Harpyen und löwenähnliche Wesen, die einem die Kehrseite und gleichzeitig den verdrehten Kopf entgegenstrecken, als Atlanten der kannelierten Vase fungieren, die die Osterkerze trägt.

Nach dem Turm von Gaeta und der Vorhalle von S. Giovanni in Laterno ist dieses Werk des Nicolaus de Angelo überraschend andersartig. Zwar hatten der Adler und die Löwen in Gaeta bewiesen, daß der Architekt und Marmorarius auch ein Bildhauer von großen Fähigkeiten gewesen ist, doch wird man wenig Vergleichbares zwischen den skulpturalen Werken in Gaeta und in S. Paolo finden. Auffällig allerdings ist die plastische Kraft der Sockelskulpturen (Abb. 28), die an oberitalienische, romanische Skulptur des 12. Jahrhunderts erinnert. Die Kenntnis dieser reichen Kunsttradition hatte ich schon mehrfach bei Nicolaus vermutet. Ihm möchte ich auch die Sockelskulptur zuschreiben.

Die Passionsreliefs an der Säule selbst bedienen sich anderer künstlerischer Mittel und einer Technik (Abb. 30, 31), die — ersichtlich besonders am reichlichen Einsatz des laufenden Bohrers — an frühchristlichen Sarkophagreliefs geschult zu sein scheint. Ohne das hier im einzelnen belegen zu können, möchte ich diese an frühchristlichen Vorbildern orientierte Renovatio eher dem Petrus Vassallettus zuschreiben, für den andere Werke ähnlicher Tendenz wahrscheinlich gemacht werden können[164]. Da ich aber Nicolaus den Gesamtentwurf gebe, möchte ich das künstlerische Grundkonzept dieser Reliefs doch unter seinem Namen untersuchen[164a].

Inschrift: EGO NICONAUS DE ANGELO CUM PETRO FASSA DE TITO HOC OPUS C̄OPLEVI. Gleichen Wortlaut gibt Clausse S. 134. Unsere Version ist entnommen Jullian, Candélabre S. 75. Außerdem Hutton S. 33 (etwas konfus); Noehles, Renovatio S. 17ff. Bassan S. 117.

[161] Ciampini Vetera Monumenta I S. 25:
Arbor poma fert arbore Columina gesto
Porto Libamina, nuncio gaudia, sed die festo
surrexit Christus nam talia munera presto
O qui transitis vitam rogo poscite celsi
Othonus fieri monachus me iussit olim pius.
Siehe auch Jullian, Candélabre S. 75ff.

[162] Über diese Ikonographie Noehles, Renovatio S. 26. Er erklärt die Figuren des Sockels als Personifikationen des Lasters, die Frau als Hure Babylon. Über diese Sphäre des Bösen triumphiert das Licht der Erlösung. Denkbar wäre auch eine völlig entgegengesetzte Interpretation, wie sie Peter Bloch, Siebenarmige Leuchter in christlichen Kirchen, in: Wallraf-Richartz-Jahrbuch 23, 1961 S. 55ff. fußend auf Anton Springer für die Bronzeleuchter des Nordens gegeben hat: Daß nämlich der friedliche Umgang von Untieren und Menschen ein Hinweis auf die Paradiesesvision Jesajas XI, 8 sei. Zur Ikonographie auch Bassan S. 117ff.

[163] Die Ikonographie bei Jullian, Candélabre S. 75ff.; Den ikonographischen Überblick erleichtern die kontinuierlich „abrollenden" Nachzeichnungen bei Nicolai (s.o.) Tab. XVIII.

[164] Vergleiche S. 104ff.

[164a] Bassan S. 117ff ist, wie ich nachträglich feststelle, just zu dem gegenteiligen Ergebnis gekommen. Er schreibt die Sockelzone Petrus Vassallettus zu, die christologischen Reliefs dagegen Nicolaus de Angelo. Man sieht, wie schwach die Füße solcher Zuschreibungskonstruktionen sind.

Die Reliefs (Abb. 27, 30) in jeder der drei Zonen umziehen die Säule kontinuierlich. Die jähe Rundung gruppiert jede Szene im Sinne einer Tiefenstaffelung. Das dichte Gedränge, das nicht *horror vacui* sondern planvoll eingesetztes künstlerisches Mittel ist, verstellt den Reliefgrund und führt zu der Illusion, der Kern des Säulengeschosses selbst werde aus der Figurenmasse gebildet. Vielfach ist die Einzelfigur, die relativ wenig eigenen Körperraum besitzt, nur im Kontext zu begreifen. So schließt die Szene die Einzelfiguren in einer konvexen Räumlichkeit zusammen, die den schmalen Laufsteg der realen Relieftiefe vergessen läßt. Viele der Einzelheiten lassen relativ enge Vergleiche mit frühchristlichen Sarkophagreliefs zu[165]. Auch gleicht die Kreuzigungsszene (Abb. 31) im Typus etwa der gemalten Kreuzigung von S. Maria Antiqua aus dem 8. Jahrhundert[166]. Das Kompositionsprinzip ist aber gegenüber den Sarkophagreliefs ein völlig anderes. Da keine Architektur die Szenen voneinander trennt und überfängt, wird die Skulptur selbst zum tragenden Element. Die kontinuierliche Szenenfolge, die zwar mit Ansichtsseiten rechnet, aber doch im Umschreiten gelesen werden will (die heutige Aufstellung direkt vor der Wand ist deshalb besonders unsinnig), könnte ebenfalls eine antike Anregung sein. Ich denke dabei weniger an reliefierte Vasen oder zylindrische Altäre als vielmehr an die beiden Triumphsäulen Roms, die im Mittelalter (bezeugt für die Trajansäule) geschützt und studiert wurden[167]. Zwar sind deren kontinuierliche Reliefs nicht geschoßweise, sondern als spiralig steigendes Band um die Säule gewickelt[168]. Doch reicht die Ähnlichkeit m.E. aus, um den Leuchter als Allusion an eine Triumphsäule zu verstehen, was sehr gut zur Ikonographie (Gefangennahme, Kreuzigung, Himmelfahrt) passen würde.

Die Mehrzahl der erhaltenen Osterleuchter findet sich in Campanien und Sizilien[169]. Keiner von ihnen kann mit Sicherheit vor den Leuchter von S. Paolo datiert werden. Das Fragment eines Osterleuchters auf dem Montecassino (Abb. 29) ist bislang unbeachtet und dürfte das Vorbild für die unteritalienischen Leuchter abgegeben haben[170]. Das weitaus älteste Beispiel eines intakten Osterleuchters ist im römischen Gebiet erhalten, in Cori (Abb. 32)[171]. Ein Werk, das im Reliefstil sogar noch frühmittelalterliche Züge trägt und im 11. Jahrhundert entstanden sein wird[172]. So besteht die Möglichkeit, daß der Leuchter in einer stadtrömischen Tadition steht, die auf dem Montecassino wiederbelebt und in Süditalien verbreitet wurde. Die Bezugnahme auf frühchristliche Vorbilder geht zwar mit ähnlichen Tendenzen der Skulptur in Campanien und Venedig zeitlich überein, darf aber als eine römische Entwicklung angesehen werden, die relativ unabhängig ist von den großen Zentren romani-

[165] Der thronende Christus in den unteren Reliefs gleicht motivisch dem des Junius Bassus Sarkophages. Vgl. auch Jullian, Candélabre S. 82.

[166] Zu S. Maria Antiqua P. Romanelli und P. J. Nordhagen, S. Maria Antiqua, Roma 1964 Tav. VII. Auch Matthiae, Pittura I S. 178ff., fig. 102. Vgl. auch Jullian, Candélabre S. 82.

[167] Vgl. dazu Esch, Spolien S. 33; die Quellen bei F. Bartolini, Codice Diplomatico del Senato Romano dal MCXLIV al MCCCXLVII, Bd. I Roma 1948 S. 25ff.; Einen Nachweis für das Studium der Trajansäule und Nachwirkungen in der Kunst liefert O. K. Werckmeister, The Political Ideology of the Bayeux Tapestry, in: Studi medievali 17 II 1976 S. 535ff. Die nächsten Parallelen für das Reliefprinzip des Osterleuchters finden sich an den spätantiken Jupiter-Gigantensäulen zumeist nördlich der Alpen. Das beste erhaltene Beispiel ist im Landesmuseum Mainz rekonstruiert worden.

[168] Die einzige mittelalterliche Kopie in diesem Sinne ist die Bronzesäule des Bischofs Bernward von Hildesheim (frühes 11. Jahrhundert, dort im Dom). Sie trug ein Kreuz. Dazu R. Wesenberg, Bernwardinische Plastik, Berlin 1955 S. 177ff.

[169] Bertaux S. 602ff.; L. Cocchetti Pratesi, Il candelabro pasquale della Capella Palatina, in: Scritti di storia dell'arte in onore di M. Salmi I, Roma 1961 S. 291–304. Die gerade erschienene Arbeit von M. Schneider-Flagmeyer über mittelalterliche Osterleuchter in Süditalien könnte hier nicht mehr berücksichtigt werden. Die in der Entstehung begriffene Arbeit von Dorothy Glass über die campanische und sizilianische Skulptur wird sich ausführlich mit der Frage der Osterleuchter befassen.

[170] Das Fragment eines Osterleuchters, findet sich — bisher unbeachtet — im Lapidarium der Abtei auf dem Montecassino. Möglicherweise aus der Zeit des Desiderius stammend, könnte dieser Leuchter Vorbild für alle späteren abgegeben haben. An der Bruchstelle sieht man kleine Vierfüßler, die die Vase tragen. Über Vorbilder der Tieratlanten in der etruskischen Skulptur mit sehr einleuchtenden Beispielen R. Bernheimer, Romanische Tierplastik und die Ursprünge ihrer Motive, München 1931. Über die übrigen erhaltenen Leuchter Unteritaliens, von denen aber keiner als Vorbild gelten kann, L. Cocchetti Pratesi, Il candelabro pasquale della Capella Palatina, in: Scritti di Storia dell'arte in onore di M. Salmi I, Roma 1961 S. 291–304.

[171] Zu dem Leuchter ausführlich, aber nicht überzeugend H. Torp, Monumentum S. 79ff.

[172] Ich weiche damit deutlich von Torps Datierung ins fortgeschrittene 12. Jahrhundert ab.

scher Bildhauerkunst[173]. Schon um 1100 (Abb. 33) hat man die als salomonisch geltenden und deshalb geheiligten Rankensäulen von St. Peter mit ihrem Figurenwerk kopiert[174]. Nur in der engen Bezugnahme auf christlich „geheiligte" Vorbilder lockert sich das „Bildtabu", das die römische Marmorkunst des Mittelalters bis ins 13. Jahrhundert hinein prägt. Trotzdem bleibt auch der figurierte Osterleuchter von S. Paolo in Rom eine Ausnahme[175]. Im Vergleich mit den farbig inkrustierten, gedrehten Säulen (z.B. Abb. 213), die im 13. Jahrhundert die Osterkerze tragen, ist er ein sprechender Bildträger, vergleichbar den Bilderstreifen der Exultetrollen. Von allen Zeugnissen der Reform, die für die Abtei von S. Paolo fuori le mura im späten 12. und frühen 13. Jahrhundert immer wieder vom Montecassino ausgingen, ist der Leuchter das früheste, das uns erhalten ist. Form und Ikonographie dieses Symbols Christi und der Erlösung sprechen für eine bewußte Renovatio der Idee einer antiken Triumphsäule. Die künstlerischen Mittel, die dabei eingesetzt werden, sind deutlich noch solche des 12. Jahrhunderts. Der unbefangene Einsatz figürlichen Reliefs beweist möglicherweise direkten Einfluß vom Montecassino. Eine Skulptur, die von diesem Werk ausgehend zu erwarten wäre, hatte in Rom nach 1200 keine Chance, als zum Mittel der architektonischen Renovatio, nach dem Glanz und der farbigen Kostbarkeit der Inkrustationskunst gegriffen wurde.

Zur Datierung: Das Oeuvre des Nicolaus de Angelo läßt sich in der zweiten Hälfte des 12. Jahrhunderts nicht genau eingrenzen. Die meisten seiner Werke scheinen um 1180 entstanden zu sein. Sein Mitarbeiter in S. Paolo, Petrus Bassalletti, hat seine früheste Signatur 1185 in Segni hinterlassen[176]. Da die Übereinstimmung einiger Gesichter in den Passionsreliefes (Abb. 27) mit Werken des frühen 13. Jahrhunderts (Ambo in S. Cesareo, Abb. 34) recht groß ist, neige ich zu einer Datierung spät im 12. Jahrhundert: um oder bald nach 1190[177].

Beteiligung des Nicolaus de Angelo am Entwurf des Kreuzgangs von S. Paolo fuori le mura. Der Kreuzgang (Abb. 172, 179) ist unsigniert und wurde wahrscheinlich noch im ersten Jahrzehnt des 13. Jahrhunderts begonnen. Seine Grundform wurde von zwei Generationen der Vassalletto-Familie am Laterankreuzgang übernommen[178]. Da diese Werkstatt nachweislich in einer zweiten Bauphase den nördlichen Teil des Kreuzgangs von S. Paolo vollendet hat, habe ich die Vermutung, daß auch schon die älteren Teile der Anlage unter Mitwirkung eines Vassallettus entstanden sind[179]. Dafür kommt eigentlich nur Petrus Vassallettus in Frage, der in den letzten Jahren des 12. Jahrhunderts zusammen mit dem — in der Signatur erstgenannten — Nicolaus de Angelo den Osterleuchter der Basilika geschaffen hat. Petrus Vassallettus ist uns sonst nur durch Werke im Bereich liturgischen Mobiliars bekannt. Wenn im ersten Jahrzehnt des 13. Jahrhunderts ein Auftrag wie der für den unerhört prächtigen Kreuzgang an die beiden Künstler ergangen wäre, so ist es sehr wahrscheinlich, daß der erfahrene Architekt Nicolaus de Angelo die Planung übernommen hat. Ein Argument für diese Hypothese ist die Ähnlichkeit der Kreuzgangsstruktur mit dem Aufriß der ehemaligen Vorhalle von S. Giovanni in Laterano (Abb. 17), die Nicolaus signiert hat[180]. Das Gebälk ist ähnlich antikennah aus Architrav, Fries und Gesims aufgebaut. Vor allem fallen in beiden Werken die Löwenprotomen als Wasserspeier im abschließenden Traufgesims auf. Ob diese Ähnlichkeit allerdings ausreicht, dem Nicolaus auch diesen, für die nächsten Jahrzehnte in vielfältiger Weise beispielgebenden Entwurf zu-

---

[173] Für Campanien gibt einen Forschungsüberblick und eine Methodendiskussion Glass, Romanesque Sculpture. Zu Venedig vgl. O. Demus, The Church of S. Marco in Venice. History, Architecture, Sculpture, Washington 1960 S. 123ff.

[174] Vgl. S. 108f.

[175] Den vor Schneider-Flagmeyer, Osterleuchter S. 59ff. veröffentlichten Leuchter in S. Lorenzo in Lucina in Rom bezweifle ich in seiner Echtheit.

[176] Siehe S. 107. über Peter Vassallettus.

[177] Siehe S.109.

[178] Vgl. dazu S. 126ff.

[179] Vgl. S. 136.

[180] Siehe S. 22f.

zuschreiben, bleibt offen. Der Stifter, Kardinal Petrus de Capua, war von der Architektur offenbar so angetan, daß er den Entwurf *arte sua* für sich beanspruchte und eine Signatur der Marmorari unterblieb.

Zuschreibung an Nicolaus de Angelo: Portal und Portikus von SS. Giovanni e Paolo, Rom[181]. Die Inschrift auf dem Architrav dieser größten und bedeutendsten der erhaltenen Vorhallen des 12. Jahrhunderts in Rom (Abb. 35) nennt einen Presbyter Johannes als Stifter[182]. Seit Martinelli wird diese Inschrift mit einer Weihe 1157 unter Kardinal Johannes von Sutri (nach Forcella 1145–59) in Verbindung gebracht[183]. Dazu paßt weder der Stil der kalligraphischen Inschrift (Abb. 36) noch die herrlichen ionischen Kapitelle, die für diesen Zweck neu angefertigt wurden[184]. Der ganze Typus der Vorhalle mit Architrav über acht Säulen und seitlichen versteifenden Zungenmauern entspricht sehr gut derjenigen an der ehemaligen Lateranfassade (Abb. 17), die Nicolaus de Angelo signiert hat[185]. Der Widerspruch zwischen Stifterinschrift und dem stilistischen Erscheinungsbild löst sich aber bei einem Blick in den Liber Censum: Hier ist ein *Johannes presbyter cardinalis tituli sanctorum Johanni et Pauli* für die Jahre 1158, 1169 und sogar noch 1178 bezeugt[186]. Eine Entstehung der Vorhallen- und Portalarchitektur um 1180 — wie sie dem stilistischen Erscheinungsbild entspricht — ist also sehr gut möglich.

Nicht nur die zeitliche und örtliche Nähe zur ehemaligen Vorhalle der Laterankirche bringen mich zu einer Zuschreibung an Nicolaus de Angelo, sondern auch andere Kritieren. Mir scheint z.B. die Epigraphik in beiden Fällen verwandt[187]. Die Löwen zuseiten des Portals (Abb. 37) und der Adler auf dem Sturz haben ihr Gegenstück in Gaeta (Abb. 14). Besonders die Löwen mit ihren unschematischen Locken der Mähne und der drohenden Stirn- und Augenpartie verraten den gleichen Künstler. Übrigens sehen wir hier auch die tiefen Kraftlinien, die die wilde Physiognomie der Bestien bezeichnen, wie bei den kleineren Löwen von S. Bartolomeo all'Isola (Abb. 34, 35)[188].

Weitere Zuschreibungen sind nicht möglich. Es ist aber wahrscheinlich, daß noch eine ganze Reihe der großen architektonischen und bildhauerischen Arbeiten der zweiten Hälfte des 12. Jahrhunderts seiner Werkstatt zugefallen sind. Nach dem, was wir bisher über diesen Meister wissen, ist er einer der ersten, die die Marmorschreinerei der Vätergeneration verließen und sich neuen Aufgaben in der

---

[181] Lit.: Martinelli (1653) S. 128; Cod. Vat. lat. 8253 f. 182; Stevenson Cod. Vat. lat. 10581 f. 24; Pater Germano da San Stanislao, La Casa Celimontana dei SS. Giovanni e Paolo, Rom 1894; Forcella X S. 5f.; S. Ortolani, SS. Giovanni e Paolo, Roma 1931 (Le chiese di Roma illustrate 29); A. Prandi, Il complesso monumentale della basilica celimontana dei SS. Giovanni e Paolo nuovamente restaurato per la munificenza del cardinale titolare Francesco Spellmann, Roma 1935; Krautheimer I S. 272ff.; A. Prandi, SS. Giovanni e. Paolo, Roma 1957 (Le chiese di Roma illustrate 38); Avagnani, Strutture S. 210ff.

[182] PRESBITER ECCLESIE ROMANE RITE JOHANNES
HEC ANIMI VOTO DONA VOVENDO DEDIT
MARTIRIBUS CRISTI PAOLO PARITERQUE JOHANNI
PASSIO QUOS EADEM CONTULIT ESSE PARES
Martinelli (1653) S. 128; Cod. Vat. lat. 8253f. 182; Forcella X S. 5f.; Stevenson Cod. Vat. lt. 10581 f. 24.

[183] Martinelli (1653) S. 128; Forcella X S. 6 mit der Weihinschrift von 1157.

[184] Irmgard Voss bereitet eine Arbeit über die ionischen Kapitelle des 12. und 13. Jahrhunderts in Rom vor. Sie machte mich freundlicherweise auf zwei Köpfe in den Voluten an der Innenseite eines Vorhallenkapitells aufmerksam. Diese erinnern mich im Gesichtstypus sowohl an den Leuchter von S. Paolo f.l.m. als auch an einige Zwickelreliefs im dortigen Kreuzgang. Ich werte das als weiteres Indiz für eine Zuschreibung an Nicolaus de Angelo, wobei — wie in S. Paolo f.l.m. — ein Zusammengehen mit der frühen Vassalletto-Werkstatt durchaus möglich ist.

[185] Siehe S. 22f.

[186] Liber Censuum (Fabre) S. 385, S. 240 und S. 404.

[187] Die Kalligraphie in den Inschriften des späten 12. Jahrhunderts in Rom wäre eine Untersuchung wert. Sie würde sicher auch die Zweifel beseitigen, die Francesco Gandolfo am stilistischen Charakter der Epigraphik der Lateranvorhalle geäußert hat. Siehe oben Anm. 115.

[188] Siehe S. 27. Gandolfo, Cattedra S. 345 schreibt das Portal von SS. Giovanni e Paolo, besonders den Adler des Türsturzes allerdings dem Cosmas, Sohn des Jacobus Laurentii zu. Das scheint mir vom Stil her unmöglich. Zu den Nachrichten über das Ziborium des Cosmas in SS. Giovanni e Paolo vgl. S. 95f.

Architektur, Bildhauer- und Mosaikkunst zuwandten. Das neue Prestige, das diese Künste boten, hat Signaturen wie die der Lateranfassade ermöglicht. Es geht wohl nicht zu weit, Nicolaus de Angelo für die Zeit um 1180 als den wichtigsten Künstler Roms und des päpstlichen Hofes zu bezeichnen. In seine Zeit fällt eine bewußte Aneigung antiker Architekturformen; was die Erneuerung der Bedeutung des ionischen Kapitells und des reich differenzierten Gebälks betrifft, ist dies sicher seine persönliche, künstlerische Leistung.

d) JOHANNES NICOLAO, EIN SOHN DES NICOLAUS DE ANGELO?

Seit dem frühen 19. Jahrhundert wird über einen möglichen Sohn des Nicolaus spekuliert[189]. Von den drei bisher erwogenen Möglichkeiten würde keine einen eindeutigen „Vaterschaftsnachweis" bestehen. Eine möchte ich gleich ausklammern, denn es handelt sich zwar möglicherweise um einen Sohn unseres Meisters, nicht aber um einen Marmorarius, sondern um einen päpstlichen Schreiber und Kleriker von SS. Giovanni e Paolo. Die Inschrift seiner Grabplatte (13. Jahrhundert) lautet[190]:

HIC REQUIESCIT MAGR IACOBUS FILIUS OLIM ANGELI NICOLAI SCRIPTOR DOMINI PAPAE ET CLERICUS HUIUS ECCLESIAE.

Immer wieder mit Nicolaus de Angelo in Verbindung gebracht wurde die Signatur, die Ughelli für den Altar des Domes von Sutri überliefert:

HOC OPUS FECIT NICOLAUS ET FILIUS EIUS ANNO INCAR MCL[191].

Meines Erachtens handelt es sich um die Inschrift des Nicolaus Ranucii, der wenige Jahre zuvor mit seinen Söhne eine andere Altarausstattung nördlich von Rom als Nicolaus (ohne Vaternamen) signiert hatte.

Anders stehen die Dinge bei einem Johannes cognomine Nicolao, der in Fondi als römischer Künstler signiert. Hier in der Nähe von Gaeta, wo Nicolaus de Angelo nachweislich gearbeitet hat, gibt es wie im nahen Terracina eine Reihe von Werken, die von einer römischen Marmorwerkstatt gearbeitet sind, deren Leiter sehr wohl der Sohn des großen Nicolaus gewesen sein könnte. Das Ganze ist eine Wahrscheinlichkeitsrechnung. Alle bekannten Indizien zusammengenommen halte ich es gut für möglich, daß der in Fondi signierende Meister die vierte Generation der Paulus-Sippe repräsentiert[192].

Johannes Nicolao in Fondi, Kathedrale S. Pietro[193]. In der Kathedrale S. Pietro in Fondi ist an einem südlichen Langhauspfeiler eine Marmorkanzel (Abb. 38) aufgebaut. Der Kanzelkorb ruht auf einem Untergeschoß mit Rundbogenarkaden, das von polygonalen Säulen getragen wird. Die Säulen wieder-

---

[189] Z.B. Promis S. 9.

[190] (Gualdi) Cod. Vat. lat. 8253 S. 182; Suárez Bibl. Vat. lat. 9140 f. 129v.; Germano da San Stanislao S. 406ff.; Armellini/Cecchelli I S. 623; Bessone S. 15; Glass Diss. S. 218 und 222 Anm. 3; Glass BAR S. 96f.

[191] Ughelli, Italia Sacra I S. 1275. Vgl. unten S. 47. den Abschnitt im Kapitel über die Rainerius-Familie.

[192] Der Name Johannis Nicolao hat zu einigen genealogischen Spekulationen Anlaß gegeben. De Rossi, Tarquinia S. 120f., Clausse S. 213 und Bessone S. 37 sehen hier jenen Johannes am Werk, der schon vor 1170 mit seinem Vater Nicolaus Ranucii und seinem Bruder Guitto die Altarausstattung von Ponzano Romano signiert hat. Vgl. S. 45ff. Der Künstler müßte dann allerdings in Fondi ein gesegnetes Alter von etwa hundert Jahren erreicht haben. Bertaux II S. 610, Frothingham, Monuments S. 362 und Hutton S. 34 sind wie ich der Meinung, es könne sich um den Sohn des Nicolaus de Angelo handeln. Die (relativ) gesicherte Arbeitsperiode des Nicolaus lag in den letzten drei Jahrzehnten des 12. Jahrhunderts. Ein Sohn könnte also sehr wohl noch im vierten Jahrzehnt des 13. Jahrhunderts tätig gewesen sein.

[193] Lit.: Schulz, Monumente II S. 132; Lübke 1860 S. 201f.; Salazaro, Monumenti III S. 64; De Rossi, 1875 S. 121; Frothingham, Monuments S. 362; Clausse S. 212; Bertaux II S. 609f.; Bessone S. 37; Hutton S. 34; M. Forte, Fondi nei tempi, Casamari 1972; ders., Fondi, Guida storico turistica, Casamari 1974².

um stehen auf dem Rücken von Löwen und Widdern. In die Ecken des Arkadengeschosses sind Säulen eingestellt. Ein weit ausladendes, vielfach abgetrepptes Gesims schließt das Arkadengeschoß ab. Darüber bilden inkrustierte Marmorplatten das Geviert der Kanzel. Damit entspricht die Kanzel recht genau einem in Campanien geläufigen Typus[194]. Die Signatur, die unterhalb des Gesimses verläuft, verrät uns allerdings, daß der Künstler römischer Abkunft war:

TABULA MARMOREA VITREIS DISTINCTA LAPILLIS
DOCTORIS STUDIO SIC EST ERECTA IOHANNIS
ROMANO GENITO COGNOMINE NICOLAO[195].

Der epigraphische Charakter sowie der hochtrabende, „akademische" Text der Inschrift (Doctor!) sprechen für eine Entstehung in der ersten Hälfte des 13. Jahrhunderts[196]. Die polygonalen Säulen und besonders die Knospenkapitelle dürften ihrem Stilcharakter nach kaum vor 1240 entstanden sein. Merkwürdig die Brüstungsplatten. Hier paßt nichts zueinander. Die Frontseite steht seitlich über und muß von einem Balken unterstützt werden, um die Höhe der übrigen Platten zu erreichen. Das Fenster in der Mitte mit einem halbrunden Abschluß (heute durch das Tafelbild des Hl. Hieronymus verschlossen) beweist, daß es sich um die Frontplatte einer Confessio handelt, die hier zweckentfremdet wurde[197].

Daß die Kanzel eine Rekomposition der Barockzeit ist, zeigen Archivfunde von Forte[198]. Ein Visitationsbericht aus dem Jahr 1599 spricht noch von einer Holzkanzel. In dem Manuskript wurde von späterer Hand ergänzt, daß der Bischof inzwischen ein „pulpitum marmoreum antiquum" habe aufstellen lassen, das mit Mosaik geschmückt sei und auf vier Marmorsäulen über vier Marmorlöwen stehe[199]. Erkennt man den Kanzelkorb erst als barockes Pasticcio aus Teilen einer ehemaligen liturgischen Ausstattung, dann erweist sich die nach Westen gerichtete Seite mit den vier Evangelistensymbolen als Schrankenplatte, deren abschließende Brüstung nun einem ähnlichen Zweck an der Kanzel dient.

Eine ganz ähnliche Platte mit inkrustierten Mustern und eingesprengten figürlichen Mosaiken befindet sich in Zweitverwendung im Paviment des Altarbereichs im Dom von Terracina. Die Datierung des Osterleuchters dort, 1246, könnte auch einen groben Anhaltspunkt für Fondi geben[200]. Möglicherweise gehört die liturgische Ausstattung in Terracina auch zu den Werken des „Doctor" Johannes

---

[194] Ich denke an Kanzeln wie die von Salerno und Sessa Aurunca. Einen Forschungsüberblick gibt Glass, Romanesque Sculpture.

[195] Die Inschrift ist heute schwer zu entziffern. Z.T. weichen die Lesungen leicht voneinander ab. Schulz, Denkmäler II S. 132 (hält Johannes für den Stifter); Salazaro, Monumenti III S. 27; De Rossi, Tarquinia S. 121; Frothingham, Monuments S. 362; Clausse S. 212; Bertaux II S. 609f.; Bessone S. 37; Hutton S. 34, Forte 1972 S. 601; Dietl, Topik S. 70 und 142.

[196] Eine sinngemäße Übersetzung müßte lauten: Durch den Eifer (oder die Kunst) des Doktor Johannes mit dem Beinamen Nicolaus, der aus Rom stammt, sind diese Marmortafeln mit ihren gläsernen Steinen so farbig errichtet worden. — Doctor nennt sich auch der Mosaizist Solsternus, der 1206 die Deesis an der Domfassade von Spoleto schuf. Vgl. dazu Claussen, Künstlerstolz, S. 26f.; ausführlich und skeptisch gegenüber einer „akademischen" Interpretation Dietl, Topik S. 70ff.

[197] Vgl. z.B. die Confessio im nahen Dom von Terracina oder die aus alten Teilen rekonstruierte im Dom von Ferentino (Abb. 204a, 206).

[198] Forte 1972, S. 600ff. Auszüge aus der Sacra Visitatio totius Fundanae Diocesis al Ill.mo et Rev.mo Episcopo Ioanne Baptista Comparino peracta Anno 1599.

[199] Forte vermutet, es handele sich bei der heutigen Kanzel des Domes um die von S. Giovanni a Ponte Selce, eine Johanniterkirche, deren Kanzel im gleichen Manuskript ebenfalls mit den Worten „pulpitum marmoreum antiquum" bezeichnet worden war. Da sich der Thron (siehe unten), der gleichzeitig entstanden sein dürfte, aber schon im 14. Jahrhundert nachweislich im Dom befunden hat, nehme ich an, daß auch die Kanzel mit ihren Resten der Confessio und der Schrankenplatte zur Ausstattung des Domes gehörte. Die Kanzel wird nach 1600 — quasi ein Akt gegenreformatorischer Denkmalpflege — aus den Trümmern der alten Ausstattung rekonstruiert worden sein.

[200] Allerdings ist die Kanzel und besonders der Osterleuchter des Domes von Terracina im Charakter römischer und gleichzeitig klassizistischer als die Kanzel in Fondi.

Nicolao[201]. Aber nicht nur der Unterbau der Kanzel, die Front der Confessio und Teile der Altarschranken haben sich in Fondi erhalten, sondern auch ein Bischofsthron. Er gehört zur ursprünglichen Ausstattung und dürfte in der Zeit der Kanzel entstanden sein. Jedenfalls diente er 1378 zur Inthronisation des Gegenpapstes Clemens VII[202].

Trotz mancher campanischer Elemente in der Mosaikornamentik und auch der Form des Kanzeluntergeschosses bleibt die Adaption römischer Formen im südlichen Latium, in Fondi und Terracina ein sehr bemerkenswertes Zeugnis demonstrativer Nähe zum Papst. Anders als Nicolaus de Angelo in Gaeta, der mit der Landschaft auch weitgehend das Gesicht seiner Kunst gewechselt hat, kam es in der folgenden Generation, in der Zeit Innocenz III und seiner Nachfolger, darauf an, mit den römischen Künstlern römische Kunsteigenheit zu importieren, um seine Treue zu Rom zu beweisen. Die historischen Gründe dafür aufzuzeigen, würde eine eigene Arbeit erfordern. Hier kann das Phänomen Politik in einer Kunstlandschaft des 13. Jahrhunderts nur grob umrissen werden[202a]: Terracina und Fondi, bis zu einem gewissen Grade auch Gaeta, Sessa Aurunca und Minturno gehören in dieser Zeit zum peripheren Einflußgebiet römischer Kunst; in der Gesamtform wie in der Ornamentik deutlich durchsetzt oder überlagert mit campanischen Formen und Motiven. Da wir für diese Erscheinung keinen anderen Namen kennen als den des Doctor Johannes, Sohn des Nicolaus, ist es m.E. zulässig, seinen Namen stellvertretend für andere unbekannte zur Kennzeichnung der römisch beeinflußten Werke in diesem Grenzgebiet zu verwenden.

e) ABSCHLUSSBEMERKUNGEN: PAULUS-FAMILIE

Vorausgesetzt, der hier vorgestellte Stammbaum läßt sich auch für die beiden letzten Generationen verifizieren, so überspannt die „Familienfirma" des Paulus vier Generationen und die 150 Jahre, in denen die Kunst der Marmorari Romani ihren Höhepunkt erlebte. Hätten wir ein dichteres Bild erhaltener Werke, man könnte wahrscheinlich allein anhand dieser Familie eine Geschichte römischer Marmorkunst des 12. und 13. Jahrhunderts schreiben. Allerdings läge dabei — abweichend vom Gesamtbild dieser Kunst — der Schwerpunkt eindeutig im 12. Jahrhundert. Von der großartigen Blüte römischer Marmorkunst in der ersten Hälfte des 13. Jahrhunderts kann die provinzielle Kanzel des „Doctor" Johannes Nicolao keinen Begriff geben.

Auffällig ist, daß sich aus den erhaltenen Werken keine stilistischen Gemeinsamkeiten im Sinne einer Werkstattradition ablesen lassen. Die Familienbildung hat zwar den Beruf bestimmt und im Falle der Paulus-Söhne wahrscheinlich auch das Aufgabenfeld. Auf Veränderungen der Aufgabenstellung hat dann aber Nicolaus de Angelo mit völlig neuen Ideen reagiert. Gleichgeblieben seit den Anfängen des Paulus um 1100 bis in die Mitte des 13. Jahrhunderts ist als Standard-Aufgabe der Marmorari Romani die liturgische Inneneinrichtung einer Kirche mit Altar und Ziborium, Confessio, Chorschranken, Bischofsthron, Paviment, Schola Cantorum und Ambonen. In diesem Bereich läßt der einmal festgelegte Kanon wenig Spielraum für künstlerische Entwicklungen. Neu hinzu kommen dann in der Generation des Nicolaus de Angelo vielfältige architektonische Aufgaben, die nicht mehr durch

[201] Ein Argument für ein Engagement des Sohnes (?) von Nicolaus de Angelo in Terracina könnte man auch darin sehen, daß die Vorhalle des Domes (Abb. 21, 22), die wahrscheinlich um 1200 entstanden ist, als Reflex der Lateranvorhalle des Nicolaus de Angelo zu verstehen ist. Es ist gut möglich, daß das Prestige des Vaters, dem Sohn noch im 13. Jahrhundert geholfen hat. Seine Signatur in Fondi kehrt jedenfalls alle die „akademischen" Ansprüche hervor, die vor allem für die römische Marmorkunst der ersten Hälfte des 13. Jahrhunderts notorisch sind. In der Provinz wird er damit Eindruck gemacht haben. Bertaux II S. 612 hatte Johannes Nicolao auch den Osterleuchter in Minturno zugeschrieben. Dieser ist in einer komplizierten gotischen Schrift auf das Jahr 1264 datiert. Ich sehe keine Ähnlichkeit, die diese Meinung stützen könnten.
[202] Vgl. Forte 1972 S. 223.
[202a] Vgl. im Abschnitt über Cività Castellana S. 88f.

den Einsatz von Spolien, sondern durch Neuanfertigungen nach antiken Vorbildern bewältigt werden. Nicolaus de Angelo gelang in dieser Herausforderung ein großer Schritt künstlerischer Emanzipation. Sein Werk beweist, daß er über andere künstlerische Zentren Italiens orientiert war. Indem Nicolaus de Angelo zu der Marmorschreinerei der älteren Generation nun als Architekt, Bildhauer und wahrscheinlich auch Mosaikmaler fungierte und sich dabei an antiken Vorbildern orientierte, wurde er zum Wegbereiter der triumphalen Renovatio römischer Kunst im frühen 13. Jahrhundert. Er ist der Geniale der Paulus-Familie und in mindestens gleichem Maße Neuerer wie sein „Stammvater Paulus".

Für die Anfänge römischer Renovatio um 1100 sind viele Fragen ungelöst. Daß wir den einen oder anderen der früheren Meister dieser Zeit mit Namen kennen, hilft dabei kaum weiter. Was die Beziehung des Montecassino zu diesen Anfängen in Rom betrifft, so neige ich einem Erklärungsmodell zu, wie es im 19. Jahrhundert herrschte und in jüngerer Zeit wieder mit guten Gründen von Ernst Kitzinger vertreten worden ist[203]. Ich meine, man solle die Chronik vom Montecassino wörtlich und ernst nehmen, die berichtet, daß Abt Desiderius Kunsthandwerker aus dem Osten geholt habe, um die italienisch-römische Kunst wiederzubeleben, die seit 500 Jahren, d.h. seit den Tagen Gregors des Großen, darniederlag. Diese Spezialisten hätten einheimische Kräfte in ihrer Kunst unterrichtet. Auf diese Weise habe Desiderus versucht, die Künste des Mosaiks, des Pavimentschnitts und viele andere Fähigkeiten wieder dauerhaft in Italien anzusiedeln. Wenn es stimmt, daß — wie Kitzinger annimmt — die Mosaiken im Querhaus von Salerno 1080—85 und die ganz ähnlichen in S. Clemente aus dem frühen 12. Jahrhundert ein Reflex der Kunst des Montecassino sind — die in S. Clemente aber in weiterer zeitlicher Distanz weniger byzantinische Eigenheiten zeigen — so sehe ich darin ein Erklärungsmodell für die übrige Ausstattung von S. Clemente (und Ferentino, S. Maria in Cosmedin, St. Peter u.a.). Auch die Renovatio der liturgischen Ausstattung ist eine Folge des Anstoßes, der vom Montecassino ausging.

Paulus opifex magnus ist ein Künstler, der seine Fähigkeiten wahrscheinlich auf dem Montecassino oder an einer der desideranischen Gründungen (vielleicht hat es ähnliches unter Gregor VII auch in Rom gegeben?) erlernt hat. Die überaus engen Beziehungen des Reformpapsttums in der Zeit des Investiturstreits zum Montecassino sind ja bekannt. Vielleicht ist Paulus schon nach Rom gekommen, als Desiderius zum Papst gewählt wurde (Victor III 1086—87). Die Reformpäpste und Kardinäle des frühen 12. Jahrhunderts (und vielleicht schon des späten 11. Jahrhunderts) machten sich jedenfalls seine Kunst, die das Signum der Reform-Abtei auf dem Montecassino trug, zunutze. Eine Eigenheit der Paulus-Familie, die zunächst vom Zufall geprägt zu sein scheint, könnte für diese These einer Beziehung der Paulus-Familie zum südlichen Latium sprechen. Es liegt nicht nur an der fragmentarischen Erhaltung, daß manche Marmorari-Familien in bestimmten Regionen des römischen Umlandes zentriert sind. Die Familie des Rainerius (siehe unten) arbeitete z.B. ausschließlich nördlich von Rom (Abb. 1). Paulus dagegen signiert im Süden, in Ferentino und vielleicht in Cave. Sein Enkel Nicolaus de Angelo sogar in Gaeta und sein mutmaßlicher Urenkel „Doctor" Johannes Nicolao in Fondi. Es ist möglich, daß in dieser statistischen Auffälligkeit Bindungen an das Umland des Montecassino und das Grenzgebiet zu Campanien eine Rolle spielen.

3. DIE RAINERIUS-FAMILIE

Die zweite der großen Familien römischer Marmorari läßt sich durch signierte Werke über einen Zeitraum von fast 100 Jahren (von der ersten Hälfte des 12. Jahrhunderts bis in die Zeit um 1200) nachweisen. Sechs Meisternamen sind in vier Generationen bekannt:

---

[203] E. Kitzinger, The First Mosaic Decoration of Salerno Cathedral, in: Jahrbuch der Österreichischen Byzantinistik 21, 1972 S. 149ff.

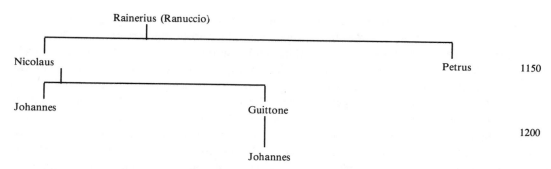

Rainerius (Ranuccio)

Nicolaus   Petrus   1150

Johannes   Guittone

                                              1200

Johannes

Vom Werk des frühesten der Familienwerkstatt, Rainerius, sind uns nur zwei Bruchstücke bekannt, die seine Signatur tragen. Sein eigentliches Oeuvre und seine künstlerische Persönlichkeit bleiben ungreifbar wie die genaue Datierung seines Wirkens. Die beiden Söhne nennen ihren Vater in der Volgare-Form seines Namens: Ranuccio. Um die Herkunft des Rainerius und damit seiner Familie hat sich die Legende seiner Abstammung aus Perugia gerankt, seit Promis die Signaturen der Stifter auf dem Portaltürsturz von S. Maria di Castello in Tarquinia (Abb. 47) als Signatur des Rainerius mißverstand[204]. Die Namen *Andreas Raineri Ioh's Petrvs idem* las er fälschlich als RAINERI IOHS PERVSINVS.

Zwar ist Rainerius in Tarquinia selbst nicht sicher nachgewiesen, wohl aber die folgenden drei (!) Generationen seiner Familie[205]. Seine beiden Söhne, Nicolaus und Petrus, signieren gegen 1150 die Marmorteile der Fassade von S. Maria di Castello (Abb. 41), seine Enkel Johannes und Guittone 1168 das Altarziborium (Abb. 55) und der Urenkel Johannes im Jahre 1209 den Ambo (Abb. 56). Man kann konstatieren, daß die Ausstattung dieser Kirche nicht nur über mehrere Künstlergenerationen, sondern auch über mehrere Generationen der Auftraggeber in der Hand einer Familienfirma blieb. Während bei den Werken der Paulus-Familie auffiel, daß sie sich außerhalb Roms im südlichen Latium konzentrierten, scheinen die wenigen nachgewiesenen Wirkungsstätten der Rainerius-Sippe — Farfa, Tarquinia, Ponzano Romano, Sutri — sich auf das Gebiet nördlich von Rom (Abb. 1) zu beschränken.

In den nachzuweisenden Werken sind die Mitglieder der Rainerius-Familie bis ins 13. Jahrhundert hinein überwiegend auf dem angestammten Feld der Marmorari Romani, dem des liturgischen Mobiliars und — damit wahrscheinlich verbunden — der Pavimente tätig. Nur die zweite Generation, Petrus und Nicolaus, hat mit dem Portal und dem Fassadenfenster von S. Maria in Castello in Tarquinia (Abb. 41) Werke signiert, die als Architektur angesehen werden können. Dieser Schritt von der Marmorschreinerei zur architektonischen Gestaltung ist gegen 1150 und damit sehr früh erfolgt. In diesem Zusammenhang bemerkenswert sind die neuen Forschungen von Irmgard Voss, die die römischen Kapitelle der Rainerius-Werkstatt zusammengestellt hat[206]. Die Familie des Rainerius gehört, auch wenn sie mit ihrem jüngsten Sproß bis ins 13. Jahrhundert hineinreicht, wie die Familie des Paulus zur „Gründerzeit" des römischen Marmorhandwerks und damit ins 12. Jahrhundert.

Bei ihren Untersuchungen über die Pavimente der Marmorari Romani hat Dorothy Glass im 12. Jahrhundert zwei Hauptgruppen unterschieden, die sie nach den signierten Beispielen Paulus-Gruppe und Ranucius (= Rainerius)-Gruppe genannt hat[207]. Hauptbeispiel und Meisterwerk der Rainerius-

[204] Promis S. 7. Diese Fehlinterpretation übernehmen A. K. Porter S. Maria di Castello S. 143ff. und der Bearbeiter des Stichwortes Nicolaus Ranucci in: Thieme-Becker Bd. 28 S. 12. Außerdem Bessone S. 35ff.
[205] Da die Kirche schon unter Calixt II im Jahre 1121 begonnen wurde, vgl. S. 40, liegt eine Mitwirkung des Rainerius durchaus im Bereich des Möglichen. Eine der vielen Inschriften im Paviment RAINERIVSALONIS ist sicher nicht als Künstler-, sondern als Stifterinschrift zu sehen. Der Meinung ist auch De Rossi, 1875 S. 123.
[206] Voss, S. Andrea S. 169ff.
[207] Glass BAR S. 10 und 19ff.

Gruppe ist das Paviment von S. Andrea in Flumine in Ponzano Romano (Abb. 52). Der Altar der Kirche ist 1168 von Nicolaus und seinen Söhnen Johannes und Guittone signiert worden. Die Muster sind komplizierter als die der Paulus-Gruppe. Auffällig sind besonders oblonge Felder, in denen Kreisschlingen und Rechteckfelder alternieren. Ähnlich, aber weniger reich, stellt sich das Paviment von S. Maria di Castello in Tarquinia dar, das von Mitgliedern der Rainerius-Familie wahrscheinlich noch in der ersten Hälfte des 12. Jahrhunderts gelegt wurde. Der in diesem Zusammenhang interessanteste Aspekt ist aber die Zuweisung des Paviments von Castel S. Elia zur Rainerius-Gruppe[208]. Zwar existiert dort keine Signatur, Dorothy Glass glaubt aber die Vorformen der späteren Pavimente in dieser Kirche erkennen zu können, die mit ihren schlichten Ambonen und einem Altarziborium (Abb. 10) mit Giebel (wie S. Clemente in Rom, Abb. 7) noch aus der Spätzeit des 11. Jahrhunderts oder der Zeit um 1100 stammt[209]. Es handelt sich somit um eine der ältesten, wenn nicht die älteste erhaltene Innenausstattung der Marmorari Romani, die wahrscheinlich noch aus der Zeit vor der Erneuerungswelle des Pontifikates Paschalis II (1099 – 1118) stammt.

Wenn man die Zuschreibung des Pavimentes in Castel S. Elia an die Rainerius-Familie (die von Dorothy Glass nicht wörtlich ausgesprochen wird) ernst nimmt, so wäre nicht Paulus, sondern Rainerius oder sein Vorgänger in der Werkstatt der ,,Stammvater" der Marmorari Romani. Das muß nach Lage der Dinge These bleiben. Doch wenn man bedenkt, daß Castel S. Elia in dem nördlich von Rom gelegenen Hauptarbeitsgebiet der Rainerius-Familie liegt, sollte man diese Möglichkeit nicht außer acht lassen. Sicher ist jedenfalls, daß es neben der Paulus-Werkstatt schon um 1100 eine zweite, in ihrem Muster-Repertoire unabhängige Werkstatt gab, die im Laufe des 12. Jahrhunderts als Werkstatt des Rainerius und seiner Nachfolger namhaft zu machen ist. Die These einer Abkunft von der desiderianischen Renovatio der Marmor- und Pavimentkunst auf dem Montecassino, die wir für die Paulus-Familie zu belegen versucht haben, gilt genauso für diese zweite Werkstatt.

a) RAINERIUS

Falls nicht Funde in Farfa oder in S. Silvestro (Rom) zusätzliches Material liefern, ist die künstlerische Hinterlassenschaft des Rainerius noch weniger faßbar als die des Paulus. Was sich über sein Oeuvre sagen läßt, ist nur, daß es sich in beiden Kirchen offenbar um Teile der Innenausstattung gehandelt hat. Die Signaturen waren in beiden Fällen an den Schranken vor dem Sanktuarium angebracht, wie man aus den Fragmenten schließen kann. Das ist eine auffällige Parallele zu den Signaturen des Paulus. Wie in dessen Arbeiten war auch in den oben genannten Kirchen die Ausstattung mit einem Paviment verbunden, über dessen jeweiliges Aussehen allerdings nach den starken späteren Eingriffen keine Klarheit zu gewinnen ist. Um oder bald nach 1143 signieren schon die beiden Söhne des Rainerius selbständig die Fassade von S. Maria in Castello in Tarquinia. Die Hauptschaffenszeit des Meisters wird deshalb noch in der ersten Hälfte des 12. Jahrhunderts liegen. Wahrscheinlich war er ein Zeitgenosse des Paulus.

Rainerius in Farfa (Sabina), S. Maria di Farfa[210]. Ehemals als Fragment im Paviment der Abteikirche, heute im Lapidarium ist ein Marmorbalken (Abb. 39) erhalten, der mit einem Mosaik inkrustiert

[208] Vgl. S. 45. Auch Voss, S. Andrea mit einer ausführlichen Bestandsaufnahme des Opus-Sectile-Bodens.

[209] Eine Weihe ist für das Jahr 1099 überliefert. Glass BAR S. 61f.; siehe auch P. Hoegger, Die Fresken in der ehemaligen Abteikirche S. Elia bei Nepi. Ein Beitrag zur romanischen Wandmalerei Roms und seiner Umgebung, Frauenfeld/Stuttgart 1975.

[210] Lit.: Frothingham 1889 S. 184f.; I. Schuster, Reliquie d'arte sulla badia di Farfa, in: Archivio della R. Società Romana di Storia Patria 34, 1911; Hutton S. 54; N. Franciosa, L'abbazia imperiale di Farfa, Napoli 1964; Glass BAR S. 65; McClendon, Farfa; Voss, S. Andrea S. 127.

ist, dessen Gitterformen aus stäbchenförmigen Steinen gefügt sind. Auf der schmalen Randleiste liest man

+ MAGISTER RAIN' HOC OPVS FEC

Häufig wird die Abkürzung des Namens als Rainaldus gelesen[211]. Das ist prinzipiell möglich. Mit gleichem Recht kann man den Namen aber auch — wie Frothingham — als Rainerius vervollständigen. Die Identifikation der Signatur in Farfa mit dem „Stammvater" der Rainerius (= Ranuccio)-Familie, die auch Irmgard Voss vertritt, hat vor allem für sich, daß wir in der ersten Hälfte des 12. Jahrhunderts, in der das Stück seiner Ornamentik nach entstanden sein dürfte, wohl einen Rainerius, nicht aber einen Rainaldus kennen[212].

Im Paviment waren direkt neben dem Bruchstück mit der Signatur Teile einer Schrankenanlage (Abb. 39) eingelassen, die in der Form der Platten, aber auch im Muster der Mosaikinkrustationen, gewisse Ähnlichkeiten mit den entsprechenden Platten in S. Maria in Cosmedin (Abb. 6) haben[213]. Größer ist die Ähnlichkeit aber noch mit den Schrankenplatten in S. Maria di Castello in Tarquinia, die um die Mitte des 12. Jahrhunderts in der Werkstatt der Söhne des Rainerius entstanden sind[214]. In der Zeit zwischen 1120 und 1150 dürfte auch die Schrankenanlage in Farfa geschaffen worden sein. Da Rainerius — anders als Paulus — hier als Magister signiert und diese Eigenheit erst um die Mitte des 12. Jahrhunderts in Rom allgemein wird, ist es gut möglich, daß sein Werk schon nahe der Jahrhundertmitte entstanden ist[215]. In dieser Zeit (1145) ist eine Weihe durch Eugenius III (1145—1153) überliefert[216]. Sie mag der Neuausstattung des Rainerius gegolten haben.

Rainerius (und seine Söhne Nicolaus und Petrus) in S. Silvestro in Capite, Rom[217]. Bei den Ausschachtungsarbeiten für das Gebäude der römischen Hauptpost (Piazza S. Silvestro) wurden auf dem Gelände, das nördlich an die Kirche S. Silvestro in Capite grenzt, in den 70iger Jahren des 19. Jahrhunderts verschiedene mittelalterliche Fragmente gefunden[218]. Darunter ein zweibahniges gotisches Fenster (wohl 14. Jahrhundert) und der obere Abschluß einer Abschrankung (Abb. 40) mit einer Signatur:

EGO RAINERIVS CVM FILIIS M̄IS NYCOLAVS ET PETRVS
   HOC INCIPIMVS ET CŌPLEVIMVS

Ein Moscioni-Foto (Abb. 40) dokumentiert die Aufstellung in einem Lapidarium, die die Zusammengehörigkeit beider Fragmente suggeriert[219]. In der Forschung gelten Rainerius und seine Söhne seitdem häufig als Schöpfer gotischer Fenster. Das ist völlig absurd. Der Schriftcharakter der Signatur weist eindeutig auf die erste Hälfte des 12. Jahrhunderts. Man erkennt schon auf dem Foto deutlich, daß Fenster und Brüstungsstück nicht zusammengehören. Der heutige Verbleib beider Fragmente ist mir unbekannt.

---

[211] Z.B. Hutton S. 54 oder Glass BAR S. 65.

[212] Voss, S. Andrea S. 127.

[213] Vgl. S. 8f.

[214] Siehe unten S. 107ff. Irmgard Voss, S. Andrea S. 127 verweist auf die fünf erhaltenen ionischen Kapitelle, die sie für Produkte der Rainerius-Werkstatt hält und mit denen von S. Andrea in Flumine bei Ponzano Romano vergleicht.

[215] Siehe dazu Claussen, Künstlerstolz S. 20f.

[216] Schuster, Reliquie S. 302 Anm. 3.

[217] Lit.: R. A. Lanciani,, Frammenti medievali romani venuti in luce negli scavi recenti in: A.S.R.S.P. 3, 1880 S. 375f.; Frothingham 1890 S. 352; Bessone S. 36; J. S. Gaynor und J. Toesca, S. Silvestro in Capite, Roma 1963 (Le Chiese di Roma illustrate 73) mit Bibl.; Glass, Diss. S. 10 Anm. 10 und S. 286f.; Glass BAR S. 129; Voss, S. Andrea S. 125.

[218] Lanciani, Frammenti medievali S. 375ff.

[219] Moscioni Foto Nr. 6059. Das Foto dürfte relativ bald nach der Auffindung entstanden sein. Voss, S. Andrea S. 125 hat ebenfalls erkannt, daß Fenster und Signatur nicht zusammengehören.

Severano überliefert, daß unter Calixt II (1119–1124) im Jahre 1123 der Hochaltar geweiht worden sei. Zur gleichen Zeit habe sein Kämmerer Alfanus (der auch als Stifter in S. Maria in Cosmedin hervorgetreten ist) ein Paviment gestiftet[220]. Davon sind möglicherweise noch geringe Reste in einer späteren Neuverlegung erhalten[221]. Daß das Werk des Rainerius und seiner Söhne auf diese Stiftung des Alfanus zurückgeht, ist durchaus möglich. Ich kann mir aber kaum vorstellen, daß ihr Werk bei der Weihe 1123 schon vollendet war. Nähme man dieses an, so wäre die Priorität des Rainerius vor seinem „Konkurrenten" Paulus sehr wahrscheinlich: Sind doch dessen Söhne erst um die Mitte des 12. Jahrhunderts nachweisbar. Die stark personalisierte Signaturformel (beginnend mit Ego) begegnet sonst in Rom selten. Sie gibt der sehr präzise gravierten Inschrift den Charakter einer Urkunde. Das feierliche *incipimus et complevimus* verstärkt diesen Eindruck.

b) DIE ZWEITE GENERATION DER RAINERIUS-FAMILIE: PETRUS UND NICOLAUS RANUCII UND DIE KIRCHE S. MARIA DI CASTELLO IN TARQUINIA

Das nachgewiesene Oeuvre des Brüderpaares beschränkt sich auf Tarquinia und hier auf die Fassade von S. Maria di Castello (Abb. 41). Petrus signierte das Portal, das 1143 gestiftet wurde, sein Bruder Nicolaus das Biforenfenster darüber. Da die gesamte Marmorausstattung in den Händen der Rainerius-Familie lag, ist es wahrscheinlich, daß sie auch am Paviment und am übrigen liturgischen Mobiliar beteiligt war. Man sollte hier auch an den antikisierenden Taufbrunnen (Abb. 42) denken, der bisher allen Bearbeitern der Kirche nicht aufgefallen zu sein scheint[222]. Die Architektur der Kirche bedürfte dringend einer neuen monographischen Untersuchung. Nach A. K. Porter war der 1121 begonnene Bau um die Mitte des 12. Jahrhunderts weitgehend vollendet[223]. Die dafür ausschlaggebenden Daten liefern die Arbeiten der Marmorari an der Fassade — 1143 — und am Ziborium — 1168. Durch einen Sturm erlitt der Bau 1190 schwere Beschädigungen. Er wurde anschließend neu eingewölbt und 1207 geweiht[224]. Aus dieser Zeit — 1209 — datiert der Ambo.

Nichts spricht dafür, daß die römischen Marmormeister am Entwurf oder der Ausführung der Architektur (Abb. 43) größeren Anteil gehabt haben. Die Kapitelle des Langhauses, deren teigige Formen kaum einen Antikenbezug haben, dürften aus lokalen Werkstätten stammen. Anders liegen die Dinge möglicherweise an der Fassade. Im Gegensatz zu den schweren Pfeilermassen des Inneren sind die Gliederungsformen hier sehr viel feiner, steiler und in sich einheitlicher organisiert.

Die Fassade (Abb. 41) ist durch Lisenen dreigeteilt. Das liest sich auf den ersten Blick wie eine — noch nicht vollendete — Zweiturmfassade. Für Fassadentürme gibt es aber überhaupt kein Fundament und im Inneren der Kirche keinen Unterbau. Eine derartige Fassade wäre in Mittelitalien auch gänzlich ungewöhnlich. Die Dreiteilung ist also ein rein künstlerisches Gliederungsmittel. Bei näherem Zusehen ergeben sich merkwürdige Divergenzen. Die äußeren Pilaster sind breiter und ziehen sich um die Ecken der Fassade herum. Sie sind niedriger als die schlankeren Vorlagen, die das Mittelkompartiment flankieren. Das man auch diese den seitlichen Teilen zurechnen muß, wird durch einen waagerechten Bogenfries deutlich gemacht, der von ihrer Kapitellzone ausgehend das Untergeschoß der Seitenhalle abschließt. Die linke der beiden inneren Vorlagen trägt ein herrliches antikes Pilasterkapi-

---

[220] G. Severano, Memorie sacre delle chiese di Roma, Roma 1630 S. 350f. Ich verdanke diesen interessanten Hinweis Glass, BAR S. 129, bin mir aber nicht ganz klar, ob sich hinter Severanos Notiz nicht einfach eine Verwechslung von S. Silvestro mit S. Maria in Cosmedin verbirgt.

[221] Glass BAR. S. 129.

[222] Die Gliederung des Taufbrunnens mit einem Fachwerk aus Marmorpilastern erinnert an den Sockel des Grabes in der Rotunde bei SS. Cosma e Damiano (Abb. 118), das kurz vor 1150 entstanden sein dürfte. Vgl. dazu S. 104.

[223] Porter, S. Maria di Castello S. 139ff.

[224] Dazu auch Hahn, Kirchenbaukunst S. 180. Einen historischen Überblick gibt Voss, S. Andrea S. 128ff.

tell (Abb. 44), das das Breitenmaß der beiden inneren Vorlagen bestimmt hat. Diese vereinzelte Spolie ist so meisterhaft eingefügt, daß man spürt, mit welcher ästhetischen Intensität das Stück betrachtet wurde. Vielleicht ist die Pilastergliederung der Fassade sogar ganz wesentlich von dem Gedanken bestimmt gewesen, einen würdigen Platz dafür zu finden. Diese Hochschätzung der substantiell erhaltenen antiken Architekturplastik ist kennzeichnend für die Kunst der Marmorari Romani bis zur Mitte des 12. Jahrhunderts. Wir haben ähnliches schon am Ziborium der Söhne des Paulus in S. Lorenzo fuori le mura (Abb. 11) kennengelernt[225]. Ich sehe darin ein Argument dafür, daß das Brüderpaar, das mit dem aufwendigen Portal und dem Fassadenfenster sowieso die Hauptakzente der Fassade gesetzt hat, auch für den Entwurf der — wahrscheinlich unvollendeten — Fassade verantwortlich zeichnet.

c) PETRUS RANUCII (SOHN DES RAINERIUS)

Wir kennen Petrus Ranuccii nur aus der gemeinsamen Signatur mit seinem Vater in S. Silvestro in Capite (Rom) und von seinem Hauptwerk, dem Portal von S. Maria di Castello in Tarquinia.

Petrus Ranuccii in S. Maria di Castello in Tarquinia[226]. Das Hauptportal der Kirche (Abb. 45, 46) ist im Portalbogen zwischen der inkrustierten Mosaikornamentik zweizeilig und in schöner Kapitalis folgendermaßen signiert[227]:

+ RANUCII PETRVS LA(P) IDUM N̄ DOGMATE MERVS
ISTVD OPVS MIRE STRUXIT QVOQ(V)E FECIT OP(T)IME

„Lapidum non dogmate merus" übersetzt De Rossi: „dell'arte marmoraria non ignaro". Frei übersetzt lautet die Signatur: Petrus, der Sohn des Rainerius, nicht unwissend in der Lehre der Steine (oder Marmorkunst), errichtete bewundernswert dieses Werk und machte es bestens[228]. Die Stiftersignatur (Abb. 48), über die noch zu sprechen sein wird, datiert die Anlage auf das Jahr 1143, wobei sich die Ausführung noch einige Jahre hingezogen haben mag. Auf den Inhalt bezogen, kann man — von diesem Datum ausgehend — konstatieren, daß die Signatur, sowohl ihrer Position als auch ihrem Inhalt nach, den höchsten Anspruch aller bekannten römischen Künstlerinschriften der ersten Hälfte des 12. Jahrhunderts stellt; eine Zeit, die ich an anderer Stelle als die „heroische" Phase der Künstlerinschrift bezeichnet habe[229].

In der Grundform, ein relativ flaches Sturzpfostenportal (Abb. 45) mit Entlastungsbogen und einer Stufung, entspricht das Portal — auch in seinen schmalen und relativ gestreckten Proportionen — der mittelitalienischen Tradition solcher Portale des 11. Jahrhunderts, wie sie in Anagni oder Castel

---

[225] Siehe oben S. 16.

[226] Lit.: Suárez, Bibl. Vat. Barb. lat. XXXVIII f. 100; Cod. Vat. lat. 9109 (Marini) f. 157 und 167; Bibl. Vat. Barb. lat. 308 f. 27; Stevenson, Cod. Vat. lat. 10581 f.69; Promis S. 7; Gaye 1839 S. 242; De Rossi 1875 bes. S. 118; Dasti, Notizie S. 394ff; Clausse S. 207; Porter, S. Maria di Castello S. 148f.; Hutton S. 34f.(verwechselt Tarquinia und Tuscania); L. Marchese, Tarquinia nel medio evo. Cenni di storia e di arte. Tarquinia 1974; Glass BAR S. 133ff.; Voss, S. Andrea S. 128ff.

[227] Die Signatur ist gut erhalten und lesbar. Sie wird auch in verschiedenen Inschriftensammlungen erwähnt. Cod. Vat. lat. 9109 (Martini) f.157 und 167; Bibl. Vat. Cod. Barb. lat. 3084 f. 29; De Rossi 1875 S. 118; Gaye 1839 S. 242; Clausse S. 208; Porter, S. Maria di Castello S. 148f.; Hutton S. 34f. Voss, S. Andrea S. 130 hat die Inschrift offenbar nur fragmentarisch lesen können: „R(A)NUCCI PETRUS LA(P)ID UM (I)N (D)OGMATE MERUS (I)STUD OPUS MIRE S(TR)UXIT QUOQ(U)E FECIT OP(T)IME" Sie übersetzt: Petrus, Sohn des Ranuci, rein in der Lehre, hat dieses Werk von Steinen gebaut, auch hat er es gut gemacht.

[228] De Rossi, 1875 S. 118. Porter, S. Maria di Castello übersetzt S. 148: „Pietro figlio di Ranuccio, non senza abilità nell'arte di fare mosaici, eresse e construi questo meraviglioso lavoro". Der Bezug auf die Mosaikkunst scheint mir eine Über- oder Fehlinterpretation.

[229] Vgl. dazu Claussen, Künstlerstolz S. 10ff.

S. Elia erhalten sind. Neu ist die eingestellte Säule (mit Schaftring!), die sich als Wulst auch in das Halbrund der Archivoltenstufe legt. Die komposite Form der Kapitelle (Abb. 48) ahmt — ziemlich roh — eine antike Grundform nach, und entspricht damit schon dem eingespielten Kapitellkanon der Marmorari Romani (korinthisierende oder komposite Kleinkapitelle, ionische Großkapitelle), wie er sich in der zweiten Hälfte des 12. Jahrhunderts herausbildet. Neu ist aber vor allem die inkrustierte Ornamentik, die mit der mittelitalienischen Tradition eines reliefierten Rankendekors (Beispiel: Castel S. Elia) völlig bricht. Stattdessen herrscht ein gänzlich abstraktes Muster von Kreismotiven, das sich in Zeichnung und Technik als Weiterentwicklung entsprechender Inkrustationen des liturgischen Mobiliars oder auch der Pavimentmuster erklärt.

Die Pilaster des Portals (Abb. 45) sind geschmückt mit einem inkrustierten Treibriemenmuster, ein Muster, das bis in die zweite Hälfte des 13. Jahrhunderts typisch für die Kunst der Marmorari Romani bleibt und hier erstmals als eigenständiges Ornament nachzuweisen ist. Das Mosaik der Pfosten, des Sturzes und der Einfassung des Tympanons (Abb. 48) ist ausgefallen. Möglicherweise gab es in den drei Clipei des Türsturzes und den sieben etwas kleineren Kreisformen des inneren Entlastungsbogens figürliche Mosaikdarstellungen. Auch das Tympanon selbst könnte Bildfläche eines Mosaiks gewesen sein. Die Möglichkeit eines ikonographischen Portalprogrammes ist also durchaus gegeben, aber nicht mehr nachzuweisen. Die Inschriften, die am Türsturz, um die Medaillons desselben und an den Innenseiten der Türpfosten zu lesen sind (Abb. 48), sind außergewöhnlich ausführlich, nennen die Stifter des Portals und geben gleichzeitig eine Datierung[230]: 1143. Zu dieser Zeit war Panvinius Prior der Kirche, dem der Priester Georgius Geld und Ideen dazu gab. Aber nicht nur die Geistlichkeit stiftete, auch die Konsuln des Senates von Corneto (= Tarquinia):

> Iussit hoc aurari Corneti consulquelatus
> Scilicet Andreas Ranieri Ioannis Petrus idem[231].

Wenn sich die erwähnte Vergoldung auf das Portal beziehen läßt, so kann nur das Goldmosaik unseres Marmorarius gemeint sein. Die Geistlichkeit und das weltliche — wie im Rom um 1143 republikanische — Stadtregiment trugen gleichermaßen zu der prachtvollen und gewiß kostspieligen Ausstattung des Eingangs bei[232]. Der Prunk, der dabei getrieben wurde, die Mosaikinkrustation in Gold, hat im römischen Gebiet vorher und noch Jahrzehnte später nichts Vergleichbares. Er erin-

---

[230] Die richtigen Abschriften bei De Rossi 1875 S. 113, der auch Promis' Lesung korrigiert und bei Dasti, Notizie S. 394ff., der die ausführlichsten historischen Belege liefert. Auf dem rechten Türpfosten liest man:
Hic aditus valvae Mariae virginis almae
Dum sic splendescit millenus circulus exit
Et cum centenis teneas tres bisque vicenis
Tumque prioratus Panvinum sede locatus.
Iste Deo carus meritis et nomine clarus
Insignis vitae vixit sine crimine rite
Ad laudem Christi studuit sua moenia sisti
Adjuvat hunc factis venerandus praesbyter actis
Non piguit sensum Georgius et dare censum.
Die beiden letzten Zeilen werden auf dem linken Pfosten fast wörtlich wiederholt. Auch Voss, S. Andrea S. 128f.

[231] Thesen zur Konsularischen Verfassung von Corneto (Tarquinia) bei Dasti, Notizie S. 396 und Marchese, Tarquinia S. 72. Seine Übersetzung enthält aber den Fehler, den Genitiv Ranieri auf den letztgenannten Petrus zu beziehen, so daß man auf den Gedanken verfallen könnte, Petrus Ranucii als Mitkonsul von Corneto anzusehen.

[232] Der Beitrag des Vulgus Corneti wird auch in der Widmungsinschrift an Maria wiederum am Portalpfosten ausdrücklich erwähnt:
Virgo tuam prolem rogita depellere molem,
Vulgus ut hoc Corneti jure quietum
Det jugiter votum vigeat sibi crimine lotum:
Quodque tua laude templum parat hoc sine fraude.
Nach Dasti, Notizie, S. 396. Über die an einem mittelalterlichen Bau beteiligten gesellschaftlichen Kräfte wichtige Thesen in: M. Warnke, Bau und Überbau. Soziologie der mittelalterlichen Architektur nach den Schriftquellen, Frankfurt 1976 (1979²).

nert — nicht in den Formen, vielleicht aber im Anspruch — an das Mittelportal der desiderianischen Basilika auf dem Montecassino (Abb. 47, nach 1066), das in gewisser Weise als Ausgangspunkt römischer Marmorkunst im architektonischen Bereich angesehen werden kann[233]. Wenn wir die antikennahe Ornamentik dort, die Kombination von dekorativem Relief mit einem Goldmosaikgrund, allerdings genauer mit dem Portal in Tarquinia vergleichen, so wird schnell klar, daß es andere „genetisch" engere Voraussetzungen für dieses gibt. Jene „Lehre der Steine", von der die Signatur spricht, ist eine Tradition, die sich in der ersten Hälfte des 12. Jahrhunderts in der Praxis ausgebildet hat, Pavimente und liturgisches Mobiliar im Material Marmor und Porphyr musivisch zu dekorieren. Diese Flächenkunst hat Petrus Ranucii wahrscheinlich bereichert durch Glas- und Goldmosaik und übertragen auf die architektonische Aufgabe, ein Portal am Außenbau auszuschmücken.

Auch in der Portalarchitektur ging er — was das römische Gebiet betrifft — neue Wege. Durch die eingestellten Säulen beweist er eine gewisse Vertrautheit mit romanischer Architektur außerhalb des engeren römischen Gebietes. Mit der Kombination von — ursprünglich in Rom für den Innenraum konzipierten — polychromen Inkrustationstechnik mit diesen Architekturformen schuf er eine für das 12. Jahrhundert völlig neue und für das 13. Jahrhundert wegweisende Sprache einer spezifisch römischen, architektonischen Prachtentfaltung[234]. Wenn man die zeitgleiche Vorliebe Abt Sugers von Saint-Denis für Mosaik und glänzende Materialien als typisch für die Ästhetik dieser Zeit ansieht, dann hat Petrus Ranucii diese Forderung an seine Kunst *mire et optime* erfüllt[235].

d) NICOLAUS RANUCII

Die gesicherten Werke des Nicolaus Ranucii sind in den beiden Jahrzehnten zwischen 1150 und 1170 entstanden: das Fassadenfenster (Abb. 45, 49) von S. Maria di Castello in Tarquinia um 1150, die Innenausstattung von S. Andrea in Flumine bei Ponzano Romano (Abb. 51) um 1160 und schließlich — 1170 — ein heute verlorenes Altar-Ensemble im Dom von Sutri. Ponzano Romano ist besonders wichtig, weil Paviment und Altargruppe mit der Confessio und den Schranken fast unberührt von späteren Neuordnungen und Restaurierungen erhalten sind. Dieses Werk signiert Nicolaus zusammen mit seinen Söhnen Johannes und Guitto (Guittone), die gemeinsam 1168 am Ziborium von S. Maria di Castello als selbständige Meister firmieren (Abb. 54A). In Sutri signierte Nicolaus mit einem (möglicherweise dritten) Sohn, der aber anonym bleibt.

Die künstlerisch bedeutsamste Leistung des Nicolaus ist sein frühestes erhaltenes Werk, das Fassadenfenster von S. Maria di Castello (Abb. 45,49). Dieser gelungene Versuch, der dekorativen Marmorkunst eine große architektonische Form zu geben, bleibt aber in seinem Oeuvre — wie auch in den folgenden Werken der Rainerius-Familie — eine Ausnahme. Wie die ersten beiden Generationen der Paulus-Familie ist die des Rainerius sonst ausschließlich an Aufträgen beteiligt, die den Innenraum einer Kirche mit Paviment und liturgischem Mobiliar ausstatten.

Nicolaus Ranucii in S. Maria di Castello in Tarquinia[236]. Am Schnittpunkt der Bögen des Biforien-

---

[233] Vorgestellt worden sind die Fragmente des Portales von A. Pantoni, Le vicende della Basilica di Montecassino. Attraverso la documentazione archeologica (Miscellanea Cassinese 36), Montecassino 1973 S. 166ff.

[234] Eine ähnlich reiche Portalausstattung ist erst wieder in Città Castellana aus den 90er Jahren des 12. Jahrhunderts erhalten. Vgl. dazu S. 67f. im Abschnitt über die Laurentius-Familie. Noch das 1261 datierte Portal in Poggio Nativo erinnert in der Ornamentik an das Portal des Petrus Ranucii.

[235] Zu Abt Sugers Ästhetik vor allem Panofsky, Abbot Suger.

[236] Lit.: Bibl. Vat. Barb. lat. 308 f. 27; Promis S. 7; Gaye 1839 S. 242; De Rossi 1875 bes. S. 119; Clausse S. 208; Porter, S. Maria di Castello S. 148f.; Stichwort: Ranucci, Niccolò in: Thieme Becker Bd. 28 S. 12; Hutton S. 34 und 59; Glass BAR S. 133f; Voss, S. Andrea S. 130f.

44 Magistri Doctissimi Romani

fensters an der Fassade (Abb. 49) liest man — mit bloßem Auge nur schwer erkennbar — folgende Signatur[237]:

+ NICOLAUS RANUCII MAGISTER ROMANVS FECIT H(OC)

Der Wortlaut ist wesentlich schlichter als der der hochtrabenden Inschrift seines Bruders Petrus am Portal. Das und der Titel ,,Magister Romanus", der erst in der zweiten Hälfte des 12. Jahrhunderts üblich wird, spricht für eine Entstehung der Signatur und des Fensters in einem zeitlichen Abstand von 1143, dem Datum der Portalstiftung[238]. Wenn die dekorierten Marmorteile der Fassade nicht nachträglich angebracht wurden, ist sowieso vom Bauverlauf her klar, daß das Fenster über dem Portal erst nach diesem entstanden sein kann. Ich nehme deshalb an, daß das Fenster um 1150 oder bald danach entstanden ist.

Daß die beiden Söhne des Rainerius ihr Werk an der Fassade der Burgkirche von Tarquinia (Abb. 45) nicht gemeinsam signieren, sondern gesondert, ist — wenn auch diese Eigenheit durch die Chronologie der Bauausführung bestimmt sein mag — für die Werkstattgepflogenheiten der Marmorari Romani ungewöhnlich. Portal und Fenster sind zwar aufeinander bezogen und bilden einen ästhetisch sehr genau aufeinander abgestimmten Einklang, verraten aber in den Einzelformen der Architektur und der musivischen Dekoration eine so unterschiedliche Handschrift (die dem Unterschied in der Tonlage der Künstlerinschriften recht genau entspricht), daß die Trennung der Signaturen als absichtsvoller Gegensatz — vielleicht im Sinne einer Konkurrenz zwischen den Brüdern — verstanden werden darf.

Die Größe und Prachtentfaltung des Fensters wetteifern mit dem Portal. Bleibt dieses trotz der Stufung flächenhaft, so schaffen der große äußere Bogen und die Pfosten des Fensters mehr Raum: Ein äußeres Rahmengesims tritt plastisch vor die Wand. Diese wird durch eine zweifache Stufung zum Gewände, zur Nische. Der Anspruch, den das Fenster (Abb. 49) durch diese ,,monumentale" Architektur erhebt, wird durch ein inkrustiertes Kreuz im Bogenfeld und folgende Inschrift zuseiten des Kreuzes bestätigt:

+ H(OC) SIGNV(M) CRVCIS ERIT I(N) CELO
CV(M) D(OMI)N(V)S AD IVDICANDV(M) VENERIT

Das eschatologische Kreuzeszeichen des Jüngsten Gerichts (nach der Matthäus-Vision) ersetzt hier ein ganzes bildliches Programm[239]. Es ist bezeichnend für die anikonische Kunst der Marmorari Romani, daß das abstrakte Zeichen in der Kombination mit Schrift eingesetzt wird, um der davon fast unangetasteten Architektur eine Aussage zu geben. Direkt unterhalb des eschatologischen Zeichens, an einer Stelle, die demütige Fürbitte beim Jüngsten Gericht verheißt, signiert Nicolaus Ranucii als Magister Romanus. Daß das kein Zufall ist, sondern eine höchst aufschlußreiche Tradition hat, den eigenen Namen zu nennen, ohne das Ruhmverbot des Paulus ,,Mihi absit gloriari nisi in cruce domini nostri Jesu Christi" zu verletzen, hat Heinrich Klotz aufgezeigt[240]. Es ist gut möglich, daß die schlichte Form der Signatur und die demütige Position unter dem Kreuz absichtsvoll vom Eigenlob des Bruders unten am Portal abstechen sollen.

[237] Promis S. 7 (ohne das letzte: H); Gaye 1839 S. 242; De Rossi 1875 S. 119; Clausse S. 208; Stichwort: Ranucci, Niccolò in: Thieme Becker Bd. 28 S. 12; Venturi III I S. 772ff.; Porter, S. Maria di Castello S. 143ff.; Hutton S. 34; Glass BAR S. 133ff.; zuletzt Voss, S. Andrea S. 130f.
[238] Siehe dazu S. 41 im Abschnitt über den Bruder Petrus Ranucii. Außerdem Claussen, Künstlerstolz S. 10ff. und S. 20f. Die dortige Datierung ,,um 1160" möchte ich korrigieren in ,,um 1150".
[239] Es kann hier nicht auf die komplexen ikonographischen Probleme eingegangen werden, die mit eschatologischen Ikonographien an italienischen Kirchenfassaden verbunden sind. Ich verweise nur auf das fensterförmige Fassadenmosaik des Domes von Spoleto: eine Deesis, die 1207 ,,Doctor" Solsternus geschaffen hat. Vgl. auch Claussen, Künstlerstolz S. 26f.
[240] Klotz, Formen der Anonymität.

Das traditionelle Biforienfenster, dessen Tuffo-Blöcke man hinter der Marmorverkleidung deutlich erkennen kann, gibt das Grundmotiv für eine großflächige, in ihrer Wirkung verhältnismäßig schlichte und antikenahe Komposition. Nicht das Rundfenster wurde gewählt, an dem in dieser Zeit die Marmorari und Bildhauer Umbriens ihre Meisterschaft zu erproben begannen, sondern als große Form der Bogen in den breiten Proportionen antiker Ehrenbögen. Die Abstufungen sind als Pilaster gegeben, die nicht — wie am Portal — durch ein dynamisches „Treibriemen"-Muster inkrustiert sind, sondern durch schlichte Rechteckfelder. Solche Mosaikstreifen schmücken auch die beiden Archivolten. Nur eine Kreisform am Scheitel des inneren und zwei weitere an den Fußpunkten des äußeren Bogens setzen einen Dreiklang, dessen Zahlensymbolik offensichtlich ist[241]. Die Pfosten des Fensters wirken allein durch die klare Fläche des Marmors. Diese überwiegt auch im Tympanon, das durch das erwähnte Kreuz und zwei Bogensegmente verziert ist. Gegensätzlich zur Auffassung am Portal (Abb. 48) ist auch die Form des Kapitells der Mittelsäule (Abb.49): War dort eine komposite Form in breiten, teigigen Formen verwirklicht worden, so liegt dem kelchförmigen Kapitell des Fensters eine korinthische Grundform zugrunde. Der hohe Blätterkranz imitiert in der Binnenzeichnung feingezähnten Akanthus.

Nicolaus (Ranucii) mit seinen Söhnen Johannes und Guitto (Guittone) in S. Andrea in Flumine bei Ponzano Romano[242]. Auf der marmornen, vorspringenden Ante für das Altarziborium (50, 51) liest man rechts von der Öffnung der Confessio folgende Signatur[243]:

+ NICOLAV̄ CVM SVIS FILIIS IOANNES ET GVITTONE FECERVNT HOC OPVS

Die Sicherheit, daß es sich bei diesem Nicolaus um den Sohn des Rainerius handelt, kann man aus der Tatsache ziehen, daß die beiden hier genannten Söhne (und sogar die darauf folgende Generation) in S. Maria di Castello in Tarquinia durch Signaturen nachgewiesen sind, einem Bau, dessen Ausstattung über mindestens 60 Jahre und drei Generationen in den Händen der Rainerius-Familie lag. Johannes und Guitto signieren dort 1168 das Ziborium (Abb. 54A) schon als selbständige Meister. Deshalb nehme ich an, daß ihr Gemeinschaftswerk mit dem Vater vorher — etwa gegen 1160 entstanden ist.

Wir kennen Nicolaus Ranucii bisher nur als Schöpfer eines architektonisch und durch Inkrustationen reich gegliederten Fassadenfensters. Die Aufgabenstellung in der Abteikirche S. Maria in Flumine (Abb. 51) ist eine ganz andere: es ist die vollständige Ausstattung einer Kirche des 12. Jahrhunderts im römischen Bereich mit Paviment, Schola Cantorum, zwei Ambonen, Sanktuariumsschranke, Confessio, Altar und Altarziborium. Bis auf die Brüstungsplatten der Schola Cantorum und die beiden Ambonen ist dieses Ensemble vollständig und nahezu unverfälscht auf uns gekommen. Allerdings wird der heutige Eindruck durch einige verklinkerte Betonsäulen unter den Langhausarkaden beeinträchtigt[244]. Daß ein Ambo mit der Signatur des Johannes, Sohn des Guitto, mit dem Datum

---

[241] Solche Zahlensymbolik herrscht offenbar auch unten in der Ornamentik des Portals: Jeweils sieben Kreisformen auf den beiden Archivolten und jeweils drei auf den Pfosten und dem Türsturz.

[242] Lit.: De Rossi 1875 S. 110f.; Venturi III S. 772 ff.; Porter, S. Maria di Castello S. 143 und 150; Clausse S. 149 (der wohl die Stifterinschrift, nicht aber die Künstlersignatur notiert); Hutton S. 34; M. R. Guido und M. L. Vittori, L'abbazia di Sant'Andrea in Flaminia presso Ponzano Romano e una singolare testimonianza di jubè, in: Storia Architettura 2, 1975 S. 22ff.; Glass Diss. S. 4; Glass BAR S. 75ff.; Voss. S. Andrea.

[243] Abreibung der Inschrift durch Stevenson im Cod. Vat. lat. 10581f. 76v; De Rossi 1875 S. 110ff.; Venturi III S. 772 ff. Voss, S. Andrea S. 90 gibt die Signatur (merkwürdigerweise) nicht ganz richtig wieder: „NICOLA CUM SUIS FILIIS IONES ET GUITTONE FECERUNT HOC OPUS". Deutlich ist in der wohlerhaltenen Inschrift aber bei Nicola ein Schluß-V mit Ligatur. Eindeutig ist auch die Schreibweise IOANNES.

[244] Die Säulen scheinen der Architektur einer deutschen Sparkasse aus den 60er Jahren zu entstammen. Über die Restaurierung kurz Guidoi-Vittori, L'abbazia S. 22ff. Ausführlicher jetzt Voss, S. Andrea.

1207 erhalten oder überliefert sei, ist eine Verwechslung mit dem Ambo von S. Maria di Castello in Tarquinia, die Hutton unterlief und von anderen übernommen wurde[245]. Von den Ambonen sind bisher weder substantielle Reste noch Beschreibungen bekannt. Trotz der erwähnten neuen Langhauspfeiler vermittelt die Gesamtanlage den Eindruck harmonischen Zusammenklinges von Raum und Ausstattung wie kaum eine zweite.

Die Abteikirche wurde mit ihrem mächtigen Turm im 10. Jahrhundert neu erbaut. Für die Neuausstattung des 12. Jahrhunderts erhöhte man das Areal des Sanktuariums vor der Apsis um etwa 80 cm. Dieser Niveauunterschied wurde, wie seit dem frühen 12. Jahrhundert im römischen Gebiet üblich, ausgenutzt, um die Confessio unter dem Altar sichtbar zu machen (Abb. 51, 53). Auf die rundbogige Öffnung der Confessio zielt der Mittelweg des Pavimentes, der das Langhaus und die ehemalige Schola Cantorum durchzieht und durch einen Rapport von Kreis- und Rechteckformen vom übrigen Paviment abgehoben ist. Zwei hochrechteckige Porphyrplatten flankieren das Fenster der Confessio. Dieses ist in den seitlichen Zwickelfeldern durch komplizierte Rosetten und aufgefächerte Pflanzenformen im Relief geschmückt (Abb. 53). In optischer Einheit mit der Confessio erhebt sich, darüber der schlichte Marmorblock des Altares, der nur durch Eckpilaster gegliedert ist. Die beiden vorderen Säulen des Ziboriums ruhen auf zwei vorspringenden Anten zuseiten der Front der Confessio (Abb. 51), so daß der Altar völlig in den Schutzraum des Baldachins aufgenommen ist. Vom Langhaus aus nicht sichtbar verbergen sich hinter den Schrankenplatten des Sanktuariums Treppenläufe, die vom Vorplatz der Confessio rechts und links auf das Niveau des Altarraums hinaufführen.

An der Abschrankung des Sanktuariums (Abb. 54) hat sich das Stifterpaar verewigen lassen: *Rusticus et Maria coniuege sua fecit p(er) redemptione anime sue* liest man am Abschlußgesims der rechten Seite. Der Künstler dagegen und seine Söhne signieren, wie wir schon erwähnt haben, so nahe am geheiligten Ort der Confessio wie nur irgend möglich.

Die Schrankenplatten sind nicht wie vorher im Dom von Ferentino (Paulus), in S. Maria in Cosmedin oder in Farfa (Rainerius) durch ein einförmig gemustertes Inkrustationsfeld geschmückt, sondern durch ein Kreisschlingenmuster, bei dem sich vier Trabantenkreise um einen Hauptkreis gruppieren (Quincunx). Dieses Muster ist als Variante aus dem Repertoire der Fußbodenmuster übernommen und hier als Marmorinkrustation auf Teile des senkrecht stehenden Kirchenmobiliars übertragen worden.

Das Ziborium mit seinem dreigeschossigen Baldachin (Abb. 51) ist eines der wenigen des 12. Jahrhunderts, die ohne Einbußen oder Veränderungen erhalten sind. Es entspricht dem Typus, den schon die Söhne des Paulus vor 1150 verwirklicht hatten. Nur hatten diese, wie in S. Lorenzo fuori le mura (Abb. 11), antike Kapitelle benutzt. Nicolaus dagegen unternimmt es, nach antiken, kompositen Vorbildern eigene, passende Kapitelle zu schlagen. Er verwendet dabei den Bohrer und versucht sich in Hinterschneidungen. Wie in dem Kapitell des Fassadenfensters in Tarquinia (Abb. 49) ist den Blättern eine Textur aufgelegt, die Akanthuslaub andeutet.

Was das Paviment (Abb. 51, 52) betrifft, so bedürfte es einer eingehenden Untersuchung, mit Farbschemata und Analysen der verwendeten Steinsorten. Nirgends sonst ist ein Paviment so original erhalten und gleichzeitig so gefährdet. Die einzelnen Marmor- und Porphyrteile lassen sich mit der Hand aus ihrem Mörtelbett heben, was Kinder und Touristen weidlich ausnutzen. Dorothy Glass stellt keine Überlegungen über den Bezirk der ehemaligen Schola Cantorum und die Position der Ambonen an[246]. Beides läßt sich aber im Paviment genau ablesen. Auffällig ist vor allem wie der gemusterte Mittelweg im Raum der ehemaligen Schola Cantorum von einem zweiten, allerdings nur kurzen „Weg" durchkreuzt wird, so daß an dieser Stelle ein zentralisierendes Muster mit vier Trabantenkreisen um ein mittleres Quadrat entsteht. Dieser Querweg verband die beiden Ambonen, die an dieser Stelle die

---

[245] Hutton S. 34; Glass Diss. S. 4. In der überarbeiteten Fassung (Glass BAR S. 134) räumt sie in der Fußnote die Möglichkeit ein, daß Hutton die Dinge verwechselt hat, beläßt die Falschmeldung Huttons aber ohne Einschränkung im Text.

[246] Glass, BAR S. 80ff. Voss, S. Andrea S. 186ff.; handelt ausführlich über das Paviment. Hervorzuheben sind die vorzüglichen Pläne, die von Frau Voss neu gezeichnet wurden (Vgl. Abb. 52).

Umfriedung der Schola Cantorum unterbrachen. Dorothy Glass hat die Einzelmuster untersucht und Ähnlichkeiten vor allem in S. Maria di Castello in Tarquinia gefunden, Unterschiede aber zu den Pavimenten, die sie in der sogenannten Paulus-Gruppe zusammengefaßt hat[247]. Ponzano Romano ist das wichtigste und in der Differenzierung fortgeschrittenste Werk der Rainerius (Ranuccio)-Gruppe.

Unklar ist bisher die Zeitstellung des Lettners, einzigartig im weiten Umkreis[248]. Die Marmorsäulen und die Kapitelle, auf denen die kleine dreischiffige Halle ruht, könnten gut im 12. Jahrhundert entstanden sein. Doch wirkt die Architektur insgesamt später. Sie gehört jedenfalls mit Gewißheit nicht zur Ausstattung der Marmorari Romani des 12. Jahrhunderts. Die Datierung des Gesamtensembles um 1160 ergibt sich sowohl aus der Formentwicklugn wie aus der Genealogie der Künstlerfamilie. Um 1150 hat Nicolaus noch allein in Tarquinia signiert. 1168 signieren seine beiden Söhne schon selbständig das dortige Ziborium.

Nicolaus (Ranucii) und ein anonymer Sohn in Sutri[249]. Ughelli überliefert eine Künstler- und Stiftersignatur mit dem Datum 1170, die sich ehemals am Hauptaltar des Domes von Sutri befand:

> *Hoc opus fecit Nicolaus et filius eius anno incar. MCLXX Factum est hoc opus a ven. viro Adalberto Epis.*

Die Identifikation des signierenden Meisters mit dem Sohn des Rainerius erhält ihre Wahrscheinlichkeit sowohl durch die Zeitangabe als auch durch die Lage Sutris, nördlich von Rom[250]. Wie in Ponzano Romano war die Inschrift am Altar angebracht, und wie dort beschränkt sich der Wortlaut auf das Nötigste und verzichtet auf den Titel Magister Romanus. Ob sich hinter dem unbekannten (oder schon zur Zeit Ughellis nicht mehr lesbaren) Namen des Sohnes Johannes, Guitto oder ein sonst unbekannter dritter Sohn verbirgt, ist nicht zu entscheiden.

Vom Werk des Nicolaus im Dom von Sutri ist nichts erhalten, was sich ihm mit Sicherheit zuschreiben ließe. Die Reste des Paviments sind nach Dorothy Glass recht provinziell und könnten um 1200 entstanden sein. Für das Jahr 1206 ist eine Weihe durch Innocenz III überliefert[251]. Sollte das Hauptportal auch in der Werkstatt des Nicolaus entstanden sein, so unterscheidet es sich von den aufwendigen Öffnungen der Fassade in Tarquinia erheblich: Es ist ein schlichtes Rahmenportal mit einem abschließenden Gesims. Zwei Kanten des mehrfach profilierten Rahmens sind durch inkrustierte Mosaikstreifen dekoriert. Es ist ein geringerer Anspruch, der sich hier zeigt, eine Schlichtheit, die das Portal in Sutri mit den in Rom selbst erhaltenen Portalen teilt[252].

In der Franziskanerkirche von Sutri, die offenbar heute zerstört ist, überliefert ein Moscioni-Foto vor 1900 eine Altarfront mit einem inkrustierten Kreuz, von mosaikinkrustierten Pilastern flankiert. Das Ganze stellt sich in dem Foto als barocke Rekomposition einer Marmorausstattung dar, die schon dem 13. Jahrhundert angehören dürfte, also nichts mit dem für 1170 bezeugten Werk des Nicolaus zu tun haben kann[253].

---

[247] Glass BAR. S. 75ff. Zu beiden jetzt Voss, S. Andrea S. 186ff. und 215ff.

[248] Guido, Vittori, L'abbazia S. 22ff.

[249] Lit.: Ughelli, Italia Sacra I S. 1175 S. 10; C. Nispi-Landi, Storia dell'antichissima città di Sutri, Roma 1887 S. 255; Clausse S. 135; Frothingham 1890 S. 31ff.; Venturi III S. 778; Hutton S. 34; Glass Diss. S. 293ff.; Glass BAR. S. 132f.

[250] Ughelli, Italia sacra I S. 1275. Promis S. 10 bringt die Signatur mit Nicolaus de Angelo in Verbindung. Das ist zwar prinzipiell möglich. Da dieser aber weder als Spezialist für Altarausstattungen noch überhaupt nördlich von Rom bezeugt ist, scheint mir der Sohn des Rainerius als Autor dieses Werkes wesentlich wahrscheinlicher. Nispi-Landi, Storia S. 255, der die Signatur ebenfalls zum Oeuvre des Nicolaus de Angelo zählt; Hutton S. 34; Glass BAR S. 132f., die sich nicht auf eine der beiden Familien festlegt.

[251] Glass BAR S. 132f.; Nispi-Landi, Storia S. 565.

[252] Z.B. der Portalrahmen in S. Giovanni a Porta Latina, der mit einer Ausstattung zusammengehört, die 1191 von Coelestin III geweiht wurde. Vergleichbar auch das Portal von SS. Bonifacio ed Alessio oder — noch ähnlicher — das von S. Saba (Abb. 90), das Jacobus (Laurentii) im Jahre 1205 signiert hat.

[253] Moscioni Nr. 5982. Das Foto ist beschriftet: Sutri, Altare Cosmatesco in S. Francesco. Danach auch Venturi III S. 778.

e) JOHANNES UND GIUTTO, DIE SÖHNE DES NICOLAUS RANUCII

Beide sind nur aus Gemeinschaftssignaturen bekannt. Daher sollen sie hier auch gemeinsam behandelt werden. Daß es sich um die Söhne des Nicolaus handelt, ist deshalb sicher, weil das Brüderpaar, das das Ziborium in Tarquinia (Abb. 55) selbständig signiert, vorher in Ponzano Romano zusammen mit dem Vater signiert hatte[254]. Der Altarbereich in S. Maria di Castello in Tarquinia, den Johannes und Guitto 1168 signiert haben, ist das Kernstück der Innenausstattung dieser Kirche. Deshalb soll im Anschluß an die Vorstellung dieses Werkes ein Exkurs über die besonderen künstlerischen Probleme folgen, die die Gesamtaufgabe an mehrere Generationen der Rainerius-Familie stellte.

Johannes und Guitto in S. Maria di Castello in Tarquinia[255]. An der Innenseite des östlichen Ziboriumbalkens (Abb. 54A, 55) liest man folgende Signatur

+ IOH̄S ET GVITTO MAGISTRI HOC OPVS FECERVNT

Die erste Hälfte dieser Inschrift (IOH̄S ET GVITTO MA) ist am gleichen Balken schon einmal begonnen worden, aber auf dem Kopf stehend. Sie bricht unvermittelt ab, offenbar in dem Moment, in dem der Künstler seinen Irrtum bemerkte. Das ist über das Kuriosum hinaus ein Hinweis darauf, daß derartige Inschriften schon vor dem endgültigen Versatz angebracht wurden. Das Ziborium, das Johannes und Guitto signiert haben, ist ohne die Dachgeschosse seines Baldachins auf uns gekommen. Auch sind die Säulen ersetzt. Die ursprünglichen (aus Verde Antico) wurden 1672 von Kardinal Paluzio Altieri, Bischof von Corneto, für den Bau eines Palastes verwendet[256]. Die Stifterinschrift ist mit einer Datierung verbunden, die häufig falsch gelesen wurde:[257]:

+ VIRGINIS ARA PI(A)E SIC Ē(ST) DECORATA MARIE QUE GENUIT X̄P̄M̄ (Christum)
TANTO SUB T̄(EM)P̄(O)R̄(E) SCRIPTŪ(M) ANNO MILLENO CENTENIO VI ET AGENO
OCTO SUP̄(ER) RURSUS FUIT ET PRIOR OPTIMUS URSUS CUI X̄P̄S̄ (Christus) REG-
NŪ(M) C̄(ON)CEDAT HABERE SUP(ER)NŪ(M) AM̄(EN)

Unter dem Prior Ursus wurde der Altar mit seinem Ziborium demnach im Jahre 1168 errichtet. Stifterinschrift und Signatur beziehen sich nicht nur auf das Ziborium, sondern mindestens auch auf den Altar und seine Confessio (Abb. 55). Gegenüber Ponzano Romano (Abb. 51), dem Gemeinschaftswerk der Brüder mit dem Vater, fällt bei einer ähnlichen Grunddisposition — die starke Breitenerstreckung auf. So läßt die große Bogenöffnung der Confessio seitlich noch Platz für zwei breite Rechteckfelder mit Mosaikinkrustationen[258]. Statt des plastischen Reliefdekors der Fenestella in Pon-

---

[254] Siehe S. 45.

[255] Lit.: Bibl. Vat. Cod. Barb. lat. 3084f.27; Promis S. 6; Gaye 1839 S. 242; De Rossi 1875 S. 120; Dasti, Notizie S. 399; Clausse S. 120; Porter, S. Maria di Castello bes. S. 147; Hutton S. 35; L. Marchese, Tarquinia nel medioevo, Civitavecchia 1974 S. 70; R. Pardi, Nuovi rilievi della chiesa di S. Maria di Castello in Tarquinia in: Palladio N. S. 9, 1959 S. 79ff.; Glass, Diss. S. 299; Glass BAR S. 133ff.; Voss, S. Andrea S. 131.

[256] Dasto. Notizie S. 400.

[257] Richtig wiedergegeben ist die Inschrift mit der Datierung 1168 in Bibl. Vat. Cod. Barb. lat. 3084f. 27, bei Gaye 1839, S. 242 und bei De Rossi 1875 S. 120, sowie Dasti, Notizie S. 399. Promis S. 6 liest die Signatur dagegen fälschlich als 1060. Ihm folgend Clausse S. 120, in dessen Abschrift sich noch weitere Fehler einschleichen. Porter, S. Maria di Castello S. 47 liest statt sup' rursus — SUPERR URSUS. Hutton S. 35 gibt im Anschluß an die Künstlersignatur die falsche Jahreszahl MCLXVI. Glass, Diss. S. 299 datiert das Ziborium und (unverständlicherweise auch den Ambo von 1209) auf das Jahr 1156. Sie behauptet in der revidierten Fassung Glass BAR S. 133 ff. (S. 135 Anm. 2), das Datum sei heute unleserlich, was nicht stimmt, und datiert das Ziborium ganz allgemein in die 60er Jahre. Korrekt ist Voss, S. Andrea S. 131.

[258] Das ist eindeutig eine Weiterentwicklung der Anlage in Ponzano Romano, mit ihren flankierenden, rechteckigen Porphyrplatten. Diese inkrustierten Seitenflächen haben sich in der Folgezeit und besonders im 13. Jahrhundert in Rom in großer Zahl erhalten.

zano (Abb. 53), bleibt jedoch in Tarquinia alles in der Fläche. Nur ein schwaches Profil zieht sich rahmend um die Mittelöffnung und um die Seitenfelder. Auch die Pilaster des Altars sprechen eine andere Sprache (Abb. 55). Sie sind im Gegensatz zu Ponzano (Abb. 51) völlig glatt. Das gefiederte Blattwerk ihrer Kapitelle stimmt aber so genau mit den Zwickelreliefs der Fenestella in Ponzano (Abb. 53) überein, daß über die Kontinuität der Werkstatt überhaupt kein Zweifel bestehen kann. Ob die untersetzten Proportionen des Ziboriums eine Folge der Breitenausdehnung der Altaranlage sind und somit zum ursprünglichen Plan gehören, ist allerdings nicht sicher. Die erwähnte Spoliierung im 18. Jahrhundert hat sich mit ihren Ersatzsäulen vielleicht nicht an das alte Höhenmaß gehalten. Auch scheint mir ungewiß, ob die Kapitelle toskanischer Ordnung, über die sich Gaye schon gewundert hatte, zum ursprünglichen Bestand gehören[259].

S. Andrea in Flumine bei Ponzano Romano (Abb. 51) gibt in der Anordnung von Confessio, Sanktuariumsschranken und den beiden Treppenläufen, die seitlich der Confessio in der Querrichtung auf das erhöhte Niveau des Sanktuariums führen, den kanonischen Typus einer liturgischen Ausstattung des 12. und 13. Jahrhunderts im römischen Gebiet wieder. Von diesem weicht die innere Disposition von S. Maria di Castello (Abb. 55) in mehr als einem Punkte ab. So gibt es insgesamt fünf verschiedene Niveaus, die — wie man am Paviment ablesen kann — zur Anlage des 12. Jahrhunderts gehören. Über die damit verbundenen Fragen handelt der folgende Exkurs, der hier seinen Platz gefunden hat, weil die Innenausstattung und Teile der architektonischen Gestaltung als ein Gemeinschaftswerk der Rainerius-Familie gewürdigt werden sollen. Daß Johannes und Guitto außer für den Altarbereich auch für Paviment, eine etwaige Schola Cantorum und die Schranken verantwortlich waren, läßt sich nicht nachweisen.

Zwei Daten stehen für die Endphase der Ausstattung allerdings fest: Die Weihe durch Innocenz III, 1208, und die Fertigstellung des erhaltenen Ambo durch Guitto, den Sohn des hier erwähnten Johannes, im Jahre 1209[260]. Vom Namen her wäre es denkbar, daß der in Fondi signierende Johannes cognomine Nicolao mit einem der Brüder identisch ist, die das Ziborium in Tarquinia signiert haben. Der Stil der Kanzelteile und andere Fragmente in Fondi (Abb. 38) weist aber auf die Mitte des 13. Jahrhunderts. Dieses stark campanisch beeinflußte Werk habe ich im Rahmen der Paulus-Familie behandelt[261].

Exkurs über einige Aspekte der Innenaustattung von S. Maria di Castello in Tarquinia. Das Wechselverhältnis von Architektur und liturgischer Ausstattung unterscheidet sich in der Burgkirche von Tarquinia von dem gleichzeitiger römischer Kirchen (z.B. S. Clemente in Rom, Abb. 7). Dort bilden, in der Nachfolge frühchristlicher Basiliken, Langhaus und Seitenschiffe einen gemeinsamen Raum, dessen Grenzen, die Säulen des Langhauses, eher verbinden als trennen. In der Mitte dieses Raumes findet die Schola Cantorum ihren Platz, die nur einen schmalen Raumkorridor vor der Confessio umzäunt und nicht die ganze Breite des Langhauses einnimmt.

In Tarquinia (Abb. 43) aber verstellen mächtige Pfeiler mit schweren Vorlagen den Blick in die Seitenschiffe. Das derart massiv begrenzte Langhaus ist zudem durch die Baldachine der Gewölbe und die Gewölbevorlagen in Einzeljoche parzelliert. In einen solchen Raum den schmalen, längsrechteckigen Bezirk der Schola Cantorum zu stellen, mit engen seitlichen Korridoren zwischen den Schranken und den Pfeilern, wäre praktisch und ästhetisch problematisch. Der romanische Gewölbebau Oberitaliens, dem die Kirche als Bautypus verpflichtet ist, kennt deshalb in der liturgischen Disposition des Langhauses in der Regel auch nur solche Unterteilungen, die mit dieser festgefügten Jochordnung übereinstimmen. Daran haben sich die römischen Marmormeister in Tarquinia gehalten. Sie respektieren bei ihrer Arbeit sowohl das Breitenmaß des Langhauses als auch die Jochtiefe.

---

[259] Gaye 1839 S. 242.
[260] Vgl. auch S. 51 im Abschnitt über Guitto, den Sohn des Johannes.
[261] Siehe S. 33.

Die ehemalige Unterteilung ist im heutigen Zustand vor allem durch eine Stufung im Paviment ablesbar. Die westlichen Joche nahe des Eingangs haben das niedrigste Bodenniveau. Vor dem vierten Pfeilerpaar, am Beginn des dritten Joches (von Osten aus gezählt), ist das Paviment in der ganzen Breite des Mittelschiffes um eine Stufe erhöht. Hier setzte die ehemalige Schola Cantorum an, deren Abschrankung, wenn überhaupt jemals vorhanden, heute verloren ist[262]. Der mächtige Ambo lehnt sich links an den Zwischenpfeiler und beherrscht das ganze Joch. Vom Altar (Abb. 55) ist dieser Sängerchor am östlichen Ende des Joches durch drei Stufen getrennt, die sich wieder in der ganzen Breite des Mittelschiffes erstrecken. So wird auf dem Niveau der Confessio ein breites Podest gebildet, das den Platz vor dem Altar abtrennt und gleichzeitig heraushebt, ohne daß hier trennende Schranken notwendig wären.

Der Mittelstreifen des Paviments (Abb. 43), ein Rapport alternierender Kreisschlingen und Quadrate, überspringt die Stufen. Durch die Unterbrechung fehlt ihm jener perspektivische Zug, der in den übrigen Ausstattungen (wie z.B. auch Ponzano Romano) Blick und Schritt zur Confessio lenkt. Die Marmorari Romani haben sich in Tarquinia einem fremden Architekturschema angepaßt, ohne ihre eigenen Gewohnheiten zu verlassen. Die innere Kohärenz und Konsequenz der römischen Beispiele mußte dabei aufgegeben werden. Zumindest wurden Kompromisse geschlossen. So führen seitlich des breiten Ziborien- und Altarblockes in voller Breite des Mittelschiffes vier Stufen auf das erhöhte Niveau des Sanktuariums. Trotzdem wurde auf die Sanktuariumsschranken (Abb. 55) nicht verzichtet. So ergibt sich die merkwürdige Situation, daß die Freitreppe auf ihrer obersten Stufe fast zur Gänze durch eine Wand verstellt ist. Nur seitlich des Altares sind links und rechts Durchgänge freigelassen, durch die man in das Sanktuarium gelangt. Der Sichtschutz, den die Schranken normalerweise gegeben haben, entfällt, ebenso die Verborgenheit der Treppenzugänge. Man kann diese Anordnung natürlich auch positiv als Öffnung des Sanktuariums zum Kirchenraum hin verstehen. Um hier aber inhaltlich interpretieren zu können, müßten wir genau wissen, ob das Joch, das der Ambo beherrscht, von einer Schola Cantorum im üblichen Sinne ausgefüllt war, oder ob hier nicht die stiftende Bürgerschaft von Corneto ihren Platz hatte. In diesem Falle wäre das neue Konzept nicht nur als Anpassung an die Architektur, sondern von der geänderten inhaltlichen und sozialen Situation her zu verstehen. In jedem Falle gibt es eine klare Hierarchie in der Bedeutung der einzelnen Orte der Kirche, die sich in dem von West nach Ost in Stufen steigenden Fußbodenniveau ablesen läßt. Das Sanktuarium liegt acht (1 + 3 + 4) Stufen über dem Eingangsbereich. In ihm ragt das Altarpodest nochmals durch eine hohe neunte Stufe heraus[263].

Die Abschrankung des Sanktuariums auf der Treppe ist größer ausgefallen als bislang üblich. Ihre herausgehobene Stelle und die Aufgabe, einen derart breiten Raum optisch abzutrennen, hat zu einer neuen künstlerischen Lösung geführt. Nicht mehr eine quadratische Platte mit quadratischer Mosaikfüllung ist zwischen Pfeiler gestellt, sondern eine querrechteckige Wand, die in ihren Proportionen (etwa doppelt so breit wie hoch) ziemlich genau der des Altars entspricht. Acht rechteckige Inkrustationsfelder gliedern die große Fläche. Je vier sind doppelreihig angeordnet, so daß die stehenbleibenden weißen Stege der Marmorplatte sich zu Kreuzformen ordnen. Diese Form inkrustierter Paneele ist im 13. Jahrhundert die bevorzugte Gliederung senkrecht stehender Marmorflächen und nirgends früher nachzuweisen als in S. Maria di Castello in Tarquinia.

Das Paviment im Mittelschiff, soweit es erhalten ist, hat Dorothy Glass aufgrund seiner komplizierten Muster der Rainerius-Gruppe zugeordnet[264]. Einige Pavimentfragmente in den Seitenschiffen weisen ihrer Analyse nach aber solche Muster auf, die eher mit der Laurentius-Familie verknüpft werden

---

[262] Schrankenplatten einer Schola Cantorum haben sich meines Wissens nicht erhalten. Es wäre auch denkbar, daß das Joch mit dem Ambo ein privilegierter Platz der Bürger von Corneto war, die sich ja nachweislich als Stifter hervorgetan hatten. Das ist aber Spekulation.

[263] Die Rechnung 1 + 3 + 4 + 1 = 9 ist sicher für eine Auslegung im Sinne der mittelalterlichen Zahlenallegorese offen. Ich möchte diese Frage aber hier ausklammern.

[264] Glass BAR. S. 133f.

können. Sie konstruierte daraus eine Beteiligung dieser Familienfirma in der Spätphase des Baues. Das scheint mir etwas überinterpretiert. Immerhin sind fünf Meister der Rainerius-Familie zwischen 1143 und 1209 in der Kirche durch Signaturen nachgewiesen. Der letzte hat sogar noch nach der Schlußweihe den Ambo fertiggestellt. Meiner Ansicht nach ist da wenig Platz für das Konkurrenzunternehmen. Es wäre denkbar, daß die breiten Proportionen von Confessio, Altar und Ziborium (Abb. 55), die uns ungewöhnlich schienen, ein bewußt eingesetztes Mittel sind, die überlieferten Formen anderer Raumbedingungen einzupassen. In der sonst üblichen liturgischen Ausstattung sind Altar und Ziborium in ihren Proportionen nicht auf den Gesamtraum, sondern auf die Breite der Schola Cantorum bezogen. Diese Gleichung hat man in Tarquinia aufrechterhalten wollen, auch wenn der Raum der Schola Cantorum die Breite eines gewöhnlichen Mittelschiffsjoch einnimmt. Einen geradezu barocken Effekt erreicht die Lichtführung im Altarbereich (Abb. 43). Das dunkle Halbrund der Apsis ist nur von einem mittleren Fenster durchbrochen, das sein Licht — vom Langhaus her gesehen — um das (ehemalige) Baldachindach des Ziboriums verströmt.

Ungewöhnlich ist ein kleines, marmorgefaßtes Fensterchen darunter. Es sendet seine Strahlen für den im Mittelschiff stehenden Betrachter genau in den Zwischenraum zwischen Altar und Ziboriumsbalken, so daß der Kopf des zelebrierenden Priesters von einer Aureole umgeben zu sein scheint. Ein Okulus über dem Triumphbogen vervollständigt die Lichtöffnungen zu einer Dreiergruppe. Die Inszenierung spielt sich innerhalb der Ausstattung also auf zwei Ebenen ab. Der durch Stufen gestaffelten Hierarchie der Raumteile entspricht eine Lichtregie, deren Partner die Malerei war: ein Lichtschein in Kopfhöhe des zelebrierenden Priesters, ein Fenster darüber in der Apsis und schließlich das höchste Licht am Scheitel des Triumphbogens. Diese Lichtregie bringt mich zu der Annahme, daß die beteiligten Marmorari Romani, die ja nachweislich für die Öffnungen der Westfassade verantwortlich zeichnen, auch im Apsisbereich planerisch mitgewirkt haben. Die marmorgerahmten Fenster sind hier jedenfalls so genau auf die Innenausstattung berechnet, daß man Architektur und liturgisches Mobiliar als ein aufeinander bezogenes, sich wechselseitig konditionierendes Konzept ansehen muß.

f) JOHANNES GUITTONIS

Die Werke dieses letzten nachweisbaren Meisters der Rainerius-Familie stammen aus dem frühen 13. Jahrhundert. Die beiden Male, in denen seine Signatur erhalten ist, handelt es sich jeweils um Ambonen, auf die er vielleicht spezialisiert war.

Johannes Guittonis in S. Maria di Castello, Tarquinia[265]. Der Ambo des Johannes Guittonis (Abb. 56) steht — wohl in alter Position — auf der linken Seite des Joches der Schola Cantorum an einen der Langhauspfeiler angebaut. Auf dem Horizontalgesims, das sich unterhalb des Kanzelkorbes über die ganze Breite des Ambos hinzieht (Abb. 57), liest man in einer recht unregelmäßigen Schrift, die offenbar erst nach dem Versatz angebracht wurde[266]:

Ī(N) NO(M)Ī(N)E D(OMINI) AM(EN) A(NNO) D(OMINI) MCCVIIII I(N)D̄(ICTIO) XI M(ENSE) A(U)G(USTO) T(EMPORE) D(OMI)NI INNOCEN(TII) P̄P̄ III EGO ANGEL̄(US) P̄(RI)OR HUĪ(US) ECCL(ESIA)E HOC OP(US) NITID̄(U)M AURO ET MARMORE DIVERSO FIERI FECIT P̄(ER) MANUS MAGISTRI IOH̄(ANN)IS GUITTONIS CIVIS R(O)M(A)N(I)

(In nomine Domini Amen. Anno Domini MCCVIIII indictione XI mense augusto tempore Domini Innocentii Papae III ego Angelus prior huius ecclesiae hoc opus nitidum auro et marmore diverso fieri fecit per manus magistri Johannes Guittonis civis Romani.)

[265] Lit.: Promis S. 6 und 12; De Rossi 1875 S. 122; Dasti, Notizie S. 400; Clausse S. 211f.; Porter, S. Maria di Castello S. 150f.; Bessone S. 37; Hutton S. 18f., 34f. und 59; Glass, Diss. S. 297; Glass BAR S. 133; Voss, S. Andrea S. 132.
[266] Bibl. Vat. Cod. Barb. lat. 3084 f. 27; Promis S. 6; Dasti, Notizie S. 400; De Rossi 1875 S. 123f.; Clausse S. 211f. mit

Damit steht fest, daß der Ambo im Jahre 1209 im Pontifikat Innocenz III unter dem Prior Angelus von Johannes Guittonis angefertigt wurde. Die Signatur ist der Stifterinschrift angegliedert. Johannes führt nicht nur den Titel Magister, er nennt sich auch Civis Romanus. Dieser Verweis auf das römische Bürgerrecht ist typisch für die Signaturen der römischen Künstler um 1200[267]. In dieser Zeit, d.h. im Pontifikat Innocenz III, begegnet auch besonders deutlich die Freude am Goldglanz des Mosaiks und an der Vielfarbigkeit der kostbaren Marmorsorten: *hoc opus nitidum auro et marmore diverso.*

Mit zwei Treppenläufen in der Längsachse und einem polygonal vortretenden Kanzelkorb entspricht der Ambo in den Grundzügen einem Typus, der im frühen 12. Jahrhundert in Rom — wahrscheinlich in Anlehnung an frühchristliche Vorbilder — formuliert wurde[268]. Auch der hohe Sockel mit einer steinernen Sitzbank an der Front und die seitlichen Treppenabsätze mit ihren ansteigenden Brüstungsplatten stehen in dieser Tradition. Neu und für die Zeit nach 1200 kennzeichnend ist der Schmuck des Kanzelkorbes durch vier gedrehte, mosaikinkrustierte Säulen, die auf Konsolen stehen. Diese Säulen und ihre Kapitelle (darunter ein Adlerkapitell) sind auf einem Moscioni-Foto (Abb. 56) des 19. Jahrhunderts noch in situ. Heute sind sie — ebenso wie die große Porphyrplatte des Sockelgeschosses (Abb. 57) ausgebrochen und verschwunden[269]. Nur noch die Konsolen und das rechteckig auserkernde Abschlußgesims des Kanzelkorbes geben ihren ursprünglichen Standort an. Von der Mosaikausstattung in Gold und edlen Steinsorten, die in der Inschrift gerühmt wird, ist so gut wie nichts erhalten geblieben. Durch bemalten Putz hat man in nachmittelalterlicher Zeit versucht, wenigstens einige der Ornamente grob nachzuzeichnen. Auch das Marmorrelief eines Blütenstabes im Mittelfeld des Kanzelkorbes dürfte eine Ergänzung aus dieser Restaurierungsperiode sein.

Die Sitzbank an der Front des Ambo wird flankiert durch zwei kleine Löwen (Abb. 56), deren Gestalt zugleich monströs und kubisch-abstrakt wirkt. Sie liegen mit parallel ausgestreckten Vorderpranken so, daß nur der vordere Teil ihres Körpers zu sehen ist. Ihr Leib verschwindet von der Schulter ab in den Eckpfeilern der Ambo-Aufgänge. Die Abstraktion, die präzise geometrische und z.T. kubische Form, die sich als Gestaltungsprinzip der Löwen erweist, regiert auch die Reste des skulpturalen Dekors (Abb. 90). Reichlich ist mit dem Bohrer gearbeitet worden. Hinterschneidungen und Durchbrüche wurden dem Marmor abgerungen, allerdings in einer merkwürdig trockenen und unplastischen Art. Antikisierende Muster wie lesbisches Kymation und Perlstab wechseln mit „primitiven" Flechtbändern ab. Gegensätzliches auch in den Konsolen am Kanzelkorb. Gibt die ganz links außen sich antikennah, so wirkt die figürliche Konsole daneben in einer Weise roh und „primitiv", daß hier der prächtige Rahmen gebrochen zu sein scheint. Das Motiv, ein Atlant, dem zwei Schlangen (?) aus dem Maul wachsen, ist allgemeines Repertoire des 12. Jahrhunderts. Die kubische Strenge der Löwen gerät hier jedoch in den Verdacht eines bildnerischen Unvermögens — bestenfalls der Unerfahrenheit mit figürlicher Skulptur. Es ist gerade dieses Unvermögen im Figürlichen, das bei aller Perfek-

einer etwas anderen Lesart der Inschrift und dem Datum 1208; Bessone S. 37; Hutton S. 34f. verlegt den Ambo irrtümlich nach Ponzano Romano. S. 59 ist dagegen die Inschrift als in Tarquinia befindlich angegeben — ohne das Datum. Glass Diss. S. 297 hält — offenbar durch Hutton fehlgeleitet — den Ambo für ein Werk der Meister des Ziboriums, Johannes und Guitto, und datiert 1156 (!). Das ist in der revidierten Fassung Glass BAR. S. 133 berichtigt. Vgl. auch Dietl, Topik S. 141 zur Signatur und Voss, S. Andrea S. 132. De Rossi 1875 S. 122 berichtet von einer weiteren Inschrift „salva me Leonem virgo Maria tuum", die er auf einen Gehilfen des Johannes bezieht. Von dieser Inschrift ist heute nichts mehr zu entdecken.

[267] Vgl. dazu Claussen, Künstlerstolz S. 21ff.

[268] Über die mittelalterlichen Kanzeln Campaniens bereitet Dorothy Glass eine Studie vor. Bisher erschienen D. Glass, Jonah in Campania, in: Commentari 27, 1977 S. 179ff. Bisher mußte man sich mit Handbuchwissen und summarischen Bemerkungen bei Hutton S. 18f. und Bertaux II S. 610 zufrieden geben. Ideal wäre eine Arbeit, die sich sowohl mit den liturgischen Fragen und den Exultet-Rollen auseinandersetzt, als auch Ambo und Osterleuchter in Campanien und Latium untersucht. Zuletzt Schneider-Flagmeyer.

[269] Es ist wahrscheinlich, daß sie in eine Privatsammlung oder in ein Museum gekommen sind. So ist ein Fragment des Paviments schon vor 1855 in das Musée Cluny in Paris gelangt und wird dort unter der Inventarnummer 1796 verwahrt. Das ist Dorothy Glass entgangen. Siehe Durand, pavés-mosaiques S. 223 Anm. 2.

tion im Dekorativen eine sichere Identifikation unseres Meisters mit einem fern in den Abruzzen signierenden Johannes erlaubt. Darüber im Folgenden.

Johannes Guittonis in Alba Fucense (Abruzzen), S. Pietro[270]. An einen Pfeiler der nördlichen Langhausarkaden der aus antiken Spolien erbauten Kirche S. Pietro in Alba Fucense lehnt sich ein Ambo (Abb. 59) nach römischem Muster[271]. In der gleichen Position wie am Ambo in Tarquinia zieht sich über die ganze Länge des Horizontalgesimses in gut leserlicher Kapitalis folgende Inschrift[272]:

+CIVIS ROMAN DOCTISSIMVS ARTE IOHS / CVI COLLEGA BONVS ANDREAS DETVLIT HONVS / HOC OPVS EXELSVM STVRSSERVNT MENTE PERITI NOBILIS ET PRVDENS ODERISIVS ABFVIT ABAS
(Civis Romanus doctissmus (in ?) arte Johannes, cui collega bonus Andreas detulit onus hoc opus excelsum strusserunt mente periti. Nobilis et prudens Oderisius abfuit abbas.)

Wie in Tarquinia signiert Johannes als Civis Romanus. Der Anspruch, den er mit seiner Kunst verbindet, drückt sich in einer „akademisch" klingenden Formulierung aus: doctissimus (in ?) arte[273]. Über seinen *collega bonus Andreas* handeln wir an anderer Stelle[274]. Spricht schon die Signatur für die Identität der künstlerischen Autorschaft, so wird dieses Wahrscheinlichkeit beim Einzelvergleich der Formen zur Gewißheit. Der Ambo in Alba Fucense ist allerdings viel besser erhalten, trotz der Erdbebenkatastrophe von 1915[275]. Die skulpturale Ornamentik und besonders die Konsolen am Kanzelkorb, die in ihren figürlichen Teilen in Tarquinia (Abb. 57) durch eine Roheit und fehlende Übung befremdet hatten, begegnen uns in Alba Fucense fast wörtlich wieder. Sogar ein „Zwillingsbruder" des kleinen Atlanten, dessen Mund ein Schlangenpaar entwächst, ist anzutreffen[276]. Wenn auch zwei Künstler in der Signatur gemeinsam Verantwortung für die Errichtung tragen (strusserunt), so hat Johannes, dem Wortlaut der Signatur und den Formen des Ambo nach zu schließen, den Löwenanteil an dem Werk gehabt[277]. Wahrscheinlich war er der Jüngere der beiden, dem der *collega bonus Andreas* die Arbeit übertrug (detulit onus).

Der Ambo ist mit seinen großzügigen Mustern der Marmorverkleidung einer der eindrucksvollsten Stücke liturgischen Mobiliars römischer Prägung. Von den zwei Kanzelkörben wendet sich der reicher ausgestattete zum Mittelschiff, der schlichtere ins nördliche Seitenschiff. Die Pracht der großen Porphyrrotae, der türförmigen Platten unter dem Kanzelkorb (Abb. 58) und der originellen Zwickelmotive in den Treppenwangen wäre in Rom schon überraschend genug. Wenn man sich aber klar macht, daß die Kirche etwa 300 km von Rom entfernt im Gebirge liegt, so ist dieser Reichtum noch erstaunlicher. Der Stifter, Abt Oderisius, hat weder Kosten noch Mühe gescheut, um möglichst authentische

[270] Lit.: C. Promis, Le antichità di Alba Fucense, Roma 1836 S. 226; Promis S. 12; Frothingham 1889 S. 185f.; Frothingham, Monuments S. 370; Clausse S. 226; Bertaux II S. 575f.; Bessone S. 44; Delogu, Alba Fucense S. 23ff.; Voss, S. Andrea S. 133f.

[271] Grundlegend mit ausführlicher Bibliographie Delogu, Alba Fucense S. 23ff.

[272] Der römische Bürger Johannes, in der (durch die) Kunst höchst gelehrt (geschickt), dem sein guter Kollege Andreas die Aufgabe übertrug, (sie beide) errichteten mit ihrer Erfahrung (erfahren im Geist) dieses ausgezeichnetes Werk. – Dietl, Topik S. 142 übersetzt „doctissimus arte" als „äußerst kunstfertig". Zur Signatur vergleiche auch den Abschnitt über Andreas S. 155. Auch C. Promis, Le antichità di Alba Fucense, Roma 1836 S. 226. Promis S. 12; Schulz, Denkmäler II S. 83; Frothingham, 1889 S. 185f.; Frothingham, Monuments S. 370; Clausse S. 226 mit einer etwas abweichenden Lesung der Inschrift. Bertaux II S. 575f.; Bessone S. 44; Dietl, Topik S. 12, 142; Voss, S. Andrea S. 133f.

[273] Siehe auch Claussen, Künstlerstolz S. 21ff. Skeptisch gegenüber einer solchen Auslegung Dietl, Topik S. 63ff.

[274] Siehe den Abschnitt über Andreas S. 155.

[275] Ausführlich mit Foto-Dokumenten vor und nach 1915, sowie einer ausführlichen Dokumentation der nach dem zweiten Weltkrieg unter Delogus Leitung durchgeführten mustergültigen Restaurierung Delogu, Alba Fucense S. 23ff.

[276] Siehe oben S. 52.

[277] Vgl. dazu auch im Abschnitt über Andreas S. 155.

römische Kunst in höchster materieller und handwerklicher Qualität für seine kleine Kirche zu erhalten. Die ausgesuchte Kostbarkeit der Steine, ihr Schliff und die Harmonie der Farben sprechen dafür, daß alle arbeitsintensiven Teile in Rom vorfabriziert wurden und die weite Reise durchs Gebirge auf Ochsenkarren zurückgelegt haben.

Die hohe Qualität der Marmorkunst des Johannes Guittonis liegt allein in der Flächendekoration. Sie ist begründet in den Proportionen der Steinvertäfelung, in abstrakten Formerfindungen oder Formanspielungen, die durch weiße Marmorbänder innerhalb der farbigen Steinflächen strukturiert sind. Wahrscheinlich darf man sich den Ambo in Tarquinia (Abb. 56) vor seiner Plünderung in ähnlicher Weise ausgestattet vorstellen. Die stilistische Nähe zu Tarquinia (1209) spricht für eine zeitliche Nähe. Bisher ist der Ambo in Alba Fucense ohne zwingende Gründe um 1225 angesetzt worden. Es wäre durchaus denkbar, daß Johannes Guittonis seine Arbeit für diese Kirche schon im zweiten Jahrzehnt des 13. Jahrhunderts übernommen hat.

4. EINZELKÜNSTLER DES 12. JAHRHUNDERTS

Gegenüber den großen Familien des Paulus, Rainerius, Laurentius und der frühen Vassalletti sind die vier oder fünf Einzelkünstler und das für sie nachweisbare Oeuvre relativ unerheblich.

a) JOHANNES PRESBYTERI ROMANI (VATER UND SOHN) IN S. ANASTASIA, ROM[278]

Das mittelalterliche Portal der Kirche S. Anastasia war signiert. Eine Inschriftensammlung des späten 16. Jahrhunderts notierte folgende Stifter- und Künstlerinschrift *supra ianuam S. Anastasiae in velabro*[279].

+ AZO VENERABILIS PBR CARDINALIS FIERI IVSSIT
AMATO FVIT OP'IS DISPENSATOR
IOHS PBRI ROMANI PATER ET FILIVS HOC OPUS FECERVNT

Vier Personen sind genannt. Historisch nachzuweisen ist der Bauherr und Auftraggeber, der Kardinalpriester Azo, der diese Würde im Pontifikat Innocenz II (1130—43) erhielt[280]. Organisator (dispensator) war ein gewisser Amato. Es ist dies der einzige Fall in Rom, daß der organisatorische Leiter des Baues in der Signatur erwähnt wird[281]. Die ausführenden Handwerker schließlich waren Johannes Presbyteri und sein Sohn[282]. Wahrscheinlich ist der Zusatz „Romani" Bestandteil des Namens. Es wäre allerdings auch möglich, daß die römische Herkunft der beiden betont werden sollte[283]. Vom Aussehen des so bezeichneten Werkes können wir uns so gut wie keine Vorstellung machen. Die An-

---

[278] Lit.: Bibl. Angelica Cod. lat. 1729 f. 4v; Grimaldi, Cod. Barb. XXXIV 50f. 285 (ed. Niggl. S. 329); Ugonio, Stazioni S. 61; De Rossi 1891 S. 99f.; Lanciani, Scavi S. 7; Krautheimer I S. 45ff.; Guide Rionali di Roma. Rione X — Campitelli IV. A cura di Carlo Pietrangeli, Roma 1976 S. 30 mit ausführlicher Bibliographie.

[279] Biblioteca Angelica cod. 1729 f. 4v nr. 35. Siehe auch De Rossi 1891 S. 99. Grimaldi Cod. Barb. lat. XXXIV 50f. 285v (ed. Niggl S. 329) notiert statt „supra ianuam" — „in porta". Seine Version ist fast identisch: Azo Venerabilis presbyter Cardinalis fieri iussit. Amator fuit operis dispensator. Ioannes presbyteri Romani pater et filius hoc opus fecerunt.

[280] Lanciani, Scavi S. 17. Auch Krautheimer I S. 45. Buchowiecki I S. 322 schreibt ohne Begründung, Azo sei identisch mit einem Azzone, der von 1144—1157 Kardinalpriester von S. Anastasia gewesen sein soll

[281] Derartige Signaturen der Bauaufseher gibt es dagegen häufig in der Toskana.

[282] De Rossi 1891 S. 99f.

[283] De Rossi S. 99f. nahm an, daß beide, Vater und Sohn, den Namen Johannes Presbyteri trugen und sich als Römer bezeichneten.

sichten der Fassade vor der barocken Erneuerung sind recht summarisch[284]. Ihnen ist nur zu entnehmen, daß es sich um ein schlichtes Rahmenportal ohne Entlastungsbogen gehandelt hat. Von den geringen Resten der mittelalterlichen Innenausstattung von S. Anastasia könnte das Wand-Ziborium des Hieronymus-Altares im nördlichen Seitenschiff aus der gleichen Bauperiode stammen wie das ehemalige Portal. Die Giebelform und die einfachen Muster der Inkrustation weisen auf die erste Hälfte des 12. Jahrhunderts[285].

b) UVO IN VICOVARO, S. COSIMATO[286]

In der Konventskirche S. Cosimato (auch SS. Cosma e Damiano) von Vicovaro hat sich ein bemerkenswertes und bislang rätselhaftes Relief (Abb. 59) erhalten. In einer neuzeitlichen Aufstellung dient es als Retabel des rechten Seitenaltares: ein längsrechteckiges Marmorstück mit dem Lamm Gottes in der Mitte, flankiert von den vier nimbierten Symbolen der Evangelisten. In einer unregelmäßigen Schrift liest man neben dem Medaillon mit dem Lamm (Abb. 60) die Signatur[287]:

QUI ME VIDETIS – VVO ME FECIT

Die Signaturformel ist im römischen Bereich ungewöhnlich[288]. Ich kenne ähnliche Formulierungen nur aus der Toskana. Auch der Ort der Schrift, nämlich im Relieffeld selbst und damit im Zentrum der Darstellung, ist auffällig.

Das Relief ist flach. Trotz der einfachen, linearen Mittel ist eine gewisse Lebendigkeit erreicht. Weitausholend (Abb. 60) strecken die Symboltiere (auch der Matthäusengel hat einen Tierkörper – er ist Sphinx!) ihre dreifältigen Schwingen zum Gotteslamm hin. Sie erscheinen wie im Aufflug. Die Hinterbeine stehen noch und nehmen Anlauf, während der Oberkörper mit dem jeweils geöffneten und durch Beischriften gekennzeichneten Buch in den Vorderpranken schon abgehoben hat. Klar und in schöner Großzügigkeit zeichnen sich die Schwungfedern ab. Ebenso eindeutig und eindringlich das Lockenkleid des Lammes und die flammenden Haare des Matthäusenengels. Eine Reihe von Eigenheiten, vor allem die Flachheit des Reliefs, die spiraligen Locken der Haarangaben, aber auch der Gesichtsausdruck des Matthäusengels verbindet die Arbeit des Uvo mit einer Gruppe römischer Reliefs des 12. Jahrhunderts[289]: den gedrehten Weinlaubsäulen in SS. Trinità dei Monti und Cave (S. Carlo, Abb. 33), den Portalen von S. Apollinare (Abb. 134) und S. Pudenziana (Abb. 131, 133), besonders aber dem Taufbrunnen in der Abteikirche von Grottaferrata (Abb. 61). In allen diesen Fällen ist auf die Mosaikinkrustation verzichtet worden, die sonst kennzeichnend für die Werke der römischen Marmorari ist. Der einzige gesicherte Name dieser spezifisch römischen Bildhauerkunst ist Uvo.

Offen sind die Datierung und die ursprüngliche Bestimmung des Reliefs. Seiner Form nach könnte es sich durchaus um einen Türsturz handeln. Doch sprechen die Notizen des Suárez eher dafür, daß

---

[284] Z.B. eine Ansicht des Anonymus Fabriczy. Siehe Egger, Veduten I Tf. 114 oder Serafini, Torri, fig. 44. Eine weitere Ansicht von Gillis van Valckenborch bei Egger I Tf. 116.

[285] Abbildung des Wandziboriums in Armellini/Cechelli, S. 651ff. Der Ambo war – nach einer von Ugonio (Stazioni f. 61v; auch Forcella X S. 37) überlieferten Inschrift – 1210 unter Innocenz III (1198–1216) gestiftet worden. Reste davon sind erhalten.

[286] Lit.: Suárez, Cod. Vat. lat. 9140 f. 31 und 31v; Stevenson, Cod. Vat. lat. 10581f. 86v; De Rossi, 1875 S. 130; Bessone S. 47; Conte Marcello Reghini di Pontremoli, Vicovaro, S. Cosimato, Grotte di S. Benedetto, Capranica Penestrina, Santuario della Mentorella, in: Alma Roma 16, 1975 S. 71–83.

[287] De Rossi 1875 S. 130 liest den Text bei Suárez (Cod. Vat. lat. 9140 f. 31) falsch als: Quae videtis– Ivo MC fecit. Das MC (= ME) interpretiert er falsch als Kürzel für Magister. Dietl, Topik S. 87 und 169.

[288] Nur zwei Beispiele aus der Toskana, bzw. Oberitalien: a. Das Majestas-Relief des Camposanto in Pisa + OPUS QUOD VIDETIS BONUSAMICUS FECIT. b. Fassadenreliefs von S. Zeno in Verona: Qui legis ista, pie natum placato Marie, salvet in eternum qui sculperit ista Guillelmum. Mit weiteren Beispielen Dietl, Topik S. 84ff.

[289] Siehe S. 107ff.: Petrus Vassalletti.

wir es mit dem Rest eines Ziboriums zu tun haben. Von dem vorbarocken Inventar der Kollegiatskirche S. Cosimato notiert er eine Stifterinschrift *circum tabernaculo*[290]:

+ IOHS FACTV CAPE COSMA LAUDE FACTV
FILIUS ET DONUS
...LUCIS CAELI DOCTRINA SALUBRIS
+ QUI DEDIT VT IVNGAT CUNCTIS DARE MUNERE REGNAT.

Der Anfang dieser Inschrift + IOHIS FACTV CAPE COS...ist in der Gartenmauer am Vorplatz
der Kirche vermauert. Epigraphisch gehört die kräftige Kapitalis in das 12. Jahrhundert. Da ein Datum fehlt und der Stifter Johannes historisch nicht zu ermitteln ist, ist der Wert der Inschrift in unserem Zusammenhang allerdings begrenzt. Suárez beschreibt auch das erhaltene Relief: ,,In tabernaculo
super aram (?)...Agnus et A. e. animalia evang'as...exstant QUAE VIDETIS IVO ME FECIT''.
Das scheint darauf hinzudeuten, daß das Relief zur Zeit des Suárez Teil des Ziboriums (Frontbalken?)
gewesen ist, möglicherweise aber schon Retabel. Beides wäre einzigartig im 12. Jahrhundert. Suárez
erwähnt schließlich das Datum eines Madonnenfreskos in der Krypta: 1093[291]. Wenn das stimmt, und
es lohnt sich, seine Angaben archäologisch zu überprüfen, so könnte das Werk des Uvo zu einer Ausstattungsphase des frühen 12. Jahrhunderts gehören. Wie direkt die Beziehungen zu Rom waren, beweist der Liber Censuum: Das Stift gehörte bis ins 13. Jahrhundert direkt zu dem von S. Pietro in
Vaticano[292].

c) GISILBERTUS IN S. CECILIA (?), ROM[293]

Magister Gisilbertus, ein bisher unbekannter Name in der Literatur über die Marmorari Romani,
hat ein Grabmal — wohl des 12. Jahrhunderts — signiert. Das ist aus Inschriftensammlungen bekannt, die sich allerdings in der Ortsangabe widersprechen. Suárez lokalisiert das Grab eines Archisacerdos Theodorus in S. Benedetto in Piscinula *nel portico*[294]. Am Ende der Grabinschrift folgt die
Signatur:

Gisilbertus me fecit magister

Dagegen befand sich das Grab nach Cod. Vat. lat. 5253 in S. Cecilia[295]. So notiert auch Forcella
das Grabepigramm[296]. Einer der barocken Inschriftenjäger muß die Trastevere-Kirchen verwechselt
haben. Welche Angabe richtig ist, läßt sich bislang nicht entscheiden.

[290] Suárez, Cod. Vat. lat. 9141f. 31.
[291] Suárez f. 31. Für 1081 ist eine Stiftung Gregor VII bezeugt. Siehe Conte Marcello Reghini S. 71ff.
[292] Liber Censuum (Fabre) S. 11b und 415b. 1241 unterstellte Gregor IX den inzwischen reformbedürftigen Konvent unter
die Leitung des römischen Klosters SS. Sebastiano e Fabiano alle Catacombe. Siehe Marcello Reghini S. 71ff.
[293] Lit.: Suárez, Cod. Vat. lat. 9141f. 209; Cod. Vat. lat. 5253f. 258 (f. 251v); Forcella II S. 20 Nr. 58; Stevenson Cod.
Vat. Lat. 10581 f. 9v, 12.
[294] Suárez, Cod. Vat. lat. 9141 f. 209 gibt das Grabepigramm nach meiner Lesung folgendermaßen wieder:
,,Temporibus vitae cp̄letis Archisacerdos Theodorus
sub matris tumulo ponero se volvit.
Decite vos cives adeuntes Martyris aulam
Parce Deus famulis parce benigne Amen
Gisilbertus me fecit magister''.
[295] Cod. Vat. lat. 5253 f. 258 (f. 251v).
[296] Forcella II S. 20 Nr. 58. Nach einem Anonymus (Cod. Chig. I, V. 167, 212) vor dem es Galletti (Cod. Vat. 7904 f. 31
nr. 64) kopierte.

d) ALEXIUS

Als Zeuge eines Vertrages, der am 16. März 1193 abgeschlossen wurde, fungiert ein Alexius marmorarius[297]. Da kein signiertes Werk überliefert ist, fehlt uns jede Vorstellung von seinem Oeuvre. Die Vermutung von Bessone[298], jener Alexius sei identisch mit einem Alese de Beraldo de Roma, der 1232 als Zeuge eines Werkvertrages zwischen dem umbrischen Kloster Sassovivo und dem römischen Marmorarius Petrus de Maria genannt wird, ist völlig ungewiß[299].

5. LAURENTIUS-FAMILIE

Über den Zeitraum eines Jahrhunderts und durch vier Generationen ist diese, in ihrer Produktion quantitativ bedeutendste Marmorwerkstatt Roms nachzuweisen. Die Familienbindung innerhalb der Werkstatt war offenbar stark. Sehr häufig signiert der Vater zusammen mit der nachfolgenden Generation, so daß die Genealogie der bisher bekannt gewordenen Familienmitglieder gesichert ist:

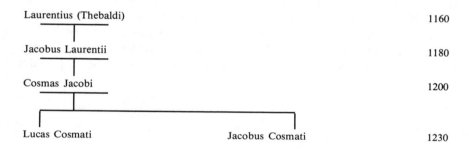

Laurentius (Thebaldi)	1160
Jacobus Laurentii	1180
Cosmas Jacobi	1200
Lucas Cosmati Jacobus Cosmati	1230

Bis zu den Untersuchungen Giovannonis hatte man die Laurentius-Familie nicht von der des Cosmatus (Petri Mellini) getrennt, so daß der Name ,,Cosmati'' sich für das gesamte römische Marmorhandwerk einbürgern konnte[300]. Aber auch nach der Trennung ist die Zahl der überlieferten Werke imponierend. Mit zweiundzwanzig Signaturen gehören mehr als ein Viertel aller Künstlerinschriften dieses Kunstkreises allein der Laurentius-Familie an. Auch die Bedeutung der Aufträge, z.B. in S. Pietro in Vaticano oder der Kirche des römischen Senats, in S. Maria in Aracoeli, ist auffällig. In der Größe der Aufträge wird diese Familie seit dem Pontifikat Honorius III (1216—27) von der des Vassalletto übertroffen[301]. Offenbar gehörten Mitglieder der Laurentius-Familie zur obersten Schicht des römischen Bürgertums. Die Ehrenämter, die sie am Hofe Innocenz III (1198—1216) und Alexander IV (1254—61) ausübten, sprechen für ein geradezu patrizisches Ansehen[302].

Das bedeutendste der erhaltenen Werke der Laurentius-Familie ist der Dom von Città Castellana. Alle vier Generationen haben sich hier durch Signaturen verewigt[303]. Die 1210 unter Innocenz III er-

---

[297] P. Fedele, Il tabularium di S. Maria Nova, 1903 S. 222.

[298] Bessone S. 45.

[299] Siehe auch S. 162 im Abschnitt über Petrus de Maria.

[300] Vgl. auch zur Laurentius-Familie: Gandolfo, Cosma.

[301] Giovannoni, Note S. 18f. Vgl. dazu auch im Abschnitt über die Cosmatus-Familie S. 206f.

[302] Gemeint sind Jacobus Laurentii, der im Jahre 1207 als Mitglied der päpstlichen Schola addestratorum et cubiculariorum et mappulariorum ebenso bezeugt ist wie im Jahre 1255 sein Enkel Lucas Cosmati. Vgl. dazu S. 81f. und S. 100.

[303] Das ist vergleichbar mit S. Maria di Castello in Tarquinia, an der mindestens drei Generationen der Rainerius-Familie mitgewirkt haben. Siehe S. 67ff., 82ff., 101.

baute Vorhalle (Abb. 98), die Jacobus Laurentii mit seinem Sohn Cosmas signiert hat, ist ein Höhepunkt der Auseinandersetzung römischer Marmorari mit der Antike und gleichzeitig ein Höhepunkt römischer Renovatio. Wie in den meisten anderen Werkstätten bilden liturgische Ausstattungen das Hauptkontingent der Aufträge. Doch schon im 12. Jahrhundert bewähren sich Laurentius und sein Sohn Jacobus in Falleri und Città Castellana als Schöpfer aufwendiger architektonischer Portale, eine Tradition, die mit der erwähnten Vorhalle in Città Castellana und der Portalfassade von S. Tomaso in Formis (Abb. 108) ihre Fortsetzung findet.

Um 1230 erhält Cosmas in Anagni noch einmal eine große Aufgabe. Nach 1240 scheint es dann aber an Anschlußaufträgen gefehlt zu haben. Das liturgische Mobiliar des Domes von Anagni vollendet die Vassalletto-Werkstatt. Die vierte Generation ist nur noch im Kreuzgang von Subiaco (Abb. 114) und am Dom von Città Castellana faßbar, beides Werke, an denen schon der Vater und Großvater gebaut hatten. Als einer der ersten römischen Marmorari hat sich Jacobus Laurentii um 1200 mit figürlicher Mosaikmalerei befaßt. Der erhaltene Mosaiktondo von S. Tomaso in Formis (Abb. 109) beweist, daß diese Fähigkeit über ein gelegentliches und verlegenes Dilettieren im fremden Metier hinausgeht[304]. Auffällig oft sind Signaturen der Laurentius-Sippe in solchen Bauten überliefert, in denen etwa gleichzeitig auch eine andere Werkstatt tätig war. Fünfmal ist eine solche Zusammenarbeit mit der Vassalletto-Werkstatt nachzuweisen, einmal mit Nicolaus de Angelo, zweimal mit Drudus. Das muß aber nicht auf eine Bindung dieser Werkstätten hindeuten, sondern ist wahrscheinlich eher Indiz für die Intensität und den zeitlichen Druck, mit dem die Aufträge ausgeführt werden sollten. Solche Bedingungen führten die wichtigsten römischen Werkstätten immer wieder zusammen, ohne daß sich daraus eine — im Werk der Laurentius-Familie ablesbare — Spezialisierung herausgebildet hätte.

a) LAURENTIUS (THEBALDI)

Daß Laurentius Thebaldi, der 1162 als Schöpfer einer Altarausstattung in S. Stefano del Cacco bezeugt ist, identisch ist mit jenem Laurentius, der etwa zwischen 1180 und 1200 nicht weniger als siebenmal mit seinem Sohn Jacobus signierte, ist durch die zeitliche Sequenz ausreichend gesichert. Über seinen persönlichen Stil läßt sich allerdings keinerlei Aussagen machen, da das Werk in S. Stefano del Cacco nicht erhalten und in den übrigen Fällen der Anteil des Sohnes nicht von dem des Vaters zu trennen ist. So könnte es durchaus sein, daß die enorme Prosperität der Werkstatt im späten 12. Jahrhundert vor allem auf das Konto des zu dieser Zeit erwachsenen Sohnes geht. Ich nehme auch an, daß der Sohn ausschlaggebend für die Konzeption der meisterlichen Portale in Falleri und Città Castellana war. Trotzdem sollen diese unter dem Namen des Laurentius beschrieben werden.

Laurentius Thebaldi in S. Stefano del Cacco, Rom[305]. Eine heute verlorene Stifterinschrift aus dem Jahre 1162 am ehemaligen Hauptaltar von S. Stefano del Cacco nennt als ausführenden Künstler Laurentius Thebaldi:

> Ioannes archipresbyter bonorum virorum auxilio
> hoc opus a Laurentio filio Thebaldi
> fieri fecerunt. Ann. Dni. MCLXII Indict.X

---

[304] Vgl. dazu S. 91ff.
[305] Lit.: Terribilini, Cod. Casanat. T. X, XXI, XI, 10, car. 103; Forcella VII S. 489 Nr. 982; De Rossi 1881 S. 82; Giovannoni, Note S. 9; G. Tomassetti, Notizie intorno ad alcune chiese di Roma, in: Bull. 33, 1905 S. 329ff. Die Inschrift wird irrtümlich von P. Fr. Santilli O.M.C., La Basilica dei SS. Apostoli, Roma 1925 S. 12 auf SS. Apostoli bezogen. Diesen Fehler vollzieht Hutton S. 35 nach. Bessone S. 20; Glass, Diss. S. 5 und 10.

Von der Ausstattung des 12. Jahrhunderts hat sich nichts erhalten außer wiederverwendeten Pavimentstücken vor den Seitenaltären. Da die Inschrift sich im Bereich des ehemaligen Hauptaltars befand, wird sie sich wahrscheinlich auf Altar, Confessio und Ziborium, vielleicht auch auf das Paviment und die übrige Innenausstattung bezogen haben. Bei der in der Inschrift erwähnten Hilfe „guter Männer" wird es sich um eine finanzielle gehandelt haben.

Laurentius (Thebaldi) mit seinem Sohn Jacobus im Dom von Segni[306]. Von der mittelalterlichen Innenausstattung des Domes von Segni haben sich nur einige Fragmente von Schrankenplatten und von der Marmorverkleidung der Confessio (Abb. 62) erhalten, die als Träger einer Altarmensa in der Kapelle des S. Bruno wiederverwendet wurden. Ottavio Lauri überliefert neben der Signatur des Petrus Vassalettus (1185) eine Stifterinschrift mit dem gleichen Datum und die Signatur des Laurentius und seines Sohnes Jacobus[307]: *Anno 1185 IV.D. Lucii III PP. et X Domini episcopi Petri hoc opus perfectum est in cuius structura ben. huius ecclesiae pro anima sua et fratris sui et Narniensis ep. dedi C sol. Graeg. diac. 53 lib. Petrus subdit XX sol. Albertinus Scrinarius unam marcam argenti. Laurentius cum Jacobo filio suo huius operis magister fuit.*

Stefania Pasti ist es gelungen, die Stifer- und die Künstlerinschrift im erzbischöflichen Seminar auf den Fragmenten eines mosaikinkrustierten Architravs wiederaufzufinden (Abb. 59 A). Am oberen Rand signieren die Künstler:

+ LAURENTIUS CUM IACO
BO FILIO SVO HVIS OP MAGIST FUIT

Auf dem unteren Streifen sind Datum und Stiftungen so verzeichnet, wie sie Lauri überliefert hat.

Die Inschrift, nicht zuletzt die hohen Geldbeträge der zahlreichen Stiftungen, aber auch die beiden gleichzeitig beteiligten Marmorwerkstätten deuten auf eine reiche Ausstattung. Segni hatte im späten 12. Jahrhundert große Bedeutung und diente den Päpsten wiederholt als Zuflucht[308]. Innocenz III entstammte dem Geschlecht der Grafen von Segni. Es wäre gut möglich, daß die Ausstattung des Domes den Marmorprunk der benachbarten Kathedrale von Ferentino noch übertroffen hat. Die Erneuerung des Baues in den Jahren um 1626 hat davon so gut wie alle Spuren getilgt. Die erwähnten inkrustierten Platten (Abb. 62) sind allerdings von hoher handwerklicher Qualität. Die quadratische Mittelplatte zeigt in den Zwickeln eines Fünfkreises (Quincunx) als Mosaik Meerdrachen und gegenständige Taubenpaare, Motive, die weder für die Laurentius-Familie noch für die Werkstatt des Petrus Vassalletto charakteristisch sind[309]. Da der Ort, an dem sich die Signaturen innerhalb des Domes befanden, nicht überliefert ist, gibt es keine Kriterien, diese Arbeiten der einen oder der anderen Werkstatt zuzuweisen. Sicher gehören sie aber zu der 1185 beendeten Ausstattung.

---

[306] Lit.: Ughelli, Italia Sacra I Sp. 1238; O. Lauri, Storia di Segni, Bibl. Casanatense, Ms. E III f.23; Stevenson, Cod. Vat. lat. 10581 f. 78; Giovannoni, Note S. 12; D. Cesare Jonta di Felice, Storia di Segni, Gavignano 1929 bes. S. 179 und S. 243; Bessone S. 30.

[307] Wichtig der jüngste Beitrag: Pasti S. 117ff. Lauri, Storia gibt eine andere Inschrift wieder als Ughelli, Italia Sacra I Sp. 1238. „Hujus temporibus Cathedralis absoluta est, ut videre est in sequenti inscriptione, sita prope majus Altare in marmorea tabula: Anno domini MCLXXXV Tempore D. Lucii III ann. Pont. sui IV. Tempore D. Petri Episcopi Signiae anno X. perfectum fuit opus Ecclesiae Cathedralis." Siehe auch Stevenson, Cod. Vat. lat. 10581 f. 78. Zur Signatur des Petrus Vassalettus vgl. 107f. Der Wortlaut der Signatur des Laurentius und seines Sohnes stimmt genau mit der Signatur in S. Maria in Aracoeli und fast genau mit der ehemals in SS. Apostoli überein. Siehe unten S. 60f.

[308] So weilte 1173 Alexander III im Exil in Segni. Siehe Gregorovius, Rom II,1 S. 256. Allgemein zur Geschichte von Segni Jonta, Storia, bes. S. 243: Honorius II (1124–30), Eugen III (1145–53), Gegenpapst Victor IV (1159–64), Alexander III (1159–81), Lucius III (1181–85).

[309] Ähnliche figürliche Mosaikinkrustationen haben sich vor allem im südlichen Latium, in Terracina, Fondi und Gaeta erhalten, sind aber auch in Rom, am Altar von S. Cesareo, zu finden. Nirgends ist diese Form des Dekors aber früher anzutreffen als in der 1185 beendeten Ausstattung von Segni.

Laurentius (Thebaldi) mit seinem Sohn Jacobus in SS. Apostoli, Rom[310]. Das ehemalige Ziborium des Hochaltars von SS. Apostoli — und damit wahrscheinlich der gesamte Altarbereich — ist durch eine Signatur als Werk des Laurentius und des Jacobus ausgewiesen, eine Signatur, deren Wortlaut sich in der Inschriftensammlung der Bibliotheca Angelica erhalten hat[311]:

Ciborium arae maioris SS. apostolorum:

+ Laurentius cum Jacobo filio suo huius operis magistri (zu ergänzen: fuit oder fuerunt)

Die mittelalterliche Innenausstattung von SS. Apostoli ist seit dem Neubau der Zeit um 1700 verloren[312]. Doch ist in der Vatikanischen Bibliothek ein Lunettenfresko der Zeit Sixtus V (1585 — 90) erhalten, das den Innenraum des Vorgängerbaues mit Teilen der mittelalterlichen Ausstattung zeigt[313]. Man sieht dort im Sanktuarium vor der Apsis ein hohes Altarziborium mit zwei Freigeschossen des Baldachins und einem kleinen abschließendem Tambour. Das Werk des Laurentius und seines Sohnes entsprach also dem Ziborientypus, der in der zweiten Hälfte des 12. Jahrhunderts und zu Beginn des 13. Jahrhunderts geläufig war.

Die Signaturformel stimmt fast wörtlich mit der in Segni (1185) und der in S. Maria in Araceoli (spätes 12. Jahrhundert) überein. Da sonstige Hinweise auf die Zeitstellung fehlen, nehme ich das als Anhaltspunkt für eine Datierung in die letzten beiden Jahrzehnte des 12. Jahrhunderts. Wahrscheinlich hat in SS. Apostoli auch die Werkstatt des Vassalletto gearbeitet[314]. Wie in Segni, in S. Pietro in Vaticano, in S. Saba und später — nach 1230 — in Anagni waren die beiden bedeutendsten Werkstätten Roms gemeinsam am Werk.

Laurentius (Thebaldi) mit seinem Sohn Jacobus in S. Maria in Aracoeli, Rom[315]. Das Langhaus von S. Maria in Aracoeli ist ein Neubau der zweiten Hälfte des 13. Jahrhunderts. Der Vorgängerbau nahm den Bezirk des heutigen Querhauses ein und war mit seiner Fassade auf das Kapitol hin orientiert[316]. Von der Ausstattung dieses Vorgängerbaues, die — wie wir sehen werden — dem späten 12. Jahrhundert angehört, haben sich eine Reihe von wichtigen Teilen trotz mehrfachen Ortswechsels und einschneidender Veränderungen erhalten[317]. Vor allem zwei Kanzeln (Abb. 63, 64), die nach 1560 im Querhaus links und rechts an den Eckpfeilern zum Mittelschiff ihren Platz gefunden haben. Noch unter Pius IV (1559 — 65) befanden sie sich im Mittelschiff, nach den Forschungen Ronald Malmstroms zuseiten einer Schola Cantorum[318]. Ursprünglich muß ihr Platz aber natürlich im Langhaus des Vorgängerbaues in der Achse des heutigen Querhauses gewesen sein. Wahrscheinlich sind beide Kanzeln Teile eines einzigen Ambo.

---

[310] Lit.: Bibliotheca Angelica Cod. 1729; De Rossi 1891 S. 85; Giovannoni, Note S. 11 Anm. 4; A. Santilli, La Basilica dei SS. Apostoli, Roma 1925 (Le chiese di Roma illustrate, 15); Krautheimer I S. 75ff; Hutton S. 35; E. Zocca, La Basilica dei SS. Apostoli in Roma, Roma 1959.

[311] Bibliotheca Angelica Cod. 1729; De Rossi 1891 S. 85; Santilli, La Basilica S. 12 kontaminiert den Text der Ziborieninschrift mit der Inschrift des Laurentius Thebaldi, ohne zu sagen, daß diese sich auf S. Stefano del Cacco bezieht. Siehe S. 58.

[312] Dazu Santilli, La Basilica S. 28f.

[313] Krautheimer I, Fig. 56.

[314] Vgl. dazu S. 113f.

[315] Lit.: P. F. Casimiro, Memorie istoriche della chiesa e convento di S. Maria in Araceli di Roma, Roma 1736, 1845²; Promis S. 19 bezieht die Inschrift, von der er nur den zweiten Teil kennt, auf Cosmas; Stevenson, Cod. Vat. lat. 10581f. 29v; A. Colosanti, S. Maria in Aracoeli, Roma 1923 (Le chiese di Roma illustrate 2); Bessone S. 20; G. Giovannoni, L'ambone della chiesa d'Aracoeli, in: A.S.R.S.P. 68, 1945 S. 125ff.; Hutton S. 33 und 37; Malmstrom, S. Maria in Aracoeli; Malmstrom, Twelfth Century Church; Glass, Diss. S. 243ff.; Pietrangeli, Campitelli II; Glass, BAR S. 107f.

[316] Dazu Malmstrom, S. Maria in Aracoeli S. 45ff. und Malmstrom, Twelfth Century Church S. 3ff.

[317] Diese Teile sind außer den heutigen Kanzeln zwei große Schrankenplatten (Abb. 69A, heute über dem Altar) und der „Paliotto" (Abb. 68, in Wirklichkeit die Front einer Confessio) des Augustusaltares unterhalb des Altares der Hl. Helena. Siehe zu diesen Stücken S. 62.

[318] Giovannoni, L'ambone S. 126; Vor allem Malmstrom, The Colonnades S. 39f. und Malmstrom, S. Maria in Aracoeli S. 203ff.

Die rechte von beiden, die architektonisch schlichtere, zeigt auf den Marmorstegen von zwei hoch-rechteckigen, mosaikinkrustierten Ornamentplatten (Abb. 65) des Kanzelkorbes folgende Signatur[319]:

LAVRENTIVS CVM   JACOBO FILIO SVO (H)VIVS
                        OPERIS MAGI'TER FVIT

Nur der Kanzelkorb ist einigermaßen authentisch. Alle anderen Teile sind aus verschiedenen Bruch-stücken zusammengefügt. Weitere Fragmente liegen im Paviment[320]. Die große quadratische Orna-mentfläche (Abb. 67) mit einer eingeschriebenen Kreisform ist der neuzeitliche Ersatz für eine höchst bemerkenswerte, spätantike Spolie (Abb. 66), die heute im Kapitolinischen Museum aufbewahrt wird[321]. Es handelt sich um ein ringförmiges Reliefband mit Szenen aus dem Leben des Achill, wahr-scheinlich aus der ersten Hälfte des 4. Jhs. n. Chr., dessen Mitte von einem komplizierten Muster aus Kreisformen und einem inneren Quadrat aus Mosaik und Steinintarsien ausgefüllt ist. Auch die Eck-zwickel, die die Kreisform ins Quadrat überleiten, sind inkrustiert. Daß diese Platte auch schon im ursprünglichen Zustand unter den Kanzelkorb gehörte, wird durch die Dimensionen und eine in situ befindliche Reliefarkatur plausibel gemacht. Eine ganz ähnliche Arkatur „trägt" an der gegenüberlie-genden Kanzel (Abb. 63) ein Quadrat mit einer eingeschriebenen Kreisform, die an dieser Stelle, unter-halb des Kanzelkorbes, nur als Reflex auf die Schmuckplatte mit den Achillesszenen zu verstehen ist. Die Mosaikinkrustationen verschönern die antike Spolie im mittelalterlichen Sinne. In unserem Zusammenhang belegen sie vor allem die mittelalterliche Wiederbenutzung. Diese dürfte aller-dings nicht in erster Linie ästhetische Gründe haben. Für einen solchen Zweck hätte der mittelalter-liche Marmorarius sicher eindrucksvollere Stücke beibringen können[322]. Daß im Ring der Szenen gerade die mit der Geburt, Jugend und Erziehung des Achill für den Beschauer am unteren Ende gut lesbar und seitenrichtig plaziert sind, beweist, daß man den Sagenstoff erkannt hat, der übrigens zur mittelalterlichen Schulbuchlektüre gehörte[323]. Ob man an einen Bezug zur Funktion der Kanzel oder gar an eine Interpretatio Christiana denken soll, vermag ich trotz der auffälligen Plazierung nicht zu entscheiden[324]. Die schwache Qualität des Reliefs könnte zu der Vermutung führen, daß hier ein mit-telalterlicher Marmorarius ein antikes Werk — etwa eine Silberplatte wie die aus dem Schatz von Kai-

[319] Die Signatur entspricht im Wortlaut der von Segni (1185) und der aus SS. Apostoli. Forcella I S. 131 Nr. 473; Giovanno-ni, Note S. 5ff. Der Beginn der Inschrift (Laurentius cum) befindet sich in der heutigen Montage rechts von der Platte mit der übrigen Inschrift.

[320] Malmstrom, Twelfth Century Church S. 11 Anm. 23.

[321] H. Stuart Jones, A Catalogue of the Ancient Sculptures Preserved in the Municipal Collections of Rome 1. The Sculptures of the Museo Capitolino, Oxford 1912 I S. 45ff. mit ausführlicher Literatur. Die Platte weist an ihrem unteren Ende eine In-schrifttafel auf mit der Herkunftsangabe aus S. Maria in Aracoeli und dem Stifter an die Sammlung, Papst Benedikt XIV (1740—58). Siehe auch Gnoli, Marmora Romana Abb. 69 und Pietrangeli, Campitelli II S. 80, dort eine Datierung in die erste Hälfte des 4. Jahrhunderts.

[322] Ich vermute, daß Vassalletto das in der Vorhalle von SS. Apostoli erhaltene, antike Adlerrelief (Abb. 126) am Ambo der gleichnamigen Kirche verwendet hat. Dort ist der ikonographische Bezug zur Verkündung des Evangeliums (Johannesadler) ja ganz deutlich gegeben. Vassalletto konnte sich dabei einer antiken Spolie allerbester Qualität bedienen. Vgl. S. 115.

[323] Zur Bedeutung der hochmittelalterlichen Bronzeschalen mit ihren mythologischen Szenen J. Weitzmann-Fiedler, Roma-nische Bronzeschalen mit mythologischen Darstellungen. Ihre Beziehungen zur mittelalterlichen Schulliteratur und ihre Zweck-bestimmung, in: Zeitschrift für Kunstwissenschaft 10, 1956 S. 109ff und 11, 1957 S. 1ff. Einige dieser Schalen, z.B. die im Pariser Cabinet des Médailles zeigen ebenfalls ringförmig angeordnet Szenen aus der Jugendgeschichte des Achill. Die Bronze-gravierungen sind jedoch ohne jede direkte Antikenanschauung als Illustrationen weit verbreiteter Schultexte neu erfunden worden.

[324] Grundlegend zum Problem der Interpretatio Christiana sind die Überlegungen von Arnold Esch, Spolien S. 46ff. Hat etwa in unserem Fall die Übergabe des Achillesknaben an seinen Musiklehrer, den Kentauren Chiron, etwas mit der Schola Cantorum zu tun? Ob Tugend oder Laster, ganz ohne deutenden Kommentar wird man die spätantiken Reliefs nicht gelassen haben.

seraugst — kopiert hätte[325]. Doch wäre das meines Wissens ohne Parallele. Ich wüßte auch keine positiven Kriterien, die eine mittelalterliche Entstehung nachweisen könnten. Vergleicht man, wie völlig unerfahren der Künstler des „Paliotto" (Abb. 68) in der, Antike doch fordernden, Szene der Augustusvision menschliche Figuren ins Relief zu bringen versucht, so spricht alles für eine antike (= spätantike oder auch frühbyzantinische) Entstehung der Reliefszenen.

Daß die beiden fragmentierten Kanzeln aufeinander bezogen sind, haben wir versucht, an den Schmuckfeldern unterhalb der Kanzelkörbe nachzuweisen. Giovannoni hat zeichnerisch aus beiden Kanzeln einen einheitlichen Ambo rekonstruiert[326]. Das hat viel für sich: Auch der Ambo in Alba Fucense (Abb. 59) hat zwei Kanzelkörbe, von denen der reichere ins Mittelschiff, der schlichtere zum Seitenschiff orientiert ist[327]. Der schlichtere Kanzelkorb mit seiner Signatur entspricht Werken aus dem 12. Jahrhundert. Der andere ist mit zwei gedrehten, mosaikinkrustierten Säulen geschmückt und trägt an der Front die Skulptur eines Adlers (Abb. 70). Solche reich ausgestalteten Kanzeln begegnen in erhaltenen und datierten Exemplaren erst im frühen 13. Jahrhundert[328]. Dennoch sehe ich die Unterschiede zwischen den beiden Kanzelkörben weder als Indiz für eine Zeitdifferenz noch als Manifestation jeweils unterschiedlicher künstlerischer Temperamente, sondern als das Ergebnis einer planerischen Dialektik, die man durchaus einer Werkstatt und einer einheitlichen Konzeption zutrauen darf. So sind die Zwischenfelder des reicheren Korbes (auf der ehemaligen Evangelienseite) glatte Marmor- und Porphyrplatten, die den Hauptakzent des Dekors den farbig inkrustierten, gedrehten Säulen überlassen. Auf der Gegenseite (Abb. 63) ist es umgekehrt: Hier rahmen die schlichten, über die Polygonecke „gefalteten" Pilaster reich und farbig inkrustierte Schmuckplatten in den Zwischenfeldern.

Sowohl die Untersuchungen Malmstroms über die Vorgängerkirche als auch die gemeinsame Schaffensperiode der beiden signierenden Künstler legen eine Datierung des Ambos noch in das späte 12. Jahrhundert nahe[329]. Gestützt wird diese Annahme auch durch einen Vergleich zwischen dem korinthischen Kapitell (Abb. 70) des Kanzelkorbs mit den fast identischen Kapitellen des Mittelportals am Dom von Città Castellana (Abb. 81), entstanden kurz vor 1200 und signiert ebenfalls von Laurentius und Jacobus.

Von der gleichen Ausstattung sind zwei große Schrankenplatten (Abb. 69A) erhalten, die jetzt im Aufbau des Hochaltares wiederverwendet sind. Es handelt sich um die ehemalige Abschrankung des Sanktuariums[330]. Sie entsprechen mit ihren jeweils acht Rechteckfeldern zwischen kreuzförmigen, reich inkrustierten Ornamentstegen einem Typus, der seit der zweiten Hälfte des 12. Jahrhunderts üblich ist. Wahrscheinlich entstammen auch diese der Laurentius-Werkstatt. Ob das auch für das merkwürdigste Stück dieser Ausstattungsphase, den sogenannten Paliotto des Augustusaltares (Abb. 68) gilt, möchte ich allerdings bezweifeln[331]. Die Fenestella Confessionis deutet darauf hin, daß es sich um die Front einer Confessio handelt. Auf die Reliefs mit der Augustusvision und dem Gotteslamm möchte ich in diesem Zusammenhang nicht eingehen. Vergleicht man die Ornamentik des „Paliotto" mit der der Kanzeln, so gibt es einige Übereinstimmungen in den antikisierenden Motiven. In

[325] Siehe dazu den Ausstellungskatalog: Spätantike und frühes Christentum, Frankfurt 1984 Nr. 183 S. 586ff. mit weiterführenden Literaturhinweisen.
[326] Giovannoni, L'ambone S. 124ff.
[327] Siehe dazu S. 53f. Schon der früheste der erhaltenen Ambonen des Mittelalters in Rom, der in S. Clemente (Abb. 7), hat zwei Kanzelkörbe — und dazu noch ein zweites Lesepult auf der Epistelseite der Schola Cantorum.
[328] So der Ambo des Johannes Guittonis (Abb. 56) in S. Maria di Castello in Tarquinia aus dem Jahre 1209. Vgl. S. 51f.
[329] Dazu Malmstrom, Twelfth Century Church S. 3ff. Die Identität des Wortlauts der Signatur mit der in Segni (1185) darf durchaus als Argument für eine Datierung gewertet werden.
[330] Malmstrom, S. Maria in Aracoeli S. 204 hält die beiden Platten für Teile der Schola Cantorum. Meiner Ansicht zu Unrecht. Man darf sich nicht an die — wahrscheinlich falsche — Rekonstruktion der Schola Cantorarum in S. Saba (Abb. 130) halten. Siehe dort im Abschnitt über Vassallettus S. 115ff.
[331] Vgl. auch Malmstrom, Twelfth Century Church S. 11f.

der Häufung des Ornaments und seinem unpräzisen Schnitt scheint mir die Platte des Augustusaltares aber ein Zeugnis andersartiger künstlerischer Auffassung. Diese Unbestimmtheit des Reliefs wird besonders deutlich an den architektonischen Formen: Die gedrehten, inkrustierten Säulen, die nur als Relief in einer überreich ornamentierten Mulde „liegen", gehorchen nicht einmal dem Lot. Es ist gut möglich, daß hier ein Künstler versucht, durch Überhäufung antiker Formen (in den Kapitellen Faunsköpfe) der antiken Tradition der Stätte und des Altares gerecht zu werden, wahrscheinlich aber in einer Zeit, bevor die in ihrem Formenrepertoire völlig sichere Werkstatt des Laurentius und des Jacobus die weitere Innenausstattung übernahm[332].

Laurentius (Thebaldi) mit seinem Sohn Jacobus in Subiaco, Sacro Speco, S. Benedetto[333]. Als Sturz des bescheidenen Eingangs zur Kirche des Klosters Sacro Speco dient ein Marmorbalken (Abb. 71), der zwei Inschriftzeilen trägt, zwischen denen ein Streifen verläuft, der ehemals mit Mosaik ausgefüllt war. Die obere Zeile ist ein Gruß für den Eintretenden, die untere die Signatur[334]:

+ LAVRENTIVS CVM IACOBO FILIO SVO FECIT HOC OPVS

Da das Stück 1879 als Basis eines Spülsteins in der Küche von Sacro Speco entdeckt wurde, ist die jetzige Versetzung modern[335]. Der Eingangsspruch: + SIT PAX INTRANTI — SIT GRATIA — DIGNA PRECANTI macht — da er im Schriftcharakter genau mit der Signatur übereinstimmt — klar, daß das Fragment in den ursprünglichen Zusammenhang eines Portals gehört und als Türsturz konzipiert war. Da das Werk, wie man aus der Zusammenarbeit von Laurentius und Jacobus und dem epigraphischen Eindruck der Inschrift schließen kann, noch im 12. Jahrhundert entstanden sein dürfte, die aufgehende Architektur der Kirche aber aus dem 13. und 14. Jahrhundert zu stammen scheint, bleibt der ursprüngliche Zusammenhang ungewiß. Es ist durchaus möglich, daß wir es mit dem Rest eines Vorgängerbaus zu tun haben, der als Spolie aufbewahrt wurde. Auch geringere Reste des mittelalterlichen Pavimentes sind erhalten und könnten zu einer Ausstattungsphase vor oder um 1200 gehören[336]. Da Jacobus den Kreuzgang des Klosters S. Scholastica (Abb. 92) begonnen hat, der von dessen Sohn Cosmas und den Enkeln Lucas und Jacobus fertiggestellt wurde, sind alle vier Generationen der Laurentius-Familie in den Klöstern von Subiaco nachzuweisen[337].

[332] Es gibt gewisse Ähnlichkeiten der Reliefplatten mit Teilen der Skulptur des späten 12. Jahrhunderts in Grottaferrata (Abb. 69). Auch Kapitelle mit Faunsköpfen sind dort erhalten. Leider sind diese Fragmente in Grottaferrata ebenfalls undatiert. Sie gehören aber wohl der zweiten Hälfte des 12. Jahrhunderts an.

[333] Lit.: Giovannoni, Note S. 11; Giovannoni, Subiaco; Bessone S. 21; Hutton S. 35, 38; Glass, Diss.S. 291f.; Glass BAR S. 131.

[334] Im Gegensatz zu den Signaturen in Segni (1185), SS. Apostoli und S. Maria in Aracoeli fehlt in diesem Fall der Meistertitel, der sich immer auf Vater und Sohn bezog (magistri). Der Schriftcharakter könnte durchaus für eine Entstehungszeit vor 1185 sprechen. Vielleicht ist mit diesem bescheidenen Fragment das früheste Zeugnis der fruchtbaren Zusammenarbeit von Laurentius und Jacobus erhalten.

[335] Federici S. 402 in: Giovannoni, Subiaco; Giovannoni, Subiaco S. 374; Sacro Speco, Subiaco 1968 S. 20.

[336] Das heutige Paviment stammt aus einer späteren Periode: „. . . today there are only a few original stones set into a more modern pavement." schreibt Dorothy Glass BAR. S. 131. In ihrer Diss. S. 291f. hat Dorothy Glass noch Teile des Pavimentes, besonders in der Kapelle S. Lorenzo in die Zeit um 1200 datiert. Die komplexe Struktur des Höhlenheiligtums bietet eine Fülle von Möglichkeiten für Neben- und Zwischenportale. Wahrscheinlich stammt der Türsturz aber doch vom ehemaligen Haupteingang.

[337] Siehe dazu S. 77ff., 98f. Nicht völlig ausschließen kann man die Möglichkeit, daß das Fragment ebenfalls aus S. Scholastica stammt. Die Kirche dort ist durch G. Quarenghi im 18. Jahrhundert völlig erneuert worden. Daß der mittelalterliche Vorgängerbau eine Ausstattung der Marmorari Romani, wahrscheinlich der Laurentius-Familie besaß, ist wahrscheinlich.

Laurentius (Thebaldi) mit seinem Sohn Jacobus in S. Pietro in Vaticano, Rom[338]. In den Aufzeichnungen des Petrus Sabinus findet sich eine Inschrift des ehemaligen Ambo von Alt-St. Peter und im
Anschluß daran folgende Künstlerinschrift, die De Rossi der Forschung zugänglich gemacht hat[339].

> Hoc opus ex auro vitris Laurentius egit
> cum Jacobo nato sculpsit simul atque peregit

Über die Signatur des Vassalletto, die sich im Text anschließt, soll an anderer Stelle gehandelt
werden[340].

Der Wortlaut unterscheidet sich deutlich von den übrigen Signaturen des Laurentius und seines Sohnes. Es ist gut möglich, daß der leoninische Vers das Werk eines Klerikers von St. Peter ist, der besonders Wert darauf gelegt hat, daß das verwendete Goldmosaik auch gebührend erwähnt wurde. Ob
man aus der Sequenz egit, sculpsit und peregit, eine Aufgabenteilung zwischen Vater und Sohn her-
auslesen kann, ist fragwürdig. Hier scheinen mir doch Reim und Versmaß ausschlaggebend. Sculpere
als Bezeichnung der bildhauerischen Tätigkeit ist in den römischen Signaturen sonst ungewöhnlich,
häufig allerdings in Künstlerinschriften Oberitaliens und der Toskana, wo der Anteil figürlicher
Skulptur ungleich höher war. Der Text von Petrus Sabinus legt es nahe, daß sich die Signatur auf den
Ambo bezog. Davon sind noch Reste erhalten. Eindeutig als Abschluß- oder Brüstungsgesims eines
Kanzelkorbs (Abb. 72) zu identifizieren ist ein Fragment, das in den Grotten von St. Peter aufbewahrt
wird. Auf älteren Fotos beschirmt der polygonale Marmorrahmen, der wie ein Konsoltisch abgestützt
wird, ein Marmorrelief des Quattrocento[341]. Da die barocke Aufstellung der Spolien von Alt-St. Peter
in unserem Jahrhundert vielfach zerstört worden ist und diese Destruktion in keiner Weise dokumentiert wurde, ist eine wissenschaftliche Erfassung der mittelalterlichen Fragmente außerordentlich
schwierig[342].

Tiberius Alpharanus ist für die westlichen Teile von Alt-St. Peter ein wichtiger Zeuge. In seinem
Grundriß (Abb. 74) zeichnet er den Ambo dicht am südöstlichen Pfeiler der Vierung so ein, daß die
eine Hälfte noch zum Langhausbereich gehört, die andere schon zum Bereich des Querhauses[343]. In
unmittelbarer Nähe erhob sich der (enorm groß wiedergegebene) Osterleuchter. Deutlich erkennt man
die beiden Treppen des Ambo in der Längsrichtung und zwei Kanzelausbuchtungen in der
Querrichtung[344]. Im Text wird der Ambo folgendermaßen bezeichnet[345]: „Basis magna marmorea
coelata ac deaurata sive sugestum ad Evangelium per S. R. Ecclesiae Diaconos decantandum et per
summos Pontifices populo exponendum".

Die Datierung des Werkes ist innerhalb der gemeinsamen Schaffenszeit des Laurentius und des Jacobus offen. Die vier erkerartigen Ausbuchtungen der erhaltenen Kanzelbrüstung lassen darauf schließen, daß der Kanzelkorb ursprünglich von vier Säulen umstellt war, so wie es im frühen 13.

---

[338] Lit.: Petrus Sabinus, Venedig Bibl. Marciana Cod. Lat. X, 195 (= 3453) f. 195v, 196v; Alpharanus, ed. Cerrati S. 33,
170, 183; De Rossi 1875 S. 127; De Rossi 1891 S. 55; Giovannoni, Note S. 11; Clausse S. 239 (der fälschlich glaubt, die Signatur
bei Ciampini gelesen zu haben); Bessone S. 21; Hutton S. 35; eine ausführliche Bibliographie bei Krautheimer V S. 171ff.

[339] Venedig, Bibl. Marciana, Cod. lat. X, 195 (= 3435) f. 195r und 196r. Siehe De Rossi 1875 S. 127. Ich konnte den Eintrag
bei einer allerdings flüchtigen Durchsicht des Codex nicht verifizieren.

[340] Siehe S. 111.

[341] Fot. Vat. 20497.

[342] Bisher hat sich kein neuer Alpharanus oder Grimaldi gefunden, um diesen Dingen antiquarisch nachzugehen. Leider sind
die Zuständigkeiten im Vatikan so verteilt, daß die Vatikanischen Museen keinerlei Einfluß auf das Inventar in den Vatikanischen Grotten haben.

[343] Alpharanus, ed. Cerrati, ausfaltbarer Grundriß. Dort Nr. 7 „Sugestum marmoreum ad Evangelium decantandum".

[344] Natürlich ist nicht ganz sicher, ob Alpharanus den seit mehreren Jahrzehnten abgerissenen Ambo hier korrekt wieder-
gibt. Einen Ambo mit zwei Kanzelbuchten hat Giovannoni aus den Kanzelfragmenten in S. Maria in Aracoeli rekonstruiert.
Erhalten ist ein derartiger Ambo in Alba Fucense (Abb. 59). Auch der früheste der erhaltenen römischen Ambonen, der in
S. Clemente (Abb. 7), hat zwei Kanzelbuchten.

[345] Alpharanus, ed. Cerrati S. 183.

Jahrhundert die Regel wird[346]. Die Ornamentik gleicht bis ins Detail dem reicheren der beiden Kanzel-körbe in S. Maria in Aracoeli (Abb. 64), der nur durch zwei vorgestellte Säulen geschmückt ist[347]. Die vier Säulen sind erhalten und tragen in den Grotten von St. Peter eine Altarplatte (Abb. 74), nach-dem sie zuvor dem Architekturpasticcio angehörten, das die marmorne Petrus-Sitzstatue (Alinari 26372) umgab. Mit zwei Adlerkapitellen und zwei korinthisierenden passen sie sehr gut zu den Säulen in S. Maria in Aracoeli. Auch ihre Drehung und die Mosaikinkrustation entspricht diesen. So ist die Meinung Angiola Maria Romaninis falsch, diese Säulen hätten zur Grabarchitektur Bonifaz VIII ge-hört. In die Zeit um 1300 passen die Säulen vom Stil her wirklich nicht. Damit ist auch die zeichneri-sche Rekonstruktion des Grabes hinfällig[348]. Die hier beschriebene Ähnlichkeit ist m.E. ein Indiz für eine eng benachbarte Entstehungszeit beider Ausstattungen in der Werkstatt des Laurentius. Vielleicht darf man die vier Säulen am Kanzelkorb als Zeichen einer jüngeren Entstehung deuten und den Ambo von S. Pietro in Vaticano mit der Erneuerungsphase der Kirche unter Innocenz III (1198–1216) in Verbindung bringen.

Laurentius (Thebaldi) mit seinem Sohn Jacobus in S. Maria di Falleri bei Falleri Novi[349]. Das West-portal (Abb. 75) der ruinösen Zisterzienserkirche trägt auf einem Marmorblock des linken Gewändes (Abb. 76) in einer ausgeprägten und klaren Kapitalis folgende Signatur:

+ LAVRENTI
US CVM IACO
BO FILIO SVO
FECIT HOC OPVS

Auf der Gegenseite (Abb. 77) wurde der Stifter verewigt:

+ HOC OPVS QUINTAVALL'FIERI FECIT

Die Zeitstellung im ausgehenden 12. Jahrhundet ist nicht genau festzulegen. Ughelli berichtet von einer Altarweihe im Jahre 1183[350]. Erhalten ist im Chor eine Weihinschrift aus dem Jahre 1186. In dieser Zeit, „intorno al 1185", möchte Giovannoni auch das Portal entstanden wissen[351]. Ob die Weihinschrift allerdings die Fertigstellung des Portals voraussetzt, ist die Frage. Der Vergleich mit dem Hauptportal des Domes von Città Castellana (Abb. 78) macht es aber zur Gewißheit, daß das Werk in den Jahren um 1190 vollendet gewesen sein muß. Leider bleibt die Person des Stifters Quinta-valle bisher völlig im Dunkeln. Von dort aus ist kein Argument für die Datierung zu gewinnen.

Das Portal ist nicht die einzige Marmorarbeit der Abteikirche. Sollten die aus Marmor gefertigten polyloben Fenstereinfassungen im Chorbereich auch aus der Werkstatt des Laurentius hervorgegan-gen sein, so sind die Weihedaten ein Hinweis darauf, daß die römischen Marmorari schon um 1180 am Bau der Abteikirche beteiligt waren. Ihrer Form nach gehören die Fenster zu den ersten Gestaltun-gen im römischen Gebiet, die eine Berührung mit Grundmustern nordalpiner Frühgotik verraten, bzw. mit deren zisterziensischen Sonderformen[352].

---

[346] Z.B. am Ambo von S. Maria di Castello in Tarquinia (Abb. 56). Im Jahre 1209 signiert von Johannes Guittonis. Vgl. S. 51.

[347] Siehe dazu S. 60ff.

[348] Romanini, Arnolfo S. 85ff. fig. 13, 14, Abb. 80–84.

[349] Lit.: Ughelli, Italia Sacra I S. 598; Witte 1825 S. 161; Giovannoni, Note S. 10; A. Valle, S. Maria di Falleri, in: Rassegna d'arte 15.1915 S. 199ff.; Toesca, Trecento S. 587; Bessone S. 21; P. Malajoni, S. Maria di Faleri, Arte e restauro, in: Per l'arte sacra 14, 1937 S. 5ff.; Hutton S. 37, 53; Hahn, Kirchenbaukunst S. 179f.

[350] Ughelli, Italia Sacra I S. 598. Zur Baugeschichte vor allem Hahn, Kirchenbaukunst S. 179.

[351] Giovannoni, Note S. 10.

[352] Dazu auch Hahn, Kirchenbaukunst S. 179f.

Das Marmorportal (Abb. 75) verläßt den schlichten Rahmentypus der stadtrömischen Portale dieser Zeit. Mit seinen drei Stufen und den eingestellten Säulen ist es — wie die erwähnten Fenster — ein Reflex nordalpiner Architektur. Zuvor haben römische Künstler nur einmal, um 1150 an der Fassade von S. Maria di Castello in Tarquinia (Abb. 45), versucht, ein Portal in dieser Weise als Architektur zu gestalten[353]. Die in der Wirkung klassische Schlichtheit des Portals von Falleri wird ganz wesentlich bestimmt durch glatte Marmorflächen. Es fehlt die Detailornametik in den Gesimsen, es fehlt vor allem die polychrome Mosaikinkrustation[354]. Der Verzicht auf die Polychromie ist, wie der Vergleich mit dem wenig später entstandenen Portal des Domes von Cività Castellana (Abb. 78) lehrt, nicht die Folge einer künstlerischen Entscheidung[355]. Vielmehr haben die Bestimmungen des asketischen Ordens den — sonst üblichen — vielfarbigen Prunk ausgeschlossen.

Die Idee eines derartigen Stufenportal ist nördlichen Ursprungs. Die Syntax der Einzelformen verrät aber große Vertrautheit mit antiker Architektur. So bilden Pfosten und Sturz innerhalb des abgestuften Portals eine zweite, rahmenförmige Portalarchitektur à l'antique. Das Kämpfergesims ist wie eine Gebälkzone über Gewände und Türsturz kontinuierlich weitergeführt worden. Ein Motiv, das die Renaissance in ganz ähnlicher Weise aufgegriffen hat, findet sich in den Architekturelementen an den Seiten, d.h. den Teilen, die die äußere Archivolte tragen: Die Last teilen sich außen die Pilaster, innen eingestellte Säulen. Sicher ist diese eingestellte Säule typologisch mit der im Norden entwickelten Ordnung des romanischen Stufenportals verbunden. Andererseits weist der geheime Klassizismus des mittelalterlichen Werkes voraus auf eine Formensprache, die in der Zeit des Palladio kodifiziert worden ist[356].

Die hohe Qualität der Arbeit erweist sich in den Kapitellen (Abb. 76, 77): das innere Paar folgt einem korinthisierenden Typus, das äußere weist komposite Formen auf. Besonders bei den inneren Kapitellen war ich lange im Zweifel, ob es sich nicht um antike Spolien handeln könne, so sehr stimmen die inneren Proportionen und die handwerkliche Vollendung mit dem antiken Standard überein[357]. Die Größenverhältnisse und die Einbindung in die Architektur beweisen aber, daß es sich um mittelalterliche Neuanfertigungen handelt. Bisher bezogen sich die Signaturen des Laurentius und des Jacobus ausschließlich auf Innenausstattungen. Das Portal der Zisterzienserkirche ist die erste erhaltene architektonische Leistung der Laurentius-Familie. Das von den gleichen Meistern signierte Hauptportal des Domes von Cività Castellana organisiert den Portaltypus von Falleri wesentlich konsequenter und einheitlicher und dürfte deshalb später entstanden sein.

Nach dem Portal und dem Fassadenfenster von S. Maria di Castello in Tarquinia, entstanden um die Mitte des 12. Jahrhunderts in der Werkstatt der Rainerius-Söhne, ist das Portal von S. Maria di Falleri der erste Versuch, einen romanisch-frühgotischen Portaltypus mit römischen Mitteln zu gestalten[358]. Die innovatorische Leistung dieses Entwurfes ist bemerkenswert. Im Gegensatz zu Entwürfen der Renaissance richten sich die Proportionen aber in keiner Weise nach dem Mo-

---

[353] Vgl. dazu S. 40ff.

[354] Nur oberhalb des Türsturzes ist in der Mitte des flachen Entlastungsbogens im Tympanon ein Kreuz zu sehen, das ursprünglich von Steininkrustationen ausgefüllt gewesen sein dürfte.

[355] Siehe dazu im Anschluß S. 67ff.

[356] Auf dieses Problem soll kurz im Zusammenhang der Vorhalle des Domes in Cività Castellana eingegangen werden. Siehe S. 89f. Es soll hier nicht einer römischen Protorenaissance das Wort geredet werden. Es kann nur konstatiert werden, daß die mittelalterlichen Künstler, wenn sie vor ähnliche Aufgaben gestellt waren wie später die Renaissance-Architekten, aus der unmittelbaren Anschauung antiker Architektur zu durchaus ähnlichen Lösungen kommen konnten.

[357] Die leichte Abfasung am unteren Blätterkranz hat mich zuerst auf die Idee gebracht, es müsse sich um antike Spolien handeln, die für den neuen Zweck zurechtgestutzt worden seien. Falleri ist eine antike Ruinenstadt, in der es an solchem Material nicht mangelt. Allerdings kenne ich keine derart miniaturisierten und gleichzeitig vereinfachten antiken Kapitele. Auffällig ist jedenfalls, daß die Kapitelle des benachbarten Portals von Cività Castellana (Abb. 81), die aus der gleichen Werkstatt stammen, trotz eines ähnlichen Grundtypus weniger differenziert wirken.

[358] Man könnte das Ergebnis als Alternativ-Gotik mit römischen Mitteln bezeichnen.

dul der Säulen. Letztere sind nicht anthropomorphe Träger der Architektur sondern — wie in der Gotik — langgestreckte Schäfte, die weniger die Ponderation als die Richtungs- oder Kraftlinien der Architektur zum Ausdruck bringen. Andererseits gibt es sehr wohl einen bestimmten Modul für die Gesamtproportionen. Es ist das die Öffnung des Portals, bzw. die Gestaltung des Portalrahmens. Diese nähert sich dem goldenen Schnitt, ein Proportionssystem, das die gesamten Maße des Portals bestimmt zu haben scheint[359]. Die Folge ist — im Gegensatz zu den Lösungen nördlich der Alpen — der Eindruck breit lagernder — wenn man will — klassischer Proportionen. In welche Richtung sich das Konzept von Falleri innerhalb der Laurentiuswerkstatt in den folgenden Jahrzehnten vor und nach 1200 entwickelt, lehrt die Fassade des Domes von Cività Castellana.

Laurentius (Thebaldi) mit seinem Sohn Jacobus am Dom von Cività Castellana, Hauptportal[360]. Vier Generationen der Laurentius-Familie haben am Dom von Cività Castellana mitgearbeitet. Das Mittelportal ist von Laurentius und Jacobus signiert, das rechte Seitenportal von Jacobus allein. 1210 signiert Jacobus schon zusammen mit seinem Sohn Cosmas den Triumphbogen der Vorhalle (Abb. 99). Der Cosmas-Sohn Lucas hat schließlich an den Schranken des Sanktuariums mitgearbeitet. Für die Datierung des Hauptportals (Abb. 78, 79) bedeutet diese Abfolge, daß die Arbeit des Laurentius mit einigem Abstand vor 1210 entstanden sein muß, wahrscheinlich zwischen 1190 und 1200[361].

Die Signatur liest man auf einem Marmorsteg des Architravs:

+ LAVRENTIVS CVM IACOBO FILIO SVO MAGISTRI DOCTISSIMI ROMANI H' OPVS FECERVNT

In früheren Signaturen hatte der Vater — sozusagen in Personalunion mit dem Sohn — im Singular signiert[362]. In dieser Spätzeit nun signieren Vater und Sohn gleichberechtigt im Plural (fecerunt) und mit dem stolzen Titel „Magistri Doctissimi Romani", den ich in die Überschrift meiner Arbeit aufgenommen habe. Als Magister Romanus haben sich römische Marmorkünstler schon gelegentlich seit etwa der Mitte des 12. Jahrhunderts bezeichnet[363]. Das Beiwort *doctus* oder *doctissimus* wird um 1200 und in der ganzen ersten Hälfte des 13. Jahrhunderts zu einem Leitmotiv eines künstlerischen Anspruchs, den ich an anderer Stelle als „akademisch" bezeichnet habe[364].

Das Portal des Domes von Cività Castellana ist das reichste, das im römischen Gebiet aus mittelalterlicher Zeit erhalten ist. Wie in Falleri (Abb. 75) handelt es sich um ein Stufenportal; zwei Stufen mit jeweils zwei eingestellten Säulen an den Gewänden. Das innere Säulenpaar tragen zwei liegende Löwen (Abb. 78, 80). Die Stirnflächen der äußeren sind durch ein — nur ganz schwach vortretendes — Pilastermotiv zusätzlich gegliedert. Flankiert wird das Portal von einem zusätzlichen Paar von

[359] Leider habe ich bei meinen bisherigen Besuchen in Falleri versäumt, genaue Maße zu nehmen. Das Problem des goldenen Schnittes im Mittelalter ist bislang offen. Seine Wiederentdeckung wird allgemein erst der Frührenaissance zugeschrieben. Annährungen an die Maßverhältnisse des Goldenen Schnittes, die nicht unbedingt mathematisch begründet gewesen sein müssen, hat es aber schon im Mittelalter gegeben. Siehe auch H. Baravalle, Die Geometrie des Pentagramms und des Goldenen Schnitts, Stuttgart 1950; O. Hagemaier, Der Goldene Schnitt, Heidelberg 1963³.

[360] Lit.: P. Lazzaro, Ragionamento dell'antichità de'vescovi di Cività Castellana sopra quelli di Orte, Roma 1759; Witte 1825 S. 162; Promis S. 20f.; Lübke 1860 S. 198; Lübke 1878 S. 31f.; Stevenson Cod. Vat. lat. 10581f. 68v ff.; Barbier de Montault, Généalogie (1858) S. 267; Clausse, Cosmati à Civita-Castellana S. 271ff.; Clausse, S. 348ff.; Frothingham, Civita Castellana (1898) S. 339ff.; Tomassetti, Sodalizio S. 263; Giovannoni, Note S. 5ff. bes. S. 13; Muñoz, Civitacastellana S. 121f.; Cardinali, Cenni; Bessone S. 21; Hutton S. 13, 36 und 53; Noehles, Tuscanella S. 34ff.; Glass BAR S. 63f.

[361] Eine Entstehungszeit um 1190 wird sowohl durch die Weihedaten von S. Maria di Falleri gestützt (siehe S. 65f.) als auch durch einen möglicherweise datierenden Hinweis für das Seitenportal des Domes, das Jacobus allein signiert hat (siehe unten S. 70ff). Der Stifter dieses Portals ist 1195 urkundlich bezeugt.

[362] Z.B. in S. Maria di Aracoeli. Allerdings nennt auch schon die für das Jahr 1185 überlieferte Inschrift in Segni beide „huius operis magistri". Siehe S. 59f.

[363] Z.B. Nicolaus Ranuccii an der Fassade von S. Maria di Castello in Tarquinia. Siehe S. 43ff.

[364] Claussen, Künstlerstolz S. 21ff.

Wandvorlagen, das aber nicht als Träger der Portalarchivolten fungiert, sondern dem Portal nur optisch seitlich Halt gibt. Diese seitlichen Wandvorlagen sind nachträglich hinzugefügt worden. Wie man an den abgearbeiteten Gesimsen der Kämpferzone sieht, geschah das, als die Vorhalle angebaut wurde. Sie entsprechen genau den inneren Vorlagen der beiden Vorhallenpfeiler[365]. Die Stufung des Portals setzt sich in den Archivolten fort (Abb. 79). Allerdings ist nur das äußere Säulenpaar als Wulst in der Abfassung der Archivoltenstufe wiederaufgegriffen worden. Wie in Falleri (Abb. 75) ist in die innere Öffnung des Portaltrichters eine „zweite" Portalarchitektur gespannt: ein Sturzpfostenportal nach antiker Art mit einer attikaartigen Zone darüber, die die Kämpferzone über den Kapitellen fortsetzt und der gesamten Portalarchitektur wie ein Gebälk horizontalen Zusammenhalt gibt. Das offene Tympanon (Abb. 79) ist ausgefüllt von einem halbrunden Rosenfenster[366]. Pfosten, Sturz, Kämpferzone (= Attika), sowie die Lunette des Tympanons mit ihrem rahmenden Bogen und den Bögen des Radfensters sind überaus reich und in erstaunlicher Variation mit vielfarbigen Mosaikinkrustationen geschmückt. Der auffallend weiße Marmor dieser Partien hebt sich von dem dunkleren Stein der übrigen Architektur ab und steigert den Glanz des kostbaren Mosaikschmucks. Die Muster der Inkrustationen sind am Rahmen des Portals besonders auffällig. An den Pfosten sind es von Kreischlingen umgebene Rechtecke, am Sturz drei Bahnen, die durch gegeneinander versetzte Kreisformen geschmückt sind. Die Muster an den Pfosten miniaturisieren Pavimentmuster, wie sie Dorothy Glass in ihrer Rainerius-Gruppe zusammengestellt hat. Diese gehören aber wahrscheinlich um 1200 zum allgemeinen Repertoire der römischen Marmorwerkstätten[367].

Es ist auffällig, daß sich alle weißen Marmorteile und damit die kostbare Mosaikinkrustation (Abb. 78, 81) auf die Portalrahmung sowie das Tympanon und die Kämpferzone konzentrieren. So wird dem Eingang ein kostbarer Rahmen gegeben. Die Teile aber, die man als tragende Architektur „liest", bleiben davon frei und wirken allein durch ihre tektonische Form. So bilden Pfosten und Sturz einen kostbaren Rahmen, den man nicht der Architektur, sondern der (ehemals wahrscheinlich kostbaren) Tür zurechnet. In Rom kennen wir aus dem 12. und 13. Jahrhundert — mit einer Ausnahme (S. Antonio Abate) — nur schlichte Sturzpfostenportale. In Cività Castellana darf die betont tektonisch strukturierte Architekturgliederung des Portals als dialektische Antithese zur flächig, dekorativen Zone des inkrustierten Türrahmens gelten. Dessen Elemente sind in ihrer Polychromie und in dem exzellentem Weiß des strahlenden Marmors als kostbare, lichthaltige Materialien himmlischem Glanze näher als ihre architektonische Umgebung. Hier leuchtet im Halbdunkel der Vorhalle eine Porta Paradisi, die von den flankierenden Löwen bewacht und den Gewänden und Archivolten des Portals beschützt wird.

Laurentius und Jacobus, die *magistri doctissimi Romani*, haben vor der Aufgabe, ein architektonisch durchstrukturiertes Stufenportel zu entwerfen, eine Lösung gefunden, die die Möglichkeiten römischer Marmorinkrustation betonte und in den Mittelpunkt stellte. Daß diese Innovation Hapax blieb, verweist auf die Bedeutung der schöpferischen Phase um 1200. Der Anspruch, eine Architektursprache zu entwickeln, die mit der des Nordens ebenso wetteiferte wie mit der der Antike — und beide mit Hilfe einer klug instrumentierten Polychromie übertreffen konnte — blieb auf einen Zeitraum beschränkt, dessen Höhepunkt mit dem Pontifikat Innocenz III (1198–1216) und dem Höhepunkt des päpstlichen Machtanspruchs im Mittelalter koinzidiert.

---

[365] Siehe dazu S. 82f.

[366] Ich kenne im römischen Gebiet keine frühere Lösung, die in dieser Weise das Tympanon gleichzeitig füllt und doch durchlässig macht. Am Westportal der Abteikirche von Fosssanova wurde in fortgeschrittenen Formen eine ähnliche Form gewählt, die eher vor als nach der Weihe, 1209, entstanden sein wird. Hinter der Vorhalle kaum sichtbar ist auch das Rosenfenster der Domfassade von Cività Castellana (Abb. 82) mit inkrustierten Bögen geschmückt, die ganz denen der Portallunette entsprechen. Ich nehme an, daß dieses Radfenster in einem Arbeitsgang mit dem Portal entstanden ist und von den gleichen Meistern angefertigt wurde.

[367] Man vergleiche etwa die Muster des Mittelwegs im Paviment von S. Andrea in Flumine (Abb. 52) bei Ponzano Romano. Siehe S. 45ff. Zur Rainerius-Gruppe siehe Glass BAR S. 19f.

Die Löwen des Portals (Abb. 78, 80) ruhen wie die entsprechenden Säulenträger an den Portalen und Prothyra Oberitaliens auf Postamenten, deren Höhe durch die Sockelzone des Portals bestimmt wird. Das und ihre Funktion als Stilophoren trennt sie von den sonst üblichen Portallöwen in Rom, wie sie z.B. vor Cività Castellana am Portal von SS. Giovanni e Paolo (Abb. 37) als Protomen des Portalpfostens erhalten sind[368]. Mit diesem Portal und dem von S. Lorenzo fuori le mura hat unser Portal nicht nur das Motiv der flankierenden Löwenwächter gemeinsam, sondern auch die Skulptur eines beuteschlagenden Adlers im Zenit[369].

Die Einzelformen der Löwenskulpturen (Abb. 80) sind noch fern von allem Naturalismus, wie er in der ersten Hälfte des 13. Jahrhunderts am antiken Vorbild entwickelt und nach der Natur weitergeführt wird.[370]. Beide Löwen liegen auf rechteckigen Plinthen, die Vorderpranken parallel und ohne Bewegung am Boden. Der Hinterleib verschwindet in der Rückwand. Das zeugt von einer handfesten — aber vielleicht etwas naiven — Reliefauffassung: Das Hinterteil des Löwen ist im Stein gefangen. In ornamentalen Flammen links, bzw. in zopfartigen Mustern rechts, legt sich die Mähne an den langen Hals der Tiere. Eine lockige Fransenpartie führt wie eine Schabracke leistenförmig an den Flanken und Vorderbeinen der Bestien entlang. Ornamental sind auch die Muskeln der Vorderschenkel durch tropfenförmige Inseln markiert. Die Physiognomie der Bestien soll Furcht erregen. Das Maul bleckt drohend. Die Stirn zieht sich in Pathosfalten zusammen. Sicher sind das Reminiszensen antiker Vorbilder, doch wird das Vorbild in der Umsetzung zur Groteske. Was Furcht erregen will, wirkt auf den heutigen Betrachter geradezu unfreiwillig komisch. Gegenüber den großartigen Löwenskulpturen des Nicolaus de Angelo ist die Fähigkeit dieses Bildhauers, die Antike neu zu interpretieren, deutlich geringer. Im Stil gehören diese Skulpturen noch dem 12. Jahrhundert an. Sie zeigen nichts von der neuerlichen Wendung zu antiken Vorbildern, die in Rom in den ersten Jahrzehnten des 13. Jahrhunderts zu einem festen Typenkanon geführt hat[371]. Auch wird deutlich, daß die figürliche Skulptur in dieser Zeit für die Laurentius-Werkstatt ein durchaus problematisches und vielleicht auch ungewohntes Gebiet war. Schwierig ist die Interpretation. Ist der linke der Löwen der zahme, der rechte der wilde, wie in späteren Beispielen des 13. Jahrhunderts? Jedenfalls stemmt sich rechts eine kleine menschliche Figur unter den Unterkiefer der Bestie. Versucht sie dem Rachen zu entgehen oder beweist sie eine paradiesische Vertrautheit mit der Bestie[372]?

b) JACOBUS LAURENTII

Was die Qualität und den Rang seines überlieferten Werkes angeht, ist Jacobus der bedeutendste Kunstunternehmer aller römischen Marmorari gewesen. Allein vierzehn Signaturen sind bekannt. Sieben davon nennen ihn zusammen mit seinem Vater Laurentius, fünfmal firmiert er allein und zweimal arbeitet er zusammen mit seinem Sohn Cosmas. Er gehört — wie seine Antipoden aus der Familie

---

[368] Wahrscheinlich ein Werk des Nicolaus de Angelo. Vgl. S. 32f.

[369] Über die Ikonographie kann in diesem Zusammenhang gar kein Zweifel bestehen. Der Adler ist ein Symbol Christi. Daß das Thema auch einen negativen Aspekt annehmen kann, ist in anderem Kontext aber durchaus möglich. Völlig absurd scheint mir eine Deutung als staufisches Wappentier.

[370] Dazu Claussen, Scultura Romana S. 328ff.

[371] Dazu Claussen, Scultura Romana S. 328ff.

[372] Über Portallöwen und ihre Ikonographie an anderer Stelle. Daß Bestie und Mensch miteinander umgehen, wird in der Ikonographie romanischer Leuchterfüße gesehen seit Anton Springer, Ikonographische Studien IV. Der Bildschmuck an romanischen Leuchtern, in: Mitteilungen der k.u.k. Central-Commission zur Erforschung und Erhaltung der Baudenkmale 5, 1860 S. 309ff. auf die Paradiesesvision Jesajas XI, 8 bezogen. Siehe auch P. Bloch, Siebenarmige Leuchter in christlichen Kirchen, in: Wallraf-Richartz-Jahrbuch 23, 1961 S. 55ff. Der Löwe an der „Porte du lion" der Kathedrale von Verdun war durch eine Inschrift angedeutet: „Est leo sed custos, oculis quia dormis apertis, templorum idcirco ponitur ante foras" F. Ronig, Die Buchmalerei des 11. und 12. Jahrhunderts in Verdun, in: Aachener Kunstblätter 38, 1969 S. 7ff. bes. S. 14.

Vassalletto — einer Generation an, die sich unter den Pontifikaten Innocenz III (1198—1216) und Honorius III (1216—27) ganz neue Betätigungsfelder über ihr angestammtes Gebiet der sakralen Innenausstattung hinaus eröffnen. Für Jacobus sind diese neuen Aufgaben zum einen die große Architektur, Vorhallen und ein Kreuzgang, zum anderen aber — und bisher wenig beachtet — das figürliche Mosaik[373]. Die Skulptur hat dagegen, wie überhaupt in der Laurentius-Familie, keine sehr große Rolle gespielt, ganz im Gegensatz zur Werkstatt der Vassalletti[374].

Vieles spricht dafür, daß Jacobus am päpstlichen Hof in besonderer Gunst stand. Wahrscheinlich hatte er an der Renovierung und Neuaustattung von St. Peter unter Innocenz III größeren Anteil, als es die zufällig überlieferte Signatur am Ambo vermuten läßt. Da er auch als Mosaizist hervorgetreten war, bot sich hier ein ortsansässiger Fachmann, der die schwierigsten und teuersten Aufgaben römischer Ausstattungskunst zu bewältigen versprach.

Äußeres Zeichen seines hier postulierten besonderen Verhältnisses zur Kurie ist seine Mitgliederschaft in der *schola addestratorum, mappulariorum et cubiculorum. Jacobus de Laurentio marmorario* beschwört diesen Bund zusammen mit einigen anderen, Patriziern, Adligen und Kurienbeamten, am 21. März 1207[375]. Jeweils vier aus jeder der drei Scholen hatten dem Papst bei den Zeremonien und Prozessionen der päpstlichen Krönung und Inthronisation zu assistieren[376]. Es handelt sich also um ein hohes Ehrenamt. Unter den zwanzig Mitgliedern ist Jacobus der einzige, der eindeutig als Handwerker ausgewiesen ist. Bei den anderen fehlt — mit Ausnahme eines *scrinarius*, eines Kanzleibeamten — die Berufsbezeichnung. Und offenbar ist dieses Ehrenamt in der Familie des Jacobus vererbt worden. In der einzigen weiteren Liste von Mitgliedern der Schola, die überliefert ist, beschwört in den Jahren 1254/55 der Enkel des Jacobus, Lucas marmorarius, seine Mitgliedschaft. Auch er ist in einer Gruppe von 18 Personen der einzige, dessen Handwerk genannt wird.

Wenn man die Tätigkeit des Jacobus überblickt, so ist allein dieser Ausschnitt römischer Kunst- und Bauleistungen eindrucksvoll. An sechs verschiedenen römischen Kirchenbauten oder -ausstattungen hat er nachweislich mitgewirkt, dazu in Città Castellana, Falleri, Segni, Subiaco und Ferentino. Berücksichtigt man, daß damit nur ein Bruchteil des ursprünglichen Bestandes erfaßt sein kann, dürfte der Künstler in den ca. 35 Jahren, in denen seine Tätigkeit nachzuweisen ist, nicht über einen Mangel an Aufträgen zu klagen gehabt haben. Keine dieser Aufgaben hat Jacobus aber über den unmittelbaren Umkreis Roms hinausgeführt. Und wenn ich sein Werk richtig einschätze, so finden wir ihn immer an Bauten tätig, die sich der besondern Aufmerksamkeit der Päpste dieser Zeit erfreuten und zum Bereich ihrer unmittelbaren Hausmacht gehörten.

Jacobus (Laurentii) am Dom von Città Castellana[377]. Das rechte Seitenportal (Abb. 83) an der Westfassade des Domes hat Jacobus allein — ohne seinen Vater Laurentius — signiert. Auf einem Marmorsteg des Türsturzes liest man die ineinander geschachtelten Signaturen des Künstlers und des Stifters:

MA(gister) IACO + RAINERIVS PETRI RODVLFI FIERI FECIT + BVS M(e) FECIT

---

[373] Über die erhaltenen Mosaikarbeiten des Jacobus vgl. unten die Abschnitte über das rechte Seitenportal des Domes von Città Castellana und über S. Tomaso in Formis (S. 91). Außerdem meine Mutmaßungen über eine Beteiligung des Jacobus an der Erneuerung des Apsismosaiks von St. Peter (S. 71ff. und S. 81).

[374] Zur Familie der Vassalletti und ihre besondere Affinität zur Bildhauerkunst S. 101ff.

[375] Liber Censuum (Fabre) S. 342. Daß hier nicht er sondern sein Vater als marmorarius genannt ist, muß nicht verwundern. Das gehört zum Stil der Bürokratie.

[376] Diese Aufgaben sind beschrieben im: ,,Romanus ordo de consuetudinibus et observantiis, presbyterio videlicet scolarum et aliis Romane Ecclesie in precipuis sollempnitatibus" in: Liber Censuum (Fabre) S. 290ff. bes. S. 304f. Auch Gandolfo, Cosma.

[377] Lit.: Promis S. 20f.; Witte 1825 S. 162; Lübke 1860 S. 198; Stevenson, Cod. Vat. lat. 10581 f. 68v ff.; G. Clausse, Le Cosmati et l'église de Ste. Marie à Città Castellana, in: Revue de l'art chrétien 1887, S. 271ff.; Giovannoni, Note S. 5ff. bes. S. 13; Clausse S. 349ff.; Bessone S. 21; Hutton S. 13, 36, 53; Matthiae, Pittura Romana II S. 156.

Der Stifter ist ein ortsansässiger Adeliger oder Ministeriale (miles). Ich fand ihn als Zeugen eines Vertrages, der 1195 abgeschlossen wurde[378]. Das ist natürlich keine Datierung des Portals. Wenn man aber einigen zeitlichen Vorsprung bis zur Fertigstellung der Vorhalle, 1210 (Jacobus und sein Sohn Cosmas), einrechnet, so gewinnt ein Datum um oder kurz vor 1200 große Wahrscheinlichkeit. Es ist anzunehmen, daß das Hauptportal etwa zur gleichen Zeit entstanden ist[379].

Der Gegensatz zwischen der reichen Architektur des gestuften Mittelportals (Abb. 78) und des schlichten Sturz-Pfosten-Portals an der Seite sollte nicht als künstlerische Entwicklung, sondern als Gattungsunterschied gesehen werden. Das Seitenportal stellt einen geringern Anspruch. Die Muster der Mosaikinkrustation sind einfacher. Den Portalrahmen dekorieren jeweils zwei Mosaikstreifen, den Entlastungsbogen ein einzelner. In regelmäßigen Abständen unterbrechen Rundfelder diese Mosaikbänder.

Was das Portal aber vor anderen in der römischen Kunstlandschaft auszeichnet, ist die Fläche des Tympanons. Die Lunette ist ausgefüllt von einem Mosaikbild Christi als Pantokrator. Wie in den Apsiden der sizilianischen Kirchen des 12. Jahrhunderts ist Christus als Halbfigur wiedergegeben[380]. Wie dort streckt er den rechten Arm im Segensgestus aus, während die linke Hand das Buch hält[381]. Der Kopf ist von einem Nimbus umgeben, dessen Kreuzbalken gemmenverziert sind. Die Kleidung entspricht der antiken Tracht byzantinischer und westlicher Darstellungen Christi im 12. Jahrhundert. Viele Feinheiten, die im byzantinischen Vorbild Glanzlichter oder -linien meinen, sind mißverstanden oder bis zur Unkenntlichkeit vergröbert. Das Gesicht selbst ist fast ausschließlich mit linearen Mitteln gegeben: Überaus hart die schmalen Brauen und Lider. Strichzeichnung sind auch die Begrenzungslinien der Nase, die schwarzen Augenpunkte und die roten Wangenflecken. Einzig der feine Mund mit dem hängenden Schnurrbart verrät einiges malerisches Geschick. Ängstlichkeit vor der Aufgabe, Unsicherheit im Technischen und ein gewisses Unvermögen die linear vermittelte Vorgabe ins Malerische zu übersetzen, kennzeichnen das Werk als Experiment in einem bislang fremden Medium.

Wie man an den Mosaiken im Architrav der Vorhalle von S. Lorenzo fuori le mura (Abb. 196), den figürlichen Mosaikdarstellungen im Gebälk der Kreuzgänge von S. Paolo fuori le mura und S. Giovanni in Laterano, vor allem aber in den Ergänzungen des Apsismosaiks von Alt St. Peter (Abb. 84, 85) unter Innocenz III (1198—1216) sehen kann, ist diese Unbeholfenheit ein ganz allgemeiner Zug der stadtrömischen figürlichen Mosaikkunst um 1200[382]. Honorius III (1216—27) holte bekanntlich 1218 venezianische Mosaizisten nach Rom, um das Apsismosaik von S. Paolo fuori le mura zu gestalten[383].

Ich möchte im Folgenden einen Exkurs über die römische Mosaikmalerei einschieben, der die Stellung des Jacobus in dieser Kunst fester umreißen und gleichzeitig die Möglichkeit aufzeigen soll, seiner Werkstatt:

Die Erneuerung der Apsisdekoration von Alt St. Peter unter Innocenz III zuzuschreiben. Noch im 12. Jahrhundert haben in Rom Mosaikkünstler gearbeitet, die in der lebendigen, byzantinisch initiierten Tradition standen, die im 11. Jahrhundert vom Montecassino ausgegangen war und in Rom zuerst im

---

[378] Liber Censuum (Fabre) S. 432f. Nr. 178 Cartula refutationis filie Johannis Capraronis super Civitate Castellana. Unter den Zeugen: „Rainerius Petri Radulphi ... Castellana civitatis milites omnes rogati sunt testes".

[379] Zum Hauptportal siehe S. 67ff.

[380] O. Demus, The Mosaics of Norman Sicily, London 1949. Dort besonders die Abschnitte über Cefalù und Monreale S. 11ff. und S. 114 Tf. 2 und 62. Über die Mosaiklunette in Cività Castellana auch Matthiae, Pittura Romana II S. 156.

[381] Das Buch ist im Gegensatz zu den sizilianischen Beispielen geschlossen. Vgl. O. Demus, wie oben.

[382] Vgl. die entsprechenden Abschnitte im Kapitel über die Vassalletto-Familie S. 126ff. und S. 132ff. Zu den Veränderungen und Erneuerungen des Apsismosaiks in St. Peter unter Innocenz III Waetzoldt, Kopien S. 71; Matthiae Pittura Romana S. 127ff.; Matthiae, Mosaici S. 327ff. Ladner, Papstbildnisse II S. 58 mit ausführlicher Bibliographie.

[383] Vgl. Ladner, Papstbildnisse II S. 80ff. mit ausführlicher Bibliographie. Matthiae, Pittura Romana II S. 129f.; Oakeshott, Mosaiken S. 307ff.

Apsismosaik von S. Clemente (Abb. 7) manifest wird[384]. Sie hatte, wie das Apsismosaik von S. Maria in Trastevere beweist, in Rom ein eigenes Gewicht und Gesicht gewonnen[385]. Ein Spätwerk und gewiß kein Glanzstück dieser Tradition ist das erwähnte Mosaikbild (Abb. 23) eines Pantokrators aus S. Bartolomeo all'Isola[386]. Es ist wahrscheinlich unter Alexander III (1159—81) entstanden, eine Erneuerung, an deren Schlußphase wahrscheinlich schon der junge Jacobus mitgewirkt hat[387]. Vergleicht man dieses Mosaikfragment der Fassade mit der Lunette in Città Castellana (Abb. 83), so werden erhebliche Unterschiede deutlich. Wenn Jacobus an solchen Werken gelernt hat, so hat er deren Schematismus und Linearismus übernommen, nicht aber das Gefühl für die Lichteffekte und ihre plastische Wirkung. Gegenüber den ausufernden Formen des Gewandes und der wetterleuchtenden Mimik des älteren Werkes hat die Christus-Darstellung in Città Castellana an Klarheit und Straffheit gewonnen. Die einfachen Mittel, deren sich der Mosaizist hier bedient, um das plane Tympanon zu füllen, sind in einem streng didaktischen Sinn der Darstellung am Portal durchaus angemessen.

Die Klarheit der Form und der Aussage hat auch das andere musivische Werk bestimmt, das Jacobus (nun allerdings zusammen mit seinem Sohn Cosmas) signiert hat: Es ist der Tondo (Abb. 109) mit dem Zeichen des Trinitarier-Ordens am Torbogen, der zu der Kirche S. Tomaso in Formis führt[388]. Die malerischen Mittel sind hier allerdings ungleich ausgereifter. Schattierungen bis hin zu harten Schlagschatten modellieren Körper und Gewand. Der Gesichtsausdruck mit den sprechenden Augen, sowie der leidenschaftlich asketische Mund Christi erinnern an die pathetischen Formulierungen byzantinischer Mosaikkunst in Sizilien. In den ewa 15 bis 20 Jahren, die zwischen beiden Werken liegen, hat sich Jacobus (bzw. seine Werkstatt) eine erstaunliche Habilität in der Technik des figürlichen Mosaiks angeeignet

In der starren Linearität stehen dem Werk des jungen Jacobus in Città Castellana sehr nahe die Figuren (Abb. 84, 85) der Ekklesia und des Stifterpapstes Innocenz III (1198—1216), die bei der Restaurierung des Apsismosaiks von St. Peter im frühen 13. Jahrhundert eingefügt wurden[389]. Beide Figuren hat man als brustbildartige Fragmente beim Abbruch gerettet. Vergleicht man die parallele Binnenzeichnung der Locken in der Gestalt der Ekklesia, die starren Mandelaugen mit der schwarzen, scharf blickenden Pupille, die breiten Linien der Brauen und der Nase, besonders aber die kreisförmigen Flecken auf den Backen, so sind die Übereinstimmungen erstaunlich. Nur sind die Gesichter der Fragmente aus St. Peter stärker systematisiert und haben an Ausdruck und Plastizität gewonnen. Trotzdem möchte ich vermuten, daß es sich um die gleiche Künstlerhand handelt. Immerhin hat Jacobus in diesen Jahrzehnten nachweislich an der Innenausstattung von St. Peter mitgewirkt[390]. Es sind also auch äußere Gründe, die für die — hier erstmals ausgesprochene — Vermutung sprechen, Jacobus sei der Mosaikkünstler unter Innocenz III (1198—1216) gewesen, dem die Aufgabe der Neufassung der Apsis von St. Peter übertragen worden ist. Schließlich hatte er — 1207 beschworen — ein Ehrenamt am päpstlichen Hofe. Die Rohheit der Ausführung der erhaltenen Fragmente (Abb. 84, 85) hat oftmals befremdet. Die Klobigkeit der Figuren, die an Holzpuppen erinnern, erklärt sich eben daraus, daß man nicht — wie später unter Honorius III — nach Venedig geschickt hat, um Mosaikspezialisten heranzuziehen, sondern sich die oder den Künstler im stadtrömischen Milieu unter den dafür

[384] Oakeshott, Mosaiken S. 260ff.; Matthiae, Pittura Romana S. 50ff. Matthiae, Mosaici S. 279ff. Wilpert, Mosaiken S. 516ff.; E. Scaccia Scarafoni, Il mosaico absidale di S. Clemente in Roma, in: Bolletino d'arte 29, 1935 S. 44ff.; Zur Frage der historischen und künstlerischen Beziehungen Rom-Montecassino Toubert, Le renouveau S. 99ff; Kitzinger S. 87ff.

[385] Oakeshott S. 264ff.; Matthiae, Pittura Romana S. 54ff.; Matthiae, Mosaici S. 305ff.

[386] Fot. Sopr. Mon. Laz. 2684 Matthiae, Pittura Romana S. 56 fig. 62; Matthiae, Mosaici S. 323ff.

[387] Siehe oben im Abschnitt über Nicolaus de Angelo S. 27f.

[388] Siehe S. 91ff.

[389] Matthiae, Mosaici S. 327ff.; Matthiae, Pittura Romana S. 127, fig. 110 und Farbtafel gegenüber S. 124; Oakeshott S. 270 Abb. 176, 177; Waetzoldt, Kopien S. 71f.; Ladner, Papstbildnisse II S. 58ff. mit ausführlicher Literatur.

[390] Siehe S. 64ff.

zuständigen Marmorari gesucht hat. Wahrscheinlich tut man der Qualität der so entstandenen Werke unrecht, wenn man sie mit der Raffinesse byzantinischer Mosaiktechnik und -malerei vergleicht. Positiv gesehen besitzen die erhaltenen Gestalten, besonders das Porträt Innocenz III, ein geradliniges Selbstbewußtsein, eine festumrissene Stärke, die der Statur dieses Papstes und dem Anspruch seiner Politik wohl angemessen ist. In der Personifikation der Ekklesia tritt zu dieser Festigkeit eine lebendige, sinnlich erfahrbare Schönheit und Naturnähe, die man durchaus mit gotischen Tendenzen um 1200 im Norden in Parallele sezten kann[391].

Jacobus (Laurentii) in S. Bartolomeo all'Isola, Rom[392]. Eine der wahrscheinlich frühesten, selbständigen Arbeiten des Jacobus ist für die Kirche auf der Tiberinsel überliefert. Sie war unter Alexander III (1159–81) erneuert worden. Eine lange Inschrift, die sich auf die Fertigstellung im Jahre 1180 bezieht, hat Kardinal Tarugi notiert[393]. Daran schließen sich zwei Signaturen an, die des Nicolaus de Angelo und eine zweite[394]:

Jacobus Laurentii fecit has XIX columnas cum capitellis suis.

Von der gesamten Innenausstattung dieser Zeit ist nach Erneuerungen um 1600 in der Kirche nichts erhalten geblieben. Casimiro hatte allerdings (vor 1744) die Säule mit der oben erwähnten Signatur des Jacobus am Eingang der Krypta gesehen, mit Sicherheit aus ihrem ehemaligen Zusammenhang gerissen[395].

Im Laufe des 18. Jahrhunderts sind dann zwei der 19 Säulen, darunter die mit der Signatur (Abb. 86, 87), nach SS. Bonifacio ed Alessio gekommen. Dort flankieren sie noch heute den Abtsthron in der Mitte der hölzernen Priesterbank (ca. Mitte 18. Jahrhundert). Die beiden Säulen haben ihre — in der Signatur ausdrücklich erwähnten — Kapitelle verloren. Die Schäfte sind glatt, ohne jede Torsion[396]. Den besonderen, und soweit ich sehe, einzigartigen Reiz macht die erfindungsreiche Ornamentik der Steininkrustation aus. Diese ist in drei Zonen geteilt. Die untere ist die interessanteste: Die Marmorstege zwischen den Mosaiksteifen bilden jeweils vier Arkaden, miniaturhafte Pilaster mit fein gebohrten Kapitellen. Als Zick-Zackband verläuft darüber eine Folge von vier Giebeln, die die Interkolumnien abschließen und verbinden. Die Mosaikfelder sind alternierend durch ein „Treibriemenmuster" und durch Drachen ausgefüllt, die auf ihrem Schwanz zu balancieren scheinen[397].

Die Form der Giebelarkaden mit ihren Schmuckblättern in der Senke zwischen den Dachschrägen ist ungewöhnlich. Meiner Ansicht nach ist das Motiv angeregt durch die ähnlich verlaufenden Girlanden, die die vier Figurenfelder der berühmten, spätottonischen Brunneneinfassung (Pozzo) in S. Bartolomeo all'Isola (Abb. 88) überspannen[398]. Auch hier finden wir ein Schmuckmotiv über den Kapitellen in der Senke zwischen den Giebelschrägen. Ein Ring mit einem Rapport von Blüten und

[391] Grundlegend für diese Tendenz nördlich der Alpen der Aufsatz Wilhelm Voeges, Die Bahnbrecher des Naturstudiums um 1200, in: W. Voege, Bildhauer des Mittelalters, Berlin 1958 S. 63ff.; auch Claussen, Antike und gotische Skulptur S. 102ff.

[392] Lit.: Tarusius (Kardinal Tarugi) Visita Apostolica 1701, Cod. Vallic. O. 26; Casimiro 1744, 1845² bes. S. 386; Promis S. 10; Stevenson Cod. Vat. lat. 10581 f. 8v; Frothingham 1886 S. 415; Clausse S. 135; Giovannoni, Note S. 12; Bessone S. 45; Armellini/Cecchelli S. 760ff. und 1261; Hutton S. 36 und 45; Buchowiecki I S. 475ff.; Glass BAR S. 78f.

[393] Tarusius (Kardinal Tarugi) Visita Apostolica 1701 in: Cod. Vallic. O. 26. Casimiro 1875² S. 385ff. Promis S. 10.

[394] Zum Werk des Nicolaus de Angelo in S. Bartolomeo all'Isola siehe S. 27f.

[395] Casimiro 1875² S. 386. Die Erstausgabe erschien 1744.

[396] Jeder Schaft mißt in der Höhe 1,34m. Die Torsion ist allein durch die Inkrustationsmuster angedeutet.

[397] Sie gleichen dadurch beinahe Seepferdchen.

[398] Ich schließe mich den Argumenten für eine Entstehung in ottonischer Zeit an, wie sie ausgesprochen wurden von O. Homburger, Ein Denkmal ottonischer Plastik in Rom mit dem Bildnis Ottos III, in: Jb. d. Pr. Kunsts. 57, 1936 S. 130ff. und G. de Francovich, Il puteale di S. Bartolomeo all'Isola in Roma, in: B.A. 1936 S. 207ff. Dagegen mit ikonographischen Argumenten für eine Entstehung im späten 12. Jahrhundert J. Braun, Die Brunneneinfassung in S. Bartolomeo all'Isola zu Rom, in: R.Q.Schr. 46, 1937 S. 25ff.

Lilien schließt diese untere Zone ab. Im folgenden Geschoß winden sich inkrustierte Bänder spiralig
um den Schaft. An der rechten der beiden erhaltenen Säulen findet sich auf den stehengebliebenen
Marmorstegen folgende, oben erwähnte Signatur (Abb. 87), in einer überaus sorgfältigen Kapitalis:

+IACOBVS LAURENTII FECIT HAS DECEM ET NOVEM COLVMPNAS CVM CAPI-
TELLIS SVIS

Die oberste Zone schließen hohe Lanzettfelder und Arkaden fensterartig ab. Selbst in den reichen
Kreuzgängen von S. Paolo fuori le mura oder der Laterankirche findet sich in der Sorgfalt der Ausführung und in der Erfindungsgabe des Inkrustationsmusters nichts Gleichwertiges. Auch ist der Ort
der Signatur bemerkenswert. Nur die Signatur, die Jacobus zusammen mit seinem Vater auf dem Ambo von S. Maria in Aracoeli (Ab. 65) hinterlassen hat, folgt in ähnlicher Weise der Ornamentik des
Werkstücks[399]. Es ist Stolz auf eine handwerkliche Meisterleistung, die sich sowohl in der genauen
Zählung der eigenen Leistung als auch darin ausdrückt, einen Säulenschaft durch die Inschrift auszuzeichnen. Nur in diesem Falle signiert Jacobus unter Beifügung des Vaternamens. das spricht doch
sehr dafür, daß wir hier seine erste selbständige Arbeit vor uns haben, mit der er großen Erfolg gehabt
haben muß. Tatsächlich sind nirgends sonst vor 1180 inkrustierte Säulen sicher nachzuweisen. Es wäre
durchaus möglich, daß Jacobus dieses wichtige und zukunftsweisende Mittel römischer Prachtenfal-
tung anläßlich dieser Aufgabe in S. Bartolomeo all'Isola erfunden hat. Er zeigt sich schon in diesem
Werk als ein Fachmann für dekorative (und figürliche) musivische Arbeiten, für die es ihm gelingt,
eine architektonische Struktur zu finden.

Der ursprüngliche Zweck der Säulen ist bislang offen. Die Säulenschäfte sind mit 1,34m Höhe zu
groß, um in die Bedachung eines Ziboriums integriert zu werden. Ihre Anzahl, immerhin 19 Stück,
reizt dazu, ihren ursprünglichen architektonischen Kontext zu rekonstruieren. Buchowiecki vermutet
— offenbar in Unkenntnis der für S. Bartolomeo all'Isola sprechenden Quellen — die Säulen hätten
die Sitze der Priesterbänke von SS. Bonifacio ed Alessio getrennt[400]. Dieses Argument ist nur insofern
interessant, als man sich eine ähnliche Anordnung natürlich auch in S. Bartolomeo vorstellen könnte.
Doch stört bei einer solchen Konstruktion — abgesehen von der Tatsache, daß es kein Parallelbeispiel
gibt — der Umstand, daß die Säulen vollrund und in der Künstlerinschrift auf Allansichtigkeit geplant
sind. Auch müßte ein Synthronon in Art des barocken Chorgestühls von SS. Bonifacio ed Alessio in
jedem Fall eine gerade Zahl von Säulen erfordert haben. Meiner Ansicht nach gehörten die Säulen
zu einer Templon-Schranke. Eine solche deutliche, aber noch für den Blick durchlässige Trennung
zwischen dem Langhaus und dem eigentlichen Sanktuarium ist nur in ganz seltenen Fällen erhalten
geblieben. Nahezu intakt ist die Schranke im rechten Seitenschiff der Abteikirche S. Giovanni in Argentella bei Palombara Sabina (Abb. 89) aus dem Jahre 1170. In S. Pietro in Alba Fucense (Abb. 218)
ist eine solche Templonschranke mit reich inkrustierten, gedrehten Säulen, ein Werk des Andreas magister Romanus (ca. 1210—1220), sogar durch alle drei Schiffe hindurch erhalten geblieben, bzw. nach
den Erdbebenschäden im Jahre 1915 wieder zuverlässig rekonstruiert worden[401]. Im Jahre 1908 hat
man in S. Maria in Cosmedin (Abb. 5) eine solch durchgehende Schranke mit aufgesetzten Säulen und
Architrav neu errichtet[402].

Gemeinsam ist allen diesen Schrankenanlagen, daß über einer Brüstung aus inkrustierten Marmorplatten Säulen mittlerer Dimension über ihren Kapitellen einen reich ornamentierten Marmorarchitrav
tragen. Es wäre gut denkbar, daß die lange Inschrift, die Tarugi kopiert hat, in diesen Templon-
Balken eingraviert war, und daß Nicolaus de Angelo diesen und die Schrankenplatten signiert hat, Ja-

---

[399] Siehe S. 60ff.
[400] Buchowiecki I S. 475ff.
[401] Siehe den Abschnitt über Andreas S. 155ff.
[402] Übrigens trägt der erneuerte Templonbalken in einer historisierenden Inschrift den Hinweis auf die Restaurierung des
frühen 19. Jahrhunderts und die Signatur des modernen Marmorarius.

cobus Laurentii aber die Säulen mit ihren Kapitellen. Die ungerade Zahl der Säulen kann durch die Unregelmäßigkeit im Grundriß der drei Schiffe von S. Bartolomeo all'Isola leicht erklärt werden.

Jacobus (Laurentii) in S. Saba, Rom[403]. Das Hauptportal (Abb. 90) trägt am Türsturz eine Inschrift, in der das Amtsjahr des regierenden Papstes, der stiftende Abt und der Künstler genannt werden[404]:

+ AD HONOREM DOMINI NOSTRI IHV XPI ANNO VII PONTIFICATVS DOMINI NOSTRI INNOCENTII III PP+ HOC OPVS D(OMI)NO IOHANNE ABBATE IVBENTE FACTVM EST P(ER) MANVS MAGISTRI IACOBI

Mit der Zählung sieben des Pontifikates Innocenz III (1198–1216) steht eine Entstehungszeit (oder Stiftung) im Jahre 1205 fest[405]. Aus chronologischen Gründen und solchen der Formanalyse kann gar kein Zweifel darüber bestehen, daß es der Sohn des Laurentius war, der das Portal geschaffen hat. Es handelt sich um ein Sturzpfostenportal verhältnismäßig großer Dimension. Der innere Streifen des reich profilierten Rahmens ist mit einem Mosaikband inkrustiert, das wie beim Seitenportal des Domes von Città Castellana (Abb. 83, ebenfalls Jacobus) durch Kreisscheiben unterbrochen wird. Die Proportionen, das Profil und die Sparsamkeit der Mosaikeinlagen geben dem Portal einen Charakter, der dem eines antiken Portales nahekommt. Es scheint, als habe der Künstler die Normen des frühchristlichen Baues nicht durchbrechen wollen[406].

Wahrscheinlich ebenfalls zum Werk des Jacobus gehört die Vorhalle, die das Portal überschattet. Sie ist in späterer Zeit um ein Stockwerk erhöht und unter Pius VI (1775–1799) schließlich ihrer schönen Säulen beraubt worden[407]. Deren Stelle nehmen seitdem Ziegelpfeiler ein. Zu sehen vom Marmorwerk des Mittelalters ist an der Vorhalle nur noch die Verblendung der Architravzone. In einigen Romguiden, so bei Felini (1610), ist der Prospekt der Vorhalle (Abb. 91) noch mit seinen Säulen abgebildet[408]. Allerdings muß sich der Zeichner in ihrer Anzahl geirrt haben. Er gibt nur vier Freisäulen wieder. Testini beschreibt deren sechs, eine Anzahl, die sich an der Zahl der Entlastungsbögen hinter der Verkleidung des Architraves verifizieren läßt[409]. Gesichert ist eine merkwürdige Einzelheit des Holzschnittes: Die beiden mittleren Säulen der Portikus ruhen auf Löwen. Das berichteten schon Marangoni und — ausführlicher — Ciampini[410]: *Duo itidem leones etiamnum oculis objiciuntur in Ecclesia S. Sabae, non in janua, sed in basi duarum columnarum ad ingressum porticus ....*

Für Rom ist diese Funktion von Löwen als Stiloforen einer Vorhalle einmalig[411]. Um auf ihren Rücken entsprechend breite Säulen tragen zu können, müssen die Tierskulpturen erhebliche Dimen-

[403] Pompeo Ugonio, Theatrum urbis Romae, ehem. Bibl. Comun. di Ferrara. Bibl. Vat. Cod. Barb. lat. f. 1347. ,,Descriptio ecclesiae Sancti Sabae"; Felini 1610 S. 196; Ciampini, Vetera Monumenta I S. 34; Marangoni, Cose gentillesche S. 367; Promis S. 20; Witte 1825 S. 161; Stevenson, Cod. Vat. lat. 10581f. 49; Forcella XII S. 135 Nr. 176; Giovannoni, Note S. 9; Giovannoni, Opere S. 277ff.; Clausse S. 370f.; Bessone S. 23; Hutton S. 36 und 49; Testini S. Saba S. 37, 52 Fig. 19; Krautheimer IV S. 51ff. bes. S. 69; Gandolfo, Cattedra bes. S. 339; Glass BAR S. 126f.
[404] Promis S. 20; Forcella XII S. 135 Nr. 176; Testini, San Saba S. 52. Eine fehlerhafte Lesung überliefert Martinelli 1653 S. 296, weitergetragen bis hin zu Hutton S. 36 und S. 49 ,,... bene factum est p(er) manus magistri Jacobi". Fehlerhaft auch Witte 1825 S. 161. Zur Signatur Dietl, Topik S. 19 und 140.
[405] Forcella XII S. 135 Nr. 176 nennt als Datum 1204.
[406] Zu Baugeschichte Krautheimer IV S. 51ff. Antike Türeinfassungen der großartigsten Form standen im Mittelalter in Rom immer als Vorbild vor Augen, z.B. das Portal des Pantheon.
[407] Testini, S. Saba S. 51.
[408] Felini 1610 S. 196.
[409] Testini, S. Saba S. 51 nennt vier Säulen aus Giallo Antico sowie die beiden mittleren aus Porphyr. Allerdings gibt er für diese Information keine Quelle. Es wäre auch interessant zu wissen, wohin die Säulen im 18. Jahrhundert gebracht worden sind.
[410] Ciampini, Vetera Monumenta I S. 34.
[411] Allerdings werden auch die Basen der Vorhalle des Domes von Terracina (Abb. 21) — wahrscheinlich ein Werk römischer Marmorari — seitlich von paarweise angeordneten Widdern und Löwen gestützt. Etwas ähnliches findet man später, ebenfalls im südlichen Latium, an der Vorhalle des Domes von Priverno.

sionen gehabt haben. Die einzigen Löwen, die ich aus dieser Zeit als Stilophoren (allerdings von Portalsäulen) kenne, stammen ebenfalls aus der Werkstatt des Jacobus, bzw. aus der seines Vaters Laurentius: Sie bewachen das Mittelportal des Domes von Cività Castellana (Abb. 78, 80). Weil das Portal
in S. Saba ohne abgestuftes Gewände in seiner antiken Rahmenform belassen werden sollte, hat Jacobus die flankierenden Löwen in die vordere Ebene der Vorhalle verlegt. Hier bewachen sie das Portal
ähnlich wie die säulentragenden Löwen und Greifen an den Prothyra Oberitaliens[412]. Wie kurz zuvor
in Cività Castellana ist zu beachten, daß Jacobus auch vor architektonischen und bildhauerischen
Aufgaben nicht zurückschreckt. Ob Jacobus auch an der Innenausstattung von S. Saba mitgewirkt
hat, ist nicht mehr mit Sicherheit nachzuweisen. Das Paviment gehört nach Dorothy Glass der Zeit
um 1200 und damit der gleichen Ausstattungsphase an[413]. Die Schranken (Abb. 129) sind von Vassalletto signiert und dürften schon dem zweiten Viertel des 13. Jahrhunderts angehören[414].

Francesco Gandolfo hat die Reste des Thrones in der Apsis, besonders die nimbenförmige Scheibe
mit dem eingeschriebenen Kreuz, in der Ornamentik mit dem Seitenportal (Abb. 83) des Domes in
Cività Castellana verglichen[415]. Hier wie dort findet er intermittierte Kreismuster, die uns ja auch am
Portal von S. Saba aufgefallen sind. Seine Zuschreibung des Papstthrones in S. Saba an Jacobus Laurentii hat deshalb viel für sich[416]. Somit ist es wahrscheinlich, daß die Signatur des Portals sich auf
eine Neuausstattung der Kirche bezog, die sowohl eine Vorhalle als auch ein Paviment und die Aus-
stattung des Chores mit dem Papstthron einbezog. Es spricht für die Produktivität der Laurentius-
Werkstatt, daß sie um 1200 — neben einigen anderen Werken — diese großen Aufgaben sowohl in
Cività Castellana als auch in S. Saba parallel durchführen konnte.

Jacobus (Laurentii) im Dom von Ferentino[417]. 1976/77 gelang es Bruno Contardi, eine Nachricht
über eine Signatur neu aufzufinden. In einem Manuskript des 18. Jahrhunderts im Diözesanarchiv
von Ferentino ,,Liber cum seria episcoporum'' findet sich ein Eintrag über einen Bischof Albertus,
der im 14. Jahrhundert lebte. Auf ihn wurde eine Inschrift bezogen, die bei den Erneuerungsarbeiten
des Jahres 1747 verschwunden ist: ,,fece a propre spese il pavimento di marmo della chiesa Cattedrale,
conforme si leggeva in una lapide, che stava a piè della scalinata della cappella di Sant' Ambrogio:

> *Hoc pavimentum fecit Albertus Episcopus per manus magistri Jacobbi Romani.*

Bruno Contardi, für dessen entgegenkommende Hilfe ich mich bedanke, hat richtig geschlossen,
daß sich diese Signatur kaum mit einer Datierung ins 14. Jahrhundert vereinbaren läßt. Die Formel
per manus magistri Jacobi stimmt wörtlich mit der Portalinschrift von S. Saba in Rom überein, die
1205 entstanden ist[418]. Überzeugend identifiziert er den Stifter mit Albertus Longus, der 1203 Bischof
von Ferentino wurde. Ughelli bezeichnet ihn als *canonicus Anagninus, familiaris, intimusq. amicus Innocentii III*[419].

---

[412] Die Prothyra Oberitaliens sind niemals zusammenhängend und im Hinblick auf die Symbolik ihrer Stilophoren untersucht worden. Als Einstieg wichtig F. Gandolfo, Il ,,Protiro lombardo''. Una ipotesi di formazione, in: Storia dell'arte 1978
S. 211ff.; auch Christine Verzar Bornstein, Matilda of Canossa, Papal Rome and the Earliest Italian Porch Portals, in: Romanico padano, Romanico europeo, Università degli Studi di Parma 1982, S. 143ff.

[413] Glass, Diss. S. 279ff.; Glass BAR S. 126f.

[414] Vgl. dazu S. 115ff.

[415] Gandolfo, Cattedra S. 339. In der heutigen Erscheinung ist der Thron von S. Saba ein Pasticcio der Restauratoren. Interessant die ikonologische Interpretation des Thronnimbus mit dem Kreuzeszeichen als päpstlicher Anspruch der Zeit Innocenz
III (1198–1216). Gandolfo hat übersehen, daß es im Dommuseum von Véroli eine ganz ähnliche Marmorscheibe als ,,Kreuz-
nimbus'' gibt, die ebenfalls von einem Thron stammen dürfte.

[416] Nicht unbedingt gilt das für die Zuschreibung anderer Throne, wie dem von S. Maria in Trastevere. Vgl. S. 81.

[417] Bruno Contardi, ,,Per manus magistri Jacobbi Romani'': il pavimento del Duomo di Ferentino, Manuskript Roma
1976/77. Verkürzt veröffentlicht in ,,Storia dell'arte e territorio: Ferentino'' (ed. A. M. Romanini) in: Storia della città 15/16
1980 S. 101–104 ,,Il pavimento''.

[418] Siehe dazu S. 75f.

[419] Ughelli, Italia Sacra I S. 678.

Wichtig auch Contardis Kritik an Dorothy Glass[420]. Wenigstens die erhöhten Teile im Sanktuarium stammen aus dem frühen 13. Jahrhundert und sind nach 1203 von Meister Jacobus verlegt worden[421].

Jacobus (Laurentii) in Subiaco, S. Scholastica[422]. An der südlichen Schauseite des Kreuzganghofes (Abb. 93, 93) ist der Eingangsbogen in den Umgang folgendermaßen signiert:

+ MAGISTER IACOBVS ROMAN' FECIT HOC OP

Da diese Seite des vierflügeligen Kreuzganges im Stil und im System der Arkaturen völlig einheitlich ist, sich aber gleichzeitig von den übrigen drei Seiten unterscheidet, kann man sie mit Sicherheit dem Jacobus zuschreiben. Die in sich wiederum einheitlichen übrigen drei Seiten sind an der Westseite (Abb. 155) vom Sohn des Jacobus, von Cosmas und dessen Söhnen (Lucas et Jacobus alter) signiert worden[423]. Dieser Inschrift ist auch zu entnehmen, daß der Bauherr dieser späteren Teile Abt Landus war, der dieses Amt 1227—43 innehatte[424]. Drei Generationen der Laurentius-Familie waren am Bau des Kreuzgangs beteiligt, dessen Fertigstellung offenbar nur langsam vorwärts kam oder durch eine längere Pause unterbrochen war.

Über den Beginn der Arbeiten gibt es keine sicheren Nachrichten. Man nimmt allgemein an, daß er in die Zeit des Abtes Romanus (1193—1216) fällt[425]. Dieser ist als Empfänger von Privilegien Innocenz III (1198—1216) zusammen mit dem Hl. Benedikt in Sacro Speco ,,porträtiert''[426]. Sein Name ist in einem Inschriftenfragment erwähnt, das heute im spätgotischen Kreuzgang aufbewahrt wird[427]: *(Ho)c opus ornavit sumpt(ibus) (a)bbas est dictus Rom(anus) ...* Es gehört seinem epigraphischen Charakter nach in die Zeit um 1200 und wurde von Vincenzo Federici mit dem Kreuzgangsteil des Jacobus in Verbindung gebracht[428]. Es wäre allerdings auch möglich, daß sich diese Inschrift auf einen Teil der ehemaligen Innenausstattung der Klosterkirche bezieht[429].

Ab 1210 hat Jacobus zusammen mit seinem Sohn Cosmas signiert[430]. Ich nehme deshalb an, daß der Kreuzgang im ersten Jahrzehnt des 13. Jahrhunderts begonnen wurde. Vollendet wurden die drei übrigen Seiten dann unter Abt Landus, d.h. nach 1227. Vom Eindruck her steht der Kreuzgang von S. Scholastica (Abb. 92) dem schlichten Chiostro von S. Lorenzo fuori le mura — erbaut unter Coele-

---

[420] Bruno Contardi bezieht sich hier auf die Erstfassung der Dissertation von Dorothy Glass.

[421] Für eine dritte Ausstattungsphase unter Drudus gegen 1230—40 vgl. S. 148ff.

[422] Lit.: Cronaca sublacense del P. D. Cherubino Mirzio. Edita per cura di P. Crostarosa etc., Roma 1885; Promis S. 18f.; Faloci Pulignani, Memorie epigrafiche S. 17; G. Clausse, Les origines bénédictines. Subiaco, Mont-Cassin, Monte-Oliveto, Paris 1899; Clausse S. 452ff.; Giovannoni, Subiaco. Darin auch die Beiträge von Egidi und Federici; Giovannoni, Note S. 9; Bessone S. 21, 100; Hutton S. 9, 36, 58; Noehles, Tuscania S. 32f.; P. Carosi, Badia di Subiaco, Storia, arte, vita, Subiaco 1970; Glass BAR S. 131.

[423] Siehe dazu S. 98ff. Promis S. 18f. und ihm folgend Venturi III S. 791. Sie hatten die Abfolge der Signaturen noch so interpretiert, als habe Cosmas mit seinen Söhnen Lucas und Jacobus das Werk begonnen, das dann von dem genannten Jacobus allein an der Südseite vollendet worden wäre. Das ist nicht nur nach dem Stil der Kapitele unmöglich, auch die Formulierung ,,Jacobus alter'' in der jüngeren Signatur ist nur zu verstehen, wenn sie als Unterscheidung zur Signatur des gleichnamigen Großvaters gelten soll.

[424] Egidi S. 213 in Giovannoni, Subiaco I. Über Abt Landus auch Jannuccelli, Memorie di Subiaco e sua badia, Genova 1856 S. 179. Carosi, Subiaco gibt S. 121 ohne Begründung eine Amtsperiode von Abt Landus 1219—43 an. Nach der Chronik des Mirzio hat Abt Landus den Kreuzgang im Jahr 1235 in Auftrag gegeben. Daran zweifelt Faloci Pulignani, Memorie epigrafiche S. 17 Anm. 1. Vgl. dazu unten S. 98. Das Datum 1235 scheint mir als Beginn der zweiten Bauphase durchaus wahrscheinlich.

[425] Egidi S. 111f. in: Giovannoni, Subiaco I; Carosi, Subiaco S. 31f.; Giovannoni, Subiaco I S. 320f.

[426] Egidi S. 110ff. in: Giovannoni, Subiaco I; Matthiae, Pittura Romana II S. 122 Abb. 105/106. Ladner, Papstbildnisse II S. 68ff. mit Quellen und Bibliographie.

[427] Federici S. 50, in: Giovannoni, Subiaco II; Carosi, Subiaco S. 33.

[428] Federici S. 50, 403 in: Giovannoni, Subiaco II.

[429] Über eine mögliche Beteiligung des Jacobus an der Innenausstattung der Abteikirche siehe S. 79f.

[430] 1210 ist das Datum der Signatur an der Vorhalle von Città Castellana (Abb. 99). Siehe S. 82ff.

stin III (1191−98) − näher als den klösterlichen Prunkausstattungen in S. Paolo fuori le mura (Abb. 172) und S. Giovanni in Laterano (Abb. 149)[431]. Jeder Materialprunk ist vermieden[432]. Der graubraune Marmor der Südseite ist in kleinen, unregelmäßigen Stücken gefügt, vielleicht ein Sammelsurium von neu hergerichteten Reststücken[433]. Ein Gebot des Bauherrn scheint demnach die Preisgünstigkeit gewesen zu sein, ein zweites Größe und Zweckmäßigkeit. Die Größe entspricht den Anforderungen des unter Innocenz III (1198−1216) reformierten und gewachsenen Konventes. Daß aber das Bodenniveau nicht ausgeglichen wurde, der Zugang zum Hof nicht in der Mitte der Seite liegt und also auf Symmetrie und Grundrißproportionen keine Rücksicht genommen wurde, alles das scheint von einem Denken geprägt zu sein, das Sparsam- und Zweckmäßigkeit vor ästhetische Erwägungen stellt.

Nun sind das gewiß Tugenden, die der Reformbewegung der Benediktiner gemäß sind. Wenige Jahre später aber sind − im Zuge der gleichen Refom − in Rom die erwähnten Prachtkreuzgänge entstanden. Ob dieser Kreuzgang also programmatisch überflüssigen Zierrat ausläßt, ob er von finanzieller Knappheit zeugt oder ob einfach der römische Kreuzgang des 13. Jahrhunderts als Typus zur Entstehungszeit der Kreuzgangsseite des Jacobus noch nicht ausgeprägt worden war, muß einstweilen offen bleiben. Mir scheint der letzte, der künstlerische Gesichtspunkt, eine große Rolle zu spielen. Statt seine Möglichkeiten als „hochkarätiger" Spezialist für polychrome und goldene Mosaikeinlagen und Marmorornamentik auszunutzen, versucht Jacobus, sich in den Säulen und Kapitellen (Abb. 94) einer romanischen Formensprache anzunähern, wie man sie eher in Oberitalien oder Südfrankreich vermuten würde. Da wir Jacobus sonst nur in Aufgaben kennengelernt haben, in denen er seine Fähigkeiten als Marmorarius voll entfalten konnte, fällt diese fremde Sprache der Architekturplastik besonders auf[434]. Es zeigt sich in diesem Falle auch, wie sehr der Auftrag den Stil bestimmen kann. Niemand würde auf den Gedanken verfallen, Jacobus und seinen Erben, den Erbauern der Vorhalle von Città Castellana (Abb. 98), diese bescheidenen romanischen Arkaden zuzuschreiben − ohne eben die eindeutigen Signaturen. Zuschreibungen sind also nur innerhalb eines Anspruchsniveaus möglich, und auch dann muß man aufpassen, daß man wirklich eine persönliche Handschrift, spezifische, persönlichkeitsgebundene Gestaltungsprinzipien erkennt.

Die von Jacobus signierte Südseite des Kreuzgangs (Abb. 92, 93, 94) teilt sich durch Pfeiler in drei offene Arkatur-Abschnitte mit jeweils sechs Rundbögen auf Säulen. Zwischen dem zweiten und dritten Kompartiment ist der Pfeiler verdoppelt, so daß Raum für einen rundbogigen Zugang zum Hof entsteht. Die Säulen der Fensteröffnungen stehen auf einer massiven Brüstungsmauer. Es alternieren Doppelsäulen samt den zugehörigen Zwillingskapitellen mit Einzelsäulen, die ein breit ausladendes Krückenkapitell tragen. Die Einzelsäulen mit den Krückenkapitellen nehmen innerhalb eines Arkadenkompartiments jeweils die äußere und die mittlere Position ein. Nur solche Einzelsäulen sind durch besonderen bildhauerischen Schmuck ausgezeichnet. In die um die Säule gewundenen Kanneluren sind Blätter, Blüten und zwei kleine Masken eingestreut. Das ist nicht die Ornamentik der gedrehten und inkrustierten Säulen der Marmorari Romani, sondern kennzeichnet Formen einer „internationalen" Romanik. Alle Krückenkapitelle dieses westlichen Abschnittes sind abwechslungsreich mit üppigen Blatt- und Blütenformen ornamentiert. Die gekuppelten Säulen dagegen tragen hier wie im übrigen Kreuzgang die schlichten Kelche mit vier großen deckenden Kelchblättern, die in den römischen Kreuzgängen des 13. Jahrhunderts zur Regel werden[435]. Sieht man allein auf die Krücken-

---

[431] Zur Stiftung durch Coelestin III Lanciani, Scavi S. 8. Im Cod. Vat. lat. 9198 c. 26 ist als Datum 1191 angegeben. Siehe auch Avagnina, Strutture S. 230ff. Clausse S. 424 verbindet fälschlich das Datum 1187 mit dem Pontifikat Coelestin III.

[432] Clausse S. 455 beschreibt einen dekorativen Mosaikfries am Gebälk, von dem aber keine Spur (mehr?) zu sehen ist.

[433] In der zweiten Bauphase unter Abt Landus sind, wie die Chronik von Subiaco vermerkt, jedenfalls Marmorteile der ehemaligen Kirche S. Clemente als Baumaterial wiederverwendet worden. Siehe dazu S. 98ff.

[434] Selbst in der Zistersienserkirche S. Maria di Falleri (Abb. 75) verzichtet die Laurentius-Werkstatt nicht auf Marmor bester Qualität.

[435] Vgl. die Kreuzgänge von SS. Quattro Coronati (Abb. 223), Sassovivo (Abb. 224, S. 158f.), S. Cosimato, die Front des

kapitelle, so drängt sich die These auf, daß der Kreuzgang mit diesem westlichen Kompartiment in den reichen Formen einer „internationalen" Romanik begonnen und dann im Zuge der Ausführung standardisiert und in seinem Formenrepertoire vereinfacht wurde.

Nun gibt es aber Versatzmarken an den Arkaden (Abb. 95) und eine bemerkenswerte Zählung der Kapitelle, die anzuzeigen scheint, daß die Bauausführung genau den umgekehrten Weg gegangen ist. Auf den Keilsteinen der Rundbögen sind die römischen Ziffern I bis XVII eingraviert und zwar in Leserichtung von links nach rechts, d.h. vom Ostende nach Westen hin fortlaufend[436]. Carosi und andere haben deshalb an eine Präfabrikation in Rom gedacht[437]. Die Numerierung habe den Zusammenbau an Ort und Stelle erleichtern sollen. Das ist möglich. Und doch ist eine solche Markierung nicht Vorbedingung einer Vorfertigung. Nachweisbare Exportaufgaben wie der Kreuzgang in Sassovivo (Abb. 219) sind ohne heute sichtbare Versatzmarken entstanden[438]. Im Kreuzgang von S. Cosimato in Rom selbst erkennt man dagegen wieder eine Zählung der Säulen. Solche Marken scheinen mir besonders dann vonnöten, wenn fertige Teile gelagert und von Handwerkern zusammengefügt werden sollten, die selbst nicht an der Herstellung beteiligt waren.

Unter den Kreuzgängen des 13. Jahrhunderts im römischen Gebiet ist das Konzept des Jacobus wahrscheinlich das früheste. Gegenüber den schlichten Zweckbauten des 12. Jahrhunderts ist seine Bauskulptur, aber auch sein architektonisch gegliederter Aufriß, ein großer Schritt nach vorn. Verglichen mit den Prachtkreuzgängen der folgenden Jahrzehnte scheint seine Strenge und Schmuckfeindlichkeit jedoch dem 12. Jahrhundert anzugehören. Bemerkenswert ist die Tektonik des Aufrisses. Es handelt sich nämlich nicht einfach um eine Mauer, die von einer Arkadenfolge aufgebrochen ist — wie in den Beispielen des 12. Jahrhunderts — sondern um ein wohlproportioniertes System von tragenden Gliedern. So sind die glatten, quadratischen Pfeiler (Abb. 93) durch zwei Gesimsbänder gegliedert, die eine Kämpferzone bezeichnen, die man aber eher als Teil eines Pfeilergebälks bezeichnen möchte. Mit denselben Mitteln ist oberhalb der Arkaden eine durchgehende Architravzone im Gebälk angedeutet. Darüber verläuft auf Marmorkonsolen ein abschließendes Traufgesims. Das sind sehr starke Betonungen der Waagerechten und Proportionen, die mit bescheidenen Mitteln in ähnlicher Weise „klassizistisch" wirken wie die der Portikus am Dom von Cività Castellana (Abb. 98). Der Architrav entbindet die zerbrechlichen Arkaden ihrer tragenden Funktion. Das muß als ästhetische Innovation in der Architektur römischer Kreuzgänge um 1200 gelten und gewürdigt werden[439].

Jacobus (Laurentii) in der Abteikirche von S. Scholastica in Subiaco[440]. In der Cronaca Sublacense des Cherubino Mirzio wird berichtet, daß in der Kirche vor ihrer settecentesken Erneuerung über dem Chor eine Inschrift zu lesen war[441]:

> *Magister Jacobus Romanus hoc opus fecit.*

Merkwürdigerweise ist diese Nachricht und die rühmende Beschreibung des mittelalterlichen Kircheninneren bisher fast unbeachtet[442]. Bevor die Kirche nach Plänen des Giacomo Quarenghi

---

Kapitelsaals von S. Sisto u.a. Es handelt sich um einen Standardtyp, der für alle Säulen kleineren Formats auch in anderer Funktion verwendet wird.

[436] Giovannoni, Subiaco I S. 319.

[437] Carosi, Subiaco S. 120; Noehles, Tuscania S. 32f. Anm. 39.

[438] Vgl. dazu S. 158ff.

[439] In Florenz beginnt die Renaissance-Architektur mit Wandgliederungen nach dem gleichen Prinzip. Brunelleschi hatte diese z.T. aus mittelalterlichen Architektursystemen entwickelt, die er — wie das Florentiner Baptisterium — für antik hielt. Eine Diskussion dieses Fragenkomplexes unten S. 89ff. im Zusammenhang mit der Vorhalle des Domes von Cività Castellana.

[440] Lit. siehe oben: Anm. 422.

[441] Giovannoni, Subiaco S. 320; Cronaca sublancense del P. D. Cherubino Mirzio. Edita per cura die P. Crostarosa etc. Roma 1885 S. 305. Carosi, Subiaco S. 33.

[442] Mirzio (wie oben) S. 304f. über die Arbeiten unter Abt Landus (1227–43): „Praeterea ecclesiae chorum antea deformem et angustum, ut in praesentiarum extat, una cum sedilibus, atque sanctorum sanctarumque figuris decoratum disposuit ac orna-

1769—76 erneuert wurde, war ihr Charakter — einem erhaltenen Grundriß und der stehengebliebenen Fassade nach zu urteilen — durch spätgotische An- und Umbauten geprägt[443]. Wahrscheinlich war die Ausstattung des frühen 13. Jahrhunderts schon in dieser Zeit stark gestört oder überhaupt ausgeräumt. Gori hat eine Zeichnung dieses Zustandes bekannt gemacht, auf der eine Diözesansynode aus dem Jahre 1674 geschildert ist[444]. Die Chorkapelle war nach dieser Zeichnung spitzbogig. Vor dem Hauptaltar verlief eine Brüstung mit zwei Pulten, die von Adlern gehalten wurden. Auf der Epistelseite erhob sich ein Ambo. Wahrscheinlich waren in diesen Teilen der Ausstattung Reste des frühen 13. Jahrhunderts wiederverwendet worden. Vielleicht war sogar der mittelalterliche Ambo noch vorhanden. Mirzio beschreibt außerdem ein kostbares Paviment, das zur Ausstattung des Magister Jacobus unter Abt Landus (1227—43) gehört haben soll.

Erhalten haben sich eine ganze Reihe von inkrustierten Marmorbalken, die zu einer Schrankenanlage gehört haben könnten und heute an der Fassade der Kirche treppenförmig aufgemauert sind[445]. Außerdem findet sich in dem gotischen, dem sogenannten deutschen Kreuzgang, der obere Knauf eines Osterleuchters (Abb. 97), der reich mit Mosaik inkrustiert ist. Wenn diese Teile ebenfalls durch die Signatur für Jacobus gesichert sind, so stellt sich der Auftrag für die Erneuerung des der Reform dringend bedürftigen Konventes unter Abt Romanus in ganz neuem Licht dar. Innocenz III (1198—1216) gab der Reform nicht nur durch Privilegien und Schenkungen die nötige Dynamik. Er sorgte durch den Reformabt Romanus auch dafür, daß die Kirche in römischer Weise durch den bewährten Meister Jacobus in allem Glanz ausgestattet wurde. Daß auch ein neuer Kreuzgang begonnen wurde, ist innerhalb dieses Programms gewiß wichtig — aber eben nur ein Teil des Ganzen. Theoretisch wäre es möglich, daß die von Mirzio erwähnte Signatur von dem gleichnamigen Enkel des Jacobus stammt. Da sie aber wörtlich mit der älteren Signatur des Kreuzganges übereinstimmt, nehme ich an, daß Jacobus Laurentii am Werk war.

Jacobus (Laurentii?) in S. Ambrogio della Massima (in Pescheria), Rom[446]. Pompeo Ugonio überliefert im ehemaligen Paviment der Kirche folgende, heute verlorene Signatur[447]:

> Jacobus fecit hoc opus

Die Datierung ist völlig unsicher. Bei einer Grabung in den frühen 60er Jahren fanden sich keinerlei Spuren eines mittelalterlichen Paviments[448]. Obwohl darüber ohne weitere Hinweise keine Sicherheit gewonnen werden kann, ist es möglich, daß der Künstler mit dem Sohn des Laurentius identisch ist, der ja auch in Ferentino als Schöpfer eines Pavimentes belegt ist. Nicht ausschließen läßt sich aller-

---

vit. Quarum artium magistri cujus extiterit perfectionis, ex eorum operibus facile fuerit a peritis aestimari".

[443] Giovannoni, Subiaco I S. 330 ff. fig. 13 gibt eine rektifizierende Umzeichnung wieder. Carosi S. 134ff, auch Grabungsplan gegenüber S. 108. Der Plan der alten Kirche mit den geplanten Umbauten, gezeichnet von Giacomo Quarenghi 1769, wird im Kloster bewahrt. Auf ihm ist nichts vom liturgischen Mobiliar des Mittelalters zu sehen.

[444] F. Gori, Viaggio pittorico-antiquario da Roma a Tivoli e Subiaco, Roma 1855 III S. 34 Anm. 1 „Un disegno dell'antica Basilica delineato da Dominico Barriere esiste in fronte al sinodo Diocesana in essa celebrato nel 1674 dal Cardinale Carlo Barberini".

[445] Diese Aufmauerung sieht nicht nach einer modernen, musealen Systematisierung aus. Sie könnte schon in der Spätgotik entstanden sein und irgendeine Funktion an dieser Stelle neben dem Kirchenportal gehabt haben.

[446] Lit.: Theatrum urbis Roma, Bibl. Vat. Cod. Barb. lat. 1994 f. 360 oder 300; Frothingham, in: Resoconto delle conferenze dei cultori di Archeologia Cristiana in Roma dal 1875 al 1887, Roma 1888 S. 275f.; Stevenson, in Bulletino di Archeologia Cristiana 4. Ser. II 1883 S. 111; Lanciani, Scavi S. 17; Armellini/Cecchelli S. 692f.; Buchowiecki I S. 310; Pietrangeli, Rione Angelo S. 56; Glass Diss. S. 188; Glass BAR S. 77f.

[447] Pompeo Ugonio, Theatrum Urbis Roma, Bibl. Vat. Cod. Barb. lat. 1994 f. 360 oder 300 (von mir bisher nicht nachgeprüft).

[448] Glass BAR S. 77f. erhielt diese Auskunft von dem Priester der Kirche.

dings ein Werk des gleichnamigen Enkels. Lanciani denkt an Jacobus Cosmati, der im späten 13. Jahrhundert zusammen mit Deodatus Cosmati an der Innenausstattung von S. Giacomo alla Lungara beteiligt war[449].

Zuschreibungen an Jacobus Laurentii: Die Erneuerungen und Ergänzungen des Apsis-Mosaiks von St. Peter (Abb. 84, 85) unter Innocenz III (1198–1216). Wie ich im Abschnitt über das Seitenportal des Domes von Cività Castellana darzulegen versucht habe, gibt es drei wichtige Argumente, diesen programmatischen Auftrag Innocenz III dem Jacobus zuzuschreiben[450]:

1. Der Qualität der erhaltenen Fragmente (Porträt Innocenz III und Ekklesia) nach zu urteilen, war ein einheimischer Künstler ohne allzugroße Finesse in der Mosaiktechnik am Werk.
2. Die lineare Struktur der erhaltenen Gesichter (Abb. 84, 85) mit den roten Backenflecken gleicht erstaunlich der von Jacobus signierten Christus-Lunette (Abb. 83) am Seitenportal des Domes von Cività Castellana. Diese entstand kurz vor 1200 und damit in großer zeitlicher Nähe zu dem vatikanischen Mosaik.
3. Jacobus war Mitglied einer päpstlichen Schola und hatte daher wahrscheinlich Verbindung zur Kurie, die ihn — den römischen Spezialisten für figürliches Mosaik — den Auftraggebern nahebrachte.

Für unwahrscheinlich halte ich folgende Zuschreibungen:

Löwen in S. Bartolomeo all'Isola, Rom. Francesco Gandolfo hat versucht, das in S. Bartolomeo all'Isola in einer nachmittelalterlichen Aufstellung erhaltene Löwenpaar (Abb. 24, 25) dem Jacobus zuzuschreiben und gleichzeitig als Teil einer Schrankenanlage zu rekonstruieren[451]. Letzteres ist schon deshalb unmöglich, weil die Löwen noch den Rest des Portalprofils tragen, mit dem sie im Verbund standen. Für diesen Ort sind sie auch dokumentarisch bezeugt[452]. Der Bildvergleich mit den Löwen des Mittelportals am Dom von Cività Castellana (Abb. 80) ist meines Erachtens keineswegs geeignet, eine künstlerische Identität nahezulegen. Eher das Gegenteil. Wie ich im Abschnitt über Nicolaus de Angelo zu begründen versucht habe, bin ich der Meinung, daß dieser größte Bildhauer unter den Marmorari Romani des 12. Jahrhunderts der Schöpfer der Löwen von S. Bartolomeo ist.

Fragmente eines Thrones in S. Maria in Trastevere, Rom. Es ist ein Verdienst Francesco Gandolfos, auf diese Thronwangen in Form von Greifen (Abb. 96) aufmerksam gemacht zu haben[453]. Wie er einleuchtend darlegt, kann an der hohen Qualität und der mittelalterlichen Entstehung dieser Skulpturen kein Zweifel sein. Zweifel muß man allerdings anmelden, wenn er diese — in ihrer Antikennähe kaum zu übertreffenden Werke — der Hand des Jacobus zuweist, den wir als Bildhauer nur selten und wenn, dann eher mit Verlegenheitswerken kennengelernt haben. Ich bin fast sicher, daß diese Skulpturen später entstanden sind als Gandolfo annimmt, nämlich lange nach dem Pontifikat Innocenz III. In ihrer bildhauerischen Qualität würde ich sie nur Vassalletto oder Drudus zutrauen, ohne mich in diesem Punkt auf eine Zuschreibung festlegen zu wollen.

c) JACOBUS LAURENTII IN ZUSAMMENARBEIT MIT SEINEM SOHN COSMAS

Nur zwei Zeugnisse dieses Zusammenwirkens von Vater und Sohn sind bekannt. Beide entstanden noch in der Frühzeit des 13. Jahrhunderts. Es handelt sich jeweils um Werke höchsten Anspruchs,

---

[449] Lanciani, Scavi S. 17. Vgl. zu Jacobus Cosmati S. 222.
[450] Siehe S. 70ff.
[451] Gandolfo, Cattedra S. 348, dort auch fig. 13–16.
[452] Vgl. dazu S. 27f.
[453] Gandolfo, Cattedra S. 348ff.

großer Erfindungsgabe und hoher künstlerischer und handwerklicher Qualität. Weder Jacobus noch
Cosmas haben, wenn sie getrennt gearbeitet haben, diesen Standard wieder erreicht. Beide Werke sind
nach außen gerichtete Architekturen: Fassaden, deren Monumentalität neuzeitlichem Kunstverständnis näher ist als manche andere — stärker kunsthandwerkliche — Aufgabe der Marmorari Romani.
Es ist m.E. kein Zufall, daß in beiden Fällen Innocenz III (1198–1216) in Beziehung zu dem Bau gebracht werden kann. Die Monumentalität ist eben die Folge des Auftrages, und dieser wird Zeichen
der triumphalen Erneuerung und des Machtanspruchs der Kirche gefordert haben.

Jacobus Laurentii und sein Sohn Cosmas am Dom von Cività Castellana[454]. Die Portikus des Domes
von Cività Castellana (Abb. 98) ist signiert und datiert. An der höchsten Stelle, im Gebälk des Triumphbogens, verläuft in der ganzen Breite der „Attikazone" (Abb. 99) die Inschrift in Goldmosaik
auf rotem bzw. blauem Grund[455]:

> +MAGISTER IACOBVS CIVIS ROMANVS CVM COSMA FILIO SVO +CARISIMO FE-
> CIT OHC OPVS ANNO DNI M C C X

Die Vorhalle ist ein architektonisches chef d'oeuvre der Marmorari Romani. Breiter als die Innenmaße des Domes flankieren zwei Säulenhallen den mächtigen Ehrenbogen vor dem Mittelportal. Jede
der beiden Portikusseiten zählt vier Interkolumnien über drei Freisäulen. Pfeiler stützen die Architrave an ihren Schlußpunkten.

Die beiden Säulenhallen selbst unterscheiden sich mit ihrem offenen Dachstuhl und ihren Pultdächern nur in den reicheren Details von dem geläufigen Vorhallentypus, den die römischen Marmorkünstler etwa seit der Mitte des 12. Jahrhunderts entwickelt haben[456]. Die innovatorische Leistung
des Entwurfs, die den Begriff „Renaissance" assoziiert, ist der hohe Triumphbogen mit seinem geraden Gebälk, der die Portikus in der Mitte unterbricht und ihr ein übergeordnetes Gestaltungsprinzip
auflegt.

Die lichte Weite dieses Bogens ist von den Abmessungen des Portals bestimmt. Somit könnte man
seine Existenz damit begründen, daß das hohe und weite Portal die Maße der Portikus sprengt. Hier
wird ein Problem deutlich, ob nämlich der Plan von Beginn an eine Vorhalle vorsah, oder ob diese
in einem zweiten Anlauf der Fassade vorgelegt wurde. Hutton hat sich dafür entschieden, die Vorhalle
als nachträgliche Zutat anzusehen[457]. Er bedauert, daß durch den hohen Triumphbogen (Abb. 82) der
Blick auf die Fassadenrose mit ihrem reichen Schmuck verstellt ist. Tatsächlich ist die Fassade durchaus auch ohne Vorhalle denkbar und es gibt Kriterien, das Problem der Planungs- und Bauabfolge
in diesem Sinne eindeutig zu entscheiden. Wenn man eine konventionelle Vorhalle gebaut hätte, so
hätte das Portal mit seinen Gewänden und Archivolten nicht diese Dimensionen annehmen dürfen.
Ein solches Portal hatten Laurentius und Jacobus aber kurz zuvor in S. Maria di Falleri (Abb. 75)
bei Cività Castellana verwirklicht: und dort an einer Fassade ohne Vorhalle.

Es gibt ein sicheres Indiz dafür, daß die Vorhalle später ist als das Portal. Letzteres wurde nämlich
nachträglich verändert, als links und rechts flankierende Pilaster angebaut wurden. Dabei wurden die
äußeren Gesimsecken der Kämpferzone abgearbeitet. Diese Pilaster sind aber nur zu verstehen in Kor-

---

[454] Lit.: Cod. Vat. lat. 7928 f. 175; Promis S. 20 (liest in der Signatur statt carissimo — fieri); Witte 1825 S. 162; Lübke
1860 S. 198; Lübke 1878 S. 31f.; Stevenson, Cod. Vat. lat. 10581f. 68v ff.; G. Clausse, Le Cosmati et l'église de Ste. Marie
à Cività Castellana, in: Revue de l'art chrétien 1897 S. 271ff.; Clausse S. 349ff.; Giovannoni, Note S. 5ff.; Cardinali, Cenni;
Tomassetti, Sodalizio S. 6f.; Hutton S. 12ff., 36, 53; Carlo Bertelli, La capella dei Pazzi e Cività Castellana, in: Paragone 7
(77) 1956 S. 57ff.; L. Lotti, Civitacastellana, in: Alma Roma 13, 1972 s. 79ff.; Noehles, Tuscania S. 31ff.; Noehles, Kunst
der Cosmaten S. 30f.; Glass BAR S. 63f.
[455] Über die Inschriften der Vorhalle soll noch gesondert gehandelt werden. (Siehe S. 84ff.).
[456] Eine vom Anspruch her ähnlich aufwendige Vorhalle aus dem späten 12. Jahrhundert bestand ehemals an der Fassade
von S. Giovanni in Laterano (Abb. 17), signiert in riesigen Lettern von Nicolaus de Angelo (Vgl. S. 22ff.).
[457] Hutton S. 12ff.

respondenz zu den inneren Pfeilervorlagen der Stützen des Triumphbogens[458]. So spricht alles dafür, daß Hutton mit seiner Zwei-Phasen Theorie recht hat: Danach haben Laurentius und Jacobus zuerst eine glatte Fassade mit dem Zweiklang des Mittelportals und der Fassadenrose geplant und verwirklicht, bis ein zweiter Plan eine zweite triumphale Fassade vor die Westwand der Kirche legte und diese verdeckte.

Dieser zweite Plan ist nun aber keineswegs so angelegt, daß er der schon bestehenden Architektur — vielleicht mit Ausnahme des Rosenfensters — widerspräche. Die Identität des künstlerischen Entwurfs ist schon durch die Person des Jacobus gewahrt. So entsteht ein Ganzes (Abb. 98), das in sich einheitlich konzipiert wirkt, weil es Grundtendenzen des ersten Planes einbezieht und zusätzlich betont. Die genaue Abstimmung der Portikus mit den Höhenlinien der Fenster, der Rose, besonders aber den Dimensionen und Proportionen des Hauptportals, sowie die Ausrichtung der Interkolumnien auf die Seitenportale sind dafür wichtige Kriterien. Die Breite der Vorhalle und ihr aufragender Mittelbogen nehmen die basilikale Grundfigur der Fassade auf und steigern sie, machen dadurch die Fassade selbst aber zur Hintergrundsfolie einer „quasi autonomen" Architektur.

Vom Platz vor der Fassade führt eine Folge von sieben (wohl neuzeitlichen) Stufen auf das Plateau der Vorhalle. Eine ähnliche, fassadenbreite Treppe wird auch im Mittelalter zur Kirche emporgeführt haben, wahrscheinlich sogar von einem niedrigeren Bodenniveau aus als dem heutigen[459]. Platz, Freitreppe und Vorhalle müssen als Einheit gesehen werden. Auf dem Vorhallenpodest sind alle tragenden Elemente der Architektur, die Eckpfeiler der Säulenhallen wie die Säulen selbst durch Sockel bzw. Postamente emporgehoben[460]. Die Basis- und Kapitellzone der Säulen findet in den Höhenlinien der Pfeilergliederung jeweils genaue Entsprechungen. Nur ist es kein Kapitell, das den Pfeiler abschließt, sondern — wie im Kreuzgang von Subiaco — eine friesähnliche glatte Zone (Abb. 100), die durch zwei Gesimse begrenzt und gebildet wird. Das dadurch entstehende Rechteckfeld ist in Cività Castellana durch mosaikinkrustierte Marmorplatten geschmückt.

Die ionischen Kapitelle der Säulen (Abb. 103, 104) sind sämtlich für diesen Zweck neu angefertigt worden. Sie weisen starke Vereinfachungen und verglichen mit antiken Vorbildern geradezu abnorme Proportionen auf. Gegenüber den wenig später in der Werkstatt des Vassalletto entstandenen Exemplaren wirken sie grob[461]. Die Voluten sind stark vergrößert und bilden kreisförmige Medaillons, die in den meisten Fällen durch große Blütensterne ausgefüllt sind, in anderen Fällen durch Vierfüßler oder Greifen. Das Kapitell ist verbunden mit einem Kämpfer, der in sehr mittelalterlicher Weise zwischengeschoben ist, nicht um den vorgeblendeten (Schein-)Architrav, sondern die dahinter verborgenen flach gemauerten Bögen zu tragen.

Der Architrav (Abb. 103) war ehemals Träger einer großen Mosaik-Inschrift. Das verbindet die Vorhalle mit den beiden römischen Prachtkreuzgängen von S. Paolo fuori le mura (Abb. 172) und

---

[458] Diese Beobachtung verdanke ich Fritz Eugen Keller, Berlin.

[459] Die sehr verwandte und etwa gleichzeitige Vorhalle des Domes von Terracina (Abb. 21), ist von der Piazza, die noch die mittelalterliche Pflasterung zeigt, durch eine fassadenbreite, mittelalterliche Freitreppe von nicht weniger als 18 Stufen zu erreichen.

[460] Hohe Säulenpostamente sind ein Kennzeichen der römischen Vorhallen dieser Zeit. Da man auf antike Säulen passender Größe angewiesen war, waren untergeschobene Sockel auch die einzige Möglichkeit, die Gesamthöhe über das Säulenmaß hinaus anzuheben. Beispiele sind die ehemalige Vorhalle von S. Giovanni in Laterano (Abb. 17 von Nicolaus de Angelo vgl. S. 22ff), S. Cecilia, S. Saba, Terracina (Abb. 21) und S. Lorenzo fuori le mura (Abb. 189). Wenn die Säulen der Frührenaissance auf dem gleichen Boden wie der Mensch stehen, so hat man darin eine Humanisierung der Architektur gesehen (siehe dazu H. Klotz, Die Frühwerke Brunelleschis und die mittelalterliche Tradition, Berlin 1970, S. 17f.). Eine solche Interpretation wäre hier wahrscheinlich nicht am Platze. Das Postament dient — wie oben erwähnt — einerseits dazu, die Gesamthöhe zu steigern, andererseits soll es die kostbare Säule der unmittelbaren Gefährdung und dem Straßenschmutz entziehen. Trotzdem haben die Portikus und ihre Säulen menschliches Maß. Das Postament dient nicht dazu, die Architektur dem Menschen — wie im Barock — zu entziehen.

[461] Ich denke etwa an die Säulen im Langhaus (Abb. 202) und an der Vorhalle von S. Lorenzo fuori le mura (Abb. 190). Vgl. S. 138ff.

S. Giovanni in Laterano (Abb. 150). Wie dort ist die Frieszone ornamental durch ein „Treibriemen-Muster" gefüllt, in dessen weißen Marmorstegen deutlich die Reste ausgedehnter antiker Inschriften zu erkennen sind. Gesäumt ist diese Zone von zwei schmalen Karniesen: der einzige skulpturale Schmuck innerhalb der Gebälkornamentik. Überaus präzise und mit tiefen Bohrungen verläuft an der Unterseite eine Ranke aus Palmettenformen. Über einem dichten Zahnschnitt schließt an der Oberseite ein Palmettenfries an. Über Konsolen vortretend endet das Gebälk mit einem Traufgesims . Seine untere Zone liegt den Konsolen wie ein Architrav auf. Sie ist durch ein Mosaikband geschmückt, in das Kreisformen eingeschoben sind. Das Sima bleibt frei von jenen wasserspeienden Tier- und Menschenmasken, die an dieser Stelle in der Werkstatt des Nicolaus de Angelo und des Vassalletto üblich sind.

Der erhöhte Mittelbogen (Abb. 98, 82) ist von einer freistehenden, rechteckigen Aufmauerung umgeben, hinter der sich ein offenes Satteldach verbirgt. Diese Stirnmauer des Triumphbogens ist architektonisch gegliedert. Der Bogen selbst ist im Maß der Keilsteine in drei mosaikinkrustierte, durch Profile voneinander abgegrenzte Zonen geteilt, deren mittlere Träger einer Inschrift ist[462]. Ein plastisch hervortretendes Randgesims, geschmückt mit einem tief ausgebohrten Kymation, umläuft das Halbrund.

An den Seiten ist die Aufmauerung durch flach vor die Wand tretende Pilaster mit korinthisierenden Kapitellen eingefaßt. Diese zeigen zwei Reihen flacher, lappiger Zungenblätter. Die Zone der Voluten darüber ist wie bei einem kompositen Kapitell abgegrenzt. Jeder Pilaster ist durch vier senkrecht verlaufende Mosaikbänder geschmückt, eine in einer Laurentius-Werkstatt neu entwickelte, mittelalterliche und speziell römische Form der Kannelur. Die flachen, großblättrigen Pilasterkapitelle zitieren die antike Grundform nur sehr summarisch. Sie sind Neuanfertigungen für diesen Zweck.

Hier werden gewisse Gesetzmäßigkeiten deutlich, Teile eines römischen Architekturkanons des 13. Jahrhunderts: Die monumentale Säule trägt ein ionisches Kapitell, der Pilaster dagegen ein korinthisierendes[463]. Alle kleinen Säulenformen, ob sie nun an Portalen, Ziborien oder Ambonen vorkommen, bevorzugen die korinthische oder komposite Ordnung. Die Pilaster stützen das abschließende Gebälk (Abb. 99, 82), das in seiner Gliederung und seinen Maßen mit dem der Portikus übereinstimmt. Nur die Ornamentskulptur der Karniese ist durch kräftig vortretende Gesimsprofile ersetzt worden. Durch seine exponierte Stellung wirkt die Aufmauerung an dieser Stelle wie eine abschließende Attika. Die formale Beschreibung hat nicht berücksichtigt, daß die Vorhallenfront Träger von monumentalen Inschriften und von Reliefskulptur ist. Diese Funktion soll hier gesondert untersucht werden: Die Vorhallenfront als Trägerin von Schrift und Bild.

Schrift: An der höchsten Stelle des Triumphbogens (Abb. 99) verläuft im Gebälk die Künstlerinschrift in goldenen Mosaikbuchstaben. Wir haben ihren Wortlaut schon wiedergegeben[464]. Jacobus

---

[462] Siehe dazu den folgenden Abschnitt S. 85ff.

[463] Dieses Phänomen soll an anderer Stelle ausführlich untersucht werden. Auffällig ist, daß die korinthischen Kapitelle des Pantheon nicht als Vorbild für die Säulenkapitelle der Vorhallen gedient haben. Korinthische oder komposite Kapitelle kleineren Formats sind aber sehr beliebt, z.B. an den Ziborien des 13. Jahrhunderts (Abb. 209).

[464] Siehe S. 82.

tritt uns mit seinem Titel „Magister" und seinem sozialen Rang „Civis Romanus" entgegen. Bemerkenswert die geradezu biblische Hervorhebung des Sohnes „Cosma filio suo carissimo". Der eher private Vaterstolz, der aus diesen Worten spricht, flankiert ein in die Schrift eingeschobenes Mittelkreuz und ist durch die blaue Farbe des Hintergrundes hervorgehoben. Die Inschrift für den Sohn ist genau über dem Lamm-Relief des Bogenscheitels unter der großen Kreuz-Metope des Gebälks plaziert.

Der Künstler signiert an der Stelle, in der im Barock der fürstliche Bauherr inschriftlich triumphiert — wie Paul V (1605–21) an der Fassade von St. Peter. Die Häufung der Kreuzeszeichen im unmittelbaren Umkreis der Signatur ist wahrscheinlich nicht nur eine Folge des Platzes über dem Bogenscheitel. Unterhalb des Namens „Jacobus" ist ein Stein eingefügt mit einer Inkrustation in Form eines Vortragekreuzes. Ich nehme mit Heinrich Klotz an, daß die auffällige Verbindung von Kreuz und Signatur letztlich an der Tradition des Paulinischen Ruhmverbotes *Mihi absit gloriari — nisi in cruce domini nostri* steht[465]. Die spitzfindige „Hintertür", den eigenen Namen buchstäblich im Kreuzeszeichen zu rühmen, ist hier — so scheint es — in ein positives Zeichen umgeschlagen, das den Ruhm des Künstlers erhöht. Wahrscheinlich sollten die diesseitigen Ruhmeserwartungen des Künstlers ergänzt werden durch die himmlische Anerkennung seiner Verdienste. Die Position der Inschrift — noch über dem Eingangsspruch des Triumphbogens — sowie die sie umgebende Ikonographie sprechen dafür, daß beide Ruhmerwartungen, die irdische und ihre himmlische Entsprechung, denkmalhaft über den Tod des Künstlers hinaus Bestand haben sollten.

Unterhalb der Signatur liest man in dem Gesims (Abb. 98, 99), das sich um die Öffnung des Bogens zieht, in der gleichen Kapitalis, in der die Signatur gesetzt wurde, ebenfalls in Goldmosaik auf blauem Grund, das Gloria (mit Akklamationen) der lateinischen Festtagsliturgie:

+ GLORIA IN EXCELSIS DEO ET IN TERRA PAX HOMINIBVS BONEVOLVMTATIS LAVDAMVS TE ADORAMVS TE GLORIFICAMVS TE GRATIAS AGIMVS

Der Ruhm Gottes, der Segen und die Akklamation finden in dem antikisierenden Triumphogen eine ihnen gemäße Architektur. Es scheint mir wahrscheinlich, daß man das „Gloria" einem der üblichen Eingangssprüche (Sit pax intranti etc.) vorzog, weil man nach einem Text suchte, der dem Triumph, den die Architektur assoziierte, Audruck gab. Der antike Triumphbogen ist in seiner Bedeutung im mittelalterlichen Rom durchaus verstanden worden. Der päpstliche Prozessionsweg des Ordo Romanus zeugt ebenso davon wie die Triumphbögen vor dem Sanktuariumsbereich in den großen Basiliken[466]. Über diesen kirchenpolitischen Sinn hinaus ist der Triumphbogen in Città Castellana aber auch Träger einer künstlerischen Idee, die in der Position der Signatur ihren sichtbarsten Ausdruck findet. Es ist eine künstlerische Renovatio, ein künstlerischer Triumph, der mit den genannten politischen Implikationen einhergeht. Was wir als Antikenzitat verstehen, ist wohl eher eine Rivalität mit der Antike. Das neu Geschaffene versuchte das Alte im Sinne mittelalterlicher Ästhetik zu verbessern.

Von der langen Schriftzeile des Architravs, ebenfalls in Buchstaben aus Goldmosaik (Abb. 103), sind nur geringe Bruchstücke vorhanden. Auf der linken Seite ein A, auf der rechten INEM oder INEIV. Antonio Cardinali zitiert Quellen, die den Text noch vollständiger wiedergeben[467]:

[465] Paulus, Galaterbrief 6,14. Siehe Klotz, Formen der Anonymität.

[466] Siehe Liber Censuum (Fabre) S. 290ff. mit verschiedenen Erwähnungen römischer Triumphbögen, durch die der Papst bei seiner Krönungsprozession zog. Eine anschauliche Schilderung gibt Gregorovius, Rom IX S. 296ff. Zur Tradition de Triumphbogenarchitektur in karolingischer Zeit ist vor allem der Einhardsbogen, ein Kreuzfuß, zu nennen. Darüber zuletzt H. Belting, Der Einhardsbogen, in: Zeitschrift für Kunstgeschichte 36, 1973 S. 93ff. Triumphbögen sind auch wichtige Punkte der ersten erhaltenen mittelalterlichen Beschreibung Roms (wohl aus dem 12. Jahrhundert): Die Mirabilien des Magister Gregorius. Zuletzt kritisch herausgegeben von R. B. C. Huygens, Magister Gregorius, Naracio de mirabilibus urbis Rome (Textus Minores XLII) Leiden 1970. Über die Triumphbögen der christlichen Basilika vor allem A. Grabar, L'empereur dans l'art byzantin, Paris 1936 bes. S. 209ff. Vgl. auch Claussen, Chartres-Studien S. 27.

[467] Cardinali, Cenni S. 39.

+ INTRANTES . . . ASC . . . SO . . . POTSA . . . A . . . INTRANTES SIC ET SALVA . . . OP
. . . E . . . CAI . . . EGEXAIDIO . . . ESK . . . INEM . . . P . . .

Es ist mir nicht gelungen, diese Fragmente sinnvoll zu vervollständigen. Doch ist deutlich, daß sich
der Text mahnend und segnend an die Eintretenden richtet. Ein Stifter wird offenbar nicht genannt.
Selbst wenn Innocenz III (1198—1216) als Stifter nicht nachzuweisen ist, so ist doch eine unmittelbare
Beziehung dadurch gesichert, daß er die eben fertiggestellte Architektur im Jahre 1214 benutzt, um
eine Synode einzuberufen, deren Bedeutung dadurch unterstrichen wird, daß auch Kaiser Friedrich
II dazu eingeladen war[468]. 1195 hatte Coelestin III (1191—98) einen großen Teil der päpstlichen Rechte über Cività Castellana zurückerhalten. Das geht recht gut mit dem Datum der Erneuerung durch
die Laurentius-Familie zusammen. Der in dieser Zeit begonnene und unter Innocenz III 1210 in großartiger Weise vollendete Bau der Fassade kann als Zeichen dieses römisch-päpstlichen Besitzanspruchs
angesehen werden[469].

In der Mosaikinkrustation der Kämpferzone am linken Triumphbogenpfeiler sind Reste einer zusätzlichen Signatur erhalten. Man kann an der Innenseite folgende Goldmosaik-Buchstaben entziffern:

. . . LIVS LAV . . . NTII.

An der Seite des Pfeilers in gleicher Höhe eine fragmentierte Zahl: . . . ?XXVIII. Wahrscheinlich
konnte man ehemals an der linken Seite des Pfeilers ,,Magister Jacobus" lesen. An der Innenseite ging
die Inschrift dann weiter mit dem eindeutig zu identifizierenden Text (FI)LIUS LAV(RE)NTII[470]. An
der Rückseite des Pfeilers muß man sich dann eine Formulierung wie ,,fecit hoc opus" vorstellen[471].
Rätselhaft bleibt allerdings das Datum an der rechten Pfeilerseite: vielleicht (MCLXX) XXVIII? Dann
hätte Jacobus Laurentii allein die Vorhalle im ersten Regierungsjahr Innocenz III begonnen. Die besondere Stellung der abschließenden Signatur 1210 und auch die hervorgehobene Nennung des nun
mitarbeitenden Sohnes muß wahrscheinlich im Zusammenhang mit dieser Anfangssignatur des noch
allein arbeitenden Vaters gesehen werden. Was in der zweiten, ,,triumphierenden" Signatur (Abb. 99)
zum Ausdruck kommt, ist der Stolz auf das gelungene Werk und den tüchtigen Sohn.

Daß es figürliche Reliefs an der Vorhallenfassade gibt (Abb. 98, 100), ist eine Ausnahme in der unmittelbaren römischen Einflußsphäre. Dafür darf man mit Karl Noehles — ebenso wie für die Ikonographie der vier Evangelistensymbole — die Nähe zum umbrischen Kunstkreis verantwortlich
machen[472]. Das Bistum Cività Castellana mußte sich im frühen 13. Jahrhundert gegen die Rivalin Orte, die als Bischofssitz gleiche oder ältere Rechte beanspruchte, an der umbrischen Grenze
behaupten[473]. Und in Umbrien übertrumpften sich die Fassaden dieser Zeit mit großen Reliefs der
Evangelistensymbole, die sich zumeist um das Rosenfenster gruppieren. Zwar hat die Fassade des Domes von Cività Castellana (Abb. 82) auch das umbrische Rosenfenster übernommen. Da dieses jedoch
für den Betrachter von der Architektur des Triumphbogens weitgehend verdeckt wird, hat Jacobus
die vier Symbole an die Stirnseite der Vorhallenpfeiler gerückt. Sie wenden sich der Mitte zu und sind
auf das Relief des eucharistischen Gotteslammes über dem Scheitelstein des Triumphbogens bezogen.
Es liegt nahe, die Architektur der vier Pfeiler ihrer Reliefs wegen mit der Wirkung der vier Evangelisten gleichzusetzen, über denen sich der Triumph Christi und des Kreuzes aufbaut. Den Bogen flankie-

[468] L. Lotti, Cività Castellana, in: Alma Roma 13, 1972 S. 82.

[469] Vgl. dazu die Ausführungen S. 88f.

[470] Hutton S. 12ff. liest den Inschriftenrest falsch als (IACO)BVS LA(VRE)NTII. Das Ergebnis ist allerdings das gleiche.

[471] An der Frontseite des Pfeilers ist als erster Buchstabe des Schriftfeldes noch ein kapitales A zu erkennen; vielleicht der
Anfang von Anno Domini.

[472] Noehles, Tuscania, S. 31ff., der sogar soweit geht, von einem ,,in Spoleto geschulten Meister" zu sprechen. Vgl. auch
S. 87.

[473] P. Lazzaro, Regionamento dell'antichità de'vescovi di Civita Castellana sopra quelli di Orte, Roma 1759.

ren außerdem zwei — frontal herabblickende — Greifen (Abb. 99), die fast freiplastisch auf weit hervortretenden Konsolen hocken. Auch das ist ein umbrisches Fassadenmotiv, das sich besonders auf die Umgebung von Perugia konzentriert[474].

Zur Kennzeichnung des Stiles der Skulptur an der Vorhallenfassade des Domes von Cività Castellana hat Karl Noehles einen wichtigen Beitrag geleistet, indem er sie mit umbrischer Skulptur, besonders mit der am Dom von Spoleto verglich[475]. An der Unterseite der Portikus-Architrave (Abb. 102) verbergen sich, unsystematisch verstreut, einige figürliche Reliefs dekorativen Charakters. Auf der rechten Seite sind es vor allem kleine Vögel, auf der linken Wellenranken mit spiraligen Einrollungen, die aus einem dreigesichtigen Kopf in deren Mitte entspringen. Der Vultus trifrons ist aber nicht nur in Umbrien, in Spoleto und Tuscania zu finden. Er ist vorher schon im römischen Gebiet, in Grottaferrata bekannt und begegnet dann wieder (zweimal) im Kreuzgang von S. Giovanni in Laterano (Abb. 161)[476]. Das ikonographische Detail allein ist also kein konstituierender Hinweis auf die stilistische Provenienz.

Noehles These, die Vorhalle sei in Rom präfabriziert worden, um in Cività Castellana von örtlichen und umbrischen Kräften zusammengesetzt zu werden, steht einiges entgegen. Die vier Generationen der Laurentius-Familie, die an der Ausstattung des Domes mitgewirkt haben, machen eine Leitung und Aufsicht der Arbeit an Ort und Stelle doch sehr plausibel. Der erhaltene Vertrag über den Bau des Kreuzgangs in Sassovivo legt auf diesen Punkt besonders Wert[477]. Daß Hilfskräfte am Orte zur Verfügung standen und vielleicht aus Umbrien zugewandert sind, ist sehr gut möglich. Gerade der Qualitätsunterschied zu den ausgezeichneten Bildhauerarbeiten in Umbrien, den schon Noehles registriert hat, spricht m.E. aber dafür, daß es Römer waren, die sich hier einem Metier anzupassen versuchten, das ihnen bislang wenig vertraut war. Ob es auch für die spielerischen Experimente an den Architravunterseiten gilt, vermag ich nicht zu sagen. Sicher bin ich aber, daß die Evangelistensymbole ein Werk des Jacobus sind. Der Matthäus-Engel (Abb. 100), in direkter Nähe der ehemaligen Jacobus-Signatur, ist dafür repräsentativ. Der Gegensatz zwischen der Feinarbeit des Meißels im Bereich der flach am Stein liegenden Flügel und den teigigen Formen des Gewandes und der Haare fällt sofort auf. Zwar hat die Plastizität etwas von der untersetzten Kraft der gleichzeitigen Antélami-Schule. Vorherrschend — besonders im Blick auf Gesicht und Hände — ist jedoch der Eindruck großer Plumpheit. Das aufgeschwemmte Untergesicht, die flache Augenpartie fast ohne Stirn ist im Wirkungsbereich der Marmorari Romani um 1200 nicht ungewöhnlich, wie die Konsolen der Kanzel von Rocca di Botte (Abb. 101) zeigen. Vielleicht darf man den Unterschied in der Durchführung des Gefieders und der übrigen Figur ganz vordergründig mit der unterschiedlichen Geläufigkeit des Sujets erklären. Tiergestalten wie Adler gehörten in Rom zum Repertoire. Die menschliche Gestalt dagegen machte Schwierigkeiten. Gegenüber den Reliefs der Evangelistensymbole unten an den Pfeilern — man sehe sich nur den Markuslöwen an — fällt die ganz andersartige künstlerische Auffassung des Lammes (Abb. 99) über dem Eingangsbogen auf. Erstere bleiben flach, ohne Stand und sind in ihrer Gesamtform traditionell „heraldisch". Der Körper des Lammes ist dagegen von ungewöhnlich plastischer Körperlichkeit. Die Beine versinken nicht im Reliefgrund, sondern stehen auf dem Abschlußgesims des Bogens. Kopf und Hals lösen sich völlig vom Reliefgrund. Der Körper tendiert zur vollrunden Plastik. Reizte es vor 1200, das Fell durch ornamentale Wirbel graphisch darzustellen, so bleibt der Körper nun glatt[478]. Wenn hier nicht wirklich ein fähiger umbrischer Bildhauer am Werke war, so

[474] Noehles, Tuscania S. 34 bezeichnet diese plumpen geflügelten und geschnäbelten Tiere hier und an der Querschiffsfassade des Domes von Foligno als Adler.
[475] Noehles, Tuscania S. 31ff.
[476] Zur Ikonographie des Dreikopfes Noehles, Tuscania S. 69 mit Literaturhinweisen in Anm. 170. Das Beispiel in Grottaferrata ist Noehles unbekannt.
[477] Siehe dazu S. 158ff.
[478] Beispiele für eine ornamentale Textur des Lammfelles an S. Pudenziana (Abb. 131), S. Cosimato, S. Maria di Aracoeli (Abb. 68, Augustusaltar), S. Stefano degli Abessini.

ist dieser Zugewinn an plastischer Kraft Ausdruck einer vehementen Entwicklung innerhalb der römischen Werkstatt. Vielleicht ist es dem Sohn des Jacobus leicht gefallen, was dem Vater Mühe machte. Sein Name steht der Skulptur des Gotteslammes jedenfalls am nächsten.

Karl Noehles hat auch eine ikonologisch-politische Interpretation des antikisierenden Bogens vor der Domfassade in Cività Castellana gewagt, die ich kurz referieren und mit zusätzlichen Argumenten stützen möchte[479]. Nach Noehles steht der triumphale Bogen an der Via Flaminia, dem nördlichen Zugang Roms, als architektonisches Zeichen des päpstlichen Friedensreiches unter Innocenz III (1198—1216). Die Bogeninschrift „Gloria in excelsis Deo et in terra pax" sei eine Allusion auf den wiederhergestellten Frieden im Kirchenstaat. Dieser Gedanke gewinnt noch an Attraktivität, wenn man weiß, daß an der Südgrenze des päpstlichen Einflußgebietes (vgl. Abb. 1) an der Via Appia etwa zur gleichen Zeit am Dom der bedeutenden Hafenstadt Terracina eine Vorhalle mit einem ähnlich erhöhten Mittelbogen (Abb. 21) errichtet wurde[480]; ebenfalls von römischen Marmorkünstlern. Auch wenn man kaum an ein zentral organisiertes künstlerisches Programm für den Kirchenstaat denken kann, so sind doch die beiden Vororte des unmittelbaren päpstlichen Dominiums an den Haupteinfallstraßen Roms in einer Weise markiert, die eine Abgrenzung deutlich macht und den Triumph der römischen Kirche unter Innocenz III in Architektur umsetzt.

Einen Einwand möchte ich allerdings machen. Es wäre nicht richtig, die politischen Grenzen dieser römischen „Kunstlandschaft" (Abb. 1) ausschließlich als solche des Patrimoniums Petri zu interpretieren. Rom hatte seit 1143 einen „republikanischen" Senat, dessen autonome Interessen den Päpsten über lange Zeit schwer zu schaffen machten[481]. Ein Vertrag aus dem Jahre 1165, den der Senat der Stadt Rom mit Genua geschlossen hatte, macht deutlich, daß der oben angesprochene unmittelbare Machtbereich des Papstes mit gleichem Recht als Einflußsphäre der in Mittelitalien nicht unbedeutenden, mittelalterlichen Kommune Rom anzusehen ist[482]. Der römische Senat konzediert den Genuesen in diesem Vertragswerk freien Handel im römischen Gebiet von Corneto (= Tarquinia) im Norden, der mit der Laurentius-Familie „verbunden" Küstenstadt (die etwa auf der Höhe von Cività Castellana liegt) bis Terracina im Süden. Je nach dem Stand des Wechselspiels der Kräfte zwischen Papst und Senat konnte dieses römische Gebiet von der einen wie der anderen Partei beansprucht werden. Wenn also die Stellung des Papstes zur Zeit Innocenz III in diesem Gebiet gefestigt ist, so ist es doch nicht erlaubt, die römisch dominierte Landschaft zwischen Tarquinia und Terracina allein als päpstliches Gebiet anzusehen. Es ist auch römisches Dominium.

Es wäre vereinfacht und sicher von neuzeitlichen zentral gesteuerten Machtstrukturen aus kurzgeschlossen, eine solche Kunstlandschaft allein als Ausdruck einer politisch zentral gesteuerten „Propaganda" im Medium der Kunst zu sehen. Es gibt subtilere Mittel der Angleichung, Aneignung und Profilierung, die ohne „Propagandaministerium" wirken. Wenn ich richtig sehe, so ist die Identifizierung in den äußeren Formen, wie sie die Kunst darstellt, immer besonders deutlich an der Peripherie eines Machtzentrums. Die nicht auf die Cività Castellana beschränkte Frage ist immer, wem eine solche Demonstration nützt. Für Innocenz III war es gewiß wünschenswert, wenn eine einheitliche, betont römische Kunstsprache seinen unmittelbaren Herrschaftsbereich kenntlich machte. Interessen liegen aber nicht nur bei der Kurie, sondern auch bei der Kommune, die sich in den päpstlichen und römischen Schutz stellt, bzw. den jeweiligen städtischen und kirchlichen Amtsträgern, deren Macht

[479] Noehles, Kunst der Cosmaten S. 30f.

[480] Der Bogen wurde im 19. Jahrhundert, nachdem er im Barock zerstört worden war, nach den erhaltenen Ansätzen rekonstruiert.

[481] Allgemeine Literatur zu diesem Thema A. Graf, Il papato e il comune di Roma, Milano 1891; F. Schneider, Rom und Romgedanke im Mittelalter, München 1925; Vor allem P. Fedele, Per la storia del Senato Romano nel sec. XII, in: A.S.R.S.P. 34, 1911 S. 351ff.; ders., Sulla persistenza del Senato Romano nel Medio Evo, in: Roma 1, 1924 S. 59ff. Auch A. Frugoni, Sulla „Renovatio Senatus" del 1143 e l'„ordo equestris", in: Bulletino dell'Istituto storico italiano per il medio evo e Archivio muratoriana 62, 1950 S. 159ff.

[482] Gregorovius, Rom II, 1 S. 242.

vom römisch/päpstlichen Schutz abhängig ist. So wird die Auftraggeberschaft für Cività Castellana (oder Terracina) in der hohen Geistlichkeit am Orte und in dem — zumeist mit dieser Geistlichkeit verwandten — lokalen Adel zu suchen sein, nicht im unmittelbaren Patronat des Papstes. Vielleicht ist das eine Erklärung für das schon erwähnte Phänomen, daß die Ausstattungen der Marmorari Romani außerhalb Roms — in den Grenzstädten wie Tarquinia, Cività Castellana oder Terracina oft aufwendiger sind als in Rom selbst: römischer als in Rom (um nicht zu sagen, päpstlicher als der Papst).

Wie können wir uns die Intentionen und Konditionen vorstellen, die einem Auftrag wie dem der Vorhallenfassade von Cività Castellana (Abb. 98) Gestalt geben? Wenn in der Chronik von Subiaco von den Leistungen des Abtes Johannes (1068 — 1120) berichtet wird[483]: *Fecit ante portam monasterii arcum Romano opere*, so ist das vielleicht ein Hinweis. Opus Romanum war gewünscht, so authentisch und in so guter Qualität wie für gutes Geld erhältlich. In der Stifter- und Künstlerinschrift des Kreuzgangs von Sassovivo (Abb. 220) in Umbrien, der von Petrus de Maria in den Jahren nach 1229 nach Umbrien exportiert wurde, wird die Qualität des Werkes mit einer ganz ähnlichen Formulierung gewürdigt[484]: *Romano opere et mastria*.

Der Anspruch von Cività Castellana läßt sich wahrscheinlich so beschreiben, daß man die besten Künstler aus dem unmittelbaren Umkreis päpstlicher Aufträge gewinnen wollte. Diesen hat man auferlegt, ein Werk zu schaffen *Romano opere et mastria*, wie es in Rom nicht schöner und großartiger zu finden sei. Rom ist dabei wohl kaum allein Synonym für das mittelalterliche Rom. Mit Sicherheit schwingt in dieser Formulierung eine Anspielung auf die große Zeit Roms mit, die man mit der Zeit der frühen Kirche gleichsetzte[485].

Für die Künstler selbst ermöglichte dieser Anspruch eine Freiheit, die in der stärker gebundenen Kunst innerhalb der Stadtgrenzen offenbar so nicht möglich war. Das erste Stufenportal mit Säulen wird in Rom erst nach 1263, an der Hospitalkirche S. Antonio Abbate, gebaut[486]. Außerhalb Roms bedienen sich römische Künstler schon um die Mitte des 12. Jahrhunderts dieser Architekturformen. Neben dem Anspruch, der an sie herangetragen wird, sind es die Reputation der Künstler, der Stolz auf ihre Anwerbung, die eine Art künstlerischen Freiraum schafften.

In Cività Castellana hat man einen antiken Ehrenbogen als künstlerisches Vorbild genommen. Wie Karl Noehles schon gesehen hat, ist es der Gallienus-Bogen (Abb. 105), ein gegenüber anderen römischen Triumphbögen eher bescheidenes Bauwerk. Der Gallienus-Bogen diente in der Zeit um 1200 zur Ausstellung der Kriegstrophäen der römischen Kommune. Nach der Zerstörung von Tusculum 1191 wurde der Schlüssel der unglücklichen Stadt an den Bogen gehängt[487]. Die Wahl dieses Bogens als Vorbild für den Eingang der Domfassade wirft ein recht gutes Licht auf das Sprachvermögen dieser Antikenrezeption und ihre Ästhetik. Bögen wie die des Titus, des Septimius Severus oder der Konstantins sind im Mittelalter hoch berühmt gewesen. Die komplizierten Architekturen mit weit vortretenden, z.T. sogar freistehenden Architekturgliedern und einer Fülle von figürlichen Reliefs sind dieser mittelalterlichen römischen Kunst fremd. Die einfachen Formen und Proportionen des Gallienus-Bogens kommen dem in der Fläche entwickelten Gestaltungsprinzip dieser Kunst entgegen, aber auch ihrem geheimen Klassizismus. Was man von dem antiken Bogen zitiert, ist nicht die massive Architektur, sondern nur die zweidimensionale Folie des Aufrisses. Im Schrägblick wird das Triumphtor von Cività Castellana (Abb. 82) zur potemkinschen Attrappe: nichts als eine marmorverkleidete dünne Ziegelmauer, hinter der der Wind hindurchpfeifen kann.

[483] Clausse S. 96; Giovannoni, Subiaco I S. 299 (Chronicon Sublacense in Muratori RIS S. 939) „Ibi fecit ante portam monasterii arcum romano opere super quem pulcram construcit ecclesiam …“.

[484] Siehe dazu S. 158ff.

[485] Ich stelle diese Formulierungen in Bezug zu einer Tendenz der Renovatio Romae, wie sie seit den Tagen Abt Desiderius vom Montecassino immer wieder spürbar wird. Dazu zuletzt H. R. Hahnloser, Magistra Latinitas und peritia Greca, in: Festschrift Herbert von Einem, Berlin 1965 S. 77ff.; Noehles, Kunst der Cosmaten; Toubert, Le renouveau; Toubert, Rome et le Mont-Cassin.

[486] Enking, S. Andrea Cata Barbara e S. Antonio Abbate sull'Esquilino, Roma 1964 (Le chiese di Roma illustrate 83).

[487] Dazu Noehles, Kunst der Cosmaten S. 30f. Auch Gregorovius, Rom VIII, 6 S. 584.

Die Frage, ob es nicht schon in der Antike Bauten gegeben hat, die in der Funktion der Vorhalle von Cività Castellana näherkamen und die, im Mittelalter noch aufrecht stehend, ein besseres Vorbild für das Gesamtensemble abgegeben hätten, möchte ich nach meiner Kenntnis vorerst negativ beantworten. Zwar kannte man in der Spätantike Portiken mit erhöhtem Mittelbogen (Helios-Tempel in Baalbeck, Hadrianstempel in Ephesos, Diokletianspalast in Split). In allen diesen und in frühchristlichen Beispielen — wie der in Fragmenten erhaltenen Vorhalle der theodosianischen Hagia Sophia in Konstantinopel — sind der mittlere Bogen und die seitlichen Architrave der Säulenhallen unter einem gemeinsamen Giebel zusammengefaßt worden[488]. Mit einer solchen Architektur hat Cività Castellana nichts zu tun. Die Verbindung von Portikus und Triumphbogen ist als komposite Form offenbar eine Erfindung der mittelalterlichen Marmorari Romani.

Man könnte die Portikus von Cività Castellana als Zeugnis einer Vor-Renaissance ansehen. Wie haben aber Künstler der Renaissance diese Architektur gesehen? Diese Frage ist gestellt worden und bislang offen[489]. Daß die Künstler der Frührenaissance, wenn sie von Florenz nach Rom kamen, in Cività Castellana Station machten, ist möglich, wenn nicht wahrscheinlich. Nachrichten haben wir darüber nicht. Erwähnt wird Cività Castellana in einer dunklen Bemerkung Vasaris[490]. Einige Tedeschi, die bei Giovanni Pisano eine zeitlang gearbeitet hatten „che andati dopo quell'opera a Roma, servirono Bonifazio VIII in molte opere di scultura per San Piero, ed in architettura quando faceva Cività Castellana"[491]. Wenn Vasari Cività Castellana assoziierte, so ist es immerhin denkbar, daß er die Architektur des dortigen Domes kannte. Allgemein urteilt die Frührenaissance abfällig über Werke des Mittelalters, selbst wenn sie widerwillig Ausnahmen zugesteht. So könnten Werke wie die Vorhalle des Jacobus gemeint sein, wenn in Manettis Vita des Brunelleschi in Rom einige Bauleute erwähnt werden, die zur Zeit Karls de Großen arbeiteten: „per la poca practica non molto periti, ma pure in quella maniera (d.h. der guten antiken) muravano, perche tra quelle cose erano nati ne altro avevano veduto"[492].

Was die Frührenaissance sich in Florenz zum antiken Vorbild nahm, ist — wie wir heute wissen — zu einem recht großen Teil mittelalterliche Architektur. Vielleicht hat Brunelleschi auch außerhalb seiner Heimatstadt, z.B. auf dem Weg nach Rom, ähnliche, ihm antik erscheinende Bauten als Vorbilder akzeptiert. Toesca hat jedenfalls, ausführlicher dann Carlo Bertelli, die These gewagt, die Fassade von Brunelleschis Pazzi-Kapelle (Abb. 106) bei S. Croce sei ein Reflex der Portikus von Cività Castellana[493]. Tatsächlich ist das Motiv des erhöhten Bogens vor dem Portal, der von Portiken mit Architrav flankiert wird, so ähnlich, daß sich die Gemeinsamkeiten als Abhängigkeit darstellen könnten. Ein Beweis ist aber nicht in Sicht. Die Aufmauerung der Seitenteile und die toskanische Marmorvertäfelung verwischen in Brunelleschis Bau den Gegensatz von Triumphbogen und Portikus. Der Bogen ist mit eigenem Tiefenraum in die Vorhallenarchitektur integriert. Dadurch fehlt ihm auch der

---

[488] G. v. Kaschnitz-Weinberg, Römische Kunst IV. Die Baukunst im Kaiserreich, Hamburg 1963² S. 59f.; A. M. Schneider, Die Grabungen im Westhof der Sophienkirche in Istanbul, Berlin 1941 Tf. 4 und 5. Vgl. auch Claussen, Chartres-Studien S. 33f.

[489] Bertelli, Capella dei Pazzi e Cività Castellana S. 57ff.

[490] Giorgio Vasari, Le Vite, Vita di Nicole e Giovanni Pisano. Ausg. P. della Pergola, L. Grassi, G. Previtalis., Milano 1962 I S. 253.

[491] M. Wackernagel, in: Giorgio Vasari, Die Lebensbeschreibungen der berühmtesten Architekten, Bildhauer und Maler (ed. A. Gottschewski und G. Gronau) Übersetzung und Anmerkungen von M. Wackernagel, Straßburg 1916 I, 1. S. 117 Anm. 49. Wackernagel meint, das sei eine Verwechslung mit Cività Papale, das Bonifaz VIII 1299 nach der Zerstörung Palestrinas neu erbaute. Das klingt plausibel. Cività Castellana bliebe dann völlig aus der Diskussion. Siehe auch Vasari, Vite ed. Frey S. 681f. (Anm.) und Giorgio Vasari, Le Vite etc. testo a cura di R. Bettarini, commento a cura di P. Barocchi, Firenze o.J. Kommentarband II S. 271f.

[492] H. Saalmann, The Life of Brunelleschi by Antonio di Tuccio Manetti, Pennsylvania/London 1970 Zeile 515ff.

[493] Bertelli, Capella dei Pazzi e Cività Castellana S. 57ff. Wichtig auch H. Klotz, Die Frühwerke Brunelleschis und die mittelalterliche Tradition, Berlin 1970.

Charakter eines freistehenden Triumphmales. Wenn man die Einzelformen auf ihre Antikennähe hin betrachtet, schneidet das Renaissance-Werk nicht unbedingt besser ab als die mittelalterliche Vorhalle. Man merkt deutlich, daß sich der mittelalterliche Architekt Antike zum Vorbild genommen hat, der Renaissance-Architekt aber vor allem durch mittelalterliche Werke beeindruckt war. Bertelli hat schon darauf hingewiesen, daß Vitruv als Träger von Bögen unbedingt Pfeiler verlangt — wie in Città Castellana. Brunelleschi dagegen hat auch hier Säulen verwendet.

Was die Überhöhung des Mittelbogens und seinen architektonischen Rahmen betrifft, so kommt die Vorhalle von S. Giovanni in Udine (Abb. 107), die seit 1533 nach dem Plan von Bernardino da Morcote erbaut wurde, der Lösung von Città Castellana erstaunlich nahe[494]. Wie diese ist sie über eine Freitreppe zu erreichen und auf einen Platz ausgerichtet. Wie dort sind es Pfeiler, die den Bogen tragen. Der Bogen wird wie in Città Castellana von Pilastern flankiert, die ein hohes Abschlußgebälk tragen. Diese Aufmauerung ist zwar durch Mauerwerk hinterfangen, erhebt sich aber frei über die Dächer der seitlichen Säulengänge. Daß diese über Rundbögen gewölbt sind, ist ein Erbe der Renaissance seit Brunelleschi und damit ein Erbe mittelalterlicher Tradition in Florenz. Näher der Antike wäre eine flachgedeckte Säulenhalle mit Architrav wie in Città Castellana gewesen. Auch wenn es nicht sehr wahrscheinlich ist, daß Bernardino da Morcote von der Architektur des Jacobus Anregungen empfing, zeigt ein solcher Vergleich doch, wie nahe die mittelalterliche Architektur antiker Baugewohnheit ist und wie sehr die Renaissance um die architektonischen Probleme gerungen hat, die im Mittelalter für ihre Zeit schon einmal gültig gelöst worden waren.

Jacobus (Laurentii) und sein Sohn Cosmas in S. Tomaso in Formis, Rom[495]. Die hohe Mauer, die an der Piazza della Navicella zum Arco di Dolabella führt, ist von einem weiten Torbogen (Abb. 108) durchbrochen, über dem eine Rundbogen-Ädikula einen Mosaiktondo beschirmt. In der oberen Partie des marmornen, mehrfach profilierten Torbogens liest man die eingravierte Signatur:

+MAGISTER IACOBUS CVM FILIO SVO COSMATO FECIT OHC OPVS

Das stimmt fast wörtlich (und bis hin zu dem Fehler ohc statt hoc) mit der Signatur in Città Castellana überein, nur daß in der Stadt natürlich auf den Titel Civis Romanus verzichtet ist[496]. Hinter der Mauer erstreckt sich — heute eingebettet in den Park der Villa Celimontana — ein Gelände mit dem Kirchlein S. Tomaso in Formis und — ehemals — Kloster- und Hospitalgebäuden. Ein Katasterplan aus dem Jahre 1638 verzeichnet noch drei Zugänge[497]: Ganz links führt ein dreifach abgestuftes Portal in den langgestreckten, zweischiffigen Krankensaal des Hospitals. Rechts davon öffnet sich ein Portal in den Wirtschaftshof des Klosters, und ganz rechts führt ein weiterer Durchlaß in den gangförmigen Vorhof des Kirchleins. Welcher dieser drei Zugänge nun eigentlich das erhaltene Tor ist, vermag ich bis zu einer genaueren topographischen Untersuchung nicht zu sagen.

Über zwei Marmorpfosten mit reichem Basisprofil und einer durch Profil abgesetzten Kämpferzone spannt sich ein weiter, halbrunder Bogen. Ein umlaufendes äußeres Randprofil und vier zum Zentrum hin abgetreppte ringförmige Zonen organisieren seine Frontfläche. Der Bogen verzichtet auf jegliche Mosaikinkrustation. Wie vorher in Falleri (Abb. 75, gegen 1186 von Laurentius und Jacobus) und später in der römischen Hospitalkirche S. Antonio Abbate (nach 1262) ist die Schlichtheit der Mar-

---

[494] Thieme-Becker III, Bernardino da Udine S. 443. C. Ermacora, Guida di Udine, Udine 1932 S. 86f.

[495] Lit.: Panvinio, Bibl. Vat. Cod. Bar. lat. 1994 f. 167r; Terribilini, Cod. Cas. XX, XI cap. 156; Promis S. 21; Witte 1825 S. 162; Forcella VII S. 194 Nr. 398; Clausse S. 372ff.; Giovannoni, Note S. 10; Armellini/Cecchelli S. 614ff.; Lit. über den Orden und seinen Gründer oben Anm. 501; Bessone S. 22; Hutton S. 13, 36, 50; R. Enking, S. Andrea Cata Barbara e S. Antonio Abbate, Roma 1964 (Le chiese di Roma illustrate 83)1 Matthiae, Pittura Romana II S. 156; Brentano, Rome before Avignon S. 14f.; Oakeshott, Mosaiken S. 311; Glass Diss. S. 6 glaubt, das Portal existiert nicht mehr.

[496] Vgl. S. 82.

[497] Armellini/Cecchelli S. 615. Dort unter S. Antonio dell'Assunta.

morkonstruktion offenbar durch die Bestimmungen des Ordens bzw. der Aufgabe als Hospital bestimmt[498].

Die lichte Weite des Tores ist eingeengt durch eine eingezogene Ziegelwand, die nur eine rechteckige Türöffnung offen läßt. Im Verputz ist eine Quaderung eingeritzt. Dieser Einbau ist mit ziemlicher Sicherheit nachträglich erfolgt[499]. Über dem Bogen (Abb. 109) — und direkt an seine Rundung anschließend — ist vor die Mauer eine annähernd quadratische Marmorfläche geblendet. Sie ist das Bildfeld für ein Mosaiktondo von annähernd gleichem Durchmesser. In dem halbrunden Bogenfeld darüber ist der marmornen Lunette ein großes Kreuz inkrustiert. Diese gesamte Bildfläche, die in ihrem Umriß an ein halbrund geschlossenes Fenster erinnert, ist umgeben von einer zweistufigen Ädikula, deren äußere Archivolte von Freisäulchen über Konsolen getragen wird. Die Pfosten des inneren Bogenlaufes stehen auf dem Randgesims des Eingangsbogens. Die Freisäulen sind von Pilastern hinterlegt. Säulen, Pilaster und Pfosten tragen korinthisierende Kapitelle, deren dickfleischige, glatte Blätter den Pilasterkapitellen am Triumphbogen der Vorhalle von Città Castellana gleichen. Auch der Bogen der Ädikula ist an der Stirnfläche wie der Eingangsbogen darunter reich profiliert.

Zentrum der Architektur ist der Mosaiktondo. Mit größter Sorgfalt haben unsere Meister in die Marmorplatte einen äußeren Ring für die Beschriftung eingelassen und, davon durch einen profilierten, ringförmigen Marmorsteg abgesetzt, das Kreisfeld der figürlichen Darstellung. Wie wir zeigen werden, ist das Bild Wappenzeichen eines Ordens und heilige Vision zugleich. Fast die ganze Höhe nimmt die Gestalt des thronenden Christus ein. Die Arme sind ausgebreitet. Jede Hand hält eine kleine männliche Figur am Handgelenk. Beide Männer sind bis auf einen Lederschurz nackt und durch Ketten an den Füßen als Sklaven gekennzeichnet, der zur Rechten Christi als hellhäutig und durch einen Kreuzstab als Christ. Sein Gegenüber hat eine dunkle Hautfarbe, ein wohl als Heide zu deutender Negersklave. Die rätselvolle und (fast) einzigartige Darstellung bedarf der Umschrift[500]: + SIGNVM ORDINIS SANCTAE TRINITATIS ET CAPTIVORVM. Es handelt sich um das Zeichen des Trinitarier-Ordens, der sich die Befreiung und Betreuung von Sklaven zur Aufgabe gesetzt hatte. Die Farben Rot und Blau des Kreuzes im Bogenfeld über die Darstellung sind die Farben der Ordenstracht.

Der Gründer des Ordens, Johannes von Matha (geb. 1160 in Faucon in der Provence), hatte die Vision eines Engels, der zwei Sklaven schützend die Hand auflegte. Innocenz III (1198—1216) soll selbst eine ganz ähnliche Vision gehabt haben: Statt eines Engels sah er Christus, der sich den Sklaven zuwendet. Und er sah einen der Sklaven als Neger. Ganz offensichtlich ist es diese Vision, die das Mosaik ins Bild gesetzt hat. Schon in seinem ersten Regierungsjahr, 1198, approbierte Innocenz III den Orden und gab ihm die Kirche S. Tomaso[501]. Die Ziele des Ordens sind von Innocenz III nachhaltig unterstützt worden. Flankierten sie doch seine politischen Anstrengungen, einen neuen Kreuzzug zu initiieren, um Jerusalem zurückzuerobern. Der Verlust Palästinas und der meisten lateinischen Gebie-

---

[498] Zu Falleri siehe S. 65f. Außerdem Enking, S. Antonio Abbate.

[499] Es ist nicht ausgeschlossen, daß hier spätere Eingriffe das ursprüngliche Aussehen verändert haben. Ursprünglich könnte eine Abstufung die lichte Weite des Torbogens eingeengt und somit der Eindruck eines Portales hervorgerufen haben. Sehr wahrscheinlich ist das aber nicht.

[500] Im Barock ist der Mosaiktondo in der gleichen Technik und mit der gleichen Umschrift über dem Außentor des Konvents von S. Carlo alle Quattro Fontane kopiert worden. Die Sklaven treten dort allerdings jeweils paarweise auf. Offenbar gilt der Tondo als Werk Borrominis. L. Steinberg, San Carlo alle Quattro Fontane. A Study in Multiple Form and Architectural Symbolism, N. Y. University Phil. Diss. 1960 (fig. 71) schreibt S. 152. ,,Here Borromini set a circular mosaic within a stilted- arch gable which registers a semiellipse". Daß er damit eine mittelalterliche Erfindung variierte, scheint wenig bekannt zu sein. Vom Tondo an der Klostermauer von S. Tomaso in Formis existierte eine Nachzeichnung im Cod. Vat. lat. 5407 f. 99. Siehe Waetzoldt, Kopien Nr. 1069 Abb. 560. Außerdem hat Ramboux das Mosaik kopiert: ein Aquarell im Düsseldorfer Kupferstichkabinett Inv. Nr. 97 Foto Neg. Nr. 8505/7.

[501] Armellini/Cecchelli S. 614ff.; Antonin de l'Assomption, Les origines de l'ordre de la Très-sainte Trinité, Rome 1925 (od. ital. Ausgabe Isola di Liri 1927); N. Schuhmacher, Der Hl. Johannes von Matha, Stifter des Ordens der Hl. Dreifaltigkeit, Klosterneuburg 1936; F. de Saint-Paul u.a., Jean de Matha, Paris 1960; E. Ponti, La badia romana di S. Tomaso in Formis e le sue vicende, in: Strenna dei Romanisti 28, 1967 S. 357ff.; Brentano, Rome before Avignon S. 14f.

te im Osten hatte viele europäische Christen in die Sklaverei geführt. Umso auffälliger, daß Innocenz die Heiden miteinschloß. Das Emblem über der Tür des Ordenszentrums muß sogar ausdrücklich so interpretiert werden, daß Christus (und der Trinitarier-Orden) sowohl die weißen, christlichen Sklaven rettet als auch die dunkelhäutigen Heiden. Diese Förderung und auch die Stiftung Honorius III (1216−27) führten nicht zu einem Neubau des Kirchleins[502]. Stattdessen wurden Hospital- und Konventgebäude errichtet.

Wichtig war es offenbar auch, die Ziele des Ordens durch deutliche Zeichen an einer repräsentativen Außenseite deutlich zu machen. Damit beauftragte man den durch wichtige Werke wie die Fassade des Domes von Città Castellana wohl ausgewiesenen Magister Jacobus und seinen Sohn Cosmas. Das Ergebnis, ein breit sich öffnendes Tor in einer festen Mauer, eine zurückhaltende aber kostbare und wohlproportionierte Architektur und eine klare Semantik des Ordenszeichens sind der karitativen Aufgabe eines Hospital-Ordens angemessen.

Die Datierung läßt sich in Annäherung feststellen. 1198 war der Orden in S. Tomaso gegründet worden. Von 1207 bis zu seinem Tode 1213 hat der Gründer, Johannes von Matha, bei S. Tomaso in Formis gelebt und gewirkt. Daß in dieser Zeit mit den Kloster- und Hospitalbauten begonnen wurde, ist sehr wahrscheinlich. Der Leichnam des Hl. Gründers wurde in der Kirche begraben und verehrt. Ein Grabaufbau mit einem wohl antiken Fries über Säulen hat Panvinio grob skizziert[503]. Seine Inschrift ist mehrfach überliefert und auch von Forcella notiert worden[504]. Es ist gut möglich, daß die aufwendige, antikisierende Anlage ebenfalls ein Werk unserer Marmorari ist. Giovannoni datiert das Tor zwischen 1198 und 1217. Eine mißverstandene Interpretation der Stiftung Honorius III im Jahre 1217 führen Hutton zu der Annahme, die Arbeit sei im Anschluß daran 1218 entstanden[505].

Die technische und künstlerische Meisterschaft des Mosaiks (Abb. 109) ist − verglichen mit der wohl vor 1200 vom gleichen Jacobus geschaffenen Portallunette in Città Castellana (Abb. 83) − ein Argument für eine Datierung nach 1210. Von allen Mosaiken, die in der ersten Hälfte des 13. Jahrhunderts von Römern geschaffen wurden, ist das von S. Tomaso ohne Zweifel das Eindrucksvollste. Auf dem wohlerhaltenen Goldgrund hebt sich in kräftigen Farben und Konturen die Gestalt Christi ab. Das langgezogene, asketische Antlitz mit starker Blickgewalt steht in byzantinischer Tradition, hat diese aber in der kräftigen Vereinfachung entpsychologisiert und geklärt. Wenige starke Züge bestimmen den Ausdruck. Dem Fall der Locken und den tief abschattierten, Raum suggerierenden Gewandfalten fehlt jede Tendenz zum Ornamentalen, die in den byzantinisch beeinflußten Werken des Westens sonst so auffällig ist. Matthiae verweist auf die Verwandtschaft mit den Salvator-Ikonen des römischen Gebietes, besonders auf die Christustafel von Sutri[506]. Sicher liegt dieser Vergleich nahe. Doch scheint mir in der real anschaulichen Struktur des Gewandes und in der differenzierten Bewegung eine Komponente sichtbar, die sich am ehesten mit gotischen Formprinzipien beschreiben

[502] Armellini/Cecchelli S. 614ff.; auch Ponti, La badia romana (siehe vorherige Anmerkung) S. 360.

[503] Panvinio, Bibl. Vat. Barb. lat. 1994 f. 167r. Bisher nicht publiziert.

[504] Forcella VII S. 194 Nr. 398:

Anno Dominice incarnacionis MCLXXXXVIII
Pontificatus vero Dom Innocencii tertii
anno primo XV Kl Ianurii istitutus est
nutu di ordo Sce Trinitatis et captivorum
a fratr IOH sub proria regula sibi
ab apostolica sede concessa.
Sepultus est idem Frater Iohannes in hoc loco anno Dominice MCCXIII mense Decembri die XXI
(nach Terribilini Cod. Cas. XX, XI cap. 156. Sonst auch Panivinio siehe vorige Anm.).

[505] Giovannoni, Note S. 10 Anm. 2; Hutton, S. 13. Ich nehme an, daß sich Hutton dabei auf die bei Armellini/Cecchelli S. 615 im Auszug abgedruckte Bulle Honorius III von 1217 beruft. Dieser stiftet dem Kloster: ,,portam integram quae libera sive latina dicitur cum omni portatico suo et redditum qui a transeuntibus solet dari". Da ist nun aber keineswegs das hier zur Diskussion stehende Tor des Jacobus und seines Sohnes Cosmas, sondern meint die Rechte und Wegegelder an einem Stadttor, offenbar der Porta Latina.

[506] Matthiae, Pittura Romana II S. 156. Die byzantinische Komponente betont Oakeshott, Mosaiken S. 311.

läßt. Tendenzen, die sich schon in den Figuren des Apsis-Mosaiks von Alt St. Peter (Abb. 84, 85) zeigten, sind hier erst in ihrer Meisterschaft sichtbar geworden, einer Meisterschaft, die in der Flächenkunst eine Illusion von Plastizität erreicht, die der Marmorkunst der Marmorari Romani und besonders des Jacobus versagt blieb.

Völlig abwegig erscheint mir der Versuch von Ragna Enking, Tor und Ädikula (Abb. 108) zeitlich und künstlerisch voneinander zu trennen[507]. Die erwähnte, sehr allgemeine Ähnlichkeit im Eindruck mit dem Portal von S. Antonia Abbate glaubt Enking so interpretieren zu müssen, daß die Ädikula von S. Tomaso zeitlich erst nach S. Antonio Abbate, d.h. nach 1262/65 entstanden sein könne. Als Künstler gibt er ohne jeden Grund Vassalletto an. Das ist absurd. Alle formalen Einzelheiten, vor allem der geheime Klassizismus der Ädikula sind in der Werkstatt des Jacobus, in Falleri (Abb. 75) und Città Castellana (Abb. 78) schon im späten 12. Jahrhundert ausgebildet worden. Zudem stimmt jedes Profil des signierten Torbogens mit dem Bogen der Ädikula überein. Da auch die Fertigkeit in figürlichem Mosaik schon vorher von Jacobus unter Beweis gestellt wurde, sollte man an der dokumentierten Autorschaft keinen Zweifel haben.

d) COSMAS (JACOBI)

Cosmas, der geliebte Sohn des großen Jacobus (filio suo carissimo = Città Castellana, Abb. 99), ist von seinem Vater in den gemeinsamen Signaturen in auffälliger Weise in den Vordergrund gestellt worden. Offenbar wollte dieser ihm Erbe, Ansehen und Erfolg auf den Weg geben. Verglichen mit den großartigen Aufträgen, die Vater und Sohn in Città Castellana und in S. Tomaso in Formis (Rom) gemeinsam ausgeführt haben, ist die Fortführung der Werkstatttradition — soweit wir davon wissen — unter Cosmas und seinen Söhnen aber eher bescheiden. Wir wissen nur von einem Ziborium in SS. Giovanni e Paolo (Rom) und Pavimenten im Dom von Anagni. Letztere begann Cosmas allein in den zwanziger Jahren des 13. Jahrhunderts und beendete sie mit seinen Söhnen Lucas und Jacobus. Zusammen mit diesen brachte er auch den Kreuzgang von S. Scholastica in Subiaco zu Ende, den der Vater Jacobus am Anfang des Jahrhunderts begonnen hatte.

Sein Name variiert in den Signaturen von Cosma (italienische Form), Cosmas (gräzisierend) zu Cosmatus (latinisiert). Es ist aber nicht so sehr sein Name, der seit dem späten 18. Jahrhundert zu der Bezeichnung „Cosmati" für das mittelalterliche Marmorhandwerk in Rom geführt hat, sondern ein gleichnamiger — aber nicht verwandter — Marmorarius der zweiten Hälfte des 13. Jahrhunderts hat mit seinen Söhnen dazu Anlaß gegeben[508].

Die Zusammenarbeit mit seinem Vater Jacobus (Città Castellana 1210, Abb. 98, S. Tomaso in Formis, Abb. 108, wahrscheinlich wenig später) fällt noch in das Pontifikat Innocenz III (1189—1216). Wie wir vermuten, hatte dieser Papst in Jacobus einen Künstler gefunden, der dem neuen Anspruch der römischen Kirche und des römischen Gebietes glanzvollen Ausdruck geben konnte[509]. Wahrscheinlich koinzidiert der Tod des Papstes 1216 und der Beginn des Pontifikates Honorius III (1216—27) mit dem Generationswechsel der Laurentius-Familie von Jacobus auf Cosmas. Daß der neue Papst neue Ansprüche stellte, zeigt schon seine persönliche Intervention, 1218 für die Mosaikausstattung von S. Paolo fuori le mura Fachleute aus Venedig anzufordern[510]. Wenn ich richtig sehe, so

---

[507] Enking, S. Antonio Abbate S. 52. Dort von ihm angekündigt: Il portale di S. Antonio Abbate sull'Esquilino e la nicchia di S. Tomaso in Formis, in: Capitolium 1965, einen Beitrag, den ich dort nicht auffinden und bibliographieren konnte.

[508] Vgl. dazu S. 206ff. Die Trennung hat als erster Giovannoni, Note erkannt und überzeugend begründet. Gandolfo, Cosma.

[509] Siehe dazu S. 82ff.

[510] Vgl. Ladner, Papstbildnisse II S. 80ff., mit ausführlicher Bibliographie. Matthiae, Pittura Romana II S. 129f.; Oakeshott, Mosaiken S. 307ff.

wurde nun die Werkstatt des Vassalletto gegenüber aller anderen Konkurrenz unter den Marmorari bevorzugt[511].

Bevor er Papst wurde, hatte sich Honorius III zwar schon bei der Ausstattung von SS. Giovanni e Paolo der Hilfe des Cosmas bedient. Doch an Ausstattungen wie S. Lorenzo fuori le mura oder S. Paolo fuori le mura, die dem neuen Papst ebenfalls schon als Kardinal und päpstlichem Kämmerer nahestanden, war Cosmas nicht beteiligt. Die großen Prachtkreuzgänge, insbesondere der des Lateran, sind Werke der Vassalletti.

Die Werkstatt des Cosmas fällt, verglichen mit den großartigen Architekturen des Vaters oder mit der reichen Bildhauerarbeit der Vassalletti, zurück in ,,Marmorschreinerei": Pavimente und Altarausstattungen. Die architektonischen Aufgaben, die das Oeuvre seines Vaters auszeichnen, sind dem Sohn offenbar verschlossen. Die Fortführung der Arbeiten am Kreuzgang in Subiaco widerspricht dieser These nicht. Es handelt sich um eine künstlerisch und materiell bescheidene Komplettierung nach dem kaum modifizierten, inzwischen veralteten Plan des Vaters. Da es kaum künstlerisches Unvermögen gewesen sein wird, das diesen Wechsel herbeigeführt hat und da Honorius III nachweislich Protektor der Bauten war, an denen die Vassalletto-Werkstatt sich entfalten konnte, liegt die Vermutung nahe, daß es auch ganz persönliche Beziehungen und Vorlieben waren, die im Stilwechsel der Kunst in Rom zu dieser Zeit spürbar sind. Dabei kann man nicht sagen, daß der Anspruch der Kunsttätigkeit unter Honorius III geringer geworden ist[512]. In der Architektur der Portale und Vorhallen haben die Vassalletti den Erfindungen der Laurentius-Werkstatt kaum gleichwertiges entgegenzusetzen. Umgekehrt gewinnt die Bildhauerkunst und die Nachempfindung antiker Architekturplastik in der Vassalletto-Werkstatt eine ganz neue Dimension.

Cosmas in SS. Giovanni e Paolo, Rom[513]. In einer Reihe von barocken Inschriftsammlungen ist eine Signatur überliefert, die sich im ehemaligen Ziboriumsbereich befunden hat[514]. Ich zitiere hier den Codex der Bibliotheca Vallicellana[515]:

Ciborium SS. IO et Pauli eccl. columnarum basis
+ MAḠR COSMAS   FECIT HOC OP

In der Position der Signatur noch genauer ist ein Vatikanischer Codex[516]: ,,Nel dato della basa delle colonne del ciborio verso la nave maggiore". Die hier geschilderte Position der Signatur an den Basen der vorderen Ziboriumssäulen ist ungewöhnlich[517]. Die Signatur entspricht aber in der Wortwahl der von Anagni[518]. Es besteht demnach kein Grund, dieses Werk dem Cosmatus, Sohn des Petri Mellini,

---

[511] Vgl. dazu den Abschnitt über die Vassalletto-Familie dieser Jahre S. 110ff.

[512] Wichtig dazu auch Schröder, Kunstfördernde Tätigkeit.

[513] Lit.: Ugonio, Stazioni S. 29; Martinelli 1553 S. 128ff.; Gualdi Cod. Vat. lat. 8253 (Epitaphia et insignia nobilium familiarum in ecclesiis Urbis) f. 183v; Suárez, Cod. Vat. lat. 9140 f. 127f.; Cod. Vat. lat. 9141f. 188v; Philippus Rondininus, De sanctis Martyribus Johanne et Paulo, eorumque Basilica in urbe Roma, Roma 1707; Stevenson Cod. Vat. lat. 10581 f. 24; Forcella X S. 5; P. Germano di San Stanislao, La Casa Celimontana dei SS. Giovanni e Paolo, Roma 1894; Clausse S. 378; Armellini/Cecchelli S. 622f.; Bessone S. 24; Krautheimer I S. 272ff.; S. Ortolani, SS. Giovanni e Paolo, Roma 1931 (Le chiese die Roma illustrate 29); A. Prandi, Il complesso monumentale della basilica celimontana dei SS. Giovanni e Paolo, Città del Vaticano 1953; A. Prandi, SS. Giovanni e Paolo, Roma 1957 (Le chiese di Roma ill. 38); Hutton S. 37; Glass Diss. S. 218ff.; Glass BAR S. 95ff.

[514] Cod. Vat. lat. 8253 (I) f. 182v; Suárez, Cod. Vat. lat. 9140 f. 129; Siehe auch Forcella X S. 5 ff; Vgl. Außerdem Stevenson, Cod. Vat. lat. 10581 f. 24, der den Cod. Menestr. 221 folgendermaßen zitiert: ,,Magister Cosmas fecit hoc opus (in Cib.)". Bessone S. 24 gibt eine falsche Version (Magri). Völlig unerklärlich ist mir die Variante der Signatur bei Hutton S. 37: Magister Cosmatus (!) fecit hoc opus MCCXXXV. Sowohl die Jahreszahl als auch die Veränderung des Namens ist eine freie Erfindung!

[515] Codex Vallicellanus G 28. Siehe auch De Rossi 1891 S. 83.

[516] Cod. Vat. lat. 8253 (I) f. 182v.

[517] Die unten erwähnte Basisplatte mit der Stifterinschrift spricht aber dafür, daß die Beschreibung korrekt ist. Die Säulenbasen des Ziboriums müssen auf Sockeln gestanden haben, die die Inschrift trugen.

[518] Siehe dazu S. 96ff.

zuzuschreiben, wie Hutton dies — die Signatur verfälschend — tut[519]. Erhalten ist von dem Ziborium ein Knauf mit senkrecht verlaufenden Marmorwulsten, auf dem ein kleines Metallkreuz montiert ist[520]. Außerdem eine Basisplatte mit der Stifterinschrift[521].

+ CINTHIVS INDIGNVS PRESBYTER FIERI FECIT

Das ist ein höchst wichtiger Hinweis für die Datierung der Arbeit des Cosmas, der bisher nicht berücksichtigt worden ist. Cinthius ist niemand anderes als Cencius (Cencio Camerario, der Redaktor des Liber Censuum), der in den letzten Jahren des 12. Jahrhunderts Kardinalpriester von SS. Giovanni e Paolo war, bis er 1216 als Honorius III (1216–27) Papst wurde[522]. Damit dürfte eine Entstehung vor 1216 gesichert sein. Wahrscheinlich war das Ziborium eine der frühesten eigenständigen Arbeiten des Cosmas.

Eine Beschreibung des 18. Jahrhunderts gibt nichts als den allgemeinen Typus von Altar und Ziborium wieder, wie er der Entstehungszeit im frühen 13. Jahrhundert entspricht[523]: ,,L'altar maggiore, fatto quasi quadro di tavoloni di verde antico, stava sotto una specie di cupola di marmo, sostenuta negli angoli da quattro colonne mischie alquanto di pavanazzo, e chiusa nella cima da un cupolino ottangolare di balustrini pur di marmo all'uso antico, quasi nel modo in cui si veggono oggi gli altri di S. Croce in Gerusalemme, S. Cecilia ecc."

Cosmas im Dom von Anagni; zeitweise mit seinen Söhnen Lucas und Jacobus[524]. Auf einer Inschriftplatte (Abb. 110), die sich ehemals im Paviment des nördlichen Seitenschiffes — später (und dort photographiert) in der Wand eines Lapidariums — befunden hat, ist das Paviment signiert[525]:

Dn̄us Albertus venerabilis Anagninus Ēpus fecit hoc fieri pavimentum p. q. construendo Magister Rainaldus Anagninus can'cus D. Honorii P. P. III subdiaconus et cappellanus C. aureos obolos erogavit. Magr Cosmas hoc opus fecit.

Die Datierung des Pavimentes ist damit für die Zeit zwischen 1224 und 1227 gesichert. 1224 war Albertus Bischof geworden und 1227 starb Honorius III[526]. Neben dem Bischof als Auftraggeber tritt mit allen seinen Kurienämtern der Kanoniker Magister Rainaldus als der eigentliche Stifter hervor. Sogar sein Beitrag, 100 Gold-Oboli, ist verzeichnet. Dieser Rainaldus, der offenbar studiert und be-

---

[519] Hutton S. 37. Vgl. auch Anm. 514.

[520] Germano di Stanislao, Casa Celimontana S. 410. Derartige Knäufe mit Kreuzen finden sich auch an anderen Ziborien, z.B. im Dom von Anagni oder in S. Giorgio in Velabro (Rom).

[521] Germano di Stanislao, Casa Celimontana S. 410.

[522] Siehe vorherige Anmerkung. Über die Person des Cencio vgl. auch die Einleitung des Liber Censuum (Fabre). Auch Gandolfo, Cosma.

[523] Platea Domestica (1690–1772) E I S. 57. Zitiert nach Germano di Stanislo, Casa Celimontana S. 410.

[524] Lit.: Bibl. Vat. Cod. Barb. lat. 3084 f. 24; Alessandro de Magistris, Istoria della città e S. basilica Cattedrale d'Anagni, Roma 1749; Promis S. 17ff.; Gaye 1839 S. 162; X. Barbier de Montault, La cathédrale d'Anagni, Paris 1858; ders.: La cathédrale d'Anagni, in: Annales archéologiques 16, 1856 S. 136–67, 244–52, und 17, 1857 S. 26–42, 113–18; C. Taggi, Della fabbrica della cattedrale di Anagni. Saggio archeologico-storico, Roma 1888; Giovannoni, Note S. 9 und 12; S. Sibilia, La cattedrale di Anagni, Orvieto 1914; ders.: Guida storica-artistica della cattedrale di Anagni, Anagni 1936 bes. S. 56ff.; ders.: Storia di Anagni e breve guida della città, Anagni 1971; G. Matthiae, Fasi costruttive nella cattedrale di Anagni, in: Palladio 6, 1942 S. 41ff.; Bessone S. 23f.; Hutton S. 37, 51f.; M. Q. Smith, Anagni, An Example of Medieval Typological Decoration, in: P.B.S.R. 33, 1965 S. 5ff.; B. Andberg, Osservazioni sulle modifiche delle volte nella cripta di Anagni, in: Acta ad Archaeologiam et Artium Historiam Pertinentia 6, 1975 S. 117–126; Glass, Diss. S. 131ff.; Glass BAR S. 57ff.

[525] Bibl. Vat. Cod. Barb. lat. 3084 f. 24 und Promis S. 17. Auf einer Photographie (Abb. 110) des 19. Jahrhunderts Ist. Centr. E 295 ist die Platte (rechts oben) in die Wand eines Lapidariums eingelassen. Die Textüberlieferung differiert in beiden Quellen etwas und konnte von mir bisher nicht am Original nachgeprüft werden. Merkwürdigerweise unterschlägt Dorothy Glass in ihrer Arbeit über die Pavimente diese wichtige Inschrift, meines Wissens die einzige, in der mit solchem Nachdruck epigrahisch auf ein Paviment hingewiesen wird.

[526] Dazu Sibilia, Cattedrale di Anagni, S. 25ff. Auch Eubel, Hierarchia catholica medii aevi I S. 86.

gütert war, begann unter Honorius III eine Karriere, die ihn später unter dem Namen Alexander IV (1254—61) selbst auf den Papstthron führte[527]. Seine Mutter entstammte der Familie Innocenz III.

Das Paviment (Abb. 111, 112), das gegen 1882 zusammen mit der übrigen Ausstattung durchgreifend restauriert wurde, ist von Cosmas so angelegt worden, daß nur im Langhaus ein Mittelstreifen durch eine Reihe von Fünf-Kreis-Schlingen (Quincunx) hervorgehoben ist. Seitlich davon und in den Seitenschiffen ist die Fläche von rechteckigen, fliesenartig ausgelegten Feldern bedeckt. Das ehemalige Areal der Schola Cantorum ist im 17. Jahrhundet beseitigt worden[528]. Doch ist die ehemalige Position der Ambonen im Paviment noch deutlich ablesbar. Es ist demnach ziemlich sicher, daß diese Teile der ehemaligen Ausstattung in die gleiche Erneuerungsphase gehören. Ob Altar und Ziborium (Abb. 112) schon zur Zeit der ersten Weihe unter Papst Alexander III 1179 fertiggestellt waren, wie Clausse behauptet, muß bezweifelt werden[529]. Die gesamte übrige Ausstattung entstammt jedenfalls erst dem 13. Jahrhundert. Der mit vier Tambourgeschossen ausgestattete Baldachin ist mit Mosaikstreifen auf den Architraven geschmückt. Eine derart reiche Ziborienarchitektur begegnet sonst nur im 13. Jahrhundert[530]. Die Kapitelle sehen allerdings merkwürdig altertümlich aus. Vielleicht handelt es sich um wiederverwendete Stücke aus dem 12. Jahrhundert. Gesichert für Cosmas ist nur das Paviment. Doch halte ich es für wahrscheinlich, daß er gleichzeitig an der Schola Cantorum, den Ambonen und der Altaranlage Anteil hat. Thron und Osterleuchter stammen allerdings aus einer späteren Ausstattungsphase und sind von Vassalletto signiert[531].

Die Erneuerungsarbeiten der Cosmas-Werkstatt gingen weiter. 1231 legte man — ebenfalls noch unter Bischof Albertus — ein neues Paviment in der Krypta, dessen hervorstechendes Merkmal ein querliegender Streifen von Fünfkreis-Mustern ist, der das zweite Joch der Hallenkrypta in ganzer Breite ausfüllt[532]. Auch der Kryptenaltar wurde erneuert. Bei dieser Gelegenheit fand man die Reliquien des Hl. Magnus. Das Ereignis ist in einer Inschriftplatte (Abb. 113), die in der Westwand der Krypta, gegenüber dem Altar eingelassen wurde (Original heute im Museum), genau beschrieben; auch mit der Rolle, die Magister Cosmas bei dieser Auffindung gespielt hat[533]:

+ ANNO DN̄I M CC XXX I XI DIE EXEVNT'APLĪ PONT̄ DNĪ G̅G̅ VIIII P̅P̅ ANN̄ EI V VEN̄ ALBERTO EPŌ RESIDENTE Ī EC̄C̄ AN̄AG̅ P' MAN' MAGRĪ COSME CIVIS ROMANI FVIT AMOTV̄ ALTARE GLORIOSISSIMI MART̄ PRESVLIS MAGNI INFRA QVOD FVIT ĪVĒTVM Ī Q'DAM PILO MARMOREO RVDI PRETIOSV̄ CŌP' IP̄I MART̄ Q'RL' MAII SEQ̄NTI TOTI PᵒP PVBLICE OSTENSO. EODĒ DIE CV̄ YMPNI' ET LAVDAB' Ī EODĒ PILO SVB ALTARI Ī HOC ORATORIO Ī IP̄I HONORE C̄DITO P'FVNDIT' Ē RECON-DITVM CVM HONORE

Genau über diesem Inschriftenstein ist in der Ausmalung der Thron des zentralen Christusbildes (zwischen Heiligen) plaziert[534]. Erwähnt wird eine zweite, fast gleichlautende Inschrift im Lapidarium, die sich am Altar befunden haben soll: ANNO DOMINI MCCXXXI PER MANVS MAGISTER COSME CIVIS ROMANVS FVIT AMOTVM ALTARE. Ich kenne diese Inschrift nicht. Vielleicht ist es ein (nicht ganz richtig aufgelöster) Auszug aus der originalen Inschriftplatte, deren Gipskopie heute an der alten Stelle in der Krypta (Abb. 113) zu sehen ist[535].

---

[527] Sibilia, Storia S. 31 und 34; auch Sibilia, Cattedrale di Anagni.
[528] Zum Paviment und seinen Zerstörungen und Restaurierungen Glass BAR S. 57f. Auch Sibilia, Storia S. 77.
[529] Clausse S. 140.
[530] Man vergleiche Ferentino (Drudus) S. 148 und Alba Fucense (Andreas) S. 156f.
[531] Siehe dazu S. 122ff.
[532] Dazu Glass BAR S. 57f.
[533] Glass, Diss. S. 131ff.; Glass BAR S. 57ff.; Dietl, Topik S. 133; Smith, Anagni, S. 5ff. beschäftigt sich ausführlicher mit der Inschrift.
[534] Über die Ausmalung zuletzt Smith, Anagni S. 5ff.
[535] Hutton S. 36; Smith, Anagni S. 5ff.; Glass BAR S. 59 Anm. 1; Dietl, Topik S. 132.

Die eigentliche Signatur ist auf einer Altarstufe heute nur noch schwer lesbar[536]:

MAG̅R̅ COSMAS CIVIS ROMANVS CV̅ FILIIS SVIS LUCA E̅ IACOBO HOC OPVS FECIT

Die Paviment-Arbeiten, die noch unter Honorius III vor 1227 in der Oberkirche begonnen worden waren, sind also von Cosmas und seinen beiden Söhnen Lucas und Jacobus in den Jahren um 1231 in der Krypta fortgeführt worden. Hier signiert Cosmas wie sein Vater als Civis Romanus.

Der Gedenkstein der Reliquienauffindung nennt zuerst Jahr und Tag des Ereignisses, das Regierungsjahr des (aus Anagni stammenden) Papstes Gregor IX (1227–41) und den residierenden Bischof. Dann tritt der „Fachmann" in Aktion: *per manus magistri Cosmas civis Romani fuit amotum altarem.* In dem Altarstipes fand er die Reliquien des Hl. Magnus. Diese wurden bald darauf feierlich dem Volk gezeigt und dann mit allen Ehren wieder im Altar niedergelegt. Offenbar geht dieser Text auf eine Initiative des Bischofs zurück. Gerade deshalb ist es auffallend, wie stark der ausführende Handwerker mit allen seinen Titeln hervorgehoben ist. Offenbar fungiert er in dieser steinernen Urkunde, die er selbst angefertigt hat, als sicherer Gewährsmann, als respektable, vertrauenswürdige Person. Man fühlt sich an die Chronik über die Translatio der Reliquien des Hl. Geminianus beim Bau des Domes von Modena erinnert, die der Architekt des Baues, der vielgerühmte Lanfrancus, 1106 initiierte[537].

Cosmas und seine Söhne Lucas und Jacobus in Subiaco, S. Scholastica[538]. An der westlichen Seite des Kreuzganghofes (Abb. 114) liest man in der Frieszone die Signaturen der Marmorari sowie die des Bauherrn[539]:

+COSMAS ET FILII LV̅C̅ ET IA̅C̅ ALT̅ ROMANI CIVES IN MARMORIS ARTE PERITI HOC OPVS EXPLERV̅T ABBI̅S̅ T̅P̅E LANDI

Abt Landus amtierte 1227–43 und gab die Vollendung des Kreuzgangs 1235 in Auftrag[540]. Jacobus, Vater des Cosmas, hatte die aufwendigere Südseite des Kreuzgangs schon vorher, wahrscheinlich

[536] Sibilia, Storia S. 99; Glass BAR S. 57; Smith, Anagni S. 5.

[537] Die Illustrationen zu diesem Text, die erst nach seiner Entstehung im frühen 13. Jahrhundert angefertigt wurden, zeigen uns den „architector" Lanfrancus, wie er gemeinsam mit dem Bischof die Gebeine des Heiligen umbettet. So gleichberechtigt, wie der Künstler hier mit der hohen Geistlichkeit und dem Adel (der Markgräfin Mathilde) dargestellt ist werden wir uns die soziale Stellung des Magister Cosmas wahrscheinlich doch nicht vorstellen dürfen. Doch sind die etwa gleichzeitigen Miniaturen eine erstaunliche Parallele zu den Vorgängen in Anagni. Siehe „Relatio translationis corporis Sancti Geminiani. A cura di Giulio Bertoni, Città di Castello 1907 (Rerum Italicarum scriptores. Raccolta degli storici italiani ordinata da L. A. Muratori Tom. VI Part. I). Siehe auch Claussen, Künstlerstolz S. 14f.

[538] Lit.: Cronaca Sublacense del P. D. Mirzio. Edita per cura di P. Crostarosa etc. Roma 1885; Seroux d'Agincourt, Storia dell'arte, Prato 1826 II S. 53ff. Tf. 11/12; Gaye 1839 S. 162; G. Jannuccelli, Memorie di Subiaco e sua Badia, Genova 1865; Faloci Pulignani, Memorie epigrafiche S. 17; G. Clausse, Les origines bénédictines. Subiaco, Mont-Cassin, Monte-Oliveto, Paris 1899; Clausse S. 452ff.; Giovannoni, Subiaco. Darin auch die Beiträge von Egidi und Federici; Giovannoni, Note S. 9; Bessone S. 21; Hutton S. 9, 37, 58; Noehles, Tuscania S. 32f. Anm. 39; P. Carosi, Badia di Subiaco. Storia, arte, vita, Subiaco 1970; Glass BAR S. 131; C. Giumelli, I monasteri benedettini di Subiaco, Roma 1982 S. 55.

[539] Promis S. 18, der allerdings den Großvater Jacobus mit dem gleichnamigen Enkel gleichsetzt und so zu einer Chronologie der Bauausführung kommt, die die nachweisbaren Tatsachen umkehrt. Vor allem Giovannoni, Subiaco S. 313ff. bes. S. 317. Auch Carosi, Subiaco S. 121; zur Signatur auch Dietl, Topik S. 13 und 132. Cosmas et filii Lucas et Jacobus alter Romani cives in marmoris arte periti hoc opus expleverunt. — Cosmas und seine Söhne Lucas und Jacobus, der andere, haben dieses Werk in der Marmorkunst erfahren vollendet —.

[540] Die Nachrichten über Abt Landus widersprechen sich. Egidi in: Giovannoni, Subiaco S. 213 gibt eine Amtszeit 1227–43 an. Carosi, Subiaco S. 121 läßt seine Amtszeit schon 1219 beginnen. Faloci Pulignani erwähnt, daß De Rossi aus dem Manuskript des Cherubino Mirzio eine Datierung auf das Jahr 1235 entnommen habe (Faloci Pulignani, Memorie epigrafiche S. 17. Anm. 1), macht aber gleichzeitig darauf aufmerksam, daß das Chronicon Sublacense keinerlei Aussagen über das Jahr macht: „Landus abbas multa bona fecit. Construxit in monastero Sublacensi Claustrum ex marmore lapide, ac juxta claustrum in latere dextro Capellam Sanctae Trinitatis". Tatsächlich legt die Chronik des Cherubino Mirzio die Arbeiten im Kreuzgang in das

zur Zeit des Abtes Romanus (1193–1216), fertiggestellt und signiert[541]. Die Benennung *Jacobus alter* in obiger Signatur soll eine Verwechselung mit dem gleichnamigen Großvater ausschließen. Die ungewöhnliche Signaturformel *explerunt* spielt ebenfalls darauf an, daß hier etwas vollendet wurde, was schon vorher von anderen begonnen worden war. In der Formulierung *Romani Cives in marmoris arte periti* drückt sich ein Bürger- und Handwerkerstolz aus, wie er für die römischen Marmorari in der ersten Hälfte des 13. Jahrhunderts typisch ist[542].

Vier Mitglieder aus drei Generationen der Laurentius-Familie haben den Kreuzgang geschaffen. Da die Nord- und Ostseite (Abb. 115) in der Form ihrer Säulen und Kapitelle mit der signierten Westseite übereinstimmen, diese alle drei sich aber vom Südflügel (Abb. 94) unterscheiden, den Jacobus zuvor fertiggestellt hatte, darf man die drei einheitlichen Seiten dem Cosmas und seinen Söhnen zuschreiben[543]. Noch mehr als im Werk des Jacobus wurde an Marmor gespart. Oft tritt normaler Haustein an seine Stelle. Der verwendete Marmor ist aber weißer als der des Südflügels. Die Chronik von Subiaco gibt dafür eine Erklärung. In ihr wird berichtet, daß unter Abt Landus der Kreuzgang „quasi de novo" konstruiert wurde und zwar mit Marmormaterial (columnas et tabulas marmoreas), das aus der aufgegebenen Kirche S. Clemente geholt wurde[544]. In diesem Falle waren die Marmorari offenbar darauf angewiesen, klostereigenes Steinmaterial zu verwenden; eine Maßnahme, die durch Sparsamkeit diktiert ist und deren Auswirkungen man an dem unregelmäßigen, z.T. nachlässigen Zuschnitt des Marmors deutlich erkennen kann. Nur die Säulen, Basen, Kapitelle und Teile der Gesimse bestehen aus Marmor. Gewöhnlich alternieren gewundene Säulen mit gekuppelten, die glatte Schäfte aufweisen. Die gewundenen Einzelsäulen tragen dabei ausladende Kapitelle mit etwas reicherem Blätterdekor. Alle übrigen Kapitelle gehören dem Einheitstyp mit vier Kelchblättern an.

Der Aufriß (Abb. 114) entspricht etwa dem der von Jacobus angelegten Südseite. Der Plan wurde trotz des erheblichen zeitlichen Abstandes fast unverändert weitergeführt. Cosmas verringerte allerdings die Zahl der Arkaden in jedem Kompartiment (Abb. 92) von sechs auf fünf. Die beiden Schmalseiten des Hofes sind in drei Kompartimente unterteilt, von denen die beiden äußeren jeweils nur vier Arkadenbögen aufweisen. Allein das Mittelstück erreicht fünf Arkaden, von denen die mittlere als Zugang zum Hof fungiert und gegenüber den anderen Arkaden um ein geringes erhöht ist. Auch an der Längsseite im Norden weicht der Grundriß insofern von der Seite des Jacobus ab, als nicht drei sondern vier Arkadenabschnitte (mit jeweils fünf Arkaden) von Pfeilern getrennt werden. Auch hier ist der Zugang wie an den Seiten von Säulen flankiert, nicht von Pfeilern eingeschlossen wie in der Seite des Vaters.

Es wird weniger Pietät gegenüber dem Meister Jacobus gewesen sein, daß die jüngeren Teile keinerlei Notiz nehmen von den inzwischen in Rom entstandenen prächtigen Kreuzgängen, sondern das Gebot der Sparsamkeit und Einheitlichkeit, für das der Auftraggeber verantwortlich zeichnen dürfte. Wenn das Werk auch nichts Neues bringt und offenbar unter beschränkenden Bedingungen entstanden ist, signiert haben es unsere Marmorari, als sei es ein Meisterwerk. Da schon beide Söhne des Cos-

---

achte Amtsjahr des Abtes Landus, also um das Jahr 1235. Mirzio S. 303f.: „Octavo sui regiminis anno Landus inter alias sollicitudines, quibus jugitur occupabatur, potissimum monasterii sui utilitatibus atque commodis providere cupiens, claustrum interius monasterii, capitulari loco annexum et satis deforme atque imperfectum, sua opera et expensa absolvere studuit, quod ideo ex marmoreo lapide candido, pulchris et flexuosis columnellis affabre expolitis adornatum perfecit; idque exculpti in marmoreo superliminari, ut vulgo dicet Cornice, hi versus ad abbatis artificumque memoriam indicant". Es folgt die Signatur. Promis S. 18 ist fälschlich der Meinung, Abt Landus werde noch 1260 erwähnt. Er dürfte ihn mit dem gleichnamigen Bischof von Anagni verwechselt haben, der sich dort als Stifter der Ausstattung des Vassalletto am Papstthron (Abb. 144) hat nennen lassen. In Subiaco war 1260 Abt ein Enrico (1245–73). Siehe Carosi, Subiaco S. 34.

[541] Vgl. dazu S. 77ff.

[542] Vgl. dazu Claussen, Künstlerstolz S. 21ff.

[543] Das hat auch schon festgestellt Giovannoni, Subiaco S. 318f.

[544] Giovannoni, Subiaco S. 318 zitiert aus dem Chronicon Sublacense (949 c) eine Passage die über diese ehemalige Kirche S. Clemente handelt: „Abbas autem Landus qui claustrum huius cenobii sublac. quasi de novo construxit , ex ruinis ipsius ecclesie fecit columnas et tabulas marmoreas . . .".

mas als Mitarbeiter erwähnt sind, nehme ich an, daß die Arbeiten erst gegen Ende der Amtszeit von Abt Landus, um 1240, entstanden sind.

e) LUCAS UND JACOBUS, DIE SÖHNE DES COSMAS

Die vierte Generation der Laurentius-„Dynastie", die Brüder Lucas und Jacobus sind eher durch Urkunden nachzuweisen als durch eigene selbständige Werke. Über ihren künstlerischen Anspruch und ihre Leistungen sind wir völlig im Unklaren. Zwar gibt es in Anagni und Subiaco die Gemeinschaftsarbeiten mit ihrem Vater Cosmas. Aber selbst wenn wir hier den Anteil der Söhne von dem des Vaters trennen könnten, bleiben diese Werke — ein Paviment und einige Kreuzgangsarkaden — doch künstlerisch ohne großen Belang. Zwar tragen die Söhne in der Signatur von Subiaco den Titel *civis Romanus* und nennen sich mit dem Vater zusammen *in marmoris arte periti*. Doch auch wenn man einrechnet, daß der Zufall der Erhaltung dieses Bild mitverschuldet hat, so ist — aufs Ganze gesehen — der Abstieg der Werkstatt nicht zu übersehen.

Jacobus Cosmati. Von Jacobus sind keine Werke außerhalb der kollektiv signierten Arbeiten der Werkstatt in Anagni und Subiaco bekannt. Allerdings taucht in einem Vertrag, den Petrus de Maria im Jahre 1233 über Modalitäten der Bezahlung des Kreuzgangs von Sassovivo abschließt, ein gewisser „Jacobo suo socio" auf. Ich vermute, daß es sich um Jacobus Cosmati handelt, der sich, nachdem die Arbeiten in Anagni gegen 1231 beendet waren, als Kompagnon in dessen Werkstatt beteiligt hat, ohne selbst noch am Kreuzgang von Sassovivo mitgewirkt zu haben[545].

Lucas Cosmati. Als Zeuge eines Vertrages von 1254 finden wir „Lucas Gusmati" im Archiv von SS. Ciriaco e Nicola in Via Lata[546]. Ein Jahr später beschwört „Lucas marmorarius" seine Mitgliedschaft in der *Schola addestratorum, mappulariorum et cubiculariorum*[547]. Er hat damit das gleiche päpstliche Ehrenamt inne, das sein Großvater Jacobus unter Innocenz III errungen hatte[548]. Traditionsbewußtsein und Sinn für bürgerliche Ehren kann man bei Lucas also voraussetzen, vielleicht auch bei dem gerade neu eingesetzten Papst Alexander IV (1254—61), der aus der Familie Innocenz III stammte. Doch gibt es keinerlei Hinweise dafür, daß Lucas päpstliche Aufträge bekommen hat. Das Ehrenamt hat offenbar nichts genützt.

Die einzige Signatur des Lucas findet sich an einem Ort, an dem bisher jede Generation der Laurentius-Familie gearbeitet hatte:

Lucas Cosmati im Dom von Città Castellana[549]. Die ehemaligen Schranken des Presbyteriums sind als breite, wohlverzierte und getäfelte Marmorwände (Abb. 116, 117) in einem Nebenraum (jetzt Diözesanmuseum) des Domes erhalten geblieben. An der ursprünglich linken Schranke ist unterhalb des Gesimses in kleinen Buchstaben folgende Signatur eingraviert:

DRVD' ET LVCAS CIVES ROMANI MAGRI DOCTISSIMI HOC OPVS FECERVNT

---

[545] Siehe dazu S. 158ff. Vgl. auch Faloci Pulignani, Marmorari Romani S. 28.
[546] Giovannoni, Note S. 16.
[547] Liber Censuum (Fabre) III S. 342. Die Eidesleistung erfolgte am 7.12.1255. Vgl. zur Funktion der Schola auch S. 69f. im Abschnitt über Jacobus Laurentii.
[548] Siehe dazu S. 69f. Da überhaupt nur zwei Listen von Mitgliedern der Schola bekannt sind und in beiden ein Mitglied der Laurentius-Familie aufgeführt wird, ist es sehr gut möglich, daß auch andere Mitglieder der Familie aufgenommen waren. Nur sind in diesen Fällen die Dokumente nicht erhalten.
[549] Vgl. dazu mit Literatur den Abschnitt über Drudus S. 145ff. und Anm. 797.

Über diese Schrankenplatten und ihre Skulptur, drei Löwen und eine Sphinx, die die vorgesetzten Bänke flankieren, soll im Abschnitt über Drudus gehandelt werden. Da wir im übrigen Oeuvre des Drudus Löwen- und Sphinxdarstellungen, z.B. im Dom von Ferentino, nachweisen können, liegt es nahe, in ihm den Bildhauer der beiden ,,Magistri Doctissimi'' zu sehen. Vielleicht war Lucas derjenige, der stärker mit der prächtigen Stein- und Mosaikarbeit der Platten befaßt war. Sicher war Lucas auch an der übrigen Innenausstattung des Domes beteiligt, die wahrscheinlich um 1230 entstanden ist[550]. Davon existieren noch einige Fragmente, die z.T. in das moderne Pasticcio von Kanzel und Altar eingefügt worden sind. Andere werden in der Vorhalle und im Bischofspalast aufbewahrt. Auch das Paviment ist in großen Teilen noch erhalten[551].

Es bleibt merkwürdig, daß wir mit der Beteiligung an der liturgischen Ausstattung des Domes von Cività Castellana ein Werk nachweisen können, das etwa gleichzeitig mit den Arbeiten in Anagni und Subiaco entstanden ist, daß aber dann — zwischen ca. 1240 und den urkundlichen Erwähnungen 1254/55 — keinerlei Zeugnis von seiner Hand erhalten ist. Vielleicht hat er in dieser Zeit — wie wahrscheinlich mancher andere Marmorarius — in der dominierenden Werkstatt des Vassalletto mitgearbeitet. Mit Lucas endet die Künstlerfamilie, die Laurentius etwa 100 Jahre zuvor begründet hatte.

6. DIE VASSALLETTO-FAMILIE

Kein anderer Name unter den römischen Marmorari hat diesen Klang. Der Name bezieht sein Ansehen von solchen Glanzstücken mittelalterlicher Architektur und dekorativer Skulptur wie sie der Kreuzgang von S. Giovanni in Laterano (Abb. 148) vereint. Und doch ist vieles, was mit diesem Namen verbunden ist, rätselhaft. Das gilt auch für die Genealogie der Künstlerfamilie. Promis, der die Marmorari Romani als erster — von ihren epigraphischen Zeugnissen her — untersucht hat, kannte die Familie noch gar nicht. Erst Funde des späten 19. Jahrhunderts haben die künstlerische Entdeckung möglich gemacht. Obwohl inzwischen 16 Signaturen bekannt sind, die sich auf einen Zeitraum von mehr als einem Jahrhundert verteilen, fällt es schwer, eine Abfolge der Künstler dieses Namens festzulegen. Schuld daran ist die Eigentümlichkeit, daß der Name Vassalletto (in den wechselnden Schreibweisen: Bassallettus, Basaletus, Basallectus, Vassalettus, Vassallettus, Vassalictus) offenbar schon seit dem frühen 12. Jahrhundert als Familienname verwendet wurde, so daß der Zusatz des Vaternamens, der sonst die Familienwerkstätten der Marmorari Romani in ihren Generationen aufschlüsselt, wegfällt[552]. Im 13. Jahrhundert hat man dann sogar den Eindruck, daß der Name Vassalletto als ein Firmenschild ohne jeden Vornamen fungiert, hinter dem sich vielleicht mehr als eine Person verbirgt.

Gustavo Giovannoni hat 1908 in einem scharfsinnigen Aufsatz versucht, das Dunkel, das diese Künstlerfamilie umgibt, aufzuhellen[553]. Es ist dies die einzige Monographie, die bisher über eine Werkstatt der Marmorari Romani geschrieben wurde. Das Ergebnis dieser Arbeit ist nicht so sehr die zunächst beabsichtigte Erstellung eines Stammbaums der Vassalletti. Dieser ist, wie wir sehen werden, durch Neufunde zu modifizieren und bis heute nichts weiter als eine Wahrscheinlichkeitsrechnung. Die Ergebnisse von Giovannonis Arbeit sind deshalb bemerkenswert, weil sie das durch Signaturen

---

[550] Egidio da Cesarò, SS. Mardiano e Giovani, Venezia 1678 S. 52 berichtet, daß im Jahre 1230 im Hochaltar des Domes von Cività Castellana Reliquien aufgefunden wurden. Das deutet auf eine ähnliche Neuausstattungskampagne hin wie im Dom von Anagni, in dem von Cosmas die Reliquien des Hl. Magnus im Altar der Krypta gefunden wurden. Vgl. S. 96ff.

[551] Glass BAR S. 63ff.

[552] Dafür, daß es in der römischen Gegend um 1200 zunehmend Familiennamen gegeben hat, bringt P. Toubert, Les structures du Latium médiéval. La Latium méridional et la Sabine du IXᵉ à la fin du XIIᵉ siècle, Paris 1974 S. 700ff. einige Beispiele.

[553] Giovannoni, Opere S. 262ff. Zuletzt zur Familiengeschichte der Vassalletti: Bassan S. 621ff., Anm. 11.

nachgewiesene Oeuvre der Vassalletti im 13. Jahrhundert durch völlig überzeugend zugeschriebene Werke vermehrt haben. Ausgehend vom Kreuzgang des Lateran, den Vassalletto signiert hat, den aber sein Vater begonnen hatte, gelingt es Giovannoni, auf komparativem Wege die nördliche, die reiche Seite des Kreuzgangs von S. Paolo fuori le mura (Abb. 175) und den Neubau von S. Lorenzo fuori le mura (Abb. 189, 194) mitsamt der Ausstattung des Sanktuariums der Werkstatt des Laterankreuzgangs — und damit Vassalletto — zuzuschreiben.

De Rossi war der erste, der versucht hat, eine genealogische Ordnung in das Verwirrspiel der vielen überlieferten Vassalletto Signaturen zu bringen[554]. Der früheste Vassalletto (I) arbeitet nach De Rossi um die Mitte des 12. Jahrhunderts. Er ist identisch mit dem von mir unten postulierten Romanus Vassalletti. Die zweite Generation begegnet in Petrus Vassalletti um 1200. Auf ihn folgt ein Vassalletto (II) in der ersten Hälfte des 13. Jahrhunderts und ein Vassalletto (III) in der zweiten Hälfte.

Giovannonis Vorschlag für eine Aufschlüsselung der Werkstatt in Einzelkünstler unterschlägt den Vassalletto (I) aus De Rossis Reihe. Die 1154 aus SS. Cosma e Damiano überlieferte Signatur gibt er dem Petrus Vassalletto, den er ausschließlich im 12. Jahrhundert am Werk sieht. Vassalletto (I) in seiner Genealogie arbeitet zwischen 1190 und 1225, teilweise zusammen mit seinem ebenfalls Vassalletto (= II) signierenden Sohn, dessen Werke zwischen 1215 und 1262 entstanden sein sollen. Es wird aus Giovannonis Formulierungen klar, wie unsicher auch diese Konstruktion ist. Trotzdem wird in der späteren Forschung mit Vassalletto I und II so umgegangen, als handele es sich hier um biographisch gesicherte, historische Tatsachen[555]. Die einzige Sicherheit in dem Namenskonglomerat hat der Neufund einer Signatur in Cori erbracht: Darin taucht neben dem schon bekannten Petrus ein Bruder Johannes Vassalletti (Bassalecti) auf[556].

Die Tatsache, daß schon im 12. Jahrhundert ein Familienname im Gebrauch ist, scheint merkwürdig genug. Ebenso ungewöhnlich ist der Name Vassallettus. In den umfangreichen Indices des Liber Censuum wird er überhaupt nicht erwähnt. In den Notizen von Stevenson fand ich den Hinweis, daß ein Kardinal Vasallus 1136 und 1138 in Konzilsakten genannt ist[557]. Wichtiger für den Nachweis des Familiennamens im frühen 12. Jahrhundert in Rom ist es, daß in Urkunden des Jahres 1121 im Archiv von S. Prassede dreimal als Zeuge ein Enrigus de Vassallo fungiert[558]. Am 29. November schließt ein gewisser Bassalictus einen Vertrag über den Verkauf eines Weinbergs ab, der in der rechtlichen Aufsicht des Klosters S. Prassede liegt[559]: *Ego quidem Bassalictus, consentiente michi Carazza uxor mea* ... Leider fehlt die Berufsangabe. Bei der Seltenheit des Namens bin ich sicher, daß die im Archiv von S. Prassede bewahrten Namen Verwandte der späteren Marmorari Vassalletto sind. Der 1130 erwähnte Bassalictus könnte sehr wohl der „Stammvater" der Familienwerkstatt sein, doch ist ein Beweis nicht zu führen.

Zu konstatieren ist zunächst die Herkunft der Vassalletti aus einer Familie, die im frühen 12. Jahrhundert als (wahrscheinlich) begüterte Bürger nachzuweisen ist. Der Name Vasallus oder Vassallettus könnte, da er ganz offenbar schon in dieser Zeit Familienname war, sogar auf eine vornehme Stellung oder Abkunft hinweisen. Wenn sich der Schöpfer des Kreuzgangs von S. Giovanni in Laterano (Abb. 146) im 13. Jahrhundert *nobiliter doctus* nennt, mag eine derartige Tradition mitschwingen, wenn auch nur als Anspielung[560].

[554] De Rossi 1891 S. 90ff.
[555] So bei Bassan S. 117ff. und bei M. Schneider-Flagmeyer, Der Osterleuchter in der Kirche S. Lorenzo in Lucina (Abb. 54) in Rom. Ein Werk des Vassallettus III, in: Aachener Kunstblätter 41, 1971 S. 59ff. (Festschrift W. Krönig). Wahrscheinlich handelt es sich bei diesem Objekt um eine Fälschung!
[556] Gianfrotta, Giovanni Vassalletto S. 63ff.
[557] Stevenson Cod. Vat. lat. 10581 f. 47v (Pflugk-Hartung II, 282 und 296).
[558] Dazu P. Fedele, Tabularium S. Praxedis, in: A. S. R. S. P. 27, 1904 S. 27ff. Bes. S. 68ff.
[559] Fedele (siehe Anm. 558) S. 72.
[560] Vgl. dazu S. 126ff.

Wie Giovannoni möchte ich nur drei Generationen der Familienwerkstatt annehmen. Die erste Generation ist dabei die unsicherste. Von dem hier erstmals so genannten Romanus Vassalletti ist nichts als die Signatur einer Grabinschrift überliefert. In der zweiten Generation, vielleicht sind es die Söhne des eben genannten, arbeitet ein Brüderpaar: Petrus Vassalletti und Johannes Vassalletti. Das Oeuvre des Petrus ist z.T. erhalten, so daß wir uns im späten 12. und frühen 13. Jahrhundert erstmals ein Bild von den künstlerischen Leistungen der Werkstatt machen können. Schon hier deutet alles darauf hin, daß ein wesentlicher Teil der künstlerischen Produktion bildhauerische Arbeiten ausmachen.

Vom frühen 13. Jahrhundert bis etwa in die Zeit um 1260 begegnet uns dann in den Signaturen der Name Vassallettus. Ich sehe mich außerstande, diese Bezeichnung in mehrere Personen, seien es Generationen oder Brüder, aufzulösen. Die Werkstätten, die in den großen Ausstattungsprojekten dieser Zeit tätig waren, setzen sich naturgemäß aus einer Vielzahl von Einzelkräften zusammen, die auch eine durchaus unterschiedliche künstlerische Handschrift zeigen. So bleibt von dem Namen Vassalletto in dieser Zeit wenig mehr als die Gewißheit, daß es jeweils eine prägende Persönlichkeit als Werkstattleiter gab, der es gelang, dem Gemeinschaftswerk einen einheitlichen Stil zu geben. Welches Werk aber nun wirklich von der Hand dieses signierenden Meisters stammt, diese Frage kann bisher mit Vermutungen nur unbefriedigend beantwortet werden[561]. Daß es neben Vassalletto noch andere Mitglieder seiner Familie gegeben hat, beweist eine Urkunde des Klosters Sassovivo aus dem Jahre 1232, in der man unter Zeugen einen Niccola de Vassalictu findet. Damals war der Neubau des Kreuzgangs durch den römischen Marmorarius Petrus de Maria in vollem Gange[562]. Es ergibt sich also folgende Übersicht:

Romanus Vassalletti (?)	1150
Petrus Vassalletti — — — — Johannes Vassalletti	ca. 1180—1230
(Niccola da Vassalictu	1232)
Vassallettus (vielleicht mehrere Künstler dieses Familiennamens)	ca. 1230—1260

Für die zeitliche Einordnung einiger Signaturen wichtig ist die unterschiedliche Schreibweise. Die Signaturen des 12. Jahrhunderts bis etwa in die Zeit um 1220 beginnen den Namen mit B. Häufig ist in dieser Zeit auch die Schreibweise Bassallectus oder Bassallictus, wobei die Verdoppelung von s und l häufig unterbleibt. Erst nach 1220 ist der „Firmenname" in der Schreibweise Vassallettus/Vassalletto festgelegt.

Der Schwerpunkt der Arbeiten der Vassalletto-Werkstatt liegt stärker als bei anderen Marmorari-Familien in der Bildhauerkunst. Im 12. Jahrhundert war die Werkstatt möglicherweise spezialisiert auf Flachreliefs nach frühchristlichen oder byzantinischen Vorbildern. Wie sich im Abschnitt über Petrus Vassalletus zeigen wird, sind die konkreten Anhaltspunkte dafür nicht stark genug, diese These zu verifizieren. Von Pavimenten der Werkstatt wissen wir gar nichts, und auch das liturgische Mobiliar gewinnt erst um 1200 einen gewissen Stellenwert im Gesamtoeuvre. Dagegen ist der Anteil aufwendiger Architekturen mit reicher Ausstattung an dekorativer Skulptur — zumindest im 13. Jahrhundert — unverhältnismäßig hoch.

[561] Ein methodisch ähnlich schwer zu lösendes Problem bietet eine Händescheidung an den großen Goldschmiedewerken aus der Werkstatt des Nicolaus von Verdun. Dazu R. Hamann-MacLean, der Dreikönigenschrein im Kölner Dom, Bemerkungen zur Rekonstruktion, Händescheidung und Apostelikonographie, in: Kölner Domblatt 33/34 1971 S. 73ff.; ders., Byzantinisches und Spätantikes in der Werkstatt des Nicolaus von Verdun, in: Kölner Domblatt 42, 1977 S. 243ff.; Auch Claussen, Dreikönigenschrein S. 12ff. und Claussen, Goldschmiede, S. 50ff.
[562] Siehe dazu S. 158ff. Auch Faloci-Pulignani Marmorari Romani S. 31.

a) ROMANUS VASSALLETTI (?) IN SS. COSMA E DAMIANO, ROM[563]

In zwei barocken Inschriftensammlungen ist das schöne Grabepigramm eines Kardinals Guido überliefert, das sich ehemals in seiner Titelkirche SS. Cosma e Damiano befand[564]. Der Kardinal und päpstliche Kanzler (+ 1149) ist uns schon aus seiner Stifterinschrift am Ziborium der Kirche, ein Werk der Söhne des Paulus, bekannt[565]. Die Inschrift muß sich nicht in der Kirche selbst befunden haben. Gualdi beschreibt sie als „in aede S.S. Cosmae et Damiani". Ihr Träger war eine *tabula marmorea*. Als Schlußzeile las er — von der eigentlichen Grabinschrift abgesetzt — folgende Signatur[566]: Romani Basiletti incidit".

In der Inschriften-Sammlung der Bibliotheca Vallicellana habe ich folgende Version der Künstlerinschrift gefunden[567]: Romanus Basilleti incidit, die allerdings wiederum von De Rossi als „Romanus Basillet' incisit" gelesen wurde[568]. Wenn die Inschrift vollständig wiedergegeben ist, gibt der Genitiv der Version Gualdis (oben) keinen rechten Sinn. Wohl aber in der zweiten: Romanus, Sohn des Vassallettus, hat (die Inschrift) in den Stein gegraben. Incidere als Signaturformel ist im römischen Gebiet ungewöhnlich. Das Domportal von Benevent mit seinem prächtigen, rankenverzierten Marmorrahmen signiert aber im späten 12. Jahrhundert ein Rogerius[569]: „Haec studio sculpsit Rogerius et bene incisit marmora...". Incidere muß sich also nicht allein auf die Inschrift beziehen, sondern kann auch andere Meißelarbeit in Marmor bezeichnen.

Der von mir hier vorgeschlagene Künstlername Romanus Vassalletti sollte bei der unsicheren Überlieferungslage niemals ganz ohne Fragezeichen geführt werden. Romanus ist allerdings ein sehr gebräuchlicher Vorname in Rom. Im Index des Liber Censuum sind nicht weniger als 38 Träger dieses Namens aufgelistet[570]. Einige Jahrzehnte später signiert ein Magister Romanus filius Constantinus marmorarius ein Kapitell im Kreuzgang von Monreale[571]. Die Interpretation des Wortes „Romanus" als Name erscheint mir jedenfalls plausibler als eine adjektivische Konstruktion „romani Basiletti"[572]. Als Römer haben die Marmorari in der Regel nur außerhalb der Stadt signiert[572].

Die Ausführung der Inschrift wird, wie Giovannoni vermutet hat, bald nach dem Tode des Kardinals (+ 1149) erfolgt sein[573]. Ob Romanus (?) Vassalletti außer der Inschriftenplatte auch das zugehörige Grab signiert hat, ist nach der Lage der Dinge nicht zu beweisen, aber doch zu vermuten. Auf dieser Vermutung möchte ich die Hypothese aufbauen, daß ein — bisher weitgehend unbekanntes — in seiner Architektur höchst bemerkenswertes Grabmal „in aede S.S. Cosmae e Damiani" (Abb. 118, 119), das seinen Formen nach aus der Mitte des 12. Jahrhunderts stammt, als Werk unseres Meisters anzusprechen ist. Wie ich im Folgenden zu zeigen versuchen werde, handelt es sich bei diesem bisher

[563] Lit.: Cod. Vat. Lat. 12117 f. 349r; Cod. Vall. G.28 S. 16; Cod. Vat. lat. 8254 f. 351; Forcella IV S. 64; Stevenson, Cod. Vat. lat. 10581 f. 14v; De Rossi 1891 S. 92; Giovannoni, Opere S. 279; Biasotti/Whitehead, Cosma e Damiano; G. Matthiae, SS. Cosma e Damiano, Roma 1960 (Le chiese di Roma illustrate 59); P. Chiccioni, La basilica e il convento dei SS. Cosma e Damiano in Roma, Roma 1963; F. P. Fiore, ,L'impianto architettonico antico, in: Quad. Ist. St. dell'Architett. Ser. 26, 1980 Heft 157—162 S. 63ff.
[564] Gualdi, Cod. Vat. lat. 8254 f. 351; Cod. Vall. A. 28f. 16. Forcella IV S. 64 gibt nur den Text der Grabinschrift ohne Signatur; De Rossi 1891 S. 92; Giovannoni, Opere S. 279; Bessone S. 29, Hutton S. 39.
[565] Vgl. dazu S. 17.
[566] Gualdi, Cod. Vat. lat. 8254 f. 351.
[567] Cod. Vall. A. 28f. 16.
[568] De Rossi, 1891 S. 92.
[569] Venturi III S. 684.
[570] Liber Censuum (Fabre).
[571] Vgl. dazu S. 237.
[572] Eine Ausnahme macht z.B. Petrus Cosmati um 1300 am Grab des Kardinals Gonsalves (Abb. 293) in S. Maria Maggiore. Vgl. S. 229.
[573] Herklotz, Sepulchra S. 156 nach Zenker, Kardinalskollegium S. 146ff. Giovannoni, Opere S. 279 nennt 1153 als Todesjahr. Möglich ist es natürlich auch, daß der Kardinal schon zu Lebzeiten für ein Grabmal sorgte.

anonymen Grab um das des Kardinals Guido. Es befindet sich in der Rotunde des Romulustempels, der ursprünglich als eine Vorhalle der Kirche SS. Cosma e Damiano fungierte[574]. Von hier, vom Forum aus, betrat man das Heiligtum. Genau in der Achse des Portals fällt der Blick des Eintretenden an der gegenüberliegenden Wandnische des Tholos (Abb. 118, 119) auf eine hohe Grabarchitektur aus Marmor. Rechts davon führt, abweichend von der Portalachse, der Eingang in die Kirche, deren Niveau sich — nach den barocken Veränderungen — in der heutigen Unterkirche erhalten hat. Die Position des Wandnischengrabes spricht für eine Inszenierung mit höchstem Anspruch. Der antike Rundbau, eine Memorie, die mit dem Namen des Stadtgründers verbunden ist, wird als Vorhalle zum mittelalterlichen Mausoleum. Aber für wen? Die Titelheiligen kommen nicht in Frage. Ihre Reliquien liegen im Altar.

Nun hat sich für die Position des Grabes ein analoges Grab erhalten, das auch in den Einzelheiten große Übereinstimmungen aufweist. Der Grundtypus des Grabes am Forum gleicht nämlich dem berühmten Wandgrab mit aufgesetzter Ädikula auf Säulen (Abb. 120), das sich der päpstliche Kämmerer (und wahrscheinlich Kardinal-,,Verweser") Alfanus gegen 1123 — noch zu Lebzeiten — in der Vorhalle von S. Maria in Cosmedin errichten ließ[575]. Er war der Stifter der prächtigen Marmorausstattung (Abb. 5, 6), die Papst Calixt II 1123 geweiht hat, und hat sich als solcher in zwei Inschriften im Inneren der Kirche verewigen lassen. Ganz ähnlich liegen die Dinge in SS. Cosma e Damiano. Dort ist Kardinal Guido als Stifter einer neuen Ausstattung der Kirche bezeugt. Ein Wandgrab, das seinen Formen nach um 1150 entstanden sein muß und den Typ des Alfanus-Grabes — wie wir sehen werden — weiterentwickelt, ist wie in S. Maria in Cosmedin in der Vorhalle erhalten. Nimmt man die überlieferte Grabinschrift hinzu, die sich wohl auf dieses Grab bezogen hat (in marmoreo sepulchro) und die von einem Marmorarius signiert worden ist, so scheint mir die Zuschreibung des Grabes an Kardinal Guido, bzw. an den Künstler Romanus (?) Vassalletti gerechtfertigt[576].

Der Rundraum der ehemaligen Vorhalle ist bis heute Depot und Lapidarium für das Forum. Die Reste der mittelalterlichen Ausstattung sind in unserem Jahrhundert unter den Augen der dafür zuständigen Archäologen zerstört worden. Auf älteren Photographien ist der Säulenaufbau noch intakt, und man erkennt die Reste eines Freskos aus dem späten 13. Jahrhundert (?) an der Rückwand des Grabes[577]. Die Wandmalereien sind inzwischen verschwunden. Die Säulen und das Gebälk der Grabädikula lagen 1981 ungeschützt zwischen Gesteinstrümmern im Schutt.

Verglichen mit dem Grab in der Vorhalle in S. Maria in Cosmedin (Abb. 118, 119, 120) fällt die stärkere Höhenerstreckung auf. Das fängt beim Sockel an. War dieser am Alfanus-Grab niedrig und ungegliedert, so erreicht er hier 0,44 m Höhe und ist von einem breiten Basisprofil umgeben. Ein hohes, abgetrepptes Gesims leitet von dem (ehemals marmorverkleideten) Sockel über zu dem eigentlichen ,,Kasten" des Sarkophages. Bei zwei Meter Breite und 0,60 m Tiefe erreicht er die beträchtliche Höhe von 1,17 m[578]. In S. Maria in Cosmedin war die Front des Sarkophages durch vier Pilaster in drei Kompartimente gegliedert. Dieses Motiv ist in SS. Cosma e Damiano verändert und bereichert. Ein flacher, waagerechter Marmorbalken teilt die Front, so daß die Gliederung zweigeschossig wird

[574] Dazu Biasotti/Whitehead, Cosma e Damiano S. 96. Herklotz, Sepulchra S. 156. Der Romulus-Tempel hat in jüngster Zeit, was seine antike Struktur betrifft, eine Monographie in den ,,Quaderni dell'Institutio di Storia dell'Architettura" Ser. 26 (1980) Heft 157–162 gefunden. Darin besonders der Beitrag von F. P. Fiore, L'impianto architettonico antico S. 63ff. mit einer Bauaufnahme, die auch das Grab zeigt. Dort S. 4ff. ausführliche Bibliographie.
[575] Zuletzt J. Osborne, The Tomb of Alfanus in S. Maria in Cosmedin, Rome, and its Place in the Tradition of Roman Funerary Monuments, in: P. B. S. R. 51, 1983 S. 240ff.
[576] Panvinio Cod. Vat. lat. 12117 f. 349r (von mir nicht eingesehen) nach Herklotz, Sepulchra S. 202 Anm. 42. Dort weitere Nachweise. Wortlaut des Epitaphs unten Anm. 581. Herklotz kommt zu einer ähnlichen Vermutung, was die Autorschaft betrifft (S. 203) ,,L'autore della tomba sarebbe dunque stato Romano, figlio di un Vassaletto?"
[577] Siehe Biasotti/Whitehead, Cosma e Damiano fig. 21. Auch Foto Luce C 7021. Ausführlich Herklotz, Sepulchra S. 156.
[578] Alle Maße nach Ingo Herklotz, dem ich auch für die freundliche Überlassung einiger photographischer Neuaufnahmen (Abb. 118, 119) der Bibliotheca Hertziana danke.

und insgesamt sechs Marmorfelder entstehen. Die Pilaster verlieren dabei jede Tektonik. Es entsteht eine Art Blendfachwerk in Marmor. Die Binnengliederung der Marmor-,,Balken'' betont diese Tendenz, indem an den Kreuzungspunkten der Balken quadratische Spiegelfelder zwischengeschaltet werden. Statt der architektonischen, breit lagernden Gliederung des Alfanus-Grabes entsteht hier nun der Eindruck einer hohen Wandvertäfelung.

Zwei schlanke Säulen mit präzise gearbeiteten Kapitellen (Abb. 119), die einen korinthischen Typ stark vereinfachen, tragen (trugen) einen Architrav mit einem vielfach abgestuften Profil. Einlassungen an dessen Oberseite zeigen an, daß sich darüber noch ein Aufbau wie am Grab des Alfanus befunden hat. Hier oder an der Rückwand könnte auch die Grabinschrift des Guido *in tabula marmore* ihren Platz gehabt haben[579].

Bei aller Nähe im Typus gibt es doch Unterschiede zwischen dem Grab des Alfanus (Abb. 120) und dem der Romulus-Rotunde (Abb. 118). Ich sehe das als Folge einer Entwicklung, für die der zeitliche Abstand zwischen ca. 1123 und ca. 1153 den Rahmen abgibt. Dafür, daß das Grab im Tempel des Romulus wirklich zwischen 1150 und 1160 entstanden ist, gibt es einen Hinweis: Die Marmorpaneele des Taufbrunnens in S. Maria di Castello in Tarquinia (Abb. 42) haben offenbar eine Dekorationsform als Vorbild, wie sie am Grabmal gefunden worden war[580]. Das Rahmenfachwerk hat hier allerdings seine innere Logik und seinen Zusammenhalt verloren. Die präzisen Spiegelformen der Rahmen sind zu graphisch begrenzten, inselförmigen Ornamenten geworden. Die einzelnen ,,Balken'' haben keine feste Verbindung und scheinen der dahinterliegenden Marmorplatte auch ,,keinen Halt'' geben zu können. 1168 ist das Ziborium in Tarquinia gestiftet worden. In dieser Zeit wird die Hauptphase der Ausstattung zu suchen sein. So wird man nicht fehlgehen, den Taufbrunnen um 1170 zu datieren. Da ich seine Ornamentik als (falsch verstandene) Kopie der Vertäfelung des Grabes in der Rotunde am Forum (oder eines verwandten, verlorenen Denkmals) ansehe, müßte das Vorbild jedenfalls vor 1170 entstanden sein.

Schließlich möchte ich ganz kurz auf die Grabinschrift des Guido eingehen, denn auch sie ist ein Hinweis auf ein prunkvolles Marmorgrab, das mit Malerei ausgeschmückt war[581]. Es heißt darin: *Non opera pictoris eget non marmore sculpto non titulo celebri tam titulosus homo*. Nicht gemaltes, Bild, nicht behauener Marmor... solche Formulierungen bekommen ihren Sinn erst an einem Grabmal, das durch eben diese Kostbarkeiten ausgezeichnet ist.

Mehr läßt sich im Moment nicht über die Autorschaft des Grabes eruieren. Was aber im Vergleich mit der übrigen Marmorkunst bis ca. 1170 auffällt, ist die stupende Qualität der Grabarchitekturen in S. Maria in Cosmedin und im Romulus-Tempel. Das betrifft den Entwurf, aber auch die Ausführung der Einzelformen. Die Schlichtheit und Großflächigkeit der Architektur, vor allem der Verzicht auf alle farbigen Inkrustationen geht — selbst wenn solche Eigenheiten vom Auftrag bestimmt sind —

---

[579] Auch das lange Grabgedicht, des Busketus, den Architekten des Pisaner Domes, rühmt, sitzt im Giebel seines Grabes an der Fassade des Domes. Vgl. dazu G. Scalia, Ancora intorno all'epigrafe sulla fondazione del duomo pisano, in: Studi medievali Ser. 3, 10,2 1969 S. 483ff.

[580] Vgl. dazu auch oben im Abschnitt über die Rainerius-Familie S. 40. Auch Herklotz, Sepulchra S. 156 fig. 49 ist auf diesen Vergleich gekommen.

[581] Forcella IV S. 64.
Sedis apostolicae Guido cancellarius in se
quam nihil est mundi gloria morte probat
Pisa virum peperit quem donat Roma sepulcro
vix paritura parem vix fruitura pari.
Non opera pictoris eget non marmore sculpto
non titulo celebri tam titulosus homo.
Tertia post idus Augusti peperit illum
Virtutum titulis invidiosa dies.
Huic sine nocte diem, vitam sine morte,
quietem det sine fine dies, vita, quisq. deus.

der Forderung nach kleinteiligem, polychromen Ausstattungsprunk, die man seit der Mitte des 12. Jahrhunderts zunehmend beobachten kann, voraus oder entgegen. Ob allerdings aus dieser gemeinsamen Tendenz eine künstlerische, werkstattähnliche Tradition abzulesen ist, bleibt fraglich.

b) PETRUS VASSALLETTUS

Nur drei Signaturen sind überliefert oder erhalten, in denen uns dieser Name (in verschiedenen Schreibweisen) erhalten ist. Alle datieren vor oder um 1200. Das gesicherte Oeuvre bleibt äußerst schmal, besonders weil der Künstler in zwei dieser Inschriften mit anderen zusammenarbeitet: am Osterleuchter von S. Paolo fuori le mura (Abb. 26) zusammen mit Nicolaus de Angelo und in Cori zusammen mit seinem Bruder Johannes. Es ist durchaus möglich, muß aber Hypothese bleiben, daß Petrus Vassallettus der wichtigste Bildhauer des späten 12. Jahrhunderts in Rom war[582]. Ebenso ist es nur Vermutung, daß er es war, der den Kreuzgang des Lateran begann, der von einem Vassalletto der folgenden Generation unter Berufung auf den Vater vollendet und signiert wurde. Auch muß man mit der Möglichkeit rechnen, daß ein Teil der Vassalletto-Signaturen des frühen 13. Jahrhunderts von ihm stammen, wenn auch er schon — wie die Folgegeneration — nach 1200 den Vornamen in der Signatur ablegte. Die Unsicherheiten und Schwierigkeiten kann ich hier nur lösen, indem ich mich zunächst auf die durch Signatur gesicherten Werke beschränke, im Anschluß daran die „Vassallettus" signierten Werke behandle, um dann in einem an Zuschreibungen und Exkursen reichen Schlußkapitel die Vassalletto-Werkstatt des 13. Jahrhunderts als homogene Gruppe (verschiedener Künstlerpersönlichkeiten?) vorzustellen. Dort wird auch Petrus Vassallettus als möglicher Initiator der Prachtkreuzgänge von S. Paolo fuori le mura und S. Giovanni in Laterano seine Rolle spielen.

Petrus Vassallettus im Dom von Segni[583]. Ottavio Lauri überliefert eine Stifterinschrift mit dem Vollendungsdatum 1185 für den Dom von Segni und im Anschluß daran zwei Signaturen[584]: Die des Laurentius mit seinem Sohn Jacobus und folgende Inschrift:

PETRVS BASALLECTUS FECIT HOC ANNO DNI MCLXXXV

Die Inschrift war nach der barocken Erneuerung, Stevensons Notizen zufolge, noch als Schwelle des Hauptportals zu sehen[585]. Vielleicht handelte es sich — wie in Cori — um ein Ziborium. Die drei Platten (Abb. 62), die sich von der mittelalterlichen Ausstattung des Domes erhalten haben, sind als Träger einer Altarmensa in der Kapelle des Hl. Bruno wiederverwendet worden. Die Mittelplatte zeigt ein Fünfkreis-Muster und in den Zwickeln Meerdrachen und Taubenpaare. Diese Ornamentik, die um

---

[582] Siehe auch den Abschnitt über den Osterleuchter von S. Paolo fuori le mura (S. 28) und über das Portal von S. Pudenziana (S. 118).

[583] Lit.: O. Lauri, Storia di Segni, Bibl. Casanatense Ms. E III f. 23; Ughelli, Italia Sacra I Sp. 12 38; Stevenson, Cod. Vat. lat. 10581 f. 78; Clausse S. 238f. gibt als Datum irrtümlich 1186 an; Giovannoni, Note S. 12 Anm. 1; Giovannoni, Opere S. 280; C. Jonta de Felice, Storia di Segni, Gavignano 1928, S. 179; Bessone S. 30; Hutton S. 39;

[584] Lauri, Storia gibt eine andere Inschrift wieder als Ughelli, Italia Sacra. I Sp. 1238. Den Wortlaut dieser Inschrift, die ebenfalls 1185 als Abschlußdatum nennt, habe ich oben Anm. 288 zitiert. Lauri: „Anno 1185 IV. D. Lucii III PP. et X Domini episcopi Petri hoc opus perfectum est in cuius structura ben. huius ecclesiae pro anima sua et fratris sui et Narnienis ep. dedi C sol. Graeg. diac. 53 lib. Petrus subdit XX sol. Albertinus Scrinarius unam marcam argenti.
Laurentius cum Jacobo filio suo huius operis magister fuit". Vgl. auch S. 59ff. im Abschnitt über die Laurentius-Familie. Hutton S. 39 verstümmelt die Signatur: „Petrus Bassaletus MCLXXXV. Siehe Pasti S. 57ff. und Abb. 59 A.

[585] Stevenson, Cod. Vat. lat. 10581 f. 78 „che di presente serve di soglia alla porta maggiore della moderna cattedrale con non poca ammirazione di chi osserva". Bei meinem Besuch in Segni konnte ich davon nichts entdecken. Ich bin aber überzeugt davon, daß sich noch weitere Stücke erhalten haben, wenn auch nicht im Dom selbst.

1185 im Repertoire der Laurentius oder Vassalletto-Werkstatt sonst nicht begegnet, erlaubt es nicht, diese Fragmente der einen oder anderen Werkstatt zuzuschreiben.

Wie in Rom in S. Pietro haben Laurentius und sein Sohn Jacobus mit einem Angehörigen der Vassalletto-Werkstatt gleichzeitig an der liturgischen Ausstattung gearbeitet. Man wetteiferte offenbar mit den reichsten Bauten in Rom. Segni war — wie Ferentino — im 12. Jahrhundert von großer Bedeutung und diente den Päpsten wiederholt als Zuflucht[586]. Wahrscheinlich ist uns mit dem mittelalterlichen Dom von Segni eines der wichtigsten Werke der Marmorari in der zweiten Hälfte des 12. Jahrhunderts verloren gegangen.

Petrus Vassallettus in S. Paolo fuori le mura, Rom, Osterleuchter[587]. Der Osterleuchter (Abb. 26) der Basilika ist ein Gemeinschaftswerk mit Nicolaus de Angelo, wie uns die schwer lesbare Signatur verrät[588]:

EGO NICON(L)AVS DE ANGILO CVM PETRO BASSALETTO HOC OPVS CŌPLEVI

Über den Marmorleuchter, seine Typologie, seine künstlerische Qualität und sein nachmittelalterliches Schicksal ist im Abschnitt über den — in der Signatur an erster Stelle genannten — Nicolaus de Angelo berichtet worden[589]. Wir haben dort auch versucht, ein Entstehungsdatum um oder nach 1190 plausibel zu machen. Es kann naturgemäß nur Vemutung sein, doch habe ich versucht, Kriterien zu finden, die das Werk des einen Künstlers von dem des anderen unterscheiden[590]. Ich bin dabei zu dem Ergebnis gekommen, daß Nicolaus de Angelo für das Gesamtkonzept und für die kräftige, plastisch gedachte Sockelskulptur (Abb. 28) verantwortlich war, Petrus Vassallettus aber die drei ringförmigen Reliefgeschosse mit den Passionsreliefs ausgeführt hat (Abb. 27, 30, 31). Das Konzept dieser Reliefs ist allerdings auch schon im Abschnitt über Nicolaus de Angelo gewürdigt und analysiert worden. Ich kann mich deshalb hier auf wenige Grundzüge beschränken[591].

Die Ikonographie ist, wie René Jullian festgestellt hat, voller Merkwürdigkeiten[592]. Ob sein Erklärungsmodell eines Konglomerates zeitlich und örtlich weit auseinanderliegender Quellen, entsprungen der umfassenden Kenntnis des entwerfenden und stiftenden Geistlichen, überzeugt, kann hier nicht diskutiert werden. Wohl aber die Merkmale, die er als konstituierend für den Stil ansieht. Er glaubt, daß sich der Künstler insbesondere frühmittelalterliche Elfenbeine zum Vorbild genommen hat[593]. Für Einzelheiten hätten außerdem römische Sarkophagreliefs als Anregung gedient. Alles in allem ergibt das ein höchst kompliziertes Bild, zusammengesetzt aus verschiedenen Epochen, verschiedenen Kulturkreisen und verschiedenen Kunstgattungen: Durch die jüngste Untersuchung von Bassan hat sich das Bild zusätzlich kompliziert. Der Leuchter wird viele seiner Rätsel behalten. Das Beste wird sein, wenn man nach den konkreten Vorbedingungen im mittelalterlichen Rom sucht. Nicht einmal das ist allerdings in diesem Rahmen möglich.

Wenn man sich vorstellt, daß der Künstler vor eine Aufgabe gestellt war, für die es in Rom keine lebendige Tradition gab, wohl aber in den Reliefs der frühchristlichen Sarkophage einen großen Fun-

[586] Siehe Jonta, Storia S. 243 und Anm. 308. Auch Gregorovius, Rom II, 1 S. 256.

[587] Die Literatur ist im Wesentlichen die gleiche wie die im Abschnitt über Nicolaus de Angelo Anm. 158 aufgeführte. Ergänzen möchte ich nur: Giovannoni, Opere S. 279f.

[588] Diese Version ist entnommen Julian, Candélabre S. 75. Zu den verschiedenen Lesungen der Signatur vgl. Anm. 160. In Anm. 161 die übrigen Inschriften des Leuchters mit der Erwähnung des Stifters, eines sonst nicht bekannten Othonus monachus.

[589] Siehe dazu S. 28ff.

[590] Jullian, Candélabre hat dagegen darauf verzichtet, zwischen beiden Künstlern zu trennen, sieht aber ebenfalls Nicolaus de Angelo als den führenden an. Bassan S. 117ff. ist in der Frage der künstlerischen Autorschaft anderer Ansicht. In den christologischen Szenen erkennt er die Hand des Nicolaus de Angelo. Die Sockelskulpturen schreibt er Petrus Vassallettus zu. Die Ergebnisse der Untersuchung von Schneider-Flagmeyer waren mir nicht zugänglich.

[591] Es ist natürlich nicht auszuschließen, daß Nicolaus de Angelo auch an den Reliefzonen beteiligt war. Jullian sieht mit Recht einige Unterschiede innerhalb der Reliefs.

[592] Jullian, Candélabre S. 80ff.

[593] Jullian S. 88.

dus an höchst qualitätvollen Vorbildern, so muß die gefundene Lösung in ihrer Originalität überraschen. Wir hatten schon betont, daß in den dichtgedrängten „Massenszenen", etwa der Gefangennahme (Abb. 27), der Säulenkern für das Auge ersetzt wird durch die gestaffelten Körper der stehenden Figuren: die Körper tragen den Leuchterstamm. Gestaffelte Figuren sind in ähnlicher Weise auch an spätantiken Sarkophagen anzutreffen. Das Besondere ist die jähe Rundung des Reliefs, die den Figuren einen Binnenraum schafft, der nichts mit der bühnenhaften Raumillusion eines antiken Reliefs zu tun hat.

Als roh und unbeholfen hat René Jullian die Machart besonders der Gewänder bezeichnet[594]. Das ist sicher nicht falsch, verschweigt aber die große Wirkung, die durch den bewußten Gegensatz der flachen, teigigen Gewandpartien und der sprechenden Köpfe erzielt wird. Ebenso bedacht gewählt ist der Gegensatz zwischen den glatten Kleidern Christi und den — durch enge Bohrlöcher gekennzeichneten — Kettenhemden der Schergen. Die größte Ausdruckskraft liegt in den Köpfen. Der zugrundeliegende Gesichtstypus ist dem römischen Grabporträt entlehnt. Deutlich wird das besonders an der büstenhaften Figur des Johannes (Abb. 31) bei der Kreuzigungsszene. Wie nun aber Jugend und Alter, Anbetung und Verschlagenheit innerhalb dieses engen Rahmens durch differenzierte Mittel ausgedrückt worden sind, das gehört zu den besonderen Qualitäten dieses Bildhauers. Merkwürdigerweise hat sich nichts in Rom erhalten, das diese Tradition des figürlichen Reliefs fortsetzt. Wohl aber gibt es eine Reihe von Werken aus der Frühzeit des 12. Jahrhunderts, die von frühchristlichen Vorbildern ausgehend, mittelalterliche Repliken schaffen. Auch sind in der zweiten Hälfte des 12. Jahrhunderts in Rom Türrahmen entstanden mit Büstenmedaillons (Abb. 131, 134), die ein deutlicher Reflex frühchristlicher oder byzantinisch beeinflußter Malerei sind. In dieser Tradition einer frühchristlichen Renovatio des 12. Jahrhunderts scheinen mir auch die Reliefs des Leuchters zu stehen. Im frühen 13. Jahrhundert gehören nur noch die Fragmente des Portales von S. Pudenziana (Abb. 131, 134) dieser Bildhauerschule an[595]. Das Portal war offenbar von einem Vassalletto signiert. Es ist nicht mehr als eine Hypothese, aber ich halte es sehr gut für möglich, daß die Familie Vassallettus — so wie sie im 13. Jahrhundert die führenden Bildhauer Roms in ihrer Werkstatt vereinte — auch schon im 12. Jahrhundert besonders die Aufträge übernommen hat, bei denen im Relief frühchristliche Bildtraditionen aufgenommen wurden. Wie nahe die Bildung der Gesichter am Osterleuchter von S. Paolo fuori le mura schon solchen des frühen 13. Jahrhunderts ist, beweist der Ambo, der heute in S. Cesareo aufgestellt ist[596]. Die Gesichter der kleinen hockenden Atlanten (Abb. 34) unter den Säulen des Kanzelkorbes entsprechen ganz denen des Leuchters (Abb. 27).

Petrus Vassallettus und sein Bruder Johannes in Cori[597]. Bei Grabungen im Bereich des Herkulestempels wurde an der Stelle, an der sich die im zweiten Weltkrieg zerstörte Kirche S. Pietro befand, ein Marmorbalken mit folgender Signatur gefunden:

+ PETRVS BA'SALLETTI
ET IOHS FRAT E(IV)S FE
CERVNT HOC OPVS

Da das Stück eine antike Inschrift auf der Rückseite trägt, andererseits aber auch Spuren einer nachmittelalterlichen Wiederverwendung zeigt, wäre es interessant, dieser bewegten Geschichte nachzugehen[598]. Die Indizien dafür sind aber gering. Wie viele Ziboriumsbalken ist der Marmorarchi-

---

[594] Jullian, Candélabre S. 88f.
[595] Siehe dazu S. 118.
[596] Der Ambo trägt keine Signatur.
[597] Gianfrotta, Giovanni Vassalletto S. 63ff.
[598] Auf der Seite der mittelalterlichen ist auch — auf den Kopf gestellt — folgende antike Inschrift zu lesen, die von einer Statuenbasis stammen könnte:
X S(enatus) C(onsulto) OB Merita Eius.

trav an der Frontseite mehrfach profiliert. Außerdem zieht sich — wie an den Ziborien von S. Giorgio in Velabro, in Ferentino (Abb. 205, Drudus) und Anagni über die Länge ein vertieftes Feld für einen inzwischen ausgebrochenen, inkrustierten Mosaikfries. Somit scheint mir die mittelalterliche Funktion als Balken eines Ziboriums gesichert. Es ist gut möglich, daß das Marmorfragment in dem barocken Bau von S. Pietro wiederverwendet wurde. Daß es aus dessen mittelalterlichem Vorgänger stammt, ist zu vermuten, aber nicht zu beweisen. Die Mosaikinkrustationen deuten darauf hin, daß das Werk der Gebrüder Vassalletti einige Zeit nach der Tätigkeit des Petrus Vassallettus in Segni, 1185, entstanden ist. Für eine Datierung um 1200 spricht auch der epigraphische Charakter. Von Johannes Vassallettus kennen wir überhaupt kein Zeugnis außer dieser Gemeinschaftssignatur mit seinem Bruder Petrus[599].

Fehlinformation: *Petrus Vassallettus angeblich in Ferentino.* Clausse berichtet von einer Signatur in der Fassade des Domes von Ferentino[600]: „une pierre encastrée dans la façade de l'église de Ferentino porte l'inscription: PETRVS BASSALETVS, avec la date 1185". Bessone behauptet, nicht nur Clausse, sondern auch Stevenson habe die Signatur in Ferentino erwähnt[601]. Doch habe ich in dessen Notizen und Publikationen nichts darüber finden können. So halte ich beim jetzigen Stand der Dinge eine Verwechselung mit der 1185 datierten Inschrift von Segni für äußerst wahrscheinlich[602]. An der Fassade von Ferentino, die ich Stein für Stein auf eine Inschrift abgesucht habe, ist weder außen noch innen die geringste Spur einer Signatur zu finden. Daß Clausse gelegentlich einige Unordnung in seinen Notizen zu Papier gebracht hat, ist bekannt. Die Signatur in Segni datiert er z.B. 1186. Den Bassaletus signierten Löwen in der Vorhalle von SS. Apostoli in Rom verlegt er nach Anagni[603]. Schließlich hat er an der Kanzel von Rocca di Botte eine Vassalletto-Signatur gelesen, die wahrscheinlich niemals existiert hat[604].

c) JOHANNES VASSALLETTUS

Dieser Bruder des Petrus Vassallettus ist nur aus der neugefundenen Signatur in Cori bekannt, die sich auf dem Fragment eines Ziboriumsbalken befindet[605]:

+PETRVS BA'SALLETTI·ET IOHS FRAT E(IV)S FE CERVNT HOC OPVS

Dem Schriftcharakter und auch der ehemaligen Mosaikinkrustation nach zu urteilen, dürfte das Werk um 1200 entstanden sein. Möglicherweise ist Johannes in der Vassalletto-Werkstatt des 13. Jahrhundert aufgegangen, ohne daß es möglich wäre, hier sein Oeuvre abzugrenzen.

d) VASSALLETTUS (VASSALLETTO)

Vassallettos künstlerische Reputation ist einerseits in seinem Werk begründet, dessen bildhauerischer Anteil hoch ist, andererseits auch in der Art der bisher bekannt gewordenen elf Signaturen. Mit Ausnahme des Ruhmestitels im Kreuzgang von S. Giovanni in Laterano (Abb. 146), in dem Vassalletto den anonym bleibenden Vater und Vorgänger in der Werkstattführung erwähnt, sind diese bemer-

[599] Siehe dazu unten S. 110.
[600] Clausse S. 238.
[601] Bessone S. 30.
[602] Siehe dazu S. 107f.
[603] Vgl. dazu S. 113ff.
[604] Siehe dazu S. 125.
[605] Gianfrotta, Giovanni Vassalletto S. 63ff. Vgl. auch S. 109.

kenswert knapp. Der Name steht für die ganze Werkstatt. Es werden keine Kollegen, kein Sohn oder Helfer genannt, obwohl die großen Aufgaben eine Vielzahl an Mitarbeitern erfordert haben. Der Magister-Titel, der in den früheren Signaturen zwischen 1220 und 1240 häufig geführt wird, ist in der Folgezeit von Vassallettus aufgegeben worden: *Vasalet' de Roma me fecit* ist der Thron in Anagni (Abb. 144) signiert und der Osterleuchter (Abb. 143) ebendort nur: *Vassaleto me fecit*[606]. In zwei Fällen, die aber wahrscheinlich besondere Bedingungen stellen, ist die Signatur auf den reinen Namenszug verkürzt[607]. Das ist die Künstlerinschrift der Neuzeit, die man versucht hat, als Markenzeichen zu definieren[608].

Es ist ein kaum lösbares Problem innerhalb eines Künstlerkataloges, wie er hier zu erstellen ist, eine derart komplexe Werkstatt wie die des Laterankreuzgangs aufzunehmen. Noch schwieriger ist die Ausgangslage, wenn man deutlich sehen kann, daß diese Werkstatt andere, aufwendige Aufträge wie den Kreuzgang von S. Paolo fuori le mura (Abb. 175) und den Neubau und die Neuausstattung von S. Lorenzo fuori le mura (Abb. 189, 194) übernommen hat, dort aber keine Signatur Vassallettos überliefert ist. Deshalb möchte ich diese „Großaufträge" in einem eigenen Abschnitt diskutieren, nachdem die übrigen überlieferten oder erhaltenen Werke des „Vassalletto" behandelt wurden.

Obwohl der Bruch in der Schreibweise Bassallectus — Vassalletto um 1220 eine Aufteilung nahezulegen scheint, habe ich darauf verzichtet, zwischen einem Vassalletto I und II oder gar III zu trennen. Dafür reichen die Kriterien nicht aus. Daß sich hinter dem Namen aber mehrere Künstler und vielleicht mehrere Generationen der Familie verbergen, halte ich für sehr wahrscheinlich.

Vassallettus in S. Pietro in Vaticano, Rom[609]. Petrus Sabinus notierte in seiner Inschriftensammlung zwei Signaturen römischer Marmorari in Alt St. Peter[610]: eine des Laurentius und dessen Sohn Jacobus am Ambo und im Anschluß daran eine zweite die bisher an der gleichen Stelle lokalisiert wurde:

> *Opus magistri Vassaleti — quod ipse fecit*

Die Form der Signatur stimmt mit anderen des Vassallettus aus der Zeit um 1220—30 überein. Besonders die Betonung der Eigenständigkeit oder Eigenhändigkeit *ipse* erinnert an die Signatur des Kreuzgangs von S. Giovanni in Laterano[611]. Es ist nach Lage der Dinge unmöglich, in den erhaltenen Fragmenten der Ausstattung von Alt St. Peter das Werk zu erkennen, auf das sich die Signatur bezogen hat. Mit großer Wahrscheinlichkeit ist es für immer verloren.

Wenn es in einem räumlichen Zusammenhang mit dem von Petrus Sabinus erwähnten Ambo stand, kann es sich bei dem Werk des Vassallettus sehr wohl um den ehemaligen Osterleuchter der Basilika gehandelt haben. Dieser ist im Grundriß von Alt St. Peter bei Alpharanus (Abb. 74) als ein sehr großes Gebilde mit einer dreifüßigen Basis eingetragen[612]. Alpharanus beschreibt ihn folgendermaßen: *Candelabrum maximum e pario marmore coelatum ac deauratum ad Cereum paschale sustinendum*[613]. Mit fast den gleichen Worten *(Basis magna marmorea coelata ac deaurata)* ist der daneben-

---

[606] Siehe S. 122ff. Vgl. Claussen, Künstlerstolz S. 31f.

[607] Es sind das der Löwe von SS. Apostoli (Abb. 121, siehe S. 113ff. und die Nachricht Winckelmanns von einer fraglichen Signatur auf der Plinthe einer Äskulap-Statue (vgl. S. 126).

[608] Dazu vor allem A. Chastel u.a., L'art de la signature, in: Revue de l'art 26, 1974 S. 8ff.

[609] Lit.: Petrus Sabinus, Venedig Bibl. Marciana Cod. Vat. lat., X, 195 (= 3453) f. 195, 196; Alpharanus, ed. Cerrati S. 33, 183; De Rossi 1875 S. 127; De Rossi 1891 S. 55; Clausse S. 239; Giovannoni, Note S. 11; Giovannoni, Opere S. 280; Bessone S. 21; Hutton S. 35.

[610] Venedig, Bibl. Marciana, Cod. lat. X, 195 (= 3453) f. 195r und 196r; De Rossi 1875 S. 127; ders. 1891 S. 55; Clausse S. 239, der die Signatur (fälschlich) in Ciampini, De Aedificiis gefunden haben will. Giovannoni, Note S. 11. Giovannoni, Opere S. 280, der den Text des Petrus Sabinus so interpretiert, als handele es sich um eine Gemeinschaftssignatur mit der Laurentius-Werkstatt. Bessone S. 21; Hutton S. 35.

[611] Vgl. S. 126 „quod solus perficit ipse".

[612] Alpharanus, ed. Cerrati. Ausklappbarer Grundriß. Dort Nr. 7.

[613] Alpharanus, ed. Cerrati S. 183.

stehende Ambo des Laurentius und Jacobus beschrieben worden. Auch der Osterleuchter ist demnach ein mittelalterliches Werk der Marmorari Romani. Die Dimensionen seiner Basis im Grundriß lassen vermuten, daß es sich um ein mindestens ebenso großes und aufwendiges Werk gehandelt hat wie im Falle des erhaltenen Osterleuchters von S. Paolo fuori le mura (Abb. 26), an dem Petrus Vassallettus mitgewirkt hatte[614]. Da für SS. Apostoli zu vermuten und in Anagni (Abb. 140) erhalten, weitere Osterleuchter aus der Werkstatt des Vassallettus belegt sind, scheint diese Aufgabe besonders häufig an diese vergeben worden zu sein. Sollte sich meine Vermutung bestätigen, ist uns mit dem Osterleuchter in St. Peter ein Hauptwerk der Marmor- und Bildhauerkunst des frühen 13. Jahrhunderts verloren, das die Prominenz der Vassalletto-Werkstatt mitbegründen half.

Vassallettus-Signatur der Basis eines verlorenen Osterleuchters. Angeblich aus SS. Apostoli, Rom[615]. In den Notizen von Stevenson findet sich die Abschrift einer Vassallettus-Signatur, die Visconti aufgezeichnet und mit seinem Skizzenbuch Stevenson überlassen hatte. ,,Da taccuino prestato da Visc.(onti) nel Marzo 1891:

+ MAG BASSALLETTI
HOC OPVS FECIT A: MMCCXX

+ PBR ANDREAS HOC
OPVS FIERI FECIT

Im Winter 1880 hatte Visconti Stevenson berichtet, daß die Inschrift sich auf der Basis eines Leuchters befand[616]. Er hatte sie bei einem Klempner in der Via del Pozzetto vor vielen Jahren kopiert. Da dort Verbleiungen für SS. Apostoli ausgeführt wurden, war Visconti der Meinung, das Stück stamme aus dieser Kirche. Giovannoni schreibt, der Leuchter habe auf zwei Löwen gestanden[617]. Dafür habe ich in den Scheden Stevensons keinerlei Beleg gefunden. Die Notizen Viscontis scheinen ebenso verloren wie der Leuchter selbst und die Basis mit der Signatur. Daß die Inschrift selbst authentisch ist, daran kann nach der Wortwahl der Signatur garkein Zweifel sein. Die Datierung 1220 ist ein wichtiger Fixpunkt im Werk Vassallettos und gleichzeitig ein Beleg, daß die altertümliche Schreibweise des Namens noch bis weit ins 13. Jahrhundert hinein üblich war.

Der Stifter, Presbyter Andreas, ist bisher historisch nicht zu greifen. Ob es sich wirklich um einen Teil der ehemaligen Ausstattung von SS. Apostoli handelt, ist nicht gesichert. Auch der Löwe (Abb. 121) in der Vorhalle dieser Kirche, der von BASSALLECTVS bezeichnet ist, ist als Träger eines Osterleuchters anzusehen. Ausgeschlossen ist es natürlich nicht, daß dieser Löwe in der ursprünglichen Position von einem Sockel mit der Signatur des Künstlers getragen wurde[618]. Diesen Sockel könnte Visconti mit der Säule des Osterleuchters gesehen haben.

Vassallettus in SS. Apostoli, Rom[619]. In der Vorhalle von SS. Apostoli ist an der rechten Schmalseite

---

[614] Zusammen mit dem offenbar maßgeblichen Nicolaus de Angelo. Siehe S. 28ff.

[615] Stevenson, Cod. Vat. lat. 10581 f. 7v; Auch Giovannoni, Opere S. 280.

[616] Stevenson, Cod. Vat. lat. 10581 f. 7v. Die Schrift ist nicht gut leserlich. In meiner Transskription: ,,Visc. mi dice (inverno 1880) che questa iscr. era la base di un candelabro copiata presso uno stagnaro nella via del Pozzetto (Verlängerung der Via del Po in Richtung Piazza S. Silvestri, ca. 400 m entfernt von SS. Apostoli) molti anni fa, negli app... in che si eseguirano i grandi ris... (ristagnamenti?) a SS. Apostoli; perciò egli me dette allora che provenisse da quella chiesa".

[617] Giovannoni, Opere S. 280.

[618] Siehe dazu S. 113ff.

[619] Lit.: Stevenson, Cod. Vat. lat. 10581 f. 7v; Forcella II S. 223; G. A. Bonelli, Memorie storiche della Basilica Costantiana dei SS. Apostoli di Roma, Roma 1879 S. 66; Clausse S. 238; Giovannoni, Opere S. 280f.; Lanciani, Scavi I S. 62; Krautheimer I S. 76ff. mit weiterer Literatur; Bessone S. 30f.; E. Zocca, La Basilica dei SS. Apostoli a Roma, Roma 1959 S. 78f.; Roullet, Egyptian Monuments S. 7ff.

ein mittelalterlicher Marmorlöwe (Abb. 121, 122) denkmalartig aufgestellt. Auf der Plinthe liest man in Buchstaben des frühen 13. Jahrhunderts den Künstlernamen[620]:

+ BASSALLECTVS

Da sich direkt an das Schluß-S des Namens eine Bruchstelle anschließt, ist nicht auszuschließen, daß ein kurzes *me fecit* die Signatur ursprünglich vervollständigte. Der hohe Marmorsockel ist eine Schöpfung des 19. Jahrhunderts. Er trägt die Inschrift *Opus magistri Bassallecti Marmorarii Romani saeculi XIII*[621]. Der Löwe ist stark beschädigt. Besonders an der Oberseite und am Gesicht ist er abgewittert und abgeschliffen. So kann man sicher sein, daß er über lange Zeit ungeschützt im Freien gelegen hat. Der Körper des Tieres liegt in kauernder Haltung auf der Marmorplinthe, die aus einem Stück mit dem Tierleib ist. Der erhobene Kopf wendet sich nach rechts. Die Mähne umgibt das zerstörte Antlitz des Tieres wie eine Halskrause. Parallel sind die Vorderpranken ausgestreckt. Was sie ehemals hielten, ist aus den Resten (Abb. 122) eindeutig zu erschließen: es ist eine Säulenbasis[622]. Damit ist die ehemalige Funktion ziemlich sicher. Der Löwe bewachte die Säule eines Osterleuchters, eine Anordnung, die später von Paschalis in S. Maria in Cosmedin (Abb. 229) übernommen wurde[623]. Am Endstück des Rückens fällt eine tiefe rechtwinklige Aussparung auf, die vielleicht ursprünglich ist und mit der ehemaligen Aufstellung zu tun haben dürfte. Trotz der Entstellung ist die Spannkraft der Tierskulptur zu spüren. Eine klare geometrische Struktur vermittelt dieses Gegeneinander von Ruhe und Sprungbereitschaft. Klar und scharf sind die Konturen des Rückens, des Brustkorbs und der Sehnen am Ansatz des Schenkels gezogen. Die Monumentalität ist also nicht nur ein Ergebnis der erheblichen Ausmaße: mit 1,20 m Länge ist der Löwe fast lebensgroß. Gegen dieses Tier sind alle Löwen der Folgezeit im 13. Jahrhundert „Hauskatzen".

Man hat schon erkannt, daß der Typus dieser Tierskulptur ein antikes, genauer gesagt, ein ägyptisches Vorbild hat[624]. Gemeint sind die beiden Granitlöwen (Abb. 123) aus der 30. Dynastie (Nektanebo I.), die schon im 12. Jahrhundert öffentlich sichtbar auf dem Platz vor dem Pantheon (Abb. 125) aufgestellt waren[625]. Dort blieben sie, bis sie 1586 als Wasserspeier der Aqua Felice Verwendung fanden. Im 19. Jahrhundert gelangten sie dann in die Vatikanischen Museen. Schon die Gesamtform (Abb. 121, 122) mit dem seitwärts gedrehten Kopf stimmt überein, deutlicher noch Details wie die Halskrause oder wie — unübersehbar — der Schwanz den Rand der Plinthe überschneidet und an dieser entlangführt. Genau den Platz der hieroglyphischen Inschrift hat sich Vassalettus für seine Signatur ausgesucht. Insgesamt ist der mittelalterliche Löwe aber „begradigt". Der Körper ist stärker in der Längsachse gestreckt, die Bugpartie stärker aufgerichtet. Dagegen sind die ägyptischen Großkatzen etwas zur Seite gesunken und strecken alle vier Pranken dem Beschauer zu. Sicher hat diese Ausrichtung der mittelalterlichen Skulptur etwas mit der ursprünglichen Funktion zu tun, die nicht auf eine einzelne Schauseite angelegt war. Die klare Geometrie und die „Mehransichtigkeit" hat Vassallet-

---

[620] Stevenson, Cod. Vat. lat. 10581 f. 7v; Forcella II S. 223 Clausse S. 238 verlegt SS. Apostoli samt dem Löwen nach Anagni. Giovannoni, Opere S. 281; Zocca, SS. Apostoli S. 59 und 78f.

[621] Bonelli, Memorie storiche. S. 66 erwähnt die moderne Inschrift schon 1879. Wann die jetzige Aufstellung genau vorgenommen wurde, habe ich bisher nicht eruieren können.

[622] Das hatte auch schon Zocca, SS. Apostoli S. 59 festgestellt. Ihre Vermutung, der Löwe sei deshalb ein Träger eines Ziboriums ist allerdings äußerst unwahrscheinlich.

[623] Siehe dazu S. 165ff.

[624] Zu diesen Fragen mit weiterführender Literatur Roullet, Egyptian Monuments, S. 7ff.

[625] Roullet, Egyptian Monuments S. 131f. Nr. 273—4, Abb. 279—83; „Narracio de mirabilibus urbis Rome". Magister Gregorius ed. par. R. B. C. Huygens, Leiden 1970 (Textus minores 42). S. 42 über die Portikus des Pantheon: Antequam conche et vasa alia miranda de marmore profirico et leones et cetera signa de eodem marmore usque in hodiernum diem perdurant. Der Stich aus A. Lafréri, Speculum Romanae magnificentiae etc. Romae o.J. (ca. 1574). Auch T. Buddensieg, Criticism and Praise of the Pantheon in the Middle Ages and the Renaissance, in: Classical Influence on European Culture 500—1500, Cambridge 1971 S. 259ff. Außerdem C. D'Onofrio, Le fontane di Roma, Roma 1957 S. 90f.

tos Löwe aber gemeinsam mit einem zweiten ägyptischen Löwenpaar aus frühptolemäischer Zeit[626]. Es flankiert heute als Brunnenspeier den Beginn der Kapitolinischen Rampe (Abb. 124), befand sich aber noch im 15. Jahrhundert vor dem Portal von S. Stefano del Cacco. Nicht nur der äußere Umriß, auch die Bauchlinie mit der scharf geschnittenen Sehne am Oberschenkel, die schräg geschnittenen Rippenwülste und der Haarbesatz an der Unterseite der Vorderpranken stimmt mit dem Löwen von SS. Apostoli überein.

Der Bildhauer hat offenbar mehrere Typen ägyptischer (= afrikanischer und damit besonders authentischer) Löwen gekannt und ihre Eigenheiten selektiv für seine Gestaltung eingesetzt. Das setzt einen erstaunlichen Grad von Kennerschaft voraus, der es erlaubte, die künstlerische Hinterlassenschaft nach ihren Stilmitteln zu ordnen und Zusammengehöriges wieder zusammenklingen zu lassen.

Daß der Löwe zur ehemaligen Innenausstattung von SS. Apostoli gehört, ist zwar nicht gesichert — aber doch wahrscheinlich. Man muß sich fragen, ob der Löwe nicht im Zusammenhang mit der von Visconti gesehenen und von Stevenson überlieferten Leuchterbasis stand, die aus SS. Apostoli stammen soll. Sie trug die Signatur + MAG BASSALLETTI HOC OPVS FECIT und eine Datierung in das Jahr 1220. Möglicherweise hat Visconti den Sockel, den Löwen und den Leuchter noch im Zusammenhang gesehen[627]. Die Künstler- und Stifterinschrift mit der Datierung müßte sich dann am Sockel des Löwen befunden haben anstelle des modernen Sockels. Ein Argument für eine derartige Rekonstruktion findet man in S. Maria in Cosmedin. Der Löwe dort (Abb. 5, 229), als Leuchterwächter, ist zweifellos ein Reflex des Werkes in SS. Apostoli. Und auch dort findet sich die Künstlerinschrift des Paschalis an der Frontseite des Sockels[628]. Vielleicht erhielt der Löwe von SS. Apostoli seine Beschädigungen in der Via del Pozzetto, wo Visconti — etwa um die Mitte des 19. Jahrhunderts — die Leuchterbasis sah und die Inschriften notierte. Daß der Löwe außerdem noch das Signet Bassallectus trägt, ist eine Merkwürdigkeit, die wieder Zweifel an der Zusammengehörigkeit von Löwe und ,,Visconti-Leuchter" zuläßt. Die Schreibweise des Namens in beiden Werken und der Stil des Löwen würde allerdings sehr gut zu einer Zeitstellung um 1220 passen. Allein die Größe des Tieres spricht für eine Entstehung noch relativ früh im 13. Jahrhundert. Sie übertrifft noch die der Portalwächter von SS. Giovanni e Paolo (Abb. 37, gegen 1180, wahrscheinlich von Nicolaus de Angelo) und S. Lorenzo fuori le mura (Abb. 191 A, ca. 1220 — Vassalletto-Werkstatt). Nach 1220 setzt sich der kleinere Löwentypus der Laurentius-Werkstatt auch im Umkreis Vassallettos durch, wie die Löwenwesen des Kreuzgangs am Lateran (Abb. 165) beweisen[629].

Der Vassallettus — Löwe von SS. Apostoli setzt den Anfang der künstlerischen Auseinandersetzung mit der Skulptur der Antike für das römische 13. Jahrhundert; ein Werk hohen Ranges, dessen scheinbarer Eklektizismus als Rivalität mit dem antiken Vorbild verstanden werden darf[630]. Wenn dieser innovatorische Einsatz um 1220 lag, so ist er schon in den folgenden Jahrzehnten in der Schablone der wachsenden Werkstatt verändert zum pittoresk-interessanten Kuriosum. Zwar gibt es auch dann noch ägyptisierende Löwen (Abb. 139 links) und geheimnisvoll-bedrohliche Sphingen, doch keiner dieser walzenförmigen Tierkörper erreicht nur annähernd die Spannkraft des Löwen von SS. Apostoli. Trotzdem halte ich es durchaus für möglich, daß die rasante Entwicklung zum Großbetrieb hier

---

[626] Roullet, Egyptian Monuments S. 130f. Nr. 271–2, fig. 275.

[627] Siehe S. 112. Vielleicht ist auch Giovannonis Nachricht (Opere S. 280), der Visconti-Leuchter habe über Löwen gestanden, auf irgendeine Weise mit dem Löwen von SS. Apostoli in Zusammenhang zu bringen.

[628] Siehe dazu im Abschnitt über Paschalis S. 165ff.

[629] Vgl. die entsprechenden Abschnitte. Ich habe das Material für eine Studie über die römischen Löwen des Mittelalters gesammelt. Einiges davon ist in Claussen, Scultura Romana S. 328ff. eingegangen.

[630] In einer unveröffentlichten Laureatenarbeit von P. Montorsi, Rom 1977 wird der Löwe sogar als antikes Werk angesprochen, dem Vassallettus seinen Namen sozusagen als Markenzeichen eines Antikenhändlers eingemeißelt habe. Diese verfehlte Einschätzung war nur möglich, weil Montorsi glaubte, eine Parallele zu der von Winckelmann erwähnten rätselhaften Äskulap-Figur gefunden zu haben, die am Sockel den Namen ASSALECTVS trug. Siehe dazu S. 126. Über antike Löwen zuletzt V. — M. Strocka, Antikenbezüge des Braunschweiger Löwen? in: ,,Der Braunschweiger Burglöwe" Symposiumsbericht (1983), Göttingen 1985 S. 65ff.

persönliche Handschriften verwischt und für uns unkenntlich gemacht hat, daß also durchaus der gleiche Vassallettus, der den Löwen von SS. Apostoli signiert hat, auch noch in Anagni mitwirkte.

An dieser Stelle möchte ich auf die These des Vassallettus-Osterleuchters in SS. Apostoli eine Hypothese setzen: Daß nämlich der ehemalige Ambo der Apostelkirche insgesamt ein Werk des Vassallettus gewesen sein könnte. Giovanni Ruccelai beschreibt den mittelalterlichen Ambo anläßlich seines Berichtes über das Jubeljahr 1450[631]: „La chiesa di sancto Appostolo dove abitò papa Martino dove sono due corpi d'apostoli cioè sancto Jacopo et sancto Filippo et con una bella aquila sotto il pergamo di marmo".

Es ist bemerkenswert, daß der Romreisende in der Kirche, abgesehen von den Apostelreliquien, nichts Erwähnenswertes findet außer dem schönen Adler unter der Marmorkanzel. Nun ist in der Vorhalle von SS. Apostoli — gerade über dem Löwen des Vassallettus — das wohl berühmteste antike römische Adlerrelief (Abb. 126) eingemauert: ein Adler, der mit ausgebreiteten Schwingen in einem Kranz steht. Das Relief wurde von Sixtus IV in dieser Weise aufgestellt und war schon in der Renaissance hochberühmt[632]. Bis in die jüngste Zeit, besonders aber unter den Faschisten, hat der Adler immer wieder als nationalistisches Zeichen dienen müssen. Meine These ist nun, daß es dieser Adler war, der sich noch 1450 am Ambo des Vassallettus befunden hat. Der Künstler hatte in einer Interpretatio Christiana und in einem durchaus dazu passenden ikonographischen Rahmen eine der besten Tierskulpturen der frühen römischen Kaiserzeit als Spolie eingesetzt. Ein durchaus vergleichbarer Vorgang zu den antiken Reliefs (Abb. 66) mit Szenen aus der Jugend Achills in gleicher Position am Ambo des Laurentius und Jacobus in S. Maria in Aracoeli[633]. Nur hat Vassallettus eben auf eine hohe künstlerische Qualität geachtet, was man von den Reliefs, die sich ehemals am Ambo von S. Maria in Aracoeli befunden haben, nicht sagen kann. Die Bestätigung meiner These ist darin zu sehen, daß der antike Adlertypus in der Werkstatt des Vassalletto modellhaft weitergereicht wird: Er findet sich im Laterankreuzgang (Abb. 164), am Portal von S. Lorenzo fuori le mura (Abb. 193) und im Kreuzgang von S. Paolo fuori le mura (Abb. 182) jeweils in leichten Modifikationen. Was wir für den Löwen von SS. Apostoli behauptet haben, die kongeniale Aneignung und Weiterbildung antiker Tierskulptur, findet in der Adlerskulptur am Ambo eine überraschende Bestätigung in dem Sinne, daß Vassallettus hier seine eigenen großen Fähigkeiten hintanstellt, um einem von ihm künstlerisch bewunderten antiken Relief Platz zu geben.

Vassallettus in S. Saba, Rom[634]. Am Abschlußgesims einer nur in Teilen erhaltenen Schrankenanlage (Abb. 130), die heute im südlichen Seitenschiff von S. Saba an der Wand aufgestellt ist, liest man folgende Signatur[635]:

[631] G. Marcotti, Il Giubileo dell'anno 1450 secondo una relazione di Giovannoni Ruccelai, in: A.S.R.S.P. 4, 1881 S. 563ff., dort S. 575; auch Lanciani, Scavi I S. 62, der diese Stelle schon auf den Adler in der Vorhalle bezieht.

[632] Im „Opusculum d'mirabilibus nove et veteris Urbis Rome" von Francesco Albertina, Jacopo Mazochi 1510 und 1515 wird allerdings berichtet, der Adler sei im Trajansforum gefunden worden. Das kann aber eine gelehrte Konjektur sein. Zeichnungen der Renaissance nach den Adlerrelief in Oxford, Ashmolean Museum. Larger Talman Album f. 154f. (gegen 1500) und in Modena, Galleria Estense Inv. Nr. 999v (gegen 1530). Ich danke Arnold Nesselrath für seine freundlichen Auskünfte in dieser Frage, die hier allerdings noch nicht zu einem klaren Ergebnis geführt werden konnte.

[633] Siehe dazu S. 60ff.

[634] Lit.: Ugonio, Theatrum Urbis Romae. Ms. (ehem. Bibl. Ferrara) Bibl. Vat. Barb. lat. 1994 f. 1347 „Descriptio ecclesiae Sancti Sabae"; Stevenson Cod. Vat. lat. 10581 f. 7; De Rossi 1891 S. 93; Venturi III S. 789; S. Pesarini, La „schola cantorum" di Saba, in: Rassegna Gregoriana 1907 S. 227ff.; Giovannoni, Opere S. 277f.; I. C. Gavini, I lavori di San Saba: Il restauro, in: Associazione artistica fra i cultori di architettura, in: Annuario 1910/11 (1912) S. 26ff.; Bartoli, Il figlio S. 23 Anm. 2; Tomassetti, Campagna Romana III S. 224; P. Styger, La „schola cantorum" della chiesa di S. Saba, in: Studi Romani 2, 1914 S. 224ff.; M. E. Cannizzaro und J. C. Gavini, Sulla ricostruzione della „schola cantorum" di S. Saba, in: Bolletino d'arte 9, 1915 S. 129ff.; J. Lestocquoy, Note sur l'église de St. Saba, in: Rivista di Archeologia Christiana 6, 1929 S. 313ff.; Bessone S. 30; G. Giovannoni, La chiusura presbiteriale di S. Saba, in: Palladio 7, 1943 S. 83f.; Hutton S. 38f.; P. Testini, San Saba, Roma 1961 bes. S. 63f. (Le chiese di Roma illustrate 66); Glass, Diss. S. 279ff.; Malmstrom, The Colonnades S. 40f.; Glass BAR S. 126f. (erwähnt Vassallettus nicht).

[635] Das Fragment mit der Inschrift ist in der Rekonstruktion wie ein Türsturz über den Zugang zur Schola Cantorum gelegt worden. Das ist mit Sicherheit falsch. Eine befriedigende Rekonstruktion ist bis heute nicht gelungen.

+ MAGISTER BASSALLETTUS ME FECIT QUI SIT BENEDICTVS

Die Schreibweise des Namens und der Magistertitel deuten auf eine verhältnismäßig frühe Entstehung im 13. Jahrhundert, wahrscheinlich vor oder um 1220. Das Portal der Kirche (Abb. 90) war 1205 durch Jacobus Laurentii signiert worden[636]. Merkwürdig an der Signatur des Vassalletto ist die Fürbitte *qui sit benedictus*. Das ist im römischen Bereich ungewöhnlich.

Die Fragmente, die in S. Saba als Front einer Schola Cantorum zusammengesetzt wurden, haben eine kleine Odyssee hinter sich. Ugonio sah die Ausstattung im 16. Jahrhundert noch annähernd vollständig mit der Schola Cantorum, zwei Ambonen, dem Ziborium des Hauptaltars und drei Altären in den Apsiden[637]. Nur ein geringer Teil hat sich — nach der 1631 begonnenen, barocken Erneuerung — in der Altararchitektur der Kirche selbst erhalten. Andere Stücke waren in das Portal der Villa Tavazzi verbaut. Die meisten der heute erhaltenen Fragmente gelangten in den Weingarten des Collegio Germanico-Ungarico in Parioli. Diesem Kolleg, das seinen Sitz bei der Kirche S. Apollinare hat, war S. Saba zu dieser Zeit zugeordnet. Der spanische Maler Josè Villegas y Cordero (1848 – 1922), der sein Atelier in der Stadtregion Parioli hatte, kam in den Besitz dieser Stücke und ordnete sie in seinem Studio zu einer ikonostasähnlichen Triumpharchitektur (Abb. 129), die uns in einem Moscioni-Foto des 19. Jahrhunderts überliefert ist[638]. Man erkennt vier gedrehte, reich inkrustierte Säulen mit einem Abschlußgebälk, weitere Gesimsteile und sechs Säulchen, sowie einen achteckigen Okulus, letztere Teile eines Ziboriums[639].

Tomassetti entdeckte dieses merkwürdige Pasticcio, erkannte den wissenschaftlichen Wert (an einem giebelförmig angeordneten Gesimsteil war die Signatur des Vassallettus zu lesen) und erreichte es schließlich, daß alles für S. Saba zurückgekauft werden konnte[640]. Zunächst war man sich aber durchaus im Unklaren, aus welcher Kirche diese Reste stammen könnten. Nachdem man zuerst an S. Erasmo sul Celio gedacht hatte, glaubte De Rossi in S. Apollinare, dem Sitz des Collegio Germanico-Hungarico, den ursprünglichen Bestimmungsort gefunden zu haben[641]. Diese Meinung fand Verbreitung und setzt sich gelegentlich bis heute fort[642]. Tatsächlich ist m.W. kein Nachweis möglich, daß die Stücke aus dem Maleratelier, und damit die Signatur des Vassallettus, tatsächlich aus S. Saba stammen. Wenn sich ein Beweis durch die Anpassung der Fragmente an die Stücke, die sich in S. Saba gefunden wurden, geglückt sein sollte, so ist dieser jedenfalls nicht publiziert.

Tomassetti hatte die Reste aus dem Besitz von Villegas als Sanktuariumsschranken angesprochen. Gesichert für S. Saba im 17. Jahrhundert ist der Bezirk einer Schola Cantorum, der einem Grundriß dieser Zeit deutlich eingezeichnet ist[643]. Wahrscheinlich auf diesem Grundriß fußend erbauten die Architekten Cannizzaro und Gavini 1907 eine hohe Schrankenwand im Mittelschiff (Abb. 130), die sie an den Seitenwänden als Umschrankung der Schola Cantorum ergänzten. In der Mitte ließen sie Platz für einen Zugang, den sie mit einem Gesimsteil überbrückten. Schon damals entbrannte ein heftiger

---

[636] Siehe dazu S. 75f. Zur Geschichte von S. Saba, Krautheimer IV S. 51ff. Der mittelalterliche Bau geht auf eine Erneuerung unter Lucius II, 1145, zurück. Die Ausstattung zog sich dann offenbar bis in das frühe 13. Jahrhundert hin.

[637] Diese Beschreibung konnte ich noch nicht im Original ansehen. Testini, S. Saba S. 63 benennt Ugonios „Codice Ferrarese". Theatrum Urbis Romae, heute Bibl. Vat. Cod. Barb. lat. 1994. f. 1347 Descriptio ecclesiae Sancti Sabae.

[638] Moscioni Nr. 3112.

[639] Der achteckige „Okulus" ist in Wirklichkeit der ringförmige Abschluß der oberen Laterne des Ziboriums, der ein kleines steinernes Pyramidendach trug. Ein derartiges Stück ist auch in Alba Fucense gefunden worden und dort von Delogu fälschlich als Fenestella Confessionis bezeichnet worden. Vgl. S. 156f.

[640] Tomassetti, Campagna Romana III S. 224f.

[641] Stevenson, Cod. Vat. lat. 10581 f. 7; De Rossi 1891 S. 93. Eine erste Veröffentlichung soll schon 1891 im Bulletino Municipale stattgefunden haben. Eine Angabe, die ich nicht nachprüfen konnte.

[642] Venturi III S. 789. Noch Hutton S. 38 gibt als Herkunftsort S. Apollinare an, lokalisiert sie gleichzeitig aber auch in S. Saba, da er in beiden Kirchen die Mitwirkung Vassallettos annimmt.

[643] Dazu Malmstrom, The Colonnades S. 40 und Anm. 25. Zuerst veröffentlicht wurde der Plan von einem der Architekten, die die Wiederaufstellung leiteten. I. C. Gavini, I lavori S. 27f.

Streit um die Richtigkeit ihrer Vorstellungen[644]. Daß die Teile nur sehr notdürftig zueinander passen und vieles an der Position Willkür ist, muß betont werden. Eine derart hohe Abschrankung der Schola Cantorum ist einzigartig. Viel eher wird es sich — und dafür sprechen die beiden kassettierten Schrankenplatten — um Reste der Abschrankung des Sanktuariums handeln. Auch das Ziborium ist falsch rekonstruiert. Ihm fehlt im Baldachin ein Freigeschoß.

Nachdem S. Saba 1943 Pfarrkirche geworden war, waren es liturgische Notwendigkeiten, die gegen die hohe Trennwand im Mittelschiff sprachen. Noch im gleichen Jahr räumte man die Schranken an die Wand des südlichen Seitenschiffs[645]. Hätten wir nicht die Signatur, allein die Ornamentik des Abschlußgesimses (Abb. 128) spräche für einen Zusammenhang mit der Werkstatt des Vassallettus. Wie an der Vorhalle von S. Lorenzo (Abb. 191) oder im Kreuzgang von S. Giovanni in Laterano (Abb. 151) treffen wir auf tief ausgebohrte, kerbschnittartige Modifikationen antiker Ornamentik, die z.T. spielerisch bereichert ist. So taucht in dem Kymation ein kleiner maskenartiger Kopf auf (Abb. 128) und darüber die bis heute rätselhafte Inschrift CAPVT CAM. Auch im Langhaus von S. Lorenzo, in den ionischen Kapitellen (Abb. 202) sind die Ovalformen in einigen Fällen (z.B. am dritten Kapitell auf der Nordseite) in kleine Gesichter verwandelt worden. Dorothy Glass hat eine neuere Monographie über S. Saba als dringendes Desiderat bezeichnet. Dem ist beizupflichten. Vielleicht könnte eine solche Arbeit auch die ursprüngliche Provenienz und Funktion der hier besprochenen Vassallettus-Schranken klären.

Vassallettus in S. Croce in Gerusalemme, Rom[646]. Bei Grabungen, die 1885 unter Kardinal Lucido Maria Parechi durch Mariano Armellini durchgeführt wurden, kam in der Kirche ein Marmorfragment zum Vorschein mit der Inschrift[647]:

> . . .SALLECTUS ME
> FECIT

Nach Armellini handelt es sich um das Bruchstück eines Thrones[648]. Sein jetziger Aufbewahrungsort ist ungewiß[649]. Da der Beginn des Namens abgebrochen ist, wäre es theoretisch auch möglich, daß Petrus oder Johannes Vassallettus signiert haben. Die Schreibweise des Namens spricht in jedem Falle für eine Datierung vor oder um 1220. Bessone ist merkwürdigerweise der Ansicht, man habe in S. Croce eine für S. Pudenziana überlieferte Signatur des Vassallettus gefunden[650]. Das ist schon deshalb unmöglich, weil der Text der Künstlerinschrift dort ein anderer ist[651].

Da das Paviment der Kirche aus der Ausstattungsphase der Mitte des 12. Jahrhunderts stammt, in der die Paulus-Söhne das Ziborium signierten, bleibt es unsicher, welche Arbeiten die Vassalletto-Werkstatt in S. Croce ausgeführt hat. Wenn die Form des Fragmentes eindeutig für eine Kathedra spräche (das ist im Moment nicht nachzuprüfen), dann wäre hier erstmals für Vassallettus eine Aufgabe überliefert, mit der sich seine Werkstatt in den folgenden Jahrzehnten in S. Lorenzo fuori le mura,

---

[644] Dazu vor allem Gavini, I lavori; Pesarini, Schola Cantorum; Styger, Schola cantorum; Cannizzaro/Gavini, Sulla ricostruzione. Ausführliche Bibliographie bei Testini S. Saba 41ff.

[645] Testini, S. Saba S. 63.

[646] Lit.: Stevenson, Cod. Vat. lat. 10581f. 15; Armellini, Chiese (1891) S. 206; Giovannoni, Opere S. 281; Bessone S. 31; Armellini/Cecchelli S. 985f.; Hutton S. 39; S. Ortolani, S. Croce in Gerusalemme, Roma 1969 (Le chiese di Roma illustrate 106) mit ausführlicher Bibliographie; Glass BAR S. 89ff. (erwähnt die Vassallettus-Inschrift nicht).

[647] In den Scheden Stevensons, Cod. Vat. lat. 10581 f. 15 findet sich ein Zeitungsausschnitt aus dem Jahre 1885, der die Fundumstände aber nur sehr ungenau schildert.

[648] Armellini, Chiese (1891) S. 206; Armellini/Cecchelli S. 985f.

[649] Nach Armellini wurde es im Vestibül eingemauert. Davon ist heute nichts mehr zu sehen. Stevenson sah es im „chiostro di S. Elena". Bei mehrmaligen Versuchen dem Fragment auf die Spur zu kommen, bin ich bisher erfolglos geblieben.

[650] Bessone S. 31.

[651] Vgl. zur Inschrift von S. Pudenziana S. 118.

in Lanuvio und in Anagni wieder beschäftigt hat: die Ausstattung der Priestersitze und des Papstthrones in der Apsis.

Der einzige Überrest von Arbeiten der Marmorari Romani, der mir durch Augenschein in S. Croce bekannt ist, ist das große Marmorkreuz (Abb. 127) mit Goldmosaik-Inkrustationen an der Front des Turmes. Es ist fast unbekannt, da von der Vorhallenfassade des 18. Jahrhunderts verdeckt. Dieses weithin sichtbare Zeichen der Kreuzreliquie könnte durchaus ein Werk des Vassallettus-Kreises sein[652].

Vassallettus in S. Pudenziana, Rom[653]. In einer Inschriftensammlung des späten 16. Jahrhunderts fand De Rossi die Abschrift folgender Signatur[654]:

„Ad ianuam S. Pudentianae
+ MAGISTER VASSALLETTUS FECIT HOC OPVS

Sollte sich diese Signatur wirklich auf das mittelalterliche Portal der Kirche beziehen lassen, so ist diese Nachricht für unser Bild vom bildhauerischen Stil der Vassalletto-Werkstatt im frühen 13. Jahrhundert von größter Wichtigkeit. Die fünf figürlichen Medaillons des Portalrahmens (Abb. 131) sind nämlich mit einigen ornamentalen Rankenfragmenten im Gebälk des in der Renaissance (durch Francesco da Volterra) und im 19. Jahrhundert wiederum erneuerten Portals wiederverwendet worden. Petrignani hat aus diesen Fragmenten (Abb. 132) die mittelalterliche Anordnung des Reliefs an Pfosten und Türsturz überzeugend rekonstruieren können, da Ugonio eine detaillierte Beschreibung und Panvinio sogar eine kleine Skizze der Reliefanordnung überliefert hat[655].

Die Gruppe römischer Rankenportale des ausgehenden 12. Jahrhunderts, zu denen das Portal von S. Pudenziana wahrscheinlich als spätestes gehört, erfordert eine eigene Studie. Das interessanteste wird heute in den Grotten von St. Peter aufbewahrt (Abb. 134, 135) und stammt aus S. Apollinare[656]. Gemeinsam ist allen diesen Portalen ein antikisierender Rankenstab an den Pfosten und Wellenranken am Türsturz, die von Medaillons unterbrochen sind (Abb. 131, 133). Neben dem Lamm Gottes sind Brustbilder von solchen Heiligen im Flachrelief wiedergegeben, die in der betreffenden Kirche besonders verehrt werden. Die Muldenreliefs in Kreisform mit einem umlaufenden Beschriftungsring erinnern an malerische Vorbilder, könnten aber auch Werke der Kleinkunst (Elfenbein) ins große Format umsetzen. In jedem Fall lehnt sich die Behandlung der Gewänder sehr eng an byzantinische oder byzantinisierende Vorbilder[657].

Einige Gesichter erinnern an die der Passionsreliefs am Osterleuchter von S. Paolo fuori le mura (Abb. 27), signiert von Nicolaus de Angelo und Petrus Vassallettus[658]. Ob hier aber wirklich eine bildhauerische Werkstattradition von Petrus Vassallettus zur folgenden Generation der Familie vorliegt, ist keineswegs gesichert.

---

[652] Ich habe dieses Kreuz bisher im Rahmen eines Vortrages „Tresor und Monstranz. Die Bergung und Inszenierung römischer Reliquien bis zu Bernini" vorgestellt. Eine schlechte Abbildung in Ortolani, S. Croce fig. 18.

[653] Lit.: Panvinio Cod. Vat. lat. 6780 f. 66v; Ugonio Stazioni S. 163f.; Bibl. Angelica G 18; Ciampini, Vetera Monumenta I S. 27 Tab. XV; De Rossi 1891 S. 90; L. Gianpaoli, Il nuovo prospetto della basilica di S. Pudenziana, Roma 1872; Venturi III S. 789; Giovannoni, Opere S. 289; Bessone S. 31; A. Petrignani, La Basilica di S. Pudenziana in Roma, Città del Vaticano 1934; Hutton S. 39; B. Vanmaele, L'église pudentienne de Rome. Contribution à l'histoire de ce monument insigne de la Rome chrétienne du IIᵉ au XXᵉ siècle, Averbode 1965 (Bibliotheca analectorum Praemonstratensum 6); R. U. Montini, Santa Pudenziana, Roma 1959 (Le chiese di Roma illustrate 50).

[654] Bibl. Angelica G 28. Siehe De Rossi 1891 S. 90. Bessone S. 31 glaubt fälschlich, die hier erwähnte Inschrift sei bei Ausgrabungen in S. Croce in Gerusalemme wieder ans Licht gekommen. Siehe auch S. 117.

[655] Ugonio, Stazioni S. 163f.; Panvinio Cod. Vat. lat. 6780 f. 66v. Petrignani, Basilica di S. Pudenziana Fig. 47 und 48. Zu den Restaurierungen des 19. Jahrhunderts Gianpaoli, Il nuovo prospetto.

[656] Dieses Portal habe ich in einer Rekonstruktion in Vorträgen mit dem Titel „Die Anfänge mittelalterlicher Marmorkunst in Rom und auf dem Montecassino" vorgestellt. Die wichtigsten Quellen und Literaturhinweise bei C. M. Mancini, S. Apollinare. La chiesa e il palazzo, Roma 1967 (Le chiese di Roma illustrate 93) bes. S. 81ff.

[657] Das hat häufig zu Fehldatierungen in frühchristlicher oder frühmittelalterlicher Zeit geführt. Z.B. im Ausstellungskatalog „Frühchristliche Kunst aus Rom", Essen 1962 S. 220 (vor dem 10. Jahrhundert).

[658] Vgl. S. 28ff.

Wahrscheinlich gehört das Portal zu der Ausstattungsphase unter Innocenz III aus dem Jahre 1210[659]. Betrachtet man allerdings das bildhauerische Oeuvre der Vassalletto-Werkstatt, das uns sonst aus dem 13. Jahrhundert bekannt ist, so könnte der Unterschied kaum größer sein. Die plastische Kraft etwa der Tierskulpturen (Abb. 121) gehört einer völlig anderen künstlerischen Dimension an. Aus dieser Sicht ist die Meinung Giovannonis verständlich, das Portal habe nichts mit der Kunst des Vassalletto zu tun[660]. Merkwürdig ist in jedem Fall, daß Panvinio und Ugonio, die das Portal detailliert mit den Beischriften der Medaillons überliefert haben, nichts von der Signatur berichten. So besteht die Möglichkeit, daß es sich bei der Signatur um ein Bruchstück der Innenausstattung handelt, das an die Fassade gelangt ist. Die Schreibweise des Namens Vassallettus begegnet auch in der Signatur aus St. Peter, einer Ausstattung, die wahrscheinlich ebenfalls unter Innocenz III (1198–1216) entstanden ist[661]. Mit diesen Unsicherheitsfaktoren eine Wahrscheinlichkeitsrechnung über die künstlerische Autorschaft der römischen Rankenportale des späten 12. Jahrhunderts aufzumachen, erscheint mir einstweilen nicht möglich. Allerdings stehen diese Portale keinem signierten Werke näher als dem Leuchter von S. Paolo. Wäre das Portal von Petrus Vassallettus signiert, ich würde keinen Augenblick zögern, ihm die Leitung dieses in Rom wichtigen — an frühchristlichen und byzantinischen Vorbildern orientierten — Ateliers zuzuschreiben.

Vassallettus in Lanuvio (früher: Città Lavinia)[662]: Von der einst aufwendigen Ausstattung des 13. Jahrhunderts in der Kollegiatskirche von Lanuvio haben sich nur verstreute Fragmente erhalten. Über das ehemalige liturgische Mobiliar sind wir aber durch mehrere, voneinander unabhängige Beschreibungen relativ gut unterrichtet. Als man im Jahre 1900 in der völlig umgestalteten Kirche grub, kamen einige mittelalterliche Fragmente ans Tageslicht, darunter ein 0,86 m langes Gesimsteil mit dem Rest einer Signatur, das heute über der Tür zur Sakristei eingemauert ist[663]:

. . . SSALLETVS FECIT HOC OPVS ARCHIPRESBITERO IOhS

Über die Zeitstellung gibt der Name des Stifters Aufschluß. Der gleiche Erzpriester Johannes (Saracenus) stiftete im Jahre 1240 das Ziborium, dessen Inschrift zusammen mit der Signatur des Drudus und dessen Sohn Angelus in den Aufzeichnungen Gualdis überliefert ist[664]. Eine weitere Inschrift, die ehemals an der Fassade eingemauert war, läßt darauf schließen, daß Johannes Saracenus Bauherr der Kirche insgesamt war[665]. Mit einer Datierung um 1240 ist also auch für das Werk des Vassallettus zu rechnen[666]. Wozu das Gesimsteil mit der Signatur ursprünglich gehört hat, kann man der Form nach vermuten: Es dürfte sich um eine Schranke handeln, ähnlich der in S. Saba (Abb. 130) erhalte-

---

[659] Nach Panvinio Cod. Vat. lat. 6780 f. 66v befand sich auf den Schranken am Altar folgende Stifterinschrift: + ANN XII INNOCEN' PP. III — PETRVS SASSONIS SCE PVDENTIANE CARD FIERI FECIT ANNO EIVS III°. So auch Ugonio, Stazioni S. 163.

[660] Giovannoni, Opere S. 281.

[661] Siehe dazu S. 111.

[662] Lit.: Gualdi, Cod. Vat. lat. 8253 f. 500 und 500v; Bartoli, Il figlio S. 22ff.; Galieti, Memorie S. 349ff.; Giovannoni, Note S. 23ff.; Giovannoni, Opere S. 282; A. Galieti, Il castello di Civita Lavinia, in: A.S.R.S.P.; 1909 S. 181f.; A. Galieti, La rinascità romana di Storia Patria; 1909 S. 181f.; A. Galieti, La rinascità medievale di Lanuvio e i monaci benedettini, in: A.S.R.S.P. 41, 191 S. 231ff.; A. Galieti, Lanuvio. Da Roma a Lanuvio, Albano 1930; Bessone S. 31 und 33; Hutton S. 38; Glass BAR S. 64f.

[663] Über die Auffindung informiert Bartoli, Il figlio bes. S. 22. Galieti, Memorie S. 352ff.; auch Galieti, Il castello S. 181f.

[664] Gualdi, Cod. Vat. lat. 8253 f. 500. Siehe vor allem Galieti, Memorie S. 352ff. Vgl. auch im Abschnitt über Drudus S. 151f.

[665] Gualdi f. 500v: „Di fuori dal muro vi d.a. chiesa di è in una pietra intagliato il stesso nome e cognome di d.o Arciprete Gio. Saraceno con il millesimo di quel tempo che dice: tempore G... factum fuit (oder fecit) hoc opus".

[666] Mit einer derartig späten Datierung ist auch die Möglichkeit ausgeschlossen, die der fragmentarische Anfang der Signatur durchaus offen läßt: Daß es sich nämlich um eine Inschrift des Petrus oder Johannes Vassallettus handeln könne.

nen[667]. Daß eine derartige Schrankenanlage mit vorgelegter Sitzbank das Presbyterium vom Langhaus abschloß, geht aus einem Visitationsbericht des Jahres 1659 eindeutig hervor[668]: *Hinc inde a cornu dextero et sinistro altaris sunt duo scanna (scamna = Bänke) marmorea . . . tabulis pariter marmoreis, et ex lapidibus opere musaico pariter deaurato, et variis coloribus ornatis, in quibus sedent canonici ad audiendam concionem. Post ipsum altare adest chorus cum sedibus ligneis circum circa per totum.* Offenbar war im 17. Jahrhundert die Schola Cantorum im Langhaus (falls jemals vorhanden) entfernt, und die Kanoniker hatten ihren Platz auf den Bänken vor den Schranken links und rechts des Altares[669]. Noch genauer ist die ausführliche Beschreibung in den Inschriftensammlungen Gualdis[670]: ,,Vi sono i seditori fatti a quadretti di pietre tesselate a musaico marmoreo con colonne a lumaca e nelli architravi vi sono lettere simili con il nome del medesimo Arciprete e il millesimo di li in circa. E sonnovi mezzi leoni di marmi e il pavimento di questa chiesa è fatto pure di musaico a uso delle chiese antiche di Roma".

Daß es sich bei der hier beschriebenen Bank, deren Rückwand (= Schranke) reich mit farbigen Steinen und Mosaik geschmückt und von gedrehten Säulen unterteilt war, wirklich um das Werk Vassallettus handelt, beweist die Erwähnung von Buchstaben im Abschlußgesims (architravo) mit dem Namen des Erzpriesters Johannes. Das ist ganz ohne Zweifel ein Teil der wiedergefundenen Inschrift (ARCHIPRESBITERO IOhS). Wahrscheinlich gehörten auch die erwähnten *mezzi leoni* zu der Schranke mit der Kanonikerbank. Sie werden — wie an den erhaltenen Presbyteriumsschranken in Civita Castellana (Abb. 116, 117) — die Bank an den Seiten flankiert und gleichzeitig als ,,Wächter" des Zugangs zu Confessio und Altar fungiert haben[671]. Zwei Marmorlöwen des 13. Jahrhunderts (Abb. 136), die seit 1675 an dem kleinen Brunnen der Piazza del Commercio als Wasserspeier dienten, werden zu dieser Ausstattung des Vassalletto gehört haben[672]. Auf älteren Photographien kann man ihre ausgezeichnete Qualität und ihre Ähnlichkeit mit den Löwen des Laterankreuzgangs (Abb. 166) nachprüfen[673]. Sie sind heute verschwunden.

Die Fragmente der Ausstattung der Marmorari Romani, die sich 1909 in verschiedenem Privatbesitz in Lanuvio befanden, hat Galieti aufgelistet und z.T. abgebildet (Abb. 137)[674]. Das Meiste davon ist heute nicht mehr aufzufinden. Es ist zu wünschen, daß es den Initiatoren des örtlichen Museums gelingt, auch die mittelalterlichen Zeugnisse der antiken Stadt wiederaufzufinden, zu sammeln und zu dokumentieren[675]. Das auffälligste Stück, das Galieti neben figürlichen Marmorkonsolen und verschiedenen Gesimsstücken abbildet, ist eine kleine Sphinx, die wie in Civita Castellana (Abb. 116, 117) und Ferentino (Abb. 211) zu der ehemaligen Presbyteriumsschranke gehört haben wird. Nach der Abbildung zu entscheiden, ob es sich um ein Werk des Vassallettus oder seines ebenfalls als Bildhauer ausgewiesenen Kollegen Drudus handelt (er signierte 1240 das Ziborium) ist nicht zu entscheiden.

---

[667] Zu S. Saba vgl. S. 115ff.

[668] Veröffentlicht von Galieti, Memorie S. 354.

[669] Allerdings werden auch Ambonen in einem Bericht des Enea Cassio erwähnt. Siehe Galieti S. 349.

[670] Gualdi, Cod. Vat. lat. 8253 f. 500. Sonst beschränken sich die Notizen Gualdis fast ausschließlich auf die Epigraphik. Nur die Ausstattung der Kirche von Lanuvio, die in ihrer Vollständigkeit und Schönheit wohl schon im Barock eine Seltenheit gewesen ist und von Gualdi offenbar als unerwarteter ,,Fund" angesehen wurde, findet eine ausführliche Beschreibung.

[671] Vgl. die Abschnitte über Drudus (S. 145f.) und Lucas Cosmati (S. 101). Die Beschreibungen der Bank und Presbyteriumsschranke in Lanuvio machen die Anordnung der aufgesockelten und weit vor die Schranken vortretenden Löwenwesen in Civita Castellana überhaupt erst verständlich. Ähnliche Bänke hat man sich in S. Saba, im Dom von Ferentino und in vielen anderen Ausstattungen der ersten Hälfte des 13. Jahrhunderts vorzustellen.

[672] Galieti, Memorie S. 354.

[673] GFN D 1503 Siehe S. 130f.. Eine gewisse Ähnlichkeit besteht auch zu den späteren Löwen des Vassallettus am Thron von Anagni. Siehe S. 122ff.

[674] Galieti, Memorie S. 349ff.

[675] Ich habe 1978 ein Aufsatzmanuskript mit dem Titel ,,I marmorari romani a Lanuvio nel 1200" fertiggestellt. Es sollte in der Zeitschrift ,,Archeologia e Società,, erscheinen. Da seitdem kein Heft dieser besonders auf die Archäologie von Lanuvio spezialisierten Zeitschrift erschienen ist, muß ich befürchten, daß meine Mühe vergeblich war.

Die Kirche von Lanuvio gehörte, wie man aus einer Bulle Innocenz IV vom 5. Mai 1244 schließen kann, zu den Besitzungen von S. Lorenzo fuori le mura[676]. Dieser Zusammenhang läßt darauf schließen, daß die Werkstatt des Vassalletto, die die römische Basilika des 13. Jahrhunderts errichtet und ausgestattet hat, vom Kapitel von S. Lorenzo den Auftrag in Lanuvio vermittelt bekommen hat. Rückwirkend ist die Vassalletto-Signatur in Lanuvio eine Bestätigung für Giovannonis Zuschreibung von S. Lorenzo an die Vassalletto-Werkstatt. Der Kanonikerchor dort (über einer Krypta im alten Pelagianischen Bau erhöht), weist in der Ornamentik der Bank-Dorsalen (Abb. 198) große Übereinstimmungen mit dem Vassallettus-Fragment in Lanuvio auf. Auch begrenzen *mezzi leoni* die Bank an ihren beiden westlichen Enden[677].

Vassallettus in Viterbo, S. Francesco[678]. In die rechte Seitenwand des Chores der Franziskanerkirche war ein Schrank (Abb. 138) eingelassen, dessen architektonische Fassung aus einer vorspringenden Ädikula mit gedrehten, mosaikinkrustierten Säulen und einem Giebel über einem Architrav besteht. Das ist der gewöhnliche Typus des Sakramentstabernakels in römischen Kirchen, von denen sich aus der Zeit zwischen ca. 1260 und 1300 eine ganze Reihe von Beispielen erhalten haben[679]. Am ebenfalls mosaikinkrustierten Sockelbalken liest man die Signatur:

+ M' VASSALETVS ME FECIT

Ich kenne dieses Werk nur aus älteren Photographien und nehme an, daß es die Zerstörung der Kirche im zweiten Weltkrieg nicht überstanden hat[680]. Nach einhelliger Meinung der Literatur ist die kleine Architektur relativ grob und disproportioniert. Clausse hielt sie deshalb für ein unbeholfenes Jugendwerk des großen Meisters[681]. Das ist schon deshalb ausgeschlossen, weil der Bau von S. Francesco 1236 überhaupt erst begonnen wurde. Die Ausstattung wird deshalb kaum vor der Mitte des 13. Jahrhunderts vollendet gewesen sein. Allgemein ist eine Tendenz in der Literatur zu spüren, das kleine Werk als eines Vassallettos nicht würdig abzuschreiben. Giovannoni macht die Werkstatt für das Wandtabernakel verantwortlich[682]. Die Signatur nennt schon Venturi eine *scritta apocrifa*[683]. Dabei tragen die Buchstaben eindeutig den Charakter des 13. Jahrhunderts, allerdings ohne die Gotizismen der Zeit nach 1250. Hutton zieht sich aus der Affäre, das „störende" Objekt in das Oeuvre Vassallettos einreihen zu müssen, indem er schreibt: „probably a forgery"[684].

Für mich bieten sich mehrere Erklärungsmodelle an: Entweder war sich die Vassalletto-Werkstatt nach 1250 — als die Aufträge rarer wurden — nicht zu schade, auch Kleinaufträge zu übernehmen und zu signieren. Oder der Auftrag umfaßte die gesamte Innenausstattung. Die Signatur am Wandtabernakel erklärt sich dann vielleicht mit der besonderer Nähe zum geweihten Sakrament. Oder der Name Vassalletto ist wirklich zum Markenzeichen einer Werkstatt geworden, zur Firma, die auch kleinere Exportaufträge ausführte und mit dem Markenzeichen signierte.

[676] Galieti, La rinascità S. 234. Im Jahre 1253 mußte S. Lorenzo fuori le mura seine Rechte in Lanuvio gegen die Frangipani verteidigen (S. 263f.).

[677] Zum Werk der Vassalletto-Werkstatt S. 138ff.

[678] Lit.: Pinzi, Storia di Viterbo, Roma 1877; Clausse S. 240f.; Venturi III S. 790; Giovannoni, Opere S. 280; Bessone S. 30; Hutton S. 39 und 40; Ladner, Papstbildnisse II S. 192f.

[679] Z.B. in SS. Cosma e Damiano, S. Maria in Trastevere, auch Cività Castellana. Dazu H. Caspary, Das Sakramentstabernakel in Italien bis zum Konzil von Trient, Diss. München 1965². Auch über die kultischen Voraussetzungen und Veränderungen im 13. Jahrhundert. (Einsetzung des Fronleichnamsfestes 1264). Im Giebel des Tabernakels war in einem ausgebrochenen Mosaikfeld in gemalten Buchstaben die Funktion folgendermaßen beschrieben: S.OLEUM INFIRMORU. Siehe Moscioni-Foto 6034 und Abb. 138.

[680] Bei meinen Besuchen in S. Francesco konnte ich von dem Wandtabernakel nichts mehr entdecken.

[681] Clausse S. 240.

[682] Giovannoni, Opere S. 280.

[683] Venturi III S. 790.

[684] Hutton S. 60.

Vassallettus im Dom von Anagni[685]. Zwei prominente Stücke der Ausstattung des Domes von Anagni sind durch Signaturen als Werke des Vassallettus gesichert: Osterleuchter (Abb. 139) und Thron (Abb. 140). Sie bilden den Abschluß und Höhepunkt einer umfassenden Erneuerung der Kirche seit etwa 1220. Meister Cosmas legte unter Bischof Albertus (ca. 1224—27) das Paviment der Oberkirche und zusammen mit seinen Söhnen Lucas und Jacobus gegen 1231 auch das der Krypta[686]. Eine Stifterinschrift des Bischof Pandulphus aus dem Jahre 1250 beweist, daß an der liturgischen Ausstattung kontinuierlich weitergearbeitet wurde[687]. Der Papstthron des Vassallettus ist erst unter Bischof Landus gegen 1260 entstanden[688]. Der ebenfalls von Vassalletto signierte Osterleuchter gehört in den Zusammenhang der Schola Cantorum und der Ambonen, die im 17. Jahrhundert beseitigt wurden[689]. Seine Zeitstellung ist nicht gesichert. Er dürfte aber in der gleichen Phase wie der Thron entstanden sein: vielleicht ebenfalls unter Bischof Landus, vielleicht aber auch schon im Anschluß an Stiftungen des Bischof Pandulphus nach 1250.

Wie man anhand von Moscionis Photographien nachweisen kann, befanden sich Thron und Leuchter (Abb. 139, 140) zusammen mit einer Fülle von weiteren Marmorteilen der mittelalterlichen Ausstattung im 19. Jahrhundert in einem Lapidarium[690]. Die heutige rekonstruierende Aufstellung (Abb. 111, 112) der Sanktuariumsschranken, des Papstthrones im Scheitel der Apsis und des Osterleuchters rechts vom Hauptaltar ist das Ergebnis einer Restaurierung in den Jahren 1896 bis 1904[691]. Bei dieser Gelegenheit wurde auch die Mosaikinkrustation des Osterleuchters ergänzt. An seiner Plinthe (Abb. 141) liest man die Signatur:

VASSALETO ME FECIT

Der Name Vassaleto nimmt die ganze Frontseite ein. Der übrige Teil der Signatur läuft an der rechten Seite weiter. Die Plinthe selbst ruht auf zwei kleinen Löwenwesen. An der Frontseite zeigen sie Menschenköpfe, die durch ihre ägyptisierenden Perücken deutlich als Sphingen gekennzeichnet sind. Auf der Rückseite dagegen sieht man Löwenköpfe (Abb. 142). Der hohe Schaft der Säule ist gedreht und in seinen umlaufenden Kanneluren mit (erneuerten) Mosaikornamenten gefüllt. Wie ein Stylit kniet auf der abschließenden Deckplatte ein nahezu nackter Atlant (Abb. 140, 141), der auf seinem Kopf mit Hilfe der hochgestemmten Arme den schalenförmigen, reich verzierten Kerzenteller trägt. Diese unterlebensgroße Skulptur kann als der erste stadtrömische Versuch mittelalterlicher Zeit angesehen werden, ein vollrundes Menschenbild zu schaffen. Für einen derartigen Versuch, der auf keinen Voraussetzungen aufbauen kann, ist das Ergebnis respektabel[692]. Besonders in der Frontansicht,

---

[685] Lit.: Allessandro de Magistris, Storia della città di Anagni, Roma 1747; C. Taggi, Della fabbrica della Cattedrale di Anagni, Roma 1888; F. X. Barbier de Montault, La cathédrale d'Anagni, in: Annales archéologiques 16, 1856 S. 137—63 und 244—52; 17, 1857 S. 26—42 und S. 113—18; De Rossi 1891 S. 91; Clausse S. 243ff.; Giovannoni, Opere S. 28; A. Sibilia, La cattedrale di Anagni, Orvieto 1914; A. Sibilia, Guida storico-artistica della cattedrale di Anagni, Anagni 1936; A. Sibilia, Storia di Anagni e breve guida della città, Roma 1971; G. Matthiae, Fasi costruttive della cattedrale di Anagni, in: Palladio 6, 1942 S. 41ff.; Wentzel, Antikenimitationen S. 47; Glass BAR S. 57ff.; Gandolfo, Cattedra S. 361f.

[686] Vgl. dazu S. 96ff. über Cosmas in Anagni.

[687] Sibilia, Guida storico-artistica S. 65. Am dritten südlichen Pfeiler:
+ PAD̄VLF' EP͞S FIERI FECIT HOC OPVS ANN̄ DNI MCCL PONT̄ DNI INNOC̄ IIII PP' ANN' VIII.

[688] Siehe S. 123f.

[689] Sibilia, Guida storico-artistica S. 65, der annimmt, daß die Schola Cantorum ebenfalls aus der Zeit des Bischofs Landus stammt.

[690] Z.B. Moscioni Nr. 5794. Wahrscheinlich geben die Photographien den Zustand zwischen 1886 und 1896 wieder, als die Fragmente im Museum aufgestellt waren. Siehe Sibilia, Guida storico-artistica S. 61. Vgl. auch Anm. 694.

[691] Die Restaurierung der Kirche war mit der Renovierung des Paviments und einer historisierenden Ausmalung schon gegen 1880 begonnen worde. Dazu Taggi, Della fabbrica S. 82. Sibilia, Storia di Anagni S. 77 schreibt, der Leuchter und die Marmorteile der liturgischen Ausstattung seien erst 1904 restauriert und endgültig aufgestellt worden.

[692] Es gibt allerdings in der Kirche S. Maria Maggiore in Ferentino den marmornen Träger eines Weihwasserbeckens, der in seiner knienden Haltung einige Ähnlichkeit mit dem Atlanten des Vassallettus hat. Siehe dazu F. Spesso Galletti, Una proposta di lettura, in: Storia dell'arte e territorio: Ferentino (ed. A. M. Romanini) in: Storia della città 15/16 1980 S. 137ff. Die

und die Figur ist auf Frontalität angelegt, wirkt die Gedrungenheit des Körpers, das aufgestemmte Knie, der von der Schwere der Bürde in die Schultern gedrückte Knopf des Lastenträgers recht überzeugend. Daß die Gliedmaßen disproportioniert sind, wird besonders im Blick von der Seite deutlich. Aber da die Aktion nicht durch Bewegung, nicht durch Muskel und Sehnen ausgedrückt ist, dient diese Disproportion der Aussage. Die kurzen stämmigen Glieder, die Gedrungenheit des Körpers insgesamt, machen die Schwere der Last auf eine statische Weise plausibel. Überraschend ist der Kopf. Seine Jugendlichkeit steht im Gegensatz zu der Leibesfülle des übrigen Körpers. Für sich genommen erinnern die elfenbeinglatten Züge mit der weich modellierten Mundpartie an Arbeiten des späten Klassizismus. Intensiv ist der Blick der in dunklem Material eingelegten Pupillen. Trotzdem ist der Eindruck der einer großen Antikenähe. Daß tatsächlich Erinnerungen an römische Porträts julisch-claudischer Zeit den Kopftypus bestimmt haben, wird an den Zangen der in die Stirn fallenden Locken deutlich. Sie legen sich um die Stirnpartie wie ein Lorbeerkranz. Die Weichheit der breiten, streng symmetrischen Züge wirkt in ihrem präzisem Schliff indifferent bis hin zur Leere. Der Gegensatz zu dem ebenfalls antikennahen, aber längst nicht so harmonisch gestalteten Kopf aus dem Gesims des Kreuzgangs von S. Paolo (Abb. 186), wahrscheinlich dreißig Jahre früher entstanden, ist enorm[693]. Sollte dieser Lebendigkeit und mimischen Ausdruck suggerieren, so zielte der Kopf in Anagni ohne Zweifel auf antike Schönheit und Harmonie. Das antike Thema des Atlanten scheint mit der Ruhe, Hoheit und Schönheit einer antiken Karyatide verbunden. Genau das wirkt auf uns klassizistisch und zeigt eine ästhetisch-retrospektive Tendenz zur Eigenwertigkeit, die der Kunst im Mittelalter eigentlich fern liegt. Ist damit vor allem Kunst gewollt? Verglichen mit der virulenten Symbolkraft und Didaktik des Reliefs am Leuchter von S. Paolo fuori le mura (Abb. 26) wird die Abgelöstheit dieses ,,Kunstgegenstandes" in Anagni besonders deutlich.

Das zweite für Vassallettus in Dom von Anagni gesicherte Werk ist der Thron (Abb. 139), der immer für den Dom bestimmt war, und nicht wie Dorothy Glass schreibt aus der Kirche S. Andrea stammt[694]. Auf einem hohen, reich profilierten Sockel liegen links und rechts zu Füßen des Thrones zwei Löwen. Hinter ihnen und wie von ihnen getragen erhebt sich eine schlichte Steinbank mit hohem mosaikinkrustierten Seitenwangen und einer entsprechenden Rückenlehne. Den stärksten Akzent setzt eine Steinscheibe über der Mitte der Lehne (Abb. 144), deren Durchmesser der inneren Breite des Thrones entspricht. Ihren Schmuck bilden ein sternförmiges Hexagramm, mit Mosaik eingelegt, und sechs kleine Kreisfelder zwischen den Zacken des Sternes. Diese Scheibe, die den Thronenden wie einen Nimbus auszeichnet, ist auch Träger der Stifterinschrift: PRESVL HONORANDVS OPVS HOC DAT NOMINE LANDVS. Unterhalb der Scheibe und ihrer Rundung angepaßt liest man an der Rückenlehne in wesentlich größeren Buchstaben die Künstlersignatur:

VASALET[O] DE ROMA ME FECIT.

Die Stifterinschrift des Bischofs Landus (Landone Conti) fixiert die Arbeit des Vassallettus auf einen Zeitpunkt um oder bald nach 1260. Meist wird das Jahr 1263 genannt, weil Landus in diesem Jahr urkundlich erwähnt ist. 1257 haben jedenfalls noch andersnamige Bischöfe in Anagni residiert[695].

---

dort vorgeschlagene Datierung 1220 – 30 ist allerdings sicher viel zu früh. Die Kirche kann — ihren architektonischen Formen nach zu urteilen — überhaupt erst in der zweiten Hälfte des 13. Jahrhunderts entstanden sein.

[693] Vgl. dazu S. 137f. Auch Claussen, Scultura Romana S. 333f.

[694] Glass BAR S. 56. Sie beruft sich dabei fälschlich auf Sibilia, Guida storico-artistica S. 255f. Dort ist kein Wort von einer solchen Provenienz zu finden. Sibilia S. 61 schreibt allerdings, daß der Thron bis 1886 in S. Andrea aufbewahrt wurde, nachdem er bei der barocken Erneuerung des Domes dort entfernt worden war: ,,Nel coro c'era, anche, la sedia episcopale che, quando il coro fu demolito, venne trasportata come oggetto senza valore, nella chiesa collegiale di Sant'Andrea e posta dietro l'altare maggiore ove rimase fino al 1886 anno in cui, per ordine del governo fu collocata nel museo. Finalmente, nel 1896 fu trasportata all'attuale posto, nell'abside mediano, e cosi rimessa in valore e evidenza". Es wäre ja auch zu verwunderlich, wenn der Bischof den Thron nicht für seine Kathedrale gestiftet hätte.

[695] Dazu Sibilia, Storia di Anagni S. 77. P. B. Gams, Series episcoporum ecclesiae catholicae, Ratisbonae 1873 S. 663 nennt für das Jahr 1257 zwei Bischofsnamen: Nicolaus und Johannes Compatre. Letzterer hat wahrscheinlich bis 1258 residiert. C. Eubel, Hierarchia Catholica Medii Aevi, Monasterii 1898 I S. 86 erwähnt Bischof Landus für das Jahr 1262. Es wird sich um

Verglichen mit dem überreichen Thron von S. Lorenzo fuori le mura (Abb. 198, datiert 1254), der wahrscheinlich auch aus der Werkstatt des Vassallettus stammt, ist der Thron in Anagni von monumentaler Schlichtheit. Sein Typus mit dem frei hervorragenden Nimbus greift zurück auf die römische Tradition des 12. Jahrhunderts, wie sie erstmals am Thron von S. Maria di Cosmedin gegen 1123 faßbar wird. Francesco Gandolfo ist der Ikonologie dieses Hoheitszeichens ausführlich nachgegangen[696].

Der Dekor ist nicht flächendeckend, sondern konzentriert sich auf die Nimbus-Scheibe. Der Thron von S. Lorenzo wirkt in seiner reichen Polychromie dagegen als ein Teil der ähnlich dekorierten Schrankenvertäfelung[697]. Dieser Unterschied mag durch den Auftrag und dessen finanzielle Ausstattung mitbestimmt sein, liegt aber auch in der künstlerischen Gesamtauffassung. Der Verzicht auf Mosaikschmuck ermöglicht erst die bedeutende Rolle der Skulptur. Man stelle sich den Thron (Abb. 139) ohne seine Wächterlöwen vor, um zu sehen, wie sehr diese den monumentalen Eindruck bestimmen. Ich kann mich deshalb auch nicht der Meinung Gandolfos anschließen, die Löwen hätten ursprünglich gar nicht zum Thron gehört[698]. Man kann sogar an den rückwärtigen Steinblöcken, mit denen sie ein Stück sind (Abb. 145), nachweisen, daß sie nur für die heutige Funktion geschaffen worden sein können[699].

Die Inszenierung des Thrones ist kaum wirkungsvoller zu denken. Die Löwen bilden gleichsam noch auf der obersten Stufe einer liturgischen Hierarchie eine Schranke, die nur der Thronende überwinden kann, den der riesige Nimbus mit dem geheimnisvollen Hexagramm auszeichnet[700]. Die Löwen bilden ein gegensätzliches Paar, wie es seit den zwanziger Jahren des 13. Jahrhunderts in Rom „kanonisch" wurde[701]. Links der milde, gutmütige und traurig blickende Typus ägyptischer Abstammung (Abb. 139, vielleicht als weiblich gedacht), rechts der wilde, angriffslustige antikisierende Löwe (Abb. 145). Sicher ist mit diesem Gegensatzpaar eine ikonographische Bedeutung verknüpft, die ich allerdings bisher nicht aufschlüsseln konnte[702]. Für die Werkstatt des Vassallettus kennzeichnend ist, daß in den beiden signierten Werken in Anagni die Skulptur einen wichtigen, wenn nicht den wichtigsten Anteil an der künstlerischen Wirkung hat.

den gleichen handeln, den ich im Liber Censuum (Fabre) S. 472 Nr. 219b schon in einem Vertrag vom 8.11.1233 als Zeuge gefunden habe: „dominus Landus canonicus Anagninus".

[696] Vor allem Gandolfo, Cattedra. Wichtig auch Gandolfo, Reimpiego. Ob in diesen Beiträgen die Funktion als Papstthron überbetont wird, müßte diskutiert werden. Ob nicht auch die Kardinäle, Bischöfe und Äbte das Recht hatten, auf ihnen zu sitzen? Sehr überzeugend ist Gandolfos Studie darin, daß sie die Tendenz der Throne, durch Löwen, Nimbus und sogar Kreuznimbus die Heiligkeit oder Stellvertreterschaft Christi des Thronenden bis in die Zeit Innocenz III (1198–1216) zunehmend zu betonen, ikonologisch nachweist.

[697] Zum Thron von S. Lorenzo vgl. S. 141. Auch Gandolfo, Cattedra S. 361ff.

[698] Gandolfo, Cattedra S. 361f. Anm. 59.

[699] Gandolfo, Cattedra S. 361f. Anm. 59 hat den Löwen eher eine Funktion an einer Presbyteriumsschranke wie in Civitá Castellana (Abb. 116, 117) zuweisen wollen. Wenn die Löwenkörper nicht ein Block mit dem die ganze Basis des Thrones einnehmenden Flankenstein bildeten (Abb. 145) und diese Flanken auf Ansicht bearbeitet wären, wäre diese These durchaus möglich. So aber kann die Funktion der Löwen gar keine andere gewesen sein als die, den Thron zu flankieren.

[700] Zur liturgischen Hierarchie vgl. auch im Abschnitt über Drudus in Civitá Castellana S. 144f.

[701] Vgl. dazu Claussen, Scultura Romana S. 329.

[702] Der Löwe (nicht die Lupa) war das Wappentier Roms im Mittelalter. Eine römische Münze des 13. Jahrhunderts stimmt übrigens sehr genau mit dem herrlichen Löwenrelief (ebenfalls 13. Jh.) des Sarkophages in der Vorhalle von S. Maria in Trastevere überein. Das Löwenrelief abgebildet bei Wentzel, Antiken-Imitationen, S. 83; eine Silbermünze des spät. 13. Jahrhunderts bei Pietrangeli, Campitelli II S. 45. Die spezielle Symbolik der römischen Löwen vorausgehen, sollte auf Interpretationsmöglichkeiten im fortdauernden Streit zwischen Papst und Kaiser hin untersucht werden. Die mir bisher bekannt gewordene Literatur über die Bedeutung mittelalterlicher Löwenskulpturen berücksichtigt solche Aspekte nicht. Z.B. H. Baltl, Zur romanischen Löwensymbolik, in: Festschrift für Andreas Posch, Zeitschrift des historischen Vereins für Steiermark 46, 1963 S. 195ff.; zuletzt A. Gier, Ein mehrdeutiges Tier — Der Löwe im französischen Mittelalter, in: Der Braunschweiger Burglöwe. Symposiumsbericht (1983), Göttingen 1985 S. 189ff.

Fehlinformation:*Vassallettus angeblich in Rocca di Botte (Abruzzen)*[703]. Clausse behauptet, die Kanzel von Rocca di Botte (Abb. 104, Ausschnitt) sei durch Vassallettus signiert. Heute ist davon nichts zu finden. Auch schon Camille Bertaux konnte nichts dergleichen entdecken[704]: „Je ne sai où M. Clausse a pu lire sur l'ambon de Rocca dei Botti le nom du fameux marbrier romain Vassalletto". Daß die Marmorausstattung der Kirche in den Abruzzen von der Hand römischer Marmorari stammt, daran kann gar kein Zweifel sein. Ein sehr frühes Moscioni-Foto zeigt die Kirche verwahrlost und ohne Dach. Doch ist die liturgische Ausstattung, das Ziborium und die Kanzel, intakt und an ihrem heutigen Platz. Große entstellende Restaurierungen, bei der die Signatur hätte verloren gehen können, haben seit der zweiten Hälfte des 19. Jahrhunderts an der liturgischen Ausstattung nicht stattgefunden. So ist hier der Verdacht ebenso berechtigt wie in Ferentino, daß die Vassallettus-Signatur, die Clausse beschreibt, Fiktion oder Fehler ist[705].

Vassallettus und die Äskulap-Statue der ehem. Sammlung Verospi[706]. Winckelmann berichtet von einer Statue mit einer bis heute rätselhaften Inschrift[707]:

> „§5. Von der 2. Art der Werke römischer Bildhauerei mit dem Namen des Künstlers selbst, findet sich von Statuen ein sehr mittelmäßiger Äskulapius im Hause Verospi, an dessen Sockel der Name des Künstlers Assalectus stehet".

Über diesen Äskulap und seine „Signatur" ist seitdem viel gerätselt worden. Daß man den Namen auf Bassallectus oder Vassalectus ergänzen darf, hat man bald vermutet. Ein antiker Name scheint ausgeschlossen. Lanciani zog daraus den Schluß, Vassaletto habe antike Statuen (als Sammler) besessen und signiert[708]. Mit großem Aufwand aber ohne rechtes Ergebnis hat Stevenson über den Verbleib der rätselhaften Skulptur geforscht[709]. Seine Notizen zeigen, daß er vermutete, die Skulptur im Palazzo Verospi stamme aus S. Agnese[710]. Ein Teil der Sammlung Verospi sei ins Britische Museum gelangt[711]. In der Villa Albani, in der noch heute Teile der Sammlung Verospi bewahrt werden, gibt es anscheinend seit langer Zeit keine Statue mehr, auf die die Beschreibung Winckelmanns passen könnte. Stevenson schrieb in dieser Sache auch an den ehemaligen Leiter des Deutschen Archäologischen Instituts in Rom, von Duhn, erhielt jedoch in dessen Antwort keinen neuen Hinweis. Ob sich der Sachverhalt jemals aufklären läßt, möchte ich nach alledem bezweifeln.

Ausscheiden möchte ich die Möglichkeit, ein Vassallettus des 12. oder 13. Jahrhunderts habe eine Äskulap-Statue als Kopie neu angefertigt. Fast ebenso unwahrscheinlich ist die Meinung, Vassallettus habe die Figur mit einem Sammlerzeichen versehen. Völlig ausgeschlossen ist es aber nicht, daß man schon im Mittelalter antike Statuen aus besonderen Gründen neu aufstellte und instandsetzte. Wenn Vassallettus also wirklich etwas mit der antiken Statue zu tun gehabt hat, dann kann sein Name nur das Signet für eine Wiederaufstellung und Instandsetzung sein[712].

Interesse an antiken Statuen, vielleicht sogar modernes Sammlerinteresse, gab es vereinzelt schon im 12. Jahrhundert. Heinrich von Blois († 1171), Bischof von Winchester, kaufte 1151 — wie sein

---

[703] Clausse S. 238: „Le nom de Vassaletus se trouve également gravé sur l'ambon de l'église de Rocca di Botte".

[704] Bertaux II S. 577.

[705] Zu Ferentino siehe S. 110.

[706] Lit.: J. Winckelmann, Geschichte der Kunst. 8. Buch, 4. Kapitel in: Winckelmanns sämtliche Werke, hrsg. von J. Eiselein I, Donauöschingen 1825 S. 270; Stevenson, Cod. Vat. lat. 10581f. 3vff.; De Rossi 1891 S. 93; Lanciani, Scavi I S. 12; Giovannoni, Opere S. 281; Bessone S. 31.

[707] J. J. Winckelmann S. 270.

[708] Lanciani, Scavi I S. 12.

[709] Stevenson, Cod. Vat. lat. 10581f. 3vff.

[710] Hinweis bei Stevenson Cat. Mus. Capit. S. 88.

[711] Hinweis bei Stevenson Cat. gr. rom. sculpt. S. 73.

[712] So verstehe ich auch Krautheimers (Rome S. 188) Formulierung: „The marmorarii of Rome were, I think, no less famous as marble workers than as dealers in architectural spoils and other materials; and once in a while one of them would carve his name on the ancient piece not so much as proof of ownership as to advertise the firm, often passed down from father to son and grandson".

Zeitgenosse Johannes von Salisbury befremdet notiert — antike Marmorstatuen in Rom[713]. Die Romlegenden lassen jedenfalls auf eine anhaltende Attraktivität antiker Statuen schließen, wobei sich Magie und Schönheit untrennbar verbinden[714].

Die Nachricht, daß Kardinal Giordano Orsini unter Papst Eugen III (1145—53) einen öffentlich zugänglichen Antikengarten für seine Statuensammlung errichten ließ, dürfte einem ins Mittelalter rückprojizierten Renaissance-Denken entspringen[715]. Ob diese Familienlegende der Orsini irgendeinen historischen Anlaß hat, ist nicht nachzuweisen.

Vielleicht läßt sich Winckelmanns Beobachtung auf eine ganz banale Zusammenstückung nicht zusammengehöriger Teile zurückführen. Eine antike Statue auf einem Marmorfragment aus dem Mittelalter, das die Signatur des Vassallettus trug. Lanciani hat immer wieder versucht, anhand ausgegrabener Marmorwerkstätten (unbekannter Zeitstellung) zu beweisen, daß die Marmorari Antike nicht nur des Materials wegen sammelten[716]. Doch sind diese Grabungen nicht hinreichend dokumentiert. Wäre eine solche Aneignung der Antike, z.B. als Antiquar, Restaurator und Kunsthändler tatsächlich einmal nachzuweisen, so wäre das eine Sensation. Spolien figürlicher Art wie vermutlich der Adler von SS. Apostoli (Abb. 126) sind im römischen Mittelalter eine Ausnahme. Doch ist immerhin mit dieser Ausnahme der Name Vassalletto zu verbinden. Üblicherweise sind die Statuen in die Kalköfen gewandert. Und es ist gewiß kein Zufall, daß die mittelalterlichen Bewunderer des antiken Roms zumeist aus dem Norden — besonders aus England — kamen.

Vassallettus und sein Vater im Kreuzgang von S. Giovanni in Laterano, Rom[717]. Der Lateran-Kreuzgang (Abb. 147) ist das Glanzstück der Vassallettus-Werkstatt. Diese Autorschaft wurde aber erst allgemein bekannt, als 1886/87 bei Restaurierungen hinter einem später angebrachten Strebepfeiler an einem der Pfeiler auf der Südseite des Hofes folgende Signatur (Abb. 146) zum Vorschein kam[718]:

+ NOBILIT̄ DOCT' HAC
VASSALLECTVS Ī ARTE
CV̄ PATRE CEPIT OPVS
Q'D SOL' PERFICIT IP̄E
(Nobiliter doctus hac Vassalectus in arte — cum patre cepit opus quod solus perfecit ipse)

---

[713] Wichtig Ross, Twelfth Century Interest bes. S. 308f. und Esch, Spolien bes. S. 30. Zur Biographie des Bischofs L. Voss, Heinrich von Blois, Bischof von Winchester 1129—1171, Berlin 1932 (Historische Studien 210). In Übersetzung nachzulesen in: ,,Joannis Sareberiensis, Historia Pontificalis". John of Salisbury's Memoirs of the Papal Court, translated from the Latin with introduction and notes by Marjorie Chibnall, London 1956 S. 79f.

[714] Dazu A. Springer, Das Nachleben der Antike im Mittelalter, in: Bilder aus der Neueren Kunstgeschichte, Bonn 1886; F. von Bezold, Das Fortleben der antiken Götter im mittelalterlichen Humanismus, Bonn/Leipzig 1922; F. Schneider, Rom und Romgedanke im Mittelalter, München 1926; G. Huet, La légende de la statue de Vénus, in: Revue de l'histoire des religions 68, 1913.

[715] Francisco Sansovino, De gli huomini illustrati della casa Orsini, Venezia 1565 S. 2f. ,,Dicono che si dilettò grandemente dell cose antiche di Roma, delle quali havendo fatto una elettissima scelta, edificó un luogo publico dove egli le mise a ornamento della sua patria, a gloria del suo nome honorato, et sommo diletto de forestieri che venivano in quell'alma città". Erwähnt auch von Lanciani, Scavi I S. 29 (der in diesem Fall auch skeptisch ist); Ross, Twelfth-Century Interest S. 309.

[716] Darüber vor allem Lanciani, Scavi S. 8ff.

[717] Lit.: Es kann hier nur eine kleine Auswahl aus der umfangreichen Bibliographie über S. Giovanni in Laterano geboten werden. Quellen und ausführliche Literaturangaben bei Krautheimer V S. 1ff.; Panvinio, De praecipuis Urbis S. 173f.; F. Gerardi, Antico chiostro de'canonici Lateranensi, in: Album IV 1838 S. 345f.; Rohault de Fleury, Latran; De Rossi 1875 S. 128f.; De Rossi 1891 S. 90ff.; Stevenson, Cod. Vat. lat.10581 f. 18, 18v, 20, 23v; Lauer, Latran; A. L. Frothingham, Scoperta dell'epoca precisa della costruzione del chiostro presso la Baslica Lareranense, in: Bulletino di Archeologica Cristiana V. Ser. 3, 1892 S. 145ff.; Clausse S. 428ff.; Giovannoni, Opere bes. S. 263; S. Ortolani, S. Giovanni in Laterano, Roma 1924 (Le chiese di Roma illustrate 13); Bessone S. 93; Hutton S. 10, 39 und 46; Josi, Chiostro; Claussen, Scultura Romana S. 330ff.

[718] Die Inschrift wurde schon vor ihrer Wiederentdeckung von De Rossi 1875 S. 128f. nach einem Manuskript von Sirmondo, Paris Bibl. Nat. Cod. Suppl. lat. 1420 f. 29v im richtigen Wortlaut publiziert. Die Erstpublikation des Fundes nach Stevenson, Cod. Vat. lat. 10581 f. 18 und 18v in den Atti Pont. Acc. d. Arch. am 17. März 1887. Auch De Rossi 1891 S. 90ff.; Frothingham, Scoperta S. 145ff. und Giovannoni, Opere S. 263; Dietl, Topik S. 68 und 170 übersetzt: ,,Auf hervorragende Weise geschickt in dieser Kunst, hat Vassallettus zusammen mit seinem Vater das Werk begonnen, das er selbst alleine vollendet hat". Nobiliter sieht er nur als Ersatzform eines Superlativs.

Die Aussage ist klar: Vassallettus hat den Kreuzgang zusammen mit seinem nicht näher bezeichneten Vater begonnen und ihn allein vollendet. Der Vater könnte Petrus Vassallettus gewesen sein, doch wird in der Signatur jeglicher „Vorname" unterschlagen. Was zählt, ist jetzt allein der Familienname: die „Firma". Was Vassallettus über sich aussagt, ist Ausdruck eines hohen Anspruchs. Die beiden Worte, die er an den Anfang des Verses setzt, *nobiliter*, und *doctus*, kann man als Programm einer gesellschaftlichen und künstlerisch-wissenschaftlichen Promotion des Handwerkerstandes der Marmorari in dieser Zeit ansehen[719]. Mit *nobiliter* wird Adel assoziiert. Das ist auffällig, denn man darf nicht annehmen, daß Vassallettus trotz seines Namens (= Vasall) zum Adel gerechnet wurde. Da sich die Adeligen dieser Zeit aber in den Inschriften, auch wenn sie geistliche Ämter ausübten, immer wieder mit den Beiworten *nobilis* oder *nobiliter* von anderen Gruppen der Gesellschaft abzugrenzen suchten, steckt hinter dem Eigenlob ein gesellschaftlicher Anspruch. *Nobiliter doctus in arte*, edel und gelehrt in seiner Kunst ist Vassallettus. Der geradezu „akademische" Anspruch, eine gelehrte Kunst (und Wissenschaft?) zu sein, zieht sich wie ein künstlerisches Leitmotiv durch die römischen Signaturen der ersten Hälfte des 13. Jahrhunderts.

Der Kreuzgang von S. Giovanni (Abb. 147) bildet ein Quadrat mit 36 m Seitenlänge. Er ist damit der größte dieser Art in Rom. Er übertrifft auch seinen unmittelbaren Vorgänger, den Kreuzgang von S. Paolo fuori le mura (Abb. 172), der in zwei Phasen von einer Werkstatt geschaffen wurde, in der zum Teil die gleichen Künstler wiederzuerkennen sind wie im Kreuzgang des Lateran. Auf die etwas komplizierte Abfolge dieser Bauphasen soll in einem späteren Abschnitt noch eingegangen werden[720]. Was den Beginn der Arbeiten der beiden Vassalletti am Lateran angeht, so gibt es bis heute keinen chronologischen Fixpunkt. Wieso Josi den Baubeginn in das Jahr 1222 verlegt, ist mir nicht klar[721]. Allgemeine Erwägung, z.B. die Rivalität mit S. Paolo fuori le mura und die erwähnten Werkstattzusammenhänge sprechen für eine Datierung, die nicht allzuweit von der des dortigen Kreuzganges entfernt liegt. Wie wir sehen werden, rücken die großen umlaufenden Mosaikinschriften in beiden Kirchen den Gesichtspunkt der Reform in den Vordergrund. Innocenz III (1198−1216) hatte das Kapitel von S. Giovanni mit massiven Mitteln zu reformieren versucht. Der Plan zu einem neuen Kreuzgang nach dem Vorbild des − vom Montecassino aus − reformierten Kapitels von S. Paolo liegt vielleicht noch in seinem Pontifikat. 1216 wurde das Hospital von S. Giovanni gestiftet[722]. Etwa in dieser Zeit wird man auch Pläne für den Kreuzgang gemacht haben. Daß ein Kreuzgang im Bau war, wissen wir erst sicher aus dem Jahr 1227. Das Testament des Kardinals Guala dei Bicchieri (+ 1230), das in diesem Jahr abgefaßt wurde, überläßt „ad opus claustri Lateranen. lib. 10 proven"[723]. Ob eine Urkunde, die 1236 „actum in claustri veteri Lateran. aecclesie" wirklich anzeigt, daß der Kreuzgang vollendet war, ist doch zweifelhaft[724]. Allerdings kann man der Formulierung entnehmen, daß man schon zwischen einem alten und einem neuen Kreuzgang unterschied. Weitere Beurkundungen 1238, 1239 und 1256 „in claustro" scheinen dann aber endgültig die Feststellung und Benutzung des Kreuzgangs zu belegen.

---

[719] Vgl. dazu Claussen, Künstlerstolz S. 21ff. Dietl, Topik S. 68ff. weist mit Recht auf die antike Tradition solcher Künstlerepitheta hin. Trotzdem scheint mir die Häufung solcher Formeln in der ersten Hälfte des 13. Jahrhunderts eine aussagefähige Besonderheit.

[720] Siehe dazu S. 132ff.

[721] Josi, Chiostro S. 5. Er kann sich dabei höchstens auf die Schätzungen von Frothingham, Scoperta S. 149 bezogen haben. Diese lauten aber: „Il chiostro lateranense fu incominciato non più presto del 1221 (aus stilistischen Gründen), probabilmente fra gli anni 1222 e 1226 ...".

[722] Stifter war der Kardinal Giovanni Colonna. Siehe G. Curcio, L'ospedale di S. Giovanni in Laterano: funzione urbana di una istituzione ospedaliera, in: Storia dell'arte 32, 1978 S. 23ff.

[723] Das Testament ist abgedruckt bei Ughelli, Italia Sacra IV S. 783 und wurde erstmals für die Datierung des Lateranklosters ausgewertet von Frothingham, Scoperta S. 147.

[724] Gallieti, Cod. Vat. lat. 8034f. 126. Giovannoni, Opere S. 263 nimmt dieses Dokument als Beweis für die Fertigstellung des Kreuzgangs. Die späteren Beurkundungen „in claustro" bei Gallieti f. 118, 119, 159.

Die Architektur ist von großer Regelmäßigkeit. Jede Seite des Hofes (Abb. 147, 148) ist durch die Eck- und drei Zwischenpfeiler in fünf Kompartimente geteilt. Jedes Kompartiment wiederum öffnet sich in fünf rundbogigen und von Doppelsäulen getragenen Arkaden. Die Zugänge zum Hof liegen im Osten, Süden und Westen jeweils in der zentralen Arkade des Mittelkompartimentes. Von Norden aus, also von der Seite der Kirche, kann man den Hof nicht betreten. Im Umgang zeigen Säulen, die den Pfeilern vorgesetzt sind, und Wandkonsolen an, daß der Kreuzgang von Beginn an für eine Einwölbung vorbereitet war.

Das Architektursystem des Kreuzganges an den Schauseiten zum Hof (Abb. 149) hin ähnelt stark dem der älteren Anlage in S. Paolo fuori le mura (Abb. 172). Auf einer breiten, marmorverkleideten Sockelbank stehen die Arkaden über Doppelsäulen. Aber nicht sie scheinen die darüberliegende Gebälkzone zu tragen, sondern die breiten Pfeiler. Deren tektonische Aufgabe ist optisch noch dadurch akzentuiert worden, daß eine Vorlage, in der Sockelzone beginnend, am Pfeiler emporläuft und damit auch alle Gliederungselemente des Gebälks an diesen Stellen risalitartig hervorgerückt sind. Die Eckpfeiler (Abb. 150) sind in diesem System konsequent so angelegt, daß jeder der beiden Pfeiler sich mit dem anderen rechtwinklig zu durchkreuzen scheint. Die beiden Vorlagen bleiben dabei als Reststücke an den Ecken sichtbar, und das Auge ergänzt sie zur vollen (sozusagen in der Mauer verdeckten) Pfeilerstirn. Der Sockel (Abb. 149) erhebt sich über einem Basisgesims, das auch die Pfeilervorsprünge umläuft. Eine bankartige Marmorplatte, die mit ihren Gesimsen über das Sockelmassiv vortritt, schließt diese Zone ab und findet ihre Fortsetzung ebenfalls in einem vortretenden Gesims an den Pfeilerstirnen. Auch in Höhe der Kämpfer ist die Schauseite der Pfeiler von einem Gesims unterbrochen, so daß die Arkadenzone in ihren Maßen an den Pfeilern abzulesen ist. Kaum merklich verengt sich über dieser „Kämpferzone" die Breite der Pfeilervorlage. Sie trifft dann, unterbrochen von einem Gesims in Höhe der Arkadenscheitel, auf die durchlaufende unterste Zone des Gebälks: einen schmalen, mit Mosaikinkrustationen und einer langen, umlaufenden Mosaikinschrift ausgefüllten Architrav. Auch dieser ist in der Pfeilerzone risalitartig vorgezogen und bildet hier schmalrechteckige Rahmenformen. Die breite Frieszone darüber ist geschmückt durch vielfach variierte Mosaikinkrustationen, deren Grundmuster aus einem Schlingenband besteht, das alternierend Kreisformen und Quadrate umläuft. Die Mosaikfüllungen sind überwiegend abstrakt. Nur vereinzelt tauchen auch figürliche Motive auf, so z.B. ein Lamm (Abb. 160) und an anderer Stelle ein Basilisk. Eine komplizierte Durchdringung von Rechteck und Kreis füllt die vorgesetzten Teile des Frieses in der Zone der Pfeiler. Über Marmorkonsolen vorgebaut ruht der mosaikinkrustierte Auflagebalken für das abschließende Traufgesims, das mit seiner reichen, skulpturalen Ornamentik und den abwechslungsreichen, als Wasserspeier gedachten Menschen- und Tiermasken einen besonderen Akzent setzt.

Die Zwillingssäulen der Arkaden (Abb. 149, 150) zeigen in der Mehrzahl glatte Schäfte. Nur das mittlere Paar jeder Fünferarkatur ist durch Torsion und Mosaikinkrustationen besonders ausgezeichnet. Besonders gilt das für die Mitte der Ost-, Süd- und Westseite, wo die Sockelbank durchbrochen ist, um den Zugang zum Innenhof zu ermöglichen. Die Zwillingskapitelle zeigen in der Mehrzahl komposite Formen. An den eben erwähnten Zugängen sind es aber sehr reiche korinthisierende Kapitelle. Die Deckplatten der Kapitelle sind ornamentiert und kämpferartig erhöht. Sie tragen Arkaden, deren Schauseite mehrfach profiliert und durch umlaufendes Gesims geschmückt ist. Auch die Laibung des Bogens weist eine Gliederung durch Profile auf.

In den Zwickeln zwischen den Arkaden und der Architravzone (Abb. 153, 162) haben sich in rein vegetabilen oder auch figürlichen Reliefs Bildhauer unterschiedlichen Könnens und unterschiedlichen Temperaments versucht. In den figürlichen Teilen herrscht eindeutig der Kampf zwischen Gut und Böse durch Fabeln oder auch Mythologie ins Bild gesetzt.

Obwohl dieses architektonische und dekorative Programm konsequent an allen vier Seiten des Hofes durchgeführt ist, gibt es in einigen Details Unterschiede, besonders im Bereich der Skulpturen. Schon Giovannoni hatte erkannt, daß sich die reichen und aufwendigen Formen im Bereich der Nordwestecke häufen[725]. Nur hier treffen wir auf hohe attische Basen der Zwillingssäulen, nur hier auf figürliche Kapitelle mit Adlern, Monstern und Unholden (Abb. 152). Das hat schon Giovannoni als einen — in der relativen Chronologie des Kreuzgangs — altertümlichen Zug angesehen. Er glaubt, aus diesen Unterschieden drei Phasen der künstlerischen Bauausführung ableiten zu können. Unter dem Vater Vassalletto sei die Sockelzone, die Nordseite und ein Teil der Ostseite bis zum Gebälk mit seinem reichen musivischen und skulpturalen Dekor — beginnend an der Nordseite — entstanden. Im Anschluß habe man das Gebälk dieser Teile fertiggestellt und an der Ostseite weitergearbeitet. Schließlich habe man in der letzten Phase mit weniger großem Aufwand das Ganze im Süden und Westen vollendet. Obwohl mir nicht ganz klar ist, wie man die letzten beiden Phasen unterscheiden soll, stimme ich der Einschätzung Giovannonis in den Grundzügen zu. Die reichsten Formen an der Nord- und Ostseite sind im Bereich der Arkaden auch die frühesten. Hier konzentriert sich auch im Gebälk und besonders in den Masken des Traufgesimses Erfindungskraft. Wie in den Masken von Reims spiegelt sich hier eine Experimentierfreude, eine ernsthafte oder ironische Auseinandersetzung mit dem antiken Vorbild, die so eben nur im Bereich des dekorativen Beiwerks möglich gewesen ist[726]. In den nördlichen Abschnitten de Ostseite treffen wir auf freche Faunsgesichter (Abb. 154) mit sprechender Mimik und scharfem Blick neben grotesken Komödienmasken (Abb. 155). Die Qualität der Löwenköpfe (Abb. 156) ist sehr unterschiedlich. Man kann immer wieder beobachten, daß ein Musterstück von hoher Qualität von anderen Bildhauern vergröbernd nachgeahmt wurde. Ironie ist wohl im Spiel, wenn ein Bildhauer einen Katzenkopf unter die Bestienhäupter mischte (Abb. 157). Das Tabu, Menschenbilder in Stein herzustellen, ist von einigen fähigen Bildhauern offenbar mit großer Lust durchbrochen worden. Schon die eben erwähnten, antikenahen Erfindungen zeichnen sich durch große mimische und physiognomische Beobachtungsgabe aus. Ganz erstaunlich für ein Werk des 13. Jahrhunderts sind dann aber einige menschliche Kopfprotomen (Abb. 158) an der Nordseite. Ihre Kopfbedeckungen zeigen an, daß es sich um Zeitgenossen handelt. Die Gesichter lachen. Der Mund ist zum Sprechen geöffnet, die Augen scheinen mit ihren dunkel eingelegten Pupillen zwinkernd auf den Betrachter zu blicken. Die Betonung der Hautfalten an Stirn und Mund, die Krähenfüße um die Augen zeigen an, daß hier wirklich Beobachtung nach dem Leben verarbeitet wurde. Vielleicht handelt es sich sogar um die Porträts der Bildhauer[727]. Das umlaufende Palmettenornament des Traufgesimses ist hier an der Nordseite besondes reich (Abb. 156). Die vegetabilen Formen sind präzise und tief mit dem Bohrer herausgearbeitet. Zwischen die Pflanzenornamente sind kleine Drachen, Sirenen, Teufelsmasken, ein Dreigesicht und anderes Interessante und Dämonische gewoben. Wesentlich einfacher und plumper in den Löwenphysiognomien ist die Westseite ausgefallen, während die Südseite (Abb. 159), an der Vassalettus signiert hat, bei aller Vereinfachung des Ornaments in der Form der Kopfprotomen ein völlig gegensätzliches aber ebenfalls sehr originelles Temperament verrät. Wieder tragen die Köpfe Zeittracht, militärisch anmutende Kappen. Es sind wie an der Nordseite lachende Physiognomien. Nicht aber die naturnahe Wiedergabe der Hautfalten steht im Vordergrund, sondern eine geglättete, sehr überlegen und in der Vereinfachung karikierende Zeichenweise. Zwischen diesen glatten Gesichtern dann auch ein schöner Satyrkopf (Abb. 160) mit rundlichem Gesicht, Flammenhaaren und zugespitzten Tierohren. Der zum Wasserspeien rundlich geöffnete Mund scheint den Betrachter zu

---

[725] Giovannoni, Opere S. 263f.

[726] Die Masken von Reims sind insofern ein verwandtes Phänomen, weil sich auch in ihnen eine Experimentierfreude zeigt, die eine neuzeitlichere künstlerische Freiheit zu antizipieren scheint. Die Masken in Reims sind dem bloßen Auge völlig entzogen. Ihre Wirkung konnten sie nur im Atelier, in der Bauhütte gehabt haben. Und hier gab es anscheinend so etwas wie eine Konkurrenz unter den Künstlern um die interessantesten Erfindungen und die beste Ausführung. Ich habe diese Gedanken bisher nur in die Form eines Vortrags gebracht, hoffe aber über diese „Künstlerische Freiheit im Marginalen" eine Studie zu beenden. Zu den Masken von Reims einige Abbildungen bei Sauerländer, Gotische Skulptur Tf. 257. Zuletzt W. Sauerländer. Reims und Bamberg, in: Zs. f. Kg. 39, 1976 S. 167ff. Für eine adäquate Darstellung dieser atemberaubenden Skulptur muß man auf Richard Hamann-McLeans große (und lange überfällige) Reims-Monographie warten.

[727] Diese These ist natürlich unbeweisbar und hat — selbst wenn sie stimmte — nicht viel mit der späteren Entwicklung des individuellen Porträts zu tun. Zur Naturbeobachtung der Marmorari Romani auch Claussen, Scultura Romana S. 330 und 334.

verhöhnen. Die vollen, symmetrischen Formen dieses Gesichtes haben manches gemeinsam mit den
ins Ernsthafte umgeschlagenen Zügen des Atlanten am Osterleuchter in Anagni (Abb. 141). Es ist
durchaus möglich, daß wir hier den persönlichen, bildhauerischen Stil des hier wie dort signierenden
Hauptmeisters Vassalettus fassen können.

Es ist unmöglich, in diesen Rahmen die Vielzahl der Reliefs in den Bogenzwickeln zu beschreiben.
Auffällig ist, daß in den Arkaden, die ihrer figürlichen Kapitelle wegen den ältesten Eindruck machen,
also an der nördlichen Ostseite, ein recht naturalistisches Ahorn-ähnliches Blatt die Reihe der antikisierenden Palmettenformen unterbricht. Wahrscheinlich hat das gar nichts zu tun mit nordalpiner Gotik, sondern ist ebenso Experiment mit dem Naturvorbild wie der Katzenkopf (Abb. 157) zwischen
den antikisierenden Löwenhäuptern. An der gleichen Seite, weiter nach Süden, blickt uns aus dem
Zwickel ein eindrucksvoller, gekrönter Kopf entgegen (Abb. 161), der seitlich in Profilansichten übergeht. Ein Dreigesicht also, aber wahrscheinlich keine tiefsinnige Dreieinigkeits- oder Lasterikonogra-
phie, sondern ein Bildwitz des Künstlers. An der Westseite begegnet man dann wieder einer
naturalistisch getroffenen Eule (Abb. 162), die sich der Tagvögel (Krähen?) erwehren muß[727a].
Dann aber zwischen verschiedenen Lasterallegorien auch auf die Szene des Sündenfalls (Abb. 163).
Mehrfach variiert ist ein Motiv des von seinen Sünden wie mit Schlangen gefesselten Menschen (Abb.
163a). Dargestellt sind nackte Männer fortgeschrittenen Alters, also eine sehr merkwürdige Interpretatio Christiana des Laokoon-Motivs, dessen Figurengruppe zu dieser Zeit noch in der Erde lag[728]. Die
Überlieferung dürfte also eher eine literarische gewesen sein. Auch hier ist die künstlerische Qualität
wieder sehr unterschiedlich. Einige Reliefs, z.B. das erwähnte Dreigesicht (Abb. 161) oder ein Adler
(Abb. 164) mit ausgebreiteten Schwingen, die Eule zwischen Krähen (Abb. 162) oder ein thronender
Herrscher zwischen Basilisken erreichen eine künstlerische Qualität und Perfektion der Durchführung, die gegenüber den Werken der vorhergehenden Zeit überrascht. Punktuell ist die Vorbildlichkeit
der Antike deutlich. Der Adler (Abb. 164) variiert ein antikes Motiv, das die Vassaletto-Werkstatt
in SS. Apostoli als Spolie eingesetzt haben dürfte (Abb. 126).

Berühmt ist der Kreuzgang aber nicht durch die bisher erwähnte Skulptur, sondern durch die Darstellungen von Löwen und Sphingen (Abb. 165, 166, 167), die im Umgang die Zugänge zum Hof bewachen. Paarweise flankieren sie die Öffnungen. Im Osten und Westen sind es Löwen, im Süden
Sphingen. Auf vorgebauten, reich profilierten Sockeln ragen sie in den Umgang hinein (Abb. 168) und
tragen gleichzeitig mit ihrer Rückenpartie die Deckplatte des Kreuzgangsockels. Es ist das eine sehr
zwitterhafte Gattung der Skulptur: zur einen Hälfte eigenständiges Monument, zur anderen dienender
Träger der Architektur. Da beides aber zugleich sichtbar gemacht worden ist, ist offenbar auch beides
wichtig gewesen: die Darstellung der unheimlichen Bestie ebenso wie ihre Fesselung in der Architektur.

Den altertümlichsten Eindruck macht das Löwenpaar (Abb. 166) auf der Ostseite. Auf plumpen
Vorderpranken stemmt sich ein massiger Körper empor. Die Hinterbeine bleiben am Boden. Solche,
nicht immer sehr qualitätvollen, sitzenden Löwen sind aus der Antike bekannt. Im mittelalterlichen
Rom sind sie allerdings selten[729]. Gerade wenn man berücksichtigt, daß dem hockenden Löwenpaar
ein antikes Vorbild zugrundeliegt, ist die archaische Plumpheit der mächtigen, rundlichen Köpfe mit
ihren Mähnen aus Flammenhaaren erstaunlich. Vielleicht ist es der Vassalettus-Vater, dessen Tätig-
keitsfeld Giovannoni in diesen ältesten Partien des Kreuzgangs vermutete, der die schwerfälligen Tiergestalten schuf.

Ganz anders das Löwenpaar (Abb. 167, 168) an der gegenüberliegenden Westseite. Hier ist es der

---

[727a] Pace, Cultura S. 54ff. mit Beispielen von motivisch ähnlichen Randzeichnungen aus der römischen Buchmalerei um
1200.

[728] Über die wenigen Beispiele, in denen der Laokoon-Stoff im Mittelalter illustriert wurde, handelt R. Förster, Laokoon
im Mittelalter und in der Renaissance, in: Jb. d. Pr. Kunsts. 27, 1906 S. 149ff.

[729] Ich kennen nur ein Löwenpaar dieses Typs, das als Träger eines Thrones gedient haben dürfte: Es wird im Lapidarium
des Palazzo Venezia bewahrt (Foto Ist. Cent. E 64518 und E 64513). Seine Provenienz ist mir nicht bekannt. Dem Stil nach
zu urteilen, sind diese Löwen später entstanden als die des Laterankreuzgangs.

übliche Löwentypus der Marmorari Romani, flach auf die Plinthe gepreßt, die Pranken parallel nach vorne geschoben. Der Kopf der Bestien scheint in diesem Fall besonders wild nach oben zu schnappen, da der Leib ja in der Architektur wie in einer Falle sitzt. Dieser Typus mit einer pathetisch zornigen Physiognomie geht deutlich auf antike Löwendarstellungen (Abb. 169) zurück[730]. Der Rachen ist halb geöffnet, die Stirn wütend zusammengezogen. Gegenüber dem „ägyptisierenden" Löwen aus der Vorhalle vom SS. Apostoli (Abb. 121) fällt auf, daß der Tierkopf zwar mit großem Geschick und aller Sorgfalt gearbeitet, der Körper aber selbst nur ganz grob angedeutet worden ist (Abb. 167): ein Gummitier im Vergleich zu der gespannten Dynamik des größeren Vassallettus-Löwen dort. Es ist dieses wilde Löwenpaar, das in der Folgezeit das Vorbild vieler weiterer Löwenskulpturen abgegeben hat, die aber in der Nachahmung immer mehr von der Kraft des Ausdrucks verlieren.

Die merkwürdigsten Löwenwesen finden sich an der Südseite: ein Sphingenpärchen (Abb. 165). Wieder sind die Löwenkörper von großer Plumpheit. Anatomische Einzelheiten sind unterschlagen oder — wie in der Angabe dreier Rippenbögen — in grober Weise übertrieben worden. Über den parallel ausgestreckten Pranken erhebt sich als stumpfer Bug die Brust der Halbwesen, über die die sorgfältig imitierten ägyptischen Perückenstränge herunterfallen. Diese Perücken umgeben Gesichter, deren groteske Proportionen wahrscheinlich ein bewußter (aber in unseren Augen wohl wenig gelungener) Versuch der Dämonisierung ist. Der rechte Sphinx ist bartlos. Seine riesigen Augen starren unter weit emporgerissenen Brauen nach oben. Das Untergesicht ist von übermäßiger Breite. Ob der Mund zum Sprechen oder zum Lachen geöffnet ist, ist nicht auszumachen. Verschlossener und grimmiger wirkt das bärtige Pendant links. Es ist eine unbewußte Archaisierung des spätantiken Vorbilds, die diesem Antlitz Würde gibt. Für den Stil und möglicherweise für die Chronologie der Bauausführung interessant ist die Tatsache, daß es sich beim Meister der Sphingen unbestreitbar um den Künstler handelt, der die lebensnahen Kopfprotomen (Abb. 158) im Traufgesims der Nordseite geschaffen hat. Wir sehen die gleiche Überbetonung des Physiognomischen, die in der rechten Sphinx zur reinen Grimasse wird, die gleichen Runzeln und Krähenfüße um die Augen. Wenn man wie Giovannoni annimmt, daß zuerst der umlaufende Sockel angelegt wurde, so müßten auch die Löwenwesen an den Eingängen schon in dieser Anfangsphase entstanden sein. Hier schon zeigen sich deutlich unterschiedliche künstlerische Temperamente: archaisch wirkende Skulpturen an der Ostseite, an der auch die altertümlichen Kapitelle auftauchen, lebendige Auseinandersetzungen mit antiken Vorbildern an der West- und Südseite, wobei auch hier wieder Unterschiede im künstlerischen Temperament erkennbar sind. Der Meister der Sphingen ist dann noch tätig beim Abschluß der Gebälkzone des Nordflügels, während die entsprechenden Gesimsreliefs an der Südseite (Abb. 159) von einem weiteren, in den Formen moderneren (in der Tendenz gotischen) Bildhauer gearbeitet wurden. Es ist nun unbeweisbar, ob der Vater Vassallettos nur für das sitzende Löwenpaar (Abb. 166) im Osten verantwortlich, der Sohn aber für die naturnahen, physiognomisch betonten Skulpturen oder ob gerade diese das Werk des Vaters sind und der Sohn seine bildhauerische Handschrift in den Gesimsprotomen der Südseite (an der er signierte) hinterlassen hat. In jedem Falle wurden in der sicher über mehr als ein Jahrzehnt tätigen Werkstatt des Laterankreuzgangs eine Reihe von Künstlern ausgebildet, die nun auch andere bildhauerische Arbeiten übernehmen konnten. Die große Leistung der führenden Bildhauer war es, daß sie nicht nur eine ernsthafte Auseinandersetzung mit antiker Skulptur wagten (immer in den gebotenen Grenzen des Auftrags) sondern auch direkte Seherfahrung nach der Natur des menschlichen Gesichtes umsetzten[731].

---

[730] Vorbild war meiner Ansicht nach der ebenfalls flach liegende Löwe mir zornig aufgerichtetem Haupt und offenem Rachen (Abb. 169), den die Kapitolinischen Museen bewahren. Über seine Entstehungszeit kenne ich keine Angaben. Möglicherweise ist er in der Renaissance überarbeitet worden.

[731] Ich habe (Scultura Romana S. 330) zu zeigen versucht, daß römische Marmorari in der Zeit bald nach Fertigstellung des Kreuzgangs von S. Giovanni die antikisierenden Löwentypen verlassen und sich an lebende Vorbilder gehalten haben. Das Löwenpaar, das früher im Kreuzgang aufbewahrt wurde und seit 1975 einen Altar in der Sakramentskapelle trägt, ist dafür das beste Beispiel (Abb. 170). Diesen Löwenhäuptern fehlt alle antike Pathetik. Die langegezogenen, müden und etwas gedunsenen

Die Mosaikinschrift in der Architravzone des Kreuzgangs (Abb. 146, 150) — sie ist am Südflügel am deutlichsten lesbar — ist stark fragmentiert und stellenweise sinnentstellend ausgebessert. Panvinio und Terribilini überliefern einen wesentlich vollständigeren Text der alexandrinischen Verse als heute noch vorhanden[732]. Hauptinhalt ist die reformerische Mahnung an die Kanoniker, die Regel, die sie beim Eintritt ins Kloster versprochen haben, auch einzuhalten. Sehr massiv werden sie an die Tugenden der Entsagung und Schamhaftigkeit erinnert. Der Kreuzgang soll in seiner Form als lehrhaftes Zeichen der monastischen Lehre und Regel gesehen werden: *Claustri structura sit vobis docta figura*. Eine Anspielung auf die kostbaren Steinintarsien und das Mosaik mag der Wunsch sein, die Seelen der Kanoniker mögen erglänzen, ihre Sitten erstrahlen, wenn sie sich zusammenfügen so wie die Steine geschliffen werden (*lapidesque sic poliuntur*). Wie wir sehen werden, rühmt die entsprechende, aber vorausgehende Inschrift des Kreuzganges in S. Paolo (Abb. 172) die erfolgreiche Reform auch durch den Kreuzgang, dessen „glänzenden Steine alles in Rom überstrahlen". Von einem solchen Selbstbewußtsein kann in S. Giovanni nicht die Rede sein. Die Inschrift und der Kreuzgang selbst sind eine Mahnung, die Regel einzuhalten. Ob damit ein geregeltes Klosterleben der Kanoniker aus den ersten Familien Roms wirklich erreicht wurde, muß zumindest bezweifelt werden. Der Bau des Kreuzgangs darf vielleicht als äußeres Zeichen des Reformwillens angesehen werden, vielleicht als Zugeständnis an die drängenden Reformer. Wenigstens im architektonischen Glanz suchte man das Vorbild von S. Paolo fuori le mura zu übertrumpfen. Die Architektur als Beispiel und die Inschrift als Mahnung sind aber offenbar selbst ein Schritt auf dem Wege zu Gott. Es ist Teil der im Mittelalter überall spürbaren neoplatonischen Ästhetik, daß die Seele des Menschen schon in der Anschauung von Schönheit, z.B. glänzender Steine oder einer wohlgeordneten Architektur — selbst zum Höheren strebt und sich der Vollkommenheit meditativ nähert. Vielleicht soll in diesem Fall auch die strenge Form des Quadrats an die Strenge der Regel erinnern. Nicht nur die Inschrift hat demnach einen pädagogischen Inhalt — offenbar auch die Architektur.

Zuschreibung an die Werkstatt des Vassallettus (Vater und Sohn): der Kreuzgang von S. Paolo fuori le mura, Rom[733]. Schon Giovannoni erkannte die große Ähnlichkeit der beiden römischen Pracht-

---

Gesichter erinnern an alte Käfiglöwen. Und tatsächlich wurde im 13. Jahrhundert auf dem Kapitol ein Löwe gehalten, als lebendes Wappentier.

[732] Panvinio, De praecipuis Urbis S. 173f. Der Text hier nach dem Manuskript von Terribilini, Bibl. Casanat. Cod. TX, XXI, XI, 10, das Rohault de Fleury, Latran S. 330 abdruckt:
Canonicam formam sumentes discite normam
quam promisistis hoc claustrum quando petistis.
Discite sic esse tria vobis adesse necesse
nil proprium morem, castum portando pudorem. (Panvinio: castum seruando pudorem)
Claustri structura sit vobis docta figura
ut sic clarescant animae moresque nitescant
et stabiliantur animo qui canonicantor
ut conjungantur lapidesque sic poliuntur,
gaudeat in coelis Christe quicumque fidelis (Panvinio: Gaudeat...novellis...Christoq. fidelis)
qui sua dimisit operi vel (Panvioni: nel) mundi...
(Ihr die Ihr den Kanoniker-Habit tragt, lernt die Regel, die ihr versprochen habt, als Ihr in diese Klausur Eintritt begehrtet. Lernt, daß es für Euch drei Pflichten gibt: Entsagung, Tugend und Schamhaftigkeit. Die Form des Kreuzgangs sei Euch ein lehrhaftes Zeichen, auf daß die Seelen erstrahlen und die Sitten erglänzen, damit sie befestigt werden und im Geiste dessen, der Kanoniker wird, und sich zusammenfügen, so wie die Steine geschliffen werden. Wer Christus treu ist, freut sich im Himmel, der wirft alles Weltliche ab...).

[733] Lit.: Die umfängliche Bibliographie erschließt am besten Krautheimer V. S. 93ff. Hier nur eine kurze Auswahl, die direkt den Kreuzgang betrifft. Panvinio, De ecclesii Urbis Roma. Cod. Vat. lat. 6780f. 47 und 47v; Ciampini, Vetera Monumenta I S. 233; N. M. Nicolai, Della Basilica di S. Paolo, Roma 1815; Promis S. 23; V. D. Hagen 1818 S. 142f. (sehr konfuse Zuschreibungen); Stevenson, Mostra S. 174ff.; Stevenson, Cod. Vat. lat. 10581f. 43v; Boito, L'architettura S. 156ff. (mit schönen zeichnerischen Aufnahmen); Clausse S. 459ff.; B. Trifone, Serie dei prepositi, rettori ed abbati di San Paolo di Roma, in: Rivi-

kreuzgänge (Abb. 149, 172) und schrieb sie z.T. der gleichen Werkstatt zu[734]. Er erkannte auch, daß die Nordseite des Hofes in S. Paolo (Abb. 175, 176) sich durch einen wesentlich größeren Aufwand und weiter entwickelte Formen von den übrigen drei Seiten unterscheidet. Wie wir in einer beschreibenden Analyse zu zeigen versuchen, besteht seine These völlig zu recht, daß die drei schlichteren Seiten dem Kreuzgang von S. Giovanni in Laterano vorausgingen, daß aber die nördliche, reiche Seite diesen voraussetzt. Daß es für diese etwas komplizierte Chronologie bauarchäologische, stilkritische und historische Argumente gibt, werden wir sehen. Wir übernehmen Giovannonis Zuschreibung der Nordseite an die beiden Vassalletti, die den Laterankreuzgang signiert haben. Vielleicht war es Petrus Vassallettus, der an den drei älteren Seiten mitgearbeitet hatte. Schließlich hat er mit dem Osterleuchter ein (zusammen mit Nicolaus de Angelo) signiertes Werk in S. Paolo fuori le mura hinterlassen[735]. Daß die Werkstatt wesentlich mehr Marmorari umfaßte als nur diese beiden, die den Bau des Laterankreuzgangs leiteten, ist selbstverständlich.

Der Kreuzgang ist nicht signiert. Vielleicht, weil — wie wir sehen werden — der Stifter *arte sua* alles Verdienst an dem Bau auf sich lenken wollte. Allerdings war am Fußpunkt eines Kreuzgratgewölbes im nördlichen Kreuzgangsflügel eine Marmorplatte eingelassen, die folgende Signatur trägt[736]: MAGIST̄ PETRU FECIT h' OP'. Der Schriftcharakter, das hat schon Stevenson bei seiner Erstveröffentlichung festgestellt, ist vor der Mitte des 13. Jahrhunderts nicht denkbar. Wer dieser Magister Petrus gewesen ist (vielleicht der Socius des Arnolfo am Ziborium von S. Paolo?) und was er eigentlich signiert hat (das nachträglich eingezogene Gewölbe?), muß offen bleiben[737].

Bevor ich den Kreuzgang beschreibe, soll eine Diskussion über die lange Stifterinschrift eingeschoben werden, die uns Hinweise auf die Datierung des Werkes geben kann. Die Inschrift (Abb. 172) zieht sich nur in der Architravzone der Ost-, Süd- und Westseite entlang, also an den Teilen, die Giovannonis erster Bauphase entstammen. Pietro Fedele hat aus den verschiedenen Lesungen des Textes die zuverlässigste Version veröffentlicht[738]. Im ersten Teil wird das Studium und Gebet der in der Klausur

sta storica Benedettina 4, 1909 S. 250ff.; Giovannoni, Opere S. 264ff.; S. Pesarini, La basilica di S. Paolo sulla Via Ostense prima delle innovazioni del sec. XVI, in: Studi Romani I 1913 S. 386ff.; G. B. Giovenale, Il chiostro medioevale di San Paolo fuori le mura, in: Bull. 1917 (1918) S. 125ff.; P. Fedele, L'iscrizione del chiostro di S. Paolo in: A.S.R.S.P. 44, 1921 S. 269ff.; E. Lavagnino, San Paolo sulla Via Ostiense, Roma 1924 (Le chiese di Roma illustrate 12); I. Schuster, La basilica e il monastero di S. Paolo fuori le mura. Note storiche, Torino 1934; Bessone S. 90 ff.; E. Scaccia Scarafoni, Il chiostro di S. Paolo fuori le mura. La sua epigrafe musiva e una notizia Cassinese inedita, in: Le Arte 5, 1943/43 S. 11ff.; Hutton S. 10; Krautheimer V S. S. 101; Claussen, Scultura Romana S. 332ff.

[734] Giovannoni, Opere S. 265ff.

[735] Siehe dazu S. 108f. Wahrscheinlich ist aber, daß Nicolaus de Angelo der maßgebliche Architekt für die frühen Teile des Kreuzgangs war.

[736] Stevenson, Mostra S. 174ff. Wo sich die Inschrift heute befindet, weiß ich nicht. Abbildung eines Abgusses bei Giovenale, Il chiostro S. 133. Giovenale versucht, durch den Vergleich der musivischen Inschrift des Kreuzgangs mit der Signatur die Gleichzeitigkeit zu belegen. Meiner Ansicht nach gibt es in den Buchstabenformen nicht allzuviel Gemeinsames. Außerdem ist die Inschrift offenbar mehrfach ausgeflickt und restauriert worden.

[737] Vgl. S. 171. Giovenale, Il chiostro S. 135 denkt offenbar, daß hier der Baumeister des Kreuzgratgewölbes signiert hat. Dieses hat man 1904 entfernt und durch einen offenen Dachstuhl unter dem Pultdach ersetzt. Daß das Gewölbe mittelalterlich gewesen ist, unterliegt nach Giovenales Untersuchung keinem Zweifel. Doch ob es zum ersten Plan des Kreuzgangs gehört, ist unsicher. Wenn die These richtig ist, der Meister der Einwölbung habe als Magister Petrus signiert, so deutet das eher darauf hin, daß die Einwölbung in einer zweiten Phase nach der Mitte des 13. Jahrhunderts vorgenommen wurde, als der eingewölbte Kreuzgang von S. Giovanni schon fertiggestellt war. Die Sachlage bleibt aber ungeklärt. Signaturen der Maurer sind sonst in Rom sehr selten.

[738] Ciampini, Vetera Monumenta I S. 233; Fedele, L'iscrizione S. 269ff. Ältere Abschriften bei Nicolai, Della Basilica S. 41; Promis S. 23, der in der Inschrift noch die Signatur zweier Künstler sah;

Agmina sacra regit locus hic quem splendor honorat
Hic studet atque legit monachorum cetus et orat
Claustrales claudens claustrum de claudo vocatur
Cum Christo gaudens fratrum pia turma seratur.
Hoc opus exterius pre cunctis pollet in Urbe
Hic nitet interius monachalis regula turbe.

Claustri per girum decus auro stat decoratum
Materiam mirum precellit materiatum.
Hoc opus arte sua quem Roma cardo beavit
natus de Capua Petrus olim primitiavit.
Ardea quem genuit quibus abbas vixit in annis
cetera disposuit bene provida dextra Johannis.

des Kreuzganges versammelten heiligen Schar beschrieben, eines Ortes, *quem splendor honorat*. Dieses Werk außerhalb der Stadt überträfe alles in Rom selbst. Denn hier glänze die Regel mönchischer Gemeinschaft. Mit Gold verziert steht der Schmuck des Kreuzgangs im Geviert. Das Werk übertrifft noch die wunderbare Materie[739]. Darauf folgt die Nennung der Stifter: Dieses Werk begann einst *arte sua* Petrus, in Capua geboren, den Rom mit der Kardinalswürde beglückte. In diesen Jahren regierte der in Ardea gebürtige Abt Johannes, der das übrige gut mit umsichtiger Hand ordnete.

Stifter und Initiator des Werkes ist Petrus Capuanus. Der Kardinal stammte aus Amalfi, seine adelige Familie jedoch aus der Grafschaft Capua. Fedele hat die Hauptdaten seiner Karriere bei der Kurie zusammengestellt[740]. 1192 wurde Petrus Kardinaldiakon von S. Maria in Via Lata, 1201 Kardinal von S. Marcello. Als Kardinallegat führten ihn Reisen in fast alle Teile Europas. 1204 brachte er aus dem eroberten Konstantinopel reiche Reliquienschätze mit, insbesondere das Haupt des Apostels Andreas, das er 1208 der Kathedrale seiner Heimatstadt Amalfi schenkte. Dort entstand in dieser Zeit eine Marmorausstattung, die von zwei römischen Künstlern, Cesarius und Angelus, signiert wurde[741]. 1214 starb er in Viterbo. Weder war der Kardinal Abt von S. Paolo, wie gelegentlich behauptet wurde, noch hat er selbst mit Hand angelegt[742]. Die Formulierung *arte sua* dürfte sich auf die Idee und möglicherweise auf das anteilnehmende Interesse des Stifters beziehen, dem seine anstrengende Legatentätigkeit wahrscheinlich wenig Muße ließ, das von ihm gestiftete Werk wirklich zu betreuen. Die Zeitspanne, in der die Stiftung möglich war, liegt zwischen 1192 und 1214. Manches spricht dafür, daß der Kardinal erst 1208, nach seiner erfolgreichen Mission in Konstantinopel, in der Lage war, derart kostspielige Stiftungen zu machen. 1208 stiftete er jedenfalls in Amalfi eine Schule der freien Künste und, wie erwähnt, eine Neuausstattung des Domes.

Der zweite erwähnte Geistliche, Johannes de Ardea aus dem Geschlecht der Cajetani, wird als Abt von S. Paolo zuerst im Jahre 1212 erwähnt. 1226 ist er noch im Amt und läßt nach dem Tod Honorius III (+ 1227) das Apsismosaik fertigstellen, in dem er auch als Mitstifter porträtiert ist[743]. Ein von mir in diesem Zusammenhang erstmals bemerktes epigraphisches Fragment im Kreuzgang, das von der ehemaligen Innenausstattung stammen dürfte, legt nahe, daß der Abt im Jahre 1221 auch hier als Stifter signiert hat[744]. Wann Johannes de Ardea gestorben ist, ist bisher offenbar unbekannt. 1235 ist jedenfalls ein Abt Gregorius im Amt[745]. Die Formulierung der Mosaikinschrift „Cetera disposuit bene provida dextra Johannis" läßt den Schluß zu, daß der Kreuzgang unter seiner Ägide nach dem Tode des Stifters vollendet wurde. Hinzu kommt noch ein dokumentarischer Fund von E. Scaccia Scarafoni, der Aufschluß über den Beginn der Arbeiten am Kreuzgang gibt. In einer in der Renaissance kompilierten Chronik der Abtei des Montecassino wird der Tod des Abtes Roffredus für das Jahr

---

[739] Das erinnert an das Mittelalter immer wieder topisch zum Kunstlob eingesetzte Wort des Ovid: Opus superabat materiam (Metamorphosen II, 5). So in verschiedenen Variationen bei Abt Sugers Beschreibung von Saint-Denis (Panofsky, Abbot Suger Kap. 33 über den Schmuck des Hauptaltares S. 56ff. Auch bei der Beschreibung der Türen des Hauptportales S. 46ff.). Auch Matthew Paris zitiert Ovid bei der Beschreibung des neuangefertigten Schreines Edward des Bekenners. Matthaei Parisiensis Monachi Sancti Albani Chronica Majora ed. by. H. R. Luard IV, 1240–47, London 1877 (Rerum Britannicarum medii aevi scriptores) S. 156f. Siehe auch Claussen, Goldschmiede S. 63 und S. 79ff.

[740] Fedele, L'iscrizione S. 273. Zuverlässiger N. Kamp, Capuano, Pietro, in: Dizionario Biografico degli Italiani 21, Roma 1978.

[741] Siehe dazu S. 154f.

[742] Falsch in diesem Punkt Promis S. 23. Clausse S. 460 glaubt, der Kardinal sei Abt von S. Paolo gewesen. Ebenso Giovenale, Il chiostro S. 146.

[743] Krautheimer V S. 101 mit den Quellennachweisen. Auch Ladner, Papstbildnisse II S. 80 ff. mit ausführlicher Bibliographie.

[744] Inschrift in der Nordwand des Kreuzgangs des Klosters:
+A(DMCC) XXI HOC OP FIER(RI FECIT)
IOHES D(E ARDEA?) HVI' ECCL'IE P . . .

[745] Fedele, L'iscrizione S. 174. Clausse S. 460 glaubt fälschlich Johannes de Ardea noch 1241 im Amt; Bessone S. 91 dehnt die Amtszeit des Abtes sogar von 1208–1241.

1209 notiert[746]. Dieser habe auf Geheiß Innocenz III (1198—1216) den Konvent von S. Paolo fuori le mura wieder in ein geordnetes mönchisches Leben zurückgeführt und den Kreuzgang erbaut, wie es eine umlaufende Mosaik-Inschrift ausweise: *claustrum quoque ibidem, quod adhuc extat, construxit sicut versus per girum scripti in musivo opere demonstrant*. Eine spätere, italienische Version des Textes spricht sogar vom Namen des Roffredo in der Inschrift und von dem Jahr der Entstehung des Kreuzgangs[747]. In der heute vorhandenen Inschrift ist Abt Roffredus nicht erwähnt. Wenn der Stolz der Cassineser Mönche hier nicht mehr gesehen hat, als jemals zu lesen war, muß man annehmen, daß die heutige Inschrift nicht die ursprüngliche ist oder daß Teile verlorengegangen sind. Wie dem auch sei, alles deutet darauf hin, daß Innocenz III den Abt des Klosters vom Montecassino rief, um S. Paolo fuori le mura zu reformieren. Unter Roffredus wurde der Kreuzgang, die Stiftung des Petrus de Capua, begonnen. Da dieser schon 1209 (nach heutiger Meinung 1210) starb, der Kardinal wahrscheinlich aber erst 1208 über genügend Geldmittel für eine derartige Stiftung verfügte, scheinen mir die Jahre um 1209 als Datum für den Baubeginn plausibel. Die Fertigstellung wird sich dann bis in die zwanziger Jahre hingezogen haben.

Der offene Hof des Kreuzgangs (Abb. 175) bildet ein Rechteck mit einer Seitenlänge von 25, 70 m in der Nord-Südrichtung und 20,65 m in der Breite. Ihn umgibt ein Umgang, den bis zu der Restaurierung von 1904 Kreuzgratgewölbe überspannten[748]. Heute ist er, wir erwähnten es schon, von einem Pultdach auf einer offenen Balkenkonstruktion überdeckt. Die Arkaden (Abb. 172) stehen auf einem massiven Sockel, der in der Mitte jeder der vier Seiten für einen Zugang zum Hof durchbrochen ist. Im Grundriß quadratische Pfeiler lassen zwischen sich Raum für vier Arkaden auf Doppelsäulen. Jeweils fünf dieser Arkadenreihen finden an den Längsseiten Platz, vier an den Schmalseiten. Kompliziert wird dieses System durch die Zugänge: An den Längsseiten, also in der Ost-West Achse, sind sie als zusätzliche Arkade in das Mittelkompartiment eingeschoben, das somit fünf Arkaden vereint. Kaum merklich ist der Eingangsbogen gegenüber den anderen Arkaden erhöht. Außerdem akzentuieren ihn gedrehte und reich mit Mosaik eingelegte Säulenpaare. Dieses, auf den Zugang zentrierte Joch wird an beiden Langseiten eingefaßt von kräftigen Halbsäulen, die den Pfeilern vorgelagert sind und einen Vorsprung des Gebälkes über sich tragen. Die Flankensäulen geben dem Joch als Ganzen den Charakter einer Ehrenpforte. Anders in der Nord-Süd-Achse. Hier ist anstelle des mittleren Pfeilers eine vortretende Portalarchitektur eingeschoben, die wir noch im Einzelnen beschreiben werden.

Über den Scheiteln der Arkaden beginnt eine hohe, reich ornamentierte Gebälkzone. Der untere Streifen, der Architrav, ist an drei Stellen des Hofes Träger der umlaufenden Mosaikinschrift, die wir erwähnt haben. Nur an der Nordseite (Abb. 173) und den jeweils nördlichsten Jochen der Ost und Westseite ist er durch ein treppenförmiges Mosaikmuster gefüllt. Diese Grenze beobachtet man auch in der Dekoration der darüber ansetzenden Frieszone. Im Süden und an den vier südlichen Jochen der Langseiten findet sich ein alternierendes Muster von Quadraten und Kreisen, jeweils durch Schlingen verbunden. An den nördlichen Jochen und an der Nordseite dagegen ein einfaches „Treibriemenmuster". Marmorkonsolen tragen den vorragenden Balken (Abb. 174), über den das Traufgesims vortritt. Eine Vielzahl von Löwenprotomen, die z.T. als Wasserspeier dienen, dekorieren dieses abschließende Gesims. Nur an der Nordseite (Abb. 173) ist es durch Palmettenformen zusätzlich geschmückt und auch nur hier treten einige Menschenköpfe an die Stelle der Löwenprotomen. Schon bei

[746] Scaccia Scarafoni, Il chiostro S. 11ff. Das Manuskript wurde 1583 nach älteren Urkunden zusammengestellt. Placidi Petrucci romani libri quinque chronicorum casinensis monasterii, ms. QQ 757 des Archivs von Montecassino. Roffredo dell'Isola wurde 1188 zum Abt von Montecassino gewählt. 1191 wurde er zudem Kardinal von SS. Marcellino e Pietro. Er starb nach M. Inquanez, Cronologia degli abati cassinesi nel sec. XIII, Montecassino 1929 erst im Jahre 1210.

[747] Onorato Medici, Annali casinensi, ms. QQ 685 im Archiv des Montecassino (um 1610). All'anno 1209 „L'abate Roffredo per comandamento di Papa Innocentio riformò li monaci di Santo Paulo fuori di Roma. Et vi edificò il Claustro con colonnelle ch'anchora sta in essere. Et vi sono lettere in musaico nominando l'ab. Roffredo e l'anno che fu edificato".

[748] Giovenale, Il chiostro S. 125ff.

dieser ganz kursorischen Beschreibung des Gesamtsystems sind Unterschiede deutlich geworden: Die Nordseite (Abb. 173, 175, 176) und die beiden angrenzenden Joche der Seiten sind sehr viel prächtiger ausgestattet. Nur in diesem Teil ist fast jede der Arkadensäulen gedreht oder kanneliert und mit kostbaren Mosaikinkrustationen bedeckt. Im ganzen südlichen Teil — wie erwähnt — sind nur die Säulen, die die Zugänge flankieren, in dieser Weise ausgezeichnet. Nur an der Nordseite ist eine aufwendige korinthisierende oder komposite Kapitellform gewählt worden (dabei auch einige figürlich gestaltete). Im Süden dagegen ist überall die Einheitsform des von vier Blättern eingehüllten Kelchkapitells verwandt worden. Nur im Norden sind die Arkadenlaibungen durch antikisierende Kassetten geschmückt, im Süden genügt ein einfaches Soffittenmuster. Nur an der Nordseite finden sich in den Arkadenzwickeln Reliefs, und zwar an der Außenseite ebenso wie im Inneren des Umgangs.

Überall im Kreuzgang sind die Zwillingssäulen, die sich an die Pfeiler anschließen, von kannelierten Pilastern (Abb. 176) hinterlegt. Wenn man das weiß, muß man einer Unstimmigkeit Beachtung schenken, die nicht sofort auffällt, aber doch große Konsequenzen für die Rekonstruktion der Planung und des Bauablaufs hat. An den jeweils nördlichen Freipfeilern der Langseiten (Abb. 177), also an der Nahtstelle, die unterschiedlichen Dekorationsphasen trennt, sieht man auch an der Außenseite der Pfeiler kannelierte Doppelpilaster. Es hat den Anschein, als sollte in einer früheren Planung an dieser Stelle der Nordflügel ansetzen, so daß der Kreuzgangshof einen annähernd quadratischen Grundriß gehabt hätte. Wenn man die eben beschriebenen Unterschiede ernst nimmt, müssen sie also zwei Phasen des Baues markieren[749]. Und daß das südliche Quadrat dabei die Priorität hatte, ist schon dadurch bewiesen, daß man sich keinen längsrechteckigen Kreuzgang ohne Binnenhof an der Flanke der Kirche vorstellen kann.

Zurück zu den künstlerischen Aspekten des Kreuzgangs und zu den möglichen Beziehungen mit der Vassalettus-Werkstatt. Nur die erste Phase des Baues trägt die Stifterinschrift. Sie hat in den Grundzügen das System der beiden römischen Prachtkreuzgänge festgelegt. Deshalb wäre es besonders wichtig zu wissen, wer diesen Entwurf im ersten Jahrzehnt des 13. Jahrhunderts gewagt hat. Selbst wenn der Kardinal wirklich an der Idee beteiligt war, die Planung und Durchführung müssen in der Hand kompetenter Marmorari gelegen haben. Meine These ist, daß diese Künstler keine anderen waren als Nicolaus de Angelo und Petrus Vassallettus, die um 1200 den Osterleuchter von S. Paolo fuori le mura (Abb. 26) signiert hatten. Der im Entwurf federführende von beiden wird Nicolaus gewesen sein, dessen Vorhalle von S. Giovanni in Laterano (Abb. 17) schon ein ebenso reich gegliedertes Gebälk mit Löwenköpfen im Traufgesims aufzuweisen hatte. Nach dem Tode dieses bedeutenden Architekten sind es Petrus (?) Vassallettus und sein Sohn, die im gleichen Grundsystem den Kreuzgang des Lateran entwerfen und ausführen und in einer dritten Phase, vielleicht parallel zum Aufbau des dortigen Kreuzganges, den nördlichen Teil des Chiostro von S. Paolo ergänzen. Daß hier die gleichen Motive, z.B. in den Zwickelreliefs, auftauchen, hat Giovannoni nachgewiesen[750]. Er hat auch schon gesehen, daß es z.T. die gleichen Bildhauer waren, die hier wie dort tätig waren.

Trotzdem findet sich in einigen Reliefs des Nordflügels von S. Paolo eine künstlerische Auffassung, die neu ist und die sich von den bildhauerischen Werken des Laterankreuzgangs unterscheidet. Diese neue Qualität möchte ich im Folgenden kurz auch anhand der Architektur charakterisieren.

Der Nordflügel (Abb. 175) zieht in der Architektur und Skulptur die Summe der Erfahrungen aus beiden Vorhaben. Daß auch die Architektur von hoher Qualität ist, beweist ein Vergleich des Portalrisalits (Abb. 178) mit dem entsprechenden an der Südflanke (Abb. 179). Im Süden ist das vorspringende Gebälk über dem Zugang aus dem Lot geraten. Es verjüngt sich außerdem nach oben. Die rechteckige Aufmauerung, die den Eingangsbogen zu durchschneiden scheint, findet in den Gesimsen

---

[749] Giovannoni, Opere S. 265f. hat z.T. ohne die Argumente auszusprechen, die gleichen Schlüsse gezogen, wenn er nur die Nordseite der Vassalletto-Werkstatt des Kreuzgangs von S. Giovanni zuschreibt. Auch Scaccia Scarafoni, Il chiostro S. 14ff.
[750] Giovannoni, Opere S. 256ff.

keine waagerechte Linie. Offenbar fehlte hier einfach die handwerkliche Übung, eine komplizierte Architekturgliederung in Stein umzusetzen.

Im Norden dagegen (Abb. 178) ist alles exakt iotrecht und ausponderiert. Eckpilaster zuseiten des Bogens fassen den Risalit zusammen und tragen à l'antique die mosaikverzierte Attika in der Zone des Gebälks.

Obwohl auf den ersten Blick formal verwandt, hat in den Zugängen die Dialektik zwischen Funktion und symbolischer Form der Architektur zu gegensätzlichen Lösungen geführt. Im Süden (Abb. 179) ist die lichte Weite des Zugangs gegenüber den übrigen Arkaden deutlich gesteigert. Das ist der Funktion des Zugangs dienlich. Platz für eine architektonische Rahmung blieb bei dieser Lösung jedoch kaum. Der Versuch, eine rechteckige Aufmauerung und ein Abschlußgesims aufzulegen „mißglückte" nicht nur aus mangelnden technischen Fähigkeiten, sondern weil die Portalarchitektur nicht als Einheit mit dem Überbau in der Gebälkzone verstanden wurde. An der Nordseite (Abb. 178) dagegen ist der erste Schritt, der eine Portalarchitektur ermöglicht, eine Beschränkung im Funktionalen: Gegenüber dem Süden ist die Breite des Zugangs deutlich eingeengt. Sie entspricht ziemlich genau einer Fensterarkade. Dadurch wurde Raum gewonnen für eine Rahmenarchitektur, in die die Portalöffnung eingeschnitten ist und die dieser Halt gibt. In der Höhe der Arkaden sind es Eckpilaster, die diesen architektonischen Rückhalt des Bogen akzentuieren. Sie schließen die eigentliche Portalzone mit der des Gebälks zusammen und bewirken, daß sich der Portalrisalit in der Gebälkzone als eigenständiges Element behauptet. Dieser mit geringen Nuancen innerhalb der vorgegebenen Maße planende Architekt hat es verstanden, der schmalen Kreuzgangspforte das Aussehen und die Qualität eines (übersteilten) Triumphbogens zu geben. Der Vergleich zwischen beiden Zugängen fiel so ausführlich aus, weil hier die unterschiedlichen künstlerischen Prinzipien und auch die unterschiedliche Qualität der beiden Bauphasen des Kreuzgangs besonders deutlich werden.

In den Reliefs der Arkadenzwickel an der Nordseite finden wir z.T. genaue Repliken der Arbeiten in gleicher Position am Laterankreuzgang: neben vegetabilen Formen die Szene des Sündenfalls (Abb. 180, 163) oder einen gekrönten Kopf zwischen Tieren (Abb. 181, 161). Noch interessanter ist die Reihe der Zwickelreliefs im Inneren. Ein höchst origineller, mit viel Witz begabter Künster hat dem alten Thema der Lasterallegorie und des Kampfes zwischen Gut und Böse erstaunliche Erfindungen hinzugefügt. Z.T. kennen wir die Themen allerdings wieder aus S. Giovanni: den Adler mit ausgebreiteten Flügeln auf der Schlange (Abb. 182, 164) oder die Eule zwischen Krähen (Abb. 183, 169). Einige lunare Rundgesichter (Abb. 184, 185), Medusenhäupter, sind in ihrer verschliffenen Glätte, in die die physiognomischen Merkmale überpointiert und wie prismatisch eingegraben sind, maskenhaft stilisiert. In dem großen Könner dieser Reliefs gibt sich der Künstler wiederzuerkennen, der die Masken im Traufgesims an der Südseite des Laterankreuzgangs schuf. Zwischen 1230 und ca. 1238 dürfte der Nordflügel in S. Paolo entstanden sein.

Wenn man von den Löwenköpfen im Gesims (Abb. 179) absieht, ist der ältere Teil des Kreuzgangs von S. Paolo frei von Skulptur geblieben. Denkt man an den kurz zuvor entstandenen Kreuzgang von Monreale, so ist diese Enthaltsamkeit bei einer derartigen Prachtarchitektur auffällig[751]. Hier hat wahrscheinlich nicht nur das römische „Tabu" figürlicher Skulptur eine Rolle gespielt, sondern auch der Geist der Reform, in dem der Kreuzgang begonnen wurde. Eine derartige Architektur hätte selbst vor der reformerischen Kritik eines Bernhard von Clairvaux bestanden[752]. Ähnlich anikonisch sind

---

[751] Zum Kreuzgang von Monreale vor allem R. Salvini, The Cloister of Monreale and Romanesque Sculpture in Sicily, Palermo 1962 oder italienische Ausgabe. Eine kritische Auseinandersetzung über das Verhältnis der sizilianischen und kampanischen Skulptur und die offenen Fragen der Datierung bei Glass, Romanesque Sculpture.

[752] Gemeint ist hier Bernhards bekannte Kritik an den romanischen Monstern bes. in der Kapitellskulptur, die den Frommen nur ablenken. Über den Goldglanz und die vielfarbige Pracht hätte er aber wahrscheinlich ähnlich geurteilt. Siehe Apologia ad Guillelmum abb". In J. von Schlosser, Quellenbuch zur Kunstgeschichte des abendländischen Mittelalters, Wien 1896 S. 266f. Daß die reformerische Kritik auch im späten 12. Jahrhundert radikale Fortsetzung fand, belegen die Quellen bei V. Mor-

auch die anderen Kreuzgänge ausgestattet, die in Rom im frühen 13. Jahrhundert mit bescheidenen Mitteln enstanden[753].

Wie wir gesehen haben, herrscht im Kreuzgang von S. Giovanni, vergleicht man nur die Architektur mit der des Chiostro in S. Paolo, eine gewisse Gleichförmigkeit. Was die Architektur dadurch an Profil verliert, gewinnt sie durch die nun eingesetzte Bauplastik verstärkt zurück. Die Zugänge zum Innenhof, die architektonisch kaum hervorgehoben sind, werden durch flankierende Löwen oder Sphingen akzentuiert. Die Zwickelreliefs und der Abwechslungsreichtum der menschlichen, mythologischen und tierischen Masken im Traufgesims sind Zeugnis einer relativ großen künstlerischen Freiheit. Sowohl in den Anleihen bei antiker Skulptur als auch im mimischen Naturalismus herrscht allerdings ein Zug zur Groteske, zur Übertreibung.

Es scheint, als ob dieses Stadium des Experimentes in der Drolerie an der nördlichen Kreuzgangsseite in S. Paolo in den inneren Zwickelreliefs zu einem Höhepunkt gekommen, aber in den Köpfen am Traufgesims überwunden ist. Die drei Männerköpfe (Abb. 186, 187, 188), die sich dort zwischen den Löwenhäuptern in streng symmetrischer Anordnung finden, zeigen weder Attribute mythologischer Halbwesen, noch sind sie zur mimischen Groteske erstarrt. Wie ich an anderer Stelle versucht habe zu zeigen, ist hier Antike nicht als aufregendes Tabu, sondern als künstlerisches Mittel eigener Aussage aufgefaßt worden[754]. Die drei Jünglingsgesichter spiegeln heitere Ruhe. Der linke von ihnen (Abb. 186) kann, man muß allerdings das winzige Format berücksichtigen, als mittelalterliche Replik auf ein julisch-claudisches Porträt angesehen werden. Die Lebendigkeit und gewisse Asymmetrien verbinden diesen Kopf noch mit den — wahrscheinlich älteren — naturnahen Köpfen in S. Giovanni (Abb. 158). Der direkte Bezug zum antiken Porträt weist aber schon voraus auf das Spätwerk der Vassalletto-Werkstatt, den Atlanten des Osterleuchters in Anagni (Abb. 141), dessen glatte, symmetrische Gesichtsform wir klassizistisch genannt haben[755]. An diesen wenigen Beispielen scheint sich eine Tendenz innerhalb der Vassallettus-Werkstatt ablesen zu lassen, die auf eine immer intensivere Auseinandersetzung mit dem antiken Menschenbild hindeutet, allerdings eben immer nur in dem sehr beschränkten Bereich des architektonischen Beiwerks.

Zuschreibung: Die Vassalletto-Werkstatt in S. Lorenzo fuori le mura, Rom[756]. Giovannoni hat die Portikus der Basilika S. Lorenzo fuori le mura (Abb. 189) der gleichen Werkstatt zugeschrieben, die den Kreuzgang von S. Giovanni in Laterano errichtet und künstlerisch ausgestaltet hat[757]. Sein Vergleich der Ornamentik (Abb. 191, 156) — besonders der beiden Traufgesimse — überzeugt. Wenn also der Kreuzgang ein Werk der Vassalletti, Vater und Sohn ist, so hat Giovannoni geschlossen, dürften diese auch die Vorhalle von S. Lorenzo geschaffen haben. Diese Attribution, deren Evidenz man sich

tet, Hugue de Fouilloi, Pierre le Chantre, Alexandre Neckam et les citiques dirigées au douzième siècle contre le luxe des constructions, in: Mélanges d'histoire offerts a M. Charles Bémont, Paris 1913, S. 105ff.

[753] Z.B. SS. Quattro Coronati (Abb. 223), S. Sisto Vecchio (nur aus geringen Resten zu erschließen), S. Cosimato oder auch der Kreuzgang in Sassovivo (Abb. 219) von Petrus de Maria (vgl. S. 158ff.).

[754] Claussen, Scultura Romana S. 333f.

[755] Vgl. dazu S. 122f.

[756] Lit.: Ausführlichere Literaturangaben bei Krautheimer II S. 1ff. Promis S. 2 und S. 8; v. d. Hagen 1818 S. 206f.; S. da Moriovalle, La basilica di S. Lorenzo fuor delle mura illustrata, Bologna 1861; Stevenson, Cod. Vat. lat. 10581 f. 19vff.; Memoria degli odierni restauri nella Basilica Patriarcale di S. Lorenzo fuori le mura, Roma 1865; Giovannoni, Opere S. 268ff.; H. Thiersch, Zu Sauras und Batrachos, in: Mitteilungen des Deutschen Archäologischen Instituts. Röm. Abteilung 23, 1908 S. 153ff.; P. Guiseppe de Bra, Le iscrizioni latine della basilica di S. Lorenzo fuori le mura, del chiostro e delle catacombe di S. Ciriaca, Roma 1931; Bessone S. 56; A. Muñoz, La Basilica di S. Lorenzo fuori le mura, Roma 1944; P. Guiseppe de Bra, S. Lorenzo fuori le mura, Roma 1952; Krautheimer II S. 1ff.; G. Matthiae, S. Lorenzo fuori le mura, Roma 1960 (Le chiese di Roma illustrate 89); Hutton, S. 47; Ladner, Papstbildnisse II S. 91ff.; Malmstrom, The Colonnades; Glass BAR S. 101ff.; Gandolfo, Cattedra S. 369ff.

[757] Giovannoni, Opere S. 268ff.

kaum entziehen kann, hat Konsequenzen. Die Vorhalle von S. Lorenzo kann nämlich als Bauaufgabe nicht isoliert betrachtet werden. Sie ist Teil eines Neubaus, der unter Honorius III (1216–27) begonnen und in wichtigenTeilen wahrscheinlich auch vollendet wurde[758]. Die Ornamentik der Portikus-Kapitelle (Abb. 190), die — unter reichlicher Verwendung des Bohrers — ein dichtes und teilweise kerbschnittartiges durchbrochenes Netz aus vegetabilen Formen bildet, ist mit einigen Variationen kennzeichnend für alle ionischen Kapitelle (Abb. 202) auch im Langhaus[759]. Sogar die Mähne der Löwen am Portal (Abb. 192) ist mit ganz ähnlichen, dekorativen Mitteln gestaltet. Der Adler (Abb. 193, 164) des Portaltürsturzes gleicht dem der Zwickelreliefs im Kreuzgang. Auch der Löwe links vom Portal ist eine (frühere?) Variante der „wilden" Löwen dort (Abb. 192, 167).

Der Neubau von S. Lorenzo ist das größte (erhaltene) Vorhaben stadtrömischer Renovatio im 13. Jahrhundert. Wie wir sehen werden, ist diese Aufgabe, deren Ausstattung bis über die Jahrhundertmitte hinaus vervollständigt wurde, über drei bis vier Jahrzehnte lang von der Werkstatt der Vassalletti getragen worden, ohne daß wir diese durch Signaturen mit Sicherheit namhaft machen könnten. Weil die Aufgabe so bedeutend war, sollen ihre historischen Voraussetzungen in einem Exkurs skizziert werden.

Das Ziborium der Paulus-Söhne von 1148 (Abb. 194) war noch bestimmt für die alte Pelagius-Basilika aus dem 6. Jahrhundert (bzw. für deren westlich angebautes Sanktuarium). Diese war gewestet und stieß an den Friedhofshügel des Verano[760]. Unter Coelestin III (1191–98) begann die hochmittelalterliche Erneuerung mit der Errichtung eines Kreuzgangs, der sich aller Schmuckformen enthält und deshalb in deutlichem Gegensatz zu dem bald darauf begonnenen Kreuzgang von S. Paolo fuori le mura (Abb. 175) steht[761].

Vielleicht noch unter dem gleichen Papst, dem er als Kanzler diente, stiftete Cencius Savelli, Kardinalpriester von SS. Giovanni e Paolo und als Honorius III (1216–27) Nachfolger von Innocenz III, eine Confessio (Abb. 195) für das gemeinsame Heiligengrab des Laurentius und des Stephanus[762]. Eine heute verstümmelte Inschrift lautete: *Cengius hoc fieri cum cancellarius esset ... de fecit Laurenti et Stephanus vobis*[763]. Diese Confessio ist erhalten und bis heute so gut wie unpubliziert. Obwohl es ganz unsicher ist, ob der nachmalige Papst schon als Kardinal und päpstlicher Kanzler Aufträge an die Vassalettus-Werkstatt vergeben hat, möchte ich sie kurz beschreiben. Die reich ornamentierte Front mit einer halbrunden Fenestella Confessionis, seitlichen Ornamentplatten und vortretenden Anten an den Seiten entspricht dem üblichen Altarensemble der Zeit um 1200. Nur trägt sie keinen Altar,

---

[758] Liber Pontificalis ed. Duchesne II S. 453; Krautheimer II S. 14.

[759] Die gleichen kerbschnittartigen Gesimsornamente finden sich an einer — heute vermauerten — Portikus in der Via Capo di Ferri 31. Siehe C. Pietrangeli, Rione VII — Regola I, Roma 1971 (Guide rionali di Roma) S. 24f. Ob dieser schon ursprünglich zu einem Profanbau gehört hat, ist bisher nicht untersucht, aber wahrscheinlich. Die anspruchsvolleren Stadthäuser in den Hauptstraßen hatten im römischen Gebiet, wie man an vielen erhaltenen Beispielen in Tivoli prüfen kann, im Untergeschoß eine offene Halle mit Architrav auf antiken Säulen. Möglicherweise war die Errichtung solcher Straßenportiken eine der Hauptaufgaben der Marmorari Romani, von der man sich heute kaum noch eine Vorstellung machen kann. Gerade deshalb ist das Haus in der Via Capo di Ferro von höchster Bedeutung. Die Qualität der Ausführung, auch die der ionischen Kapitelle, steht mit der der Werkstatt von S. Lorenzo auf einer Stufe.

[760] Zum Ziborium der Paulus-Söhne vgl. S. 16f. Zur komplizierten Baugeschichte in frühchristlicher und mittelalterlicher Zeit Krautheimer II S. 1ff. bes. S. 128ff.

[761] Lanciani Scavi I S. 8 gibt nach Cod. Vat. lat. 9198 f. 26v als Anfangsdatum 1191. Siehe auch Liber Pontificalis (Duchesne) II S. 45. Zum Kreuzgang von S. Paolo vgl. S. 132ff.

[762] Das ist an sich eine Merkwürdigkeit, denn die Confessio ist in Rom ja gewöhnlich mit dem Altar zu einer Einheit verbunden. Die Anordnung in S. Lorenzo ist insofern ein Sonderfall, als der große Marmorsarkophag des Heiligengrabes meines Wissens sowieso das einzige römische Freigrab eines Heiligen ist, jedenfalls in der uns interessierenden Zeit. Die Stiftung des Cencius (Camerarius) war wahrscheinlich auch darauf ausgerichtet, das Heiligengrab der kultischen Verehrung besser zugänglich zu machen und ihm einen würdigen Rahmen zu geben. Es ist gut möglich, daß man in der neugebauten Confessio unter dem Grab den übrigen Reliquienbesitz der Basilika aufbewahrte, die immer zwei Martyrergräber als Mittelpunkt kultischer Verehrung aufzuweisen hatte. Siehe dazu Krautheimer II bes. S. 128ff.

sondern den Sarkophag des Heiligengrabes. Die Ausrichtung nach Westen entspricht der Westung der ehemaligen pelagianischen Basilika. Die Confessio kann nicht die gewesen sein, die das Ziborium der Paulus-Söhne trug. Mit nur zwei Meter Breite paßt sie nicht zu dem 2,60 m überspannenden Altarziborium, das in der heutigen Anordnung genau über dem Martyrergrab steht[764].

Was Cencius als Kardinal begonnen hatte, führte er als Papst in ungeheuerer Steigerung weiter. Wieso er eigentlich S. Lorenzo in dieser Weise verbunden war, ist nicht ganz klar. Das Wappenfeld der Savelli im Paviment ist vielleicht ein Hinweis darauf, daß auch andere Mitglieder der Familie für den Bau gestiftet haben[765]. Das neue Langhaus (Abb. 194), das nach Westen hin der pelagianischen Basilika angebaut wurde, ist sein Werk. Der kühne Plan, die Öffnung der ehemaligen Apsis als Triumphbogen der nun in ihrer Richtung „umgepolten" Kirche zu nutzen, bewahrte die kostbare, mit antiken Spolien verschwenderisch ausgestattete Bausubstanz des Vorgängerbaus (Abb. 199) und machte diesen zum neuen Sanktuarium und gleichzeitig zu einer bedeutungsvollen, geheiligten „Raumspolie".

Honorius III hat S. Lorenzo auch dadurch ausgezeichnet, daß er 1217 die Krönung des Grafen Pierre II de Courtenay zum Kaiser von Konstantinopel in diese Kirche vornahm. Mag der Entschluß, den Kaiser nicht in S. Pietro und nicht in den Mauern der Stadt selbst zu krönen, auch von anderen, politischen Erwägungen mitbestimmt gewesen sein, so unterstreicht die Tatsache doch die enge Bindung des Papstes an S. Lorenzo. Für die Baugeschichte ist dieses Datum wichtig; Nur weiß man nicht, wie man es interpretieren soll. Hat Honorius die Krönung noch in der alten Basilika vollzogen, noch ehe sich S. Lorenzo in eine Baustelle verwandelte, oder war der Bau schon so weit fortgeschritten, daß Honorius diesen neuen Glanz wählte, um der Zeremonie den richtigen Rahmen zu geben? Letzteres ist doch unwahrscheinlich, denn die erwähnte Übereinstimmung der Ornamentik mit den Formen des Laterankreuzgangs ist so eng, daß an eine Vollendung vor 1220 kaum zu denken ist[766].

Im Mosaikfries des Vorhallengebälks (Abb. 196) ist Honorius III in päpstlicher Kleidung dargestellt[767]. Der Hl. Laurentius hält ihn an der Hand gefaßt und geleitet ihn zur Mitte hin. Dort zeigt ein Clipeus das Lamm Gottes. Laurentius hält einen Kreuzstab wie Christus beim Abstieg in den Limbus. Ähnlich wie Christus die Stammeltern zieht der Heilige den Papst zu sich. Die merkwürdige Darstellung ist nicht notwendigerweise so zu erklären, daß das Mosaik erst nach 1228, nach dem Tode des Papstes, ausgeführt wurde. Hinter Honorius kniet ein weltlich gekleideter Mann, der nicht wie der Papst und der Heilige durch eine Inschrift gekennzeichnet ist. Er wird häufig als Pierre de Courte-

---

[763] Stevenson, Cod. Vat. lat. 10581 f. 19vff.; De Bra, Le iscrizioni S. 24f. meint die Lücke sei zu ergänzen: de pecunia sua; De Bra S. Lorenzo S. 79ff.; Muñoz, La basilica S. 40f. Am Abschlußgesims der rechten Ante der Confessio (Abb. 195) ist heute noch zu entziffern: ... ENCIVS HOC FIERI CVM ... ENTI STEPHANE VOBIS. Auf der linken Ante sind ebenfalls schwache Reste einer Inschrift zu erkennen. Ich glaube ... HOC BA ... M gelesen zu haben. Es ist möglich, daß sich an dieser Stelle eine Künstlersignatur befunden hat. Etwa die eines Vassalletto?

[764] Zu diesem Fragenkomplex, der bisher nicht geklärt ist, auch Muñoz. La Basilica S. 40f. Nach der Rekonstruktion von Richard Krautheimer und Paul Frankl (Krautheimer II S. 128ff. fig. 123) stand das Grab mitten im Langhaus der pelagianischen Basilika und war von einer längsrechteckigen Säulenstellung umgeben. Zur Neuordnung des 13. Jhs. siehe S. 141f.

[765] Cencius hatte 1192 die umfangreiche Urkundensammlung begonnen, die als Liber Censuum bekannt ist und von Fabre ediert wurde. Als Kanzler stiftete er auch das Portal von S. Marina in Ardea. Dort liest man die Stifterinschrift am Türsturz des Portales: + CĒCI EXCELSE TE CANDELL VRBIS OBTVLIT HĀC PORTĀ VIRGO MARINA. Siehe F. Sanguinetti, La chiesa di Santa Marina in Ardea, in: Palladio N.S. 4, 1954 S. 81ff. Über die Familie der Savelli: R. Morghan, Savelli, in: Enciclopedia Italiana XXX, Roma 1936 S. 921 mit Literaturangaben.

[766] Siehe Giovannoni, Opere S. 268ff. und oben S. 126ff.

[767] Die Szenen sind seit der Zerstörung durch Bomben im Jahr 1943 und trotz der vorzüglichen Restaurierung Fragment. Man ist auf alte Photographien angewiesen oder auf Nachstiche wie den von Ciampini, Vetera Monumenta II S. 103 und Tab. XXVIII. Und Nachzeichnungen bei Waetzoldt, Kopien S. 44 und Abb. 171, 172. Auch Giovannoni, Opere S. 170ff.; vor allem Ladner, Papstbildnisse II S. 91ff.

nay bezeichnet, doch deutet nichts auf die Krönung hin[768]. Es handelt sich meiner Ansicht nach um einen — uns unbekannten — Stifter, wahrscheinlich um einen Verwandten des Honorius. Das Paviment der Kirche ist jedenfalls durch ein Wappenfeld (Abb. 197) als Stiftung der Savelli kenntlich gemacht[769].

Ein Datum 1216, das Marini in den Malereien der Portikus las, bezieht sich nach Giovannoni nicht auf die Fertigstellung der Architektur, sondern auf die erwähnte Krönung[770]. Diese fand aber bekanntlich ein Jahr später statt. Viel eher als der Abschluß könnte das Datum 1216 den Beginn der Arbeiten — im ersten Jahr des Pontifikates von Honorius III — bezeichnet haben. Als Pendant zur Darstellung des Hl. Laurentius und des Papstes waren vor den Zerstörungen des Jahres 1943 die Halbfiguren Christi (Abb. 196), flankiert von der Hl. Ciriaca und dem Hl. Stephanus im Mosaikfries der Vorhalle zu sehen.

Die liturgische Ausstattung von S. Lorenzo war im Pontifikat Honorius III noch lange nicht beendet. Die Arbeiten zogen sich bis über die Jahrhundertmitte hin. Die Schrankenplatte zuseiten der Kathedra im Sanktuarium (Abb. 198, 199) trug im 19. Jahrhundert — vor den schwer erträglichen Restaurierungen Vespignanis — auf ihrer Rückseite das Datum 1254[771]: XPI NASCENTIS IN SECVLV VERO MANENTIS ANNVS MILLENVS QUINQUAGENVS QUARTVS DVCENTENVS. Die riesigen Schrankenplatten, die mit ihren reichen Abschlußgesimsen das Sanktuarium nach Osten begrenzen und gleichzeitig den Papstthron flankieren, weisen in ihrer Ornamentik so enge Beziehungen zu den Schranken von S. Saba (Abb. 130) auf, daß Giovannoni sie der gleichen Werkstatt zuschrieb[772]. Die Schranken in S. Saba sind aber von Vassallettus signiert[773]. Für diese Zuschreibung sprechen auch die Löwen, die die Priesterbank des Sanktuariums nach Westen hin abschließen. Sie gleichen den Löwen des Thrones in Anagni (Abb. 139 Vassallettus, um 1260)[774].

Das ganze Sanktuarium mit seinem erlesenen Paviment (Abb. 198, 199) ist heute ein von Säulen getragenes Podest, das in das ehemalige Langhaus der pelagianischen Basilika gestellt ist[775]. In dem kryptenähnlichen Raum darunter steht unberührt von den Eingriffen des 19. Jahrhunderts eine umfriedete Kammer, in die man vom westlichen Langhaus her gelangt, um das von Gittern geschützte Heiligengrab (Abb. 195) zu verehren und zu umschreiten. Die Neukomposition des 13. Jahrhunderts unter Innozenz IV (1243—54) hatte dem Heiligengrab (mitsamt der Confessio des Cencius Camerarius) eine Positition genau unter dem Hauptaltar gegeben[776]. Liturgisch sinnvoll läßt sich die Anordnung der in ganz verschiedenen Zeiten entstandenen Teile des kultischen Zentrums kaum vorstellen.

---

[768] Auch Ladner II S. 91ff. lehnt die Benennung auf Pierre de Courtenay ab. Moriovalle, Basilica, dachte an einen Abt oder an den Künstler(!); Muñoz, La Basilica S. 13 an den Auftraggeber.

[769] Die Platte mit zwei gegeneinanderreitenden Rittern ist im Krieg zerstört worden. Muñoz, La basilica S. 31 und Tf. 62 gibt eine Ansicht. Auch Ciampini, Vetera Monumenta I S. 82 und Tf. XXXI. Das Paviment ist nach Einschätzung von Dorothy Glass erst um die Mitte des 13. Jahrhunderts gelegt worden. BAR S. 101ff.

[770] Marini, Inscriptiones christianae Cod. Vat. lat. 9071, 9074f. 290. Siehe Giovannoni, Opere S. 270f.

[771] Giovannoni, Opere S. 276f.; Forcella XII S. 508. Muñoz, La Basilica S. 50 vermutet zu Unrecht, die Platten gehörten zur ehemaligen Schola Cantorum. Die Anordnung der Kanonikerbänke im Geviert des Sanktuariums ist wahrscheinlich original. Zu den Restaurierungen Vespignanis Krautheimer II S. 16. Gandolfo, Cattedra S. 358ff. sieht einen künstlerischen Unterschied zwischen den Schrankenplatten und dem Thron. Diesen hält er nicht für ein Werk der Vassalletto Werkstatt.

[772] Giovannoni, Opere S. 276f.

[773] Siehe dazu S. 115ff.

[774] Dazu S. 122ff. Den Vergleich zieht auch Gandolfo, Cattedra S. 361.

[775] Glass BAR S. 102 „without doubt, the most fantastic and complex pattern appearing in any Cosmatesque pavement". Besonders gut zu überschauen in der Nachzeichnung bei Muñoz, La Basilica, Tf. gegenüber S. 52.

[776] Dazu Gandolfo, Cattedra S. 359ff. Niccolò da Calvi (Nicolaus de Curbio) beschreibt das Werk als Stiftung Innocenz IV: „. . . confessionem et altarem maius ecclesie Sancti Laurenti extra muros, in qua requiescit corpus ipsius martyris gloriosi, cui devotissimus semper, sicut nunc est, reparari et innovari fecit opere sumptuoso". F. Pagnotti, Niccolò da Calvi e la sua Vita d'Innocenzo IV, con una breve introduzione sulla istoriografia pontificia nei secoli XIII e XIV, in: A.S.R.S.P. 21, 1898 S. 7ff. (Muratori SRI III S. 592). Der Genuese war dem Hl. Laurentius, dem Patron seiner Heimatstadt, wahrscheinlich besonders zugetan. Siehe auch Schröder, Kunstfördernde Tätigkeit S. 38.

Auch das Langhauspaviment, Kanzel und Ambo (Abb. 194, 199) werden spätestens unter Innocenz IV (1243–54) entstanden sein. Die Position der Schola Cantorum war im 19. Jahrhundert noch am Pavimentniveau zu erkennen, das an dieser Stelle erhöht war[777]. Die Langhaussäulen, die mit der Westfront der Schola Cantorum korrespondieren, sind nach Ronald Malmstrom Spolien von besonderer Qualität und markieren schon im Bau selbst den Ort der — erst später entstandenen — liturgischen Ausstattung[778]. Nach alledem darf man annehmen, daß ein Großteil der liturgischen und architektonischen Ausstattung in den vier Jahrzehnten zwischen ca. 1216 und ca. 1254 von der Werkstatt geschaffen worden ist, die unter der Leitung der Vassalletti den Laterankreuzgang geschaffen hat.

Aus heutiger Sicht stellt sich die Frage, wer eigentlich der Architekt des Neubaus von S. Lorenzo war? Namen von Baumeistern, die als Latomus signieren, gibt es im römischen Bereich so gut wie gar nicht[779]. Aber eine Fülle von Signaturen der Marmorari. Man kann sich nun auf den Standpunkt stellen, daß die eigentliche Bauaufgabe nichts mit der nachträglichen Marmorverkleidung zu tun habe. Auch hinter dem Marmorarchitrav der Vorhalle von S. Lorenzo (Abb. 186) oder hinter den Architraven im Langhaus (Abb. 194) verbergen sich solide Ziegelkonstruktionen mit flachen, fast scheitrechten Bögen zwischen den Säulen. Macht man sich aber klar, in welcher Weise die Marmorari auch für die Voraussetzungen des Planes in Grundriß und Aufriß verantwortlich sind, muß man ihnen zumindest einen Anteil an der architektonischen Planung geben. Sie sind es nämlich, die die Säulen besorgen, die durch ihre Höhe und Anzahl den Plan wesentlich bestimmen[780]. Sie müssen die Säulen fundamentieren und aufrichten — und dabei schon die Disposition der künftigen liturgischen Ausstattung berücksichtigen. Die Interdependenz zwischen Architektur und Ausstattung, die in vielen römischen Kirchen zu beobachten ist, ist nur erklärlich, wenn der Marmorarius schon von Beginn an den Plan mitbestimmt hat[781]. Konkret im Falle von S. Lorenzo heißt das auch, daß die Maurer- und Zimmererarbeit überhaupt erst beginnen konnte, nachdem die Säulen errichtet und ihre neuangefertigten ionischen Kapitelle bekommen hatten. Gegenüber dieser Leistung wirkt die Aufmauerung der Obergadenwand dann als sekundär. Wahrscheinlich war nicht nur der Arbeitsanteil der Marmorari an einer Basilika wie S. Lorenzo vergleichsweise hoch, sondern auch der Anteil an den Gesamtkosten. Der Anspruch des Baues hängt fast vollständig von der prächtigen Marmorausstattung ab. Ein Beweis allerdings, daß die Marmorari den Entwurf der Architekturen, an denen sie so maßgeblich Anteil hatten, auch zeichneten, ist bislang nicht zu erbringen.

Der Anspruch der Marmorari Romani war es in der ersten Hälfte des 13. Jahrhunderts, eine gelehrte und lehrbare *ars* auszuüben[782]. Pointierend haben wir diese Tendenz der MAGISTRI DOCTISSIMI ROMANI akademisch genannt. Daß ein derartiger Anspruch nicht vor der stärker theoretisch zu begründenden *ars* der Architektur halt macht, ist anzunehmen und an Beispielen wie der Vorhalle in Cività Castellana (Abb. 98) zu belegen[783]. Ich habe die Vermutung geäußert, daß man in dieser Zeit auch auf dem Niveau der ausführenden Künstler versuchte, die antike Kunst nicht nur als Vorbild real zu erfassen, sondern auch begann, antike Kunst in ihrer literarischen Überlieferung „aufzusuchen". Vitruv-Texte gab es im Mittelalter genug. Die Chancen, daß uns derartige Bemühungen mittel-

---

[777] Glass BAR S. 102; Krautheimer II S. 41; Abbildungen aus dieser Zeit bei P. M. Letarouilly, Edifices de Rome moderne, Paris 1856–68 III Tf. 269.

[778] Malmstrom, The colonnades S. 38f.

[779] Dazu die einleitenden Bemerkungen S. 4ff.

[780] Für den Neubau von S. Lorenzo nimmt Richard Krautheimer an, daß die Säulen aus der frühchristlichen Coemiterial-Basilika (Basilica Maior) stammen, die auf dem Friedhofsgelände des Verano südlich der heutigen Kirche stand und im 12. Jahrhundert in einem ruinösen Zustand gewesen sein dürfte. Dazu Krautheimer II S. 1ff. bes. S. 140.

[781] Zu diesem Problem Malmstrom, The Colonnades.

[782] Vgl. Claussen, Früher Künstlerstolz S. 21ff.

[783] Siehe dazu oben im Abschnitt über die Laurentius-Familie S. 82ff.

alterlicher Künstler überliefert werden, sind allerdings äußerst gering[784]. Vielleicht ist deshalb eine eher kuriose Verwechslungsgeschichte geeignet, einen schmalen Einblick in das literarische Wissen eines Meisters wie Vassallettus *nobiliter doctus in arte* zu geben.

Winckelmann glaubte nämlich unter den ionischen Langhauskapitellen in S. Lorenzo (Abb. 202), von denen wir wissen, daß sie gegen 1230 in der Werkstatt des Vassallettus entstanden sind, ein griechisches Original entdeckt zu haben[785]. Er wußte aus Plinius, daß zwei griechische Bildhauer, Sauras und Batrachos, mit den Reliefs ihrer Namenstiere *in columnarum spiris* gemeinsam signiert hatten[786]. Versteckt in den Voluten der Ansichtsseite eines der mittelalterlichen Kapitelle sah er diese Tiere: Eidechse und Kröte. Das spricht für die Belesenheit und auch die guten Augen Winckelmanns, aber nicht für die Entwicklung stilkritischer Kriterien zur Beurteilung antiker Kunst im 18. Jahrhundert. Aus heutiger Sicht scheint es kaum möglich, das Kapitell mit seiner kerbschnittartigen Ornamentik und der kaum ausgearbeiten Rückseite mit einem antiken Original zu verwechseln[787].

Interessanter als der Fehler Winckelmanns ist in unserem Zusammenhang aber das Kapitell, denn kein anderes in der Reihe von 22 Langhauskapitellen und den vier Kapitellen der Vorhalle ist m.W. in dieser Weise durch Tierfiguren belebt[788]. Die Kombination von Eidechse und Frosch an einem Kapitell ist sehr auffällig. Plinius schreibt, Sauras und Batrachos hätten am Jupiter und Juno-Tempel im Bereich der Portikus der Octavia gearbeitet[789]. Das Signet, Lurch und Frosch, war an der Basis der Säulen *in columnarum spiris* angebracht. Daß Winckelmann den Fehler machte, diese Formulierung auf die Spiralen des ionischen Kapitells zu beziehen, ist verständlich. Noch näher liegt es aber, daß ein mittelalterlicher Leser des Plinius-Textes diese Position der Namenstiere vermutete.

Daß Eidechse und Frosch an einem Kapitell (Abb. 202) vereint in einer Reihe von Kapitellen ohne diesen Schmuck auftreten, kann weder Zufall noch eine Kopie nach dem antiken Original sein, denn die Signatur der Künstler Sauras und Batrachos betraf den Schmuck einer Basis. Es ist deshalb nicht nur Hypothese sondern muß als Gewißheit betrachtet werden, daß der mittelalterliche Künstler die Plinius-Anekdote kannte und sich einem antiken Vorbild über eine literarische Nachricht anzunähern versuchte. Ob er nun selbst Plinius gelesen hat oder das Interesse an der Kunst der Alten andere Formen der Vermittlung gefunden hat, ist nicht zu entscheiden und vielleicht auch unerheblich. Das antiquarische Interesse eines Künstlers, das hier zum Ausdruck kommt, ist für das 13. Jahrhundert erstaunlich und atmet etwas vom Geist der Renaissance. Die Authentizität, die erreicht werden sollte, geht über das Zitat der Form hinaus, zumindest im Detail. Da man wohl keine Fälschung beabsichtigt hat und das Interesse an der antiken Signaturweise kaum von der Seite des Auftraggebers kam, kann es sich nur um das Vorweisen der eigenen Gelehrtheit handeln, die nur ebenso Eingeweihten verständlich sein konnte.

[784] Einige Informationen in H. Koch, Vom Nachleben des Vitruv, Baden-Baden 1951 S. 15. So verfaßt Petrus Diaconus auf dem Montecassino einen Auszug aus der „Architectura". Zuletzt C. Heitz, Vitruve et l'architecture du haut moyen âge, in: La cultura antica nell'occidente latino da VII all XI secolo. Settimane di studio del centro italiano di studi sull'alto medioevo XXII, Spoleto 1975 S. 725ff.

[785] J. J. Winckelmann, Monumenti antichi inediti, Roma 1767 S. 271ff.; auch H. J. Winckelmann, Anmerkungen über die Baukunst der Alten, I § 41, in: Joh. Winckelmann, Werke, Stuttgart 1847 II S. 102f.; Thiersch, Zu Sauras S. 251ff.; Giovannoni, Opere S. 275.

[786] Plinius, Historia naturalis lib. 36, Kap. 5. Vgl. auch v. d. Hagen 1828 S. 206f.; Promis S. 2.

[787] Eingehende Beweisführung, warum das Kapitell auf keinen Fall antik sein kann, bei Thiersch, Zu Sauras S. 154ff.; Giovannoni, Opere S. 275. Auch Claussen, Früher Künstlerstolz S. 30. Als eines der schönsten Kapitelle aus dem ganzen Altertum hat Winckelmann S. 102 das mittelalterliche Stück gepriesen: „Hier fällt mir ein, was ich an einem der schönsten Kapitäler aus dem ganzen Altertum, in der Kirche zu St. Lorenzo außer Rom, welche ich so, wie die Säulenhalle verschieden sind, bemerkt habe". Das ist etwas irritierend für die Beurteilung der frühen Kunstgeschichte und Archäologie aber vielleicht ein Kompliment an Vassallettus.

[788] Irmgard Voss bereitet eine Arbeit über die ionischen Kapitele des 12. und 13. Jahrhunderts vor und hat sich dabei zunächst mit denen der Vassalletto-Werkstatt in S. Lorenzo beschäftigt. Diese Bestandsaufnahme hat schon neue Ergebnisse über die stilistischen Beziehungen zwischen diesen und der Bauornamentik des Laterankreuzganges erbracht. Es ist zu hoffen, daß diese Vertiefung der hier angeschnittenen Fragen bald veröffentlicht werden kann.

[89] Dazu auch Promis S. 2 und Thiersch, Zu Sauras S. 160ff.

Die Renovatio des frühen 13. Jahrhunderts beruft sich auf die christliche Vergangenheit des antiken Roms. Das macht das Langhaus von S. Lorenzo (Abb. 194) in seiner ganzen Anlage hinlänglich deutlich. Über der großen Form vergißt man aber leicht, daß die Identifikation mit einer großen Vergangenheit ganz allgemein der antiken Größe (und der antiken Kunst) gilt. Ganz sicher ist, daß man zumindest im Detail mit allen Mitteln versuchte, dieser Kunst nahe zu kommen oder diese gar — einer gewandelten Ästhetik gemäß — zu übertreffen. Die Identifikation mit der Antike, die in den Einzelformen so deutlich ist, hat zur Voraussetzung die Identifikation des mittelalterlichen Künstlers mit seinem antiken Vorläufer. Ein solcher Akt der Identifikation mag auch in der Wiederaufnahme des antiken Signets stecken, das Winckelmann so getäuscht hat, daß er das Kapitell als ,,eines der schönsten Kapitelle aus dem ganzen Altertum'' preisen konnte.

Ungerechtfertigt erscheint mir die Zuschreibung des Grabes Hadrians V in S. Francesco in Viterbo an Vassallettus . Ladner greift die alte Vermutung von Frothingham auf, das Grabmal des 1276 gewählten und im gleichen Jahr verstorbenen Papstes (Abb. 269) sei eine Schöpfung der Vassalletto-Werkstatt[790]. Signiert ist es nicht. Da kein für Vassalletto gesichertes Werk Ähnlichkeit mit dem prunkvollen Wandgrab in der Franziskanerkirche hat, kann nur die Signatur des Vassallettus auf dem Wandtabernakel der Kirche (Abb. 138) die Assoziation an seinen Namen bewirkt haben[791]. Ladner glaubt aus einleuchtenden stilistischen Gründen, daß das Grab nicht vor 1286 entstanden ist, Gardner denkt sogar an eine Entstehung im letzten Jahrzehnt des Jahrhunderts[792]. Damit entfernen wir uns zeitlich von den letzten gesicherten Werken des Vassallettus — ca. 1260 in Anagni — um immerhin drei Jahrzehnte.

Wie ich an anderer Stelle kurz angedeutet habe, ist sowohl die Liegefigur des Papstes als auch die prunkvolle, breitgelagerte und wohlproportionierte Grabarchitektur eindeutig unter dem Einfluß des Arnolfo entstanden[793]. Die Liegefigur halte ich sogar für ein eigenhändiges Werk des großen Florentiners, der in der Architektur des Grabes gerade die typisch römischen Elemente wiederbelebt und tektonisiert, die ein Römer, Petrus Oderisius, um 1270 am Grabmal Clemens IV in Viterbo durch den Einbruch gotischer Elemente ,,überwunden'' zu haben schien. Das Grab Hadrians V gehört zu einer Gruppe von Werken, die alle in den Jahren kurz vor 1290 entstanden sind: das Grabmal des Kardinals Guillaume de Braye in Orvieto (Abb. 260a), der Paliotto des Krippenaltars in S. Maria Maggiore (Abb. 242) und das Grab König Heinrichs III von England (Abb. 240) in Westminster Abbey[794].

7. DRUDUS-FAMILIE

Außer Drudus de Trivio ist uns dessen Sohn Angelus bekannt. Letzterer führt den gleichen Beinamen wie der Vater.

a) DRUDUS DE TRIVIO

In der ersten Hälfte des 13. Jahrhunderts ist Magister Drudus, der sich in zwei Signaturen nach seiner römischen Wohn-Region ,,de Trivio'' nennt, einer der auffälligsten und eigenwilligsten Marmorkünstler[795]. Als Bildhauer ist er in dieser Zeit nur mit Vassalletto zu vergleichen, mit dem er um 1240 in Lanuvio zusammengearbeitet hat. Vorher hatte er schon in Città Castellana mit einem Mitglied der Laurentius-Sippe, Lucas, kooperiert. Das soll aber nicht heißen, daß Drudus von einer

---

[790] Ladner, Papstbildnisse II S. 185ff. bes. S. 192f. Frothingham 1891 S. 38ff. Siehe auch Vasari, Vite ed. Frey I, 1 S. 6199ff.

[791] Siehe dazu S. 121.

[792] Ladner, Papstbildnisse II S. 185ff.; Gardner, Arnolfo S. 427. Zuletzt Bauch, Grabbild S. 146ff.

[793] Siehe dazu im Abschnitt über Petrus Oderisius S. 183f.

[794] Die Zuschreibung des Grabes in Westminster an die Arnolfo-Werkstatt habe ich an anderer Stelle ausführlicher begründet. Vgl. Anm. 994.

[795] Den Namenszusatz ,,de Trivio'' interpretiert auch Giovannoni, Drudus S. 8 als Angabe der Stadtregion. Ähnlich nennt sich später Johannes de Aventino. Vgl. S. 234.

der großen Familien der Marmorari abhängig war. Seine Arbeiten beweisen, daß er — wie in Ferentino — selbständig große und anspruchsvolle Aufträge ausführen konnte. Drudus unterhielt eine eigene unabhängige Werkstatt, in der er zeitweise durch seinen Sohn Angelus unterstützt wurde.

Inschriftlich datiert ist sein Wirken nur in Lanuvio. 1240 signiert er hier zusammen mit seinem Sohn Angelus. Gleichzeitig signierte Drudus auch in Ferentino. Zu seinen früheren Arbeiten gehört eine Mitwirkung an der Ausstattung von S. Francesca Romana, wahrscheinlich unter dem Pontifikat Honorius III (1216—27). In Città Castellana ist er an Arbeiten beteiligt, die 1230 in vollem Gange waren. Damit ist für Drudus eine Schaffensperiode gesichert, die mindestens die beiden Jahrzehnte zwischen 1220 und 1240 — und damit die Blütezeit der Marmorari Romani im 13. Jahrhundert — umfaßt. Alle gesicherten Arbeiten des Drudus gehören der traditionellen Aufgabenstellung der römischen Marmormeister an: sie sind Teile des liturgischen Mobilars. Bildhauerische Aufgaben hat er dabei eher gesucht als vermieden. Ob er auch Pavimente gelegt hat, ist nirgends belegt und wird von Dorothy Glass bestritten[796].

Eine unter den römischen Marmorari sonst in dieser Qualität kaum zu beobachtende Nähe zur Antike erreicht Drudus in der Ornamentik. Herausragend als Beispiele intensiven Antikenstudiums sind dabei die Kapitelle des Ziboriums in Ferentino.

Drudus (de Trivio) im Dom von Città Castellana[797]. Ein Nebenraum, der an das nördliche Querhaus des Domes von Città Castellana angrenzt, beherbergt als bedeutendste Stücke des neu eingerichteten Diözesanmuseums zwei reich geschmückte Marmorwände (Abb. 116, 117), die zur mittelalterlichen Ausstattung des völlig umgestalteten Domes gehörten[798]. Es handelt sich um die ehemaligen Schranken, die das Presbyterium vom Langhaus trennten[799]. Sie sind kassettiert und inkrustiert. Rahmenprofile und ein abschließendes Gesims sind mit Palmetten reich ornamentiert. Den mittleren Eingang zum Altar und zum Sanktuarium akzentuieren gedrehte, mosaikinkrustierte Säulen. An den Seiten, die ehemals an die Pfeiler gestoßen sein durften, nehmen Pilaster mit inkrustierten Spiegeln diese Positionen ein. Die Wände stehen in ihrer Neuaufstellung auf einer ca. 0,60 m hohen Aufmauerung. Damit dürfte die Erhöhung des Chorniveaus gegenüber dem Langhaus angedeutet worden sein. Das ist wichtig für die Wirkung von vier Löwenwesen, die über hohen Sockeln liegen und in heutiger Aufstellung jede der beiden Schrankenwände flankieren. Ursprünglich verlief vor beiden Schranken eine Sitzbank, die durch die Bestien seitlich begrenzt wurde[800]. Sicher mit den Plutei verbunden war aber nur das innere Paar, das vor den Sockeln der gedrehten Säulen liegt und somit den Mitteleingang zum Altar flankiert. Es handelt sich rechts um eine Sphinx (Abb. 203), die starr wie ihre ägyptischen Vorbilder geradeaus blickt und links um einen Löwen (Abb. 116), der sich der Sphinx zuneigt. An den gegenüberliegenden Seiten der Wände hat — seitlich versetzt und in keiner Weise mit ihr verbunden — ein weiteres Löwenpaar (Abb. 116, 204) Aufstellung gefunden. An der ursprünglich linken Marmorwand (Abb. 116) kann man die Signatur unterhalb des Gesimses in kleinen Buchstaben eingraviert lesen[801]:

[796] Glass, BAR S. 92.

[797] Lit.: P. Egidio da Cesarò, SS. Marciano e Giovani, Venezia 1678 S. 52; Lübke 1878 S. 31f.; Cod. Vat. lat. 7928f. 147; G. Clausse, Le Cosmati et l'église de Ste. Marie à Civita Castellana, in: Revue de l'art chrétien 1897 S. 271—79; Clausse S. 367; Venturi III S. 778; Giovannoni, Opere S. 277; Giovannoni, Note S. 23; Tomassetti, Sodalizi S. 263; A. Cardinali, Cenni S. 29ff. mit weiterer Literatur; Bessone S. 16; Glass BAR S. 63f.

[798] Die Umgestaltung fand zwischen 1736 und 1740 statt. Cardinali, Cenni storici S. 55. Cenni S. 30ff. zitiert aus einer Beschreibung des weitgehend noch mittelalterlichen Zustandes des Kircheninneren von 1738: Visita pastorale die Mons. Tenderini.

[799] In der ursprünglichen Aufstellung haben sich solche Schrankenwände z.B. in S. Maria in Castello in Tarquinia erhalten. Vgl. dazu S. 101f. u. 145ff.

[800] Diese Anordnung ist im Barock für die Kirche in Lanuvio beschrieben worden. Die Bänke werden dort als Plätze der Kanoniker bezeichnet. Vgl. im Abschnitt über Vassalletus S. 119ff.

[801] Clausse S. 367 und ihm folgend Venturi III S. 778 und Filippini S. 40 hatten statt Drudus — Deodatus gelesen. Giovannoni, Note S. 13 hat diesen Fehler, der besonders verwirrend wirkte, weil es in der Cosmatus-Sippe im späten 13. Jahrhundert

DRVD' ET LVCAS CIVES ROMANI MAGR̄I DOCTISSIMI HOC OPVS FECERVNT

Wie zuvor Laurentius und Jacobus am Portal des Domes, signieren Drudus und Lucas als Magistri Doctissimi; dazu wie Cosmas an der Vorhalle als Cives Romani. Alle Möglichkeiten, künstlerischen und gesellschaftlichen Anspruch in der Signatur auszudrücken, sind genutzt[802]. Allerdings ist die Position und Größe der Inschrift gegenüber der triumphalen Signatur der Vorhalle geradezu versteckt. Die Buchstaben sind überhaupt nur in Nahsicht zu entziffern. Diese Diskrepanz zwischen Inhalt und Öffentlichkeit läßt sich aber hinreichend mit den veränderten Gegebenheiten im Innenraum erklären.

Ob Drudus, der als erster signiert, der führende der beiden Meister gewesen ist, muß offen bleiben. Sein Kompagnon Lucas ist Mitglied der Laurentius-Familie, die die Ausstattung des Domes von Cività Castellana fest in den Händen hatte[803]. Meiner Meinung nach ist Drudus auch Bildhauer. Hier hat er im wahrsten Sinne des Wortes den Löwenanteil. Die flankierenden Löwen (Abb. 204) gleichen denen an einem der Kapitelle des Ziboriums von Ferentino (Abb. 208), ein Werk, das Drudus signiert hat. Beide Bestien haben einen wilden Ausdruck. Die Zähne sind gefletscht. Mit tiefen Bohrkanälen sind die Zornesfalten der antik inspirierten Tiermimik überzeichnet. Die Mähnen dagegen sind in wolligen, wohl gekämmten Strähnen geordnet. Den Unterkiefer der linken Bestie (Abb. 116) umklammert ein sitzender Mann, der sein Geschlechtsteil entblößt. Das wirkt verhältnismäßig altertümlich und spricht für eine Entstehung noch in den ersten drei Jahrzehnten des 13. Jahrhunderts. Ob dieses Löwenpaar wirklich zur Schranke gehörte, ist keineswegs sicher. Es könnte sich auch um die Löwen handeln, die den Thron flankierten.

Das Paar (Abb. 116, 203), das den Zugang zum Sanktuarium flankierte und im Verband mit den Schrankenwänden steht, wirkt dagegen weniger kleinteilig. Der Löwe duckt sich sprungbereit, doch läßt sich in der Angabe des Felles und der Mähne, sowie der linearen Einkreisung der Muskelpartien die gleiche ornamental ordnende Hand erkennen. Allerdings unterscheidet sich die Sphinx (Abb. 203) auf der gegenüberliegenden Seite. Ihr Körper ist großflächig, ja plump. Das Gesicht reckt sich dem Eintretenden — trotz der Zerstörung offensichtlich — als häßliche Grimasse entgegen. Die Formen sind auf diesen abschreckenden Ausdruck, nicht etwa auf Schönlinigkeit hin ausgelegt. Ob für diesen spürbaren Unterschied zwischen den Wächtern des Sanktuariums eine inhaltliche Abstufung des Ausdrucks verantwortlich ist, die man einer gemeinsamen Künstlerhand zutrauen darf, oder ob sich hier die Hand des Lucas zeigt, bleibt ungewiß.

Wahrscheinlich handelt es sich um einen Nachklang der ägptisierenden Sphinx, die in der Werkstatt des Vassalletto im Laterankreuzgang für das Mittelalter neu „gefunden" wurde (Abb. 171). Ein aufregendes Novum, das wenig später auch in Ferentino (Abb. 211) und Lanuvio von Drudus nachgeahmt wurde[804]. Drei Bestienpaare sind am Dom von Cività Castellana erhalten. Wenn man sich vorstellt, in welcher Weise mit diesen Regie geführt worden sein muß, bedauert man doppelt, daß nicht ein einziges Innenraum-Ensemble dieser Zeit unangetastet erhalten geblieben ist. Zwei Löwen (Abb. 78), einer mit Opfer — der andere ohne, bewachen das Westportal. Hat der Eintretende diese Mahnung vor dem Bösen überwunden, so verwehren ihm Sphinx und Löwe den Eintritt ins Sanktuarium. Das dritte Löwenpaar schließlich bewachte wahrscheinlich den Thron, der mit guten Gründen als päpstlicher Herrscherthron interpretiert wird[805]. Die drei Tierpaare stehen alle in einer Bedeutungsachse von Westen nach Osten, einer Achse, die gleichzeitig Zeichen einer dreifach gestuften Hierarchie ist.

---

wirklich einen Deodatus gibt (vgl. S. 210ff.), richtiggestellt. Vorher hatte W. Lübke, 1878 S. 31f. und die Inschriftensammlung Cod. Vat. lat. 7928f. 157 die Signatur schon richtig kopiert. Zuletzt Dietl, Topik S. 134.

[802] Siehe dazu oben S. 67ff. und Claussen, Früher Künstlerstolz S. 21ff. Skeptischer gegenüber solchen vermuteten Ansprüchen ist Dietl, Topik S. 63ff.

[803] Siehe S. 101ff. über Lucas aus der Laurentius-Familie, die in immerhin vier Generationen am Dom von Cività Castellana mitgewirkt hat.

[804] Siehe S. 148ff.

[805] Dazu Gandolfo, Reimpiego und besonders Gandolfo, Cattedra.

Der Löwe (nicht die Lupa!) ist das Wappentier Roms. Eine mögliche heraldische Konnotation halte ich bei der Häufung dieser Tierdarstellung im römischen Gebiet durchaus für möglich[806]. Löwe und Sphinx gehören in Rom aber auch in den Bereich der ebenso attraktiven wie tabuisierten Formentradition der heidnischen Antike, die zunächst auf dem Umweg über den negativ gefärbten, apotropäischen Bildzauber Eingang in die Kunst findet[807]. Wenn die heute neben der Schranke deplazierten Löwen zum ehemaligen Papstthron in der Apsis gehört haben, so spricht ihre erwähnte Ähnlichkeit mit der Kapitellskulptur in Ferentino dafür, daß Drudus auch an weiteren Werken des Presbyteriumsbereiches im Dom von Città Castellana beteiligt war. In Frage kommen u.a. das Ziborium und der Ambo, von denen jeweils noch geringe Reste vorhanden sind. Das Paviment im Langhaus ist zu einem großen Teil original und wird von Dorothy Glass ganz allgemein der Laurentius-Familie zugeschrieben[808].

Zur Datierung: Giovannoni kam im Vergleich der Daten für Drudus, um 1240, und für Lucas, gegen 1230, zu einer Zeitstellung der Schranke um 1235[809]. Ganz im Groben kann man das akzeptieren. Drudus hat aber in S. Francesca Romana wahrscheinlich schon um 1220 gearbeitet. Seine Mitwirkung sollte also kein Argument für eine Spätdatierung sein. Die Löwen sind denen des Portals, die wahrscheinlich kurz vor 1200 entstanden sind, noch verhältnismäßig ähnlich. Allzugroß kann der zeitliche Abstand deshalb nicht sein. Egido de Cesarò berichtet, es seien im Jahre 1230 im Hochaltar des Domes von Città Castellana Reliquien aufgefunden worden[810]. Man kann daraus schließen, daß um diese Zeit die Innenausrüstung des Domes in vollem Gang war. Gegen 1230 oder kurz vorher möchte ich die Schranke des Drudus und Lucas auch datieren.

Drudus de Trivio in S. Francesca Romana (S. Maria Nuova), Rom[811]. In der ersten Kapelle auf der linken Seite der um 1600 erneuerten Kirche hatte sich bis in unser Jahrhundert eine quadratische Marmortafel erhalten, die heute nicht mehr aufzufinden ist. Ihre Inschrift haben Forcella und Giovannoni überliefert[812].

+ DRVDVS DE T'
VIO H' OPĪS
MAGR FVIT

Es handelt sich eindeutig um eine Signatur: *Drudus de Trivio huius operis magister fuit.* Auf was sich diese Inschrift bezog, ist bisher völlig unklar. Überliefert sind Erneuerungsarbeiten nach einem Brande 1216 unter dem Pontifikat Honorius III (1216—27). Ob in dieser Zeit auch die Eingangsportikus errichtet wurde, die in einem Holzschnitt der Cose Miravigliose überliefert ist, scheint mir wahrscheinlich, ist aber nicht sicher[813]. Es ist nicht auszuschließen, daß die Fassade mit einer Renovierung

---

[806] Es könnte sogar sein, daß der römische (und als päpstlich) empfundene Löwe seit dem Investiturstreit als deutliches Zeichen der Parteinahme im fortdauernden Kampf und Rangstreit zwischen Papst- und Kaisertum zu sehen ist. Ähnliches mag für die Löwen und Greifen an den Portalen und Fassaden nord- und mittelitalienischer Kirchen gelten.

[807] Vgl. Claussen, Scultura romana.

[808] Glass BAR S. 63f.

[809] Giovannoni, Opere S. 277; Ders., Note S. 23.

[810] Egidio da Cesarò S. 52. Eine Parallele bildet die Auffindung der Reliquien des Hl. Magnus im Kryptenalter des Domes von Anagni durch Magister Cosmas im Jahre 1231. Vgl. dazu 96ff.

[811] Lit.: Ugonio, De b. Francisca Romana, Romae 1601 in: Cod. Barb. lat. V u. VII (int. 12) — von mir nicht vollständig durchgesehen; Felini 1610 S. 159; Martinelli 1653 S. 231; Stevenson, Cod. Vat. lat. 10581 f. 26; Giovannoni, Drudus S. 8; Giovannoni, Note S. 20; Armellini/Cecchelli S. 193ff. und S. 1366f.; P. Lugano, S. Maria Nuova, Roma 1923; ders. La basilica di S. Maria Nova al Foro Romano, in: Rivista di storia benedettina 13, 1922 S. 151; C. Cecchelli, Profili romani: S. Francesca, in: Capitolium 1, 1925 S. 327—34; Bessone S. 17; Krautheimer I S. 220ff.; A. Prandi, Vicende edilizie della basilica di S. Maria Nova, in: Atti delle Pont. Accad. romana di archeologia. Rendiconti 13, 1937 S. 197—228; Glass BAR S. 92f.

[812] Forcella II S. 5 Nr. 11; Giovannoni, Drudus S. 8, ders., Note S. 20.

[813] Felini 1610 S. 159. Eine schöne Zeichnung des 17. Jhs. auch bei Egger, Veduten II Tf. 18. Krautheimer I S. 225 hatte angenommen, daß sich die Portikus auch an der Südseite der Kirche, entlang der Via Sacra des Forums, entlangzog. Dage-

der Kirche im 12. Jahrhundert zusammenhängt, für die die Weihe durch Alexander III im Jahre 1161 ein Datum gibt[814]. Fest steht, daß die Portikus gegen 1223 schon existiert haben muß. In ihr befand sich nämlich das Grab des päpstlichen Kämmerers Sinibaldus, der in diesem Jahr starb. Sinibaldus ist im Liber Censuum in sechs Verträgen aus dem Jahr 1217 als Kämmerer aufgeführt[815]. Die Grabinschrift notiert Ugonio, nach dessen Manuskripten sie Martinelli wiedergibt[816]: *Hic requiescit D. Sinibaldus Canonicus Ecclesiae, Camerario Honorii III qui renovavit totum tectum huius ecclesiae, et alia bona eidem fecit. An. D. Incar. 1123.* Krautheimer und Glass sahen schon den Widerspruch zwischen dem Datum und der Nennung Honorius III (1216—27) und vermuten einleuchtend, daß hier ein Lesefehler vorliegt[817]. Da wir Sinibaldus um 1217 nachweisen konnten, ist das Datum der kopierten Grabinschrift auf 1223 zu korrigieren. Sinibaldus hat sein Grab, wie ca. 100 Jahre zuvor der päpstliche Kämmerer Alfanus an S. Maria in Cosmedin (Abb. 120), als Gönner der Kirche an einem öffentlich sichtbaren Ort, in der Vorhalle erhalten. Offenbar war vor allem er es, der die Kirche nach dem Brand von 1216 wieder instandsetzte. Von der Innenausstattung des 13. Jahrhunderts sind nur noch geringe Reste des Pavimentes im Sanktuarium erhalten[818]. Ob Drudus daran beteiligt war, ist zweifelhaft. Daß sich seine Signatur auf die Vorhalle bezieht, ist unwahrscheinlich. Sie wäre dann doch wohl monumentaler ausgefallen. Dagegen waren Gräber bisweilen auf Tafeln an der Rückwand signiert[819]. Vielleicht war Drudus der Autor des Sinibaldus-Grabes.

Drudus de Trivio im Dom von Ferentino[820]. Das Altarziborium (Abb. 204a, 207) ist durch eine Künstlersignatur an der Innenseite des Architravs als Werk des Drudus gesichert:

+MAGISTER DRVDU' DE TRIVIO
    CIVIS ROMANUS FECIT HOC
        OPVS

Außen am Frontbalken (Abb. 205) findet sich die Stifterinschrift: +ARCHIL'VITA FVIT NORWICI HAC URBE IOH'S EX GENC. Dieser Stifter, der Archilevit von Norwich aus adeligem Geschlecht in Ferentino, Johannes, ist historisch nachzuweisen. Giovannoni belegte das schon mit Beurkundungen aus den Jahren 1231 und 1238[821]. Außerdem fand ich im Liber Censuum zwei Verträge aus der Zeit Gregor IX[822]. Im ersten aus dem Jahre 1238 wird er Johannes de Ferentino domine papae Camerario genannt: im zweiten von 1243 ist der prominenteste Zeuge „Domino Johanne de Ferentino archidiacono Norwicenci"[823]. Damit scheint eine Datierung des Ziboriums sowohl in die dreißiger als auch noch in die vierziger Jahre historisch gerechtfertigt.

---

gen Malmstrom, Speculations S. 44 mit dem Hinweis auf eine Zeichnung der Sammlung Pecci-Blunt, die in der Ausstellung „Roma sparita" 1976 im Palazzo Braschi ausgestellt war. Katalog „Roma sparita" Roma 1976 Tf. 2.

[814] Liber Pontificalis (Duchesne) II S. 403, Krautheimer I S. 223.
[815] Liber Censuum (Fabre) S. 254a bis S. 259b.
[816] Martinelli 1653 S. 231.
[817] Krautheimer I S. 223 Anm. 7 und Glass BAR S. 93 Anm. 4.
[818] Glass BAR S. 92. Sie glaubt nicht, daß Drudus an diesem Paviment Anteil hatte.
[819] Erhalten ist davon nichts. Doch sprechen die Beschreibungen des Grabes von Grafen Roger in Mileto (Petrus Oderisius) und das Grab Bonifaz VIII von Arnolfo in St. Peter für diese Hypothese.
[820] Lit.: Clausse S. 124f.; Giovannoni, Drudus; Giovannoni, Note S. 20ff.; L. Morosini, Notizie storiche della città di Ferentino Roma 1905, 1948²; A. Muñoz, Monumenti d'architettura gotica nel Lazio, in: Vita d'arte 8, 1911 S. 75—103; Bessone S. 17; Hutton S. 40 und 54; Glass BAR S. 65ff.; Storia dell'arte e territorio: Ferentino (ed. A. M. Romanini), in: Storia della città 15/16 1980.
[821] Giovannoni, Note S. 22f. Die Stiftersignatur liest er „... ex gene(re). Der letzte Buchstabe ist aber im heutigen Zustand ein C. Es sieht so aus, als sei die Inschrift unvollendet. Zuletzt Tomei, L'arredo S. 105, der aber nicht über die ältere Literatur hinausgeht.
[822] Liber Censuum, (Fabre) S. 559 und 560.
[823] Schon um 1215 unter Innocenz III und dann unter Honorius III ist ein päpstlicher Kämmerer, Pandulphus, gleichzeitig Electus von Norwich; anscheinend eine einträgliche Pfründe. Liber Censuum (Fabre) 254b, 259, 260.

Die Umgestaltung des 18. Jahrhunderts ließ von der liturgischen Ausstattung des Mittelalters nur das Ziborium unangetastet. Im Aufwand, in der Kostbarkeit und in der Sorgfalt der künstlerischen Bearbeitung übertrifft es alle erhaltenen Vergleichsstücke. Es gehört mit ehemals vier Tambourgeschossen einem Typus an, der sonst nur im Dom von Anagni (Abb. 112) nachzuweisen ist[824]. Die reich ausgestaltete Frontfläche der Confessio ist aus alten Teilen (bis auf die moderne Transenne) zuverlässig rekonstruiert (Abb. 204a, 206). Der päpstliche Kämmerer Johannes aus Ferentino wird sich für die Stiftung in seiner Heimatstadt, die von Rom aus gesehen im Schatten Anagnis liegt — aber ein wichtiger Stützpunkt des Papsttums im südlichen Latium gewesen ist, ein Altarziborium bestellt haben, das dem von Anagni mindestens gleichkommt. Wie dort trägt das untere Gebälk ein Geviert von 28 Säulen, von denen die beiden äußeren und die beiden inneren durch ein inkrustiertes Spiralband verziert sind. Das zweite Obergeschoß ist wieder wie in Anagni achteckig mit 24 Säulen. Ein achteckiges Pyramidendach aus trapezförmigen Marmorplatten leitet über zu einem quadratischen Aufsatz mit vier Säulen an jeder Seite. In alten Photos vor der Restaurierung um 1900 (Abb. 207) erkennt man, daß dieses Laternengeschoß einen hölzernen Aufbau trug[825]. Die Restaurierung ersetzte ihn durch ein Pyramidendach. In Analogie zu Anagni kann man schließen, daß ursprünglich noch eine kleine achteckige Laterne aufgesetzt war.

Die hohe künstlerische Qualität zeigt sich in der mosaizierten und skulpturalen Ornamentik der Architrave (Abb. 205). Am deutlichsten wird sie aber in den vier Kapitellen (Abb. 208, 209) der tragenden Säulen. In der römischen Kunstlandschaft sind sie ein Höhepunkt mittelalterlicher Annäherung an antike Formen. Hier zeigt es sich, daß die Marmorari Romani des 13. Jahrhunderts Antikenstudium betrieben haben müssen, wie wir das gewöhnlich erst im Quattrocento erwarten. Da Nachzeichnungen, Modelle oder Hüttenbücher dieser Zeit so gut wie keine Erhaltungschance haben, sollten wir aus ihrem Nichtvorhandensein nicht vorschnell schließen, daß eine derartige systematische und vielleicht auch lehrbare Auseinandersetzung mit der Antike erst in nachmittelalterlicher Zeit eingesetzt habe[826]. Eine ähnlich klassizistische Perfektion wie an den Kapitellen (Abb. 209) des Drudus wird in der Renaissance erst nach Generationen mühsamen Antikenstudiums wieder erreicht[827].

In diesem Punkt ist der Abstand zwischen Drudus und anderen konkurrierenden Werkstätten, die gleichzeitig antike Ornamentik weiterführen, allerdings deutlich. In den Kapitellen vom Mittelportal in Cività Castellana (Abb. 81 Laurentius und Jacobus), die kurz vor 1200 entstanden sind, sind die antiken Grundformen „eingraviert‚ ohne daß man zwischen Kelchgrund und Blattwerk klar trennen könnte[828]. Ebenfalls an der Oberfläche bleiben die berühmten Kapitelle in S. Lorenzo fuori le mura (Abb. 202, Vassalletto-Werkstatt)[829]. Wie Laubsägearbeit sind hier die Stege der vorderen Ebene über eine dunkle Hintergrundszone gelegt. Man könnte bei diesen Vergleichen mit den besten Werkstätten der Marmorari Romani in Zweifel geraten, ob die Kapitelle des Ziboriums in Ferentino überhaupt mit-

---

[824] Auch das ehemalige Ziborium in Alba Fucense könnte diesem Typus angehört haben. Siehe S. 156f. im Abschnitt über Andreas.

[825] Foto Moscioni 5880.

[826] Möglicherweise kannten Mitglieder der Vassalletto-Werkstatt die Nachricht des Plinius, die griechischen Bildhauer Sauras und Batrachos hätten mit ihren Namenstieren, Eidechse und Frosch signiert. Beide Tiere kommen gemeinsam auf einem ionischen Kapitell in S. Lorenzo fuori le mura vor, was Winckelmann dazu veranlaßte, dieses als griechisches Original anzusprechen. Vgl. dazu S. 142ff. und Claussen, Früher Künstlerstolz S. 30 mit Literatur.

[827] Arnold Nesselrath hat sich in seiner Bonner Dissertation über das Fossombroner Skizzenbuch (1981) auch Gedanken über die mittelalterliche Rezeption antiker Formen gemacht. Das Vorbild eines der Kapitelle von Ferentino (Abb. 209, rechts) glaubt er in Tivoli gefunden zu haben, wo es auch von Renaissance-Künstlern gezeichnet wurde. Ich möchte dieser Arbeit, die in den Warburg-Studies erscheinen soll, nicht vorgreifen, fühle mich aber ermutigt, stärker nach den konkreten Bedingungen des mittelalterlichen Antikenstudiums und nach dem jeweiligen Medium, das zwischen Vorbild und der mittelalterlichen Schöpfung vermittelt hat, zu fragen. Grundlegend für dieses Problem Hamann-MacLean, Antikenstudium.

[828] Siehe dazu S. 67ff.

[829] Siehe dazu S. 142ff.

telalterlich sind. Das rechte Kapitell der Frontseite (Abb. 208), das in der Technik des gebohrten Akanthus nicht hinter den übrigen zurücksteht, verrät sich aber durch Tier- und Menschenköpfe anstelle der Voluten eindeutig als mittelalterliche Arbeit: Löwe, Mensch, Stier (?) und Widder. Zwischen den Köpfen hängen, wie an antiken Bukranien Girlanden. Ausdrucksvoll ist die Physiognomie des Widders. Der Löwe zieht die Lefzen in ähnlicher Weise hoch, wie das bei den ehemaligen Thron(?)-Löwen in Città-Castellana (Abb. 204) zu beobachten ist[830]. Geradezu grotesk fällt dagegen die Machart des menschlichen Kopfes ab: ein starrer Pfeifenkopf ohne Proportionen! Auch wenn die Faunsohren und die strahlenförmigen Krähenfüße um die Augen darauf hindeuten, daß hier — wie bei den Sphingen — eine negative, apotropäische Absicht dahintersteht, so ist doch ganz deutlich, wie ungewohnt eine Menschendarstellung für Drudus gewesen ist. Er griff zurück auf einen Typus, wie er vor 1200 in Grottaferrata (Abb. 69) und am „Augustusaltar" von S. Maria in Aracoeli (Abb. 68) formuliert worden war. Drudus hat also nicht einmal im Ansatz die engen thematischen Grenzen überschritten, die das römische Bildtabu der Menschendarstellung den Marmorkünstlern dieser Landschaft zog.

Ob die Reste der übrigen Ausstattung des 13. Jahrhunderts, z.B. der Osterleuchter (Abb. 213), auch zu seinem Oeuvre gezählt werden dürfen, ist nicht gesichert, aber wahrscheinlich. Ein Löwe und eine Sphinx (Abb. 210, 211), die heute in Zweitverwendung das Portal zur Sakristei in der Nordwand der Kirche flankieren, könnten wie in Città Castellana ehemals vor der Schranke plaziert den Zugang zum Sanktuarium bewacht haben. Der Löwe repräsentiert aber nicht mehr den wilden, antikisierenden Typus wie in Città Castellana, sondern die „zahme" ägyptisierende Spezies (Abb. 139), wie sie besonders die Werkstatt des Vassalletto bevorzugte[831]. Gegenüber dem ausdrucksvollen Kopf ist der Leib des Tieres recht plump ausgefallen. Eine Plumpheit, die auch bei der Sphinx auffällt[832]. Ein weiteres Löwenpaar (Abb. 212) bewacht den (um 1900 erneuerten) Thron in der Apsis. Ihre Wildheit ist allerdings nur ein schwacher Abglanz der großartigen Tierskulpturen der Vassalletto-Werkstatt im Laterankreuzgang (Abb. 167). Wenn es Drudus gewesen ist, der sie geschaffen hat, so müßte man ihn — was sein figürliches Werk angeht — als schwachen Epigonen des Vassalletto ansehen. Daß ein künstlerischer Austausch naheliegt, beweist die Zusammenarbeit mit der Werkstatt des Vassalletto in Lanuvio, die in denselben Jahren stattgefunden haben muß.

Die Stiftung des Johannes de Ferentino hat eine der ältesten Arbeiten der Marmorari Romani erneuert (und damit weitgehend zerstört): die Ausstattung des Paulus aus dem frühen 12. Jahrhundert[833]. Es wäre sehr zu wünschen, daß der Dom in Ferentino monographisch untersucht würde[834]. Eine Hilfe dabei sind die Moscioni-Fotos (Abb. 206, 207), die die Fragmente zwar nicht in originaler Position, aber vor der z.T. verfälschenden Restaurierung und Resystematisierung zeigen.

Drudus (de Trivio). Reliefierter Brunnentrog unbekannter Herkunft[835]. Ehemals im Thermenmuseum und heute im Lapidarium des Palazzo Venezia wird ein mittelalterlicher Brunnentrog (Abb. 214)

---

[830] Siehe S. 145ff.

[831] Siehe dazu S. 122ff. und Claussen, Scultura Romana S. 329ff.

[832] Eine ähnliche Plumpheit hatten wir schon bei der Sphinx in Città Castellana (Abb. 203) bemerkt und dort als abschreckende Häßlichkeit aufgefaßt. Siehe S. 145ff. Das würde in Ferentino nicht im gleichen Maße gelten.

[833] Siehe dazu S. 8ff.

[834] Vorarbeiten dazu sind am Istituto di Storia dell'arte an der Università degli Studi in Rom in Zusammenarbeit mit Frau Professor Angiola Maria Romanini erfolgt. Ein wichtiger Archivfund, der dabei Bruno Contardi glückte, war die Erwähnung eines Jacobus, der schon vor der Stiftung des Johannes de Ferentino, im frühen 13. Jahrhundert ein Paviment im Chor legte. Siehe dazu S. 76f. Die Ergebnisse sind in einem Sonderband der Zeitschrift „Storia della città 15/16 1980" versammelt. Darin besonders die Beiträge von G. Curcio und L. Indrio, Le fasi construttive della cattedrale S. 83ff.; B. Contardi, Il pavimento S. 101ff.; P. Petraroia, La scultura architettonica S. 91ff. und A. Tomei, L'arredo, S. 105ff.

[835] Lit.: Giovannoni, Drudus S. 8f.; Giovannoni, Note S. 20 und 26; Bessone S. 17; Hutton S. 40.

aufbewahrt[836]. Die Maße sind relativ gering: (0,36 m Höhe, 1,20 m Länge und 0,23 m Tiefe). Eine Inschrift an der Oberkante der Frontseite lautet:

+HIC ThETIS hINC ESCE PRIVS ABLVE MANDE QVIESCE[837].

Der mythologischen Anspielung (Thetis) dieser Aufforderung sich zu reinigen, entspricht die Dekoration. Als Wasserspeier dient eine zentrale Blattmaske mit einem strahlenförmigen Blätterkranz (der an ein Kymation erinnert), an den Ecken Löwenhäupter. Zwischen diesen Wasserspeiern hängen wulstige, von geflochtenen Bändern umwundene Festons, aus denen breit ausladende Palmetten aufwachsen. Am unteren Rand liest man in den Zwischenräumen die Signatur:

MAG̅R̅ DR UDUS ME FE CIT

Ob es sich bei diesem merkwürdigen und einzigartigen Stück um den Brunnen eines Klosters oder Palastes handelt, vermag ich nicht zu entscheiden. Durch die Inschrift ausgeschlossen scheint mir eine Funktion als liturgisches Reinigungsbecken. Die Dekoration des Brunnens hält sich, wenn man ihre Komponenten aufzählt, im Rahmen des in Rom zu dieser Zeit üblichen Repertoires: Löwen- und Menschenmasken, hängende Girlanden (wie auf einem Kapitell des Drudus in Ferentino Abb. 208) und aufwachsende Palmetten gehören zu den skulpturalen Möglichkeiten des Vassalletto und Drudus-Werkstätten seit den zwanziger Jahren[838]. Allerdings sind diese Dekorationselemente sonst fester und eingegrenzter Bestandteil einer architektonisch bestimmten Ordnung. Die Brunnenwand hingegen ist gänzlich Bildfläche: Der Rhythmus und die Proportionen von Girlanden und Masken werden von diesen selbst bestimmt. Man glaubt zu spüren, daß für den Künstler die plötzliche Autonomie der plastisch-dekorativen Form ungewohnt war. Er versuchte, den Freiraum auf eine Weise zu füllen, die einerseits kräftige Anleihen bei antiken Dekorationsmotiven suchte, zum anderen aber durch (groteske?) Übersteigerung und eine Variation in den Einzelformen, die sich als Abweichung von der Symmetrie zu erkennen gibt. Gegenüber den linear stilisierten Ausdrucksmitteln der Löwen und Sphingenhäupter des Drudus in Cività Castellana und Ferentino (Abb. 204, 210) haben die Maskenreliefs am Brunnen an Ausdruck und Kohärenz gewonnen. Das Ornament herrscht zwar vor und ist auch in den Gesichtszügen selbst deutlich, doch sieht man an einigen Details des Künstlers Vertrautheit mit den ,,Pathosformeln" antiker Löwenmimik, die die toskanische Bildhauerkunst des 12. und 13. Jahrhunderts wiederbelebt hat: Es sind das die moosartigen Haargewächse über der drohend zusammengezogenen Tierstirn[839]. Diese Veränderung ist wahrscheinlich nicht nur in den veränderten Auftragsbedingungen begründet. Man darf sie als künstlerische Entwicklung zur Skulptur hin auffassen. Wahrscheinlich haben wir es mit einem Spätwerk des Drudus zu tun.

Drudus (de Trivio) und sein Sohn Angelus in Lanuvio (früher: Cività Lavinia)[840]. Von der reichen liturgischen Ausstattung der Kollegiatskirche von Lanuvio hatten sich um 1900 nur noch wenige Reste

---

[836] Giovannoni, Drudus S. 8; ders., Note S. 26. Im Katalog des Museums Palazzo Venezia aus dem Jahre 1954 ist der Brunnen auf S. 12 erwähnt.

[837] Ich habe keine Vergleichsmöglichkeiten mit anderen Brunneninschriften dieser Art. Ob die Inschrift bisher übersetzt ist, muß ich nach der mir vorliegenden Literatur bezweifeln. Mein Versuch ist laienhaft: Hier ist das Wasser (Meer = Thetis). Von hier iß, vorher wasche, kaue und ruhe.

[838] Alle diese Motive finden sich in der Dekoration der Prachtkreuzgänge von S. Paolo fuori le mura und S. Giovanni in Laterano. Siehe auch im Abschnitt über die Vassalletti S. 126ff. und 132ff.

[839] Besonders prägnante Beispiele sind die Löwen der ehemaligen Kanzel des Pisaner Doms von Guillelmus (ca. 1163), jetzt im Dom von Cagliari (Sardinien). Vgl. dazu Anm. 156.

[840] Lit.: Gualdi, Cod. Vat. lat. 8253 f. 500 und 500v; Bartoli, Il figlio; Galieti, Memorie; ders., La rinascità medievale di Lanuvio e i monaci benedettini, in: A.S.R.S.P. 42, 1919 S. 231–67; ders., Lanuvio. Da Roma a Lanuvio, Albano 1930; Giovannoni, Opere S. 282; Giovannoni, Note S. 3ff.; Bessone S. 17f.; Glass BAR S. 64f.

(Abb. 137), zumeist verstreut in Privatbesitz, erhalten[841]. Das meiste davon ist heute unauffindbar[842]. Im Barock hat Gualdi eine ausführliche Beschreibung des Pavimentes, des Altarbereiches, der Schranken und Kanonikerbänke gegeben, die noch durch Visitationsberichte aus den Jahren 1603, 1636, 1659 und durch Notizen von Enea Cassio ergänzt werden[843]. Die so dokumentierte Ausstattung ist um 1240 unter dem Erzpriester Johannes Saracenus entstanden. Sein Name fand sich in einer Stifterinschrift an der Fassade, in der als Bruchstück erhaltenen Signatur des Vassalletto, ehemals an den Schranken des Presbyteriums und schließlich — verbunden mit dem Datum — in der Signatur des Drudus und dessen Sohn am Altarziborium[844]. Gualdi schreibt[845]:

> „In Civita Lavinia nell'architrave del ciborio di marmo dell'altare maggiore fatto come quello di S. Marco verso il coro leggesi questa inscrittione con lettere meze gotiche:
> $+ \overline{A} \ \overline{D}$ MCCXL EGO $\overline{APB}$ $\overline{IOS}$ SARACEN' $\overline{F}$ $\overline{FI}$ h' $\overline{OP}$ A MAGISTRO DRVDO ROMANO $\overline{C}$ $\overline{ANGLO}$ FILIO SVO

1240 ließ der Erzpriester Johannes Saracenus dieses Werk von Meister Drudus dem Römer und dessen Sohn Angelus anfertigen. Wie in Ferentino las man die Signatur auf der Seite des Ziboriumbalkens, die der Apsis zugewandt ist. Das epigraphische Urteil „con lettere meze gotiche" gilt auch für andere Inschriften des Drudus. Kunsthistorisch korrekt ist der Vergleich mit dem (inzwischen verlorenen) Ziborium von S. Marco in Rom, was den „Einheitstypus" der römischen Ziborien des 12. und 13. Jahrhunderts betrifft. Zwar ist dieses 100 Jahre früher von den Söhnen des Paulus geschaffen worden, doch hat Gualdi völlig recht, die Ähnlichkeit zu betonen[846]. Wahrscheinlich bezieht sich die Signatur nicht nur auf das Ziborium, sondern zumindest auch auf Altar und Confessio. Wie aus Visitationsberichten hervorgeht, entsprach ihre Anordnung ebenfalls dem in Rom üblichen Schema dieser Zeit. Sacra Visitatione 1639[847]: *Subtus altare maius adest confessio antiqua ubi creditur antiqua traditione adesse corpora sanctorum, sed non adsunt nomina.* Sacra Visitatione 1603[848]: *deinde quoniam ad presbyterium per nonnullis gradus ascenditur qui a dextris sunt, et a sinistris, pars media ante*

---

[841] Dazu vor allem Galieti, Memorie S. 349ff. Er bildet ein kleines Lapidarium von „Cosmaten"-Skulpturen ab, darunter eine Sphinx und mehrere figürliche Konsolen und Bruchstücke des liturgischen Mobiliars. Außerdem befanden sich als Wasserspeier seit 1675 zwei Löwen des 13. Jahrhunderts am Brunnen der Piazza del Commercio (Abb. 136). Sie gehörten mit Sicherheit zur Ausstattung der Kirchen und zum Werk des Drudus oder des Vassalletto. Auf älteren Fotos sind sie noch zu sehen, inzwischen aber entwendet.

[842] Ich habe 1978 ein Aufsatzmanuskript mit dem Titel „I Marmorari romani a Lanuvio nel 1200" fertiggestellt, das in der Zeitschrift „Archeologia e Società" abgedruckt werden sollte. Seit 1978 ist aber kein Heft dieser besonders auf die Probleme Lanuvios ausgerichteten Zeitschrift erschienen, so daß ich fürchte, daß meine Bemühungen in dieser Richtung vorerst nicht publiziert werden.

[843] Gualdi, Cod. Vat. lat. 8253f. 500 und 500v; Galieti, Memorie S. 354 und 349. Die barocken Beschreibungen heben die reiche Ornamentik des Ziboriums und die Vergoldung hervor. Im erzbischöflichen Archiv von Albano liest man in der Sacra Visita dell'anno 1659: „Altare ipsum est situm inter quatuor columnas marmoreas antiquas elaboratas quarum in capitibus inhaerent trabes pariter marmorei elaborati ac desuper duos ... ...bates marmoreos elaboratos cum suo coelo sive operculo operis et sculturae antiquae, quae omnia ill. dominus mandavit expoliri". (Galieti, Memorie S. 182) Sacra Visita dell'anno 1594: „Tabernaculum ipsum ex petra marmorea factum est in forma quae capit solum altare et satis decenter ornatum, sed per antiquitatem temporis aurum in locis in quibus inauratum erat obscuratum remanet ..." (Galieti, Memorie S. 183) Sacra Visita dell'anno 1659 c. 99: „Tabernaculum est collocatum inter duas (!) marmoreas columnas velo serico elaborato contextas et inhaerent a parte superiori tabulae marmore elaboratae cum sculpturis et imaginibus ab ipsa tabula marmorea elevatis, et in ipsius summitate adsunt ornamenta pariter marmorea cum suis cornicibus pariter elaborati et deauratis". Letztere Beschreibung über figürliche Reliefs könnte sich auf eine barocke Umgestaltung beziehen.

[844] Siehe auch S. 119ff. im Abschnitt über Vassalletto. Zur Person des Johannes Saracenus: Galieti, Rinascità S. 234 und ders., Il castello S. 181ff.

[845] Gualdi, Cod. Vat. lat. 8253f. 500.

[846] Siehe S. 18f. über die Söhne des Paulus und ihre Arbeit in S. Marco.

[847] Galieti, Memorie S. 181.

[848] Galieti, Memorie S. 180.

altare sublata ad hominis pene staturam ab ecclesiae pavimento, sine balaustris est. Sub eodem loco inest fenestra satis ampla qualis sub altarium antiquiorum ecclesiarum ad martyrum sepulcra esse solent.

Ob Drudus an der z.T. erhaltenen Ausstattung mit Löwen und Sphingen beteiligt war, ist kaum zu entscheiden. Die mir vorliegenden alten Photographien (Abb. 137) zeigen, daß die Sphinx der von Ferentino (Abb. 211) entspricht. Sie könnte also sehr wohl von Drudus stammen. Man darf aber nicht vergessen, daß auch Vassalletto an der Innenausstattung beteiligt war[849]. Die Inszenierung dieser Tierfiguren dürfen wir uns analog zu der in Cività Castellana und Ferentino rekonstruieren. Ein Löwenpaar am Portal und Löwe und Sphinx als Wächter am Altar. Einen Papstthron wird die Kollegiatskirche nicht besessen haben. Es ist auffällig, daß immer dann, wenn eine Sphinx zur Innenausstattung gehört, auch Drudus an dieser beteiligt ist. Nach Galieti befanden sich Säulen und Kapitelle des Ziboriums in Privatsammlungen[850]. Mir ist es nicht gelungen, diese wiederaufzufinden, so daß die Ähnlichkeit zum Ziborium von Ferentino Vermutung bleiben muß. Wie in Ferentino wird sich aber eher in der architektonischen Ornamentik des Ziboriums die an der Antike geschulte Meisterschaft des Drudus zu erkennen gegeben haben als in der Tierskulptur.

Drudus signiert zusammen mit seinem Sohn Angelus. Wie in anderen berühmten Familien ist das Handwerk auf den Sohn übergegangen. Ob dieser in der zweiten Hälfte des 13. Jahrhunderts aber noch tätig war, ist weder durch Quellen noch durch Werke zu belegen[851].

b) ANGELUS DE TRIVIO, SOHN DES DRUDUS

1240 signiert Angelus zusammen mit seinem Vater Drudus das Ziborium der Hauptkirche von Lanuvio. Das Werk des Sohnes läßt sich von dem des Vaters nicht trennen. Für alle diese Fragen verweise ich auf den vorangehenden Abschnitt über Drudus. Kurz zuvor hatte offenbar der gleiche Angelus schon selbständig die Innenausstattung von S. Maria in Cambiatoribus signiert. Er gibt sich hier — wie der Vater in Ferentino — den Beinamen „de Trivio", eine Herkunftsangabe, die möglicherweise schon zum Familienname geworden ist. Vom Werk des Künstlers können wir uns dort wie in Lanuvio keine Vorstellung machen. Es ist unwahrscheinlich, daß der Sohn des Drudus identisch ist mit jenem Angelus, der im frühen 13. Jahrhundert zusammen mit Cesarius eine Signatur in Amalfi hinterlassen hat[852].

Angelus de Trivio in S. Maria in Cambiatoribus[853]. Kardinal Giovanni Mercati veröffentlichte 1936 eine Inschrift aus einer Handschrift des 15. Jahrhunderts, die allen Bearbeitern der mittelalterlichen Marmorkunst Roms bis dahin unbekannt geblieben war[854]. Sie wurde in der Kirche S. Maria de Cambiatoribus, ehemals zwischen dem Kolosseum und der Konstantinsbasilika gelegen, kopiert. Diese Kirche wurde unter Paul III (1534—49) zerstört[855]. Die Signatur des Angelus de Trivio las man auf der Rückseite des Auflagers für eine Säulenstellung (subcolumnium):

---

[849] Siehe dazu S. 119ff.

[850] Galieti, Memorie S. 182f. Es handelt sich um die damaligen (1909) Sammlungen V. Seratrice und Frediano in Lanuvio und die Sammlung Frezza in Borgo S. Giovanni.

[851] Siehe dazu unten den Abschnitt über den Drudus-Sohn S. 153f.

[852] Vgl. S. 154f.

[853] Lit.: G. Mercati, Sopra tre iscrizioni medievali di chiese Romane ed un'opera scomparsa del marmorario Angelo de Trivio, in: Rendic.Pont.Accad. 11 (3—4), 1936 S. 159ff.; Armellini/Cecchelli S. 265 und bes. 1347.

[854] Mercati, Iscrizioni S. 159ff. Er fand die Inschriften in Ms. Ottoboniano lat. 1550.

[855] Siehe dazu Armellini/Cecchelli S. 265 und 1437.

Retro istius subcolumni erant haec:
In n̄ dn̄i anno dominice incarnationis MCCVI
in VIIII tempore G͞G VIIII p̄p̄ an̄ eius VIIII
hoc opus Angelus marmorarius de Trivio fecit
et composuit quo Benedictus archipr̄r̄ dictus
ad honorem gloriose Virginis fieri fecit.

Die Jahresangabe 1206 ist offensichtlich ein Lesefehler. Nach dem neunten Regierungsjahr Gregor IX (1227 – 41) kann es sich nur um das Jahr 1236 gehandelt haben[856]. Auf der Vorderseite der Säulenstellung befand sich eine zweite, ausführliche Stifterinschrift[857]. In der Künstlersignatur ist die Berufsangabe „marmorarius" ungewöhnlich[858]. Welches Werk Angelus signiert hat, ist nicht ganz klar. Da sich aber Stifter- und Künstlersignatur getrennt an Vorder- und Rückseite des gleichen Subkolumniums befunden haben, schließe ich aus der Analogie mit den Signaturen in Ferentino (Drudus) und anderswo, daß es sich auch in S. Maria in Cambiatoribus um ein Altarziborium gehandelt hat.

8. CESARIUS UND ANGELUS IN AMALFI[859]

Beide Künstler sind nur durch eine Signatur bekannt, die sich auf einer Marmorplatte (Abb. 215) im Lapidarium des Domes zu Amalfi erhalten hat[860]:

CESARI' ET ANGELV'
(M)AG͞RI ROMANI FE
(C)ERVNT HOC OP'

Damit sind beide eindeutig als Marmorari Romani gekennzeichnet. Auch die Signaturformel stimmt mit den römischen Gepflogenheiten überein. Allerdings fehlt jeder Hinweis auf die Zeitstellung und auf das Werk, das hier bezeichnet wurde. Die epigraphischen Eigenheiten des Fragmentes sprechen für eine Entstehung um 1200[861]. Der Träger der Inschrift, eine rechteckige Platte von etwa 60 mal 40 cm, schließt durch seine Größe eine Anbringung direkt an Teilen des liturgischen Mobiliars (Ambo, Ziborium etc.) aus. Es könnte sich allerdings um eine Inschrift handeln, die wie die Inschrift des Nicolaus und seiner Söhne in Ponzano Romano am Altarsockel (Abb. 50, 51) seitlich der Confessio, angebracht gewesen ist[862].

---

[856] Mercati, Iscrizioni S. 159.

[857] „In quodam subcolumnio Scte. Mariae ad busta gallica in R(egione) Montium erant hi versus:
Anno milleno bis C sestoque deno
a cristo nato paulo tunc fonte renato
Papa Gregorio residente sua sede nona
A populo dictus fuerat donnus Benedictus
qui fieri fecit actenus istud opus
pro quo laudemus X̄ cunctique.
(Mercati, Iscrizioni S. 159).

[858] Üblich ist die Berufsbezeichnung marmorarius nur in Urkunden. Allerdings benennen auch die Söhne des Paulus in der Signatur des 1148 datierten Ziboriums von S. Lorenzo fuori le mura ihren Vater als marmorarius. Vgl. S. 16f.

[859] Lit.: Fedele, L'iscrizioni S. 273f.; Bessone S. 47; A. Schiavo, Monumenti della costa di Amalfi, Milano/ Roma 1941 bs. S. 40; P. Pirri, Il duomo di Amalfi e il chiostro del Paradiso, Roma 1941.

[860] Pirri, Il duomo S. 42.

[861] Ich bin Rudolf M. Kloos zu großem Dank für diese Datierung verpflichtet. Nach seiner brieflichen Einschätzung kann das pseudounziale A in CESARI' kaum vor 1190 entstanden sein.

[862] Siehe dazu S. 45ff.

Eine Ausstattung durch römische Künstler ist im Dom von Amalfi sonst nicht nachzuweisen. Es ist zwar eine große Anzahl von Fragmenten einer Schranke und einer Kanzel (Abb. 216) erhalten. Diese tragen aber in den Mustern der Mosaikinkrustation — ebenso wie die erhaltene Skulptur — deutlich campanischen Charakter. Eine Bestandsaufnahme und genauere Analyse dieser Fragmente steht aus und kann in diesem Rahmen nicht erbracht werden. Es ist nicht völlig auszuschließen, daß die beiden römischen Meister sich bei ihrer Arbeit in Campanien der künstlerischen Sprache dieser Landschaft bis zur Mimikry angenähert haben. Falls das nicht der Fall gewesen ist, und sie ein unverwechselbar römisches Werk erstellt haben, so ist es offenbar verloren.

Ich vermute, daß der Auftraggeber und Vermittler der römischen Marmorarbeiten im Dom von Amalfi kein anderer war als Kardinal Petrus Capuanus, der aus Amalfi stammte und in Rom den Kreuzgang von S. Paolo fuori le mura (Abb. 172) gestiftet hatte. Amalfi verdankt ihm die Reliquien des Apostels Andreas, die der Kardinal im Jahre 1208 aus Konstantinopel mitbrachte. Petrus Capuanus erneuerte die Innenausstattung des Domes. Ughelli berichtet besonders von der Renovierung des Altarbereichs: *in maiori ecclesia de novo titulum et confessionem pro salute anime fecerat*[863]. Auf dem Epitaph des 1214 verstorbenen Kardinals las er: *Atque novo veteri junctio de marmore templo*[864]. Es ist möglich, daß der Kardinal seine Stiftungen schon um 1200 begann. Die Inschrift auf dem ehemaligen Ambo der Epistelseite nannte einen Dionysius Archiepiscopus, der von 1174 bis 1202 regierte[865]. In dieser Zeit, zwischen 1190 und 1214, wahrscheinlich im ersten Jahrzehnt des 13. Jahrhunderts, werden auch unsere römischen Meister nach Amalfi gekommen sein; vermittelt durch den mächtigen Kardinal, der in Rom selbst der Kunst der Marmorari Romani mit der Stiftung des Prachtkreuzganges von S. Paolo eine neue Dimension gab[866].

Der Name Cesarius ist unter den römischen Marmorkünstlern sonst unbekannt. Anders Angelus: Als Sohn des Paulus (und wahrscheinlich Vater des Nicolaus de Angelo) ist ein gleichnamiger Meister um die Mitte des 12. Jahrhunderts nachgewiesen. Im 13. Jahrhundert tragen Angelus de Trivio (1236), der Sohn des Drudus de Trivio, sowie der Sohn eines gewissen Mailardus (gegen 1264) diesen Namen[867]. Mit keinem dieser Namen läßt sich der Künstler der Amalfitaner Inschrift identifizieren. Der Nachweis zweier römischer Künstler in Campanien ist ein wichtiger Hinweis darauf, daß römische Werkstätten eine Rolle in der unteritalienischen Kunst gespielt haben. Nicolaus de Angelo in Gaeta ist ihnen nachweislich vorangegangen. Petrus Oderisius in Mileto ist ein späteres Beispiel. Die Vermutung Hans Wentzels, auch die staufische Kunst Süditaliens habe eine römische Komponente, kann durch solche Nachweise Nahrung erhalten[868].

9. ANDREAS UND SOHN ANDREA

Nur zwei Werk-Ensembles sind überliefert, an denen Meister Andreas beteiligt war. Sie lassen sich mit ausreichender Sicherheit in das zweite und dritte Jahrzehnt des 13. Jahrhunderts datieren. In be-

[863] Ughelli, Italia Sacra VII, Sp. 206. Siehe auch N. Kamp, Capuano, Pietro, in: Dizionario Biografico degli Italiani 21, Roma 1978. Wahrscheinlich wurden die Erneuerungsarbeiten im Zusammenhang mit der Translatio der Andreasreliquien 1208 in Auftrag gegeben.

[864] Ughelli, Italia Sacra VII, Sp. 218.

[865] Pirri, Il duomo S. 42. Bertaux S. 615f. glaubt, Petrus Capuanus hätte sich bei der Neuausstattung des Domes von Amalfi sizilianischer Marmorari bedient.

[866] Siehe dazu S. 132ff. Über Petrus Capuanus informiert Fedele, L'iscrizione S. 269ff. Der Kreuzgang in Amalfi hat nichts mit den römischen zu tun und ist ganz in dem islamisch anmutenden Lokalstil der Gegend von Amalfi erbaut. Er trägt die etwas rätselhafte, weil italienische Signatur und Datierung an einem der Kapitelle: IO GIULIO DE STEFANO NAPOLITANO MARMORARO N. D. MCIII. In Wirklichkeit scheint der Kreuzgang auf Stiftungen zwischen 1266 und 1268 zurückzugehen. D'Onofrio, Pace, Campania S. 279.

[867] Siehe dazu S. 153.

[868] Wentzel, Antiken-Imitationen.

den Fällen handelt es sich um Teile des liturgischen Mobiliars, um Innenausstattungen also. Ein Bild vom Können des Andreas können wir uns nur in Alba Fucense, fern in den Abruzzen, machen. Hier hat er wahrscheinlich vor und um 1220 gearbeitet. Mit seinem Sohn Andrea signiert er dann 1227 die seit dem Barock verlorene Ausstattung des Sanktuariums von S. Maria in Monticelli in Rom. Ein Andrea marmorarius ist noch 1258 urkundlich erwähnt. Der Sohn hat die Werkstatt des Vaters also wahrscheinlich bis in die zweite Hälfte des 13. Jahrhunderts fortgesetzt, ohne daß wir uns eine Vorstellung von seinen Arbeiten machen können.

Andreas in Alba Fucense, (Abruzzen) S. Pietro[869]. Die Kirche S. Pietro (Abb. 217) wurde im 12. Jahrhundert aus den Spolien des antiken Alba erbaut[870]. Es haben sich skulpturale Reste zweier romanischer Ausstattungen erhalten, die beweisen, daß auch abruzzesische und umbrische Künstler am Werke waren, bis oder während im frühen 13. Jahrhundert eine reiche Innenausstattung im fernen Rom bestellt wurde[871]. An dieser Ausstattung war Andreas maßgeblich beteiligt. Die Abschrankung des Sanktuariums (Abb. 218) ist auf der rechten Schrankenplatte signiert:

+ANDREAS MAGISTER ROMANUS FECIT HOC OPUS

Die beiden Platten, die im Mittelschiff den Eingang zum Altar flankieren, gehören zu den reichsten ihrer Art. Die jeweils acht inkrustierten Vertäfelungsfelder werden von einer Zone farbig eingelegter Rundbögen unterfangen[872]. Auf der Brüstung stehen vier gedrehte und reich mit Mosaik verzierte Säulen, die zusammen mit zwei Pfeilern an den Seiten einen inkrustierten Marmorbalken tragen. In den Seitenschiffen ist dieses System, z.T. wohl von anderen Kräften notdürftig weitergeführt worden.

Eine Säulenstellung mit Templonbalken ist aus dem 13. Jahrhundert im römischen Gebiet selbst nicht erhalten. Das abgelegene Alba Fucense hat ein für den Gesamteindruck der liturgischen Ausstattungen höchst wichtiges und wirksames Detail bewahrt, das wahrscheinlich — ohne kanonisch zu sein — auch in mancher römischen Kirche anzutreffen gewesen ist[873]. Von der übrigen Ausstattung des Sanktuariums sind nur noch geringe Reste erhalten. Der Altar selbst war offenbar kein römisches Werk. In den Trümmern des barocken Hochaltars entdeckte man die Altarfront, ein Relief aus zwei Blütenmustern in Kasetten, das von der lokalen Bildhauergruppe geschaffen worden sein dürfte[874].

[869] Lit.: C. Promis, Le antichità di Alba Fucense, Roma 1836, S. 226; Promis, S. 12; Frothingham 1889 S. 185f.; Frothingham, Monuments S. 370; Clausse, Marbriers S. 226; Bertaux II S. 575f.; F. Hermanin, Gli oggetti d'arte nelle regioni colpite dal terremoto, in: Bolletino d'arte 1915 S. 42—50; A. Muñoz, I monumenti del Lazio e degli Abruzzi danneggiati dal terremoto, in: B.A. 1915 S. 61—112; Besone S. 44; Hutton S. 40; Delogu, Alba Fucense S. 23ff.; M. Pepe, Andrea, in: Dizionario Biografico degli Italiani 3, Roma 1961, S. 60.

[870] Über die Baugeschichte, die Auswirkungen des verherrenden Erdbebens von 1915 und die Restaurierungskampagne nach dem zweiten Weltkrieg informiert Delogu, Alba Fucense. Dort alle ältere Literatur. Vgl. auch oben den Abschnitt über Johannes Guittonis aus der Familie des Laurentius S. 53f.

[871] Abbildungen der romanischen Reliefs bei Delogu, Alba Fucense. Die Signatur an einem Pfeilerstück ABAS ODORISIUS FIERI FECIT — MAGISTER GUALTERIUS CUM MORONTO ET PETRUS FECIT HOC OPUS entstammt einer Ausstattungsphase unter dem gleichen Abt Oderisius, der auch die römischen Künstler nach Alba gerufen hat. Eine genauere Untersuchung der romanischen Skulptur in Alba Fucense steht bislang aus. Einige Bemerkungen bei Clausse S. 152. Weitreichende, aber, wie mir scheint, eher unwahrscheinliche Thesen über eine Verzahnung dieser Werkstatt mit der römischen und einem Engagement sowohl der romanischen Bildhauer als auch des Andreas an Werken der zweiten Hälfte des 13. Jahrhunderts in Rieti bei Frothingham 1889 S. 185f.

[872] Ähnliche ornamentale Rundbogenfriese fallen am etwas früheren Ambo des Laurentius und seines Sohnes Jacobus (Abb. 64 und 67) in S. Maria in Aracoeli auf. Vgl. S. 60ff.

[873] Eine ähnliche Anlage ist dort nur aus dem Jahre 1170 im rechten Seitenschiff der Abteikirche S. Giovanni in Argentella bei Palombara Sabina (Abb. 89) erhalten geblieben. 1908 hat man in S. Maria in Cosmedin (Abb. 5) eine derartige Templonanlage, vielleicht unter Verwendung einiger älterer Stücke, rekonstruiert. Die Säulen mit ihren Kapitellen, die Jacobus Laurentii gegen 1180 in S. Bartolomeo all'Isola (Abb. 87) signiert hat, dürften zu einer ähnlichen Säulenstellung gehört haben. Siehe S. 27f. Daß sich diese Säulenstellungen mit ihren Schrankenplatten auf frühchristliche und frühmittelalterliche Vorbilder berufen, kann hier nur erwähnt werden.

[874] Es handelt sich wahrscheinlich um ein Werk der drei Bildhauer, die in der Signatur erwähnt sind. Siehe Anm. 871.

Von einer Confessio fand sich keine Spur. Was Delogu als Fenestella Confessionis anspricht, ein inkrustierter achteckiger Ring, ist in Wirklichkeit ein Fragment der Bedachung des Ziboriums[875]. Er trug das oberste Laternengeschoß. Außerdem wurden kleine, inkrustierte Säulen gefunden, deren Bestimmung keine andere gewesen sein kann, als die Bedachung des Ziboriums zu tragen. Damit ist für S. Pietro in Alba Fucense ein Ziborium im römischen Typus nachgewiesen, das nach Ausweis der mosaikverzierten Säulen zu den reichsten und prächtigsten gehört haben muß, die von den Marmorari Romani geschaffen wurden[876]. Andreas, Magister Romanus, hatte einen Kollegen, dem er den Hauptanteil der Arbeiten an dem Ambo (Abb. 59, 217) übertrug: Johannes (Guittonis)[877]. Beide signieren gemeinsam, doch ist es Johannes, der sich als der eigentliche Autor vorausstellt:

+CIVIS ROMAN(VS) DOCTISSIMUS ARTE IOH(ANNE)S
CUI COLLEGA BONUS ANDREAS DETULIT HONUS
HOC OPUS EX(C)ELSUM STURSSERUNT (= STRUSSERUNT) MENTE PERITI
NOBILIS ET PRUDENS ODERISIUS ABFUIT AB(B)AS

Beide sind gleichermaßen erfahren (*mente periti*) und errichteten das ausgezeichnete Werk (*hoc opus excelsum*). Doch ist es Johannes, Bürger von Rom und höchst gelehrt durch seine Kunst (*civis Romanus doctissimus arte*), dem der gute Kollege Andreas die Arbeit (Bürde) übertragen hat. Ich schließe daraus, daß Andreas — vielleicht als der ältere Meister — dem nach Ausweis der Signatur höchst ehrgeizigen Johannes die Anfertigung des Ambo überlassen hat. Daß er aber dennoch auch am Ambo Mitverantwortung trug, während er mit der Chorschranke und der Ausstattung des Sanktuariums beschäftigt war, scheint mir aus dieser Formulierung klar hervorzugehen.

Zwei Dinge sind abschließend hervorzuheben:

1. Die räumliche Distanz zwischen Rom und Alba (bei Aquila), die durch die dazwischenliegenden Gebirge noch akzentuiert ist. Abt Oderisius als Auftraggeber hatte offenbar, obwohl lokale (abruzzesische oder umbrische) Bildhauer, wie man an ihren Werken und Signaturen sehen kann, zur Stelle waren, keine Mühen und Kosten gescheut, authentisch römische Kunst für seine Kirche zu erwerben.

2. Die große Prachtentfaltung, die wir am Ambo, an der Schranke und den Resten des Ziboriums ablesen können. Es handelt sich nicht um einen provinziellen „Abklatsch" der päpstlich römischen Kunst der Zeit Innocenz III, sondern um die qualitativ hochwertigste Kunst, die in Rom überhaupt zu bekommen war. Geldmittel standen offenbar reichlich zur Verfügung. Ob die Motivation des Abtes bei seinem kostspieligen Auftrag nun Identifikation mit Rom oder auch eine Art Konkurrenz gewesen ist, muß offen bleiben.

Wie man sich die Anfertigung durch die römischen Künstler faktisch vorstellen soll, bleibt eine offene Frage. Theoretisch hätte Alba genügend antikes Marmormaterial bereitstellen können, so daß die Marmorari mit einem Vorrat an Mosaiksteinen und Porphyrmaterial die Ausstattungsstücke der Kirche an Ort und Stelle hätten anfertigen können. Trotzdem halte ich es — in Analogie zur Präfabrikation des Kreuzganges von Sassovivo (Abb. 219, Petrus de Maria) für sehr wahrscheinlich, daß alle wichtigen und kompliziert anzufertigenden Teile in Rom fertiggestellt und dann in Alba von unseren Meistern endgültig angepaßt und montiert wurden. Das bedeutet einen Transport mit Ochsenkarren auf dem Landweg, der einen erheblichen Teil der Gesamtkosten ausgemacht haben dürfte. Weder der Auftraggeber noch die römischen Künstler haben sich von diesen Schwierigkeiten schrecken lassen.

---

[875] Delogu, Alba Fucense S. 83, Abb. 74 und 75.

[876] Nur am Ziborium im Dom von Ferentino (Abb. 207), ein Werk des Drudus (siehe S. 148ff.) gibt es ebenfalls Mosaikinkrustationen in den Säulchen des Ziborien-Baldachins.

[877] Siehe S. 53.

Andreas und Sohn Andrea in S. Maria in Monticelli, Rom[878]. Pompeo Ugonio überliefert in seinem Manuskript „Theatrum Urbis Romae" eine auf das Jahr 1227 datierte Künstlersignatur, die sich an der heute verlorenen mittelalterlichen Marmorausstattung des Chores befand[879]. Nach Frothingham las man sie an den marmornen Sitzbänken des Chores[880]:

MAGISTER ANDREAS CUM FILIO SUO ANDREA HOC OPUS FECERUNT AD MCCXXVII

Meines Wissens haben die Umbauten des 18. und 19. Jahrhunderts keine Spuren von dieser Ausstattung gelassen[881]. Ein Mosaikfragment mit dem Christuskopf des ehemaligen Apsismosaiks soll dem 12. Jahrhundert angehören[882]. 1143 hatte Innocenz II die Kirche geweiht, wie ein Inschriftstein in der Apsis berichtet[883]. Nach dem Liber Pontificalis war der Bau schon unter Paschalis II (1099—1118) begonnen worden[884]. Sicher ist nur, daß Meister Andreas nun, einige Jahre nach der „Expedition" in die Abruzzen, zusammen mit seinem Sohn wieder die Marmorausstattung eines Sanktuariums signiert. Vielleicht ist Andreas in besonderem Maße dem traditionellen Aufgabenfeld der Marmorari Romani verhaftet gewesen, ohne sich auf das Gebiet der Architektur oder Bildhauerkunst zu wagen. Diese Schlüsse sind angesichts des geringen Bestandes gesicherter Werke nur bedingt zulässig. Möglicherweise haben die seit Jahrzehnten andauernden Restaurierungsarbeiten in S. Maria in Monticelli neues Material zutage gefördert.

Andrea, Sohn des Andreas. Außer der Beteiligung an der Ausstattung von S. Maria in Monticelli gibt es keine Nachricht über seine künstlerische Tätigkeit. Ich nehme allerdings an, daß ein im Jahre 1258 urkundlich erwähnter Andrea marmorario mit dem Sohn des Andreas identisch ist[885].

10. PETRUS DE MARIA IN SASSOVIVO (UMBRIEN)[886]

Wäre nicht der Kreuzgang (Abb. 219) und das Archiv des abgelegenen Benediktinerklosters Sassovivo (bei Foligno) erhalten geblieben, wir wüßten nicht einmal den Namen dieses offenbar bedeutenden

[878] Lit.: Pompeo Ugonio, Theatrum Urbis Romae, Bibl. Vat. Cod. Barb. lat. 1994 f. 366/67 (307, 387); Martinelli 1653 S. 229; Stevenson, Cod. Vat. lat. 10581 f. 36v; Frothingham, Resoconto della conferenze dei cultori di Archeologia Christiana in Roma dal 1875 al 1887, Roma 1888; Frothingham 1889, S. 185f.; Lanciani, Scavi S. 17; Armellini/Cecchelli S. 493ff.; C. Pietrangeli, Rione VII-Regola I, Roma 1971 S. 39ff. (Guide rionali di Roma); Avagnina, Strutture S. 196f.

[879] Ugonio, Theatrum urbis Romae, Bibl. Vat. Cod. Barb. lat. 1994 f. 366/67 (wird angegeben auch als f. 307 oder 387). Vgl. Stevenson, Cod. Vat. lat. 10581f. 36v. Auch Armellini/Cecchelli II S. 1366; Lanciani, Scavi S. 17.

[880] A. Frothingham 1889 S. 185. Siehe auch Frothingham in: Resoconto delle Conferenze dei cultori di Archeologia Cristiana in Roma dal 1875 al 1887, Roma 1888 S. 275f.

[881] Ich habe die wegen Restaurierungen meistens geschlossene Kirche niemals im Inneren besichtigen können. Es ist zu hoffen, daß die Restaurierungsarbeiten neue Erkenntnisse über die mittelalterliche Ausstattung gebracht haben. Wenn Armellini/Cecchelli I S. 493f. über die Inschrift schreiben: „Era simile a quello conservato nella cripta della cattedrale di Civitá Castellana", so weiß ich nicht, was damit gemeint ist. Vielleicht die Formulierung „cum filio suo", die an das „cum filio suo carissimo Cosma" der Vorhallensignatur in Cività-Castellana erinnert?

[882] Armellini/Cecchelli I S. 493; Pietrangeli, Regola I S. 42; Matthiae, Mosaici S. 323.

[883] Armellini/Cecchelli I S. 493f. Pietrangeli, Regola I S. 41.

[884] Liber Pontificalis (Duchesne) II S. 305; Avagnina, Strutture S. 196f.

[885] Giovannoni, Note S. 14 nach Galleti, Chartularium monasterii S. Cyriaci et Nicholai in via lata. Cod. Vat. lat. 8050 c. 19.

[886] Lit.: L. Jacobilli, Cronica del monastero di Sassovivo, Foligno 1653; Faloci Pulignani, Memorie epigrafiche; ders. Foligno, Bergamo 1907 (Italia artistica 35); ders., Marmorari romani; ders. Il monastero di Sassovivo (Conferenza del 3.3.1909), Roma 1933; P. Lugano, Le chiese dipendenti dell'abbazia di Sassovivo presso Foligno, Roma 1912; Clausse S. 439ff.; Bessone S. 41ff.; Hutton S. 41 und S. 58; R. Pardi, Foligno (Perugia) Abbazia di Sassovivo, in: B.A. 52, 1967 S. 54; A. Capasio, Libro di censi del sec. XIII del Abbazia di S. Croce di Sassovivo (Università degli studi di Perugia con la collaborazione della deputazione di storia Patria per l'Umbria) I ser. Bd. VII a cura della dott.ᵃ Giovanna Nicolai. Documenti degli anni 1228—31, Firenze 1975.

Meisters. So aber steht uns nicht nur das Werk selbst vor Augen, durch einen glücklichen Zufall können wir auch einen ganzen Satz von Informationen nicht nur über den Künstler selbst sondern auch über seine Werkstatt, seine Mitarbeiter, die Bezahlung, Bauaufsicht, Präfabrikation und die Abwicklung eines „Exportauftrages" auswerten. Zudem glaube ich, vorausgesetzt der Name Petrus de Maria ist so selten, wie es den Anschein hat, unseren Meister noch im Jahre 1251 als Zeugen eines Vertrages wiedergefunden zu haben[887].

Ehe ich auf den Kreuzgang selbst zu sprechen komme, sollen vorab die Signatur und die erhaltenen Dokumente untersucht werden. An einem Pfeiler der Ostseite des Kreuzgangs (Abb. 220) sind Stifter und Künstler in einer gemeinsamen Inschrift genannt:

HOC CLAVSTRI OPVS EGREGIUM
QVOD DECORAT MONASTERIV
DONNVS (dominus) ABBAS ANGELVS P̄CEPIT (praecepit)
MVLTO SVMPTV FIERI ET FECIT
A MAGISTRO PETRO DE MARIA
ROMANO OPERE ET MASTRIA
ANNO DOMINI MILLENO
IVNCTO EI BIS CENTENO
NONO QVOQVE C̄V VICENO

1229 hat demnach Abt Angelus den Kreuzgang mit großen Kosten an Petrus de Maria in Auftrag gegeben. Ein Werk nach römischer Art und in römischer Meisterschaft (romano opere et mastria). In diesem Passus glaubte Faloci Pulignani den authentischen Namen für jene charakteristische Art der Marmorbearbeitung gefunden zu haben, die seit della Valle (1791) so mißverständlich arte cosmatesca oder Kunst der Cosmaten genannt wird: Opus Romanum[888]. Es ist sehr gut möglich, daß man außerhalb Roms gelegentlich diesen Terminus wählte, um sicherzustellen oder zu demonstrieren, daß man am Prestige stadtrömischer Kunstübung partizipierte[889]. Daß man in Rom selbst allerdings den Begriff Opus Romanum verwendet haben soll, erscheint mir ebenso unlogisch wie unwahrscheinlich.

Faloci Pulignani war zuerst — obwohl er die Identität der Formen in Sassovivo mit denen der römischen Kreuzgänge erkannt hatte — der Meinung, Petrus de Maria sei ein umbrischer Künstler aus der Gegend von Foligno gewesen[890]. Er habe eben nur *romano opere* gearbeitet. Wenig später mußte er sich selbst korrigieren: Es gelang ihm, unter den mehr als 2000 originalen Pergamenturkunden des Klosterarchivs zwei Verträge zu finden, die der Konvent von Sassovivo 1232 und 1233 mit dem römischen Magister Marmorarius Petrus de Maria abgeschlossen hatte[891].

Damit war nicht nur nachgewiesen, daß der leitende Meister Römer war. Dem Inhalt ist sogar zu entnehmen, daß die Einzelteile des Kreuzgangs in Rom vorfabriziert wurden, den langen Weg nach Umbrien zu einem bedeutenden Teil auf dem Tiber zurücklegten, um schließlich von Petrus de Maria und seinen römischen Mitarbeitern im Kloster Sassovivo zusammengefügt zu werden.

Der Inhalt des ersten Vertrages vom 18. Oktober 1232 (Abb. 221, Wortlaut in der Anmerkung) zwischen Johannes, Kämmerer von Sassovivo, auf der einen Seite und Magister Petrus de Maria Romanus auf der anderen, ist gerafft folgender[892]:

[887] Cod. Vat. lat. 8034 f. 140v. Der genannte Petrus de Maria verrät in dieser Urkunde allerdings nicht seinen Beruf.

[888] Faloci Pulignani, Memorie epigrafiche S. 12f. Zur Einbürgerung des Wortes Cosmati vgl. S. 206f. Della Valle 1791.

[889] Das hatte man offenbar auch schon in früheren Jahrhunderten getan. Die Chronik von Subiaco berichtet, daß Abt Johannes (1068—1120) „fecit ante portam monasterie arcum Romano opere". Siehe dazu S. 89.

[890] Faloci Pulignani, Memorie epigrafiche bes. S. 38f.

[891] Faloci Pulignani, Marmorari Romani (1915) S. 24ff. Ich danke Wolfgang Schöller für eine kritische Durchsicht der Vertragstexte und wichtige Hinweise.

[892] Die Urkunden sind heute im bischöflichen Archiv in Spoleto gesammelt, aber nicht geordnet. Eine wissenschaftliche Bearbeitung des immensen Materials ist nicht weiter als bis zum Jahr 1231 vorgedrungen, spart also die hier interessierenden Verträge gerade aus: Le carte dell'Abbazia di S. Croce di Sassovivo VII (1228—31) a cura di Giovanna Petronio Nicolai, Firenze

1. Magister Petrus muß auf seine Kosten elf Paar Kapitelle machen nämlich sechs Doppelkapitelle sowie zwei neue Gesimse, um die Flucht (des Hofes) zu verkleiden, so breit und lang wie notwendig: Gut passend und poliert und fest gegründet. Dies alles soll aus gutem, reinen, weißen Marmor sein. Bis zum 1. Februar (1233) muß er es ausführen und auf eigene Kosten zur Jakobskirche in Orte (die sich im Besitz von Sassovivo befand) verbringen lassen.

2. Vom 1. März (1233) ab zahlt Kämmerer Johannes ihm für das, was in Sassovivo ankommt, 6 1/2 Peruginische Pfund und begleicht die Kosten, die bei der Zurichtung in der Nähe von SS. Quattro Coronati (in Rom) entstanden sind. (Auch Aufzählung der Verköstigung).

3. Vom 1. Februar bis zum 1. April darf Meister Petrus keinerlei andere Arbeit annehmen. Sobald er von einem Konventsangehörigen von Sassovivo oder SS. Quattro Coronati gerufen wird, muß er sich unverzüglich zurück nach Sassovivo begeben.

4. Das Kapitel von Sassovivo schuldet Meister Petrus zehn Pfund. Jedesmal, wenn er nicht von Rom nach Sassovivo kommen kann, verliert er von diesem Geld 20 Soldi. Umgekehrt muß das Kloster 20 Soldi extra zahlen, wenn es ihn nicht innerhalb dieses Zeitraums braucht oder innerhalb von 15 Tagen nach dem 1. Februar entläßt.

5. Das Kloster zahlt an Meister Petrus wie in der Vergangenheit zwei Peruginische Soldi pro Tag für die ganze Zeit, die er in Sassovivo bleibt. Wenn er nicht kommt, verliert er sein Guthaben von 10 Pfund und das Kloster ist aller Verpflichtungen ihm gegenüber ledig. Es hat dann das Recht, sich (aus dem Vertrag) zurückzuziehen und einen anderen Meister zu beauftragen, ohne daß Petrus dem Kloster eine Beschwerde von den Meistern oder dem Oberhaupt der römischen Meister (= Zunft?) anfragen kann.

Der Vertrag ist eine Zwischenvereinbarung, die mitten in die Bauzeit fällt. In ihr geht es nur um die Anfertigung weniger Marmorteile in Rom, die nicht einmal für eine einzelne Kreuzgangsseite ausreichen, sowie um den Transport dieser Teile, vor allem aber um die Regelung des Finanziellen. 10

1974. Die Transskription entnehme ich der Publikation Faloci Pulignanis, Marmorari Romani S. 26f. (vgl. auch Abb. 221) + In nomine domini Amen. Anno eiusdem M.CC.XXXIj, XV kal. Nouemb. indict. v. tempore dominorum Gregorij Papae VIIII, et Frederici Romanorum imperatoris. Hec sunt pacta et conventiones facta inter dominum Iohannem Camerarium Saxiuiui pro ipso monasterio ex parte una, et magistrum Petrum de Maria romanum ex altera, uidelicet quod dictus magister Petrus debet suis expensis facere XI paria de capitellis, scilicet VI coplas de capitellis, et duas assides pro incannatura de corsa integras, amplas et longas sicut necessarie sunt, bene aptatas et politas et basatas, et hec omnia de bono marmo claro, albo. et istas res usque ad kal. Febr. proximi complebit et deferet ad ipsum terminum suis expensis apud ecclesiam sancti Iacobi de Orte. que erunt in opere claustri Saxiuiui, et hoc pro pretio VI librarum et med. perusinorum, quos denarios solvet ei Camerarius a kalendis Martii in antea quando sibi placuerit, et debet ipsum Monasterium dare expensas illi qui basabit dictas res apud ecclesiam sanctorum quattuor quando basabit sicut homines de illa ecclesia pro se habebant, seu si nollet ibi comedere dabit ei ipsa Ecclesia unam rugitellam de fabis pro companatico et panem et uinum sufficientem quantum persone sue sufficere debeat. Item, a kalendis februarii usque ad kalendas aprilis non recipiet opus magister Petrus ab aliquo, quin in continenti veniat ad opus monasterii quandocumque infra dictum terminum requisitus fuerit a monacho uel laico dicti monasterii uel ecclesie sanctorum Quattuor, et quandocumque infra dictum terminum requisitus ab aliqua persona ex predictis fuerit, uenire debet ad opus monasterii, et si non venerit quotiescumque requisitus fuerit ipse personaliter uel fuerit denuntiatum apud domum suam, uel apud illud opus in quo esset, pro qualibet vice quietauit et absoluit monasterium de XX solidis perusinorum de illis X libris quas ei debet monasterium, scilicet, pro qualibet uice XX solidos non soluet ei monasterium, et de hac requistione non petet magister Petrus ab eo instrumentum publicum sibi ostendi, et si monasterium non requisierit ipsum infra dictum terminum uel non absoluerit ipsum infra XV dies Februarii intrantis quod soluat ei monasterium XX solidos perusinorum. Item idem Petrus habebit a Monasterio pretium pro qualibet die laboratorio quantum steterit in dicto opere claustri II solidos perusinorum, sicut hactenus in opere habuit, et si predictus Petrus ad dictam requisitionem non uenerit infra dictum terminum, sin quiete Monasterio X libre quas ei debet Monasterium, et possit Monasterium ex tunc alium magistrum quem uoluerit conducere sine obstaculo ipsius magistri Petri, et Petrus non ponet monasterio aliquam querimoniam magistris uel capiti magistrorum romanorum. Et hec omnia predicti dominus Iohannes Camerarius et magister Petrus ad inuicem stipulantes, attendere promiserunt inter se, sub pena X librarum parti obseruanti a non obseruante soluenda qua soluta uel non hec omnia firma permaneant. Actum in civitate Fulg. coram Deotaiuti, et Benvenuto domine Luce, Berardo de trevio ed Marco romano testibus. Ego Benentendi Notarius rogatus interfui et iussu predictorum Camerarii et Petri magistri hec scripsi et subscripsi (I).

Pfund Schulden hat das Kloster noch an den Meister, die es benutzt, um den Künstler zum Fortgang und zur Beendigung der Arbeiten zu zwingen. Die gegenseitigen Drohungen von Konventionalstrafen sind insgesamt gesehen doch zu Ungunsten des Marmorarius gewichtet. Dieses Schriftstück wird eines von vielen gewesen sein, das den Bau begleitet hat, und gewiß nicht das wichtigste.

Das Datum, Oktober 1232, widerspricht dem der Signatur (Abb. 220): 1229. Zwar wäre es möglich, daß die Ostseite des Kreuzgangs mit der Signatur 1229 schon fertiggestellt war; keinesfalls dokumentiert das Datum der Signatur aber die Fertigstellung. Wie aus der Formulierung *praecepit* schon hervorgeht, hält es den Moment der Stiftung fest[893].

Unmittelbarer Vertragspartner des Meisters ist der Kämmerer von Sassovivo. Es wird aber klar, daß der Künstler *a monacho vel laico* oder auch von Angehörigen des römischen Tochterklosters von Sassovivo, nämlich SS. Quattro Coronati, Weisungen erhalten kann[894]. Zwar wird diese Möglichkeit in der Schlußklausel ausgeschlossen, doch hatte der Künstler im Normalfall offenbar das Recht, Beistand bei einer Art Zunft oder einem Zunftgericht in Rom zu suchen, deren Mitglied er als Magister Romanus war (magistris vel capiti magistrorum romanorum). Manche Einzelheit verrät uns der Vertrag über den Herstellungsvorgang. So steht fest, daß die Marmorteile schon in Rom vorfabriziert wurden. Magister Petrus mußte diese Stücke auf eigene Kosten nach Orte bringen lassen, so weit wie der Transport auf dem Tiber möglich war[895]. Von dort sorgte das Kloster offenbar selbst für den Weitertransport auf dem Landweg. Die Schulden, die das Kloster bei dem Magister hat, lassen wie andere Formulierungen des Vertrages darauf schließen, daß ein Teil, vielleicht ein Großteil des Kreuzganges, schon fertiggestellt war.

Unklar ist für mich der Passus über die Arbeiten *apud ecclesiam sanctorum quattuor*. Hier geht es z.T. um die Verköstigung oder Bezahlung in Naturalien. Es ist möglich, und so interpretiert Faloci Pulignani diese Stelle, daß Petrus de Maria seine Werkstatt bei SS. Quattro Coronati (also unter mittelbarer Aufsicht von Sassovivo) eingerichtet hatte. SS. Quattro Coronati hatte selbst — wahrscheinlich in den zwanziger Jahren des 13. Jahrhunderts — einen Kreuzgang (Abb. 223) erhalten. Dieser ist nicht signiert, erinnert aber in seinen Formen an den von Sassovivo. Es wäre also gut denkbar, daß Petrus de Maria auch diesen Kreuzgang errichtet hatte. Die Formulierungen des Vertrages deuten darauf hin, daß seine Werkstatt dann bei SS. Quattro Coronati fortbestand, um die Marmorteile für das umbrische Mutterkloster vorzufertigen[896].

Im Kloster von SS. Quattro ist dann auch der zweite Vertrag abgefaßt, der Meister Petrus betrifft. Auch er ist im Archiv von Sassovivo erhalten geblieben und wird in den Anmerkungen im Wortlaut zitiert[897]. Matthäus, Kämmerer von SS. Quattro Coronati, zahlt im Mai 1233 an „Domina Petrutia

---

[893] Das gilt für viele inschriftliche Datierungen und wird gewöhnlich viel zu wenig berücksichtigt. Das berühmteste Beispiel ist die Datierung in dem epigraphischen Künstlerlob auf Lanfrancus, dem Architekten des Domes von Modena an der Apsis — und auf den der Bildhauer Wiligelmus an der Fassade. Jedesmal wird das Datum 1099 genannt, obwohl dieses nur die Grundsteinlegung und — allenfalls — eine prima idea meinen kann. Vgl. auch Claussen Künstlerstolz S. 14ff.

[894] Zu Abhängigkeit des römischen Klosters SS. Quattro von Sassovivo siehe S. 164f. Auch Lugano, Le chiese.

[895] Lanciani, Scavi S. 17 erwähnt, daß auch der Marmor, der 1316 von Rom nach Orvieto zum dortigen Dombau geschickt wurde, den Tiberweg bis Orte nahm.

[896] Vgl. dazu S. 164f.

[897] Auch dieser Vertrag zitiert nach Faloci Pulignani. Marmorari Romani S. 28f. (Vgl. auch Abb. 222):

+ In nomine domini amen. Anno eiusdem M.CC.XXXIIj. Indictione VI Tempore dominorum Gregorii pape noni et frederici Romanorum Imperatoris iiij nonas Madii. Hoc quidem tempore Domina petrutia uxor Magistri petri Marie Marmorarii ciuis romani recepit pro ipso suo a Domino Matheo camerario sanctorum IIIj soluente pro abate et conuentu saxiuiui XX libras bonorum prouenientium ... quas ab ipso et conuentu idem uir suus pro opere quod in dicto monasterio facit recipere debebat. De quibus denariis fecit eidem domino Matheo pro ipso Monasterio abate et Conuentu recipienti finem et quietationem et promisit se facturam et curaturam quod uir suus predictus ratum hoc habebit sub obligatione bonorum suorum quorum tenimentum sibi dedit et precarie retinet et renuntians exceptioni non numerate pecunie, beneficio senatus consulto uelleiani et omni alii auxilio legum et constitutionis sibi competenti uel competituro.

+ Item eodem die et ora. Marcus discipulus dicti magistri Petri recepit ab eodem domino Matheo XV solidos pro se, et III

(Petruccia) uxor Magistri Petri Marie Marmorarii Civis Romani" zugunsten ihres Mannes 20 Pfund aus im Auftrag des Abtes und des Konventes von Sassovivo. Damit sind offenbar die Schulden des Klosters und der Lohn für diejenigen Arbeiten beglichen, die in dem Vertrag vom Oktober 1232 festgelegt worden waren. Es folgt dann eine Reihe von Rechtsformeln, mit denen sich das Kloster vor weiteren Forderungen schützen will. Außerdem werden an den Lehrling Marcus (Marcus discipulus dicti magistri Petri) 15 Soldi und an seinen Gehilfen Jacobus drei Soldi Lohn ausgezahlt. Marcus Romanus hieß einer der Zeugen des ersten Vertrages. Es könnte sich um eben diesen Lehrling gehandelt haben. Wahrscheinlich ist die Werkstatt des Meisters noch nicht komplett. In einem Vertrag vom September 1232, der im Kapitelsaal von Sassovivo abgeschlossen wurde, fungieren als Zeugen Niccola de Vassalictu und Alese (Alexander) de Beraldo de Roma. Das werden weitere Mitarbeiter des Petrus de Maria sein. Der seltene Name Vassallictu (= Vassalletto) läßt mit einiger Sicherheit auf einen Angehörigen der gleichnamigen, berühmten Familie römischer Marmorkünstler schließen[898].

D e r   K r e u z g a n g   v o n   S a s s o v i v o . Das seit dem 16. Jahrhundert bedeutungslose und heute als Schullandheim nur teilweise genutzte Kloster S. Croce in Sassovivo gehörte im 12. und im beginnenden 13. Jahrhundert zu den reichsten und mächtigsten Klöstern Umbriens[899]. Im frühen 12. Jahrhundert, in der Zeit der benediktinischen Reform, hatte es sich einen enormen Besitz verschafft: Insgesamt gehörten dem Konvent 140 Kirchen, darunter 20 Klöster und 72 Priorate. In Rom hatte das umbrische Provinzkloster vor 1138 mit der Übernahme von SS. Quattro Coronati fußgefaßt[900]. Dieser burgähnlich befestigte Konvent in strategisch wichtiger Lage in der Nähe des Laterans hatte sich der besonderen Fürsorge Paschalis II (1099–1118) erfreut und war auch in der ersten Hälfte des 13. Jahrhunderts für die Päpste von großer Wichtigkeit[901].

In Sassovivo ist von der mittelalterlichen Kirche selbst nichts mehr vorhanden. Es gab aber eine Baukampagne zur Neuerrichtung der Klostergebäude seit Beginn der zwanziger Jahre des 13. Jahrhunderts. 1222 hatte man einen Vertrag mit einem Baumeister Manuel abgeschlossen. Er sollte das palatium dormitorii errichten, das an einen — offenbar schon bestehenden — Kreuzgang anschloß. Dieser bemerkenswert frühe Künstlervertrag ist nur Fragment[902]. Darin ist die Güte des Mauerwerks, die Art der Gewölbe, die Zahl der Fenster und anderes mit erstaunlicher Genauigkeit festgelegt. Wenn ein ähnlich detaillierter Vertrag auch mit unserem römischen Meister abgeschlossen wurde, so hat sich dieser jedenfalls nicht erhalten. Daß ein Vorgängerkreuzgang vorhanden war, wird auch durch Beurkundungen ,,in claustro" deutlich, z.B. am 23.2.1225 und am 20.12.1228[903]. Ein halbes Jahr nach dieser letzten Urkunde am 8. Juli 1229 bestimmt Abt Angelus 10 1/2 Pfund, zwei Tage später vier Pfund für den Bau des Kreuzgangs[904]. Eine Stiftung vom 25. April 1232 ,,pro utilitate monasterii, scilicet pro claustro" und vom 21. Juni 1233 ,,pro utilitate ipsius monasterii, expendis pro claustro" folgen und begleiten den Fortgang der Arbeiten des Petrus de Maria[905]. Es ist auffällig, daß

---

solidos pro Iacobi socio suo bonorum provenientium ... pro eodem opere, quos recipere debebant . De quibus denariis fecit eidem donno Matheo pro eisdem Monasterio abbate et conuentu recipienti finem et quietationem renuntians exceptioni non numerate pecunie et omni alij auxilio legum et constitutionis sibi competenti uel competituro.

Actum apud sanctorum IIIj[or] de urbe. Coram domino Episcopo auximano jacobo ubaldi, balduino oblato, et aliis pluribus.

+Ego Iacobus Imperiali auctoritate Notarius solutioni dictorum denariorum interfui, et rogatus scripsi et publicaui (I).

[898] Siehe S. 101ff.

[899] Faloci Pulignani, Memorie epigrafiche S. 12. Dazu auch Lugano, Le chiese.

[900] Jacobilli 1653 S. 34; Faloci Pulignani, Marmorari Romani S. 13ff. Auch SS. Sergio e Bacco (ehemals auf dem Forum) gehörte dem Kloster von Sassovivo.

[901] Dazu zuletzt Mitchell, SS. Quattro Coronati S. 15ff. Dort auch weitere Literatur.

[902] Faloci Pulignani, Marmorari Romani S. 11f.

[903] Carte dell'abbazia etc. VII S. 67f.

[904] Faloci Pulignani, Marmorari Romani 1915; Carte dell'abbazia etc. VII S. 102ff.

[905] Faloci Pulignani, Marmorari Romani S. 25.

auch während der Bauzeit weiter „in claustro dicti Monasterii" Urkunden ausgestellt werden, so in Dokumenten vom 4. und 18. Dezember 1929 und vom 29. Mai sowie 20. Oktober 1231[906].

Versucht man den Motiven auf die Spur zu kommen, die den Abt von Sassovivo bewogen haben könnten, einen neuen Kreuzgang im fernen Rom zu bestellen, so scheidet ein Grund von vornherein aus: Man hat sich nicht nach Rom gewandt, weil es etwa in Umbrien und besonders in der Umgebung von Foligno keine fähigen Handwerker gab. Die Seitenfassade des Domes in Foligno, die im frühen 13. Jahrhundert entstand, beweist wie viele andere Bauwerke dieser Region, daß es hier ausgezeichnete Marmorari gab, die sich auch auf Steininkrustationen verstanden[907]. Jener Manuel, der 1222 das Dormitorium errichten sollte, ist wahrscheinlich ein solcher ansässiger Meister gewesen. Sicher wäre er in der Lage gewesen, den Kreuzgang zu errichten.

Wenn der Abt also *romano opere et mastria* aufwarten wollte, so muß das andere Ursachen gehabt haben. Ein möglicher Grund könnte eine (hier nur vermutete) Rivalität mit dem Tochterkloster SS. Quattro Coronati in Rom gewesen sein. Zwar mußten die Priore des römischen Koventes immer wieder beeiden, nichts ohne Billigung der Mutter zu unternehmen (z.B. keine Spenden für sich zu verwenden etc.), doch die Eindringlichkeit dieser Pressionen gerade in den zwanziger Jahren des 13. Jahrhunderts spricht dafür, daß es in SS. Quattro Coronati durchaus autonome Regungen gab[908]. Und in den zwanziger Jahren ließ sich das Tochterkloster einen Kreuzgang mit Marmorarkaden (Abb. 223) bauen, der sich, verglichen mit den römischen Prachtkreuzgängen von S. Paolo fuori le mura (Abb. 175) und S. Giovanni in Laterano, gewiß bescheiden ausnimmt, aber den ursprünglichen des Mutterklosters in der Wirkung sicher übertraf. Auch wenn SS. Quattro Coronati mit Billigung der Mutter handelte, so gebot es doch der Anspruch des ranghöheren Klosters, hier nachzuziehen. Wahrscheinlich ist die Demonstration römischer Formen aber über die „familieninterne" Interpretation hinaus aussagefähig. Wenn der umbrische Konvent zwei wichtige römische Klöster (neben SS. Quattro auch den verschwundenen Konvent SS. Sergio e Bacco auf dem Forum) sein eigen nennen konnte, so dürfte er sich selbst als Teil des kirchlichen Roms geführt haben. Insofern muß der Import römischer Kunst als römische Option verstanden werden.

Ich habe den Verdacht, daß noch ein dritter, vielleicht entscheidender Grund hinzukommt, der allerdings eng mit den vorgenannten verzahnt ist. Die römischen Prachtkreuzgänge — wie der von S. Paolo fuori le mura (Abb. 175) und S. Giovanni in Laterano (Abb. 148) — sind, ihren Inschriften nach zu urteilen, als Demonstration geregelten und wohl eingerichteten mönchischen Lebens verstanden worden[909]. Wahrscheinlich sind sie sichtbares Zeichen der erneuerten Reform unter Innocenz III (1198—1216) und seinen unmittelbaren Nachfolgern. Es ist möglich, daß man mit dem Bau des römischen Kreuzgangs in Sassovivo an diese Reform Anschluß zu gewinnen hoffte, zumindest durch äußere Zeichen. Daß das notwendig war, beweist ein dringender Brief Gregors IX (1227—41), in dem in sehr bestimmtem Ton die Reform des klösterlichen Lebens in Sassovivo gefordert wird[910]. Das Schreiben datiert vom 21. Dezember 1230, erreichte das Kloster also, als der Kreuzgang schon begonnen war. Es kann also nicht der Auslöser gewesen sein. Falls diesem Drohbrief aber Ermahnungen anderer Art vorausgegangen sein sollten (und das scheint mir eigentlich wahrscheinlich), so erhält die römische Option einen sehr konkreten Zweck: Konnte man doch einen „Reform-Kreuzgang" nach römischem Muster *romano opere* vorweisen.

B e s c h r e i b u n g . Wenn man einen römischen Kreuzgang des 13. Jahrhunderts in perfekter Erhaltung und ohne neuzeitliche Eingriffe oder Restaurierungen, vor allem wenn man die meditative At-

---

[906] Carte dell'abbazia etc. VII Nr. 99 S. 137f., Nr. 101 S. 139f.; Nr. 183 S. 241f.; Nr. 275 S. 274f. Nur ein Vertrag vom 18. Mai 1231 wurde „in paradiso ante ostium ecclesie ipsius monasterii" unterzeichnet, Carte dell'abbazia VII S. 237.

[907] Dazu mit viel Material Faloci Pulignani, Memorie epigrafiche S. 23ff.; Clausse S. 174ff.

[908] Jacobilli 1653 S. 69; Faloci Pulignani, Marmorari Romani S. 13ff.

[909] Vgl. dazu S. 126ff. und 132ff.

[910] Carte dell'abbazia etc. VII S. 216f.

mosphäre einer solchen Architektur ohne den stetigen Touristenstrom auf sich einwirken lassen will, muß man nach Sassovivo (Abb. 219, 224) fahren. Die menschlichen, wohnlichen Maße, der Innenhof umfaßt nur eine Rechteckfläche von 15 auf 10 Meter, und die bei aller Schlichtheit mit großer Könner-schaft getroffene Auswahl des Materials sowie das gleichmäßig hohe Niveau der Ausführung verdich-ten sich zu einem eindringlichen Erlebnis römischer Architektur und mittelalterlicher Ästhetik des 13. Jahrhunderts. Ein besonderer Reiz liegt in den geringen Proportionen. Die Höhe bis zum oberen Rand des Traufgesimst beträgt noch nicht einmal 3,60 Meter. Dabei zeigt die Architektur (Abb. 225) quasi en miniature alle Attribute einer wohlverstandenen Antikenaneignung. Das Gebälk mit Architravzo-ne, Fries, Dachgesims auf Konsolen und einem abschließenden Sims ist ebenso reich abgestuft wie in den erwähnten römischen Prachtkreuzgängen. Allerdings fehlt jeder bildhauerische Schmuck, und nur zwei schmale, aber in starkfarbenen Glas und Gold kostbar inkrustierte Mosaikstreifen (Abb. 225, 226) dekorieren das Gebälk. Überall herrscht die Glätte polierten Marmors. Außerdem ist Magister Petrus de Maria ein Kunstgriff gelungen, den ich in römischen Kreuzgängen niemals beobachtet habe. Die Frieszone zieht sich als ein breites rotes Band um den Innenhof. Sie ist mit einem gesprenkelten roten Marmor umbrischer Herkunft verkleidet. Weißer und farbiger Marmor alternieren auf diese Weise und tragen so durch ihre Farbakzente zur Horizontalgliederung der Architektur bei.

Die Zugänge liegen im Osten und Westen jeweils in der Mitte der Langseiten (Abb. 225). Breite Pfei-ler flankieren einen schmalen Bogen, der mit 2,35 m Höhe und einem halben Meter Breite nur gerade einer Person den Eintritt zum Innenhof ermöglicht. Und doch sind diese schmalen Pforten zum Vor-wand einer Triumphbogenfassade im Miniaturformat geworden: Pfeiler und Gebälk springen risalit-artig vor. Die äußeren Bogenprofile stoßen in tektonisch wirkungsvoller Weise auf die seitlichen Kämpfergesimse. An der Ostseite ist die blockartige Aufmauerung zuseiten des Bogens dazu ausserse-hen worden, die Signatur zu tragen. In einigen Nuancen wird deutlich, daß die Betonung der Ein-gangsbögen sehr bewußt geplant ist. Die Profile der umlaufenden Architravzone sind verstärkt: So wird dieser Teil zum horizontalen Sturz, der eine Attika und deren Abschlußgesims trägt.

Die planvolle Einheit zeigt sich auch in der Form der Säulen: Nur jeweils das mittlere Säulenpaar eines Arkadenabschnitts (Abb. 219, 227) hat gedrehte Schäfte. Im Vergleich mit der Ziegelkonstruk-tion und -ornamentik des Kreuzgangs von SS. Quattro Coronati gehört die glatte Marmorverkleidung zu den besonderen ästhetischen Qualitäten der Arbeit in Sassovivo. Sie ist in dieser Schlichtheit der Antike näher als die — von Goldmosaik gleichsam aufgezehrte — Architektur der beiden erwähnten römischen Prachtkreuzgänge.

Zuschreibungen an Petrus de Maria. Faloci Pulignani hat ausführlich und mit negativem Ergebnis versucht, Magister Petrus mit anderen in Umbrien oder in Rom signierenden Meistern zu identifizieren[911]. Wenn weitere Werke von der Hand unseres Marmorarius erhalten sind, so sind sie nicht durch Signaturen gesichert.

Immerhin spricht aber doch sehr vieles, nicht nur die erhaltenen Dokumente, sondern auch die un-abweisbare, formale Ähnlichkeit dafür, daß Petrus de Maria der Schöpfer des Kreuzgangs von SS. Quattro Coronati (Abb. 223) war[912]. Es ist sozusagen — die preiswertere Ausführung des Kreuzgangs von Sassovivo: unter Verzicht auf Inkrustationen in Glasmosaik, auf kompliziertere Gesimsteile und auf eine geschlossene Marmorverkleidung. Die Proportionen sind aber durchaus vergleichbar, die Säulen mit ihren Kapitellen nahezu identisch.

Faloci Pulignani schreibt Magister Petrus außerdem zwei Marmorlöwen zu (Abb. 228), die im Mu-seum von Foligno aufbewahrt werden[913]. Es handelt sich um ein einander zugewandtes Paar unbe-

[911] Faloci Pulignani, Memorie epigrafiche S. 13ff. und Faloci Pulignani, Marmorari Romani S. 30ff.
[912] Zum dortigen Kreuzgang (Abb. 223) besonders ausführlich A. Muñoz, Il restauro della chiesa e del chiostro dei SS. Quat-tro Coronati, Roma 1914, der auch schon von den Urkundenfunden Faloci Pulignanis (vor ihrer Veröffentlichung) gehört hatte und den Bezug zu Sassovivo und zu Petrus de Maria andeutet.
[913] Faloci Pulignani, Marmorari Romani S. 35.

kannter Herkunft und Bestimmung, das im Typus sehr genau mit den römischen Löwenskulpturen der ersten Hälfte des 13. Jahrhunderts übereinstimmt[914]. Die Leiber der Bestien liegen flach auf dem Boden, die Pranken sind parallel nach vorne gestreckt. Die Angabe der Rippen, der Haarbesatz der Pranken und die flammenden Locken der Mähne stimmen mit den Gewohnheiten überein, die wir — etwa um 1230 — in der Werkstatt des Vassalletto im Kreuzgang des Lateran (Abb. 167) antreffen[915]. Auch wenn man nicht davon ausgehen sollte, daß die Löwen ursprünglich in den Kreuzgang von Sassovivo gehört haben (dort haben sie keine Standfläche), so kann man doch sicher sein, daß es sich um Werke römisch geschulter Marmorari handelt. Die Zuschreibung an Petrus de Maria oder seine Werkstatt liegt um so näher, als auch die stilistische Zeitstellung dem Datum der Arbeiten des Meisters in Sassovivo entspricht.

Spektakulär, aber auch erheblich spekulativer ist die Frage, die Faloci Pulignani im Hinblick auf die Marmorarbeiten an S. Francesco in Assisi gestellt hat[916]. Der Vergleich zwischen den Arkaden des Kreuzgangs von Sassovivo und denen des Rosenfensters an der Fassade von S. Francesco kann allerdings nicht überzeugen[917]. Vergleichbar sind nur die römischen Kelchkapitelle mit vier breiten, umhüllenden Eckblättern; eine Reduktionsform, die zum Standardrepertoire römischer Marmorkunst im 13. Jahrhundert gehört. Die gedrehten, inkrustierten Säulen der Speichen des Rundfensters hätte Petrus de Maria sicher auch herstellen können, nur findet man diese in Sassovivo eben gerade nicht. Schließlich deutet alles, was wir über die Bauchronologie von S. Francesco wissen, darauf hin, daß diese Teile der Oberkirche erst in den vierziger Jahren, vielleicht erst knapp vor der Weihe 1253 entstanden sind[918]. Das und die Stiltendenz der spitzbogigen Dreipaßarkaden der Rose kann man kaum mit der Entstehungszeit für den Kreuzgang von Sassovivo (1229–33) in Einklang bringen. Immerhin ist es in diesem Zusammenhang wichtig zu wissen, daß römische Marmormeister nachweislich nach Umbrien gerufen wurden.

11. PASCHALIS

Ein Paschalis Marmorarius begegnet als Zeuge eines Vertrages aus dem Jahre 1250[919]. Zwei signierte Werke, eines in S. Maria in Cosmedin — das andere aus dem Jahre 1286 in Viterbo, haben untereinander so große Ähnlichkeit, daß wir uns — trotz des spärlichen Oeuvres — ein recht gutes Bild von der künstlerischen Persönlichkeit machen können. 1286 signiert Paschalis als Mitglied des Dominikanerordens[920]. Es ist das der einzige bekannte Fall, daß ein römischer Marmorarius seine Tätigkeit innerhalb eines Ordens ausgeübt hat.

Paschalis in S. Maria in Cosmedin, Rom[921]. Der Ambo des 12. Jahrhunderts von S. Maria in Cosmedin (Abb. 5) erhielt im 13. Jahrhundert — wie etwa gleichzeitig der Ambo von S. Clemente — einen

---

[914] Vgl. dazu Claussen, Scultura romana S. 329ff.

[915] Vgl. dazu den Abschnitt über Vassalletto S. 126ff.

[916] Faloci Pulignani, Memorie epigrafiche S. 32ff.

[917] Faloci Pulignani hat sich dafür eine vergleichende Zeichnung von dem Architekten Benvenuti herstellen lassen. Zur Architektur von S. Francesco in Assisi vor allem E. Hertlein, die Basilika San Francesco in Assisi. Gestalt, Bedeutung, Herkunft, Florenz 1964.

[918] Vgl. dazu auch Hertlein, Die Basilika (wie oben). Allerdings kann man nicht behaupten, daß die Chronologie der Oberkirche gelöst sei.

[919] Galetti Cod. Vat. lat. 8049f. 97. (Aus dem Chartularium monasterii S. Cyriaci et Nicholai in Via Lata).

[920] Siehe S. 167f., Joanna Louise Cannon schreibt in ihrer unveröffentlichten Dissertation „Dominican Patronage of the Arts in Central Italy: the Provincia Romana c. 1220–1320, University of London 1980 S. 464, daß Paschalis Konverse des Dominikanerklosters S. Sabina in Rom gewesen sei. (Fra Pasquale OP, friar of S. Sabina).

[921] Lit.: Crescimbeni 1715 (und 1719); Piazza 1703 S. 762; Promis S. 28; Stevenson Cod. Vat. lat. 10581, F. 31; Stevenson Mostra S. 183, Giovenale, La Basilica S. 167ff.; Krautheimer, Corpus II S. 300ff.; Bessone S. 41; Hutton S. 40f., S. 48.

Osterleuchter[922], eine zierliche, gedrehte und mit Mosaikmustern inkrustierte Säule (Abb. 229) mit einem sehr exakt gearbeiteten korinthisierenden Kapitell. Sie wird an der Plinthe von den Pranken eines Löwen gehalten. Leuchter und Löwe haben ihren Platz auf der Brüstungsmauer am unteren Treppenabsatz des Ambo. Das weniger als ein Meter lange Tier kauert auf einer schmalen Plinthe und reckt den Kopf in Richtung der Schola Cantorum. Auf dem Spiegelfeld des Pfeilers, der den Leuchter trägt, lesen wir eine Signatur[923]:

VIR PB̄VS ET DOCTV' PASCHALIS RITE VOCAT' SVM̄O CVM STVDIO COD̄IDIT HVC CEREVM

Die Datierung ist offen. Doch paßt das Selbstlob *vir probus et doctus* und *summo cum studio* gut in die Zeit der urkundlichen Erwähnung des Paschalis marmorarius. Der Künstler tritt uns mit dem ganzen akademischen Anspruch entgegen, der die „Cosmaten"-Signaturen in der ersten Hälfte des 13. Jahrhunderts auszeichnet[924]. Merkwürdig ist nur der Beginn: statt Magister das Wort vir,' das wir sonst nur aus Signaturen des frühen 12. Jahrhunderts kennen. Es handelt sich m.E. um eine bewußte Angleichung an das schöne Epigramm am Grab des päpstlichen Kämmerers Alfanus (Abb. 120) in der Vorhalle von S. Maria in Cosmedin[925]. Auch diese, zur Zeit des Paschalis schon mindestens 120 Jahre alte Inschrift beginnt mit den Worten: Vir probus Alfanus etc. Möglicherweise hat Paschalis die Stifterinschrift des Alfanus in der Kirche als Künstlersignatur mißverstanden. Das Lob, das dem Stifter (vir probus) zugedacht war, genügte ihm allerdings nicht. Er ergänzte es um das Wort *doctus*, um es seinem eigenen Selbstverständnis anzugleichen.

Das Werk, das die hochtrabende Künstlerinschrift bezeichnet, ist im Eindruck zwiespältig. Um eine zierliche Leuchtersäule zu stützen, hätte es der bewachenden Bestie nicht bedurft, besonders nicht, wenn man den geringen Platz bedenkt, der auf der Balustrade zur Verfügung stand. Meiner Ansicht nach handelt es sich hier um die variierte und ins Kleinförmige gewandelte Paraphrase eines berühmten Vorbildes: des Löwen von SS. Apostoli (Abb. 121). Dieser hielt höchstwahrscheinlich in ähnlicher Weise einen Osterleuchter[926]. Daß die antike Schwere und Gelassenheit des Vassalletto-Werkes in fast grotesker Weise übersetzt ist in nervöse Spannung und Grimasse (Abb. 229), macht der krampfhaft erhobene Leib des Löwen und sein stieres Blecken deutlich. Aus dem Verständnis des Vassalletto für die Antike ist bei Paschalis heraldische Pose geworden. Möglicherweise entstammt Paschalis der Vassalletto-Werkstatt[927]. Jedenfalls ist er wie Vassalletto vor allem an Werken der Bildhauerei kenntlich. Das beweist außer dem Leuchterlöwen von S. Maria in Cosmedin eine Sphinx aus S. Maria in Gradi in Viterbo (Abb. 230), die er 1286 signiert hat[928]. Besonders in der Angabe der Rippen des walzenförmigen Leibes ähneln sich beide Skulpturen. Es kann kein Zweifel bestehen, daß es sich um den gleichen Künstler handelt. Der Meinung von Giovenale, der Leuchter von S. Maria in Cosmedin gehöre zu den Arbeiten, die unter Kardinal Caetani (ca. 1286–1304) durchgeführt wurden, würde diese Ähnlichkeit nicht widersprechen. Jedoch scheint mir die Sphinx in Viterbo das weitaus reifere Werk, in dem sich der Künstler von den Gewohnheiten der Vassalletto-Werkstatt befreit hat und nach eigenen Wegen sucht. 1286 signiert er schon als Dominikaner. Ich nehme an, daß er zu der Zeit, als er den

---

[922] Über die Ausstattung von S. Maria in Cosmedin informieren vor allem Crescimbeni 1715 und Giovenale, La Basilica.

[923] Vir probus et doctus Paschalis rite vocatur summo cum studio condidit hunc cereum. – Zurecht wird Paschalis ein rechtschaffener und geschickter (gelehrter) Mann genannt. Mit höchstem Eifer hat er diesen Kerzenleuchter errichtet – . Zur Signatur zuletzt Dietl, Topik S. 153, der das Werk um 1300 deutlich zu spät ansetzt.

[924] Vgl. Claussen, Künstlerstolz S. 21ff.

[925] Forcella IV S. 306 N. 745.

[926] Siehe dazu S. 113ff.

[927] Es wäre sehr gut denkbar, daß er in S. Lorenzo fuori le mura oder in Anagni mitgearbeitet hat, daß ihm aber auch ältere Werke des Vassalletto – wie die Löwen von SS. Apostoli und die Skulptur im Kreuzgang von S. Giovanni in Laterano – als Vorbild vor Augen standen.

[928] Siehe dazu S. 167f.

Leuchter in S. Maria in Cosmedin geschaffen hat, diesem Orden noch nicht angehörte und plädiere für eine Entstehung um die Mitte des 13. Jahrhunderts.

Paschalis in S. Maria in Gradi in Viterbo[929]. Das Museo Civico in Viterbo bewahrt ein bemerkenswertes Stück römischer Marmorkunst des 13. Jahrhunderts (Abb. 230, 231): eine Marmorsphinx[930]. Auf einer Langseite des kräftig profilierten Sockels liest man in einer komplizierten, gotischen Kapitalis mit kursiven Einsprengseln die Signatur:

hOC OPUS FECIT F̄R PASCHALIS ROM' ORD P̄D A D MCCLXXXVI
(hoc opus fecit frater Paschalis Romanus Ordinis Praedicatorum Anno Domini 1286)

Der Künstler ist also Römer und Dominikaner[931]. Daß er mit dem Paschalis, der in S. Maria in Cosmedin (Abb. 229) gearbeitet hat, identisch ist, wird deutlich, wenn man die Löwenkörper beider Werke vergleicht. Im einen wie im anderen Falle sind es magere, walzenförmige Leiber mit einer Vielzahl schematischer Rippenwulste. Völlig identisch ist auch der wohlgeordnete Haarbesatz an den Vorderläufen und der sehnige Ansatz der Sprungmuskeln an den Schenkeln der Hinterbeine. Der Körper der Sphinx lagert flach an der Plinthe in einer Weise, die in der Vassalletto-Werkstatt üblich geworden ist[932]. Im Kopftyp allerdings ist das bis dahin vorherrschende, ägyptische Vorbild mit der von der Perücke bestimmten Eckigkeit (Abb. 165) verlassen. Der runde Kopf eines jungen Mädchens blickt nicht abschreckend. Im Gegenteil: Das Gesicht ist zwar durch Beschädigungen entstellt, man kann aber sicher sein, daß es die Absicht des Bildhauers war, verführerische Schönheit darzustellen. Das lange, eng anliegende Haar ist im Nacken zu einem langen Zopf geflochten, der in der Senke des Rückgrats dem Tierkörper aufliegt. Ein schmaler Reif legt sich um Stirn und Kalotte.

Die bewußt häßlichen Fratzen der Sphingen, die in der ersten Hälfte des Jahrhunderts entstanden sind, haben offenbar eine andere inhaltliche Bedeutung als dieses verführerisch lächelnde Köpfchen, das eindeutig weiblich ist. In der Museumsaufstellung kann man die Skulptur ganz umschreiten und sieht mit Erstaunen, daß das weibliche Köpfchen im Widerspruch zu den überdeutlichen Geschlechtsorganen an der Rückseite steht. Möglicherweise soll also das Zwitterwesen auf die Verführungskünste des Teufels anspielen, denn es ist kaum anzunehmen, daß der betagte Dominikaner einen frivolen Scherz machen wollte.

Die Sphinx des Paschalis ist eines der spätesten Werke römischer Bildhauerkunst des 13. Jahrhunderts. Trotzdem sind ihm kaum deutliche Zeichen gotischen oder toskanischen Einflusses anzusehen. Was über die zwiespältige Wirkung des Leuchterlöwen in S. Maria in Cosmedin (Abb. 229) oben gesagt wurde, gilt hier verstärkt. Allerdings ist der Gegensatz zwischen dem recht imposanten, muskulösen Tierkörper und dem zierlichen Köpfchen nicht ohne Reiz (Abb. 230, 231). Wie dieses zur Seite geworfen ist, mit kräftigen Muskel- und Sehnensträngen vom zoo- zum anthropomorphen Teil des Körpers übergeleitet wird, das gehört zu den besonderen Qualitäten der Skulptur. So römisch und konservativ das Sujet und die Grundzüge des Bildwerkes sind, der hochgereckte Kopf zeigt eine Freiheit der Bewegung und Erfindung, die erst in der zweiten Hälfte des 13. Jahrhunderts möglich geworden ist.

[929] Lit.: Vgl. auch Anm. 1038 Ojetti, Conferenza, in: Resoconto della conferenze dei cultori di Archeologia Cristiana in Roma dal 1875 al 1887, Roma 1888 S. 292f.; Stevenson Cod. Vat. lat. 10581f. 87; Stevenson, Mostra S. 184f.; Frothingham 1891 S. 51 Anm. 19; Giovannoni, Note S. 14; Venturi III S. 796; Giovenale, La Basilica S. 167ff.; Bessone S. 40; Hutton S. 41; Ladner II S. 153f.; Gardner, Arnolfo S. 427f.; I. Faldi, Museo Civico di Viterbo. Dipinti e sculture dal medioevo al XVIII secolo, Viterbo 1955 S. 50f.

[930] Siehe vor allem Stevenson, Mostra S. 184f. und Faldi, Museo Civico S. 54f.

[931] Wie schon erwähnt, bezeichnet Joanna Louisa Cannon Paschalis als Konverse von S. Sabina. Ob sie dafür einen Quellenbeleg hat oder ob es eine Schlußfolgerung daraus ist, daß der Künstler Römer und Dominikanermönch gewesen und S. Sabina das Hauptkloster dieses Ordens in Rom gewesen ist, vermag ich bisher nicht zu sagen. Siehe auch oben Anm. 920.

[932] Dazu gehören die Sphingen im Kreuzgang von S. Giovanni in Laterano (Abb. 165), in Anagni am Osterleuchter (Abb. 143), die in Città-Castellana (Abb. 203, wahrscheinlich Drudus), in Ferentino (Abb. 211, wahrscheinlich Drudus), in Lanuvio (Abb. 137) und am Portal von S. Antonio Abbate (Rom).

Wir haben die Sphinx bisher als Museumsstück betrachtet. Sie hat allerdings eine Herkunft und Funktion. Wie der etwa gleichgroße Marmorlöwe (Abb. 226), den ich dem Petrus Oderisius zuschreibe, stammt sie aus der Dominikanerkirche S. Maria in Gradi[933]. In der ersten Hälfte des 19. Jahrhunderts wurden die Skulpturen — aus ihrem ursprünglichen Zusammenhang gerissen — in der Sakristei aufbewahrt[934]. Im späteren 19. Jahrhundert dienten sie dann als Träger eines Wasserbeckens im Kreuzgang[935].

Auf Zeichnungen in Windsor und Wien (Abb. 265), die entstanden sind, bevor die gotische Kirche des 13. Jahrhunderts 1740 durch einen barocken Neubau ersetzt wurde, erkennt man die Sphinx quer vor der linken Seite des Grabmals von Petrus de Vico liegend, genauer vor dem davor plazierten Wappensarkophag seiner Söhne[936]. Ob diese Aufstellung aber die ursprüngliche war, ist zweifelhaft. 1286 war das Grabmal des römischen Präfekten de Vico (gest. 1268) wahrscheinlich schon 15 Jahre fertig. Der Sarkophag seiner Söhne dagegen dürfte nach 1300 angefertigt worden sein.

Löwe und Sphinx können gewiß in guter „Cosmaten"-Tradition zur liturgischen Ausstattung von S. Maria in Gradi gehört haben. Von dieser Tradition abweichend sind aber beide auch an der Rückseite ausgearbeitet. Ich halte deshalb eine Funktion als Wächter am Grabe sehr wohl für möglich. Vielleicht haben Löwe und Sphinx jeweils Gräber bewacht, wobei ich glaube, daß die Sphinx im Zusammenhang mit dem Grabmal des Nepoten Petrus Grossus (Abb. 232, gest. 1286) geschaffen wurde[937].

Zuschreibung an Paschalis: Grabmal des Petrus Grossus, Neffe Papst Clemens IV, ehemals in S. Maria in Gradi, jetzt in S. Francesco, Viterbo[938]. Vor dem Sockel des Grabmals Clemens IV (gest. 1268) steht eine schlichte Grabtumba (Abb. 232, 247) mit der Liegefigur eines Bischofs[939]. Ältere Ansichten in S. Maria in Gradi (Abb. 376) zeigen, daß die Liegerichtung der Figur bei der Neuaufstellung des späten 19. Jahrhunderts in S. Francesco umgedreht wurde[940]. Durch die Bomben des Jahres 1944 entstanden starke Schäden, besonders am Oberkörper, und am Kopf[941]. Das Liegekissen ist nahezu vollständig weggebrochen.

Den Inhaber des Grabes benannte eine Inschrift in roter Farbe, die Historiker der Barockzeit überliefert haben[942]: *Petrus Grossius de S. Egidio episcopus hic ajacet.* Trotzdem ist die Figur in ihrer Benennung nicht völlig gesichert. Nach Julian Gardner ist der Name als Bischof von Saint-Gilles nicht nachzuweisen[943]. Er vermutet in der Figur Petrus (de Montbrun), Erzbischof von Narbonne, und ebenfalls ein Neffe des Papstes, der diesem auf dem Bischofsstuhl von Narbonne nachfolgte. Er war der Testamentsvollstrecker Clemens IV und als solcher einer der Bauherrn und Auftraggeber des Papstgrabes[944]. 1286 verstarb er in Italien, im gleichen Jahr, in dem Paschalis die Sphinx signierte.

[933] Vgl. S. 202ff. über den Löwen und Anm. 1118 allgemein zur Geschichte von S. Maria in Gradi im 13. Jahrhundert.

[934] Ojetti, Resoconto S. 292f.

[935] Stevenson, Cod. Vat. lat. 10581f. 87. Wenn Bessone, S. 40, das als den Zweck der beiden Skulpturen ansieht, so beschreibt sie nichts als ein Pasticcio des späten 19. Jahrhunderts.

[936] Vgl. dazu S. 199ff. Die Zeichnung in Windsor, Royal Library, Albani Collection Vol. 201 No. 11906 A ist von Gardner, Arnolfo S. 427f. und fig. 18 erstmals veröffentlicht worden. Die Albertina-Zeichnung von Herklotz, Sepulcra S. 169, fig. 63.

[937] Vgl. dazu den folgenden Abschnitt mit der Zuschreibung des Nepotengrabes an Paschalis.

[938] Die Literatur zu diesem Grabmal entspricht der, die ich für das Grab Clemens IV von Petrus Oderisius zusammengetragen habe. Siehe dort Anm. 1038.

[939] Der Stich in Papenbroeck, Conatus S. 55 (Abb. 252). Die Zeichnung von Ramboux im Städel (Abb. 254). Vergleiche zur wechselvollen Geschichte des Grabmals und seiner verfälschenden Aufstellung S. 189ff.

[940] Bertelli, Travestie.

[941] Cristofori, Tombe S. 67 nach Salmini f. 288; Auch de Nobilibus und Papenbroeck, Conatus S. 55, Frothingham 1891 S. 51; Bauch, Anfänge S. 277f.; Gardner, Arnolfo S. 432; Ladner, Papstbildnisse II S. 153.

[942] Gardner, Arnolfo S. 432 Anm. 67; Ladner, Papstbildnisse II S. 153 hält dagegen an Petrus von Saint-Gilles fest. Clemens IV sei antinepotisch eingestellt gewesen. Er habe seinen Neffen Petrus von Saint-Gilles nicht in Rom zu sehen gewünscht. Ladner vermutet, der Neffe sei erst nach dem Tode des päpstlichen Verwandten Bischof geworden.

[943] Gardner, Arnolfo S. 432 Anm. 67; Herklotz, Sepulcra S. 164. Zu Petrus von Narbonne vergleiche auch die Gründungsgeschichte des Clemens-Grabes, S. 188ff.

[944] Gardner, Arnolfo S. 432; Herklotz, Sepulcra S. 164; Ladner, Papstbildnisse II S. 153.

Der Stil der Grabfigur steht in großem Gegensatz zu der Papstfigur von Petrus Oderisius (Abb. 249, 251). Es ist von Ladner richtig erkannt worden, daß die weichen fließenden Züge der Gewandung (Abb. 232) und das im Tode heitere und wie knochenlos glatte Gesicht abhängig ist von der frühen Grabskulptur des Arnolfo[945]. In Viterbo selbst wäre besonders an das Grabmal Hadrians V (Abb. 269, gest. 1276) in S. Francesco zu denken, das wahrscheinlich nach 1280 entstanden ist.

Auffällig und von Werken Arnolfos verschieden ist aber das hochgereckte Gesicht, das ohne Absatz in den breiten, walzenförmigen Hals übergeht. Im Ornat ist die gleiche Freude an der Kopie kostbarer Borten in Stein spürbar wie in den Grabfiguren des Arnolfo. Allerdings gibt es Disproportionen, die mich an die vom Sujet her völlig anders geartete Sphinx des Paschalis (Abb. 230) denken lassen. Der Dominikaner hat in der zweiten Hälfte der achtziger Jahre des 13. Jahrhunderts in S. Maria in Gradi als Bildhauer gearbeitet und es wäre denkbar, daß er den Auftrag für das Bischofsgrab erhalten hat. Dafür könnte ein Detail des Grabes (Abb. 232) sprechen: Kopf- und Fußende der Liegestatt des Bischofs sind durch Querschwellen hervorgehoben, dachförmige Marmorblöcke mit Ziegeln im Relief bedeckt. Die Giebelfront ist jeweils von einer rundlichen Maske mit reichem Lockenhaar ausgefüllt. Es sind das ohne Zweifel Nachbildungen antiker Gorgonaia, die die Giebel antiker Sparkophagdeckel häufig genau an dieser Stelle schmücken. Ein bisher unbeachtetes Beispiel einer antiquarischen Antikenrezeption, die versucht, einen antiken Sinnzusammenhang, in diesem Falle den der Sepulkralsymbolik, zu wahren. Ein ganz ähnliches Denken spiegelt sich meines Erachtens in der Sphinx des Paschalis (Abb. 230), von der man annehmen kann, daß sie ebenfalls zur Sepulkralsymbolik gehört. Sphinx und Gorgo sind beide apotropäisch. Der Dominikanerkünstler hat offenbar versucht, den Cosmaten-Themen einen neuen sinnvollen Bezug zur Antike zu geben. Er zeichnet sich dabei durch eine Erfindungsgabe, vielleicht sogar durch einen Hang zum Hieroglyphischen aus, wie man ihn auch in der Malerei des Giotto-Umkreises beobachten kann. Betrachtet man die Gorgonenhäupter des Bischofsgrabes genauer, so sehen wir ganz verwandte rundliche Gesichtszüge und gebohrte Augen wie bei der Sphinx des Paschalis. Das reicht kaum für eine feste Einbindung in das Oeuvre des Dominikaners aus, sollte aber auf diese Möglichkeit verweisen[946].

Resumée: Paschalis. Hätten wir mehr Informationen aus dem Leben des Paschalis, wir wüßten wahrscheinlich Bescheid über einen aus dem zweiten Glied der Marmorari Romani, der es in seiner zweiten Lebenshälfte als Mitglied des Dominikanerordens zu Ansehen und größeren Aufträgen gebracht hat. Gelernt hat er möglicherweise in den vierziger Jahren in der Werkstatt des Vassalletto. Um 1250 ist er eigenständiger Marmorarius und signiert als *vir probus und doctus* den Leuchter und den zugehörigen Löwen von S. Maria in Cosmedin. Mit mehr als 60 Jahren ist er dann als Dominikanermönch in Viterbo tätig. Der Eintritt als Konverse in einen Orden ist gerade bei älteren Handwerkern ein durchaus üblicher Vorgang. Seine Signatur verrät nun statt des akademischen Anspruchs früherer Jahre Stolz auf die römische Abkunft und den geistlichen Orden. Form und Schriftbild der Signatur setzen dem Künstlermönch ein in dieser Zeit auffällig würdiges Denkmal, das in erheblichem Gegensatz zu den gleichzeitigen lapidaren Signaturen anderer Künstler steht[946].

Frater Paschalis arbeitete in Viterbo in Konkurrenz zur Arnolfo-Werkstatt, vielleicht aber auch zeitweise als deren Mitglied. Sollte das Grab des Petrus Grossus tatsächlich von Paschalis geschaffen worden sein, so kann mit diesem Bildhauer endlich einer der fähigen Meister namhaft gemacht werden, die mit der Ausführung von Arnolfos Aufträgen beschäftigt waren.

---

[945] Bauch, Anfänge S. 238 vergleicht den Bischofskopf mit dem des Kardinals Ancher de Troyes von S. Prassede (Abb. 287), der 1286 verstarb. Das Werk in Viterbo stehe „jedoch künstlerisch viel höher". Wie dem auch sei, ich sehe keinerlei Stilverwandtschaft zwischen dem Grabbild in S. Prassede, das sich eher auf französische Vorbilder beruft, und dem Werk in Viterbo, das so stark von Arnolfo beeindruckt ist.

[946] Siehe Claussen, Künstlerstolz S. 31f.

12. EINZELKÜNSTLER DES 13. JAHRHUNDERTS

In diesem Abschnitt sind vier Künstler zusammengefaßt, über deren Oeuvre wir nur sehr unzureichende Informationen haben.

Angelus Mailardi in S. Urbano al Foro Traiano, Rom. In einer Inschriftensammlung der Biblioteca Vallicellana ist für die demolierte Kirche S. Urbano al Foro Traiano (auch a Campo Carleo oder ai Pantani genannt) eine Signatur „in pariete" bezeugt[947]:

MAGISTER ANGELUS MAILARDI FECIT HOC OPUS

Von einer Datierung ist nicht die Rede. Jedoch gibt es Nachrichten von Geldstiftungen unter Urban IV (1261–64) aus den Jahren 1263 und 1264[948]. C. Ceschi hat eine schlichte Saalkirche mit einem Satteldach auf Schwibbögen rekonstruiert, die — obwohl in der Gründung benediktinisch — eines der frühesten Beispiele der Bettelordensarchitektur in Rom gewesen sein dürfte[949]. Ob die Signatur in der Wand als „firma" des Architekten angesehen werden darf oder ob ein Stück der Ausstattung damit bezeichnet wurde, muß offen bleiben. Jedoch halte ich es für wahrscheinlich, daß wir in Angelus Mailardi einen Architekten namhaft machen können. Es ist kaum anzunehmen, daß der schlichte Raum mit einer großartigen liturgischen Ausstattung bedacht worden ist — in einer Zeit, in der die römische Anordnung von Altar und Confessio der veränderten Liturgie hinderlich zu werden beginnt.

Stephanus Magius in S. Maria Rotonda (Pantheon), Rom[950]. Im Paviment des Presbyteriums las man im Pantheon auf der Epistelseite ehemals eine Signatur[951]:

STEPHANU^S
MAGIVS˙ 'FE
CIT HOC OP^S
ANNO DN̄I M̄
CC L XX

Es gibt eine Reihe von Quellen und sogar Ansichten von der mittelalterlichen liturgischen Ausstattung des Pantheon[952]. Diese sind aber bisher nicht ausgewertet. Sicher ist, daß sich eine große Schran-

---

[947] Cod. Vallicell. G. 28f. 48.

[948] Armellini/Cecchelli I S. 216f. und II S. 1469f. Adinolfi, Roma II S. 57 mit den Nachweisen der Inschriften und Urkundenabschriften. Stifterin war Jacoba Bianchi. Die Datierung 1264, die Lanciani, Scavi S. 17 und Bessone S. 45 der Signatur gegeben haben, mag approximativ richtig sein.

[949] C. Ceschi, S. Urbano ai Pantani, in: Capitolium 9, 1933 S. 380–391. Auch Armellini/Cecchelli II S. 1469f.

[950] Lit. Valesio, Chiese e memorie sepolcrali di Roma, Cod. Capitolino nel credenzone XIV tom. 40 par. IIf. 332v (von mir nicht eingesehen); Ugonio, Stazioni S. 315; Stevenson, Cod. Vat. lat. 10581f. 43; G. Eroli, Raccolta generale delle iscrizioni pagane e cristiane esistite ed esistenti nel Pantheon di Roma, precudata da breve ma compiuta storia di esso edificio, condotta fino a'nostri tempi, Narni 1895; A. Muñoz, La decorazione medioevale del Pantheon, in: Nuovo Bulletino di Archeologia Cristiana 18, 1912 S. 85ff.; V. Bartocetti, Santa Maria ad Martyres (Pantheon), Roma 1958 (Le chiese di Roma illustrate 47).

[951] Nach Eroli, Raccolta S. 418, der die Inschrift dem Codex Bruzi entnommen hat. Forcella I S. 289 zitiert nach Valesio, Chiese e memorie sepolcrali di Roma (Cod. Capitolino nel credenzone XIV tom. 40 par. IIf. 332v — zitiert nach Eroli). Stevenson Cod. Vat. lat. 10581f. 43. Muñoz, La decorazione S. 31.

[952] Ugonio, Stazioni S. 315 beschreibt zwei plutei, von denen Messe und Epistel gelesen wurden. Beschreibung auch bei Vallori im Cod. S. Maria ad Mart. f. 20 (so zitiert von Stevenson Cod. Vat. lat. 10581 aus der Zeit Innocenz VII (1484–92). Die Stifterinschrift bei Eroli. Allgemein zur mittelalterlichen Ausstattung von S. Maria Rotonda: Muñoz, La decorazione S. 25ff. Auf älteren Photographien (auch Muñoz, La decorazione Tav. V) sieht man noch vier gedrehte, mosaik-inkrustierte Säulen, die in einer späten Aufstellung das Marienbild der Capella Reale flankierten. Auf ihren Plinthen kann man Teile einer Inschrift des 13. Jahrhunderts entziffern: 1. . . .tio dotavit quem; 2. dominus Petrus papa; 3. m coetu (?) mandaverunt ci. . . 4. chius (?) voc. adque nicolaus. Nach Muñoz, La decorazione S. 27. Möglicherweise handelt es sich um den Rest eines erhöhten Tabernakels für die Marienikone. Dieser Typus eines Reliquienziboriums wäre nichts ungewöhnliches um 1270 in Rom.

kenanlage vor das Presbyterium legte. Ob die Signatur sich nun wirklich auf das Paviment oder aber — und das ist eigentlich wahrscheinlicher — auf ein anderes Werk der Innenausstattung bezog, ist nach der Lage der Dinge nicht zu entscheiden[953]. Auszuschließen ist die Möglichkeit, daß dieser Stephanus von 1270 identisch ist mit Stephanus Oderisius[954]. Die Inschriftenkopie scheint korrekt zu sein, so daß man kaum annehmen kann, daß statt Magius — Magister gelesen wurde.

Jacobellus. Der Name ist nur in einer Urkunde aus dem Jahre 1274 überliefert: Jacobellus marmorarius. Weder ist bekannt, welcher Familie dieser angehörte, noch kann man sich einen Begriff von seinen Arbeiten machen. Daß er mit Jacobus Cosmati (1293 in Orvieto) identisch ist, erscheint mir eher unwahrscheinlich[955].

Petrus in S. Paolo fuori le mura, Rom[956]. Am Ansatz des ehemaligen Kreuzgratgewölbes im Nordflügel des Kreuzgangs von S. Paolo fuori le mura (Abb. 175) war bis 1904 auf einem Marmorstück folgende Signatur zu lesen:

MAGIST̄ PETRU FECIT h' OP'

Der epigraphische Charakter deutet auf die zweite Hälfte des 13. Jahrhunderts. Es kann sich also nicht um eine Signatur der nördlichen Kreuzgangseite handeln, die zwischen 1230 und 1240 entstanden ist. Für eine derartig versteckte Signatur eines Marmorarius wüßte ich auch kein zweites Beispiel. Viel eher wird die Vermutung Giovenales zutreffen, daß hier der Baumeister des Gewölbes seinen Namen hinterlassen hat[957]. Es ist zwar in Rom ebenfalls ungewöhnlich, daß einfache Maurerarbeit signiert wird, es würde aber den späten Schriftcharakter leicht erklären. Das Gewölbe ist wahrscheinlich erst nach der Fertigstellung des gesamten Kreuzgangs eingezogen worden und dürfte im Ursprungsplan gar nicht vorgesehen gewesen sein[958]. Der Name Petrus — in S. Paolo — läßt an den — bisher als Künstlerpersönlichkeit völlig rätselhaften — Socius Petrus des Arnolfo di Cambio denken, mit dem dieser zusammen im Jahre 1285 das Altarziborium (Abb. 268) signiert hat[959]. *Hoc opus fecit Arnulphus cum suo socio Petro.* Doch hilft auch die Signatur im Kreuzganggewölbe keineswegs, das Dunkel um den Mitarbeiter Arnolfos aufzuklären. Ist Magister Petrus wirklich identisch mit diesem, so könnte man höchstens schließen, daß es sich um einen Handwerker handelt, der dem Arnolfo zur Hand ging — aber auch Maureraufträge übernahm.

[953] Das Paviment des Pantheon ist ohne Zweifel antik und verhältnismäßig gut erhalten. Wenn es hier Eingriffe durch den Einbau der mittelalterlichen liturgischen Einrichtung gab, so sind sie im heutigen Zustand nicht im Paviment abzulesen.

[954] Vgl. S. 173.

[955] Giovannoni, Note S. 14; A. Gibelli, L'antico monastero dei Santi Andrea e Gregorio al clivo di Scauri, Faenza 1902 S. 243. Zu Jacobus Cosmati vgl. S. 222.

[956] Giovenale, Il chiostro S. 135; Stevenson, Mostra S. 174ff.

[957] Schon Stevenson, Mostra S. 174ff. erkannte, daß die Inschrift nicht vor der Mitte des 13. Jahrhunderts entstanden sein kann. Die Abbildung eines Abgusses bei Giovenale, Il chiostro S. 133. Giovenale hält die Inschrift allerdings für gleichzeitig mit der umlaufenden Inschrift des Kreuzgangs. Vgl. dazu S. 132ff.

[958] Es wurde bei der Restaurierung 1904 entfernt und durch einen offenen Dachstuhl mit Pultdach ersetzt. Gegen diese Restaurierung Giovenale, Il chiostro S. 125ff.

[959] Romanini, Arnolfo S. 57ff., 153 ist der Meinung, es könne sich um Petrus Oderisius handeln. Ebenso Monferini, Pietro d'Oderisii S. 59ff. Vgl. dazu im Abschnitt über den Künstler S. 204f.

13. ODERISIUS-FAMILIE

So spärlich die erhaltenen Nachrichten und so fragmentarisch das Oeuvre der Oderisius-Familie auch ist, sie muß als eine der wichtigsten und interessantesten unter den römischen Werkstätten des 13. Jahrhunderts gelten. Sie ist allerdings noch zu entdecken: Vieles, das im Folgenden diskutiert wird, ist neu oder noch nicht in diesem Zusammenhang gestellt worden. Das wohl jüngste Mitglied der Familie, Petrus Oderisius, ist um 1270 ein begehrter, international erfahrener Künstler, wahrscheinlich mit entsprechend hohem Prestige. Er führt noch vor Arnolfo das Grabmal mit Gisant und gotische Formen in Mittelitalien ein.

Allerdings ist der Versuch, mit unserer fragmentarischen Kenntnis eine Genealogie oder gar gemeinsame künstlerische Eigenheiten der Oderisii zu erkennen, zum Scheitern verurteilt. Nicht einmal der Verwandtschaftsgrad der einzelnen Namen untereinander läßt sich mit Sicherheit feststellen.

Oderisius ist kein eben häufiger Name. Er läßt sich in Rom aber immer wieder nachweisen; so auch in Urkunden um die Mitte des 13. Jahrhunderts[960]. Folgende Künstlernamen sind aus Signaturen bekannt:

1. Oderisius Stephani, der ca. 1250–60 in S. Agnese in Rom tätig war, wohl auch 1267/68 in Westminster Abbey (London).
2. Stephanus Oderisii, der 1250 in S. Nicola dei Prefetti in Rom gearbeitet hat.
3. Petrus Oderisius, der 1269 das Heiligengrab Edward des Bekenners in Westminster Abbey signierte, 1269–72 das Grab Papst Clemens IV in Viterbo und zu unbekannter Zeit das Grab eines Grafen Roger in Mileto (Kalabrien). Ob Petrus mit dem gleichnamigen Mitarbeiter Arnolfos am Ziborium von S. Paolo fuori le mura identisch ist, bleibt offen.

Da alle drei etwa Zeitgenossen sind, ermöglicht die Namensfolge eine ganze Reihe von Verwandtschaftsgraden. Die wahrscheinlichste ist die, das Oderisius Stephani der Vater von Petrus und Stephanus war.

a) ODERISIUS (ODERICUS) STEPHANI IN S. AGNESE FUORI LE MURA, ROM[961].

Von der mittelalterlichen Innenausstattung von S. Agnese existieren nur noch wenige Fragmente (Abb. 233). Um so wichtiger ist daher die ausführliche Beschreibung Panvinios, aus der bisher Krautheimer kurze Passagen zitierte[962]. Die flüchtige Handschrift Panvinios ist in manchen Partien schwer zu entziffern. Er beschreibt die Treppen, die zu der Kirche herabführen, die Portale mit ihren Bronzetüren, die innere Disposition, vor allem aber die Inneneinrichtung: ein Paviment mit großen Porphyrplatten, die Marmor- und Porphyrverkleidung der Wände, zwei Ambonen, zwei antike marmorne Kandelaber, zwei andere mosaikverzierte und eine Schrankenanlage mit Säulenstellung zwischen dem Sanktuarium und der übrigen Kirche. Schließlich notiert er in einem räumlichen Zusammenhang, der mir nicht ganz klar ist (. . . super . . . porticū?) eine Künstler- und Stifterinschrift, die hiermit erstmals veröffentlicht wird:

> solu(m)   tesselatu(m) cu(m) hac inscriptione:
>
> Odericus stephani fecit hoc
> opus. D(o)m(i)n(u)s Jacobus d...ta (devota?) sacrista

---

[960] Im Liber Censuum (Fabre) wird der Name Oderisius gelegentlich erwähnt. Im Cod. Vat. lat. 7928f. 234 findet sich die Abschrift eines Vertrages aus dem Jahre 1247 mit den Namen Oderisius und Nicolaus Oderisii scrinarius. Auf f. 241 ein Vertrag von 1264 mit einem Johannes Oderisii als Zeugen.

[961] Lit.: Marcotti, Giubileo 1450, S. 574; Panvinio, De ecclesii Urbis Romae, Cod. Vat. lat. 6780f. 278; Schradero, Monumentorum S. 120f.; Forcella XI S. 350; Krautheimer, Corpus I S. 14ff. mit Bibliographie.

[962] Panvinio, Cod. Vat. lat. 6780f. 278; Krautheimer, Corpus I S. 19 Anm. 7.

Es gelang mir, ein Fragment dieser Inschrift eingemauert im Treppenabgang wiederzufinden:

...FECIT HOC

...TA SACRISTA

Ob *solum tesselatum* hier einen Schmuckboden bezeichnet, einen Sockel oder ein Bruchstück, das aus dem Zusammenhang gelöst war, muß vorerst offen bleiben. Sicher ist jedenfalls, daß Oderisius Stephani als Marmorarius an der Ausstattung von S. Agnese beteiligt war. Es ist damit wahrscheinlich gemacht, daß große Teile des liturgischen Mobiliars — soweit es sich nicht wie bei den Leuchtern um antike Stücke handelt — aus dem 13. Jahrhundert stammen. Das hat man bisher nicht so gesehen[963].

Eine lange Weihinschrift Alexanders IV für drei Altäre aus dem Jahre 1256 und die Dedikation eines Altars, 1261, geben wahrscheinlich den Zeitraum an, in der die Arbeit des Oderisius entstand[964]. Ein Teil der ehemaligen Altarschranke dient heute als Paliotto eines Altars in der rechten Seitenkapelle[965]. Ein anderes größeres Fragment von hoher Qualität (Abb. 233) ist mit anderen Bruchstücken in die Wände der Treppenanlage eingelassen, in der auch ein Fragment der Signatur zu sehen ist. Die ineinandergeschlungenen Fünfkreis-Muster gibt es in den Pavimenten seit etwa der Mitte des 13. Jahrhunderts[966]. Da es sich hier aber nicht um Pavimentreste handelt, sondern um eine mosaikinkrustierte Platte, nehme ich an, daß es sich um ein Stück der ehemaligen, von Panvinio beschriebenen Schranke des Sanktuariums handelt. Die Möglichkeit besteht, daß Oderisius Stephani identisch ist mit Stephanus Oderisii, der in S. Nicolo dei Prefetti (siehe unten) erwähnt wurde. Ein Lesefehler ist im einen wie im anderen Falle nicht völlig auszuschließen.

b) STEPHANUS ODERISII

Um die Mitte des 13. Jahrhunderts hat Stephanus die Innenausstattung von S. Nicola dei Prefetti signiert. Eine zweite Inschrift, ehemals im Pantheon im Paviment (Stephanus Magius), ist wahrscheinlich nicht als seine Signatur zu bestimmen[967]. Substantiell erhalten hat sich von diesen Arbeiten nichts.

Stephanus Oderisii in S. Nicola dei Prefetti, Rom[968]. In einer Inschriftensammlung der Barockzeit (Cod. Vat. lat. 8253f. 395) liest man[969]: Nella chiesa di S. Nicolo in Campo detta de Prefetti nell. architrave della porta di d.ª chiesa vi sono intagliate le seguente parole in marmo:

Anni bis sexcentenem et quinquaginta simul
effluxi octava indictō XPI verā
regeneratioē zp̄ docet Andreas purus Archipr̄
tuus o Nicolae vere cultor Dei
p̄ Stephanū Oderisii lapidicinā magrōr
pavimēta tua altare ciburiū eius
fulcimento proprio fecit Deo gratias

---

[963] Krautheimer, Corpus I S. 14ff. geht davon aus, daß mit der Weihe 1250 nur Reparaturen der frühchristlichen Ausstattung verbunden waren. Meiner Ansicht nach handelte es sich aber um eine Neugestaltung.

[964] Die Inschrift von 1256 ist mit einer zweiten an den Wänden des Treppenabgangs erhalten. Sonst Forcella XI S. 350. Die Inschrift von 1261 bei Laurentio Schradero, Monumentorum S. 120f.

[965] Foto Anderson 4913.

[966] Z.B. in der Silvesterkapelle in SS. Quattro Coronati (1246) und in Sancta Sanctorum (1277—80). Siehe Glass, BAR S. 125 und 128.

[967] Stephanu(s) Magius fecit hoc op(us) Anno DNI MCCLXX. Vgl. S. 170f.

[968] Lit.: Gualdi, Cod. Vat. lat. 8253f. 395; Stevenson, Cod. Vat. lat. 10581f. 41; Huelsen, Chiese S. 406; Armellini/Cecchelli I S. 408, II S. 1396; Bessone S. 38; A. Zucchi, Roma Domenicana II, Florenz 1940 S. 155f.; Glass, Diss. S. 268; Glass BAR S. 120.

[969] Gualdi Cod. Vat. lat. 8253f. 395; Stevenson Cod. Vat. lat. 10581f. 41; Forcella X S. 237 Nr. 364, Bessone S. 38 schreibt als Datum fälschlich 1260; kurz erwähnt von Herklotz, Sepulcra S. 169.

Der Text ist teilweise unklar und vielleicht fehlerhaft überliefert. Einzigartig ist, daß Stifter und Künstler ein Werk der Innenausstattung außen am Portalarchitrav signieren: ein Paviment, den Altar und das Ziborium. Aber auch eine Zweitverwendung ist unwahrscheinlich, denn Signaturen — wenn sie an Werken der Innenausstattung angebracht sind — pflegen keinen Katalog der gestifteten und neu angefertigten Teile zu geben. Die Bezeichnung p̄ Stephanū Oderisii lapidicinā Magrōr ist erklärungsbedürftig. Ich neige zu einer Übersetzung: durch Stephanus Oderisii von der Zunft der Steinmetze. In unserem Zusammenhang wichtig ist vor allem, daß Stephanus Oderisii für das Jahr 1250 als Verfertiger eines Pavimentes und eines Altarbereiches bezeugt ist.

c) PETRUS ODERISIUS (PIETRO DI ODERISIO)

Petrus Oderisius ist einer der bedeutendsten römischen Künstler des 13. Jahrhunderts, von allen Marmorari gewiß der kunsthistorisch interessanteste. Sein Werk ist Ausdruck des Umbruchs zwischen traditionellem „Opus Romanum" und neuem „Opus Francigenum". Gleichzeitig ist mit seinem Wirken in Westminster, in Viterbo und in Mileto ein wichtiges Kapitel innerhalb der Frühgeschichte des Hofkünstlers aufgeschlagen[970].

Petrus Oderisius in Mileto (Kalabrien) SS. Trinità[971]. Die mittelalterliche Abteikirche SS. Trinità in Mileto, die durch mehrere Erdbeben völlig zerstört wurde, barg die Grabstätte des normannischen Grafen Roger von Milet (gest. 1101), der die Abtei 1070 gegründet haben soll, und die seiner Frau Eremburga[972]. Erhalten davon ist nur ein großer Sarkophag des 3. Jahrhunderts nach Chr. (Abb. 234), der seit 1845 im Magazin des Nationalmuseums von Neapel aufbewahrt wird[973]. Bei der mittelalterlichen Wiederverwendung wurden aus den Gorgonaia in den seitlichen Giebelfeldern Kreuze gemeißelt. Die Darstellungen der Sella Curulis an den Schmalseiten, die geöffnete Tür an der strigilierten Frontseite, besonders aber die beiden — heute kopflosen — Porträtbüsten auf dem Deckel lassen auf eine ganz bewußte Aneignung antiker Repräsentationsmittel für das normannische Herrscherpaar schließen[974]. Der Sarkophag trägt keinerlei Spuren, die auf eine Veränderung im 13. Jahrhundert

[970] Vgl. S. 239 und die Ankündigung einer monographischen Studie Anm. 994.

[971] Lit.: G. Pacichelli, ed. G. Valente: Il viaggio in Calabria dell'abate Pacichelli, Messina o.D.; Historia chronologica brevis Abbatiae Santissimae Trinitatis Mileti, Messanae 1699; E. Martène und U. Durand, Muratori, S. R. I. Bd. X S. 802; Cimaglia, Della natura e sorte della Badia della SS. Trinità e S. Angelo di Mileto, Napoli 1762; Storia dei fenomeni del tremuoto avvenuto nelle Calabrie e nel Valdemone nell'anno 1783, posta in luce dalla R. Accad. delle scienze, Napoli 1784; H. Gally-Knight, Excursion monumentale en Calabre, in: Bulletin Monumental 5, 1839 S. 133—35; Signorelli, Vicende della coltura nelle due Sicilie II S. 214 (mir nicht zugänglich); Gaye, 1839 S. 241f.; Schulz, Denkmäler II S. 352; Springer, Commentatio S. 14; Rossi, Ricerche sull'origine S. 54; F. Pititto, Racimolature storiche: La Badia della Trinità di Mileto, in: Archivio storico della Cattedrale di Mileto, Vibo Valentia 1930; H. M. Schwarz, Die Baukunst Calabriens und Siziliens im Zeitalter der Normannen I, in: Röm. Jb. f. KG. 1942—44 (1946) S. 6; Déer, Porphyry Tombs S. 28; L. R. Ménager, L'abbaye bénédictine de la Trinité di Mileto en Calabre à l'époque normande, in: Bolletino dell'Archivio paleografico italiano NS. IV—V 1958/59 S. 9—94; Negri Arnoldi, Pietro Oderisio S. 12ff.; G. Occhiato, La SS. Trinità di Mileto e l'architettura normanna medievale, Catanzaro 1977; Faedo, Sepoltura S. 691ff.

[972] Fra Corrado (13. Jh.) Muratori, S. R. I. I, 2 S. 278; Martène und Durand, Muratori S. R. I. X S. 802; Siehe bes. Historia chronologica etc. und Cimaglia S. 136. Die umfangreiche Literatur aufgearbeitet bei Ménager, L'abbaye und bei Occhiato, La SS. Trinità bes. S. 103ff. Zuletzt Faedo, Sepoltura S. 691ff.

[973] Occhiato, S. 139; siehe auch L. de la Ville-sur-Villon, La tomba di Ruggiero Conte di Calabria e di Sicilia, in: Napoli Nobilissima 1892 S. 26f.; Dèer, Porphyry Tombs S. 28. Über das Schicksal des Sarkophages zwischen 1783 (Erdbeben) und 1845 mit weiterer Literatur Occhiato S. 130ff. Im Deutschen Archäologischen Institut in Rom gibt es eine Reihe von guten Photographien: 611053; 611052; 611054; 551322.

[974] Es liegt nahe, daß die weibliche und die männliche Büste auf dem Sarkophagdeckel als Bildnis des Grafenpaars gegolten hat. Man sollte diesen Sarkophag immer berücksichtigen, wenn man über die normannisch-staufischen Gräber in Unteritalien und in Sizilien spricht. Die Frühformen des Herrscherporträts oder der Darstellung von Angehörigen der Herrscherfamilien erscheinen nicht mehr so ungewöhnlich, wenn man einrechnet, daß in diesem Falle antike Büsten (vielleicht mit mittelalterlich aufgesetzten Köpfen) als Grabbildnisse dienten.

schließen lassen[975]. Und doch kann man sicher sein, daß Petrus Oderisius, wohl in der zweiten Hälfte des 13. Jahrhunderts, an dem Grab(überbau?) gearbeitet hat. In mehreren, voneinander unabhängigen Quellen ist eine Inschrift überliefert, die seine Signatur enthält[976]:

Hanc sepulturam fecit Petrus Oderisius magister Romanus in memoriam. Hoc quicumque leges, dic sit ei requies

Diese Zeichen waren nach Cimaglia in zwei Ringen geschrieben, während man außerhalb dieser Ringe in kreuzförmig verteilten Schriftfeldern Name und Titel des Verstorbenen lesen konnte:

Rogerii Comitis Calabriae et Siciliae

In einen sinnvollen Zusammenhang gebracht, könnte die Inschrift lauten: *Hanc sepulturam fecit Petrus Oderisius magister Romanus in memoriam Rogerii Comitis Calabriae et Siciliae. Hoc quicumque leges, dic sit ei requies.* Den Träger dieser Inschrift konnte ich auf einem Stich identifizieren (Abb. 235) der die Trümmer der Abtei nach dem Erdbeben 1783 zeigt[977]. Wie in einer ruinösen Gruft, wahrscheinlich das ehemalige südliche Seitenschiff, sieht man den Sarkophag und über ihm — eingelassen in die Wand — ein weißes Kreuz mit einem großen, scheibenförmigen Feld in der Mitte. Es dürfte sich um ein marmornes Scheibenkreuz handeln, in dessen Mitteldiskus eine zweite andersfarbige Steinscheibe kleineren Formats eingelassen war. Der Stecher hat die eingravierte Schrift sowohl im Kreisfeld angedeutet als auch auf den Armen des Kreuzes[978]. Die detaillierte Beschreibung Cimaglias und der Stich von 1784 zusammen ermöglichen den Versuch einer Rekonstruktion der aufwendigen Künstlersignatur (Abb. 235A)[979]. Bemerkenswert ist, daß nicht ein Stifter, sondern der Künstler mit seinem Werk dem längst verstorbenen Normannengrafen eine Memorie zu setzen scheint[980].

Was nun eigentlich — außer dem Inschriftenkreuz — jemals Werk des römischen Künstlers gewesen ist, bleib rätselhaft. Auf einem Grundriß der Abteikirche von Ottavio Micosanto aus dem Jahre 1581 geht hervor, daß der Sarkophag an der Wand auf halber Strecke des südlichen Seitenschiffs aufgestellt war[981]. Man erkennt keinerlei Indizien, die für einen architektonischen Aufbau über dem Grab sprechen. Nach dem Erdbeben von 1659 wurde der Sarkophag in den angrenzenden Friedhof gebracht.

---

[975] Merkwürdigerweise stand dieser Sarkophag im 18. Jahrhundert zeitweise im Verdacht ein gotisches Werk zu sein. Cimaglia, der die Gründung der Abtei durch Graf Roger als Fälschung zu entlarven sucht (im Interesse der Kathedrale von Mileto, die der Abtei diese Gründung streitig zu machen suchte) gibt für seine falsche These eine Reihe von stilkritischen Argumenten, die für die Zeit (1762) als erstaunlich gelten müssen: S. 135 nennt er z.B. die gedrehten Ecksäulchen: ,,due colonette striate di disegno Francese".

[976] Vor allem Cimaglia S. 135, der sich beruft auf A. Summonte, Istoria della città e regno di Napoli etc., Napoli 1602 Lit. I S. 484; auch Pacichelli (1693) zitiert von Occhiato S. 115f.; Historica Chronologica (1699) zitiert von Occhiato S. 103ff. Ausführlich auch Faedo, Sepoltura S. 691ff., deren Versuch, die Intervention des Petrus Oderisius im 12. Jahrhundert anzusiedeln, sicher nicht zu halten ist. Die Reste eines Porphyr-Baldachins (?) in der Kathedrale von Nicotera, die sie als Rest des Grabes in Mileto anspricht, können nicht mit dem römischen Künstler in Verbindung gebracht werden. Ihre Inschriftenversion (S. 694) läßt die Werte ,,in memoriam" aus und beruft sich auf Pacichelli, Memorie nuove de'viaggi per l'Europa cristiana, Napoli 1690 S. 82f.

[977] Illustration zu: Storia dei fenomeni del tremuoto avvenuto nelle Calabrie e nel Vallemone nell'anno 1783, posta in luce della R. Accad. delle scienze, Napoli 1784. Siehe auch Occhiato S. 138f. und Abb. 53.

[978] Die Künstlersignatur und der Name des Grabherrn sind so auffällig mit der Form des Kreuzes verbunden, daß man an die Tradition der Signatur im Kreuz denken sollte, die Heinrich Klotz, Formen der Anonymität, untersucht hat.

[979] Die Verteilung der Schrift ist nicht zuverlässig. Natürlich ist in der Rekonstruktionsskizze auch nicht der Versuch gemacht worden, den epigraphischen Charakter ,,nachzuempfinden". Die Zeichnung hält sich an die Beschreibung Cimaglias, vermeidet aber die Verdoppelung des Herrschertitels, der von mir nicht in die inneren Schriftringe, sondern nur in die Balken des Kreuzes eingeschrieben wurde. Wieso Lucia Faedo die Form des Kreuzes barock nennt, ist mir nicht klar. Sie gibt selber (S. 694) eine Reihe von Beispielen früh- und hochmittelalterlicher Inschriftenkreuze.

[980] Es ist auch in Italien ganz ungewöhnlich, daß die Bezeichnung der künstlerischen Autorschaft in dieser Weise mit der inhaltlichen Intention des Auftrages verbunden ist. Man darf wohl schließen, daß der Magister Romanus von der Geistlichkeit des Klosters als Persönlichkeit von gewisser Reputation angesehen wurde.

[981] Occhiato fig. 6 und 7.

1698 stellte man ihn dann wieder (wahrscheinlich am alten Platz) in der Kirche zwischen zwei Säulen auf[982]. Eine lange Inschrift, die den Grafen Roger als Gründer der Abtei rühmt, wurde im Jahre 1700 zusätzlich angebracht[983]. Wo die ursprüngliche Grabinschrift des frühen 11. Jahrhunderts

Linquens terrenas, migravit Dux ad amoenas
Roggerius sedes, nam coeli detinet aedes.

ihren Platz hatte, ist unbekannt; vielleicht in der Einlassung für eine Inschriftenplatte (Abb. 234) auf dem Sarkophagdeckel[984]. Falls Petrus Oderisius einen Grabbaldachin, etwa in der Art des Clemens-Grabes in Viterbo, geschaffen hätte, so müßte dieser schon vor 1581 (vor der Grundrißaufnahme) beseitigt worden sein. Das ist in diesem Erdbebengebiet sehr gut möglich. Die andere Möglichkeit, daß nämlich der Marmorkünstler nur den antiken Sarkophag (aus Rom?) besorgte, vielleicht um ihn als eigenes Werk auszugeben, hat als Idee großen Reiz, ist aber doch sehr spekulativ. Die Verwandlung der Gorgonenhäupter in Kreuze ist so grob ausgefallen, daß eine Arbeit des 13. Jahrhunderts (und des Petrus Oderisius) ausgeschlossen werden kann. Eine solche Adaption liegt ganz allgemein der Kunst der Normannen näher als der der Marmorari Romani. Hat doch Petrus Oderisius selbst einen recht ähnlichen strigilierten Sarkophag mit Scheintür für das Grabmal Clemens IV (Abb. 247, 248) benutzt, aber so, daß er die reliefierte Vorderseite zur Wand drehte, um die glatte Rückseite zur neuen Schauseite zu machen[985].

Völlig ungeklärt ist auch, was den Anlaß gab, nach mehr als 150 Jahren das Grab des Grafen von einem weithergereisten Künstler erneuern zu lassen. So bleibt auch die Datierung offen. Fra Corrado schreibt (um 1290) über Graf Roger „Inde apud Miletum obiit, anno MCI 9. indict. mense Julii, et corpus eius in Ecclesia, quam ipse fundaverat honorifice sepultum est,,[986]. Vielleicht bezieht sich die se Formulierung auf das Grab, das Petrus Oderisius erneuert hatte.

Wer die Auftraggeber waren, läßt sich aus keiner der überlieferten Inschriften erschließen. Wahrscheinlich die Abtei selbst, die sich in ihren Rechten vielleicht schon im 13. Jahrhundert durch die Kathedrale am Ort bedroht sah[987]. Nicht völlig auszuschließen wäre aber auch eine Intervention der neuen französischen Herrscherdynastie. In der Zeit Karl I von Anjou (1266—85) wird die Vermittlung des römischen Künstlers ins tiefe Kalabrien am ehesten über die Kurie und durch den Königshof in Neapel erfolgt sein. Falls dieses Argument zählt, ist es aus historisch-chronologischen Gründen wahrscheinlich, daß das Werk in Mileto später als die Gräber von Westminster (1268/69) und in Viterbo (1269—72) entstanden ist.

Petrus Oderisius in Westminster Abbey, London[988]. Zwei wichtige und datierte Werke der Ausstattung des Sanktuariums von Westminster Abbey kann man mit Petrus Oderisius (bzw. mit seinem Va-

[982] Occhiato S. 106 zitiert aus der Historica chronologica.
[983] Cimaglia S. 135.
[984] Die Inschrift zitiert Cimaglia S. 139 nach G. A. Summonte, Istoria della città e regno di Napoli etc. Napoli 1602 Lib. I S. 484.
[985] Siehe S. 191.
[986] Muratori, S. R. I. Bd. I, S. 278.
[987] Zumindest im 18. Jahrhundert gab es eine heftige Rivalität zwischen der Abtei und der Kathedrale von Mileto, welche der Kirchen denn durch Graf Roger gegründet worden sei. Die Abtei konnte das Grab als handgreiflichen Beweis ihrer Legitimation vorweisen. Um diesen Beweis als Legende und Fälschung zu entlarven, verfaßt Cimaglia seine Abhandlung. Indem er den antiken Sarkophag als gotisch beschreibt, möchte er nachweisen, daß es sich um das Grab des Grafen Ruggiero Sanseverino (gest. 1382) oder Ruggiero Sanseverino IV, Graf von Tricario und Doge von S. Marco (gest. 1490) handele. Ironischerweise waren die Gräber dieser Familie, von denen noch Skulpturenreste (Tugenden) vorhanden sind, in einer Kapelle der Kathedrale am Bischofspalast aufgestellt. (F. Pititto, Per la consecrazione della Cattedrale di Mileto, Vibo Valentio 1930 zitiert nach unveröffentlichen Erinnerungen von Piperni). In Formen des fortgeschrittenen Trecento sind diese so grundsätzlich andersartig, daß der antike Sarkophag kaum zu dieser Gräberreihe gehört haben dürfte. Es handelt sich bei dem Grab in der Abtei wirklich um das Grab des Gründers.
[988] Lit.: John Flete, The History of Westminster Abbey, ed. by J. Armitage Robinson (Notes and Documents Relating to Westminster Abbey 2), Cambridge 1969; W. Camden, Reges, reginae, nobiles et alii in Ecclesia Collegiata B. Petri Westmona-

ter Oderisius) in Verbindung bringen: das Paviment (Abb. 236, 238) im Chor vor dem Hochaltar und das Heiligengrab (Abb. 239) für Edward den Bekenner in der gleichnamigen Kapelle im Chorrund. Die römische Autorschaft ist durch Inschriften nachgewiesen. Im Paviment des Chores war auf den rahmenden Marmorbändern und -schlingen des Fußbodenornaments (Abb. 237) mit eingelassenen Messingbuchstaben eine Anspielung auf den Makrokosmos, die Sphären des Universums und auf das Alter der Welt zu lesen[989]. Daran anschließend als kleines Rechenkunststück die Datierung, die Namen der Stifter und des Künstlers:

Christi milleno bis centeno duodeno
cum sexageno, subductus quatuor, anno.
Tertius Henricus rex, urbs, Odoricus et abbas
hos compegere porphyreos lapides[990].

Im Jahre 1268 fügten König Heinrich III, urbs (= Rom), Odoricus und der Abt diese Porphyrsteine zusammen. Daß urbs für Rom steht und Odoricus als Name unseres römischen Marmorarius zu gelten hat, wird später nachgewiesen[991]. Die Inschrift ist in alten Abschriften zuverlässig überliefert. Von den Messingbuchstaben haben sich bis in unsere Zeit nur noch wenige erhalten[992].

Eine zweite Inschrift findet sich — auch heute zum Teil noch lesbar — am Hochgrab des Hl. Edward (Abb. 246) in einem Mosaikstreifen am Abschlußgesims[993]:

sterii sepulti, London 1600; John Weever, Ancient Funeral Monuments within the United Monarchie of Great Britains etc., London 1631; R. Widmore, An History of the Church of St. Peter, Westminster 1751; Horace Walpole, Anecdotes of Painting in England. etc. New Ed. by R. N. Wornum, London 1888 Bd. I; R. Ackermann, The History of the Abby Church of St. Peter's, Westminster. Its Antiquities and Monuments, 2 Bde. London 1812; E. W. Brayley und J. P. Neale, The History and Antiquities of the Abbey Church of St. Peter, Westminster 1823; George Gilbert Scott (and W. Burges) Gleanings from Westminster Abbey, Oxford/London 1863. Darin besonders der Abschnitt von W. Burges, The Mosaic Pavements; Frothingham, 1891 S. 38ff.; G. Rossi, Ricerche sull'origine; G. A. Sartorio, I marmorari Romani nella chiesa di Westminster Abbey, Roma 1896; H. J. Feasey, J. T. Mickleswaite, E. Bell, Westminster Abbey Historically Described, London 1899 S. 93ff.; Mary F. S. Hervey, Holbein's Abassadors, London 1900 S. 225ff.; F. Bond, Westminster Abbey, London 1909; Lethaby, King's Craftsmen; C. Formilli, The Monumental Work of the Cosmati at Westminster Abbey, in: Journal of the Royal Institute of British Architects, 1910 S. 69ff.; W. R. Lethaby, The Confessor's Shrine at Westminster Abbey Church, in: Archaeological Journal 1911; M. F. Westlake, Westminster Abbey, 2 Bde. London 1923; Royal Commission on Historical Monuments. England. M. R. James: Westminster Abbey (An Inventory of the Historical Monuments in London 1) London 1924; Lethaby, Westminster Abbey; Keller, Il sepolcro S. 237ff.; Keller, Die Entstehung S. 277; J. Perkins, Westminster Abbey. Its Worship and Ornaments (Alcuin Club Collections 33) 2 Bde. Oxford und London 1938; Toesca, Trecento S. 363f.; Hutton S. 23ff.; N. Pevsner, The Buildings of England, London 1, 1957, 1962²; White, Art and Architecture S. 57; Bauch, Anfänge S. 252ff.; Monferini, Pietro di Oderisio S. 40ff.; J. G. Neilly und L. E. Tanner, The Shrine of St. Edward the Confessor, in: Archaeologia 100, 1966 S. 129ff.; H.-J. Kunst, Der Chor von Westminster Abbey und die Kathedrale von Reims, in: Zs. f. Kg. 31, 1968 S. 122f.; Ladner, Papstbildnisse II S. 152, 158; Kier, Schmuckfußböden S. 32; Gardner, Arnolfo S. 424; K. Hoffmann, Hans Holbein d. J.: Die „Gesandten", in: Festschrift Georg Scheja, Siegmaringen 1975 S. 133ff.; S. H. Wander, Westminster Abbey: A Case Study in the Meaning of Medieval Architecture, Diss. Standford University 1975 (mir nicht zugänglich); ders.: The Westminster Abbey Sanctuary Pavement, in: Traditio 34, 1978 S. 137ff.; N. Coldstream, English Decorated Shrine Bases, in: Journal of the British Archaeological Association 129, 1976 S. 15ff.; Bauch, Anfänge S. 253ff.; Bauch, Grabbild S. 142; R. Hamann-MacLean, Das Freigrab, in: Zeitschrift des Deutschen Vereins für Kunstwissenschaft 32, 1978 S. 125f.; Claussen, Goldschmiede S. 63ff.

[989] Siehe unten S. 180f.

[990] Flete, ed. Robinson S. 113f.; Lethaby, King's Craftsmen S. 310ff.; Lethaby, Westminster Abbey S. 317ff.; Wander, S. 137ff. mit ausführlicher Bibliographie.

[991] Siehe unten S. 181.

[992] Lethaby, Westminster Abbey S. 317ff. und Wander S. 137ff. Man kann aber an den Einstecklöchern der Metallbuchstaben überprüfen, daß der von Flete überlieferte Text zuverlässig ist.

[993] Widmore (1751) S. 74ff.; Lethaby, King's Craftsmen S. 320ff. (statt sexageno septuageno); Lethaby, Westminster Abbey, S. 317ff.; O'Neilly und Tanner S. 129ff.; Richard Sporley (Brit. Mus. Cotton Claud. A III) liest allerdings statt sexageno — septuageno. So kommt er zu einer Datierung 1279, die Lethaby übernimmt. Da Heinrich III (gest. 1272) als Stifter signiert und die Translatio des Heiligen und Schlußweihe des Chores für 1269 überliefert ist, kann man davon ausgehen, daß die Inschrift das Datum 1269 genannt hat.

ANNO MILENO DOMINI CUM SEXAGENO ET BIS CENTENO CUM COMPLETO QUA-
SI DENO — HOC OPUS EST FACTUM QUOD PETRUS DUXIT IN ACTUM — ROMA-
NUS CIVIS. HOMO CAUSAM NOSCERE SI VIS — REX FUIT HENRICUS SANCTI
PRESENTIS AMICUS

Kurz vor 1270 (= 1269) ist dieses Werk gemacht worden, das Petrus, Bürger von Rom, ausgeführt
hat. Mensch willst Du die Ursache wissen, König ist Heinrich gewesen, der Freund des hier gegenwärtigen Heiligen.

Die Vorgeschichte des 1245 von Heinrich III begonnen Neubaus der Abteikirche und seine Bedeutung als Krönungskirche und Grablege des englischen Königshauses kann hier nur angedeutet
werden[994]. Ebenso die Beziehungen, Interessen und Hoffnungen, die Heinrich III um 1260 mit Rom
verbanden. Interessen, die vielleicht den ungewöhnlichen Schritt mit bestimmt haben, römische Kunst
und römische Künstler zu importieren. Schlüsselfigur und Agent dieses Unternehmens ist Abt Richard
de Ware von Westminster, der 1260 — ausgestattet mit großen finanziellen Mitteln — nach Rom
kommt[995]. Ob er schon zu dieser Zeit Steinmaterial und Marmorari in Rom einkauft, wie John Flete
im 15. Jahrhundert annahm, ist nicht gesichert, aber möglich[996]. Er hätte diese Aufträge dann aber
aus der eigenen Tasche bezahlen müssen. Der Neubau von Westminster wurde jedoch vom König fi-
nanziert. Wie dem auch sei, Richard de Ware hatte schon 1260 ausgiebig Gelegenheit, die römische
Prachtkunst dieser Zeit kennenzulernen und Ideen für die Ausstattung der eigenen Abteikirche zu entwickeln.

Nachweisen läßt sich eine solche Tätigkeit des Abtes als ,,Kunstagent'' bei seiner zweiten Reise nach
Rom in den Jahren 1267/68. 50 Pfund bekam er 1269 für das Paviment, das er im Auftrag des Königs
für den Chor der Abteikirche in Westminster von der Kurie in Rom mitbrachte[997]. Schon 1267/68
sind Lohnzahlungen *cementariorum pavatorum* am Grab des Hl. Edward bezeugt[998]. Wenn man erst
in dieser Zeit begonnen hat, die Pavimente zu legen und das Heiligengrab zu errichten, muß man mit
Hochdruck gearbeitet haben. 1268 ist das Paviment im Chor (Abb. 236, 238), 1269 das Heiligengrab
(Abb. 239) fertiggestellt, so daß im gleichen Jahre 1269 die feierliche Translozierung des Heiligen und
die Weihe des Chores stattfinden konnten[999].

Das Paviment im Chor ist in jüngster Zeit von Steven H. Wander unter Berücksichtigung der Quellen untersucht und inhaltlich interpretiert worden[1000]. Für alle Fragen nach dem Zustand, den Restaurierungen und nach der Überlieferung der Inschriften kann auf diese zuverlässige Arbeit verwiesen
werden. Durch die Korrosion des Purbeck-Marmors, durch Beschädigung des 18. und Restaurierungen des 19. Jahrhunderts ist der empfindliche Steinfußboden (Abb. 238) in seiner Wirkung stark beeinträchtigt. Da er außerdem gewöhnlich von einer schützenden Abdeckung verborgen wird, ist die
farbige, gestochene Wiedergabe von Ackermann aus dem Jahre 1812 (Abb. 236) bis heute die wichtigste und ästhetisch befriedigendste Reproduktion[1001]. Die Zerstörungen sind dagegen in der zeichnerischen Aufnahme der Royal Commission (Abb. 237) besser nachzuprüfen[1002].

[994] Ausführlicher bin ich auf die Bedeutung von Westminster Abbey und die speziellen Rominteressen des englischen Königshauses zur Zeit Heinrich III eingegangen, in: Pietro di Oderisio und die Neuformulierung des italienischen Grabmals zwischen
Opus Romanum und Opus Francigenum. Erscheint 1987 in den Akten des Kongresses ,,Scultura e monumento sepolcrale del
tardo Medioevo a Roma e in Italia'' Roma (1985).
[995] Dazu ausführlich Westlake I S. 85f.
[996] Flete ed. Robinson S. 113.
[997] O. Lehmann-Brockhaus, Lateinische Schriftquellen zur Geschichte der Kunst in England, Schottland und Wales, München 1956 II Nr. 2854; Westlake I S. 86; Lethaby Westminster Abbey, S. 224. Überliefert ist dieses Dokument in der Patent
Roll 1269. Calendar of the Patent Rolls, Preserved in the Public Record Office. Henry III vol. VI London 1913 (mir nicht
zugänglich).
[998] Lethaby, Westminster Abbey S. 224 (Pipe Roll 1267/68).
[999] Lethaby, Westminster Abbey S. 261, der aus Wykes Chronicle (2. H. 13. Jh.) zitiert.
[1000] Wander, Westminster Pavement, S. 137ff.
[1001] Nach einer Zeichnung von J. White.
[1002] Royal Commission, Westminster Abbey Tf. 26; Siehe auch Wander, Westminster Pavement S. 137ff. und Fig. 4.

Das erhaltene Paviment (Abb. 236, 238) bildet ein Quadrat, das die ganze Tiefe des ersten Chor-
jochs ausnutzt. Seitlich bleiben im Norden und Süden schmale, in anderer Technik gepflasterte Korri-
dore stehen[1003]. Den äußeren breiten Rahmen des Quadrats füllt ein umlaufendes
Kreisschlingenmuster, das jeweils in der Mitte eines Seitenstreifens von einem längsrechteckigen Feld
mit kleinteiliger Ornamentfüllung unterbrochen wird[1004]. Der Rahmen umschließt die geometrische
Hauptfigur: ein gegenüber dem Rahmenquadrat um 45° gedrehtes kleineres Quadrat (Abb. 237). In
die entstehenden vier Eckdreiecke sind Kreise eingeschrieben, die von eine Kreisschlinge an jeder Seite
des eingeschriebenen Quadrates mit diesem verbunden sind. Dieser Makro-Form eines Quadrates mit
vier Trabantenkreisen entspricht eine kleinere Form im Inneren des Quadrates: ein Fünfkreis mit einer
großen Porphyrscheibe (Rota) im Zentrum und vier von Kreisschlingen eingefangene Trabanten. Diese Muster, der Fünfkreis (Quincunx) und das Quadrat mit vier Trabanten sind Bestandteil vieler Cos-
matenpavimente. Ehe die Formen in der zweiten Hälfte des 13. Jahrhunderts sozusagen inflationär
als flächendeckender Dekor eingesetzt werden, bezeichneten sie die wichtigsten Stationspunkte in der
Liturgie der Kirche. Sie stehen in der spätantiken und frühmittelalterlichen Tradition der Porphyr-
Rotae im Paviment, die im byzantinischen Hof- und westlichen Krönungszeremoniell eine große Rolle
gespielt haben[1005].

Das Paviment in Westminster ist in der gleichen Opus Sectile Technik gefertigt, die wir auch in den
römischen Kirchen des 12. und 13. Jahrhunderts antreffen. Allerdings ist statt des weißen spoliierten
Marmors in den rahmenden Formen der dunkle, inzwischen stark korridierte Purbeck-Marmor eingesetzt worden. Was den „Exportauftrag" allerdings von römischen Paviment unterscheidet, ist die er-
lesene Kostbarkeit und Polychromie des Füllmaterials. Neben dem üblichen roten und grünen
Porphyr, giallo antico und weißen Marmor sind — ungewöhnlich für ein Paviment — Glasmosaikstei-
ne verwendet worden. Außergewöhnlich ist auch die Größe und die komplizierte Struktur des Mu-
sters, das allerdings nicht einmalig ist. In der Untersuchung von Dorothy Glass über die
Cosmaten-Pavimente, ist der Schmuckfußboden von Westminster Abbey nicht berücksichtigt. Damit
beraubt sie sich eines wichtigen Argumentes und eines aussagekräftigen und dazu noch fest datierten
Monumentes. Das komplizierte Muster von Westminster ist in Cosmaten-Pavimenten des 13. Jahrhunderts nicht weniger als sieben mal zu finden[1006]. Alle diese Muster des Westminster-Typus zweifelt
Dorothy Glass grundsätzlich an und glaubt an eine nachmittelalterliche Fiktion[1007]. Die Begründung
für diese Skepsis, alle diese Pavimente seien restauriert, ist deshalb nicht stichhaltig, weil etwa 95 %
aller Cosmaten-Böden in nachmittelalterlicher Zeit erneuert oder ausgeflickt wurden. Von ihrem Dik-
tum „I am unwilling to place the design among original Cosmatesque pavements" müßte auch der
Chorboden von Westminster Abbey betroffen sein, den sie allerdings nicht erwähnt. Daß dieser 1268
entstanden ist, kann gar nicht bezweifelt werden. Nicht nur die Inschriften, auch die sehr genaue
Chronistik seit dem 15. Jahrhundert lassen keinen Zweifel daran. Schließlich hat 1533 Hans Holbein

[1003] Hier können zu besonderen Anlässen (Krönungen) Bänke oder Tribünen aufgebaut worden sein.

[1004] Wahrscheinlich sind diese Rechteckfelder von Anfang an als Grabstätten geplant gewesen. Hier hat jedenfalls der Bauherr, Abt Richard de Ware, sein Grab gefunden. Siehe unten Anm. 1008.

[1005] In der römischen Peterskirche mußte sich z.B. der zum Kaiser zu krönende König auf einer bestimmten Porphyr-Rota
im Mittelschiff nahe dem Mittelportal aufstellen. Siehe dazu Glass, Papal Patronage und M. Andrieu, La „Rota porphyretica"
de la Basilique Vaticane, in: Mél. Ec. Franc. 66, 1954 S. 189ff. In der Zeit der Gegenreformation versuchte man im Neubau
von St. Peter wieder an diese Tradition anzuknüpfen. Siehe Andrieu S. 208ff. Das Steinmaterial Porphyr ist noch im Mittelalter
wie in der Antike ein kaiserliches Material von höchstem Prestige. Vgl. dazu Deér, Porphyry Tomb und Delbrueck, Antike
Porphyrwerke.

[1006] In Rom S. Marco (Glass BAR S. 104ff.), S. Francesca Romana (Glass BAR S. 92f. „I know of no original Cosmatesque
pavement having such a design"), S. Crisogono (Glass BAR S. 87f.); Città-Castellana, Dom (Glass BAR S. 63f.); Genazzano,
S. Nicola (Glass BAR S. 68f. „The entire design is totally fictitious"); Castel S. Elia, S. Anastasio (Glass BAR S. 61f.); Vetralla, S. Francesco (Glass BAR S. 138).

[1007] Glass BAR S. 6 Anm. 5: „This design is problematical because it does not appear in any completely original pavement.
Quite often, it is not even placed on the longitudinal axis of the church. It is normally made up of a large number of new stones
combined with older material. For these reasons, I am unwilling to place the design among original Cosmatesque patterns".

d.J. seinem Doppelporträt „Die Gesandten" das Zentralstück des Paviments in einer sehr genauen perspektivischen Ansicht unterlegt[1008].

Die Technik, das Muster, der Künstler, z.T. das Material, sind römisch. Und doch gibt es tiefe Unterschiede, die das Paviment zu einer Ausnahmeerscheinung machen und in seiner inhaltlichen Bedeutung über alle erhaltenen römischen Beispiele stellen. Ein äußerer Anhaltspunkt: das Muster ist größer als alle erhaltenen römischen. Es füllt fast die gesamte Mittelschiffsbreite aus. In Rom dagegen konzentrieren sich die Muster auf die schmale Prozessionsstraße zum Altar hin, die nur im Langhaus durch einen großen Fünfkreis und einen kurzen Querarm zwischen den Ambonen in der Schola Cantorum unterbrochen wird. In Westminster ist dagegen das Chorjoch in seiner vollen Tiefe von einem einheitlichen, zentralisierenden Muster erfüllt. In dem gotischen System ist der Raum also nicht Freiraum der liturgischen Inszenierung. Er ist vielmehr bestimmt durch die Jochgrenzen, d.h. im Grunde durch die Gliederung des Gewölbes. Es ist zu bedauern, daß das ursprüngliche Paviment im Altarjoch nicht erhalten oder freigelegt ist[1009]. Ohne die Lösung für dieses stark queroblonge Joch zu kennen, muß die Gesamtbeurteilung des römischen Paviments im Sanktuarium von Westminster Stückwerk bleiben.

Ein zweiter grundsätzlicher Unterschied betrifft die Bedeutung des Paviments[1010]. Durch die Beischriften ist ihm ein kosmologischer Sinn aufgelegt worden[1011]. Seine geometrischen Formen sind Abbild des Makrokosmos, der Sphären und der Zeit. Nirgends in Italien ist ein Hinweis dafür zu finden, daß den Fußbodenmustern eine derartige symbolische Bedeutung zukommt. Ich hielte es für methodisch verfehlt, wenn man von dem englischen Beispiel ausgehend die symbolische Sprache der mittelal-

---

[1008] Das Paviment in Holbeins Bild ist m.E. ein Memento Mori. Möglicherweise ist ein Hinweis auf die Vergänglichkeit der Welt von Beginn an durch die Inschrift über das Alter der Welt intendiert gewesen. Vgl. Anm. 1011. Das Paviment war jedenfalls bevorzugter Begräbnisort für die Äbte von Westminster. Der Erbauer des Paviments, Abt. Richard de Ware, fand 1283 sein Grab laut Inschrift unter den Steinen, die er aus Rom mitgebracht hatte. Flete ed. Robinson S. 115 „Abbas Richardus de Ware qui requiescit hic portat lapides quos huc portavit ab urbe". Vgl. auch S. 178. Im 14. Jahrhundert sind an dieser Stelle weitere Äbte (Richard Kadyngton 1315, Thomas Henley 1344) begraben worden. Flete S. 122 und 126. Im 16. Jahrhundert (und wahrscheinlich schon früher) wurden große Castra Doloris für die Begräbnisse auf dem Paviment errichtet. Das für Abt John Islip ist in einer Zeichnung überliefert. Zarnecki, Westminster Abb. 6; R. Haussherr, Triumphkreuzgruppen der Stauferzeit, in: Zeit der Staufer V, Stuttgart 1979 s. 131ff. Abb. 65; W. H. St. John Hope, The Obituary Roll of John Islip, in: Vetusta Monumenta VII part IV, London 1906. Die sehr qualitätvolle Zeichnung könnte aus Holbeins Umkreis stammen. Holbeins „Gesandten" sind jedenfalls fast zur gleichen Zeit in Auftrag gegeben worden, m.E. unter dem Eindruck der eindrucksvollen Totenfeiern in Westminster. Zu dem Bild gibt es zwei wichtige Veröffentlichungen, die zwar das Paviment richtig identifizieren, aber die Konnotation eines Memento Mori nicht bemerkt haben: Mary S. Hervey, Holbein's „Ambassadors". The Picture and the Men, London 1900 und Konrad Hoffmann, Hans Holbein d. J.: Die „Gesandten", in: Festschrift für Georg Scheja, Sigmaringen 1975 S. 133ff.

[1009] Vgl. S. 178f. und die Angaben über Restaurierungen bei Wander, Westminster Pavement S. 138.

[1010] Dazu ausführlich Wander, Westminster Pavement S. 137ff. Vgl. auch Anm. 1011.

[1011] Lethaby, King's Craftsmen S. 310ff.; Wander S. 137ff. gibt eine ausführliche Überlieferungsgeschichte der Inschriften und folgende korrigierte Version:

Si lector posita prudenter cuncta revolvat,
hic finem primi mobilis inveniet.
sepes trima; canes et equos hominesque subaddas,
cervos et corvos, aquilas, immania cete,
mundum: quodque sequens preeuntis triplicat annos.
Sphericus archetypum, globus hic monstrat macrocosmum.

Es folgt die Datierung und Stifterinschrift. Siehe S. 177. Eine an Wander orientierte Übersetzung ins Deutsche könnte so lauten:
Wenn der Leser alles, was hier gelegt ist, klug erwägt,
wird er hier das Ende des primum mobile finden.
Das Feld lebt drei Jahre, füge Hunde und Pferde und Menschen hinzu
Hirsche und Raben, Adler und riesige Walfische,
die Welt: für jedes das folgt verdreifache das Vorhergehende.
(Das Alter der Welt ist demnach 19854 Jahre)
Die Sphäre zeigt den Archetypus, dieser Globus zeigt den Makrokosmos.

terlichen Ornamentik im römischen Gebiet zu dechiffrieren versuchte. Daß auch in römischen Mustern ein Stolz auf geometrisches Wissen, mathematische Proportionen und Zahlensymbolik zum Ausdruck kommt, ist bisher nicht untersucht, spielt aber eine große Rolle. Nur bleibt das in der Sphäre des Künstlerischen. Theologen haben sich m.W. nicht die Mühe gemacht, diese Formen auszudeuten. Genau das ist aber in England geschehen. Vielleicht ist es erlaubt, sich die Besonderheiten des Auftrages und des Anspruchs, den Auftraggeber und Künstler mit diesem verbanden, in folgender Vereinfachung vorzustellen: Der römische Marmorarius reiste mit kostbaren Steinen, Mosaiken und seinem römischen ,,Musterkoffer" an und sah sich einem hohen Anspruch gegenüber, der an seine Kunst gestellt war. Die Bedingungen, unter denen er zu arbeiten hatte, unterschieden sich wahrscheinlich erheblich von denen seiner Heimat. Er mußte sich erstens einem durchrationalisiertem Architektursystem einfügen, das nach Gewölbejochen organisiert war. Zum zweiten mußte er sicher einen Entwurf oder ein Modell seines Bodens vorlegen, der von den begutachtenden Geistlichen zum Anlaß genommen wurde, anhand der vorliegenden geometrischen Formen ein kosmologisches Modell aufzulegen. Der Römer versuchte, dem hohen Anspruch zu genügen, indem er das komplizierte Muster seines Repertoires in die größten Dimensionen, in denen jemals ein Cosmaten-Muster ausgeführt wurde, übertrug und kostbares Material (z.B. Goldmosaik) verwandte. Es ist also mit Sicherheit nicht so, daß der Marmorarius den Auftrag erhielt, ein geometrisches Modell des Kosmos zu entwerfen — sondern umgekehrt: der Römer holt aus seinem ,,Musterkoffer" einen Entwurf, der in Rom schon mehrfach ausgeführt worden war und auf Formen beruht, die eine alte Tradition haben. Erst als das Muster vorliegt, setzt die theologische Exegese ein, die wiederum nicht Selbstzweck ist, sondern mit ihrer Ikonologie einer Idee des Universums auf anspruchsvolle Weise dazu dient, den Platz vor dem Hauptaltar der Königsabtei vor allen anderen auszuzeichnen.

In der Signaturformel nehmen der stiftende König und der Abt die Worte Urbs und Odoricus in ihre Mitte, so als seien die Stadt Rom und der Künstler mit ihren Beiträgen an der Ausführung gleichsam Mitstifter. Urbs als Bezeichnung für Rom ist im Mittelalter sehr gebräuchlich und hier besonders naheliegend, da das Material des Paviments ja durch den Abt nachweislich in Rom besorgt wurde[1012]. Odoricus ist der Vatername des am Heiligengrab signierenden Petrus Civis Romanus[1013]. Schon Richard Sporley hat 1460 den Text in dieser Weise kommentiert: Urbs erklärt er als Roma, Odoricus als den caementarius[1014]. Allerdings ist bisher nicht sicher zu entscheiden, ob Petrus Oderisius selbst auch das Paviment gelegt hat. Wenn er dort als Petrus firmiert hätte, so wäre das mißverständlich gewesen. Schließlich ist die Abtei von Westminster Petrus geweiht. So kann es sehr gut sein, daß man hier nur seinen Bei- oder Familiennamen genannt hat. Die andere Möglichkeit ist die, daß ein zweites Mitglied der Familie mit Petrus nach London gekommen ist, vielleicht Oderisius Stephani, der mutmaßliche Vater des Petrus. Dieser hat auch in Rom Pavimente signiert, während Petrus uns ausschließlich als Autor von Grabmälern bekannt ist.

D a s   H o c h g r a b   E d w a r d   d e s   B e k e n n e r s . Hinter dem Hochaltar liegt in den beiden östlichen Jochen des Chores die Kapelle des Hl. Edward. Genau unter dem Schlußstein des Chorhauptes ist das Heiligengrab (Abb. 239) errichtet, das gleichzeitig den Unterbau für den ehemaligen Goldschmiedeschrein des Heiligen bildete[1015]. Die komplizierte Planungsgeschichte von Grab und Schrein ist schon an anderer Stelle erwähnt worden[1016]. Für die Quellen über die Zerstörung des Grabes in der Zeit Heinrichs VIII und die anschließende Rekomposition der erhaltenen Teile kann auf die Untersuchung von J. G. O'Neilly und L. E. Tanner verwiesen werden[1017]. Daß die Rekonstruk-

---

[1012] In der Grabinschrift des Richard de Ware wird Rom genauso bezeichnet: ... hic portat lapides quos huc portavit ab urbe. Flete ed. Robinson S. 115.

[1013] Siehe dazu S. 176ff.

[1014] Flete ed. Robinson S. 113f., Anm. 29.

[1015] Siehe den Grundriß von Brayley und Neale in Wander, Westminster Pavement Fig. 1.

[1016] Siehe S. 177f. Vgl. auch Claussen, Goldschmiede S. 63ff.

[1017] O'Neilly und Tanner, The Shrine S. 129ff.; Wichtig auch Lethaby, King's Craftsmen, S. 320ff.

tion Unstimmigkeiten aufweist, sieht jeder aufmerksame Betrachter. Ob allerdings der zeichnerische Rekonstruktionsversuch der beiden Autoren in allen Punkten akzeptiert werden kann, soll dahingestellt bleiben. Jedenfalls kann man feststellen, daß das Grab in wesentlichen Punkten der originalen Disposition entspricht.

Die Datierung 1269 und die Signatur des *Petrus Civis Romanus* haben wir schon erwähnt[1018]. Im Folgenden soll der Nachweis geführt werden, daß es sich bei diesem Künstler um Petrus Oderisius handelt. Im 18. Jahrhundert hatte Horace Walpole den römischen Künstler mit Petrus Cavallini, dem er ein großes, aber völlig fiktives Oeuvre zuschrieb, gleichgesetzt[1019]. Daß der Maler Cavallini sich in London als Marmorarius versucht hat, liegt völlig abseits jeder Wahrscheinlichkeit. Im späten 19. Jahrhundert sind dann Stevenson, Boni und Sartorio darauf gekommen, daß der in der Westminster signierende Petrus mit dem Petrus Oderisius identisch ist, der das Grab Clemens IV in Viterbo signiert hat. Das Hauptargument war der Name Odoricus, den das Paviment nennt. Diese These war — obwohl eine eingehendere Begründung bis heute aussteht — allgemein akzeptiert, bis Julian Gardner sie in Zweifel zog[1020]. Er glaubte, mit dem Mythos aufräumen zu müssen, daß Petrus Oderisius der Schöpfer des Edwardgrabes sei[1021]. Ein Argument dabei ist der zeitliche Widerspruch zwischen dem Todesdatum des Papstes — 1268 — und der Datierung des Heiligengrabes 1269. Petrus Oderisius habe 1269 garnicht in London sein können, weil er an dem Papstgrab in Viterbo gearbeitet habe. Dieser Widerspruch ist aufzulösen.

Clemens IV starb am 29. November 1268. Sein Tod kam überraschend. Auch wenn man sich sehr beeilte, kann sein Grab erst im Laufe des Jahres 1269 begonnen worden sein[1022]. Auch scheint mir die Form der Datierung „quasi deno" dafür zu sprechen, daß die Inschrift des Grabes in Westminster in den späten 60er Jahren des 13. Jahrhunderts entstand; möglicherweise nicht erst 1269, sondern schon 1268 wie das Paviment. 1269, bei der Translatio, war das Grab jedenfalls benutzbar. Petrus Oderisius kann zu diesem Zeitpunkt schon in Viterbo gewesen sein. Wenn 1267/68 Arbeiten am Paviment um das Heiligengrab bezahlt werden, so können damit eigentlich keine Arbeiten am alten Grabplatz Edwards in der Vierung des alten Baues gemeint sein, sondern nur solche, in der neuen Edwardskapelle[1023]. 1267/68 ist das neue Edwardsgrab also im Bau. Es mag sogar beim Tode Clemens IV Ende 1268 nahezu vollendet gewesen sein.

Das zweite Argument Julian Gardners beruft sich auf eine lange bekannte Notiz der Annalen des Nicolaus Trivet (1258/65 — nach 1334) für das Jahr 1280[1024]. Dort wird berichtet, König Edward I (1272—1307) sei in diesem Jahr *de partibus Gallicanis* mit kostbaren Steinen zurückgekehrt, mit denen er das väterliche Grab herrichten wollte[1025]. Gardner bezog diese Nachricht zunächst auf das Heiligengrab, das *Petrus Civis Romanus* signiert hat. Das väterliche Grab ist aber nicht das Edward des Bekenners sondern natürlich das König Heinrichs III (Abb. 240, gest. 1272), des Vaters von Edward I. Nach dem Willen des verstorbenen Erneuerers der Abtei von Westminster sollte es in unmittelbarer Nähe des Edwardgrabes und -schreines in der Edwardskapelle errichtet werden[1026].

[1018] Siehe S. 178.

[1019] Horace Walpole, Anecdotes of Painting in England with some account of the principal artists. With additions by the Rev. James Ballaway etc., New ed. by Ralph W. Wornum, London 1888 I S. 16ff.

[1020] Gardner, Arnolfo S. 424.

[1021] Gardner, Arnolfo S. 424: „Having established this point, it is necessary to discredit a myth. Pietro di Oderisio is not identical with the Italian mason Petrus who worked in Westminster Abbey and therefore he cannot have derived the idea of the canopied gothic tomb from English models".

[1022] Vgl. dazu S. 185ff.

[1023] Lethaby, King's Craftsmen S. 328 (aus der Pipe Roll 1267/68) Lethaby, Westminster Abbey S. 224.

[1024] Gardner, Arnolfo S. 424.

[1025] F. Nicholas Triveti de Ordine Praedicatorum Annales, ed. T. Hog, London 1845 S. 301: 1280. Edwardus rex hoc anno reversus de partibus Gallicanis de lapidibus jaspidum, quos secum attulerat, patrum fecit reparari sepulcrum". Siehe Lethaby, King's Craftsmen, S. 326f. und Westlake S. 460, der sich auf Rishanger, Rolls S. 99 bezieht.

[1026] Lethaby, Westminster Abbey S. 276.

Bis dieses Grab errichtet war, hatte man den König in das — durch die Translatio freigewordene — Grab Edwards des Bekenners in der alten Vierung gelegt. Die Nachricht aus dem Jahr 1280 kann sich also entweder auf eine Ausschmückung dieses provisorischen Grabes beziehen oder aber — wahrscheinlicher — den Baubeginn des neuen Grabes markieren.

Wie ich an dieser Stelle nur andeuten kann, ist das Grab Heinrichs III nicht in der ersten Phase des römischen Einflusses unter Petrus Oderisius entstanden, sondern etwa zwanzig Jahre später als Werk Arnolfo di Cambios, bzw. seiner Werkstatt[1027]. Das beweisen nicht nur die Übereinstimmungen in Proportion und Ornamentik mit dem Grab Hadrians V in Viterbo (Abb. 269), das in den 80er Jahren entstanden ist. Auch die hohe Qualität der Zeichnung des Ädikularahmens und Giebels (Abb. 241) geht in verblüffender Weise mit Arnolfos Presepe-Altar von 1291 in S. Maria Maggiore (Abb. 242) zusammen. 1287 soll der Leichnam König Heinrichs III. in das neue Grab transferiert worden sein[1028]. Das Herz wurde der Abtei Fontevrault erst 1291 übergeben[1029]. Im gleichen Jahr vollendete der Londoner Goldschmied William Torel die Messingplatte des Grabes (Abb. 241) mit dem Grabbild des Königs[1030]. Es gibt eine Nachricht, die darauf hindeutet, daß noch 1290 ,,Cosmati-Künstler'' in Westminster arbeiteten[1031].

Wir erkennen also zwei Wellen römischen Einflusses, die höchst unterschiedlichen Charakter haben. Julian Gardner verwechselt die erste unter Petrus Oderisius (1267—69) mit der zweiten unter Arnolfo di Cambios Einfluß (1280—91). Damit entfallen auch alle historischen Argumente, die gegen die Identität des *Petrus Civis Romanus* mit Petrus Oderisius zu sprechen schienen.

Was gibt es aber außer den Signaturen für positive Merkmale, die eine künstlerische Identität — in Westminster und in Viterbo — wahrscheinlich machen. Ich möchte nur auf ein gemeinsames Merkmal verweisen, das in diesem Zusammenhang hohe Beweiskraft hat[1033]. Vergleicht man das Heiligengrab (Abb. 239) in Westminster mit dem Grab Clemens IV in Viterbo (Abb. 232, 247), das Petrus Oderisius mit seinem vollständigen Namen signiert hat, so fallen in beiden Fällen die hohen Sockelgeschosse auf, die durch spitzbogige Dreipaßarkaden gegliedert sind. Daß der Eindruck der drei tiefen Nischen an der Längsseite in Westminster ein völlig anderer ist als der der sechsgliedrigen Blendarkatur in Viterbo soll dabei nicht verschwiegen werden. Wir werden sehen, daß diese Verschiedenheit Gründe hat, die aus den jeweils verschiedenen Auftragsbedingungen resultieren. Die Hintergrundswand dieser Arkaden oder Nischen in Westminster (Abb. 244, 245) ist mit sehr eigentümlichen, ehemals mosaikinkrustierten Mustern geschmückt, die wie Orthostaten in die hochrechteckigen Felder eingepaßt sind. Es sind zu einem großen Teil Motive des ,,Cosmaten''-Repertoires, über die sich in sehr dünnstäbigem Relief ein gotisches Fenstermaßwerk legt. Mehrmals kommen unter den Ornamen-

[1027] Ausführlicher dazu mein Beitrag ,,Pietro di Oderisio''. Zitiert in Anm. 994.

[1028] Westlake, Westminster Abbey S. 460. Er belegt das mit einer Urkunde des Archivs in Westminster, die ich nicht nachprüfen konnte: W. A. M. Domesd. Chart. f. 398b.

[1029] Bond, Westminster Abbey S. 242.

[1030] Siehe Lethaby, King's Craftsmen S. 326f.; Bond, Westminster Abbey S. 242.

[1031] Scott/Burges, Gleanings S. 136. Bezahlt wurden aus der königlichen Schatulle drei Säulen, die um das Heiligengrab errichtet wurden, an den Mönch Reymond of Wenlock, der sie anfertigen ließ. Ich nehme an, daß die drei stark tordierten Ecksäulen des Edward-Grabes mit ihren Mosaikinkrustationen (Abb. 256) Gegenstand des Auftrages waren. Es würde sich dann um Ergänzungs- oder Reparaturarbeiten handeln. Die starke Torsion wäre 1268/69 eher ungewöhnlich, entspricht aber Werken, die um 1290 entstanden sind, z.B. dem Magdalenenaltar von S. Giovanni in Laterano in Rom (Abb. 280) oder dem Grab Heinrich III in Westminster (Abb. 240). Hinzuweisen ist noch auf einige stark beschädigte Grabmäler von Angehörigen des englischen Königshauses in Westminster Abbey, die in bescheideneren Formen die Tradition der Mosaikinkrustation des Heiligen- und Königsgrabes fortführen. Ob es sich hier um Werke römischer Kräfte handelt oder solche englischer Nachahmer (wie Lethaby annimmt), wäre zu untersuchen. Lethaby, King's Craftsmen D/ S. 314ff.; Lethaby, Westminster Abbey S. 226ff.; auch Westlake, Westminster Abbey S. 459 und Abb. gegenüber S. 4.

[1033] Eine Auseinandersetzung mit den unterschiedlichen Lösungen, die durch sehr verschiedenartige Ansprüche bei Petrus Oderisius innovativ ,,freigesetzt'' wurden, wird S. 184ff. und S. 191ff. versucht.

ten sog. Treibriemenmuster (Abb. 245) vor, just die gleichen Formen, die die Sockelarkaden des Grabes in Viterbo (Abb. 232) füllen und hier, gut vergleichbar, in dem abschließenden Dreipaß-Maßwerk
aufgehen. Diese Übereinstimmung ist kein Zufall. Sie muß als Rezept eines Künstlers angesehen werden, das sich zum zweitenmal bewähren soll. Nicht etwa in dem Sinne, daß das Papstgrab in Viterbo
einfach als logisches Derivat des Heiligengrabes in Westminster zu verstehen sei. Ganz im Gegenteil.
Wir werden im Folgenden sehen, wie sich aus der höchst unsicheren Anpassung an die Erwartungen
seiner Auftraggeber in London eine sehr freie, eigenschöpferische Kunst des Petrus Oderisius in dem
Moment entwickelte, in dem nicht römischer Materialprunk, sondern die Kenntnis nördlicher Gotik
gefordert war.

Die Aufgabe, vor die sich Petrus Oderisius in London gestellt sah, war in Rom unbekannt. Wenn
man von der (wohl spätantiken) Tumba des Hl. Laurentius in der Krypta des 13. Jahrhunderts in S.
Lorenzo fuori le mura absieht, ist in Rom kein Hochgrab eines Heiligen erhalten[1034]. Schon gar nicht
eines, unter das Pilger anbetend gelangen konnten[1035]. In einer im Norden Europas weit zurückrei-
chenden Tradition war für das Grab in Westminster nämlich ein Unterbau gefordert, der es ermöglichen sollte, bis direkt unter den Leichnam des Heiligen zu gelangen[1036]. Gleichzeitig mußte das Grab
Plattform eines großen Goldschmiedeschreins und des dazugehörigen Schutzgehäuses sein. Reliquien-
schreine sind m.W. bis in diese Zeit in Rom ebenfalls unbekannt. Gefordert war außerdem eine Au-
ßenhaut des Grabes aus kostbaren Stein- und Mosaikinkrustationen. Deshalb hatte man Petrus
Oderisius schließlich aus Rom geholt. Und dieser konnte gar nichts anderes tun, als sich etwas Neues
einfallen zu lassen, das allen diesen Ansprüchen Genüge tat. Man kann auf der Seite des Künstlers
außerdem davon ausgehen, daß er von der ihn umgebenden gotischen Architektur tief beeindruckt
war und nun beweisen wollte, daß er auch auf diesem Feld kompetent war. Das Ergebnis ist eine
höchst eigenwillige aber für die Anbetung der Pilger sehr zweckmäßige Konstruktion aus ineinander
verzahnten Marmorplatten (Abb. 239, 244), einer merkwürdigen und völlig einzigartigen Form einer
,,Kartenhaus-Architektur''. Die Dekoration wirkt zwitterhaft. Sie verbindet zaghaft gotische Formen,
die in ihrer Dünnstäbigkeit seltsam kraftlos wirken, mit römischer Mosaikinkrustation und ihren Mustern. Die Marmorwände bilden Gebetsnischen (man ist versucht zu sagen Boxen), in die sich die Gläu-
bigen knien können, so daß jeweils sechs Pilger zur gleichen Zeit ihre Gebete unter dem Grab des
Heiligen verrichten konnten.

Der ,,Kompromiß'', den Petrus Oderisius aus zwei völlig verschiedenartigen künstlerischen Traditionen für sein Werk zu ziehen versucht hat (Abb. 246), ist ästhetisch nicht sehr befriedigend. Dazu
mag der traurige Erhaltungszustand beitragen. Der Purbeck ist ausgefallen oder ausgebrochen. Grobe
Flickstellen erinnern an die Zerstörungen der Reformationszeit. Vielleicht liegt der Hauptgrund unserer ästhetischen Reserve aber darin, daß der Künstler hier eine Architektur in gotischen Formen erfin-
det, die ihrer Definition nach eher Schreinerkunst ist. Die seltsame Vermischung ,,cosmatesker'' und
gotischer Ornamentik trägt zu diesem Eindruck des Ambivalenten und Inkonsequenten bei[1037].

Der Aufenthalt eines oder mehrerer römischer Künstler in England, ihre Reise wahrscheinlich durch
Frankreich, alles das eröffnet sehr interessante kunsthistorische Schlüsse über die Möglichkeiten

---

[1034] Siehe S. 138ff.

[1035] Dazu zuletzt Coldstream, Shrine Bases S. 26ff.

[1036] Vielerorts, wahrscheinlich auch im ,,Urplan'' des Edward-Grabes, ermöglichte eine Öffnung im Unterbau des Grabes
sogar ein Durchkriechen. Vgl. die Darstellung des Edwardgrabes und -schreines aus den 40er Jahren des 13. Jahrhunderts in
der Handschrift ,,La Estoire de Saint Aedward'' (Cambridge, University Library MS. Ee 359f. 65, Ausgabe von M. R. James,
Roxburghe Club 1920; Perkins, Westminster Abbey II S. 46ff.; Lethaby, Westminster Abbey S. 263; O. Elfriede Saunders,
Englische Buchmalerei, Firenze/ München 1927 I S. 95; Freyham, in: JWCI 18, 1955; Claussen, Goldschmiede S. 69 und Abb.
17; Hamann, Hochgrab. Für die englischen Beispiele vor allem Coldstream, Shrine Bases S. 26ff.

[1037] Zum Verhältnis von ,,Opus Romanum'' und ,,Opus Francigenum'' ausführlicher mein Beitrag ,,Pietro di Oderisio'',
zitiert in Anm. 994.

künstlerischen Austauschs im 13. Jahrhundert, über die es sonst mehr Vermutungen als konkrete Nachrichten gibt. Wahrscheinlich war Petrus Oderisius der erste aller römischen Marmorari, der gotische Architektur und Skulptur in den nördlichen Ländern mit eigenen Augen gesehen hat. Sicher war er der einzige, der über einen längeren Zeitraum in unmittelbarer Nachbarschaft einer gotischen Bauhütte gearbeitet hat. Daß er diese Erfahrung schöpferisch umsetzen und weiterentwickeln konnte, beweist das Clemens Grab in Viterbo.

Petrus Oderisius. Das Grabmal Papst Clemens IV (1265—68) in Viterbo (Ehem. S. Maria in Gradi. Im 19. Jh. nach S. Francesco übertragen[1038]. Trotz mehrfachen Ortswechsels, trotz Zerstörung und verfälschender Restaurierungen ist das Grabmal Clemens IV (Abb. 247, 248) in Viterbo ein Schlüsselwerk für die Skulptur und Grabmalarchitektur des Mittelalters in Italien[1039]. Seit das Gesicht des toten Papstes (Abb. 249) in Detailphotographien publiziert wurde, gehört dieses Porträt zum festen Bestandteil des Musée imaginaire. Es ist vor allem das Verdienst Harald Kellers, die innovatorische — und in Mittelitalien bis dahin unbekannte — Kraft der realistisch wirkenden Physiognomie und die beispielgebenden Qualitäten der Giebelarchitektur erkannt zu haben[1040]. Für den Realismus des Porträts glaubte Keller Vorbilder an der Kathedrale von Reims aufzeigen zu können. Folglich nahm er eine Schulung des Meisters in Frankreich an[1041].

[1038] Giacinto de Nobili, Chronaca Conventus Gradensis, 1616. Manuskript Viterbo, Bibl. Comunale (siehe Signorelli); Daniel Papenbroeck, Conatus chronico-historicus ad Catalogum Romanorum Pontificum, Antwerpen 1685 S. 55. Abgedruckt in AA. SS., Propylaeum ad septem tomus Maji, Paris/Rom 1868 S. 25ff.; F. Bussi, Istoria della città di Viterbo, Roma 1742 S. 157f., 163f., 411f.; Francesco Salmini, Chronologica Gradensis, seu Conventus S. Mariae ad Gradus de Viterbo, 1706. Manuskript (Siehe Cristofori); Mothes, S. 601, 685; Schulz, Denkmäler II S. 352; Rossi, Ricerche sull'origine S. 45ff. (Mausoleo di Clemente IV); Frothingham 1889 S. 182ff.; ders. 1891 S. 38ff.; G. A. Sartorio, I marmorari romani nella chiesa di Westminster Abbey, Roma 1896; F. Cristofori, Le tombe dei Papi in Viterbo e le chiese di S. Maria in Gradi di S. Francesco e di S. Lorenzo. Memorie e documenti sulla storia medioevale Viterbese, Siena 1887; E. Pinzi, Storia della Città di Viterbo II, Roma 1889 S. 243ff.; G. Signorelli, Viterbo nella storia della Chiesa I, Viterbo 1907 S. 255ff.; C. Nicolas, Clément IV, Nîmes 1910 S. 461ff. und 554ff.; A. Scriattoli, Viterbo nei suoi monumenti, Roma 1915—30 S. 296ff.; D. Sansoni, Il Sepolcro del Arcivescovo Ruggiero nella chiesa di S. Maria in Gradi, in: Nuova Antologia 1926 S. 5ff.; Vasari, Vite ed. Frey I, 1 S. 619 und 621f. Anm.; T.K.H., Petrus Oderisii, in: Thieme-Becker 26 S. 505; Burger, Geschichte S. 17ff.; Stevenson, Mostra S. 184f.; Lethaby, Westminster Abbey S. 224ff.; Keller, Il sepolcro S. 327ff.; Keller, Arnolfo S. 28ff.; Keller, Die Entstehung S. 227ff.; Salmi, Arnolfiana S. 133ff.; Toesca, Trecento S. 206ff.; Hutton S. 21ff.; S. Tarciso Aula, Basilica di S. Francesco alla rocca di Viterbo, Viterbo 1961 S. 33; Noehles, Renovatio S. 29; White, Art and Architecture S. 57; Monferini, Pietro d'Oderisio S. 36ff.; C. Bertelli, Traversie della tomba di Clemente IV, in: Paragone 20, 1969 S. 53ff.; Panofsky, Tomb Sculpture S. 76ff.; Ladner, Papstbildnisse II S. 143ff.; Merz, Wandgrabmal S. 57ff.; Romanini, Arnolfo S. 35, 54, 59, 152ff.; Bauch, Anfänge S. 227ff.; Negri, Pietro d'Oderisio S. 12ff.; Gardner, Arnolfo S. 420ff.; Bauch, Grabbild S. 141ff.; Garms S. 145ff.; Herklotz, Sepulcra S. 164ff.

[1039] In jüngster Zeit hat Herklotz, Sepulcra S. 169f. versucht, dem Papstgrab und seinem Künstler diese innovative Rolle streitig zu machen. Sein Hinweis auf die Zeichnung (fr. 18. Jahrhundert. ex-codex 136 der Biblioteca Communale di Viterbo) eines zweiten Wandgrabes mit Gisant und Baldachin, die Sansoni, Il sepolcro S. 5ff. schon 1926 veröffentlicht hatte, ist in der Tat wichtig. Der Inhaber des Grabes, Paulus — Bischof von Paphos, starb kurz vor dem 23. Mai 1268. Daß sein Tod dem des Papstes um ein knappes halbes Jahr vorausging, kann kaum als Hinweis darauf gelten, daß schon das Bischofsgrab den neuen Typus eingeführt hat. Eher wird es sich, wie im Falle des de Vico-Grabes (siehe unten) um eine Angleichung an das Papstgrab handeln. Die gedrückten Proportionen der Anlage befremden, mögen aber auf das Konto der ungeübten Hand des Zeichners gehen. Mit dem Papstgrab stimmen die Doppelgeschossigkeit des Aufbaus und die Dreipaßfüllung des Baldachingiebels überein. Es ist durchaus möglich, daß in dieser Zeichnung ein weiteres Grabmal aus der Werkstatt des Petrus Oderisius überliefert ist. Wichtig ist aber vor allem der Hinweis, daß Viterbo um 1270 wirklich Zentrum und Ausgangspunkt der neuen Grabmalidee war.

[1040] Keller, Il sepolcro S. 327ff.; ders., Die Entstehung S. 227ff. Ich danke dem Gelehrten für die Überlassung einiger seltener Originalphotos der Grabfigur. Die Forschungsgeschichte hat Agusta Monferini übersichtlich zusammengestellt. Monferini, Pietro di Oderisio S. 40ff.

[1041] Keller, Die Entstehung S. 276f.

Obwohl Daniel Papenbroeck 1685 die Künstlersignatur des Grabes

PETRUS ODERISII SEPULCRI FECIT HOC OPUS ...

(weitere Worte und die Datierung konnte Papenbroeck nicht mehr entziffern) überliefert, ist die künstlerische Autorschaft heute kontrovers[1042]. Die von Frothingham, Stevenson und Rossi vorge-schlagene Identifizierung des Petrus Oderisius mit dem Meister des Schreinunterbaus in Westminster Abbey (Abb. 232, 245) haben wir gegen jüngste Zeifel im vorigen Abschnitt mit neuen Argumenten nachzuweisen versucht. Keller konnte seine These einer gotischen Schulung des Meisters auch mit dem Argument plausibel machen, Petrus Oderisius sei ja nachweislich bis nach England gefahren und kön-ne folglich die Kathedrale von Reims gekannt haben[1043]. Gerhart B. Ladner, dem wir die gründlichste Dokumentation zum Clemens-Grab verdanken, schloß sich dieser Meinung an. Allerdings kritisierte er die Art, in der Keller die Physiognomie des Toten (Abb. 249) als psychologisches Porträt eines Ty-rannen interpretiert[1044]. Ladner konnte zeigen, daß der Grundtypus des Gesichtes topisch für ein Papstbild seit frühchristlicher Zeit ist. Ein Topos, der allerdings durch Realismen bereichert zum na-turnahen Konterfei eines Toten wird[1045]. Keller und Ladner nehmen an, daß der unverkennbar reali-stische Zug des Porträts durch eine Totenmaske bestimmt sein könnte[1046].

Auch Pietro Toesca und Angiola Maria Romanini sehen das Clemensgrab als Werk des Petrus Ode-risius, dessen Eigenständigkeit und künstlerische Reife sie betonen[1047]. Da sie den Meister des Clemens-Grabes mit Arnolfos rätselhaftem Werkgenossen Petrus am Ziborium von S. Paolo fuori le mura identifizieren, gelingt es ihnen, römische Tradition und innovatorische Gotizismen und Realis-men im Umkreis Arnolfos ad personam zu erklären[1048]. Wenn man in diesem Punkt dem Argumenta-tionsgang von Angiola Maria Romanini auch nicht in allen Punkten folgen kann, so ist das zugrundeliegende Erklärungsmodell für die Kunst der römischen Zeit Arnolfos sicher richtig[1049]. Für die Entstehungszeit des Clemens-Grabes um 1270 sagen diese Überlegungen aber wenig aus. In dieser Zeit ist Arnolfo in Rom weder urkundlich noch durch überlieferte Werke faßbar[1050].

[1042] Papenbroeck S. 54 beschreibt das Grabmal wie folgt: „Est opus universum latum palmos XV altum XXXI elegantibus musivis seu varii aureique coloris lapillis emblematice distinctum, in cuius summitate sub capite S. Petri apparent sex lilia, quae potius Francicae originis indicium esse crediderim, quam scutum, ut vulgo putatur, gentilitium. Certe Ludovicus Jacob in sua Bibliotheca Pontificia prolixae probat Grossorum scuto imprimi aquilam in campo aureo. Ad latus marmoreis ex caeruleo fun-do sub Deiparae sculpta imagine eminentis epitaphium longum litterisque gothicis, id est theutonicis, alte incisum continentis flecte saepius jam memorata Sancta (Hedwig), de qua ex altero latere legitur litteris fere romanis „Hic Hac Sacrosancta Ecclesia S. Edvigis Poloniae Ducissa a Sanctissimo Pontifice Clemente IV Hic Tumulato Solemni Ritu Sanctarum Numero Adscripta Fuit Anno Domini MCCLXVII" Sequuntur autem duo versus studiose ut videtur erasi qui proinde legi non potuerunt sicut etiam proinde sub ipso arcus intercis flexus sic scripta ‚Petrus Oderisii sepulcri fecit hoc opus ...' legi non potuit aliud quod sequebatur verbum neque nota anni quod factum opus indicabatur". Umstritten ist die künstlerische Autorschaft erst seit der These Kurt Bauchs, der Bildhauer und Architekt des Grabmals sei Arnolfo gewesen. Dazu siehe S. 187f.

[1043] Monferini, Pietro di Oderisii S. 51 betont dagegen wohl zurecht, daß für den Grabmaltypus vor allem englische Vorbil-der in Betracht kommen.

[1044] Ladner, Papstbildnisse II S. 143ff. und S. 153 Anm. 5.

[1045] Ladner II S. 148. Vgl. auch Claussen, Dreikönigenschrein S. 34ff. über ein ähnliches Phänomen im Werk des Nicolaus von Verdun.

[1046] Das Argument ist gefährlich, wenn es so gebraucht wird, als reiche es aus, die physiognomische Naturnähe eines Porträts zu erklären. Diese monokausale Betrachtungsweise vermeidet Harald Keller glücklicherweise. Siehe auch J. Pohl, Die Verwen-dung des Naturabgusses in der italienischen Porträtplastik der Renaissance, Diss. Würzburg 1938 bes. S. 11ff.

[1047] Toesca, Trecento S. 363 und Romanini, Arnolfo S. 153.

[1048] Romanini, Arnolfo S. 153; Toesca, Trecento S. 363. Vgl. auch Muñoz, Roma di Dante S. 264ff. Auch Poeschke S. 184f.

[1049] Nur wird man eine ganze Reihe von Mitarbeitern annehmen dürfen, die sich kaum unter die wenigen, zufällig überliefer-ten Namen aufteilen lassen. Ich sehe eine Möglichkeit, Petrus Oderisius mit Arnolfos Mitarbeiter Petrus zu identifizieren. Vgl. dazu S. 187f.

[1050] Diese zeitliche Distanz hat sich noch erheblich erweitert, seit Herklotz, Sepulcra S. 179 mit einleuchtenden Argumenten darauf hingewiesen hat, daß Arnolfos Grab des Riccardo Annibaldi (Reste im Kreuzgang von S. Giovanni in Laterano) nicht dem Kardinal (†1274) sondern einem gleichnamigen Verwandten und päpstlichen Notar gehört, der 1289 gestorben ist.

Auch Julian Gardner hält an Petrus Oderisius als einer wichtigen innovatorisch begabten Künstler-persönlichkeit fest[1051]. Allerdings glaubt er, alle Indizien für den Englandaufenthalt des Künstlers ent-kräften zu können. Wir haben uns dagegen bemüht, Petrus Oderisius in Westminster sicher nachzuweisen[1052].

Es war Kurt Bauch, der zuerst — 1971 vorsichtig andeutete, später bestimmter die These vertrat, Petrus Oderisius könne nur für den „cosmatesken" Schmuck des Grabes verantwortlich gemacht werden[1053]. Die gotische Baldachinarchitektur (Abb. 247) und vor allem die neuartige, epochale Grab-figur (Abb. 251) müßten dagegen von einem großen genialen Künstler geschaffen worden sein, der keineswegs dem Kunstgewerbe der römischen Marmorschreinerei entstammen könne. Bauch versucht sogar, die eindeutige Signatur zu entkräften[1054]. Die geniale Schöpferpersönlichkeit könne kein ande-rer gewesen sein als Arnolfo di Cambio. Daß dieser These erhebliche Schwierigkeiten chronologischer Art entgegenstehen, werden wir sehen. Vor allem vermag Bauchs einziges positives Argument, die (an-gebliche) stilistische Ähnlichkeit zwischen den Porträts Clemens IV (Abb. 249) und des Kardinals Guillaume de Braye in Orvieto (Abb. 250, signiert 1282 von Arnolfo) nicht zu überzeugen[1055]. Über-einstimmung besteht nur im Gegenstand: Altmännergesichter im Tode. Die künstlerischen Mittel sind grundverschieden. Man vergleiche — bei allem Vorbehalt gegenüber Morellis Methode — die Ohren: in Viterbo weit aufgeklappte Muscheln wie flache Austernschalen mit tief ausgegrabenen Schalltrich-tern — bei Arnolfo eine schönlinige Rocaille in das sanfte Relief der Wangenepidermis gebettet[1056].

Es gehört zu den Verdiensten Kurt Bauchs, mit seiner Gegenposition einen neuen Denkanstoß gege-ben zu haben. Tatsächlich ist nicht gesichert, daß sich die Signatur des Petrus Oderisius auch auf die Grabfigur bezieht. Und da diese ein Novum für ganz Italien ist, wird es schwerfallen, ihre künstleri-sche Heimat zweifelsfrei nachzuweisen.

In Kenntnis der Thesen Bauchs hat in jüngster Zeit Jörg Garms an der Autorschaft des Petrus Ode-risius auch für die Grabfigur festgehalten. Und er hat dafür neue Argumente ins Feld geführt, weniger solche der assoziativ komparatistischen Stilkritik als solche des gesunden Menschenverstandes[1057]. Ihm ist an der Papstfigur die künstlerische Diskrepanz zwischen Körper und Kopf aufgefallen. Dies scheint auf „eine starke, aber nicht auf eine lange Einübung in der Monumentalskulptur zurück-blickende Künstlerpersönlichkeit hinzuweisen". Nämlich auf Petrus Oderisius — nicht auf Arnolfo.

Diese Meinungen zum Stil und zur Künstlerpersönlichkeit möchte ich ergänzen. Petrus Oderisius hat in Westminster in einer Bauhütte gearbeitet, deren architektonisches Formengut aufs Engste mit der Kathedrale von Reims zusammenhängt[1058]. Zwar überzeugt der Vergleich Harald Kellers zwischen

---

[1051] Gardner, Arnolfo S. 424 „There can be little doubt that Pietro di Oderisio was the first sculptor to employ these elements in a major Italian tomb".

[1052] Siehe S. 177f.

[1053] Bauch, Anfänge S. 277ff. und ders. Grabbild S. 141f.

[1054] In der Formulierung opus sepulcri der Signatur sieht er einen Genitivus Partitivus; zu übersetzen „dem Sinne nach etwa: von dem Grabmal (nur) dieses Werk". (Bauch, Grabbild S. 141). Das ist Wunschdenken, ebenso wie die Spekulation über den Fortgang der Inschrift: „Vielleicht hat er das Rätsels Lösung, vielleicht eine Erwähnung Arnolfos enthalten". — Von einem Genitivus Partitivus kann keine Rede sein. Petrus bedient sich einer ganz geläufigen Signaturformel. Die Inschrift im Kreuzgang von Sassovivo (Abb. 220, 1229. Vgl. auch S. 158ff.) beginnt z.B.: Hoc claustri opus egregium... Siehe auch Herklotz, Sepulcra S. 204f. Anm. 83 mit weiteren Gegenbeispielen.

[1055] Bauch, Grabbild S. 141f. und 145 dort Abb. 230 und 231.

[1056] In der ansonsten wenig kritischen Besprechung des posthum erschienenen Werkes von Kurt Bauch sind der Bearbeiterin Anne Markham Schulz, Review: Kurt Bauch, Das mittelalterliche Grabbild, Berlin/New York 1976, in: The Art Bulletin 62, 1980 S. 317 die Schwächen dieses Vergleichs aufgefallen. Auch sie ist der Identifizierung des Bildhauers mit Arnolfo nicht gefolgt.

[1057] Garms S. 157.

[1058] Die Leitung hatte der Franzose Henry de Reims. Zur Baugeschichte und den Beziehungen zur Kathedrale von Reims H. J. Kunst, Der Chor von Westminster Abbey und die Kathedrale von Reims, in: Z.f.K. 31, 1968 S. 122ff.

Papstkopf und den schmallippigen, energischen Masken in Reims (Abb. 259, 260) nach wie vor. Doch waren diese seit spätestens 1241 in unerreichbarer Höhe an der Kathedrale versetzt, können also für den italienischen Künstler nicht das unmittelbare Vorbild gewesen sein[1059]. Ich möchte eine englische Gegenprobe machen. Der Sarkophag des Erzbischofs Hubert Walter von Canterbury (+ 1205) reiht auf dem Deckel (Abb. 258) eine Folge merkwürdig porträthafter Gesichter auf, die in ihrer knochigen Härte und durch die abgeklappten Ohrmuscheln an das Papstbildnis erinnern[1060]: Der Affekt, der letzteres vor dem Werk in Canterbury auszeichnet, ist ebenfalls eine Darstellungsmöglichkeit gotischer Skulptur in England[1061]. Physiognomisch und im Ausdruck dem Papstporträt an die Seite zu stellen ist der merkwürdige Engel der Vertreibung (Abb. 261) im Chor der Kathedrale von Lincoln (nach 1256)[1062].

Die Geschichte des Grabmals in Viterbo ist kompliziert und verwirrend. Gerhart B. Ladner hat sie mit allen Quellennachweisen so ausführlich dargestellt, daß ich mich hier auf das Notwendigste beschränken kann[1063].

Am 28. November 1268 starb Clemens IV in Viterbo. Der gebürtige Franzose stand den Dominikanern nahe und lebte zeitweise im Konvent der bedeutenden Dominikanerkirche S. Maria in Gradi in Viterbo[1064]. Es war sein Wille, dort begraben zu werden[1065]. Für die Errichtung des Grabmals sorgte ein Neffe, der päpstliche Kämmerer und Erzbischof von Narbonne, Peter von Narbonne, dessen Amtsvorgänger der verstorbene Papst war[1066]. Schon bald allerdings — wahrscheinlich 1271 — bemächtigten sich die Kanoniker der Kathedrale des Leichnams und überführten ihn mit dem Grabmal in die Kathedrale. Am 23. November 1271 befehlen die Kardinäle Guillaume de Braye und Umberto d'Elci den Kathedralkanonikern, weitere Baumaßnahmen im Zusammenhang mit dem verschleppten Grabmal zu stoppen und dasselbe mit Inhalt zurückzubringen[1067]. Der dringende Befehl, der sogar Strafen androhte, blieb zunächst wirkungslos. Zu wichtig war der Besitz des Papstgrabes, an dem sich — wie spätere Quellen berichten — nun die ersten Wunder ereigneten[1068].

[1059] R. Hamann-MacLean, Zur Baugeschichte der Kathedrale von Reims, in: Gedenkschrift Ernst Gall, Dt. Kunstverlag 1965 S. 195.

[1060] M. Babington, Canterbury Cathedral, London 1948 S. 115f. Das Grab ist m.W. kunsthistorisch kaum jemals untersucht worden. Der stilistische Eindruck der Kopfreliefs ist schwer mit dem Todesdatum zu vereinbaren. Die Überlieferungsgeschichte bei F. Woodman, Two Tombs in the South Quire Aisle. A Catalogue of Confusion, in: Canterbury Cathedral Chronicle 69, 1975 S. 14ff.

[1061] Der verhältnismäßig geringe Bestand gotischer Skulptur in England läßt sogar den Schluß zu, daß hier wie gleichzeitig in Deutschland eine gegenüber den französischen Zentren stärkere Form des Ausdrucks in Physiognomie und Mimik gesucht wurde. Berühmtes Beispiel ist die Kopfkonsole eines sterbenden (?) jungen Mannes aus der Zeit um 1240, die ehemals zu Heinrichs III Palast in Clarendon gehört hat und heute im South Wiltshire and Blackmore Museum in Salisbury bewahrt wird. Siehe auch Ausst. Kat. ,,L'Europe Gothique XIIᵉ—XIVᵉ siècles. Douzième Exposition du Conseil de l'Europe, Paris 1968 S. 31 no. 51, Pl. 20 mit Lit.

[1062] Siehe A. Gardner, English Medieval Sculpture, Cambridge 1951 S. 177ff.

[1063] Ladner, Papstbildnisse II S. 143ff. Dort auch eine ausführliche Bibliographie, deren wichtigste Beiträge gleichzeitig die frühesten der wissenschaftlichen Erforschung des Grabes sind: Cristofori, Le tombe und Frothingham 1891. Zu ergänzen sind die Beiträge von A. M. D'Achille und des Autors, die in den Anm. 994 zitierten Kongreßakten erscheinen sollen.

[1064] Bartholomäus von Lucca, Historia Ecclesiastica XXII, 38. Muratori R.I.S. XI, 1161. Siehe auch Monferini, Pietro d'Oderisio S. 55f.

[1065] So liest man in einer Bulle Gregors X vom 31.7.1274 (Ladner II S. 156; Potthast 20876): ,,Sua nobis dilecti filii Prior et Fratres Ordinis Predicatorum Viterbien. petitione monstrarunt, quod nos olim causam, quae inter ipsos ex parte una, et Archipresbyterum et Capitulum Ecclesiae Viterbien. ex altera, vertebatur super eo, quod iidem Archipresbyter et Capitulum Corpus felicis recordationis Clementis Papae Praedecessoris nostri, qui apud Ecclesiam dictorum Prioris et Fratrum elegerat sepulturam, in praedicta Viterbien. Ecclesia fecerant tumulari, Corpus ipsum dictis Priori et Fratribus restituere indebite denegantes, ...''.

[1066] Gardner, Arnolfo S. 432 Anm. 67; Herklotz, Sepulcra S. 164.

[1067] Quod in opere iam circa locum ubi dictum sepulcrum transportatum est inchoatum ulterius non procederant. Urkundentext bei Ladner, Papstbildnisse II S. 155f., 150; auch Herklotz S. 164, der den Baustopp auf die umgebende Architektur bezieht.

[1068] Siehe AA SS. Propyl. Maii II S. 54. Claussen wie Anm. 994, und Herklotz, Sepulcra S. 164.

Auch Gregor X (1271 – 76) versuchte mehrfach energisch, aber vergeblich, das Grab dem Dominikanerkonvent zu restituieren[1069]. In einer Urkunde vom 1.10.1274 ist dabei ausdrücklich von dem Marmorgrab die Rede, das Peter von Narbonne habe anfertigen lassen[1070]. 1274 bestand das Grabmal also schon und ist – wenn ich den Urkundentext recht verstehe – vorher (gegen 1271) aus der Dominikanerkirche S. Maria in Gradi geraubt worden[1071]. Als weiteres Argument für eine Ausführung dort in der Zeit um 1270 kann das zwillingshaft ähnliche Grab des römischen Präfekten Petrus de Vico (Abb. 264, 265, gest. Dezember 1268) gelten. Dieser wollte ebenfalls in der Dominikanerkirche begraben werden, wahrscheinlich um sich mit dem Papst sozusagen post mortem auszusöhnen[1072].

Erst unter Innocenz V, der selbst Dominikaner war, gelang es 1276, das Grab nach S. Maria in Gradi zurückzubringen[1073]. Die Aufstellung dort – seitlich vor dem Chor – gibt ein summarischer Stich wieder (Abb. 252), den Daniel Papenbroeck 1685 veröffentlicht hat[1074]. Bei der Erneuerung und Vergrößerung von S. Maria in Gradi im Jahre 1738 wurde das Grab (zusammen mit dem des Petrus de Vico) in die Kapelle des Hl. Dominikus übertragen[1075]. Etwaige Änderungen sind nicht dokumentiert. 1798 wurde es beim Einmarsch der Franzosen beschädigt. 1840 dann auf Kosten des französischen Botschafters beim Vatikan wiederhergerichtet. Nach dem Verfall und Abriß der Kirche S. Maria in Gradi überführte man 1885/86 das Grab des Papstes zusammen mit dem des Petrus de Vico in die Franziskanerkirche S. Francesco (Abb. 247). Dort wurde es an der Ostwand des nördlichen Querhauses aufgestellt (1890). 1944 erlitt es beim Bombardement der Stadt schwere Schäden, die eine – teilweise verfälschende – Restaurierung (Abb. 248) zur Folge hatten.

Wie sich das Grab in dem Stich bei Papenbroeck (Abb. 252) präsentiert, unterscheidet es sich in einigen Punkten vom heutigen Zustand. Übereinstimmend ist der zweigeschossige Aufbau über einem erhöhten Sockel. Auch die Position des Nepotengrabes, laut verlorener Inschrift das des Petrus Grossus, Bischof von St. Gilles, vor dem Sockel und die Architektur des Grabbaldachins sind wiederzufinden[1076]. Daß die Liegefiguren des Papstes und seines Nepoten – entgegen dem heutigen Zustand – mit den Köpfen nach links gebettet sind, möchte man auf den ersten Blick der Nachlässigkeit des Stechers zuschreiben. Doch auch der – von diesem unabhängige – Stich in Bussis Publikation zeigt die gleiche Liegerichtung[1077]. Als Nachweis, daß die Grabfiguren bis zu ihrer Überführung nach S. Francesco tatsächlich in umgekehrter Richtung gelegen haben, darf eine Zeichnung vom Ram-

---

[1069] Ladner, Papstbildnisse II S. 155.

[1070] Ladner, Papstbildnisse II S. 156 (Potthast 20936) „Tamen super eo, quod dicti Archipresbyter et Capitulum quoddam marmoreum Sepulcrum, guod Ven. F. noster Petrus Archiepiscopus Narbon., tunc Sedis Apostolicae Camerarius, pro sepeliendo eodem Corpore fabricari fecerat, contra prohibitionem ipsius Archiepiscopi, ac etiam S.R.E. Cardinalium, et post denuntiationem novi operis eis factam, temere accipere, ac in eadem Viterbiensi Ecclesia construere praesumpserunt, nihil penitus decrevisti. Quare predicti Prior et Frates, Nobis humiliter supplicarunt, ut predictum Sepulcrum, una cum dicto Corpore, sibi restitui faceremus".

[1071] An eine Datierung vor 1271 glaubt auch Monferini, Pietro d'Oderisio S. 44. Allerdings nimmt sie an, daß der Leichnam des Papstes die Kathedrale nach den Exequien überhaupt nicht verlassen hat. Er sei bis 1271, bis das fertige Grab aus S. Maria in Gradi entführt wurde, überhaupt nur provisorisch eingesargt gewesen. Gardner, Arnolfo S. 424 schreibt, das Grab sei 1274 fertig gewesen, schließt aber eine frühere Entstehung nicht aus. Ladner, Papstbildnisse II S. 151 schließt, es müsse vor dem November 1271 „zumindest schon begonnen", könne aber erst nach 1276, nach der Rückführung in die Dominikanerkirche vollendet worden sein. Dieses späte Datum ist natürlich berechtigt, wenn man die malerische und bildhauerische Ausgestaltung der Rückwand miteinrechnet. Alle Marmorteile des Grabes selbst werden zu diesem Zeitpunkt schon längst vollendet gewesen sein.

[1072] Zum Grab des Petrus de Vico, dessen Ausführung wir ebenfalls dem Petrus Oderisius zuschreiben, S. 199ff.

[1073] Ladner, Papstbildnisse II S. 154f.

[1074] S. Antonio gibt den Ort an „ante capellam majorem in latere honorifice ut patet collocatum" (Frothingham 1891 S. 49): Siehe Monferini, Pietro d'Oderisio S. 44.

[1075] Dazu ausführlicher mit Nachweisen Claussen wie Anm. 994.

[1076] Zu dem Nepotengrab, möglicherweise ein Werk des Paschalis, vgl. S. 168f.

[1077] Siehe auch Monferini, Pietro d'Oderisio fig. 33.

boux (Abb. 253) im Frankfurter Städel gelten[1078]. Wie die Beischrift notiert, entstand sie in S. Maria in Gradi. Offenbar war das Grab zu dieser Zeit seines Baldachins beraubt. Aus der Zeit der Translozierung des Grabmals stammt eine frühe Photographie (Abb. 254), die Frothingham 1891 reproduziert. Sie zeigt wie die Ramboux-Zeichnung das Grab ohne Baldachin. Doch liegt die Papstfigur nun — nach einer Öffnung des Grabes — nach rechts und flach auf dem Sarkophag. Wahrscheinlich ist die Aufnahme noch in S. Maria in Gradi entstanden[1079].

Die graphischen Darstellungen stimmen allerdings insofern mit dem heutigen Zustand überein, als die Liegefigur des Papstes dem Betrachter auf einer schrägen Liegestätte entgegengekippt ist. Hätte man das ursprüngliche Auflager unverändert beibehalten, hätte die Figur bei ihrer seitenvertauschenden Neuaufstellung eigentlich zur Wand blicken müssen. Man hat also das Auflager ebenfalls verdreht oder ausgetauscht. Der Schluß ist der, daß die heutige Ansichtsseite und somit die heute sichtbare Gesichtshälfte ursprünglich der Wand zugedreht waren. Die Nahaufnahmen der rechten Gesichtshälfte (Abb. 249, 256) sprechen nicht dagegen, denn sie zeigen eine starke Durchbildung der Gesichtszüge. Es wäre ein leichtes, sowohl die Papstfigur als auch die seines Neffen wieder in die ursprüngliche Position zurückzudrehen.

Der Stich (Abb. 252) vereinfacht die Ornamentik des Giebels bis zur Unkenntlichkeit. Ob die in die Augen springenden Unterschiede an der schlechten Qualität der Nachzeichnung liegen oder durch spätere Veränderungen am Giebel hervorgerufen sind, läßt sich nicht entscheiden. Ein hoch bedeutendes Detail, das Papenbroeck abbildet, fehlt heute völlig: eine kleine Büste im Giebelfirst. Papenbroeck beschreibt sie als Hl. Petrus. Darunter habe sich ein wappenähnliches Feld mit sechs Lilien befunden, das die französische Herkunft des Papstes bezeichne[1080]. Auf der Rückwand sah man eine im Wortlaut überlieferte Grabinschrift, darüber ein halbrundes Madonnenrelief in einer Lunette[1081]. Links darunter kniete eine gekrönte Figur, der Inschrift nach zu schließen die Hl. Hedwig von Schlesien, die Clemens IV im Jahre 1267 in Viterbo kanonisiert hatte[1082]. Sie vermittelt fürbittend zwischen dem Papst und der Madonna[1083].

Der Stich des Grabes bei Bussi gibt den Baldachin genauer wieder, aber offenbar in einer barocken Modifikation (oder einer phantasievollen Rekonstruktion). Im 19. Jahrhundert war der Baldachin jedenfalls abmontiert (Abb. 253, 254). Seine herumliegenden Fragmente befand Frothingham 1891 für ausreichend, die ursprüngliche Architektur wieder zuverlässig zu rekonstruieren[1084]. Man darf davon ausgehen, daß die Rekonstruktion (Abb. 255), an der De Rossi beteiligt war, dieser Erwartung Frothinghams entspricht.

[1078] Frankfurt, Städelsches Kunstinstitut. Ramboux Bd. 2 S. 49, 391. Über Ramboux Zeichnungswerk, das als Vorarbeit zu einer Kunstgeschichte aufgefaßt werden darf, zuletzt H.-J. Ziemke, Ramboux und Assisi, in: Städel-Jahrbuch N.F. 3 1971 S. 167ff.

[1079] Frothingham, 1891 Pl. IX. Zur Öffnung des Grabes Bertelli, Traversie S. 53ff.

[1080] Papenbroeck, Conatus S. 54. Siehe Anm. 1042. Ob die Büstenform allerdings den ursprünglichen Zustand wiedergibt, ist nicht gesichert. Daß sie als Petrus bezeichnet wird, ist für die Gesamtinterpretation des Grabmals wichtig. In den Werken der Arnolfo-Werkstatt findet dieses Detail Nachfolge: im Giebel des Grabmals Hadrian V (Abb. 262) in S. Francesco in Viterbo. (Siehe S. 199). Ich könnte mir vorstellen, daß auch die berühmte Büste Bonifaz VIII in den Vatikanischen Grotten, die von seinem Grabmal stammt — aber wie dieses zu Bonifaz Lebzeiten entstand — vom Baldachin des Grabes, von dem bekrönenden Tabernakeltürmchen stammt. (Vgl. auch Anm. 1323). Falls in Viterbo wirklich eine Büste im Giebel stand, müßte man auch die rätselhafte Papstbüste des Palazzo Venezia, die Ladner für eine Fälschung hält, noch einmal genau untersuchen. Allgemein zu diesen Büsten Ladner, Papstbildnisse II S. 313ff.

[1081] Papenbroeck: „...sub Deiparis sculpta imagine...". Vgl. Anm. 1042.

[1082] Ladner, Papstbildnisse II S. 157; Monferini, Pietro d'Oderisio S. 50. Bauch, Anfänge S. 242 und ders., Grabbild S. 331 Anm. 9 vermutet, die knieende Figur auf dem Stich stelle nicht die Hl. Hedwig, sondern den Papst dar.

[1083] Der Papst wurde allerdings selbst bald unter die Heiligen gezählt. Siehe die AA SS. Propylaeum ad Septem tomus Maji, Paris/Rom 1868.

[1084] Frothingham 1891 S. 51 „As it at present stands, nothing is in place but the basement and the sarcophagus. Numerous fragments, however, of the canopy are scattered about in the storehouse, and appear to be amply sufficient to ensure an accurate restoration".

Als 1944 große Teile von S. Francesco durch Bomben zerstört wurden, lag auch das Grab in Trümmern[1085]. Der Sarkophag war an der Vorderseite zerschlagen. Bei den Aufräumungsarbeiten entdeckte man — wie schon 1891 Frothingham — daß es sich um einen antiken Riefelsarkophag mit einer Scheintür in der Mitte handelte, dessen Frontseite zur Rückseite gemacht worden war. Die Entdeckerfreude über diesen archäologischen Fund ist m.E. aber kein ausreichender Grund, die antike Rückseite nun nach vorne zu kehren (Abb. 248) und somit das mittelalterliche Konzept des Grabes entscheidend zu verändern. Genau das ist aber geschehen. Das heutige Pasticcio ist nur insofern konsequent, als man (ohne es recht zu wissen) zu der Wandseite der Papstfigur nun die Rückseite des Sarkophags gesellt hat. Außerdem tauschte man größere Teile des Giebels aus, für dessen First man ein freistehendes Kreuz neu hinzuerfand. Die unbeschädigte Giebelspitze mit einer Kreuzblume liegt an der Südwand der Kirche. Sie entspricht der Zeichnung Papenbroecks (Abb. 252). Alles zusammen sollte Anlaß sein, in einem neuen Restaurierungsversuch etwas von dem wiedergutzumachen, was allein in den letzten 100 Jahren an diesem bedeutenden Kunstwerk verfälscht wurde.

Die nun folgende Beschreibung des Grabes bezieht sich auf den Zustand des Grabes zwischen 1890 und 1943, der in Photographien ausreichend dokumentiert ist. Der hohe Aufbau und der Giebelbaldachin (Abb. 247) sind für einen Standpunkt an der Wand konzipiert. Das Wandgrab mit Giebelaufbau hat in Rom eine Tradition, die bis ins frühe 12. Jahrhundert zurückreicht[1086]. Auf einem ungegliederten Sockel, der durch das Nepotengrab verdeckt ist, ruht das hohe Untergeschoß (Abb. 232). Sechs Spitzbogenarkaden verblenden die Front, je zwei die Schmalseiten. Wären nicht die lanzettförmigen Felder der so entstehenden Nischen durch ein senkrechtes Treibriemenmuster (wie beim Edwardsgrab in Westminster, Abb. 245) inkrustiert, der Eindruck wäre der eines französischen Grabes[1087]. Anders als in Westminster bilden Architektur und „Cosmaten"-Dekor eine ästhetische Einheit, die man nicht als Konkurrenz empfindet[1088]. Auf den Unterbau folgt eine zweite Sockelzone, deren umlaufendes Mosaikband heute leer ist[1089]. Darauf der (antike) Sarkophag (Abb. 251), dessen glatte Rückseite mit Mosaikornamentik verziert zur Vorderseite gemacht wurde. Die Frontseite zeigt ein Treibriemenmuster mit drei Kreiselementen. Die Seiten schmücken inkrustierte Kreuze. Über die Liegefigur des Papstes auf dem Deckel wird später zu sprechen sein.

Träger des Baldachins sind in der Zone des Sarkophags zwei freistehende, mosaikinkrustierte Säulen, die auf zwei polygonalen Eckpfeilern des Untergeschosses stehen. Zwei reiche, korinthisierende

---

[1085] Dazu vor allem Bertelli, Traversie S. 53.

[1086] Das ist lange bekannt. Vgl. F. Burger, Geschichte des florentinischen Grabmals von der ältesten Zeit bis zu Michelangelo, Straßburg 1904 S. 9; Déer, Porphyry Tombs S. 24ff.; Gardner, Arnolfo S. 420f.; Bauch, Anfänge S. 227; ders. Grabbild S. 141; zuletzt Herklotz, Sepulcra S. 143ff. Das erhöhte Sockelgeschoß tritt erstmals um die Mitte des 12. Jahrhunderts am Grab der Rotunde bei SS. Cosma e Damiano (Abb. 118) auf.

[1087] Gardner, Arnolfo S. 427 hat versucht, die Arkaden als Einfluß antiker Säulensarkophage zu erklären. In diesem Fall muß man aber nicht die Antike bemühen. Seit dem 12. Jahrhundert ist die von Blendarkaden umzogene Grabtumba in Frankreich und England weit verbreitet. Da viele Einzelmotive (Knospenkapitelle) direkt aus dem Norden bezogen zu sein scheinen, dürfte die Idee der Arkaden am Grabuntergeschoß ebenfalls von dort stammen. Das hat schon Monferini, Pietro d'Oderisio S. 51 erkannt, die eine ganze Reihe von englischen und französischen Gräbern mit derartigen Arkaturen aufzählt. Man vergleiche nur die Arkadenfront des großartigen Marmorgrabes von Erzbischof Hubert Walter (Abb. 258, gest. 1205) in Canterbury. Auf dem dachförmigen Deckel dieses Grabes schauen aus Vierpässen sechs Köpfe von Bischöfen, Kanonikern und anderen Männern, deren Gesichtsbildung mich an das Porträt Clemens IV (Abb. 256) erinnert.

[1088] Wahrscheinlich wirkt die Konzeption in Viterbo deshalb gelungener, weil Petrus Oderisius hier die gotischen und die Cosmatenformen unvermischt nebeneinander stehen ließ.

[1089] Wahrscheinlich hat sich hier (als Mosaikinkrustation?) die Signatur des Petrus Oderisius befunden. Daß sie oberhalb des Nepotengrabes angebracht war, läßt sich aus einer Mißinterpretation der Künstlersignatur als Inschrift des Bischofsgrabes schließen: F. M. Salmini, Cronologia Gradensis seu Conventus Sanctae Mariae ad Gradus de Viterbo (1706) Ms. im Archivio Generale Domeciano, Roma Liber C pars I S. 27" ... ut in eo interim tempore, quo in Ecclesia Gradensi per Dominum Narbonensem Archiepiscopum fabricaretur praedicto Pontifici sepulchrum: in quadem loco ... deponeretur cadaver". Von gleicher Hand ein Zusatz: „Iste archiepiscopus fuit Petrus Oderisii, ut in facie seplurchi (!) legitur ad latum eius imaginis". Siehe Herklotz, Sepulcra S. 204, Anm. 83.

Kapitelle, das rechte mit deutlichen Anklängen an hochgotischen Knospen, tragen die beiden aus der Wand ragenden Architrave, auf denen das steile Spitztonnengewölbe des Baldachins ruht. Die steile Giebelfront ist durch Skulptur und Mosaik reich dekoriert. Die senkrechten Seitenpartien bis zur Schräge gleichen Akrotheren. Ihnen entwachsen große Voluten, die von einschwingenden Deckblättern eingehüllt sind. Das gleiche Motiv zieht sich in kleinerem Maßstab als Krabben an den Dachkanten hinauf bis zu der abschließenden Kreuzblume. Natürlich sind Krabben am Giebel ein Allgemeinplatz gotischer Architektur. Der architektonische Topos ist aber von neuem „florealen" Pathos erfüllt, ein Crescendo, das nicht einfach als Derivat französischer Vorbilder erklärt werden kann. Auch wird man die elastisch wirkende Kombination von kriechendem Blatt und herauswachsenden Spiraltrieb dort schwerlich finden. Der steile Spitzbogen mit seiner eingeschriebenen Dreipaßlanzette entstand in Kenntnis der um 1260/70 in Frankreich modernsten Formen des späten style rayonnant — und scheint diese gleichzeitig entwicklungsgeschichtlich hinter sich zu lassen. Insgesamt muß der Arkadensockel wie der flammende Baldachin den Zeitgenossen der Entstehung als atemberaubend moderne Architektur erschienen sein; wahrscheinlich sofort erkennbar als „Opus Francigenum"[1090]. Von einem frankozentrischen Standpunkt aus könte man die Übersteigerung und Expressivität der Baldachinarchitektur als Provinzialismus abtun. Man müßte dann aber blind sein für die hohe Qualität dieser florealen Dynamik. Im Folgenden soll der schöpferische Moment herausgestellt werden, in den der Künstler mit diesem Auftrag gestellt war. Das soll gleichzeitig überleiten zum künstlerischen Hauptakzent des Grabes, dem Gisant (Abb. 251).

Dem französischen Papst sollte durch den französischen Testamentvollstrecker ein Monument gesetzt werden, das weder hinter römischen noch hinter französischen Grabmälern zurückstehen durfte[1091]. Geldmittel standen offenbar reichlich zur Verfügung. Wenn in diesem Moment ein römischer Künstler aus England (und Frankreich) voll neuer Ideen und Erfahrungen von einem ehrenvollen königlichen Auftrag in die Heimat zurückkam, so ist es kein Wunder, daß man ihn beauftragte. Er war schließlich in beiden Sprachen zuhause, in der des römischen Materialprunks „Opus Romanum" und in der des „Opus Francigenum"[1092]. Denn diesen Anspruch stellte das Grab des Franzosenpapstes: es sollte in römischer Tradition kostbarstes Material mit französisch-gotischer Architektur und dem gotischen Gisant verbinden. Diese Situation, in der eine starke Tradition nicht verlassen wird, sondern sich in Konkurrenz mit einem neuen Anspruch, der gleichzeitig eine neue künstlerische Sprache beinhaltet, bewähren muß, ist in hohem Maße schöpferisch. Daß das nicht nur ein Kategorisieren von Traditionen, Gattungen und Stilen ist, sondern ein ästhetischer Prozeß, kann man sich vor Augen führen, wenn man sich ein französisches Grabmal — wie das des Königs Dagobert in Saint-Denis (Abb. 257) — ausgestattet mit farbigen Mosaikinkrustationen vorstellte. Es war für Petrus Oderisius eine ästhetische Notwendigkeit, die nüchterne Geometrie der Kathedralgotik zu verlassen und sein vielfarbig glänzendes Werk in ein dekoratives Gespränge zu stellen[1093].

Wie unerhört neu die Grabfigur (Abb. 251) in Italien um 1270 war, muß man sich immer wieder klar machen. Es ist der erste Gisant überhaupt, wenn man von der Grabplatte Papst Lucius III

[1090] Den Begriff Opus Francigenum nennt die Chronik des Burchard von Hall (spätes 13. Jahrhundert), um die gotischen Formen der Stiftskirche in Wimpfen zu kennzeichnen; ein Bau, der 1269 wahrscheinlich im gleichen Jahr begonnen wurde wie das Papstgrab in Viterbo. Über den Architekten heißt es dort: „Accitoque peritissimo in architectoria arte latomo, qui tunc noviter de villa Parisiensi e partibus venerat Francis, opere Francigero (Francigeno) basilicam ex sectis lapidibus iubet". Siehe A. Zeller, Die Stiftskirche St. Peter zum Wimpfen im Tal, Wimpfen 1903 S. 82; auch H. Klotz, Der Ostbau der Stiftskirche zu Wimpfen im Tal. Zum Frühwerk des Erwin von Steinbach, Berlin 1967. Vgl. auch meinen — in Anm. 994 zitierten Beitrag.

[1091] Wie man sich einen solchen Wunsch von der Auftraggeberseite her vorstellen muß, macht für die französische Komponente des Grabes das Testament des Kardinals Vicedomini, Erzbischof von Aix-en-Provence (†1276) deutlich. Es bestimmt, daß sein Grab in Aix vom gleichen Typus sein solle wie die Gräber in der Dominikanerkirche in Lyon. Dazu Herklotz, Sepulcra S. 207, Anm. 138.

[1092] Dazu Claussen wie in Anm. 994.

[1093] Zum Grab des Hl. Königs Dagobert in Saint-Denis siehe Sauerländer, Gotische Skulptur S. 171f. Auch A. Erlande-Brandenburg, Le roi est mort, Paris 1975.

(1181–85) in Verona absieht, die unter nördlichem Einfluß entstanden sein dürfte[1094]. Es ist aber auch das erste herausragende Beispiel einer Monumentalskulptur im päpstlichen Gebiet. Das Grabbild durchbricht ein Bildtabu, das seit der Zeit Gregors des Großen eingehalten wurde[1095]. Es wäre verständlich, wenn nun der französische Typus des Grabbildes möglichst getreu übernommen worden wäre. Doch der Neuanfang setzt neue Maßstäbe: inhaltliche und daraus folgend auch künstlerische. Mit dem französischen Gisant hat das Papstbildnis wenig mehr gemein als das Kopfkissen. In Frankreich wurde der Verstorbene fast durchweg als ein Lebender dargestellt, alterslos, mit offenen Augen und ohne individuelle Porträtabsicht[1096]. Trotz des Kopfkissens erwecken der Stand der Füße und die senkrechten Falten sogar häufig den Eindruck einer Standfigur. In Viterbo dagegen wird uns ein aufgebahrter Leichnam verbildlicht (Abb. 251): ein Mann mit geschlossenen Augen und unverwechselbarer Physiognomie, dessen Züge die Hinfälligkeit des Lebens und den Schmerz des Todes (Abb. 249) deutlich machen. Das Gewand staut sich auf der Liegestatt. Offensichtlich soll nicht das zeitlose Bild eines Menschen als „Amtsträger" wie in Frankreich oder sogar die Verzückung jenseitigen ewigen Lebens vermittelt werden, sondern die geradezu illusionistisch verewigte Aufbahrung eines Toten. Daß derartige Aufbahrungen zu den Exequien gehören und bei Begräbnissen von Päpsten, Herrschern, Staatsmännern auch heute noch statthaben, ist bekannt[1097]. Ob der Unterschied der Grabbilder — nördlich der Alpen als Lebende, südlich als Tote — auf einen Unterschied auch in der Präsentation des Leichnams bei den Exequien hindeutet, vermag ich nicht zu sagen. Wir können den Unterschied bislang nur am Kunstwerk registrieren und inhaltlich nur im ikonographischen und künstlerischen Konzept fassen. Daß hinter dieser Ebene unterschiedliche Begräbnisbräuche oder auch unterschiedliche theologische Konzepte einer Totenfeier standen, kann bislang nur vermutet werden[1098].

Man sieht sofort, daß Teile am Kopf- und Fußende der Lagerstatt (Abb. 247, 255) fehlen. Vielleicht darf man sich diese so ergänzen wie sie als Giebelwände am Grab Hadrians V (Abb. 269) in S. Francesco in Viterbo erhalten sind[1099]. Meine Idee, ob nicht der Löwe des Museo Civico in Viterbo (Abb. 266, 267) an dieser Stelle seinen Platz hatte, möchte ich später diskutieren[1100]. Bauch vermutete, daß ehemals ein in Stein gebildeter Vorhang das Bett in der Art eines Alkovens umgab, ein Vorhang der seitlich von Diakonen oder Engeln (für den Betrachter) zurückgezogen wurde. Eine derart inszenierte Präsentation des Leichnams in seinem Thalamus ist aber erstmals in den — später entstandenen — Gräbern Arnolfos (Abb. 292) faßbar und darf als seine Erfindung gelten[1101]. Meiner Ansicht nach ist dafür der Abstand zwischen dem Sarkophag und dem Ansatz des Grabbaldachins im Falle des Clemens-Grabes viel zu gering. Das Grab Hadrian V (Abb. 269) zeigt, daß Vorhang und Engel nicht zwangsläufig zu diesem Grabmalstyp gehören. Abweichend von der im Norden üblichen flachen Lagerung der Platte mit der Effigies, ist die Figur des Papstes samt ihrer Lagerstatt (Abb. 251, 255) dem Betrachter entgegengekippt. Dieses ästhetische Wagnis gehorcht der Notwendigkeit. Bei einem derartig erhöhten Grab wäre die Liegefigur sonst praktisch nicht zu sehen[1102]. Daß diese Rücksicht auf den

[1094] Bauch, Grabbild S. 154; Ladner, Papstbildnisse II S. 37ff. und Tf. VI, VIIa; Herklotz, Sepulcra S. 101.

[1095] Vgl. dazu Anm. 1039: eine Auseinandersetzung mit der These von Herklotz, Sepulcra S. 169f., daß das figürliche Papstgrab in Viterbo einen Vorläufer gehabt habe. Zum römischen Bildtabu Claussen, Scultura Romana S. 328ff.

[1096] Dazu Bauch, Grabbild S. 2ff. und 141ff. Wenn in Frankreich gelegentlich Grabbilder mit gebrochenem Blick oder geschlossenen Augen wiedergegeben sind, so handelt es sich m.W. um Martyrer. Ihr Todesblick ist Attribut ihrer Heiligkeit.

[1097] Vgl. dazu W. Brückner, Bildnis und Brauch. Zuletzt Herklotz, Sepulcra S. 193f.

[1098] Ein Vortrag von I. Herklotz zu dieser Frage „Paris de Grassis ‚Tractatus de funeribus et exequiis' und die Bestattungsfeiern der Kurialen im Spätmittelalter" wird in den Atti erscheinen, die in A. 994 genannt sind.

[1099] Dazu S. 202. Bauch, Grabbild S. 146. Ausführlich über das Grab Hadrian V und seinen Erhaltungszustand Frothingham 1891 S. 28ff. und Ladner, Papstbildnisse II S. 185ff.

[1100] Siehe dazu S. 202ff.

[1101] Bauch, Anfänge S. 238ff. Über die Entwicklung des „Thalamus-Grabes" auch Bauch, Grabbild S. 144ff. und Gardner, Relief S. 5ff. und Gardner, Arnolfo S. 431ff. Dort auch jeweils weitere Literaturhinweise. Zuletzt Herklotz, Sepulcra S. 179 mit einer Umdatierung des Riccardo Annibaldi-Grabes auf 1289ff.

[1102] Das ist z.B. das Schicksal der kostbaren Metallfigur König Heinrichs III von England in Westminster Abbey (Abb. 360, 363), ein Werk des Goldschmiedes William Torel aus dem Jahre 1291. Vgl. S. 182ff. Das Hochgrab nach römischer Art, wahr-

Betrachter nicht moderne Erfindung ist, belegt der Stich bei Papenbroeck (Abb. 252) und auch noch die Zeichnung von Ramboux (Abb. 253). Außerdem folgen fast alle figürlichen Wandgräber Mittelitaliens dieser, am Grabmal Clemens IV, gefundenen Lösung[1103].

Im Norden kenne ich im 13. Jahrhundert nur ein Beispiel mit einer ähnlichen unkonventionellen Lage des Grabbildes; ein sehr wichtiges Monument, das nicht lange vor der Reise des Petrus Oderisius nach England entstanden ist, und diesem bekannt gewesen sein könnte: Es handelt sich um die Liegefigur auf dem Kenotaph des Hl. Dagobert (Abb. 257) in Saint-Denis. Das (heute erneuerte) Original entstand wahrscheinlich gegen 1263—65 und zeigt den merowingischen König auf der Seite liegend[1104]. Wenn die Skulptur im 19. Jahrhundert auch in der Substanz erneuert wurde, ist diese Position durch ältere Nachzeichnungen gesichert. Die Lösung in Saint-Denis wurde aber im Gegensatz zu der Konzeption des Papstgrabes in Viterbo nicht mit Rücksicht auf den Betrachter gewählt, dessen Augenhöhe über der Figur liegt. Vielmehr ist Dagobert in (ewiger) Anbetung dem Hauptaltar und dem Grab des Hl. Dionysius zugewandt. Falls der Künstler des Clemens-Grabes Saint-Denis gesehen hat, ist es möglich, daß ihm die Kenntnis dieses Werkes seinen unkonventionellen, aber funktional völlig anders bestimmten Schritt erleichtert hat.

Die Kleidung des toten Papstes (Abb. 251, 249) hat immer befremdet[1105]. Zwar ist sie durch Tiara und Pallium als pontifikal kenntlich, doch ist die Skulptur weit entfernt von jener Stofflichkeit der Oberfläche und jener Kostümtreue, die Arnolfo und sein Umkreis pflegten. Manche Härten sind nicht zu übersehen. Die wellenförmig anschwemmenden Schüsselfalten sind sicher ein „Mitbringsel" aus Frankreich. Ihre Schärfe und Tiefe reißen die Glätte des schweren Gewandes in unmotivierter Weise auf. Der eben beschriebene Faltenapparat macht die untersetzte Figur noch schwerfälliger als sie konstitutionell schon ist[1106]. Man vermißt die Harmonie der Grabfiguren Arnolfos (Abb. 292). Was aber in der Aufsicht (Abb. 249, 260) besonders befremdet, ist die Glätte der Gewandung an der Brust und an der Tiara, der Flächen nämlich, die dazu ausersehen sind, Schmuckborten des Kostüms durch Mosaikinkrustation darzustellen. Das allein läßt den Zwiespalt des Künstlers ahnen, der gleichzeitig dreidimensional arbeiten und zweidimensionale Schmuckfelder schaffen mußte. Wie Pallium und der Kronreif der Tiara durch den steinernen Schmuckdekor charakterisiert werden, das setzt sich souverän über jede Illusion von Stofflichkeit hinweg. Die Härten an der nackten Halspartie und den merkwürdig vorstehenden Kragen hat man mehrfach auf eine verfälschende Restaurierung zurückführen wollen[1107]. Meines Erachtens zu Unrecht. Offensichtlich hat der Künstler nur eine sehr summarische Vorstellung des päpstlichen Ornats verwirklicht. Vielleicht wußte er es nicht besser. Vieles wirkt uneinheitlich, ja unbeholfen. Die von Jörg Garms ausgesprochene Vermutung, der Bildhauer sei in diesem Metier eher unerfahren gewesen, erscheint mir ein plausibles Erklärungsmodell[1108]. Die holzschnittartige Härte, die besonders im Gesicht des Papstes auffällt mag zum Teil das Resultat schwierigen Ringens mit der Aufgabe und dem Material sein. Daß diese Situation auf Petrus Oderisius eher zuträfe als auf den ausgebildeten Bildhauer Arnolfo, liegt auf der Hand.

---

scheinlich ein Werk der Arnolfo-Werkstatt, läßt von der Effigies des Königs kaum die Nasenspitze sehen. Einen grundsätzlichen Unterschied macht die englische Grabplatte gegenüber den Grabbildern des Petrus Oderisius, des Arnolfo und des Johannes Cosmati deutlich. Man hat den Eindruck, das Bild des englischen Königs sei auf ein himmlisches Auge ausgerichtet. Die italienischen Grabbilder kalkulieren dagegen sehr genau den Blickwinkel des irdischen Betrachters ein; Am Krassesten und Ökonomischsten hat Arnolfo dieses Prinzip anzuwenden gewußt. Siehe Angiola Maria Romaninis Beitrag in den Kongreßakten, die Anm. 994 zitiert wurden.

[1103] Dazu zuletzt Bauch, Grabbild S. 141ff. mit Literatur.

[1104] Sauerländer, Gotische Skulptur S. 171; Bauch, Grabbild S. 62; A. Erlande-Brandenburg, Le roi est mort. Etude sur les funérailles le sépultures et les tombeaux de rois de France jusqu' à la fin du XIIIᵉ siècle, Genf 1975 S. 142ff.

[1105] Deshalb ist auch die Qualität der Skulptur ursprünglich sehr niedrig eingeschätzt worden. Frothingham 1891 S. 52 „The figure is roughly hewn and unfinished".

[1106] Dazu Gardner, Arnolfo; Romanini, Arnolfo und Bauch, Grabbild mit jeweils reichem Abbildungsmaterial.

[1107] Bauch, Grabbild S. 331 Anm. 304.

[1108] Garms S. 157.

Der Kopf des Toten (Abb. 249, 256) hebt sich von der glatten Dalmatika und der Tiara, die wie Brustpanzer und Helm wirken, merkwürdig lebendig ab[1109]. Der Schädel ist so eckig, daß die Mitra nur an den Seitenkanten der Stirn aufsitzt. Jochbein und Stirnknochen schieben sich über den Augen mächtig vor. Man wird an die Physiognomie eines Löwen erinnert[1110]. Die Brauen über der Nasenwurzel sind — drohend oder schmerzvoll zusammengezogen. In tiefen Höhlen liegen die von Lid und hängenden Brauen verschlossenen Augen. Da die Augenspalten sich im Bogen zu den Wangen neigen, konzentriert sich hier der schmerzvolle Ausdruck. Charakteristisch sind die hohen, vorstehenden Backenknochen und die kräftige, scharfe Nase. Das ganze Untergesicht ist schmal, in der Backenpartie sogar eingesunken und faltig. Dagegen ist der Mund mit seinen dünnen, aufeinandergepreßten Lippen im Tode noch energisch. Die geschürzten Lippen haben einen schmerzlichen (nach Keller sogar grausamen) Ausdruck, der allerdings durch eine Beschädigung verstärkt wird[1111]. Die großen Ohren sind vom Kissen angewinkelt. Ihnen kommt die gleiche künstlerische Aufmerksamkeit zu wie den übrigen Organen des Gesichtes.

Selbst wenn der Papst so oder ähnlich ausgesehen hat, ist die Kraft und das Pathos des Bildnisses nicht erklärt. Offensichtlich hat der Künstler die physiognomischen Zeichen leidenschaftlicher Kraft gesucht und bis zur Übersteigerung betont[1112]. Für die Skulptur steht dieser Versuch in Italien allein. Die Malerei hat dagegen byzantinische Formeln des Schmerzes tradiert und im 13. Jahrhundert wiederbelebt. Daß das Anlitz des leidenden Christus zu dieser Zeit eine ähnliche physiognomische Vertiefung erfuhr, zeigt der Vergleich, den John White zwischen dem Papstporträt und dem Kruzifix des Coppo di Marcovaldo (?) in S. Gimignano zieht[1113]. Konkrete Zusammenhänge bestehen sicher nicht. Doch ist es möglich, daß die Darstellung des Schmerzes und die Bereitschaft zur Compassio vor dem Bild (= Bildnis) im sakralen Bereich auch ein Schlüssel für die Darstellung individuellen Schmerzes im Grabbild war[1114].

Die verschiedenen, hier nur angedeuteten Qualitäten des Papstbildes wird jede Generation auf andere Weise zu erklären versuchen. Die Wirklichkeitsnähe kann uns heute berühren, als hätten wir eine zeitgenössische Photographie vor uns. Natur und Wirklichkeit sind wesentliche Paradigmen des 13. Jahrhunderts. Es ist deshalb nur logisch, daß man die realitätsnahe Kunst des Petrus Oderisius mit dem Denken und der Wissenschaft seiner Zeit in Verbindung gebracht hat[1115]. Wir werden in dem folgenden Exkurs versuchen, diesen Ansatz Augusta Monferinis zu konkretisieren. Was sich aber der Erklärung entzieht, ist die Künstlerpersönlichkeit und der Prozeß des selbstreflektierenden Wiedererkennens im Betrachter.

Registrieren wir deshalb abschließend, daß die Porträtkunst des Petrus Oderisius in ihrer Zeit revolutionär war und daß sie auch heute noch (oder besser wieder) als Bild wirksam ist. Er, der aus der Marmorschreinerei kam, sah sich vor der in Italien unbekannten Aufgabe, ein lebensgroßes Grabbild zu schaffen. Wahrscheinlich durch die Forderungen der Auftraggeber ermutigt, beschritt der in der

[1109] Keller spricht bewußt paradox vom Porträt eines Lebenden. Keller, Arnolfo S. 30 und ders. Il sepolcro S. 240. Dagegen Ladner, Papstbildnisse II S. 148 Anm. 4.

[1110] Tatsächlich soll der Schädel des Papstes bei der Öffnung des Grabes eine kräftige Überaugenpartie aufgewiesen haben. Ladner, Papstbildnisse II S. 148; Keller, Die Entstehung S. 279.

[1111] Keller, Arnolfo S. 29; ders., Il sepolcro S. 238ff.; ders. Die Entstehung S. 278f. hat den Ausdruckswert des Gesichtes in besonders krasser Weise als Charaktereigenschaft des Dargestellten gesehen: Er erkennt die Grausamkeit eines Tyrannen.Es muß bei solchen Versuchen zur Vorsicht gemahnen, daß Ladner, Papstbildnisse II S. 148 hier die Bitterkeit und das Pathos des Schmerzes sieht.

[1112] Vgl. S. 202f. die Zuschreibung eines Marmorlöwens (Abb. 266, 267) an Petrus Oderisius. In dieser Tierskulptur, die wahrscheinlich vom Papstgrab stammt, glaube ich ähnliche Qualitäten zu erkennen.

[1113] White, Art and Architecture S. 57.

[1114] Diese Frage spielt eine Rolle in der methodisch exemplarischen Untersuchung über Ästhetik, Formwandel und Funktion früher Bilder von Hans Belting, Das Bild.

[1115] Monferini, Pietro d'Oderisio S. 56ff. Vgl. auch den folgenden Exkurs: Das Grab Clemens IV. Eine dominikanische Neukonzeption?

Bildhauerkunst Unerfahrene ganz neue Wege; Wege, die in der Folgezeit von Arnolfo di Cambio und seinem Troß nachgezogen und geglättet wurden. Hätten wir weitere Werke von Petrus Oderisius, vielleicht zählte er neben den Pisani und Arnolfo zu den großen italienischen Bildhauern dieser Zeit. Außerhalb Viterbos läßt sich aber kein bildhauerisches Werk seiner Hand namhaft machen. Ob das Zufall der Erhaltung, eine Rückkehr in das angestammte Metier oder auch das Unglück einer kurzen Lebens- und Arbeitsspanne ist, muß offen bleiben.

Exkurs: Das Grab Clemens IV. Ein dominikanisches Konzept? In der Forschung ist das Grab Clemens IV bisher so gut wie ausschließlich unter den Gesichtspunkten der Stilgeschichte und der künstlerischen Autorschaft untersucht worden. Welche Bedingungen stellte aber der Auftrag? Es ist das Verdienst Augusta Monferinis, der Beantwortung dieser Frage vorgearbeitet zu haben[1116]. Wie nur selten vor 1300 gibt es eine Reihe historisch überlieferter Indikatoren, die mich ermutigen, eine immer noch spekulative — aber doch nicht völlig fiktive — Zusammenstellung von Motiven zu versuchen, die den Auftrag bestimmt haben werden.
Wie Augusta Monferini aufzeigen konnte, war die Abtei von S. Maria in Gradi in den sechziger und frühen siebziger Jahren ein Angelpunkt kirchlicher Politik, vor allem aber das wichtigste Zentrum des Dominikanerordens auf italienischem Boden[1117]. In der 1258 geweihten, in gotischen Formen erbauten Abteikirche war 1261 Urban IV, der erste französische Papst des 13. Jahrhunderts, gekrönt worden[1118]. Sein Nachfolger Clemens IV (1265—68), Franzose wie dieser, war — wir erwähnten es schon — ein Freund und Förderer des Ordens. Anscheinend lebte er nach dominikanischen Regeln und verlegte zwischen 1266 und 1268 einen Teil der Kuriengeschäfte in den Konvent von S. Maria in Gradi. Dort soll er sogar zeitweise residiert haben.
Seit 1267 lebte auch der mächtige General des Dominikanerordens, Johannes von Vercelli, im Konvent. Nach dem Tode Clemens IV empfahl sich dieser auf den langwierigen Konklaveverhandlungen von Viterbo und Lyon (1269—71) vergeblich als dessen Nachfolger. Augusta Monferini sieht in dem Ordensgeneral die eigentlich treibende Kraft für den Bau des Grabmals und natürlich auch für die Rückführung der Leiche Clemens IV aus der Kathedrale in die Dominikanerkirche[1119]. Der Besitz des Grabes habe die Nachfolge designieren sollen. Der eigentliche Testamentvollstrecker und damit Auftraggeber des Grabes, Petrus von Narbonne, habe die Ausführung wahrscheinlich in die Hände der Dominikaner, d.h. in die Regie des Ordensgenerals gelegt. Einerseits betont Augusta Monferini den unmittelbaren politischen Zweck der Grablege, nämlich die durch den letzten Willen ausgedrückte Parteinahme für die Dominikaner, zum anderen verweist sie auf das höchst bemerkenswerte geistige Umfeld von S. Maria in Gradi zur Zeit Clemens IV. In den Jahren 1267 und 1269 hielt sich nämlich

---

[1116] Monferini, Pietro d'Oderisio S. 56ff.

[1117] Monferini, Pietro d'Oderisio S. 58ff.; Auch Signorelli, Viterbo nella storia della chiesa I S. 235ff. 1257 schon transferierte Alexander IV die Kurie nach Viterbo. Herklotz, Sepulcra S. 163.

[1118] Signorelli I S. 239. Die mittelalterliche Bausubstanz der Abteikirche ist seit dem Neubau von 1740 bis auf den Kreuzgang verloren. 1221 vom Hl. Dominikus gegründet, erfreute sich die Kirche hoher Zuwendungen durch Kardinal Rainerius Capocci. Ein Neubau wurde 1246 schwer durch Sturm beschädigt. Neuweihe (eines nun wahrscheinlich in gotischen Formen aufgeführten Baues) 1255 und 1258 durch Alexander IV. 1256 wahrscheinlich Bau des erhaltenen Kreuzgangs in gotischen Formen. Cristofori, Tombe dei Papi S. 69 überliefert eine Weihinschrift mit der Künstlersignatur eines Magister Bonosegna, die sich auf ein Fenster (wahrscheinlich die Westrose) bezieht. Ehemals an der Fassade: „Anno D.ni MCCLVIII consecrata est Ecclesia in honorem S. Marie Virginis per venerabilem Papam Alexandrum IV quam fundavit D.nus Rainerius Cardinalis. quam fenestram fecit Ma.gr. Bonosegna". (nach Salmini S. 197). Sansoni, Il sepolcro S. 15 bildet eine gezeichnete Ansicht des Konvents und der Kirche vor 1740 ab. Die dreischiffige Basilika zeigt eine große gotische Westrose, eine wohl spätere Vorhalle und eine riesige Treppenanlage vor der Fassade. Joanna L. Cannon hat in ihrer unveröffentlichten Dissertation, Dominican Patronage of the Arts in Central Italy: The Provincia Romana, c. 1220—c. 1320, London 1980 S. 456ff. die Quellen und Daten für S. Maria in Gradi zusammengestellt. Ich hoffe, daß die Früchte dieser gründlichen Arbeit bald publik gemacht werden und weitere Arbeiten über Viterbo im 13. Jahrhundert anregen.

[1119] Monferini, Pietro d'Oderisio.

der berühmteste Gelehrte der Dominikaner, Thomas von Aquin, in seinen Ämtern als *praedicator generalis* des Ordens und als *lector curiae* in Viterbo auf. Gewohnt hat er wahrscheinlich im Konvent von S. Maria in Gradi.

Natürlich ist es Spekulation, wenn Augusta Monferini aus den Parallelen zwischen thomistischer Wirklichkeits- oder Natursicht und dem „Realismus" des Grabmals eine unmittelbare Einflußnahme des großen Doctor Angelicus suggeriert. Doch sind solche Vermutungen erlaubt, wenn sie sich durch historische Koinzidenzen am Schauplatz des Geschehens wie in Viterbo aufdrängen[1120]. Wenn man Vasari glauben schenken darf, wurde sogar Nicola Pisano im Jahre 1267 von Clemens IV nach Viterbo berufen „dove oltrea molte altre cose restaurò la chiesa et convento de'frati Predicatori"[1121]. Man stelle sich nur eine Dialog zwischen dem größten Gelehrten und dem größten Bildhauer dieser Zeit vor. Ohne hier weiter auf diese romanhafte Fiktion einzugehen, dürfen wir uns Viterbo in diesen Jahren als ein internationales (d.h. vor allem französisch und italienisch geprägtes) Zentrum von höchster politischer und kirchenpolitischer Potenz und wissenschaftlich/künstlerischer Kompetenz vorstellen. Die Situation des Jahres 1269 führt mich — über Monferini hinausgehend — zu einigen Thesen über die Vorbedingungen, die Ziele und die konkrete Ausgestaltung des Auftrages für das Papstgrab. Daß der Anspruch, was Material, künstlerische Ausführung, vor allem aber die inhaltliche Bedeutung betrifft, der allerhöchste gewesen ist, muß vorausgesetzt werden. Geschaffen werden sollte das Denkmal eines französischen Papstes der dominikanischen Partei, das dem geistigen und politischen Anspruch des Ordens sichtbaren Ausdruck geben konnte.

V o r b e d i n g u n g e n . Es gab seit dem frühen 12. Jahrhundert in Rom eine aufwendige Grabform: ein Wandgrab mit einer Ädikula als Baldachin in kostbarem Marmormaterial. In den wenigen erhaltenen oder überlieferten Beispielen dieses Typus sind diese Gräber für hohe kirchliche Würdenträger bestimmt. Wahrscheinlich haben wir uns die römischen Papstgräber vor 1269 (Clemens-Grab) ähnlich wie das Alfanus-Grab (Abb. 120) an S. Maria in Cosmedin (ca. 1120—30) oder das Grab Guglielmo Fieschis in S. Lorenzo fuori le mura (gest. 1256) vorzustellen[1122]. Wie das bisher anonyme Wandgrab in der Rotunde bei SS. Cosma e Damiano (Abb. 118, 119) beweist, gab es schon im 12. Jahrhundert in Rom Wandgräber mit hohen, reich gegliederten Sockelgeschossen, die den Sarkophag und die Säulen des Baldachins trugen. In diese römische und päpstliche Tradition sollte sich ganz offenbar auch das Grab Clemens IV stellen.

O p u s F r a n c i g e n u m . Wir haben schon angedeutet, daß das Grab (Abb. 247) modernste Formen französischer Gotik aufgreift und deren Ornamentik in „florealer" Weise weiterentwickelt. Ein vielbestauntes und nachgeahmtes Novum. Dieser Einbruch einer bis dato im Kirchenstaat fremden Architektursprache des Grabmals kann nicht einfach als zufällige Inventio des Künstlers, er muß als Anspruch des Auftraggebers erklärt werden. Wie dieser sich artikuliert hat, bleibt offen. Wie wir schon angesprochen haben, wären durchaus Stilkategorien denkbar, wie jener Terminus „Opus Francige-

[1120] Ich habe einmal versucht, einen Stilwechsel in der Kunst in ähnlicher Weise historisch „dingfest" zu machen. Den Wechsel vom antikisierenden Stil in der Skulptur am Mittelportal von Notre-Dame in Paris um 1210 zur hochgotischen Werkstatt habe ich in Verbindung gebracht mit dem Aristoteles-Verbot und der Schließung der Pariser Universität im gleichen Jahr. Claussen, Antike und mittelalterliche Skulptur S. 103f. Ich bin dafür von D. Jacoub in: Bulletin Monumental 134, 1976 S. 259 heftig kritisiert worden.
[1121] Vasari, Vite ed. Frey S. 669f. Ob die Nachricht Vasaris irgendeinen konkreten Hintergrund hat, muß offenbleiben. Angenommen ja, dann sollte man daran aber keine Spekulationen über das Clemens-Grab schließen. Dieses kann erst 1269 begonnen worden sein. Auch kann man sich kaum einen größeren Gegensatz vorstellen als zwischen der an der Antike geschulten Raffinesse der Skulptur Nicolas und der Roheit des Clemens-Grabbildes. Der Streit über die Priorität der Erfindung des Grabmals mit Gisant in Italien, Nicola in Perugia (??), Arnolfo oder Petrus Oderisius soll hier nicht aufgerollt werden. Prinzipiell ist es nicht ausgeschlossen, daß Nicola Pisano an dieser Konzeption Anteil hatte. Nur ist nicht das geringste erhalten, was dafür sprechen könnte. Die Vermutung Ladners, Papstbildnisse II S. 127ff., der von Vasari gezeichnete Kopf des Grabmals Urban IV (1261—64) — ehemals Perugia — gehe auf ein Grab des 13. Jahrhunderts (möglicherweise von Arnolfo oder Giovanni Pisano) zurück, steht auf schwachen Füßen. Von der Evidenz her, gibt die Zeichnung ein Porträt der Renaissance wieder.
[1122] Vgl. dazu S. 104ff.

num", der für den gleichzeitig (1269) begonnenen Neubau der Stiftskirche St. Peter in Wimpfen belegt ist[1123]. In Rom sind es die Dominikaner, die gegen 1280 mit dem Baubeginn von S. Maria sopra Minerva gotische Architektur einführen. S. Maria in Gradi in Viterbo ist um mindestens drei Jahrzehnte vorausgegangen. Zwar ist das Hauptdenkmal gotischer Architektur in dieser Zeit in Italien ein franziskanischer Bau: Doch muß man S. Francesco in Assisi in vieler Hinsicht als Sonderfall ansehen[1124]. In jedem Fall kann man gotische Grundformen als Kennzeichen der Bettelordensarchitektur ansehen und ein „Opus Francigenum" wie in Viterbo besonders mit dem dominikanischen Orden identifizieren. Eine Formensprache, die ihr geistiges Zentrum wie die dominikanische Theologie dieser Zeit in Frankreich, in Paris hat. So gesehen, muß der französische Stil des Grabmals den Zeitgenossen in Mittelitalien nicht nur fremd und sehr modern, sondern auch dominikanisch erschienen sein. Vielleicht liegt vom Auftrag her sogar eine Ebene bewußter Einflußnahme durch in Frankreich geschulte Theologen vor, die Zeichen der Reform in der römischen Provinz setzen wollten[1125].

Das inhaltliche Konzept. Der denkmalartigen Erhöhung des Grabes scheint die Wiedergabe der Verstorbenen als eines aufgebahrten Leichnams zu widersprechen. Umso signifikanter ist auf dieser Ebene die Zurückdrängung aller Attribute irdischer Schönheit und aller Anzeichen für den christlichen Triumph über den Tod. Die Züge des Alters und Verfalls bedeuten die Realität des Todes und des individuell erlittenen Sterbens. In der Bedeutungsebene der Grabfigur ruft die Erinnerung an den so gekennzeichneten Verstorbenen die Erinnerung an die eigene Sterblichkeit wach. Ein Memento Mori also, im Gegensatz zu den in zeitlos seeliger Amtswürde wiedergegebenen Grabbilder des Nordens. Sicher ist das Porträt im Tode auch ein Zeichen der Demut. Die denkmalartige Erhöhung der Humilitas, die uns befremdet, ist aus der Sicht des Auftrags kein Widerspruch: es ist ein Triumph der Humilitas, der in diesem herausragenden Monument gezeigt werden soll.

Dieses neue Konzept verliert in den Nachfolgewerken viel von seiner Konsequenz. Die Härte und Häßlichkeit des Clemens-Porträts wandelt sich in der Werkstatt des Arnolfo in eine schönlinige harmonische Seelenruhe (Abb. 292), in einen schönen Tod sozusagen, bei dem die individuelle Porträtabsicht nicht im Vordergrund zu stehen scheint[1126]. Gerade weil das so ist, finde ich es bemerkenswert, daß Kardinal Guillaume de Braye (Abb. 250), der mächtige Dominikaner, in seinem Grabbild in Orvieto (1282) von eben diesem Arnolfo als individuelles Porträt mit allen häßlichen Zügen des Alters wiedergegeben ist. Der Schluß ist naheliegend, daß hier nicht aus einer zufälligen „Künstlerlaune" heraus veristisch wirkende Grabporträts geschaffen wurden, sondern daß in beiden Fällen der Auftraggeber den Realismus gefordert oder gefördert hat. In meinen Augen ist das ein Beweis dafür, daß sowohl in Viterbo wie später in Orvieto jeweils eine neu durchdachte und umrissene dominikanische Bildidee und Ikonographie bestimmend war. Diese ist aber nicht nur wirksam in der untersten Ebene

---

[1123] Peter Kurmann hat kürzlich in einem Vortrag die These ausgesprochen, die auffällige Betonung erkläre sich daraus, daß der Bauherr, Richard von Deidesheim, den Konvent der Augustinerchorherren gegen heftige Widerstände reformiert und den neuen gotischen Stil als sichtbares Zeichen dieser Reform gewählt habe. Diese Interpretation wird durch eine bemerkenswerte Ikonographie gestützt: Im Chor zwischen den Fenstern sind die großen Ordensgründer Benedikt, Franziskus, Dominikus und vielleicht auch Augustinus friedlich vereint als Garanten dieser Reform. Die bisherige Literatur über Wimpfen hat diesem Gesichtspunkt wenig Aufmerksamkeit geschenkt. A. Zeller, die Stiftskirche St. Peter zu Wimpfen im Tal, Wimpfen 1963; F. V. Arens, Die Kunstdenkmäler in Wimpfen am Neckar, Mainz 1958; H. Klotz, der Ostbau der Stiftskirche zu Wimpfen im Tal. Zum Frühwerk des Erwin von Steinbach, Berlin 1967. Ich habe Wimpfen hier so ausführlich erwähnt, weil mir der Gleichklang von Gotik und Reform auch in Italien Erklärungsmöglichkeiten zu öffnen scheint.

[1124] Warum die Kirche S. Francesco in Assisi, obwohl unter der Protektion römischer Kardinäle erbaut, ein gotisches Grundkonzept einhält, ist bis heute nicht befriedigend geklärt. Diese Frage ist von H. Belting, Assisi gestellt, aber nur für Teilbereiche der malerischen Ausstattung beantwortet worden.

[1125] In der Folgezeit ist eine Gegenbewegung der römisch orientierten Päpste wie Nikolaus III (1277–80), Honorius IV (1285–87) Nikolaus IV (1288–92) und Bonifaz VIII (1294–1303) zu beobachten.

[1126] Das beste Beispiel dafür ist die Grabfigur Bonifaz VIII (Abb. 292) von Arnolfo di Cambio, heute in den Grotten von St. Peter.

der Grabfigur, also der irdischen Sterblichkeit, des Memento Mori: Eine zweite Ebene ist direkt darüber — zumeist an der Rückwand der Grabädikula — zu sehen, die Fürbitte. Beim Clemens-Grab
(Abb. 252) vermittelte die Hl. Hedwig zwischen dem Papst und der Madonna. In zugleich didaktischer
und anagogischer Weise wird in dieser zweiten, erhöhten Ebene das Memento Mori zur Hoffnung.
Am Grab des Kardinals Guillaume de Braye (Abb. 260a) wird der Kardinal in dieser Ebene selbst be-
tend (d.h. lebend) dargestellt, der Madonna empfohlen durch den Hl. Markus und den Hl.
Dominikus[1127].

Eine dritte Ebene kann so zunächst nur Papstgräber betreffen. Der Stich bei Papenbroeck (Abb.
252) zeigt im Giebel des Clemens-Grabes eine Büste, die der Begleittext, wir erwähnten es schon, offenbar eines Attributes wegen Petrus nennt. Am Grab Hadrians V (Abb. 262, 269) in Viterbo ist eine
derartige Petrusdarstellung erhalten. Meiner Meinung nach handelt es sich bei diesem schönen Werk
des Arnolfo um ein „abbreviertes" Abbild der marmornen Sitzfigur des Hl. Petrus, ehemals im Portikus von Alt-St. Peter und heute in den Grotten (Abb. 263). Ein Werk, das wahrscheinlich kurz zuvor
von der Hand des gleichen Arnolfo verändert oder erneuert worden ist[1128]. Der vereinzelte Kopf ohne
Attribute außer der charakteristischen Physiognomie ist vielleicht so etwas wie eine Veraikon des Petrus. Hier, direkt unter dem Kreuz — entrückt von dem Bild des Papstleichnams — findet ein überzeitliches, nicht sterbliches Papsttum sein Sinnbild[1129].

Fassen wir zusammen, so dürfte der Sinn der Grabfigur nicht nur in der Porträtabsicht liegen, sondern auch und eher in der Aufforderung zur Besinnung auf den Tod. Weniger Nachruhm als vielmehr
dominikanische Erziehung werden verbildlicht. Durch die Fürsprache der (den Dominikanern verbundenen) Heiligen wird der irdische Tod in der nächst höheren Ebene zur Hoffnung oder Gewißheit ewigen Lebens verwandelt. Darüber steht das Petrusbild als Zeichen des überzeitlichen, nicht an die
Person gebundenen Amtes. Es wäre interessant, diese Idee weiterzuverfolgen bis hin zum Grab des
Kardinals de la Grange in Avignon[1130]. Hier teilt sich die Person des Verstorbenen in einen verwesen-
den Leichnam und ein überzeitliches „Amtsbild" darüber. Das würde aber diesen Rahmen sprengen.
Ich möchte damit nur andeuten, daß mir eine der wichtigsten Wurzeln des spätgotischen Grabmals
in Viterbo, im Werk des Petrus Oderisius zu liegen scheint.

*Zuschreibung an Petrus Oderisius: Grabmal des Petrus IV de Vico ehem. in S. Maria in Gradi —
jetzt in S. Francesco in Viterbo*[1131]. Petrus IV de Vico, der Stadtpräfekt von Rom, starb im Dezember
1268. Er überlebte Clemens IV, den er kurz vor dessen Tode verraten hatte, nur um wenige Wochen.

[1127] Siehe die einleuchtende Rekonstruktion bei Romanini, Arnolfo S. 23ff. fig. I; auch Gardner, Arnolfo S. 428 und Bauch,
Grabbild S. 148f.
[1128] Romanini, Arnolfo S. 189 Anm. 260 mit weiterer Literatur. Angiola Maria Romanini betont die Nähe der Petrusmaske
(Abb. 262) zu Werken Arnolfos. Sie benennt den Kopf unverständlicherweise als Jupiter. Für eine Identifizierung mit dem Apo-
stel spricht schon die Ähnlichkeit mit der Marmor-Sitzstatue des Petrus in St. Peter in Rom (Abb. 263). Offenbar hat das Antlitz allein, bar aller Attribute, ausgereicht, die Identifikation mit der kurz zuvor entstandenen Petrus-Statue zu gewährleisten.
Meiner Ansicht nach ist die stilistische Übereinstimmung mit dem Joseph der Presepe-Gruppe in S. Maria Maggiore so groß,
daß eine Entstehung in der gleichen Werkstatt (der des Arnolfo) und in ähnlicher Zeit (ca. 1285—91) plausibel erscheint.
[1129] Das Amt, das nicht an die Person gebunden ist, die kontinuierliche Herrschaft, die nicht vom Tode unterbrochen wird,
ist ein wichtiges Motiv in vielen Bestattungsriten von Herrschern. Vgl. dazu Brückner, Bildnis und Brauch.
[1130] Zum Typus des sog. Doppeldeckergrabes vor allem Kathleen Cohen, Metamorphose of a Death Symbol. The Transi
Tomb in the Late Middle Ages and the Renaissance, Berkeley/Los Angeles/London 1973. Auch Bauch, Grabbild S. 252ff. Daß
der Verstorbene zuerst in römischen Papst- und Kardinalgräbern als Leichnam dargestellt ist, könnte m.E. die französische Entwicklung der Gräber in Avignon mitbestimmt haben. Bisher sind solche Verbindungen noch nicht untersucht worden.
[1131] Lit. siehe auch Anm. 1038. F. Bussi, Storia di Viterbo, Roma 1742; G. Calisse, I prefetti di Vico, in: A.S.R.S.P. 10,
1887 S. 1—136 und S. 353—395. Bes. S. 44f., 52 und 55; Ladner, Papstbildnisse II S. 149 Anm. 5, S. 153f.; Gardner, Arnolfo
S. 427f. S. 436; Monferini, Pietro d'Oderisio S. 47 S. 60; I. Faldi, Museo Civio di Viterbo. Dipinti e sculture dal medioevo
al XVIII secolo, Viterbo 1955 S. 50f.; Herklotz, Sepulcra S. 169.

Der ehemals führende Ghibelline in Rom und Vertreter Manfreds im römischen Senat wechselte 1265 zur Partei Karls von Anjou und des Papstes, starb aber an den Folgen des Kampfes gegen diese auf der Seite Konradins. Sein Testament, das die Zerstückelung der Leiche und große Schenkungen an die Dominikanerkirche S. Maria in Gradi in Viterbo vorsah, muß ebenso wie die Bestimmung dieser Kirche zum Begräbnisort (sozusagen an der Seite des Papstes) als reumütiger, neuerlicher, posthumer und damit endgültiger Frontwechsel auf die Seite des Papstes verstanden werden[1132]. Aber nicht nur der Begräbnisplatz, auch die Machart des Grabes (Abb. 264) stimmen mit dem Papstgrab überein (Abb. 247, 232). Das Sockelgeschoß der beiden Gräber mit den sechs Spitzbogenarkaden ist nahezu identisch. Aus diesen Gründen — vielleicht aber auch weil sie zusätzliches dokumentarisches Material kannten — schrieben schon De Nobilibus im Jahre 1615 und Salmini 1706 das Grab des Adeligen dem Autor des Papstgrabes zu[1133]. Im Zusammenhang mit dem Papstgrab ist es immer wieder erwähnt worden, doch sind die Fragen, die der Typus und die Erhaltung stellen, bisher offen. Einstimmigkeit besteht nur darin, daß Konzept und Ausführung vom Künstler des Papstgrabes stammen. Das Grabmal ist bei der Säkularisierung von S. Maria in Gradi wie das des Papstes nach S. Francesco überführt worden. Dort stehen seine Reste an der inneren Westwand des südlichen Querhauses. Auf einem gemauerten Sockel ruht ein hoher Marmorkasten, dessen Frontseite — wir erwähnten es schon — von sechs gotischen Spitzbogenarkaden auf Säulen überblendet wird. Die eingeschriebenen Inkrustationsmuster entsprechen exakt denen des Papstgrabes. Darüber, und wie wir sehen werden in falscher Position, ruht ein etwas schmalerer Sarkophag, in dessen Vorderseite drei Medaillons mit großen heraldischen Adlern in Mosaik eingelassen sind. Flankiert wird dieser Aufbau von zwei hohen, polygonalen Säulen, ebenfalls mit Mosaik-Inkrustationen. Die Bomben des zweiten Weltkrieges haben die Schäden des fragmentierten Grabes nicht noch weiter vergrößert. Bei der Restaurierung wurde über dem Grab aus vorhandenen Bruchstücken die Spitzbogenarkade eines Grabbaldachins (Abb. 264) in der Wand verankert, von dem allerdings nicht ganz feststeht, ob sie in diesem Zusammenhang gehört[1134]. Über die ursprüngliche Aufstellung und allgemeine Disposition des Grabes geben recht detaillierte Zeichnungen in Windsor und Wien (Abb. 265) Aufschluß[1135]. Sofort wiederzuerkennen ist

[1132] Gregorovius, Rom II S. 454. Die extreme Form zerknirschter Buße, die Zerstückelung des Leichnams, ist wahrscheinlich durch die dominikanischen Geistlichen am Sterbelager des tödlich verwundeten De Vico mitbeeinflußt. Der Dominikanerkirche in Viterbo vermachte der Präfekt ein Haus und einen Garten, sowie 200 sienesische Lire. Außerdem einen Zuschuß von 20 Lire für die Kleidung der Mönche über fünf Jahre. Er stiftete S. Maria in Gradi auch die Glocke seiner Burg, damit man sich bei deren Läuten an seine arme Seele erinnern möge. Die Bevölkerung Viterbos wehrte sich vergeblich gegen das Begräbnis des alten Feindes der Stadt in ihren Mauern. Siehe Calisse, Prefetti S. 44; Bussi, Istoria S. 410 Nr. XXI (nach De Nobilibus).

[1133] Ladner, Papstbildnisse II S. 149 Anm. 5, S. 152; Gardner, Arnolfo S. 127f.; Calisse, Prefetti bes. S. 45. Francesco Maria Salmini schrieb 1706 über das Grab „factum eadem idea qua Clementis IV et ab eodem artifice, ut notum est" (Chronologia Gradensi etc. zitiert nach Cristofori, Tombe); zuletzt Herklotz, Sepulcra S. 169.

[1134] Eine Marmortafel erinnert an diese Restaurierung:

Pietro de Vico — Prefetto di Roma — +XII 1268 e
famigliari ricostruito 1952.

Eine Photographie des 19. Jahrhunderts (Brogi 6025) zeigt die beiden flankierenden Säulen noch ohne verbindende Dreipaßarkade. Vergleicht man die Reste mit den Nachbezeichnungen und Bussis Stich, so kann man sicher gehen, daß die beiden polygonalen Säulen mit ihren schönen Kapitellen die Frontsäulen der Grabarchitektur bildeten. Auch die Füllung der ehemaligen Spitzbogenarkade in Gestalt eines steilen Dreipaßbogens dürfte zum originalen Zustand gehört haben. Die verschliffenen Kanten und schweifenden Formen der beiden Nachzeichnungen dürfen als Angleichung an barockes Empfinden gewertet werden. Im frühen 19. Jahrhundert trug das Grab nach Calisse (Prefetti S. 45 Anm. 1. Auch Cristofori, Tombe S. 72) folgende Inschrift:

Hic nobilis viri Petri de Vico
Praefecti romani
ac nonnullorum etiam eisdem natalibus
ac dignitate insignium
corpora condita iacent.

[1135] Julian Gardner, Arnolfo fig. 18 hat die präzisere Zeichnung Royal Library, Windsor Castle, Albani Collection Vol. 201 No. 11906 A). Herklotz, Sepulcra fig. 64 (Abb. 265) stellte die Zeichnung in Wien vor, die in den Beischriften ausführlicher ist. (Wien, Albertina Mappe V, A. 321). Der Stich in Bussis Istoria (Monferini, Pietro d'Oderisio fig. 34) ist summarischer.

das Arkadengeschoß des Unterbaus, die polygonalen Säulen und der Sarkophag mit den Adlerwappen. Letzterer steht nun aber — ganz im Gegensatz zur Aufstellung in S. Francesco — auf der Erde. Auf den ersten Blick scheint der Wappensarkophag sogar das Arkadengeschoß zu tragen[1136]. Schaut man aber genauer, sieht man an den Überschneidungen und Schlagschatten der rechten Seite, daß der Wappensarkophag vor dem eigentlichen Grab plaziert war; ähnlich wie das Nepotengrab des Bischofs Petrus Grossus (Abb. 255) vor dem Grab Clemens IV. Das ist auch deutlich zu sehen in dem summarischen Stich des Grabmals bei Bussi[1137]. Den eigentlichen Sarkophag des Petrus de Vico kann man nur in den Nachzeichnungen erkennen: einen sehr hohen, bis auf eine Sockelleiste und ein Abschlußkarnies schmucklosen Marmorkasten, der auf dem Arkadengeschoß aufruht. Seine Größe macht es wahrscheinlich, daß es sich um einen wiederverwendeten antiken Sarkophag handelt[1138]. Der verlorene Baldachin des Grabes ruhte nach Ausweis der Nachzeichnungen auf vier polygonalen Säulen. Ob die Wiedergabe der Arkade mit ihren geschweiften Formen in dieser Weise getreu ist, muß bezweifelt werden. Der Stich bei Bussi entspricht eher dem Vorbild des Papstgrabes und den erhaltenen Fragmenten. Eine Fahne oder ein Totenschild an der Rückwand des Baldachinraums zeigt nochmals das Adlerwappen derer von Vico.

Man muß künstlerisch trennen zwischen dem Hauptgrab, das offenbar als Pendant zum Papstgrab konzipiert worden ist, und dem Sarkophag anderer Mitglieder der de Vico-Familie, der als Nachbestattung vor den Fuß des Wandgrabes gerückt wurde. Der Wappensarkophag enthielt wahrscheinlich die Bestattung der Söhne des Petrus. Diese, Petrus V. und Manfred de Vico, stifteten 1292 der Dominikanerkirche ein weiteres Haus und suchten um die Erlaubnis nach, in S. Maria in Gradi beim Grab ihres Vaters bestattet zu werden[1139]. Petrus V. stirbt als erster der beiden im Jahre 1302 oder 1303. In diesen Jahren wird der Wappensarkophag entstanden sein.

Petrus de Vico verfügte in seinem Testament ein bescheidenes Grab[1140]. Davon kann in der Ausführung keine Rede sein. Deutlich ist der Gleichklang — vielleicht auch die Gleichberechtigung — mit dem Papstgrab gesucht. Inwieweit die Erben und Testamentvollstrecker des Adeligen oder der Konvent der Dominikaner von S. Maria in Gradi oder möglicherweise gar der Künstler dieses Konzept bestimmt haben, entzieht sich unserer Kenntnis. Viterbos Bürgerschaft jedenfalls setzte der ehrenvolle Aufnahme des alten Feindes in der Stadt Widerstand entgegen. Erst das Machtwort des Erzbischofs von Bari, ein Zeuge des Testamentes, der Tote sei versöhnt mit der Kirche verstorben, wirkte besänftigend. Gerade weil weder das Testament ein derartig aufwendiges Grab erwarten läßt, noch ein Bedürfnis für Viterbo bestand, das Andenken Petrus de Vicos zu bewahren, gewinnt die Idee, die Auftraggeber hätten in der formalen Angleichung an das Papstgrab die Versöhnung mit der Kirche demonstrieren wollen, an Wahrscheinlichkeit.

Wenn auch das Grab in dieser Weise als Simile des Clemens-Grabes konzipiert ist, in einem Punkt unterscheidet es sich: Das Adelsgrab trägt keinen Gisant. Diese Unterscheidung gilt auch für die folgenden Jahrzehnte. Das „Tabu" der Porträtskulptur in Rom, das für den Franzosen Clemens IV wahrscheinlich zum erstenmal durchbrochen wurde, ist auch von nun an aufgehoben nur für Angehörige der hohen Geistlichkeit, vor allem für Päpste und Kardinäle. Es bleibt bestehen für den Adel[1141].

[1136] Dieser Täuschung ist auch Monferini, Pietro d'Oderisio S. 47 erlegen, obwohl sie den in dieser Beziehung eindeutigen Stich bei Bussi abbildet. Sie nimmt an, der Wappensarkophag sei der Sockel des Monuments gewesen. Ihr Vergleich mit dem Grab Heinrichs III in Westminster Abbey (Abb. 240) ist aus diesen und anderen Gründen wenig überzeugend. Vgl. S. 183f. Auch der Vergleich (Pietro d'Oderisio S. 60) zwischen den heraldischen Adlern des Ziboriums von S. Paolo fuori le mura (Arnolfo und socius Petrus) scheint mir wenig einleuchtend. Bei einer Nachbestattung und einer Datierung nach 1300 — wie sie hier vorgeschlagen wird — kann der Sarkophag sowieso nichts mehr mit Petrus Oderisius zu tun haben.
[1137] Bussi, Storia S. 410f. Abb. auch Monferini, Pietro d'Oderisio fig. 34.
[1138] Es würde sich lohnen, die zahlreichen antiken Sarkophage des Museo Civico auf diesen hin durchzumustern.
[1139] Calisse, Prefetti S. 52 und S. 55 mit Quellennachweisen.
[1140] Bussi, Storia S. 410f. „in Ecclesia praedicta suam elegit humiliter sepulturam".
[1141] Allerdings ist der Bestand an bedeutenderen Grabmälern von Laien spärlich. Zu ihren geringen Erhaltungschancen Gardner, Arnolfo S. 431.

Dieser hatte in Rom seine eigene Tradition ehrenvoller Bestattung: die Aufstellung eines antiken Sarkophages. Und ein solcher barg möglicherweise auch den Leichnam des Petrus de Vico.

Direkt vor der Nachbestattung zeigen die Zeichnungen in Windsor und Wien (Abb. 265) die Skulptur einer Sphinx. Auf einem eigenen Sockel liegt sie, den Kopf nach links gewendet, an der Flanke des Sarkophages und verdeckt diesen zum Teil. Es kann kein Zweifel sein, daß es sich um die erhaltene Arbeit (Abb. 230) des Frater Paschalis handelt, die der Dominikaner 1286 signiert hat[1142]. Das muß nicht bedeuten, daß Paschalis damit auch als Autor des Wappensarkophages gelten muß. Der ursprüngliche Zusammenhang wird schon zur Entstehungszeit der Zeichnung gestört worden sein. Wie an anderer Stelle ausgeführt, wird Paschalis eher der Bildhauer des Nepotengrabes auf der Gegenseite sein[1143].

Zuschreibung an Petrus Oderisius: Marmorlöwe aus S. Maria in Gradi, jetzt im Museo Civico in Viterbo[1144]. Der Löwe (Abb. 266, 267) stammt — wie die 1286 signierte Sphinx (Abb. 230) des Frater Paschalis — aus der Dominikanerkirche S. Maria in Gradi[1145]. Vor 1880, so berichtet Ojetti, standen beide Bestien in der Sakristei der Kirche[1146]. Wenig später, 1889, dienten sie als Träger eines Wasserbeckens im Kreuzgang[1147]. Zeichnungen in Windsor und Wien (Abb. 265) zeigen die Sphinx des Paschalis vor dem Grab der Söhne des Petrus de Vico[1148]. Ich nehme an, daß Löwe und Sphinx — ganz wie in der Antike — ursprünglich als Grabwächter fungierten[1149]. Die stilistischen Bezüge zwischen der Sphinx und dem Grab des Nepoten Petrus Grossus, bringen mich zu der Hypothese, der Löwe könne für das Papstgrab, die Sphinx dagegen für das seines Neffen bestimmt gewesen sein. Der Löwe ist allerdings niemals vollendet worden. So ist fraglich, ob er jemals die ihm bestimmte Position eingenommen hat.

Über die ehemalige Position nachzudenken, ist erlaubt. Meine Hypothese ist vielleicht zu kühn. Ich vermute, daß der Löwe, vielleicht mit einem symmetrischen Gegenstück an der Kopfseite, die Fußseite des Grabbildes flankiert und beschützt hat[1150]. Die heute unschön überstehende Deckplatte des Grabaufbaus und der störende, klaffende Abstand zwischen Liegefigur und Baldachinsäulen (Abb. 255) muß ehemals gefüllt gewesen sein. Dort könnten zwei Löwenskulpturen dieser Größe bequem Platz finden. Als Argument für meine These mag gelten, daß die linke Flanke des Grabbildes, die verdeckt worden wäre, gänzlich Bosse blieb. Eine solche, ästhetisch ansprechende Rekonstruktion macht auch ikonographisch Sinn. Wie sehr der Löwe, das Wappentier Roms, als Zeichen des päpstlichen Herrschaftsgebietes verstanden wurde, schält sich immer mehr heraus[1151]. Hauptargument gegen meine

[1142] Siehe dazu S. 167f.

[1143] Der Bischof starb im gleichen Jahr 1286, in dem die Paschalis-Sphinx entstanden ist.

[1144] Lit. siehe auch Anm. 1038. Ojetti, Resoconto delle conferenze dei Cultori di Archeologia Cristiana in Roma dal 1875 al 1887, Roma 1890 S. 292f.; Stevenson, Cod. Vat. lat. 10581f. 87; A. Scriattoli, Viterbo nei sui monumenti, Rom 1915—20 S. 379; Bessone S. 40; I. Faldi, Museo Civico di Viterbo, Dipinti e sculture dal medioevo al XVIII secolo, Viterbo 1955 S. 50f.; Wentzel, Antiken-Imitationen S. 35f., Abb. 7.

[1145] Faldi, Museo Civico S. 50f. Siehe S. 167f. über das Oeuvre des Frater Paschalis.

[1146] Ojetti, Resoconto S. 292f.

[1147] Stevenson, Cod. Vat. lat. 10581f. 87. Das war aber keineswegs ihre ursprüngliche Bestimmung wie Bessone S. 40 und andere glauben.

[1148] Vgl. dazu S. 167f. über das Oeuvre des Frater Paschalis.

[1149] Vgl. dazu auch Claussen, Scultura romana S. 329ff.

[1150] Mit einem Längenmaß von 0,82 m und einer Breite von 0,42m reicht der Platz auf den seitlich überstehenden Flächen aus. Allerdings habe ich noch nicht überprüft, ob die Maße genau mit den entsprechenden Plätzen am Grabmal übereinstimmen.

[1151] Besonders bezeichnend ist die Darstellung der Ecclesia Romana im Liber historiae Romanorum (Hamburg, Staats- und Universitätsbibliothek Cod. 151 in scrin. f. 123r). Die Personifikation der Kirche steht dort über einem kleinen Drachen auf einem gewaltigen, kauernden Löwen im geläufigen „Cosmaten-Typus". In weiterem Zusammenhang bei Herklotz, Sepulcra S. 123 mit Literatur. Im Norden stehen Grabbilder geistlicher Würdenträger im 13. Jahrhundert gewöhnlich über Drache und

These ist die Tatsache, daß es keine Nachfolge dieses auffälligen Nebeneinanders von Papst und Löwe in der Grabskulptur gibt[1152]. So mag es in der chaotischen Entstehungs- und Aufstellungsgeschichte des Grabmals (siehe oben) niemals zur Ausführung dieser Idee gekommen sein.

Die Qualität der Skulptur ist hoch. Trotzdem ist der Löwe so gut wie unbekannt. Nur Hans Wentzel hat ihn als Werk römischer ,,Cosmaten'' abgebildet und mit einem ähnlichen Löwen in Lucera (Apulien) verglichen, um eine Intervention römischer Marmorari in Süditalien plausibel zu machen[1153]. Tatsächlich ist die Haltung des Tieres mit parallel aufliegenden Vorderpranken, dem kauernden Hinterleib, dem seitlich an die Plinthe gelegten Schweif und dem leicht zur Seite geneigten Kopf ganz die, die im frühen 13. Jahrhundert in Rom als Reflex der ägyptischen Granitlöwen vor dem Pantheon (Abb. 123) kanonisch wurde[1154]. Und doch unterscheiden Kraft und Ausdruck den Löwen aus S. Maria in Gradi von ähnlichen Werken römischer Marmorari. Obwohl der Körper unfertig liegen blieb, und auch in der Mähnen- und Schulterpartie manches nur Bosse ist, spricht allein die Raubtierphysiognomie so stark, daß die sprungbereite Entschlossenheit der Bestie beeindruckt. Aus den Flammenhaaren der Mähne schiebt sich flach und mit weit vorspringenden Überaugenwülsten und drohend zusammengezogenen Brauen der Stirnschädel nach vorne. Schon hier entdecken wir Einzelheiten, die auf menschliche Gesichtszüge projiziert, auch im Antlitz des Papstporträts (Abb. 249, 260) begegnen[1155]. Sicher sollte man dies physiognomische Annäherung zwischen Tier und Mensch nicht überbetonen. Zu leicht streift ein solcher Vergleich den Punkt, an dem die Lächerlichkeit oder das Sakrileg beginnt. Betont werden soll nur die Gemeinsamkeit der künstlerischen Sprachmittel, die hier wie dort ähnlichen Zwecken dienen: Affekt und Leidenschaft darzustellen und dem Betrachter zu vermitteln. Man vergleiche nur die Augenpartie mit den mächtigen Überaugenwülsten, die zusammen mit den pointierten Backenknochen die Energie der Physiognomie zu bündeln scheinen. Es ließen sich eine Reihe weiterer Einzelheiten aufzählen, die Zeichen einer gemeinsamen Handschrift sind. Nur eines von vielen Indizien: Die fertigen Teile der Mähne auf der rechten Seite sind mit ihren tiefen Bohrungen sehr verwandt der Akanthusornamentik am rechten Kapitell des Grabbaldachins (Abb. 255).

Ich möchte aus alledem schließen, daß das Löwenporträt vom Autor des Clemens-Grabes geschaffen wurde: von Petrus Oderisius. Daß der Löwe in den fertigen Partien von einer größeren handwerklichen Gewandtheit zeugt, sichtbar besonders im Schliff der Stirn und in den tiefen Bohrungen der Mähne, kann man als Fortschritt des — wie wir annehmen — im Medium der Bildhauerkunst bislang wenig erfahrenen Künstlers ansehen. In jedem Fall ist die Tierfigur im traditionellen Aufgabenfeld der Marmorari Romani verankert und deshalb leichter zu bewältigen als das Grabbild. Warum das Werkstück unfertig liegen blieb und warum es trotzdem aufbewahrt wurde, entzieht sich unserer Kenntnis. Es ist das Zeugnis eines Bildhauers, dessen Qualität im gestalterischen Anspruch mit der des Nicola Pisano wetteifert, dessen künstlerische Mittel sich aber von diesem sehr unterscheiden[1156].

Löwe als Negativbilder. Erst im 14. Jahrhundert finden sich vereinzelt Grabbilder, bei denen Geistliche — wie vorher schon der Schwertadel — ausschließlich auf Löwen stehen.

[1152] Es sei denn, man ordnet das Fragment einer Löwenskulptur, das Romanini, Arnolfo fig. 21 im Zusammenhang der Fragmente des Guillaume de Braye — Grabes in Orvieto (Museo dell'Opera del Duomo) abbildet, in einen ähnlichen Zusammenhang. Die Plätze zu Haupt und Füßen des Kardinalsbildes dort sind allerdings schon durch Vorhangengel besetzt.

[1153] Wentzel, Antiken-Imitationen S. 35f. Abb. 7.

[1154] Dazu S. 113ff. und Claussen, Scultura romana S. 329. Vor allem Roullet, Egyptian Monuments S. 4ff.

[1155] Sagte doch Albrecht Dürer ,,...Der Mensch sicht lewisch oder als ein Bär, Wolf, Fuchs oder Hund, wie wohl er nit vier Füß hat als dasselb Tier''. (Von menschlicher Proportion, Nürnberg 1528. K. Lange, F. Fuhse, Dürers schriftlicher Nachlaß, Halle 1893 S. 215).

[1156] Nach Vasari, Vite ed. Frey S. 669f. ist Nicola Pisano 1267 von Clemens IV nach Viterbo zu Restaurierungsarbeiten in den Dominikanerkonvent gerufen worden. Vgl. S. 197. Wie immer bei derartigen Angaben ist man im Zweifel, ob ein realer Hintergrund für diese Angabe besteht. Wenn irgendetwas von seiner Hand in Viterbo erhalten ist, so kommt von der Qualität her nur der Löwe in Frage. Ich habe alle bekannten Werke Nicolas mit der Skulptur verglichen und bin zu dem Ergebnis gekom-

Dieser hatte sich der natürlichen Erscheinung des Menschen im Medium von vorgeprägten antiken Formen genähert. Petrus Oderisius dagegen sucht Affekt und Leidenschaft mit eigener Seherfahrung und
physiognomischer Schulung am natürlichen Vorbild künstlerisch ins Bild zu setzen. Nicht Schönheit,
sondern Ausdruck ist sein Paradigma, ein Ausdruckswollen, das Realitätserfahrung auf affektive Zeichen konzentriert.

   Mitwirkung des Petrus Oderisius am Grab Heinrich III. in Westminster Abbey? Die zweite Intervention
römischer Marmorkunst in Westminster Abbey kurz vor 1290 ist geprägt vom Stil der Arnolfo-
Werkstatt. Es besteht die Möglichkeit, daß Petrus Oderisius der Socius Petrus des Arnolfo gewesen ist.
Sieht man andererseits, daß es nur natürlich wäre, wenn englische Auftraggeber für römische Marmorkunst sich wieder an den Künstler gewandt hätten, der ihnen knapp zwei Jahrzehnte zuvor schon Proben
seiner Kunst geliefert hatte und durch Signaturen ehrenvoll im Gedächtnis war, so gewinnt eine Beteiligung des Petrus Oderisius auch am Grab des Königs an Wahrscheinlichkeit. Zu beweisen ist das nicht.
Vor allem gibt es — wenn man vom Grundaufbau der Gräber absieht — keinerlei stilistische Beziehungen zwischen den nachgewiesenen Werken des Petrus und denen Arnolfos. Man müßte annehmen, daß
der Römer bis zur Unkenntlichkeit in der Arnolfo-Werkstatt aufgegangen ist, selbst wenn er bei Abwe-
senheit des Florentiners tonangebend war. Der prominenteste römische Mitarbeiter des Arnolfo hätte in
diesem Fall, in der Zeit römisch orientierter Päpste seine zuvor gesammelten gotischen Erfahrungen
hintangestellt, bzw. in das Amalgam des spezifisch römischen und ,,klassisch" wirkenden Cosmaten-
Stils der Arnolfo-Werkstatt in den achtziger und neunziger Jahren des 13. Jahrhunderts eingebracht. Ein
solches Entwicklungsmodell, das Parteinahme in den Formen der Kunst berücksichtigt, hat große historische Plausibilität. Wenn man jedoch wie hier nach dem Künstler fragt, so muß man feststellen, daß
kein kunsthistorisches Instrumentarium in Sicht ist, mit dem man einen Individualstil in der Neuorientie-
rungsphase eines Paradigmenwechsels komparatistisch verfolgen könnte.

   Weitere Zuschreibungen: Ziborium von S. Paolo fuori le mura, Rom (Abb. 268). Ausgehend von
der Signatur des Arnolfo und eines ,,Socius" Petrus schlagen Angiola Maria Romanini und davon
unabhängig Augusta Monferini vor, den Mitarbeiter des Arnolfo am Ziborium von S. Paolo mit Petrus Oderisius zu identifizieren[1157]. Über die bisherigen Versuche, diesen Petrus künstlerisch zu enträt-
seln, habe ich schon berichtet[1158]. M. A. Romanini ist an den Kapitellen des Ziboriums ein Stil
aufgefallen, der sich von dem des Arnolfo durch kristalline Härte und Symmetrie unterscheidet. Die
indifferenza psicologica, die sie für die Köpfchen des figürlich gestalteten Kapitells in Anspruch
nimmt, trenne diese künstlerische Handschrift grundsätzlich von der des Arnolfo[1159]. Das mag schon
sein. M. A. Romanini glaubt aber, in diesen Punkten eine Ähnlichkeit mit dem Grabbild Clemens IV
ausmachen zu können, dem allerdings beim besten Willen keine psychologische Indifferenz nachge-
sagt werden kann. Für meine Augen besteht zwischen dem Papstporträt und den Kapitellen des Ziboriums keinerlei evidente Ähnlichkeit. Handelte es sich — bei 10 bis 15 Jahren Zeitdifferenz —
tatsächlich um den gleichen Künstler, so müßte sich dieser bis zur Unkenntlichkeit vom ,,Realisten"
zum ,,Klassizisten" gewandelt haben. Das ist zwar prinzipiell möglich, bleibt aber unbeweisbar. Immerhin bekommt die alte Vermutung, daß Petrus (Oderisius) mit dem gleichnamigen Mitarbeiter Arnolfos identisch ist, durch die neue Chronologie der Arbeiten in Westminster neue Nahrung[1160]. Die
Köpfe des Ziborienkapittels in S. Paolo weisen für mich alle Merkmale eines routinierten Umgangs
mit antiken Vorbildern auf, wie er am ehesten in der Toskana und im Kreis der Pisani zu finden ist.

men, daß hier keine Künstleridentität vorliegt. Sollte Nicola tatsächlich 1267 in S. Maria in Gradi gearbeitet haben, so hätte
Petrus Oderisius seine Werke allerdings studieren und als Ermutigung nehmen können, seinen eigenen künstlerischen Weg zu
gehen. Faldi, Museo Civico S. 51 nennt den Bildhauer einen bescheidenen, lokalen Nachfolger des Giovanni Pisano, eine Einschätzung, die mir unverständlich ist.

[1157] Romanini, Arnolfo S. 59 S. 153; Monferini, Pietro d'Oderisio S. 56ff.
[1158] Siehe S. 171.
[1159] Romanini, Arnolfo S. 59. Das Kapitell ist irrtümlich als aus S. Domenico stammend beschriftet.
[1160] Siehe dazu S. 171 und 182.

Grabmal Hadrians V (Abb. 269, gest. 1276) in S. Francesco in Viterbo. Daß das Grab nicht signiert ist, hat die Forschung nicht ruhen lassen. Die drei Hauptparteien hat Angiola Maria Romanini aufgelistet[1161]: Sie haben entweder Arnolfo oder Vassalletto oder wie Pietro Toesca und John White Petrus Oderisius auf ihre Fahnen geschrieben[1162]. A. M. Romaninis eigene, differenzierte Position schildert eine komplizierte Werkstatt-Situation im Kreuzfeuer vielfältiger Einflüsse. Meiner Ansicht nach stammt sowohl die Grabfigur als auch die dekorative Architektur aus der Werkstatt Arnolfos[1163]. Dafür sprechen die weichen, schönlinigen Züge des Gisant und die „klassizistischen" Proportionen der Grabarchitektur, die man in Werken Arnolfos zwischen 1280 und 1290 findet, z.B. im Grabmal des Kardinals Guillaume de Braye (Abb. 260a, gest. 1282) in Orvieto oder am Altar der Presepe (1290) in S. Maria Maggiore (Abb. 242) in Rom. Zu diesen Werken der Arnolfo-Werkstatt rechne ich — wie oben angedeutet — auch das Grab Heinrichs III in Westminster Abbey (Abb. 240). Es weist die gleichen klassizistischen Proportionen auf. Wenn sich innerhalb dieser Werkstatt ein bis zur Unkenntlichkeit gewandelter Petrus Oderisius, jener Socius Petrus des Arnolfo, verbirgt, dann wären die eklatanten Unterschiede der beiden monumentalen Papstgräber, die heute in S. Francesco in Viterbo vereint sind, nicht als das Resultat einer unterschiedlichen künstlerischen Handschrift zu verstehen, sondern als Zeugnis eines gewandelten Anspruchs an die Form: Das Übergewicht des „Opus Francigenum" während der Dominanz französischer Päpste und Kardinäle ist in der homogenen Werkstatt des Arnolfo in einer Zeit, in der die römische Tradition des Papsttums im Vordergrund stand, abgelöst worden durch ein neues „Opus Romanum".

Grab Erzbischofs Filippo Minutolo (gest. 1301) im Dom von Neapel. Francesco Negri Arnoldi hat vorgeschlagen, das in seiner Autorschaft bisher ungeklärte Grabmal dem Oeuvre des Petrus Oderisius zuzuschlagen[1164]. Er kann darauf verweisen, daß dieser nachweislich in Süditalien, in Mileto, gearbeitet hat. Außerdem springt die Ähnlichkeit mit den Inkrustationsmustern an der Front des Sarkophages von Clemens IV in Viterbo (Abb. 251) ins Auge: in beiden Fällen ein „Treibriemenmuster" mit drei Kreiselementen. Wenn man berücksichtigt, wie dominierend nach 1280 der arnolfische Einfluß in Rom war, ist dieser Rückgriff auf das erste figürliche Papstgrab in der Tat auffällig. Dieses Indiz reicht aber wohl kaum als Nachweis der künstlerischen Autorschaft aus. Ganz abgesehen vom zeitlichen Abstand macht auch der stilistische Gegensatz der Grabfiguren eine solche Zuschreibung unwahrscheinlich.

Zuschreibung des Capocci-Tabernakels aus S. Maria Maggiore (Rom) an Petrus „Cavallini". Ausgehend von der Inschrift des Edward-Grabes in Westminster — Petrus Civis Romanus — hat Horace Walpole mit erstaunlicher Kenntnis und Phantasie ein fiktives Oeuvre dieses „anglophilen" Römers zusammengestellt, den er mit Petrus Cavallini identifiziert[1165]. Walpole hatte Teile eines Altarziboriums (das sog. Capocci-Tabernakel, datiert 1256) aus S. Maria Maggiore (Rom) für sein Schloß Strawberry Hill erhalten[1166]. Auch diese schreibt er Petrus zu und sogar die Errichtung des Eleonora Kreuzes in London[1167].

[1161] Romanini, Arnolfo S. 167 Anm. 197. Allgemein zu dem Grabmal Ladner, Papstbildnisse II S. 185ff. mit ausführlicher Bibliographie. Zuletzt Bauch, Grabbild S. 146ff.

[1162] Toesca, Trecento S. 363; White, Art and Architecture S. 57f.

[1163] Siehe S. 182 und 199.

[1164] Negri, Pietro d'Oderisio S. 15ff.

[1165] Siehe oben S. 177f., 182. Horace Walpole, Anecdotes of Painting in England with some Account of the Principal Artists etc., New Edition by Ralph N. Wornum, London 1888 I S. 16ff.

[1166] Gardner, Capocci Tabernacle S. 220ff. Noch T.K.H. in: Thieme-Becker XXVI S. 505 ist der Meinung, das Capocci Tabernakel stamme von Petrus Oderisius.

[1167] Zu Memorialkreuzen in Frankreich und England R. Branner, The Montjoies of Saint Louis, in: Essays in the History of Architecture Presented to Rudolf Wittkower, London 1967 S. 13ff.

14. COSMATUS-FAMILIE

Cosmatus hat der römischen Marmorkust seinen Namen geliehen. Es ist die latinisierte Schreibweise des italienischen Vornamens Cosma (oder Cosmas), die seit dem späten 18. Jahrhundert quasi als Familienname aller römischen Marmorari in den kunsthistorischen Sprachgebrauch aufgenommen worden ist. Als Della Valle vor 1791 die Urkunden der Domfabrica in Orvieto erforschte, fand er unter den Werkmeistern des Jahres 1293 einen *Giacomo di Cosmate Romano*[1168]. Da er in Rom einige Signaturen mit dem Zusatz Cosmatus gelesen hatte, schloß er, die Familienwerkstatt der „Cosmati" habe alle Marmorarbeiten dieser Zeit in Rom hergestellt[1169]. Ihm folgten im 19. Jahrhundert Gaye, Boito und viele andere[1170]. Kritisch gegenüber dieser Benennung ist aber schon 1824 Promis[1171]. Doch selbst als es Giovannoni zuverlässig gelang, die Familie des Cosmatus als eine unter mehreren nachzuweisen, die zudem nur in der zweiten Hälfte des 13. Jahrhunderts gearbeitet hatte, wurde der eingebürgerte Terminus nicht aufgegeben. Giovannoni konnte den bis dahin herrschenden Irrtum aufklären, daß der zwischen 1210 und 1230 signierende Cosmas oder Cosmatus aus der Laurentius-Familie identisch sei mit dem Cosmatus der Kapelle Sancta Sanctorum (ca. 1277—80). In Urkunden konnte als Vater des letzteren ein sonst unbekannter Petrus Mellini festgestellt werden[1172]. Damit war der Name Cosmatus als Synonym für Marmorari Romani eigentlich nicht mehr zu halten.

Cosmatus, der Sohn des Petrus Mellini, hatte (mindestens) vier Söhne: Petrus, Johannes, Deodatus und Jacobus[1173]. Johannes wiederum hatte einen Sohn Lucantonio. Sie unterhielten eine prosperierende Werkstatt, die — wenn man von den erhaltenen Werken ausgeht — den Löwenanteil der Aufträge der zweiten Hälfte des 13. Jahrhunderts erhalten hat. In manchen Teilbereichen glich ihre Stellung wahrscheinlich einem Monopol.

Das ist aber nur die äußere, sozusagen statistische Beschreibung eines tiefer greifenden Phänomens. Vieles spricht dafür, daß das traditionsgebundene Handwerk der Marmorari Romani um 1260, mit der ersten Periode französischer Päpste (Urban IV, 1261—64 und Clemens IV, 1265—68), in eine ökonomische Krise stürzt. Es fehlt in Rom einfach an Aufträgen. Sogar die liturgischen Anforderungen an die Ausstattung der Altäre wandeln sich. Wenn es im päpstlichen Gebiet wie in Viterbo größere Aufträge gibt, so werden ganz offensichtlich Künstler wie Petrus Oderisius bevorzugt, die Erfahrung in modernen, d.h. gotisch-französischen Formen haben[1174]. Die ehrenvollsten Aufträge des späten 13. Jahrhunderts in Rom gehen sogar an einen Fremden, den Florentiner Arnolfo, der gegenüber den Marmorari Romani einen völlig neuen, aus dem kommunalen Handwerk gelösten Künstlertyp repräsentiert[1175].

Die einzige bedeutende Künstlerfamilie in Rom, die sich dieser neuen Situation anpassen und sich in ihr bis zum Exil der Päpste nach Avignon behaupten kann, ist die des Cosmatus. Es gelang ihr,

---

[1168] Della Valle 1791 S. 263.

[1169] Die damals getroffene Sprachregelung bewährt sich als internationale Übereinkunft vor allem wohl ihrer Kürze wegen: I Cosmati, l'arte cosmatesca; The Cosmati, cosmatesque art; Le Cosmati, L'art cosmatesque; die Cosmaten (Kosmaten), Cosmatenkunst. Ich habe das Wort allerdings in meinem Text weitgehend vermieden.

[1170] Gaye 1839 S. 250; Boito, L'architettura (1880) S. 125.

[1171] Promis 1836 S. 16.

[1172] Giovannoni, Note. Vgl. dazu S. 217.

[1173] Möglicherweise ist der Grabstein eines dieser Marmorari oder eines anderen nahen Verwandten des Cosmatus erhalten. Er wird als Fragment im Lapidarium von S. Stefano del Cacco bewahrt. Ein Holzschnitt im Cod. Vat. lat. 8254 f. 13v und 14 gibt Figur und Wappen (!) ein Schild mit drei Bällen über einer Stange, noch vollständiger wieder. Am Rand ist folgende Inschrift zu lesen:
...T GVSMATI FILII SVI QVVI OBIIT ANN DNI M CCC XIII.
Daß die Familie des Cosmatus auch im 14. Jahrhundert weiterbestand und daß das Andenken an den „Stammherrn" nicht erloschen war, belegen die Archivnotizen, die ich unten anführe. S. 207f.

[1174] Siehe dazu S. 176ff. im Abschnitt über Petrus Oderisius.

[1175] Vgl. auch Claussen, Scultura romana S. 330ff.

indem sie neue Aufgabenfelder wie figürliche Grabmäler oder Reliquienziborien zu ihrer Spezialität machte und die römische, polychrome Inkrustationskunst mit der neuen Architektursprache der Gotik verband.

Ob wir ihre Leistungen höher bewerten würden, wenn wir nicht durch die auf Florenz zentrierte Kunstgeschichtstradition geprägt wären, ist schwer zu beantworten. In den meisten Fällen scheint mir jedoch die Antithese — handwerkliche Bravheit in Rom — dagegen künstlerische Innovation in der Toskana — nicht nur ein Vorurteil zu sein. Dennoch ist es wichtig, auch die römische Kunst in ihren ganz eigenen Bedingungen zu würdigen. Wie fruchtbar die Synthese beider Kräfte sein konnte, zeigt sich bei dem Römer Petrus Oderisius ebenso wie bei dem Florentiner Arnolfo. Eine vergleichbare, und in ihrer Auswirkung noch weitaus bedeutendere Synthese römischer, gotischer und toskanischer Kunst hat zuletzt Hans Belting in seiner Studie über die Ausmalung der Oberkirche S. Francesco in Assisi untersucht[1176]. Gerade im Hinblick auf Assisi erfordert die gleichzeitige Entwicklung der römischen Ausstattungskunst in Marmor und Mosaik große Aufmerksamkeit[1177].

Der Stammbaum der als Marmorkünstler nachgewiesenen Mitglieder der Cosmatus-Familie weist sechs Namen in drei Generationen auf:

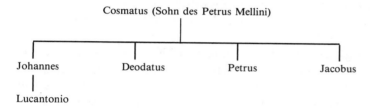

a) Cosmatus (filius Petri Mellini)

Daß Cosmatus nicht identisch ist mit dem gleichnamigen Sohn des Jacobus aus der Laurentius-Familie, weiß man erst mit Sicherheit, seit ein Archivfund den Vaternamen erbracht hat[1178]. Im Archiv von S. Andrea e Gregorio ad Clivum Scauri ist ein umfänglicher Vertrag vom 5.11.1264 erhalten, in dem das Kloster die Nutzungsrechte an einem salzhaltigen Bach gegen 20 Soldi und einen jährlichen Salzanteil dem *Gusmato marmorario filio domini Petri Mellini* verpachtet[1179]. Im folgenden Jahr fungiert der gleiche *Cosmatus marmorarius* in zwei weiteren Verträgen des Klosters als Zeuge[1180]. Trotz unterschiedlicher Schreibweise ist ganz offensichtlich der gleiche gemeint. Daß sich der Marmorkünstler 1264 in der Salzgewinnung versucht, ist umso auffälliger als wir von irgendwelchen Arbeiten des Meisters in den 60iger oder frühen 70iger Jahren überhaupt nichts wissen. Da sich gleichzeitig auch die großen Familien der Marmorari Romani im Namenlosen verlieren, die Laurentius-Familie ebenso wie die Vassalletto, dokumentiert sich hier vielleicht ein weitverbreitetes Ausweichen in berufsfremde Tätigkeiten. Kunsthistorisch greifbar ist Cosmatus erst im Pontifikat Nikolaus III (1277—80), als er die erneuerte päpstliche Kapelle Sancta Sanctorum am Lateran signiert (siehe unten). In dieser Zeit ist

---

[1176] Belting, Assisi.

[1177] Dazu hat in jüngster Zeit Jens Wollesen einen Beitrag geleistet: Wollesen, Fresken in Sancta Sanctorum.

[1178] Noch Boito, L'architettura (1880) S. 125f. hatte in jenem Cosmas, der 1210 zusammen mit seinem Vater Jacobus die Vorhalle des Domes von Città Castellana signierte, und dem 60 Jahre später in der Kapelle Sancta Sanctorum wirkenden Cosmatus ein und dieselbe Person gesehen. De Rossi 1875 S. 110ff. vermutet in Cosmatus einen Sohn des Cosmas. Entwirrt hat diese schwierige Genealogie erst Giovannoni, Note S. 5ff.

[1179] A. Gibelli, L'antico monastero de'Santi Andrea e Gregori al Clivio di Scauri sul Monte Celio. I suoi abati, i castelli e le chiese dipendenti del medesimo, Faenza 1892 S. 232ff. Nr. XI 3. Gibelli, L'antico monastero S. 234f. Nr. XII und XIII.

[1180] Liber Censuum (Fabre) II S. 47.

er auch wieder dokumentarisch bezeugt, sogar im Palast des päpstlichen Kämmerers im Vatikanbereich. Der Liber Censuum erwähnt den *Cossmato marmorario* als Zeuge eines Vertrages vom 7. Mai 1279, den Berardus, der Kämmerer Nikolaus III *in sala palatii dicti domini camerarii, in Urbe, apud basilicam beati Petri* abgeschlossen hat[1181].

Die Erinnerung an Cosmatus hat sich weit über die Generation seiner Söhne zumindest notariell bewahrt. Noch aus den Jahren 1372 und 1412 sind Urkunden überliefert, in denen ein Grundstück am Pincio als Besitz der Erben des *Gosmati marmorarii* ausgewiesen wird[1182].

Cosmatus in der päpstlichen Kapelle Sancta Sanctorum[1183]. In die Marmorverkleidung des gewölbten seitlichen Zugangs zur Kapelle Sancta Sanctorum (Abb. 270, 271) ist in Brusthöhe eine sehr gut sichtbare Signatur graviert:

+MAGISTER COSMATVS FECIT HOC OPUS

Die Frage, was Magister Cosmatus nun eigentlich signierte, ist offen. Ist er nur der Marmorarius, der das Paviment gelegt, die Wandvertäfelung in Marmor angefertigt und schließlich vielleicht noch die Säulen und Kapitelle der Arkaden besorgt hat? Ist er auch Mosaizist? Und gleichzeitig Architekt? Oder ist er als Leiter der Gesamtausstattung für alles zuständig? Hermanin hatte sogar angenommen, Cosmatus sei der Maler der Fresken gewesen[1184].

Der Kapelle (Abb. 272) selbst neue Argumente zu diesen Fragen abzugewinnen, ist schwer. Der Marmorarius zeichnet mit Sicherheit für das Paviment verantwortlich, das zu den reichsten, technisch brillantesten und besterhaltenen des mittelalterlichen Rom gehört[1185]; ebenso für die Wandverkleidung mit Marmorplatten, in der er seine Signatur hinterlassen hat. Die Marmorarbeiten beschränken sich aber nicht auf die Wandvertäfelung in der unteren Zone. Ein umlaufendes reich profiliertes Sockelgesims (Abb. 270) gehört ebenso dazu wie die vier, im Verband aufgemauerten Ecksäulen (Dienste), sowie deren Kompositkapitelle. Schließlich die gedrehten Säulen der Arkadenzone, mit ihren Kapitellen, die zum Großteil komposite Formen zeigen, vereinzelt aber auch gotische Knospen. Außerdem noch die gotischen Dreipaßbögen der Arkaden. Wenn man die tiefen Marmorlaibungen der spitzbogigen Fenster hinzurechnet, die Schildbögen, Rippen und den Schlußstein des Gewölbes, so wird vollends klar, wie schwer zwischen der Arbeit des Marmorarius und der des Architekten zu trennen ist. Architektur und Dekoration gehen so ineinander über, daß zumindest ihre Planung als Einheit betrachtet werden muß. Es ist offensichtlich, daß die Kapelle von den liturgischen Erfordernissen und dem dekorativen Anspruch des Innenraums her konzipiert ist: Hier ist das Wichtigste und

[1181] Lanciani, Scavi S. 13f.

[1182] Lanciani, Scavi S. 13.

[1183] Lit.: Titi 1721² S. 236; G. Marangoni, Istoria dell'antichissima oratorio, o capella di San Lorenzo nel patriarchio lateranense comunemente appellato Sancta Sanctorum etc. Roma 1747; Promis S. 21; Gaye 1839 S. 250; Boito, L'architettura (1880) S. 125f.; Rohault de Fleury, Latran; Lauer, Latran; De Rossi 1875; De Rossi, Musaici; Lanciani, Scavi S. 13f.; Giovannoni, Note S. 10; H. Grisar, Die römische Kapelle Sancta Sanctorum und ihr Schatz, Freiburg im Breisgau 1908; ders., Il Sancta Sanctorum ed il suo tesoro. Scoperte e studi dell'autore nella Capella Palatina Lateranense del medioevo, Roma 1907; Filippini S. 17ff.; Hermanin, L'arte in Roma S. 10; Stanislao dell'Addolorata, La cappella papale di Sancta Sanctorum ed i suoi sacri tesori, Grottaferrata 1919; Bessone S. 61ff.; Hutton S. 37 und 50; A. Petrignani, Il santuario della Scala Santa etc. (Amici delle Catacombe VIII) Roma 1940 S. 30; A. Campanari, T. Amodei, La Scala Santa, Roma 1963 (Le chiese di Roma illustrate 72); Ladner, Papstbildnisse II S. 219ff.; J. Gardner, Nicholas ,III' Oratory of the Sancta Sanctorum and its Decoration, in: Burl. Mag. 115, 1973 S. 283ff.; Belting, Assisi S. 165f.; Wollesen, Mosaikdekoration; Wollesen, Fresken in Sancta Sanctorum; Glass, BAR S. 218f.

[1184] Hermanin, L'arte in Roma S. 298. Dagegen Ladner, Papstbildnisse II S. 223 Anm. 1. Auch Wollesen, Fresken in Sancta Sanctorum hält diese Annahme für abwegig.

[1185] Glass BAR S. 128f.

Beherrschende die Säulenstellung vor dem Altarbereich (Abb. 272) mit ihrem mosaikinkrustierten Architrav. Durch das Höhenmaß der kostbaren Säulenschäfte aus Porphyr bestimmt sie die Höhe der unteren Zone und damit den Ansatz der Arkaden darüber. Diese Abstimmung des eigentlich aus Ziegeln aufgemauerten Gebäudes auf die Gegebenheiten und Erfordernisse der kostbaren Marmordekoration spricht in der Wertigkeit und Planung für die „Priorität" des Marmors vor dem eigentlichen Mauerwerk.

Grisar ging sogar so weit, in Cosmatus den Baumeister und Architekten des gesamten Gebäudes samt Grundmauern und Bedachung zu sehen[1186]. Sein Hauptargument sind dabei mehr als 20 verschiedene Versatzmarken (wohl nicht Steinmetzzeichen, wie er schreibt!), die er an den Marmorlaibungen der Fenster des Obergadens fand[1187]. Zwar sind solche Marken — entgegen Grisar — eher untypisch für Arbeiten der Marmorari Romani, doch konnte er mit Recht hinweisen auf die Versatzmarken des Kreuzgangs von S. Scholastica in Subiaco (Abb. 95)[1188].

Ob Architekt oder nicht, der Marmorarius hatte eine ganze Reihe von Aufgaben zu erfüllen, die bislang — nach dem heute Erhaltenen beurteilt — in Rom ohne Beispiel waren: die Aufmauerung von Diensten im Verband (Abb. 270) sowie die Anpassung der Gewölberippen und Schlußsteine. Das erfordert eigentlich die Ausbildung in einer gotischen Bauhütte. Wo aber kann Cosmatus diese Fähigkeiten erworben haben, für die die Verwendung des gotischen Knospenkapitells als äußeres Zeichen stehen mag? Die Antwort kann hier nur Hypothese bleiben. Doch analysiert man die Architektur, so drängt sich der Vergleich mit dem 1253 geweihten Bau der Oberkirche von S. Francesco in Assisi auf. Wie dort in den Querhausarmen und im Chor (auch im westlichen Vorjoch) verläuft über einer unteren glatten Wandzone eine Arkatur aus Dreipaßbögen, die wie ein Triforium wirkt. In S. Francesco verbirgt sich dahinter ein Laufgang nach französischem Muster. In der römischen Papstkapelle dagegen bleibt es bei einer Verblendung der Wand. Hans Belting und Jens Wollesen haben beide, wenn auch in unterschiedlicher Weise, betont, daß es Bezüge zwischen den Prinzipien der Ausmalung in beiden Kirchen gibt[1189]. Wenn im Fall der malerischen Ausstattung auch die römische Kapelle chronologisch vorausgehen dürfte, so sind die dort ausgewiesenen Bezüge doch eng genug, um umgekehrt als Argument für die Abhängigkeit der Architektur von Assisi gelten zu können.

Der Haupt- und Grabaltar in der dortigen Unterkirche, der getragen wird von einer spitzbogigen, offenen Arkatur, ist eindeutig ein Werk römischer Marmorari, wohl auch der Papstthron (Abb. 274), wie manches andere Stück der Ausstattung in Assisi[1190]. Cosmatus könnte hier mitgewirkt und gelernt haben. Vielleicht war er wirklich „the papal architect", wie Julian Gardner behauptet[1191]. Immerhin hatte er nachweislich Zutritt zum Palast des päpstlichen Kämmerers in dem Jahr 1279, in dem an der Kapelle mit Hochdruck gearbeitet wurde[1192]. So kann man doch mit einiger Berechtigung behaupten, daß Cosmatus der künstlerische Organisator war, dessen sich der Orsini-Papst Nikolaus III (1277—80) bei seinem ehrgeizigen, mit Vehemenz und großen finanziellen Mitteln angepackten Bauvorhaben bevorzugt bediente.

Nachgetragen sei noch, daß Titi in der 1721 erschienenen Ausgabe seines Büchleins die Kapelle nicht dem Cosmatus, sondern dessen Sohn Deodatus gibt[1193]: „architettata da Adeodato Cosmati". Wenn

---

[1186] Grisar, Die römische Kapelle,S. 19ff. Ähnlich auch Gardner, Oratory S. 284, der von dem „papal architect Magister Cosmatus" spricht.

[1187] Grisar S. 22.

[1188] Siehe S. 77ff.

[1189] Belting, Assisi bes. S. 165f.; Wollesen, Fresken in Sancta Sanctorum.

[1190] Der Altar der Unterkirche dürfte spätestens bei der Weihe der Gesamtkirche 1253 fertiggestellt gewesen sein. Der herrliche Papstthron (Abb. 274) in der Apsis der Oberkirche, ein Porphyrwerk, ist in seiner künstlerischen Herkunft schwer zu beurteilen, steht aber mit Sicherheit in der Tradition der römischen Throne seit der Zeit Paschalis II (1099—1118). Vgl. auch Gandolfo, Cattedra S. 366. Schließlich gehört auch die reiche Kanzeltribüne der Unterkirche zu den Werken römischer Marmorari.

[1191] Gardner, Oratory S. 284.

[1192] Siehe dazu S. 208.

[1193] Titi 1721² S. 236; darauf fußt Gaye 1839 S. 250.

der Zusatz des Vornamens eine willkürliche Hinzufügung des Autors ist, so setzt diese eine Kenntnis der Genealogie dieser Marmorari Familie voraus, die sich das 19. Jahrhundert erst mühsam wieder erarbeitet hat. Daß eine zweite Signatur vorhanden war, ist nicht auszuschließen, aber trotz der Restaurierungen im 16. und frühen 18. Jahrhundert möchte ich an ein spurloses Verschwinden einer derartigen Inschrift in diesem nahezu unbetretbaren Raum nicht recht glauben[1194]. Möglich aber, daß Titi oder der Bearbeiter der Neuausgabe seines Werkes Kenntnis von Urkunden oder anderen Quellen hatte, die heute nicht mehr zugänglich sind. So hat Cosmatus die Kapelle vielleicht mit seinem Sohn Deodatus in der auffällig kurzen Bauzeit vollendet. Daß ihnen dabei eine größere Gruppe von Werkleuten zur Seite stand, ist selbstverständlich.

Wie Jens Wollensen stehe ich einer Kompetenz des Marmorarius für die Ausmalung, für das Dekorationsprinzip oder gar für das Programm der Ausmalung skeptisch gegenüber[1195]. Allerdings muß man auch hier sagen, daß die Architektur (Abb. 272) schon in der Planung mit der Malerei zu rechnen hatte. Zumindest eine Absprache unter den Künstlern der verschiedenen Metiers muß als selbstverständlich vorausgesetzt werden.

Ein Sonderfall ist das ausmosaizierte Gewölbe über dem niedrigen Altarraum (Abb. 273), das von Jens Wollesen kürzlich in Neuaufnahmen vorgestellt wurde[1196]. Hier liegt eine Mitwirkung der ansässigen Künstler, die seit mehr als einem Jahrhundert in diesem Material gearbeitet hatten und mit der Herstellung von Gold- und Farbmosaik vertraut waren, nahe. Doch figürliche Mosaiken sind selten. Wollesen hat recht, wenn er die Qualität des Mosaiks in Sancta Sanctorum über solche der Cosmatus-Söhne und andere eher marginale Arbeiten stellt[1197]. Doch wissen wir damit, wie ein im Anspruch überlegenes Mosaik des Cosmatus ausgesehen hätte[1198]? Gerade weil der Stil dieses Mosaiks so isoliert ist und nichts mit den Cavallini-Mosaiken in S. Maria in Trastevere zu tun hat, möchte ich diese hier angedeutete Möglichkeit nicht ausschließen[1199].

b) DEODATUS COSMATI (DEODATO DI COSMA)

Von den Cosmatus Söhnen ist es Deodatus (auch Deodato oder Adeodatus genannt) gewesen, der im Bereich traditioneller Aufgabenstellungen des römischen Marmorhandwerks verblieb. Sein Oeuvre läßt den Schluß zu, daß er geradezu spezialisiert war auf Altarziborien. Drei von seiner Hand sind in den Jahrzehnten um 1300 überliefert.

Allerdings unterscheiden sie sich wesentlich von den bisher üblichen. Mit Spitzbogen und Dreipaß, Giebel, Rosenfenster und Fiale herrschen Elemente gotischer Architektur vor. Diese Formensprache ist in Rom durch Arnolfo (und seinen bisher unbekannten Socius Petrus) mit dem Ziborium von S. Paolo fuori le mura 1285 (Abb. 268) so nachdrücklich eingeführt worden, daß alle liturgische Architektur der folgenden Jahrzehnte in Rom sich dieses Leitbild zu eigen gemacht hat[1200]. Man könnte

---

[1194] Grisar, Die römische Kapelle, gibt zwei Signaturen wieder, die sich auf dem Kämpfer des nordwestlichen Eckkapitells (Abb. 270) befinden: a. Raphael Cavesetus Bononiensis restauravit anno 1572. b. Joseph Monatus civis Pisaurenis anno 1704 iterum restauravit.

[1195] Wollesen, Fresken in Sancta Sanctorum.

[1196] Wollesen, Mosaikdekoration.

[1197] Wollesen, Mosaikdekoration S. 16. Vgl. auch den Abschnitt über Deodatus S. 210ff.

[1198] Wollesen S. 16 Anm. 25 hat recht, wenn er die Rolle der Marmorari Romani als Mosaizisten „als bisher ungenügend definiert" ansieht. Auch in unserer Untersuchung ist eine eingehende, vor allem technische Untersuchung dieser Mosaiken nicht möglich. Ansonsten vgl. über Mosaizisten in der Laurentius-Familie S. 70ff., 81.

[1199] Wollesen S. 16ff. ist eher der Meinung — und er schließt das aus Ähnlichkeiten der Mosaiktechnik — daß der Mosaizist der Sancta Santorum ein Vorläufer Torritis ist oder in dessen Werkstattkreis gehört. Aber was wissen wir über Torriti? Könnte nicht auch Cosmatus ein Vorläufer Torritis sein?

[1200] Vgl. dazu Romanini, Arnolfo S. 57ff.

deshalb die Altarziborien des Deodatus mit einigem Recht als vereinfachende Kopien des Arnolfischen Vorbilds bezeichnen.

Daß die Stilentwicklung insgesamt aber wohl auf komplizierteren Wegen gegangen ist, sollte man dabei nicht vergessen. Es ist ja nachgewiesen, daß römische Marmorari wie Petrus Oderisius vorher schon (1268/69) im Norden gearbeitet haben und vor Arnolfo gotische Formen in die päpstlichen Gebiete einführten[1201]. Außerdem ist es möglich, daß römische Künstler in Assisi mitgearbeitet haben und hier mit authentischen gotischen Formen bekannt wurden. Gerade für Cosmatus, den Vater des Deodatus und Gestalter der päpstlichen Kapelle Sancta Sanctorum (Abb. 272), scheint mir diese Möglichkeit besonders plausibel. Die dekorative Gliederung des Kapellen-Innenraums ist — wie wir angedeutet haben — ein Reflex der Architektur von S. Francesco in Assisi[1202]. Die schon erwähnte Notiz von Titi, die päpstliche Kapelle sei ,,architettata da Adeodato Cosmati‘‘, gewinnt in diesem Zusammenhang besonderes Interesse. Wenn wir auch Titis Quelle nicht nachweisen und den Verdacht einer gelehrten Kompilation nicht ausschließen können, so ist es doch nachgerade wahrscheinlich, daß der Sohn in der Werkstatt seines Vaters in Sancta Sanctorum (1277—80) gelernt hat und somit auch frühzeitig mit gotischen Formen vertraut wurde[1203].

Wenn Deodatus sich an das Vorbild der Ziborien Arnolfos hält, so ist das die Attraktion der großen Meisterschaft des Florentiners und der Sog seines Erfolges, der die Aufträge des ausgehenden 13. Jahrhunderts in Rom bestimmte. Es ist nicht in erster Linie die Nachahmung der neuen Gotik-Mode. Es könnte sehr gut sein, daß Arnolfo sich diese Formensprache erst im Milieu der römischen Marmorari angeeignet hat. Erprobt hat er sie jedenfalls zuerst in Rom. Deodatus (Abb. 275) reduziert das Vorbild. Vor allem läßt er alle figürliche Skulptur beiseite. Der Schluß liegt also nahe, daß er kein Bildhauer war. Aus der Beschränkung auf plane Marmor- und Mosaikflächen resultiert gegenüber Arnolfos Ziborien (Abb. 268) eine Veränderung der ästhetischen Wirkung. Die Wand ist in Arnolfos Architekturen dreidimensional strukturiert. Sie bildet Nischen, Rahmen und Bedachungen für die Skulptur. Genau wird differenziert zwischen tragenden und sich öffnenden Teilen, z.B. im Unterschied zwischen tragenden Bögen und eingehängten Zierwänden. Wie in der Gotik des Nordens ist die ganze Architektur — zumindest optisch — tektonisiert.

Bei Deodatus dagegen bleibt es bei einer zweidimensionalen Wandfolie (Abb. 275). Wollte man den Eindruck im Modell wiedergeben, so wäre das mit Papier und Schere leicht zu bewältigen. Auch die Eckstücke mit ihren Fialen sind keine tragenden Pfeiler, keine wirkliche Architektur, sondern es sind nur Verbindungsstücke, in die — wie bei einer Holztruhe — die Wände eingehängt sind. Daß diese eingehängten Wände eigentlich als tragende Bögen zu gelten haben, wird in dem zweidimensionalen Konzept des Deodatus kaum deutlich.

In dem dekorativen Medium der — auch figürlichen — Mosaikkunst leistet Deodatus aber einen eigenene Beitrag in einem Material, das in den Ziborien des Arnolfo nur eine untergeordnete Rolle spielt. Der Verkündigung in den Zwickeln des Ziboriums von S. Maria in Cosmedin (Abb. 275) nach zu urteilen, hatte er in dieser Technik eine Praxis, die beachtlich ist. In Zeichnung und Durchführung zeigt sich eine Erfahrung, der man auch die Beteiligung an anderen Mosaikaufgaben dieser Zeit zutrauen darf.

Der Meister gebrauchte die lapidare Signaturformel, die in der zweiten Hälfte des 13. Jahrhunderts die übliche ist[1204]: *Deodatus hoc opus fecit.* Dennoch sind seine Inschriften auffällig. Nur in der wahrscheinlich frühesten (in S. Maria in Cosmedin) begnügt er sich mit einem schmalen Gesimsrand als Schriftfeld. Die anderen benutzen riesige Buchstaben (Abb. 277) und sind aus größter Entfernung lesbar. Trotz der allgegenwärtigen Stifterwappen wertet die Signatur die Architektur auch in ein Monument für den Künstler um. Wahrscheinlich führt die Konkurrenz unter den ansässigen Künstlern zu

---

[1201] Siehe dazu im Abschnitt über Petrus Oderisius S. 176f.
[1202] Vgl. S. 209.
[1203] Titi 1721² S. 236. Vgl. auch S. 209.
[1204] Siehe dazu Claussen, Früher Künstlerstolz S. 31f.

einer solchen überdeutlichen, fast plakativen Kennzeichnung des Werkes: ein altertümlicher Zug, der aus traditionellen, städtischen Handwerksbindungen entstammt und der allgemeinen Tendenz zu einer Art ,,understatement'' bei der öffentlichen Kennzeichnung von Kunstwerken zuwiderläuft.

Auftraggeber des Deodatus sind die großen römischen Familien. Kardinäle der Caetani und Colonna ebenso wie die Familien Annibaldi, Caffaro und Capozzucchi. Von der Auftragsflut der Spätzeit des Papsttums vor dem Exil konnte Deodatus einen erheblichen Anteil für sich buchen. Die Stifterinschrift wird von nun an in signifikanter Weise durch die Wappen der Auftraggeber ersetzt. Somit gehört der gestiftete Altar in gewisser Weise zum Dominium der Familie. Hausmacht wird — wie auf Waffen, Fahnen, Befestigungen — auch am Altar der Familie demonstriert. Die ersten privaten Familienkapellen mit ihrer Wappenflut gehören in diese Zeit. Die ehemaligen Kapellen der Colonna in S. Giovanni in Laterano und der Capozzucci in S. Maria in Portico, beide von Deodatus ausgestattet, sind dafür Beispiele. Wäre das Papsttum nicht nach Avignon ausgewandert, man kann sich ausrechnen, welche Ausmaße diese familienpolitisch begründeten Aufträge im 14. und 15. Jahrhundert angenommen hätten. Wahrscheinlich hätte Rom in diesem Aufwand Florenz, Bologna oder Siena nicht nachgestanden. So aber riß die Entwicklung ab. Die Kardinäle verließen Rom. Bei der Neubesetzung kirchlicher Ämter gingen die römischen Familien leer aus. Es gab keine Aufträge mehr, weil die kirchlichen Amtsträger abgewandert und der römische Adel selbst durch die fehlenden kirchlichen Pfründen verarmt war. Rom verkam. Wie wir aus vielen Berichten wissen, standen die meisten römischen Kirchen ungenutzt und verfielen binnen kurzem zu Ruinen.

Für die römischen Marmorari, die seit zweihundert Jahren von den Aufträgen der Kurie gelebt hatten, war das das Ende. Manche sollen dem päpstlichen Hof nach Frankreich nachgezogen sein[1205]. Jedenfalls waren viele, die in ihrem angestammten Metier weiterarbeiten wollten, gezwungen, Rom zu verlassen. Zu ihnen hat auch Deodatus gehört. 1332 signiert er im fernen Teramo ein provinzielles Portal (Abb. 281), das in seinen Formen fast nichts mit der römischen Tradition zu tun hat. Nur ein schmaler inkrustierter Mosaikstreifen zitiert den verlorenen Glanz römischer Kunst.

Deodatus in S. Giacomo alla Lungara (auch: in Settignano oder: in Septimiano)[1206]. Im Paviment der Kirche befand sich ehemals eine Signatur, die in mehreren Versionen überliefert ist. Crescimbeni gibt 1715 folgende (völlig klare) Lesart[1207]:

DEODATVS FILIVS COSMATI ET IACOBVS FECERVUNT HOC OPVS

Aus dieser Formulierung schloß Promis, daß Deodatus — aber nur er und nicht Jacobus — ein Sohn des Cosmatus sei[1208]. De Rossi dagegen interpretiert die Schreibweise in der Inschriftensammlung der Valicellana

FILIVS COS M̂T
DEO DATS̄ IACOBVS   FECERV̄T HOC OPVS

dahingehend, daß beide als Söhne des Cosmatus zu gelten haben[1209]. Wie dem auch sei, die Signatur ist vor allem deshalb wichtig, weil damit völlig klargestellt ist, daß Deodatus der Sohn des Cosmatus war, als der er nur dieses eine Mal signierte. Zur Zeit von Stevenson war die Inschrift verdeckt[1210]. Auf

---

[1205] Filippini S. 10. Es soll sich um Arbeiten für Philipp dem Schönen im Kastell von Poitiers handeln, die im Jahre 1305 ausgeführt wurden. Leider macht sie keine Angabe über ihre Quelle. Ich bin bei meinen Recherchen bisher auf keinen diesbezüglichen Hinweis gestoßen.

[1206] Lit.: Cod. Vallicellana G. 28 (2); Crescimbeni 1715; Promis S. 24; Stevenson, Mostra S. 182f; Stevenson, Cod. Vat. lat. 10581 f. 27; De Rossi 1891 S. 73f.; Clausse S. 401; Venturi III S. 792 (Anm.); D. Gaspari, Per la riapertura della chiesa di S. Giacomo Maggiore Apostolo alla Lungara, Roma 1900; Armellini/Cecchelli, Chiese S. 802; Hutton S. 38; Glass BAR S. 94.

[1207] Crescimbeni, 1715 Lib. III cap. 10 S. 139.

[1208] Promis S. 24.

[1209] Codex Vallicellanus G 28. De Rossi 1891 S. 75f.

[1210] Stevenson Cod. Vat. lat. 10581 f. 27. Dort der Hinweis auf eine mir unbekannte Notiz von Carlo Castelli, der die Signatur noch im Paviment gesehen haben soll.

welches Werk sie sich bezieht, ist auch in diesem Falle völlig offen. Auch wenn sich die Signatur im Barock im Boden befunden hat, wird es sich um ein Fragment anderer Bestimmung gehandelt haben. Dorothy Glass nimmt an, daß es ein Stück des ehemaligen liturgischen Mobiliars gewesen sei[1211]. Es ist das einzige Mal, daß Deodatus mit einem anderen zusammen arbeitete — zumindest gemeinsam signiert. Das und die Erwähnung des Vaternamens könnte als Indiz für ein Frühwerk gewertet werden.

Deodatus in S. Maria in Cosmedin, Rom[1212]. Um 1300 gab man die Altararchitektur und das Ziborium des frühen 12. Jahrhunderts auf, beseitigte Schranken und Confessio (die in dieser Zeit keine liturgische Funktion mehr hatten) und errichtete über einem Treppenabsatz Altar und Ziborium (Abb. 5, 275) neu[1213].

Es handelt sich um eine Stiftung von Kardinal Francesco Caetani, ein Neffe Bonifaz VIII (1294—1303), der von diesem bei erster Gelegenheit (am 17.12.1295) zum Kardinaldiakon von S. Maria in Cosmedin gemacht worden war[1214]. Der Kardinal starb 1317 in Avignon, dürfte aber nach der Gefangennahme und dem Tod Bonifaz VIII kaum noch Macht gehabt haben. Ich nehme deshalb mit Rohault de Fleury an, daß die Stiftung — wie in solchen Fällen üblich — schon bald nach der Verleihung der neuen Würde erfolgte und ins Werk gesetzt wurde[1215]. Dokumentiert ist das allerdings nur durch die Caetani-Wappen in den Zwickeln der Seitenarkaden. Man wird davon ausgehen können, daß das Ziborium zwischen 1296 und 1300 entstanden ist. In das Marmorgesims unter dem Giebel der Frontseite ist auf der linken Seite — über dem Mosaik des Verkündigungsengels — die Signatur in relativ kleiner Schrift eingraviert: + DEODAT ME FEC.

Im Gegensatz zu der Baldachinform der Altarziborien vor 1270 (Abb. 204a), die im Grund ein Altargerät monumentalisieren, miniaturisiert der Ziborientypus (Abb. 268), den Arnolfo geprägt hat, eine Großarchitektur. Diesen Typus übernimmt Deodatus für S. Maria in Cosmedin. Über den vier Säulen, die vom Vorgänger des 12. Jahrhunderts übernommen sein dürften, ruhen vier Kompositkapitelle (Abb. 275), die die Ähnlichkeit mit denen der päpstlichen Kapelle Sancta Sanctorum (Abb. 270) nicht verleugnen können[1216]. Hier zeigt sich so etwas wie eine gemeinsame Handschrift mit dem Vater. Darüber erhebt sich das Geschoß der großen Arkaden, ein waagrecht abgeschlossener Kasten mit Eckpilastern, der durch spitzbogige Dreipaßarkaden an allen vier Seiten geöffnet ist. Darüber setzt das Dachgeschoß an: Zwei Satteldächer kreuzen sich und werden an allen vier Seiten von Dreiecksgiebeln abgeschlossen. Die Giebel sind krabbenbesetzt und öffnen sich in einem Vierpaß-Okulus. Den Kreuzungspunkt der Dächer markiert ein hoher, durch Lanzettfenster aufgeschlitzter Dachreiter. Fialen betonen die Ecken zuseiten der Giebel. Alle architektonischen Elemente sind reich mit inkrustierten Mosaiken geschmückt. In den lanzettförmigen Spiegelfeldern der abgestuft gegliederten Eckpfeiler kann man als „Zitat" im Mosaik das zweidimensionale Abbild von gedrehten „Cosmaten"-Säulen erkennen, für die die gotische Architektur selbst keine Verwendung mehr hatte.

Bemerkenswert ist eine figürliche Szene in Mosaiktechnik in den Zwickeln der Frontarkade: eine Verkündigung. Besser erhalten ist auf der linken Seite der Engel. Die stark beschädigte Maria ist, wenn ich recht gesehen habe, als Orantin dargestellt. Der Engel zeigt im Schwung des antikisierenden

[1211] Glass BAR S. 94.
[1212] Lit.: Ciampini, Vetera Monumenta I Tab. XLIV; Crescimbeni 1715; Crescimbeni 1719; Promis S. 26f.; Rohault de Fleury, Latran S. 193; Clausse S. 401ff.; H. Grisar, Sainte-Marie in Cosmedin à Rome, in: Rev.Chrét., ser. IV, 9, 1898 S. 181ff.; Giovannoni, Note S. 10; Giovenale, La Basilica; Filippino, S. 20ff.; Bessone S. 26; G. Masini, La chiesa di S. Maria in Cosmedin, Rom 1953; Hutton S. 38.
[1213] Zur Geschichte der Kirche vor allem Crescimbeni 1715 und Giovenale, La basilica bes. S. 157f.; Glass, BAR S. 109 gibt einen Überblick zur Restaurierungsgeschichte.
[1214] Dazu zuletzt Boyle, An Ambry S. 38f.; auch Clausse S. 401; Promis S. 26.
[1215] Rohault de Fleury, Latran S. 193.
[1216] Vgl. dazu den Abschnitt über Cosmatus S. 208ff.

Gewandes eine Schulung, die aus byzantinischen Traditionen schöpft. Auffällig der Reichtum der Farben und die Dichte der Binnenformen, die in dem kleinen Format einen sehr hohen technischen Aufwand und viele Farbnuancen kleinster Mosaiksteine erfordern. Der antikisierende Faltenapparat des Gewandes ist dabei aber seltsam starr. Vergleicht man die Verkündigung, die Cavallini im Chorrund von S. Maria in Trastevere (1291?) wahrscheinlich etwa zur gleichen Zeit geschaffen hat, so zeigt sich, daß Deodatus mit diesem auf natürliche Körperbewegung und plastische Formen zielenden Stil nichts gemein hat[1217]. In der Betonung der antikisierenden Gewandung näher scheinen mir die Engel, die das Pantokratormedaillon (Abb. 273) im Gewölbe über dem Altar der Kapelle Sancta Sanctorum (1277—80) tragen. Dieses Mosaik wird von Jens Wollesen mit der Werkstatt des Torriti in Verbindung gebracht[1218]. Da Cosmatus (und vielleicht auch sein Sohn Deodatus) an der Dekoration dieser Kapelle maßgeblich beteiligt war, liegt der Gedanke nahe, daß Deodatus dort gelernt oder wenigstens seine Anregungen gesucht hat. Die technische Qualität des kleinen Verkündigungsengels in S. Maria in Cosmedin läßt m.E. sogar die Möglichkeit zu, daß die Cosmatus-Familie selbst ein Werk wie das Pantokrator-Mosaik in Sancta Sanctorum hätte zuwege bringen können.

Deodatus in S. Maria in Campitelli, Rom[1219]. Im Vorgängerbau von S. Maria in Campitelli befand sich eine erhöhte, architektonisch reich verzierte Reliquienkammer, die von Deodatus signiert war. Vertraut man dem Nachstich bei Ciampini (Abb. 276), so handelt es sich um ein massives Untergeschoß, an dessen Frontseite viermal das Wappen der Familie Capisucchi und die Signatur zu sehen war[1220]:

MAGISTER DEODATVS
FECIT HOC OPVS

Auf dem Abschlußgesims dieses kubischen Unterbaus steht eine Tabernakelarchitektur, ganz ähnlich der, die Deodatus für das Reliquienziborium des Magdalenenaltars in S. Giovanni in Laterano (Abb. 278, 279) verwendet hat. Man erkennt gewundene Säulen an den Ecken, Giebel und Eckfialen, sowie einen Dachreiter. Den Kern dieses Obergeschosses bildet eine Kammer, die von glatten Ecksäulen begrenzt wird. Sie ist durch eine vergitterte Tür in der Front zu öffnen: eine Tür, die durch eine Marmorgliederung und Mosaikflächen gerahmt wird und in eine Ädikula gestellt ist[1221].

Als Ciampini sein Werk 1690 veröffentlichte, war diese Architektur schon seit etwa 35 Jahren zerstört. Er mußte sich auf eine Zeichnung verlassen, die auf Befehl des Kardinals Raimondo Capisucchi angefertigt worden war. Der Kardinal wollte dieses frühe Zeugnis der Stiftertätigkeit seiner Familie für seine Titelkirche nach deren Erneuerung wenigstens im Bild bewahren. Eine Inschrifttafel aus dem Jahre 1685, die noch heute in der Kirche zu sehen ist, erinnert an das damals etwa 400 Jahre alte Reli-

---

[1217] Vgl. G. Matthiae, Pietro Cavallini, Roma 1972; Oakeshott, Mosaiken Tf. 203; Zuletzt P. Hetherington, Pietro Cavallini, A Study in the Art of Late Medieval Rome, London 1979 S. 13ff.

[1218] Wollesen, Mosaikdekoration S. 16ff. In der Diskussion um die Mosaiken der Sancta Sanctorum hat die Verkündigung des Deodatus bisher keine Rolle gespielt. Die von Wollesen betonte hohe Qualität die Mosaiks in Sancta Sanctorum gilt stärker für die Gesamtanlage und den Schwung der Zeichnung als für die Einzelheiten der Ausführung. Hier würde ich — bei einer ähnlichen stilistischen Tendenz — sogar dem — wie eine Mosaikikone präzisen — Engel des Deodatus den Vorzug geben. Leider fehlen bisher ausreichende Photographien des Verkündigungsmosaiks.

[1219] Lit.: Ciampini, Vetera Monumenta I S. 181f. Tab. 44 fig. 3; Titi 1721; L. Marracci, Memorie di S. Maria in Portico ora in Campitelli. Continuate da G. M. Corrado, Roma 1871; Promis S. 25; Stevenson, Cod. Vat. lat. 10581f. 37v; Clausse S. 412; Armellini/Cecchelli S. 680ff.; F. Ferraironi, S. Maria in Campitelli, Roma 1934 (Le chiese di Roma illustrate 33); Hutton, S. 38.

[1220] Ciampini, Vetera Monumenta I Tab. 44 fig. 3.

[1221] Zum Typus des Reliquienziboriums in Rom bereite ich eine Studie vor, deren Ergebnisse bisher nur in einem Vortragsmanuskript zusammengestellt sind: „Tresor und Monstranz. Die Bergung und Inszenierung römischer Reliquien bis zu Bernini".

quientabernakel und überliefert den Namen des Künstlers im Wortlaut der Signatur[1222]. In einer von Oldoinus verfaßten Genealogie der Capisucchi, die Ciampini zitiert, wird das Tabernakel ausführlich und mit ähnlichen Worten wie in der Inschrift beschrieben[1223]. Die Datierung durch die barocke Inschrift von 1685 auf ein Alter von 400 Jahren wird der Wahrheit nahekommen, ist aber sicher nicht aufs Jahr genau festzulegen. Ciampini schließt aus der Vita Gelasius II („Caetani"), die von Abt Constantinus Cajetanus mit einer stark familienpolitisch-genealogischen Tendenz abgefaßt wurde, auf das Jahr 1290 als Entstehungsdatum. Die Gaetani (= Capisucchi)-Familie habe 1290 ein sacellum gestiftet[1224]. In den Aufzeichnungen des Ludovico Maracci, die 1677 abgeschlossen und von Giovanni Corrado ergänzt herausgegeben wurden, ist von bedeutenden Reliquien die Rede, die von der alten Kirche in den Neubau von S. Maria in Campitelli übertragen worden waren[1225]. Unter Papst Bonifaz VIII (1294—1303) seien diese Reliquien in einem Marmortabernakel verwahrt worden, das die Familie Capisucchi gestiftet habe. Es seien von diesem Tabernakel auch noch einige Reste erhalten[1226]. Keine dieser Nachrichten gibt ein präzises Datum, doch spricht alles für eine Entstehungszeit im letzten Jahrzehnt des 13. Jahrhunderts bald nach 1290.

Die ursprüngliche Gestalt des Reliquientresors gibt Rätsel auf. Ohne dafür Quellen anzugeben, sprechen Armellini/Cecchelli von einem gotischen Ziborium auf vier Säulen „simile a quello delle altre nostre basiliche"[1227]. Ein solches läßt sich allerdings auf Ciampinis Nachstich nicht recht erkennen. Wäre nicht der Dachreiter, es könnte sich sehr wohl um ein Wandtabernakel handeln. Das Türmchen spricht für eine räumliche Struktur, für ein *tabernaculum quadratum*, wie es in der barocken Inschrift bezeichnet wird.

Andere Reliquienziborien, die im 13. Jahrhundert in Rom verbreitet waren, erhoben sich auf vier Säulen über einem Altar[1228]. Ciampinis Stich dagegen zeigt einen blockhaft geschlossenen Unterbau. Ist die zeichnerische Überlieferung fehlerhaft? Der Signatur und den Wappen nach zu urteilen, ist das nicht reine Fiktion. Vielleicht handelt es sich um einen Reduktionstyp des Reliquienziboriums, der in seiner Wandverbundenheit den Gegebenheiten der ehemals bescheidenen Kirche von S. Maria in Cam-

---

[1222] Ciampini, Vetera Monumenta I S. 182; Promis S. 25.
D.O.M.
Quadratus sacrorum Lipsanorum tabernaculum cum adscriptio artificis nomine
Hoc opus fecit Magister Deodatus
quatuor ab hinc seculis a nobili Capisucca familia
pluribus eius insignibus cum aureo balteo in caerulei coloris areola opere musivis repraesentatis extructum per novam huius templi molitionem eversum sui memoriam ad posteros hac inscriptione transmittit hoc anno MDCLXXXV.

[1223] Oldoinus' Schrift konnte ich bislang nicht auffinden. Auch V. Armanni, Della nobile e antica famiglia d'Capizucchi, Roma 1668, ist mir nicht zugänglich. Nach Ciampini, Vetera Monumenta I S. 181 berichtet Oldoinus: „...eundem in templo S. Mariae in Campitelli lipsanorum custodiam fecisse, quam nos vidisse recordamur, eximiis marmorum incrustationibus concinnatam, ubi ipsius Familiae Capisucchae insignis conspiciebantur, opere vermiculato affabre composita, scilicet aureum baltheum in caerulei coloris aureola: ac insuper in fronte custodiae artificis nomen legebatur sic:
MAGISTER DEODATVS
FECIT HOC OPVS

[1224] Ciampini, Vetera Monumenta I S. 181f.

[1225] Maracci, Memorie S. 131 „Sono in questa chiesa molte e grande reliquie trasportatevi dall'antico dove erano state da Onorio III collocate nell'altare magiore, e poi sotto Bonifacio VIII circa l'anno 1230 (!!) riposte in un tabernacolo di marmo fatto fara dai signori Capozucchi, come dimostrano le loro armi quivi intagliate per mano di Deodato famoso scultore die quel tempo espresso ivi con queste parole:
MAGISTER DIODATVS FECIT HOC OPVS.

[1226] Maracci, Memorie S. 131 „Questo tabernacolo si è mantenuto fino all'età nostra restandone di presente alcuni frammenti".

[1227] Armellini/Cecchelli S. 681 „V'era sull'altare maggiore un antico ciborio gotico, simile a quello delle altre nostre basiliche, sostenuto da quattro colonne, sotto il quale s'alzava l'altare isolato. Era stato eretta della famiglia Capizucchi, come indicavano i quattro stemmi gentilici in musaico sotto la fenestella confessionis (!). Vi si leggeva il nome del noto artefice e marmorario romano, il maestro Adeodato: Magister Adeodatus fecit hoc opus".

[1228] Vgl. dazu Anm. 1237 mit weiteren Hinweisen.

pitelli entsprach. Der Aufwand, der im Geschoß des Reliquientresors getrieben wurde, entspricht aber ganz dem, den Deodatus bei der Aufrichtung des Reliquienziboriums in S. Giovanni in Laterano (Abb. 278) einsetzen durfte. Deutlich zeigt uns der Nachstich (Abb. 276) eine ädikulaartige Rahmung der Reliquienöffnung, die unzweifelhaft auf die Confessio-Öffnungen oder die „Scheintüren" der Altäre des 13. Jahrhunderts anspielt und der erhöhten Reliquienkammer damit deren Bedeutung und Würde verleiht[1229].

Die Zeichen der Autorschaft, die Stifterwappen und die Signatur, sind in Ciampinis Stich — vergleicht man mit den Ziborien in S. Maria in Cosmedin oder S. Giovanni in Laterano (Abb. 277) — aus der Giebel- oder Arkadenzone in die Augenhöhe des Betrachters „gewandert". Die Direktheit macht die Signatur zum Aushängeschild. Offenbar gibt es keinen äußeren Hinweis auf den geheiligten Inhalt des Reliquientresors. Eindeutig dominiert die Künstlerinschrift, um die sich die Stifterwappen gruppieren.

Deodatus in S. Giovanni in Laterano, Rom[1230]. Im Lapidarium des Kreuzgangs von S. Giovanni in Laterano (Abb. 277) ist ein dreieckiges Giebelfeld in die Wand gelassen, das in großen Buchstaben folgende Signatur trägt:

MAGR'   FECIT
DEODAT'   hOC OP'

Die Dachränder der Dreiecksfläche sind krabbenbesetzt. In der Mitte ist die Platte durchbrochen von einer Fensterrose mit gotischem Maßwerk. Im Restfeld der Giebelspitze ist ein Colonna-Wappen appliziert. Links und rechts unterhalb des Rundfensters sind die Zwickel durch die Schrifttafeln gefüllt, die die Signatur des Deodatus tragen. Die übrige Giebelfläche war ausmosaiziert. Nicht weit von diesem ist ein zweiter gleichartiger Giebel selben Formates eingemauert, dem nur die Spitze fehlt. Er trägt seitlich der Rose in den unteren Ecken zwei Wappenschilde mit jeweils drei waagrecht angeordneten Streifen, deren Mosaikfüllung verloren ist. An anderer Stelle des Kreuzgangs sind Fragmente bewahrt, die zu zwei weiteren Giebeln dieser Art gehört haben.

Aus den Beschreibungen und Bildquellen des 16. und 17. Jahrhunderts läßt sich mit Sicherheit schließen, daß es sich bei diesen vier Giebeln um Reste der Bedachung des Ziboriums über dem ehemaligen Altar der Hl. Maria Magdalena handelt. Wie wir noch zeigen werden, läßt sich dieses Ziborium aus den reichlich vorhandenen Bruchstücken zumindest zeichnerisch, wahrscheinlich aber auch real rekonstruieren.

Der Wortlaut der Weihinschrift vom Februar des Jahres 1297 ist überliefert[1231]. In ihr wird Bonifaz VIII (1294—1303) als Auftraggeber der Weihe genannt. Konsekriert wurde der Altar aber durch den Kardinalbischof der Sabina, Gerardus de Parma, der später ganz in der Nähe des Altares begraben wurde[1232].

[1229] Solche Giebelarchitekturen in der Rahmung der Fenestella Confessionis z.B. in S. Giorgio in Velabro. An Altären in S. Cesareo und am Presepe-Altar des Arnolfo in S. Maria Maggiore (Abb. 242). Schließlich wichtig und wahrscheinlich ebenfalls aus der Arnolfo-Werkstatt das Grab Heinrichs III (Abb. 241) in Westminster Abbey in London.

[1230] Lit.: Ugonio, Stazioni (1588) S. 41f., 48f.; Panvioni, Cod. Vat. lat. 6781 f. 188; Terribilini, Bibl. Casan. XXXX; Rasponi, De Basilica et Patriarchio Lateranensi, Roma 1656 S. 50; Lauer, Latran S. 232f.; Rohault de Fleury, Latran S. 191ff., 474, 509ff., 529; Forcella VIII S. 13 Nr. 11, 12 und 17; Promis S. 25; Venturi III S. 792; Giovannoni, Note S. 11; Lanciani, Scavi S. 17 (vermutet fälschlich Herkunft aus S. Maria Maddalena al Laterano); Filippini S. 33ff.; Braun, Altar II S. 260; Bessone S. 26; Hutton S. 38; A. Monferini, Il ciborio lateranense e Giovanni di Stefano, in: Commentari 13, 1962 S. 182ff.; Josi, Chiostro S. 8f.; Krautheimer V S. 1ff.

[1231] Forcella VIII S. 15. Nr. 17; Rohault de Fleury, Latran S. 474; „In nomine Domini Amen. Anno incarnat. MCCXVII die ... mensi februarii consecratum fuit altare capituli ad honorem Dei et beatae Maria Magdalenae de mandato domini Bonifacii Pappae VIII per dominum Gerardum de Parma episcopum Sabinensem: in quo altari recondidit corpus ipsius Mariae Magdalenae sine capite, et brachium beatae Zachariae, et reliquas multorum aliorum sanctorum".

[1232] Siehe Anm. 1235.

Es handelt sich um keine Erstweihe. Der Altar des Kanonikerchores war nach Lauer schon unter Honorius III (1216–27) der Maria Magdalena geweiht worden[1233]. In dem 1588 gedruckten Werk Ugonios wird dagegen Honorius II (1124–30) als Stifterpapst angesprochen. Ugonio hat auch eine Beschreibung des Altarziboriums mit seinem Reliquientresor geliefert[1234]. Ausführlicher noch gibt die etwa gleichzeitige Beschreibung des Panvinio Position und äußere Erscheinung des Ziboriums wieder[1235]. Zusammen mit einem Grundriß der Basilika (Abb. 18), der von der Werkstatt Carlo Rainaldis vor 1646 ausgeführt wurde, und mit der summarischen Hauptansicht des Altares auf dem Stich des M. Greuter (Abb. 278) nach der Zeichnung des Giovanni Maggi ergeben diese Beschreibungen eine ausreichende Vorstellung des ehemaligen Reliquienziboriums (Abb. 279)[1236]. Auf dem Grundriß (Abb. 18) und in der Beschreibung Panvinios hatte der Altar der Kanoniker im Barock seinen Platz am Ende des Langhauses kurz vor den Stufen der Vierung, direkt neben dem südlichen Triumphbogenpfeiler. Panvinio bezeugt aber, daß er diese seitliche Position erst durch eine Verrückung um eine geringe Distanz im 16. Jahrhundert erhalten hatte. Wahrscheinlich stand er zuvor etwas näher an der Achse des Mittelschiffes. Der Chor der Kanoniker, für den der Altar bestimmt war, kann sich nicht weit von dieser Stelle befunden haben. Auch in Alt St. Peter lag die Schola Cantorum im frühen 16. Jahrhundert asymmetrisch im Mittelschiff auf der linken Seite kurz vor der „Vierung"[1237]. Für einen gesonderten Kanoniker-Altar gab es überhaupt nur deshalb eine Notwendigkeit, weil am Hauptaltar von S. Giovanni in Laterano bekanntlich nur der Papst zelebrieren durfte.

Altar und Ziborium (Abb. 18) waren gegenüber dem Langhausniveau um vier, Panvinio spricht sogar von sechs, Stufen erhöht. Das Ziborium ruhte wie üblich auf vier Säulen. Darüber, sozusagen im Obergeschoß (Abb. 278), erhob sich ein hoher Aufbau: ein reich mit Mosaikinkrustationen und gedrehten Säulen ausgeschmückter Reliquientresor, dessen Öffnung mit einem eisernen Gitter gesichert war. Wie auf dem Stich zu sehen, war die Öffnung wie ein kleines Giebelportal gerahmt. Die Ecken schmückten gedrehte Säulen. Um diesen Marmorkern herum führte ein Laufgang mit hölzerner Balu-

[1233] Lauer, Latran S. 232f.

[1234] Ugonio Stazioni S. 41f. „Quivi dinanzi à man dritta sopra certi gradi di marmo è l altare di Santa Maria Madalena fatto da Papa Honorio II circa di il 1128 circondato da otto colonne, che sostengono un Tabernacolo di marmo lavorato, con un pogetto attorno, cinto di balustri di noce. In quel Tabernacolo si tengono sotto chiavi fidate molte pretiose Reliquie, che al suo luogo referimo". Es folgt S. 48f. ein langer Katalog der Reliquien: „Nel Tabernacolo che è sopra l'altare di Santa Maria Madalena vi è il capo di S. Pancratio Martire coperto di argento. Il capo di S. Zacharia Padre di S. Gio. Battista in una cassa guarnita di argento. Il catena con la quale S. Giovanni ligato fu condotto a Roma. Il vaso nel quale S. Giovanni lebbe i veleno et non senti nocumento. Camicia di lino del medesimo S. Giovanni. Una cassetta d'argento piena di ossa di Santa Maria Madalena. Spalla di S. Lorenzo Martire. Le forbice con le quale fu tosato S. Giovanni. Il velo con il quale fu coperto il corpo di N. Signore, quando pendeva su la croce. Il sudario, che fu avvolto intorno al capo di Christo nel sepolcro. Ceneri di Giovanni Battista. Un dente di S. Pietro Apostolo. Un vaso, nel quale è del aqua e del sangue che uscì dal costato di N. Signore. Un pezzetto della croce di Christo. Et molte altre reliquie senza nome".

[1235] Panvinio Cod. Vat. lat. 1781 f. 188ff.; nach Rohault de Fleury, Latran S. 512. „In choro autem illo vetere canonicorum erat altare in honorem beate Mariae Magdalenae dedicatum in quo corpus eius sine capite reconditum fuisse fertur. Hoc altare nunc paulo longius ab antico loco translatum est, scilicet prope parastatam novissimum dextero basilice latere, ubi sepultus est Gerardus ipse Blancus Parmensis cardinalis Sabinus — diciturque etiam hodie altare S. Magdalene. Est totum marmoreum et emblematibus ornatum atque super sex gradus marmoreos locatum, habetque supra elegantissimum tabernaculum totum tesselatum ex aureis lapillis cum insignibus nobilium famigliarum Columnae, Hanibaldensis et Cafarorum, cancellis ferreis clusum et quatour columnis a granito marmore substentatum. Circa tabernaculum marmoreum et maenianum ligneum aliis aliquot sine ordinis dispositis columnis impositum ex quo sanctorum reliquie ...". Ähnlich auch die Beschreibung im Manuskript des Terribilini (Bibl. Casanatensis XXXX; nach Rohault de Fleury, Latran S. 529: „1297. Vè ancora un altare dedicata a santa Maria Maddalena vicino all'altare maggiore et è tutto di marmo intarsiato e di sopra all detto altare vè un bel tabernaculo di musaico con le arme del'iluss. case Colonna, Anibalda e Caraffa chiuse con ferrate e sostenuto da otto colonne di marmo con un corridore attorno di sopra. Dietro al detto altare o li vicino vè una pietra sostenuta da quattro colonne e li dicono esser la misura della grandezza della personna del nostro Signore e sopra quella dicono essere stati contati li 30 denari".

[1236] Der Grundriß in Wien, Albertina, IT. AZ 373. Krautheimer V fig. 58.

[1237] Vgl. dazu S. 64f.

strade (Abb. 279), der von vier weiteren Säulen abgestützt war[1238]. Eine Treppe führte von der Schmalseite des Langhauspfeilers zu dieser oberen Plattform, von der aus (zumindest in der Spätzeit des Ziboriums) Reliquien gezeigt werden konnten. Den Formulierungen bei Panvinio nach zu urteilen, machte der umlaufende Balkon und seine Säulen einen ungeordneten Eindruck. Es handelt sich mit Sicherheit um einen späteren Anbau[1239]. Von den Wappen der Colonna, Annibaldi und Caraffa, die von Panvinio und Terribilini überliefert werden, ist auf dem Nachstich (Abb. 278), der die Giebelzone und die Bedachung unterschlägt, nichts zu sehen. Es kann kein Zweifel bestehen, daß die Wappen sich in der Giebelzone befanden, und die erhaltenen Giebelreste mit dem Colonna-Wappen (Abb. 277) sowie anderen — bisher nicht identifizierten — Wappen vom Magdalenen-Ziborium stammen. Damit ist dieses 1297 geweihte Werk eindeutig für Deodatus gesichert.

Prüft man weitere mittelalterliche Marmorfragmente im Lateran-Kreuzgang, so zeigt sich schnell, daß die wichtigsten Teile der Tabernakelarchitektur erhalten sind. Das meiste ist zu einem Pasticcio zusammengestellt (Abb. 280), das einen antiken Thron rahmt und erhöht. Rohault de Fleury und andere haben darin Reste des Baldachins vom ehemaligen Papstthron in der Apsis gesehen und rekonstruiert[1240]. Das ist falsch. Man erkennt sofort, daß die hier aufgestellten Säulenbündel (Abb. 288) Eckstücke sind, in deren Seiten Marmorwände eingeklinkt waren. Die Ecksäule jeder Dreiergruppe ist — wie auf dem Stich des Magdalenen-Ziboriums sichtbar (Abb. 278) — jeweils spiralig gewunden, die anderen nur durch ein inkrustiertes Spiralband geschmückt. Alle vier Eckstücke des ehemaligen Reliquientresors haben sich erhalten, dazu die Giebel zum großen Teil und einige Fialen. Ebenso in großen Teilen der Sockel (Abb. 288), auf dem die Reliquienkammer aufruhte. Man findet diese Stücke in dem Podest, auf dem der Thron des Laterankreuzgangs steht. Da die reiche Mosaikinkrustation dieser unteren Teile des erhöhten Tabernakels auf Sicht angelegt sind, ist es kaum denkbar, daß sie in der ursprünglichen Planung von einem hölzernen Umgang verdeckt werden sollten. Schließlich ist auch der abschließende Dachreiter vollständig erhalten[1241]. Wie an den Gruppen der Ecksäulen zu sehen, ist das Reliquienziborium mit höchstem Aufwand angefertigt worden. Reichlich ist Goldmosaik verwendet, und die Kompositkapitelle, die wie vom Vater Cosmatus auch von dessen Sohn bevorzugt wurden, sind von großer Präzision. Kein anderes überliefertes Werk des Deodatus erreicht dieses Anspruchsniveau des Auftrags und diese Qualität in der künstlerischen Durchführung.

Der Magdalenenaltar ist Teil einer Erneuerung der Innenausstattung der Laterankirche, die im letzten Jahrzehnt des 13. Jahrhunderts mit großem Nachdruck betrieben wurde. Unter Nikolaus IV wurden 1291 Apsis und Querhaus erneuert. Die Apsis wurde ausmosaiziert und ein neuer Hochaltar von Cintio Salvati begonnen[1242]. Vorher schon, 1287, war eine Kapelle durch Kardinal Jacobus Colonna

---

[1238] Sie standen, wie auf dem Grundriß Rainaldis (Abb. 18) deutlich zu sehen, in der Linie der Diagonalen der inneren vier Säulen.

[1239] Die erhöhten Reliquien- und Bildziborien (-tabernakel) des 13. Jahrhunderts in Rom waren Pilgeraltäre. In gewisser Weise sind sie ein „Ersatz" für die Confessio unter dem Altar. Erst im Spätmittelalter und in der Renaissance baute man vermehrt solche, von denen aus die Reliquien öffentlich gezeigt werden konnten, oder veränderte die Ziborien des 13. Jahrhunderts in dieser Weise. Ich bereite zu diesem Thema eine Studie vor, die bisher nur als Vortrag „Tresor und Monstranz. Die Bergung und Inszenierung römischer Reliquien bis zu Bernini" gehalten wurde. Keines dieser Reliquienziborien ist in ursprünglicher Form erhalten. Am besten dokumentiert sind die beiden Pilgeraltäre mit ihren Ziborien in S. Maria Maggiore. Diese sind mit ihren Reliquien (bzw. Wunderbild) in gewisser Weise die Vorgänger der Capella Sistina im Norden und der Capella Paolina im Süden.

[1240] Rohault de Fleury, Latran Tab. XXII. Das Thronpasticcio muß ein Werk des 18. oder frühen 19. Jahrhunderts sein.

[1241] Ich hoffe, in Zukunft eine maßstäblich genaue Rekonstruktion vorlegen zu können. Diese Arbeit ist bisher nicht über eine Skizze hinausgekommen (Abb. 279). Im Mittelschiff der Laterankirche muß der Reliquienaltar mit seinem hohen Tabernakel, wie die Reliquien-(oder Pilger-)altäre in S. Maria Maggiore einen wichtigen Akzent gesetzt haben.

[1242] Allgemein zum Schicksal der Laterankirche mit weiterführender Literatur Krautheimer V S.12ff. Zum Hochaltar des Cintio Salvati vgl. S. 234. Nach dessen Tod, 1291, waren unter den Vollendern des Papstaltares zwei weitere Mitglieder der Familie des Cosmatus: Johannes Cosmati und dessen Sohn Lucantonio. Siehe S. 222f. und S. 232.

(von S. Maria in Via Lata) gestiftet worden[1243]. 1297 schließlich kam diese Erneuerungswelle mit der Erneuerung des alten Kanonikeraltars durch das Werk des Deodatus zu einem weiteren Höhepunkt, vielleicht zu einem Abschluß.

Deodatus hat sowohl für die Familie Bonifaz VIII, die Gaetani, gearbeitet, als auch für die in Konkurrenz oder Feindschaft befindlichen anderen großen Familien, die Colonna, Annibaldi und Caraffa, die offenbar im Stift von S. Giovanni in Laterano eine wichtige Rolle spielten. Wenn im späten 13. Jahrhundert ein Ziborium oder ein Reliquientabernakel in Auftrag gegeben wurde, so wurde in fast allen historisch gesicherten Fällen die Werkstatt des Deodatus beauftragt. Weitere Zuschreibungen innerhalb dieses Aufgabenfeldes sind möglich und gerechtfertigt[1244].

Deodatus in Tivoli, S. Pietro (auch Chiesa della Carità)[1245]. Suàrez notiert in seiner Inschriftensammlung zuverlässig folgende Signatur:

„in columna ad S. Pȳri
MAGR'
DEODAT'
FECIT
H'OPVS

In der Kirche ist heute an den Säulen des Langhauses nichts dergleichen zu finden. Möglicherweise handelt es sich bei der Ortsangabe der Inschrift um den Teil eines liturgischen Ausstattungsstückes, vielleicht des Ziboriums. Geringe Reste eines Pavimentes dürften nach Dorothy Glass wahrscheinlich aus dem 12. Jahrhundert stammen. Auf was sich die Signatur bezog und wann das Werk des Deodatus entstanden ist, entzieht sich unserer Kenntnis.

Deodatus in Teramo (Abruzzen), Dom[1246]. Auf dem Architrav des Hauptportals am Dom von Teramo (Abb. 381) liest man folgende Datierung[1247]:

A D M CCC XXXII HOC OPVS FACTVM FVIT
Im Fries darüber die Signatur:
+MAGR DEODATVS DE URBE FECIT HOC OPVS

1332 wurde das Werk durch Deodatus geschaffen. Schon Schulz hatte die Inschrift notiert[1248]. Daß es sich aber um Deodatus Cosmati aus Rom handelt, ist von Salazaro und Boito bestritten worden[1249]. Tatsächlich deutet so gut wie nichts an diesem Portal auf eine römische Tradition. Vielmehr steht die aufwendige Anlage mit einem reich gestuften rundbogigen Portal und einem steilen Giebel in einer Formentradition, die teils lokale, teils oberitalienische Quellen hat.

Die Appellation „de urbe" steht eindeutig für die römische Herkunft des Meisters Deodatus, der allerdings nicht wie im 12. und 13. Jahrhundert außerhalb Roms üblich als Magister Romanus signiert. Möglicherweise ist er 1332 kein Römer mehr, sondern stammt nur noch aus Rom. Ein kleiner,

---

[1243] Forcella VIII S. 13 Nr. 11 und 12.

[1244] Siehe dazu S. 220f.

[1245] Lit.: Suàrez, Cod. Vat. lat. 9140f. 203v; Boni 1893 S. 8; Filippini S. 39; V. Pacifici, Tivoli nel medio-evo, in: Atti e memorie della Società Tiburtina di storia e d'arte 5/6, 1925/26 S. 348f.; Bessone S. 27; M. de Vita, Il restauro della chiesa di S. Pietro in Tivoli, in: B.A. 36, 1951 S. 175; Hutton S. 38; Glass, BAR S. 136f.

[1246] Lit.: Schulz, Denkmäler, S. 11f.; Boito, L'architettura (1880) S. 140; Salazaro, Monumenti S. 33; Stevenson, Cod. Vat. lat. 10581f. 83; Bindi, Monumenti storici ed artistici degli Abruzzi, Napoli 1889 S. 16; F. Savini, Il duomo di Teramo, Roma 1900 S. 126; Gavini, Storia I S. 142f.; Filippini S. 41ff.; Hutton S. 38.

[1247] Savini, Il duomo S. 126; Filippini S. 41ff. mit Abbildungen.

[1248] Schulz, Denkmäler S. 11.

[1249] Salazaro, Monumenti S. 33; Boito, L'architettura (1880) S. 140.

aber wichtiger Unterschied. Daß wir es wirklich mit dem Werk eines römischen Marmorarius zu tun haben, verrät nur ein schmaler Streifen inkrustierten Mosaiks im Architrav. Es muß als ein geradezu verstecktes Zitat römischer Kunsttradition angesehen werden, die der Meister hier sonst so gründlich verleugnen mußte. Ich bin deshalb sicher, daß wir es in Teramo mit einem Werk des alt gewordenen und seinem angestammten Handwerk entfremdeten Sohn des Cosmatus zu tun haben. Vielleicht hat das alte Renommée des Römers noch bei diesem späten Auftrag eine Rolle gespielt: Auch der Auftraggeber, Bischof Niccolò degli Arcioni, stammte aus Rom.

Eines fällt vor dem Portal sofort auf. Die Heiligenfiguren am Giebel sind Stümperei im Vergleich zu dem Schliff der ornamentalen Teile des Portals, der Rankenreliefs und der gedrehten Säulen. Vielleicht war Deodatus, der in Rom offenbar der figürlichen Bildhauerei aus dem Wege gegangen war, hier auf dieses ihm ungewohnte Feld gezwungen. Nur die Löwen, die die äußeren Portalsäulen tragen, zeigen eine gut geschulte Hand. Auch das wiederum ein Indiz für die spezifisch römische Tradition, aus der Deodatus kommt.

Mit dem Datum 1332 haben wir uns weit über den hier gesteckten zeitlichen Rahmen hinausbewegt. Daß der Schnitt um 1300 seine Berechtigung hat, belegt gerade dieses Spätwerk des Deodatus. Offenbar hat man in den Abruzzen um 1330 auch keinen Wert mehr auf die einst bewunderte und begehrte römisch-päpstliche Kunst gelegt. Gefragt war hier ein Architekt, der gotische Formen mit einem Höchstmaß an traditionellen, lokalen Formen (die in ihrem Charakter noch romanisch sind) zu vereinbaren wußte. Der inkrustierte Mosaikstreifen im Architrav über den Wappenschilden des Bischofs Nikolaus und der Städte Teramo und Atri muß unter diesem Aspekt geradezu als ein nostalgischer Nachklang verblichenen Glanzes gelten.

Zuschreibungen an Deodatus. Die Frage, ob sich das Oeuvre des Deodatus durch weitere, bisher anonyme Werke bereichern läßt, kann hier nur angeschnitten werden. Man kann davon ausgehen, daß mit den erhaltenen oder überlieferten Ziborien des Deodatus nur ein Bruchteil des Gesamtwerkes bekannt ist. Zum anderen scheint mir sicher, daß der Künstler seine Werke immer und möglichst auffällig signiert hat. Letzteres entkräftet m.E. manchen der bisherigen Zuschreibungsversuche.

Filippini behauptet, Deodatus habe um 1290 in S. Maria Maggiore gearbeitet[1250]. Das ist zwar nicht ausgeschlossen, ist aber wohl eine Verwechselung mit S. Maria in Campitelli. Julian Gardner hat vermutet, daß das Grab des Bischofs Petrus Caetani (gest. 1299) in der Capella Caetani (Abb. 282) des Domes von Anagni von Deodatus geschaffen wurde[1251]. In der Tat entspricht der Giebelaufbau ungefähr den Ziborien des Deodatus (Abb. 275). Ob das aber für eine Zuschreibung des unsignierten Grabes ausreicht, ist doch anzuzweifeln. Besonders weil Deodatus, der Spezialist für Ziborien, dann seinem Bruder Johannes, dem Grabmalspezialisten, sozusagen ins Handwerk gepfuscht hätte.

Auch die Benediktionsloggia Bonifaz VIII (Abb. 283) am Lateranspalast könnte zu den Werken des Deodatus gehören. Ein bedeutendes Werk, das zum ersten Heiligen Jahr, 1300, in gotischen Formen errichtet worden war. Seine aus den Zeichnungen Heemskercks wohlbekannte Struktur erinnert in ih-

[1250] Filippini S. 62. Sie beruft sich dabei auf L. Lanzi, Storia pittorica della Italiana, Milano 1823⁶ I S. 7 schreibt dieser etwas verwirrend und mit Sicherheit nicht aufgrund eigener Recherchen: ,,La scuola del musico sussisteva in Roma anche n'secoli XI e XII. Si distinse in essa la famiglia de'Cosmati. Adeodato di Cosimo (!) Cosmato operò in S. Maria Maggiore nel 1290 (Guida di Roma); più Cosmati furono impiegati nel duomo di Orvieto, e questi tutti lavorano in S. Marco di Venezia''. Von Filippini übernimmt diese zweifelhafte Information Bessone S. 26. Stevenson (Cod. Vat. lat. 10581f. 32v) hat auf die Notiz von Gualdi (Cod. Casanatense E III 113) hingewiesen, daß man auf einem gotischen Tabernakel in S. Maria Maggiore, von dem nur noch das Vorderteil erhalten sei, gelesen habe: Magister Deodatus fecit hoc opus. (Forcella V, S. 369). Außerdem habe man das Wappen der Familie Capizuchi erkennen können. Letzteres macht es äußerst wahrscheinlich, daß das von Ciampini überlieferte Reliquienziborium von S. Maria in Campitelli gemeint war. Siehe S. 214f.

[1251] Gardner, Arnolfo S. 438. Zum Grab vor allem V. Fenicchia, Il sepolcro del vescovo Pietro Caetani ,,qui nutrivit dominum Bonifatium PP. VIII'', in: Revista di storia della chiesa in Italia 2, 1948 S. 338ff. Filippini S. 79f. schreibt gerade dieses Grab dem Johannes Cosmati zu.

rem zweigeschossigen Aufbau mit der hohen Giebel- und Fialenbedachung gewiß an die Ziborien des Deodatus[1252]. Doch ein positiver Nachweis der Autorschaft ist nicht zu führen.

Im Dom von Velletri (Abb. 284) haben sich große Teile eines Reliquientabernakels vom Typ des Deodatus-Ziboriums im Lateran erhalten, die als Obergeschoß des barocken Altarziboriums Wiederverwendung fanden[1253]. Die Ähnlichkeit der Ecksäulen des Reliquientresors mit denen des Laterankreuzgangs (Abb. 279, 280) scheint mir so überzeugend, daß in diesem Fall eine Zuschreibung an Deodatus naheliegt.

Ähnlich nahe dem Magdalenen-Ziborium im Reichtum der Inkrustationen, der gedrehten Säulen und in der Ornamentik der Giebel sind Teile eines kleinen Altarziboriums, die heute im Lapidarium der Abtei von Grottaferrata (Abb. 285) aufbewahrt werden. Die Schlüssel Petri und seine Tiara in den Zwickeln der Arkaden sprechen dafür, daß diese miniaturhafte Architektur in irgendeinem Zusammenhang mit dem Grab Benedikts XI (1303–04) steht, dessen Grabplatte erhalten ist[1254]. Ein Wappenschild mit einem Adler und Engeln ist darüber als Mosaik der Marmorplatte inkrustiert. Die Figur des besser erhaltenen Engels erinnert vage an das Verkündigungsmosaik am Ziborium des Deodatus in S. Maria in Cosmedin[1255]. Das Fragment einer Künstlersignatur wird ebenfalls im Lapidarium bewahrt. Doch sind gerade die Teile mit dem Künstlernamen und der Datierung zerstört. Vielleicht war es die des Deodatus.

c) PETRUS COSMATI[1256]

In den Regesten von S. Alessio in Aventino (SS. Bonifacio ed Alessio) wird als Zeuge eines Vertrages aus dem Jahre 1297 ein „Petrus Gusmati marmorarius de regione Violate" genannt[1257]. Er mag ein hochbedeutender Künstler sein, über sein künstlerisches Werk haben wir jedoch nicht die geringste Vorstellung.

Nach Filippini wurde von dott. G. Giordani ein Sgraffito in der Vorhalle von S. Giorgio in Velabro gefunden, das sie auf unseren Meister bezieht: Petri Coma fec[1258]. Mir ist es nicht gelungen, diese Inschrift wiederzuentdecken. In jedem Falle wäre ein Sgraffito als Signatur äußerst ungewöhnlich. Ich kenne kein zweites Beispiel in der Kunst der Marmorari Romani. Auch wenn eine solche Inschrift existierte, kann sie sich nicht auf die Vorhalle von S. Giorgio in Velabro beziehen, denn diese stammt aus dem 12. Jahrhundert. Der Genitiv Petri schließt eine Identifizierung mit unserem Marmorarius sowieso aus. Allenfalls wäre ein Namenskürzel des Cosmatus filius Petri Mellini denkbar.

[1252] Zur Benediktionsloggia Lauer, Latran S. 233ff.; Belting, Palastaulen S. 81f.; Ladner, Papstbildnisse II S. 288ff. und 318ff.

[1253] Über die barocken Beschreibungen und das spätere Schicksal des Reliquientabernakels in Velletri vor allem A. Gabrielli, La cattedrale di Velletri nella storia dell'arte, Velletri 1918 S. 9, 12ff., 31.

[1254] Dazu vor allem Gregorius Placentini, De sepulcro Benedicti IX Pontificis Maximi in templo monasterii Cryptae-Ferratae detecto, Roma 1747. Eine genaue Untersuchung der mittelalterlichen Fragmente des Lapidariums in Grottaferrata ist ein dringendes Desiderat. Das Corpus über die Grabplatten: „Die mittelalterlichen Grabmäler in Rom und Latium vom 13. bis zum 15. Jahrhundert" (Publikationen des Österreichischen Kulturinstituts in Rom. Abt. 2: Quellen 5) bearbeitet von T. Blittersdorf unter Mitwirkung von H. Jäger-Sunstenan. Redigiert von J. Garms, R. Juffinger und B. Ward-Perkins. Erschienen bisher Bd. 1, Rom 1981, wird ausführlich über dieses Grab handeln.

[1255] Siehe dazu S. 213ff.

[1256] Lit.: Nerini, Hystorica Monumenta S. 48; Monaci, Regesto S. 200; Stevenson, Mostra S. 180; Giovannoni, Note S. 15 Anm. 3 und 4; Filippini S. 19; Bessone S. 26.

d) JACOBUS COSMATI (GIACOMO DI COSMA)

In der Liste der „Capi maestri e muratori" des Dombaus von Orvieto fand Della Valle für das Jahr 1293 den Namen[1259]: „Giacomo di Cosmate Romano". Mit gewissem Recht darf dieser wenig aufschlußreiche Eintrag als Ausgangspunkt für alle spätere Beschäftigung mit den sogenannten Cosmaten gelten[1260]. Was dieser Sohn des Cosmatus nun eigentlich am Dom von Orvieto geschaffen hat, ist völlig unklar. Sicher ist nur, daß er nicht unter die *scultori* gezählt wurde. Auch in Rom hat sich kein gesichertes Werk dieses Meisters erhalten. Wahrscheinlich war er aber an folgendem beteiligt:

Jacobus (Cosmati) in S. Giacomo alla Lungara. Im Paviment der Kirche befand sich eine Signatur, die Crescimbeni und andere in verschiedenen Versionen überliefern[1261]:

DEODATVS FILIUS COSMATI ET IACOBVS FECERVNT HOC OPVS

Obwohl nur Deodatus ausdrücklich als Sohn des Cosmatus genannt ist, kann man davon ausgehen, daß der in Orvieto tätige Jacobus sein Bruder ist. Welches Werk die beiden signiert haben, ist völlig unklar. Im übrigen verweise ich auf die Erwähnung der Signatur im Werk des Deodatus[1262].

e) JOHANNES COSMATI (GIOVANNI DI COSMA)

Dieser Bildhauer unter den Söhnen des Cosmatus ist nach den erhaltenen Werken, die seine Signatur tragen, Spezialist für Grabmäler[1263]. In wenigstens drei Fällen beauftragte man seine Werkstatt, als zur Zeit Bonifaz VIII (1294—1303) architektonische Wandgräber mit einer Liegefigur für Kardinäle oder andere hohe Geistliche angefertigt werden sollten. In mindestens zwei Fällen gehörte ein Grabziborium und in dessen Nische das Mosaik einer Fürbitte zu dem Auftrag.

Johannes Cosmati steht als Bildhauer im Schatten des berühmten Arnolfo di Cambio. Das ist heute in der Kunstgeschichtsschreibung so und war schon so zu seinen Lebzeiten: Bonifaz VIII bestellte sein Grabmal (Abb. 292) bei dem Florentiner. Man muß sicher auch zugeben, daß der Römer — abgesehen von dem Grab in S. Balbina (Abb. 286) — in der Form des Grabmals und der steinernen Aufbahrung unter dem starken Eindruck Arnolfos stand und daß diese Anlehnung an das Vorbild partiell Verflachung bedeuten konnte. Anders stellen sich seine Leistungen als Bildhauer von Grabfiguren dar. Hier ist er durchaus eigenständig. Ein Bildnis wie das des Stephanus de Surdi in S. Balbina gehört (Abb. 286, 288) zu den Meisterleistungen der italienischen Skulptur des 13. Jahrhunderts. Urteile, wie das Harald Kellers, „... alle diese Cosmatenfamilien waren nur Dekorateure, Hersteller von kirchlichen Möbeln, aber keine Bildner nach der menschlichen Gestalt", können in dieser Härte wohl kaum aufrechterhalten werden[1264]. Zumindest muß man so bedeutende Ausnahmen wie Petrus Oderisius oder Johannes Cosmati berücksichtigen.

Die früheste Erwähnung des Johannes Cosmati findet sich im Obituarium von S. Alessio (SS. Bonifacio ed Alessio) aus dem Jahre 1293. Hier erfahren wir auch, daß er einen Sohn Lucantonio hatte,

---

[1259] Della Valle 1791 S. 263; Promis S. 21; Crowe e Cavalcaselle, History of Painting I S. 23; Giovannoni, Note S. 15; Lanciani, Scavi S. 17; Bessone S. 25f.

[1260] Vgl. dazu S. 206ff.

[1261] Crescimbeni 1715 Lib. III cap. 10. Auch Codex Vallicellanus G 28. Siehe De Rossi 1891 S. 75f.

[1262] Siehe S. 212.

[1263] Ich möchte auf die Studie von Serena Romano über Giovanni di Cosma aufmerksam machen, die in den Atti „Scultura e monumento sepolcrale del tardo medioevo a Roma e in Italia (Roma 1985) publiziert werden wird. Sie kann meinen Text über Johannes Cosmati in vieler Weise ergänzen und verspricht auch bessere Detailaufnahmen der Grabfiguren.

[1264] Keller, Die Entstehung S. 277.

der zu dieser Zeit schon mit seinem Vater zusammen arbeitete[1265]. Zusammen mit Johannes de Aventino stiftete Johannes magister Cosmati einen Geldbetrag für das Seelenheil des Meisters Cintio de Salvati, der die Statue Nicolaus IV gemeißelt und den Hauptaltar von S. Giovanni in Laterano begonnen hatte[1266]. Johannes Cosmati und sein Sohn Lucantonio führten zusammen mit Johannes de Aventino die Arbeiten am Haupt- und Papstaltar der Laterankirche nach 1293 weiter. Johannes Cosmati war damit Nachfolger eines Mannes, der dem Dokument zufolge einen Namen als Bildhauer hatte[1267]. Immer signiert Johannes als Sohn seines Vaters Cosmatus. Sein Bruder Deodatus läßt diesen Zusatz weg, jedenfalls in allen Fällen, in denen er allein signiert. Vielleicht bedeutet das, daß es Johannes unter den vier Brüdern war, der die „Firma" des Vaters weiterführte.

Der Grabmalstypus des späten 13. Jahrhunderts in Rom forderte den Künstler sowohl als Marmorarius (wenn man will auch als Architekt), als Bildhauer und als Mosaikmaler[1268]. In allen diesen Sparten war Johannes Cosmati zuhause als ein Künstler, der Anregungen anderer aufgriff, sich zu eigen machte und zu eigenständigen, überzeugenden Lösungen führte.

Johannes Cosmati in S. Balbina, Grab des Stephanus de Surdi, Rom[1269]. In einer barocken Bogennische der inneren Eingangswand von S. Balbina ist ein hohes Marmorgrab (Abb. 286) mit der Liegefigur eines Diakons errichtet. Es soll — angeblich — beim Abbruch von Alt-St. Peter hierher gerettet worden sein[1270].

Der Künstler und der Verstorbene werden (in dieser Reihenfolge!) inschriftlich am oberen Rand des Sarkophages genannt:

+ IOHS'FILIUS MAGRI COSMATI FECIT HOC OPUS — unleserliche Stelle
DOMIN' STEPHAN D' SURD' DN̄I P̄P CAPLAN'

Promis glaubte in der unleserlichen Stelle eine Datierung zu erkennen[1271]: MCCC . . . III. Das ist aber sicher ein Lesefehler, denn im Cod. Vat. lat. 8253 f. 112 ist die Inschrift noch vollständig überliefert[1272]: IOHS' FILIUS MAGRI COSMATI FECIT HOC OPUS-HIC IACET CORP'S DOMIN' STEPHAN' D'SURD' DN̄I P̄P CAPLAN'. Diese Version wird durch die Lesung von Ramboux teilweise bestätigt[1273]. Bisher unbekannt ist das Todesdatum des päpstlichen Kämmerers. Clausse gibt ohne Nachweis das Jahr 1300 an[1274]. Bessone verballhornt die Angaben von Promis (ohne diesen zu

---

[1265] Filippini S. 54 Anm. 1; Auch Ladner, Papstbildnisse II S 253f. Stato obituario di Sant'Alessio S. 39.: 1293: Mag'r Cintio de Salvati marmorarius sculptor simulacri Nicole IV pp. obiit. Ego Johannes de Aventino et Joh's mag'r Cosmati ab eo sec. (?) et instr. lapicidae cum filio Luc.Antonio altar. lateranense sumam (?) opere expletamus pretium obrogantes pro animam eius semper viveris per omnis saecula".

[1266] Siehe auch im Abschnitt über Cintio Salvati S. 233.

[1267] So interpretiere ich jedenfalls die ausdrückliche Erwähnung „sculptor simulacri Nicole IV".

[1268] Arnolfo signiert das Grab Bonifaz VIII als architectus. Architekt in diesem Sinne könnte man Johannes Cosmati mit gleichem Recht nennen, falls Arnolfo damit nicht einen Titel nennt, der ihm verliehen wurde und der wenig mit der jeweiligen Aufgabe zu tun hatte.

[1269] Lit.: Cod. Vat. lat. 8253f. 112; 8254f. 180; Promis S. 22; Witte, Über die Cosmaten S. 162; v. d. Hagen 1818 IV S. 117; Boito, L'architettura (1880) S. 134; Stevenson Cod. Vat. lat. 10581f. 8; Forcella IV S. 332; Clausse S. 391ff.; Filippini S. 72ff.; Bessone S. 112; Armellini/Cecchelli S. 725; A. Muñoz, Il restauro di una basilica, in: Capitolium 1931 (1) S. 34ff.; Keller, Arnolfo (1935) S. 32f.; Hutton S. 22 und 45; Gardner, Arnolfo S. 432; L. Loth, La Basilica di S. Balbina all'Aventino. L'Aventino Minore ed i suoi monumenti nell'antichità, in: Alma Roma 13, 1972 S. 1–43; Herklotz, Sepulcra S. 179.

[1270] Muñoz, Il restauro S. 36. Bei Tiberius Alpharanus (ed. Cerrati) ist kein Hinweis auf eine ehemalige Aufstellung in S. Pietro zu finden.

[1271] Promis S. 22 „La data, per essersi scheggiato il marmo, è ora mancante, rimangono però i numeri centenarii MCCC con leggiero indizio di un III".

[1272] Siehe auch Forcella IV S. 331.

[1273] Die Ramboux-Zeichnung des Grabes (Städel Bd. 2 S. 53/400) ist beschriftet: + IOH' FILIUS MAGRI COSMATI FECIT HOC OPUS...HIC. IA ... MAT DOMIN STEPHAN D' SURD' DNI PP CAPLLAN.

[1274] Clausse S. 391.

nennen) und datiert auf 1303[1275]. Hutton schließlich nennt ohne Begründung 1302[1276]. Nur Julian
Gardner ist es bisher gelungen, etwas Licht in die Vita des Grabherrn zu bringen[1277]. Er hat den Namen in Urkunden nachweisen können, die seit den vierziger Jahren des 13. Jahrhunderts datieren. Als
päpstlicher Kaplan, als der er in der Inschrift auftritt, wird er in einem Brief Nicolaus IV vom 20.
August 1288 angesprochen[1278]. Am 5. September 1295 wurden Besitzungen Stephanus de Surdi, der
als Kanoniker von SS. Apostoli bezeichnet wird, dem Konvent von S. Balbina überschrieben. Gardner
nimmt deshalb an, daß dieser kurz zuvor verstorben sein muß. Auch wenn es sich um Bestimmungen
des Testamentes handeln sollte, kann man daraus keine absolute Sicherheit über das Todesdatum gewinnen. Wohl aber muß man stutzig werden, ob das Grab wirklich aus St. Peter stammt. Die testa-
mentarische Überschreibung von Besitztümern spricht eher dafür, daß sich der päpstliche Kaplan
S. Balbina als Grabstätte ausgesucht hat. In diesem Falle würde alles für eine Datierung des Grabes
um 1295 sprechen.

Ob Veränderungen und Restaurierungen das Grabmal wirklich so einschneidend verändert haben,
wie in der Literatur behauptet wird, möchte ich bezweifeln. Am Original sind jedenfalls so gut wie
keine späteren Eingriffe festzustellen. Es ist nicht einmal völlig sicher, ob der Aufgebahrte ehemals
in einem aus illusionistischen Vorhangdraperien gebildeten Thalamus lag. Solches ist zwar im letzten
Jahrzehnt des 13. Jahrhunderts in Rom üblich, doch gibt es davon keine Spuren. Merkwürdigerweise
zeigt das Wandgrab auch keinerlei Auflager für einen Grabbaldachin, so daß man mit der Möglichkeit
rechnen muß, daß das Grab, ähnlich wie es auf uns gekommen ist auch ursprünglich konzipiert
war[1279].

Das Wandgrab (Abb. 286) hat nur eine Ansicht. Es erhebt sich in vier Geschossen weit über die
Augenhöhe des Betrachters. Darauf nimmt das Bild des Toten Rücksicht. Kaum merklich ist die Bahre
an der Wandseite erhöht. Das Antlitz wendet sich dem Betrachter zu. Abweichend von anderen römischen Gräbern dieser Zeit ist ein Tuch um das Gerüst der Bahre gehängt, das an den Holmen in regelmäßigen Abständen mit einem Zipfel verknotet ist. Auch über die erhöhten Pfosten des Sterbelagers
ist dieses Tuch herübergezogen und hängt an Kopf- und Fußende senkrecht herab. Diese Aufbahrung,
wahrscheinlich kein Prunkbett aus kostbaren Stoffen (wie in den Gräbern Arnolfos), steht auf einem
hohen, dreigeschossigen Unterbau, dessen Mosaikinkrustationen in ihrem Reichtum in deutlichem
Gegensatz zu dem schlichten Totenbett darüber stehen. Über einem Bodengesims erhebt sich ein
Sockel aus glattem Marmor; darüber eine zweite, etwas zurückgestufte Sockelzone, die durch ein Gesims von ersterem abgesetzt ist. Die ganze querrechteckige Fläche dieser Zone ist verziert durch
„Treibriemenmuster" in Mosaikinkrustationen. Kräftige Gesimsprofile leiten dann über zu dem eigentlichen Sarkophag. Dessen Frontseite besteht aus einer breiten Mittelplatte, die von zwei Eckpa-
neelen flankiert wird. Deren Mosaikschmuck ist jeweils einem Paar von Lanzetten eingeschrieben.
Das Ornament konzentriert sich besonders auf die Mittelplatte, die oben von der Signatur gesäumt
wird. Vierzehn Vierpaßsterne aus profilierten Marmorstegen lassen in ihren Füllungen und Zwickeln
Raum für reich variierten Mosaikdekor. In den Mittelpolygonen erkennt man sechsfach wiederholt
das Wappen des Verstorbenen: Weiß stehen jeweils sechs Lilien und zehn tulpenförmige Blüten auf
blauem Grund.

Der Typus des erhöhten Wandgrabes ist in der Forschung mehrfach untersucht worden[1280]. Es ist
auch schon gesehen worden, daß es sich um Formulierungen handelt, die in Rom — im Umkreis der

[1275] Bessone S. 112.
[1276] Hutton S. 22.
[1277] Gardner, Arnolfo S. 432.
[1278] Stephanus wird in diesem Brief als Neffe des verstorbenen Kardinals Ricardo Annibaldi angesprochen.
[1279] Das Grabmal des Kardinals Ancher de Troyes in S. Prassede (Abb. 287) hat seiner Anlage nach ebenfalls niemals einen architektonischen Baldachin besessen. Dazu Gardner, Arnolfo S. 432; Bauch, Anfänge S. 236.
[1280] Merz, Wandgrab; Gardner, Arnolfo S. 432; Bauch, Anfänge; Bauch, Grabbild S. 229ff. Herklotz, Sepulcra S. 179.

Kurie — in der zweiten Hälfte des 13. Jahrhunderts Verbreitung gefunden haben, vorbereitet durch ein Wandgrab mit architektonischer Ädikula, wie es im Grab des Kämmerers Alfanus in der Vorhalle von S. Maria in Cosmedin (Abb. 120) aus den zwanziger Jahren des 12. Jahrhunderts überliefert ist[1281]. Ein bislang anonymes Grab in der Rotunde bei SS. Cosma e Damiano (Abb. 118, 119) macht diese speziell römische Tradition zur Gewißheit. Dieses Grab erhöht den Sarkophag über einem Sockel, der durch ein „Fachwerk" von sich kreuzenden Pilastern geschmückt ist. Es dürfte aus der Mitte des 12. Jahrhunderts stammen, vielleicht von der Hand des frühesten der Vassalletti[1282].

Wenn Bessone vom Grab des Stephanus de Surdi schreibt, es sei „meno bello" als die übrigen von Johannes Cosmati signierten, so kann das eigentlich nur auf das Fehlen des Grabbaldachins zielen. Die Grabfigur (Abb. 288) ist jedenfalls die ausdrucksvollste und in ihrer Ausführung sorgfältigste Skulptur, die uns der Künstler hinterlassen hat. Ich rechne sie — nun vielleicht in das entgegengesetzte Extrem verfallend — zu den besten römischen Bildwerken der Zeit um 1300. Zum Gesamteindruck (Abb. 286) — wir erwähnten es schon — gehört der Gegensatz zwischen dem prunkenden Katafalk und dem schlichten Sterbelager. Da beide Teile in den Maßen genau aufeinander passen, kann kein Zweifel an der Zusammengehörigkeit bestehen: Der Gegensatz des denkmalhaften Sockels mit seinen Wappen zu der schlichten Wiedergabe des ausgezehrten Leichnams auf der Bahre ist bewußt gewählt. Das erinnert in manchem an das Grab Clemens IV in Viterbo von Petrus Oderisius (Abb. 247), das mehr als zwanzig Jahre zuvor von einem römischen Künstler geschaffen wurde[1283]. Im Gegensatz zu diesem am Papstgrab in Viterbo verzichtet aber Johannes Cosmati auf jegliche Mosaikinkrustation in den figürlichen Teilen.

Von der Drapierung des Tuches am Totenbett meint Julian Gardner, es werfe die „dornige" Frage möglicher Beziehungen zur Grablege der Plantagenets in der Abteikirche von Fontevrault auf[1284]. Die Gräber dort gehören zum großen Teil der Zeit um 1200 an und zeigen — als Freigräber — einen einheitlichen Typus der Aufbahrung[1285]. Das Grabtuch fällt wie in dem römischen Grab über die Bettpfosten und ist an den Langseiten in gleichmäßigen Abständen gerafft. Ob das ausreicht, eine Abhängigkeit zu begründen, möchte ich dahingestellt lassen. Falls das römische Grab ohne die französischen Beispiele undenkbar wäre, so käme als Übertragungsmedium wohl am ehesten die Zeichnung in Betracht. Sie könnte erklären, daß Johannes Cosmati das Tuch nicht als überhängendes Laken versteht, sondern als vorgesteckten Behang. Vielleicht spiegelt sich in beiden Fällen nur ein lokaler Grabbrauch: die Aufbahrung, die man in beiden Fällen so getreu wie möglich verewigen wollte[1286]. Von französischen Gräbern unterscheiden sich die italienischen — so auch das des Stephanus de Surdi — dadurch, daß der Tote nicht im (ewigen) Leben sondern als Leichnam (Abb. 288) dargestellt ist. Die Augen sind geschlossen, die schlaffen Arme über dem Leib gekreuzt.

Die Liegefigur und besonders das Antlitz des Toten haben in der Qualität wenig Vergleichbares in der gleichzeitigen römischen Marmorskulptur. Stilistische Verwandtschaft sehe ich nur mit der knienden Statue Bonifaz VIII (Abb. 289), die — aus ihrem ursprünglichen Zusammenhang gerissen — in S. Giovanni in Laterano aufbewahrt wird[1287]. Das Relief des knienden Papstes ruht auf zwei rechteckigen Marmorstücken, die mit ihrer Mosaikinkrustation und der spitzbogigen Biforiengliederung exakt den Eckpfeilern am Sarkophag des Stephanus de Surdi gleichen. Eine Zuschreibung an Johannes Cosmati liegt also nahe. Zur gleichen Gruppe gehören die Statuen des Petrus und Paulus (Abb.

[1281] Siehe dazu obige Literatur, außerdem Déer, Porphyry Tombs, S. 24ff.

[1282] Vgl. dazu auch meine Ausführungen S. 104ff. im Abschnitt über die Vassalletto-Familie.

[1283] Vgl. dazu S. 185ff. im Abschnitt über Petrus Oderisius.

[1284] Gardner, Arnolfo S. 432.

[1285] A. Erlande-Brandenburg, Le „Cimitière des Rois" à Fontevrault, in: Congrès Archéologique 122, 1964 S. 482ff.; Sauerländer, Gotische Skulptur S. 130f.

[1286] Zu dieser Frage Brückner, Bildnis und Brauch und Herklotz, Sepulcra.

[1287] Ladner, Papstbildnisse II S. 318ff. Tf. 74. Dort auch eine ausführliche Begründung für die Benennung auf Bonifaz VIII und Argumente für die ursprüngliche Bestimmung an der Benediktionsloggia (Abb. 283).

290) ebendort[1288]. Im Vergleich mit dem Grabbildnis in S. Balbina sind diese Werke aber gröber. Doch ist ihr künstlerisches Konzept, das auf eine stärkere Wirkung zielte, durchaus mit den feinen Nuancen des Totenporträts in Einklang zu bringen. Merkwürdig nur, daß Johannes Cosmati die psychologische Dimension dieses Porträts in anderen Grabmälern kaum wieder erreicht.

Die Gesichtszüge, aber auch die Gestalt des Toten (Abb. 288) sind überlängt. Es herrscht eine strenge Linearität. Konturen und Falten des Gesichts betonen das. Doch ist diese Gradlinigkeit nicht Starre, die Reduzierung des Plastischen nicht Plattheit. Mit sehr differenzierten Mitteln ist der ausgezehrte Körper unter dem Gewand verdeutlicht. Die erstaunliche bildhauerische Leistung liegt darin, daß der starke Ausdruck nicht durch kräftige Mittel, sondern eher durch so etwas wie den Zusammenklang des Beiläufigen erzielt wird.

Durch seine geraden Konturen und die Überlängung hat das Grabbild eine gewisse Affinität zu Werken der Holzskulptur. Kunsthistoriker arbeiten am Schreibtisch mit Photographien. Vielleicht ist das Sehexperiment gestattet, die Liegefigur in der Abbildung um 90° zu drehen und so auf die Füße zu stellen (Abb. 288). Das Ergebnis ist überraschend. Aus ihrem Kontext gelöst, würde man eine derartige Skulptur auf den ersten Blick kaum der Zeit um 1300 zuweisen, sondern eher einer spätromanischen/frühgotischen Phase des frühen 13. Jahrhunderts. Die lineare Körperlichkeit, die langen gratigen Falten des eng anliegenden Gewandes assoziieren sie den schönsten Werken der Bildhauerkunst in Holz aus der römischen Gegend: der Kreuzabnahme des Domes in Tivoli und — näher noch in der künstlerischen Auffassung — der Johannes- und Mariengruppe einer mittelalterlichen Kreuzigung, die im Pariser Musée Cluny aufbewahrt wird[1289]. Meiner Ansicht nach steht Johannes Cosmati mit seinem Grabbild des Stephanus de Surdi in der Tradition dieser hochentwickelten Skulptur in Holz, trotz des unbestreitbaren zeitlichen Abstands. Es kann hier nur thesenhaft formuliert werden, daß einige Marmorari Romani, die in ihrem Material Marmor figürliche Aufgaben bis ins späte 13. Jahrhundert allenfalls im Bereich der Groteske oder des Apotropäischen finden konnten, im Medium Holz, das offenbar der Malerei und dem volkstümlichen Gebrauch näherstand, schon vor Petrus Oderisius und Johannes Cosmati Menschendarstellungen versucht haben. Die Verwandtschaft der Gruppe von Holzbildwerken um die Kreuzabnahme von Tivoli mit der Grabfigur in S. Balbina könnte dafür ein Indiz sein. Vielleicht ist sie auch ein Hinweis darauf, daß diese Holzskulpturen mit einer Datierung um 1200, wie sie bisher üblich ist, zeitlich zu früh angesetzt sind.

Johannes Cosmati in S. Maria sopra Minerva. Grab des Guillelmus Durandus (+ 1296)[1290]. Das Grabmal (Abb. 291), dessen ursprünglicher Aufstellungsort innerhalb der Kirche S. Maria sopra Minerva nicht gesichert ist, hat seinen Platz seit dem 17. Jahrhundert an der Stirnseite des rechten Querhauses. Das hohe Wandgrab mit einem architektonischen Baldachin darüber und einem Mosaik in dessen Lunette ist an der unteren Leiste der Sockelzone signiert:

+ IOHS FILIVS MAGRI COSMATI FEC HOC OP

[1288] Ladner, Papstbildnisse II S. 318ff. fig. 159 und 160.

[1289] Zur Kreuzabnahme in Tivoli E. Carli, La scultura lignea Italiana dal XII al XVI secolo, Milano 1960 S. 9ff. und besonders G. De Francovich, A Romanesque School of Wood Carvers in Central Italy, in: A.B. 19, 1937 S. 5ff., der S. 8f. jeweils aus stilistischen Gründen die Figuren des Cluny-Museums um 1199 (!) und die Kreuzabnahme-Gruppe im Tivoli zwischen 1215 und 1225 datiert.

[1290] Lit.: Promis S. 22; Witte, Über die Cosmaten S. 162; v. d. Hagen, 1818 IV S. 192; P. T. Masetti, Notizie istoriche del tempio di S. Maria sopra Minerva, Roma 1855; Forcella I S. 411; J. J. Berthier, L'église de la Minerva à Rome, Rome 1910 S. 196ff.; Clausse S. 384ff.; Filippini, S. 63ff.; Bessone S. 110f.; R. Spinelli, S. Maria sopra Minerva, Roma 1925 S. 76ff.; Keller, Arnolfo (1935) S. 32f.; A. Terenzio, Roma — Santa Maria sopra Minerva. Monumento del Card. Guglielmo Durante, in: B.A. N. S. 10, 1930/31 S. 48; Hutton S. 22, 37, 48; Panofsky Tomb Sculpture S. 85 (deutsche Ausg.); Ladner, Papstbildnisse II S. 302ff.; Oakeshott, Mosaiken S. 347; Gardner, Arnolfo S. 437f.; U. Vichi, Il monumento al Vescovo di Mende a S. Maria sopra Minerva, in: Bolletino dell'Unione Storia ed Arte 1962 (3); I. Ragusa, The egg re-opened, in: A.B. 1971 S. 440ff.

Der Sockel selbst ist Fläche für eine längere Inschrift, die den Toten rühmt und mit folgenden, durch ihre Inschriftgröße hervorgehobenen Worten beginnt[1291]:

+HOC EST SEPULCRUM DNĪ GVILELMI DURĀTI EPĪ MIMATENSIS
— ORD PRAED —

Guillelmus Durandus (Durandus von Mende 1231/32—1296) stammte aus der Provence und war als Mitglied des Dominikanerordens Professor in Bologna und Modena. Seine theologischen und liturgischen Kompendien haben ihn berühmt gemacht. Unter dem französischen Papst Clemens IV (1265—68) beauftragte ihn die Kurie mit wichtigen Aufgaben. So war er als Legat zeitweise Statthalter des Papstes in der Emilia. 1285 wurde er Bischof von Mende, wo er sich 1291—95 aufhielt. Am 1.11.1296 ist er in Rom gestorben. Er wird sich seinen Begräbnisort, die 1280 neu begonnene Dominikanerkirche, selbst ausgesucht haben[1292].

Über dem Sockel mit den Inschriften ruht der Sarkophag, der gleichzeitig Liegefläche des Aufgebahrten ist. Ein großes, doppelt geschlagenes Tuch ist über den Grabkasten so drapiert, daß die Raffung in der Mitte dem Ganzen zugleich Stofflichkeit und Feierlichkeit gibt. Unterhalb dieses illusionistischen Stoffbehangs ist auf dem sichtbaren Reststreifen des Sarkophags in einer mosaikinkrustierten Rechteckfläche das Wappen des Bischofs in schildförmigen Feldern fünfmal wiederholt. Die Liegefigur des Toten ist wie in einem Alkoven (= Thalamus) an drei Seiten von einem reich plissierten Vorhang umgeben. Die Illusion des Stofflichen gelingt im Marmor umso pefekter, als am oberen Rand — unterhalb der Vorhangstange — eine farbig inkrustierte Randbordüre die Raffungen unterhalb der Halteringe mitmacht. Diesen Raum der Aufbahrung öffnen zu beiden Seiten stehende Engel, die den Vorhang anheben, als hätten sie ihn erst soeben für den Betrachter aufgezogen. Daß diese Inszenierung wahrscheinlich keine Erfindung des Johannes Cosmati ist, werden wir später erörtern.

Der Gisant des Bischofs (Abb. 291) ist — durch die geistliche Kleidung bestimmt — in schwere Stoffe gehüllt, deren Falten sich nur zäh runden und brechen. Wie in S. Balbina wendet sich der Körper ganz gering dem Betrachter zu. Im Gegensatz zu dem Grab des Stephanus de Surdi ist der kräftige Kopf mit der Mitra aber starr nach oben gerichtet. Der Betrachter sieht ein Profil mit hoher, faltiger Stirn, kurzer Nase und kräftigem Kinn. Um den kleinen Mund haben sich (bitter erscheinende) Falten eingegraben. Obwohl diese naturnah wirkenden Züge Gemeinsamkeiten mit dem Porträt des päpstlichen Kämmerers in S. Balbina haben, steht der großflächige Kopf mit seinen Fettpolstern am Kinn im direkten Gegensatz zu dessen asketischen Zügen. Das spricht für eine Rücksichtnahme auf das tatsächliche Erscheinungsbild des Verstorbenen, also eine Porträtabsicht, und damit für den Differenzierungswillen des Künstlers und seiner Auftraggeber. Doch kann man erkennen, daß der Bischofskopf — vielleicht liegt das aber an der schlechteren Sichtbarkeit des Grabbildes — wenig von der psychologischen Durchdringung verrät, die das Totenporträt in S. Balbina auszeichnet. Auch hat die Figur insgesamt erhebliches Volumen. Der geschlossene Kontur unterstützt die zylindrische Wirkung. Die kräftigen Schüsselfalten passen in das übliche Schema einer stehenden Bischofsfigur und lassen wenig von der subtilen Spannung und den Ausdruckswerten des Stephanus-Porträts (Abb. 288) ahnen.

Oberhalb des Thalamus (Abb. 291) mit seiner Stoffbespannung tragen zwei weit vorkragende Konsolen ein Dach und einen Dreipaßbogen mit abschließendem Giebel. In diesem tritt nochmals das Wappenschild des Verstorbenen auf. Die Rückwand dieses Baldachinbogens nimmt ein Mosaik ein. Eine thronende Madonna wendet sich mit dem Jesusknaben dem rechts von ihr knienden Verstorbenen zu, der wie in der Grabfigur in bischöflichem Habit dargestellt ist. Guillelmus Durandus wird der Madonna von dem Hl. Privat, der großen Gestalt eines Erzbischofs, empfohlen. Auf der anderen Sei-

[1291] Gardner, Arnolfo S. 438 nimmt an, diese Inschrift sei eine spätere Kopie. Meiner Ansicht nach haben solche Zweifel für den langen enzyklopädischen Text in der kleineren Schrifttype Berechtigung, nicht aber für die hier wiedergegebene Nennung des Grabinhabers.
[1292] Gardner, Arnolfo S. 437. L. Falletti, in: Dictionnaire de Droit Canonique V Sp. 1014—75.

te des Thrones steht der Hl. Dominikus, der Gründer des Ordens, dem der Tote und die Kirche S. Maria sopra Minerva angehörten. Das Mosaik ist im unteren Teil völlig zerstört. Die erhaltenen Partien haben partiell eine Glätte und Trockenheit der Zeichnung, die das Ergebnis von Restaurierungen sein könnte. Wenn es stimmt, daß das Grab ursprünglich in der Ognissanti-Kapelle stand und erst 1670 an seinen heutigen Ort gebracht wurde, sind solche Eingriffe sogar wahrscheinlich[1293]. Dokumentiert ist eine Restaurierung durch Camillo Ceccarini im Jahr 1817.

Die Madonna hat Qualitäten, die an die Mosaiken Cavallinis in S. Maria in Trastevere erinnern. Im Schnitt der Gesichter, besonders aber in der „Kufi-artigen" Randornamentik (die vielleicht ein lesbisches Kymation mißversteht), sind auch Beziehungen zu der zweiten großen Mosaik-Werkstatt dieser Zeit, zu der des Torriti in S. Maria Maggiore zu vermuten. Das sind aber mehr Indizien der gemeinsamen Zeitstellung und einer ähnlichen stilistischen Grundauffassung. Gegenüber den beiden bekannteren Mosaikmalern fällt am Grab des Durandus die besondere Sorgfalt auf, die auf die Gestalt und insbesondere den Mantel der Maria verwendet wurde. Diese Partien sind auch frei vom Verdacht einer tiefgreifenden Restaurierung. Schwarz-Weiß-Abbildungen können nicht wiedergegeben, wie durch vielfältige Abstufungen im Mantelblau Licht und Schatten, hängende und gezerrte Falten differenziert werden. Das Mosaik setzt Haltung und Bewegung mit scheinbar plastischen Mitteln ins Bild. Das setzt eine hochspezialisierte Technik der Mosaikmalerei voraus, wie sie den Söhnen des Cosmatus offenbar geläufig war[1294]. Zwar ist prinzipiell nicht auszuschließen, daß ein Mosaizist dem Marmorkünstler bei seinem Grabmal in den figürlichen Teilen ausgeholfen hat. Da aber sowohl der Vater als auch der Bruder, Deodatus, Werke mit figürlichen Mosaiken signiert haben, darf man diese Fähigkeiten auch bei Johannes Cosmati voraussetzen. Der Umgang mit kostbarem Mosaik gehörte bei den Marmorari Romani ja seit dem 12. Jahrhundert zum Handwerk.

In der Gestalt der Madonna verbinden sich diese Vorkenntnisse mit dem Augenmerk des Bildhauers für plastische Werte. Der Eindruck, der dabei entsteht, kommt besonders in den Gewandpartien den großen Leistungen der toskanischen Malerei um 1300 nahe.

Die Art der Aufbahrung des Bischofs (Abb. 291) unterscheidet sich erheblich von der des Stephanus de Surdi (Abb. 286). Wären nur diese beiden Gräber in Rom erhalten, man würde darin sicher ein Indiz für den unterschiedlichen Rang der Dargestellten sehen. Doch haben die Unterschiede wohl auch andere, künstlerische Gründe. Wie Julian Gardner erkannt hat, setzen die nach 1296 entstandenen Gräber des Johannes Cosmati die Kenntnis eines anderen Grabmals (Abb. 292) voraus: das des Papstes Bonifaz VIII (1294—1303), das sich in Teilen in den Grotten von St. Peter erhalten hat[1295]. Ladner hat nachweisen können, daß dieses schon zu Lebzeiten des Papstes in St. Peter aufgerichtet worden war[1296]. Im Jahre 1300 war das Grabziborium fertig und spätestens 1301 auch das Grab des Papstes. Signiert hat es Arnolfo di Cambio, der 1302 starb: + HOC OP FECIT ARNOLPHVS ARCHITECTVS. Ob man Entwurf und Entstehung dieses Monuments zwischen 1294, dem Beginn des Pontifikates und 1300 noch weiter eingrenzen kann, ist offen und hängt nicht zuletzt von der Datierung des Durandus-Grabes in S. Maria sopra Minerva ab. Für ein anderes Grab, das Johannes Cosmati signiert hat, das des Kardinals Gonsalves (Abb. 293) hat Gardner nachweisen können, daß es direkt nach dessen Tod entstanden ist[1297]. Nimmt man ähnliches auch für das Durandus-Grab an, so müßte

[1293] Dazu Gardner, Arnolfo S. 438 und Berthier, L'èglise S. 198.

[1294] Vgl. dazu die Abschnitte über Cosmatus und Deodatus S. 208ff. und S. 213.

[1295] Gardner, Arnolfo S. 437; Bauch, Anfänge S. 235f. Daß umgekehrt Arnolfo den Typus des Durandus-Grabes kopiert hat, ist zwar theoretisch möglich, bisher aber niemals ernstlich diskutiert worden.

[1296] Ladner, Papstbildnisse II S. 302ff. Oakeshott, Mosaiken S. 347 datiert das Grab des Guillelmus Durandus ohne Begründung auf das Jahr 1304. Meiner Ansicht nach hat er auch erkannt, daß es abhängig ist vom Grabe Bonifaz VIII. Offenbar nimmt er aber an, dieses könne erst nach dessen Tod entstanden sein. Allgemein zum Grab Bonifaz VIII Romanini, Arnolfo S. 75ff.

[1297] Gardner, Arnolfo S. 438. Vgl. auch S. 229f. über dieses Grab des Johannes Cosmati.

es 1297/98 begonnen worden sein. So ergibt sich die erstaunliche Tatsache für das Grab Bonifaz VIII, daß dieser sein Grab schon wenige Jahre nach Amtsantritt gegen 1297 bestellt haben muß. Ein genauer Vergleich zeigt, daß der Eindruck des arnolfischen Werkes (oder Entwurfes) den römischen Künstler (oder dessen Auftraggeber) in einer Weise beeindruckt hat, die in einigen Partien nur als Kopie zu bezeichnen ist (Abb. 291, 292). Wie in dem Papstgrab in den Grotten von St. Peter ist das prächtige Lakentuch in der Mitte gerafft. In beiden Fällen finden darunter fünf Wappenschilde Platz. Wie in St. Peter ist der Kopf starr nach oben gerichtet. Selbst die großflächigen Falten und das Körpervolumen, auch die satte Rundlichkeit des wie selig schlafenden Papstkopfes scheinen sich auf das Bild des Bischofs übertragen zu haben. Wenn wir zurückblicken auf das nur wenige Jahre ältere Grab des Stephanus de Surdi (Abb. 286) grenzt dieser Wandel des Johannes Cosmati an künstlerische Selbstaufgabe.

Johannes Cosmati in S. Maria Maggiore. Grab des Kardinalbischofs Gonsalves (+ 1299)[1298]. Das Grabmal (Abb. 293) des Gonsalves (Gonzales) Garcia Guidel (in der kunstgeschichtlichen Literatur zumeist bezeichnet als Gonsalvo Rodriquez) findet sich an der Stirnwand der westlichen Kapelle des nördlichen Seitenschiffs von S. Maria Maggiore. Im Aufbau ist es dem des Guillelmus Durandus in S. Maria sopra Minerva zum Verwechseln ähnlich.

Auf dem Schriftfeld der Sockelzone liest man die Grabinschrift:

+HIC DEPOSITVS FVIT QUONDA̅ DN̅S GUNSALVVS EP̅S ALBANEN̅
ANN̅ DNI̅ M CC L XXXX VIIII

und darunter die Künstlersignatur:

+HOC OP' FEC̅ IOH̅ES MAGR̅I COSME CIVIS ROMANVS

Merkwürdig an der Signatur ist, daß sich der römische Künstler in Rom selbst als civis Romanus bezeichnet. Das geschieht bei den Marmorari Romani in der Regel nur, wenn sie außerhalb Roms arbeiten[1299].

Das Grab wird schon vier Jahre nach dem Tod des Kardinalbischofs in einer literarischen Quelle erwähnt. Ein 1303 geschriebener Bericht über eine Romfahrt anläßlich des Hl. Jahres 1300 beschreibt, wie der Erzdiakon von Madrid, Ferrand Martinez, in Rom versucht, die Gebeine des im Jahr zuvor verstorbenen Kardinals nach Toledo zu überführen. Toledo habe Gonsalves als seinen Begräbnisort ausgesucht. Dieser Text, den Gardner zitiert, beschreibt das Grab schon in fertigem Zustand und offenbar etwa an der Stelle (in der Nähe des ehemaligen Krippenheiligtums und der Kapelle des Hl. Hieronymus), an der es sich noch heute befindet[1300]: ,,. . . cerca de la capiella de presepe domini do yaze enterrado sant Geronimo. E aly estava fecha la sepultura del Cardenal muy noblemente obrada en memoria del e esta en alta en la pared". Damit steht fest, daß das Grab wahrscheinlich schon 1300, spätestens jedoch bei der Niederschrift des Romans 1303 errichtet war.

Die Drapierung der Aufbahrung ist wie bei dem Grab des Dominikanergelehrten in S. Maria sopra Minerva (Abb. 291) nach dem Beispiel des Grabes Bonifaz VIII (Abb. 292, von Arnolfo di Cambio)

[1298] Lit.: De Angelis, Basilicae S. Mariae Maioris; Promis S. 22; Witte, Über die Cosmaten, S. 162; Filippini S. 67ff.; Clausse S. 386ff.; E. Lavagnino, V. Moschini, S. Maria Maggiore, Roma 1924 (Le chiese di Roma ill. 7); Bessone S. 111f.; C. Cecchelli, I mosaici della Basilica S. Maria Maggiore, Torino 1956; E. Tormo, Monumento de Espanoles en Roma, y de Portugueses e Hispano-Americanos, I 1942 S. 8f.; Hutton S. 22, 37, 48; Gardner, Arnolfo S. 438; Oakeshott, Mosaiken S. 347 Abb. 215/16.

[1299] Ob man aus dieser Merkwürdigkeit ableiten kann, daß das Grab ursprünglich für den ,,Export" bestimmt war? Etwa nach Toledo, wie es der unten erwähnte Bericht nahelegt? Fest steht jedenfalls, daß das Grab direkt nach seiner Ausführung in S. Maria Maggiore etwa am heutigen Ort aufgestellt worden ist.

[1300] Gardner, Arnolfo S. 438. E. Levi. Il Giubileo del MCCC nel più antico romanzo, in: A.S.R.S.P. 56/57, 1933/34 S. 133–155; Textausgabe C. P. Wagner, El libro di Cavallero Cifar, Part I Text, Ann Arbor 1929 (University of Michigan Publications. Language and Literatur 5).

geschaffen[1301]. Wieder ist das Tuch, das den Sarkophag bedeckt, in der charakteristischen Form einer flachgepreßten Faltentüte in der Mitte gerafft und läßt am unteren Rand eine Wappenleiste frei, auf der das kastilische Wappen des Kardinals fünfmal wiederholt wird. Wieder halten Engel den umlaufenden Vorhang des Grab-Thalamus. Den Dreipaßbaldachin schließt ebenfalls ein Giebel mit Wappenfeld ab. Schließlich ergänzt wie in S. Maria sopra Minerva ein Mosaik die Bildaussage, in dem der Kardinal einer thronenden Maria mit Kind empfohlen wird.

Schaut man genauer hin, so frappiert in den bildhauerischen Teilen (Abb. 294) die große Präzision der Arbeit, eine Feinheit und ein Schliff der Oberfläche, der entsprechende Partien am Grab des Durandus übertrifft und auch in der Werkstatt des Arnolfo wenig Vergleichbares hat. In den überlängten, von Sorgenfalten geprägten Asketenzügen des Kardinals erkennt man wieder die physiognomische Intensität, die wir im Grabbild des Stephanus de Surdi (Abb. 288) bewundert haben. Das Vorbild Arnolfos ist in den Skulpturen der Vorhangengel (Abb. 294) natürlich spürbar, doch grenzt diese Anlehnung nicht an die „künstlerische Selbstaufgbe", die wir für den Grabmaltypus insgesamt und auch für das Figürliche am Grab des Durandus konstatiert haben. Sie haben eine eigene Leichtigkeit und Grazie, die streng und zurückhaltend wirkt gegenüber der offen theatralischen Pose ihrer Vorbilder am Grab Bonifaz VIII[1302]. Hier wird aber auch ein künstlerischer Unterschied im Negativen sichtbar. Bei allem handwerklichen Schliff ist doch eine gewisse Trockenheit des Konturs (Abb. 291) und eine Ungelenkigkeit nicht zu übersehen, die im Körper des Aufgebahrten zu hölzerner Starrheit wird. Zwar ist die Grabfigur des Papstes von Arnolfo (Abb. 292) in einigen Einzelheiten — etwa in den Händen — grob bis zur Nachlässigkeit, insgesamt ist die Gestalt aber harmonisch und trotz einer sanften Bewegung kohärent. Die Gestalt des spanischen Kardinals, die dem Betrachter erheblich stärker entgegengekippt ist als in den bisherigen Gräbern des Johannes Cosmati, wirkt dagegen zwiespältig, so wenig scheinen der schmale Kopf und der massive Rumpf zueinander zu passen.

Der Stil der Mosaiklunette (Abb. 295) ist von der des Durandus-Grabes (Abb. 291) so stark unterschieden, daß man Zweifel haben kann, ob in beiden Fällen der gleiche Autor verantwortlich zeichnet. Es ist bisher auch nicht untersucht, ob spätere Restaurierungen das Bild wesentlich verändert haben. In den unteren Partien ist das Mosik jedenfalls erneuert. Einflüsse oder Eingriffe der Torriti-Werkstatt, die gleichzeitig in S. Maria Maggiore arbeitete, sind nicht auszuschließen. Vergleicht man den Hl. Matthias (Abb. 295), der den verstorbenen Kardinal der Jungfrau empfiehlt, mit dem Josef der Geburtsszene Torritis, dann werden diese Beziehungen deutlich[1303]. Doch auch das könnte man der Fähigkeit des Johannes Cosmati, Fremdes zu adaptieren, gut zutrauen. Das Spruchband des Hl. Matthias mit der Aufschrift: *Me tenet ara prior* verweist auf die Reliquien des Altars. Der Hl. Hieronymus rechts hält eine entsprechende Rolle — *Recubo p(rae)sepis ad antru(m)* — mit dem Hinweis auf sein Grab am Krippenheiligtum.

Bemerkenswert ist die Madonnenfigur (Abb. 295). Allein die Perspektive des Thrones und der Bodenplatte ist ein Bruch mit einer Tradition, die noch im Mosaik des Durandus-Grabes (Abb. 291) wirksam war. In dem Madonnentypus ist ein um 1300 außerordentlich fortschrittlicher Zug spürbar, der in seinen breiten, irdischen Formen Giottos Ognissanti-Madonna in den Uffizien (Abb. 296, ca. 1306—10) schon vorausahnen läßt[1304]. Wenn feststeht, daß hier keine späteren Eingriffe vorliegen, dann muß man ein sehr bedeutendes, heute verlorenes Vorbild in Rom annehmen. Eine spekulative, aber höchst spannende Vorstellung. In der um 1300 in Rom erhaltenen Malerei sehe ich jedenfalls

[1301] Siehe dazu im Abschnitt über das Grab Guillelmus Durandus S. 226f.

[1302] Vgl. dazu Ladner, Papstbildnisse II S. 302ff. fig. 153. Allgemein zu dem Grab Bonifaz VIII Romanini, Arnolfo S. 75ff.; auch Gardner, Arnolfo S. 428ff.

[1303] Oakeshott, Mosaiken Abb. 215 und Abb. 204, Matthiae, Mosaici S. 387 spricht die Lunette als Nachfolgewerk Cavallinis von Johannes Cosmati an. Damit sind die Qualitäten des Werkes aber keineswegs ausreichend gekennzeichnet.

[1304] Diese Frage kann hier nur angeschnitten, nicht ausdiskutiert werden. Zu Giottos Ognissanti-Madonna C. Gnudi, Giotto, Milano 1959 S. 188ff.; eine gute Farbabbildung bei L. Bellosi, Giotto o.O. 1981 fig. 113. D. Wilkins, On the Original Appearance of Giotto's Ognissanti Madonna, in The Art Quarterly 33, 1970 S. 1ff. plädiert für eine Entstehung nach 1310!

nichts Vergleichbares. Die Vorbehalte über den Erhaltungszustand immer eingerechnet, sind die Mosaiklunetten ebenso wie die Skulptur des Johannes Cosmati seit etwa 1296 Beispiele für einen Eklektizismus auf hohem künstlerischen Niveau. Unverkennbar sind es die damals schon berühmten Meister aus dem Norden, aus der Toskana, bei denen er Anlehnung sucht, um sich damit einen Rahmen, eine Struktur zu schaffen, die er aber mit seiner eigenen, unverwechselbaren Handschrift ausfüllen kann: Dieses Eigene bedeutet in der Porträtskulptur eine besondere psychologische Vertiefung, die man auch als eine Tendenz zum Realismus sehen kann; in der Mosaikkunst eine besondere technische Fähigkeit, mit Farbnuancen zu brillieren.

Zuschreibung an Johannes Cosmati: Grabmal des Matthaeus de Aquasparta, Kardinalbischof von Porto (+ 1302) in S. Maria in Aracoeli[1305]. Das Grabmal (Abb. 297) an der Stirnwand des nördlichen Querhausarmes ist nicht signiert. Auch fehlen Beschriftungen, die den Toten benennen. Der Grabaufbau und die allgemeine Disposition gleichen fast genau den Gräbern, die Johannes Cosmati in S. Maria sopra Minerva (Abb. 291) und in S. Maria Maggiore (Abb. 293) signiert hat[1306]. Die wichtigsten technischen Unterschiede liegen darin, daß in diesem Fall der Grabbaldachin in der vorderen Ebene durch zwei Säulen abgestützt wird und daß die Fürbitte nicht in Mosaik, sondern als Wandmalerei ausgeführt ist.

Die Gewandung des Kardinalbischofs erinnert mit ihren schlaufenförmigen, großen Faltenzügen an das Grabbild des Durandus. Sie sind jedoch scharfgratiger. Das Gesicht kehrt die physiognomische Schärfe, die in den meisten Werken des Johannes Cosmati zu beobachten ist, um in einen jugendlich, freundlichen Ausdruck, der von Ferne an das Grabporträt Bonifaz VIII (Abb. 292) von Arnolfo erinnert. Auch das spricht nicht unbedingt gegen die Hand des Johannes Cosmati. Ausgeschlossen scheint mir aber, daß unser Meister die Engel geschaffen hat, die den Vorhang halten. Hier handelt es sich um grobe Nachbilder der entsprechenden Skulpturen in S. Maria Maggiore. Das Fresko wird meiner Ansicht nach zu Recht als Werk aus dem Umkreis Cavallinis angesehen.

Zuschreibung an Johannes Cosmati: Grabmal des Kardinal Petrus Duraguerra de Piperno (+ 1302) in S. Giovanni in Laterano[1307]. Das Grab (Abb. 298) besteht nur aus Sarkophag und Gisant, unterscheidet sich also erheblich von den aufwendigen Wandgräbern des Johannes Cosmati mit ihren architektonischen Baldachinen. Julian Gardner sieht in dieser vergleichsweise bescheidenen Bestattung im Typus Verwandtschaft zum Grab des Ancher de Troyes (+ 1286) in S. Prassede (Abb. 287). Nicht die Form des Grabmals, sondern die Ähnlichkeit der Liegefigur mit der etwa des Kardinals Aquasparta (Abb. 297) in S. Maria in Aracoeli, bringt mich auf die Vermutung, daß hier die gleiche künstlerische Autorschaft vorliegen könnte. In beiden Fällen ist der Einfluß Arnolfos unverkennbar. Für die Hand des Johannes Cosmati sprechen am Grab des Petrus von Piperno die lineare Strenge und die überlängten, kantigen Gesichtszüge. Die künstlerische Qualität, spürbar besonders in der Variationsbreite der Gewandfalten, ist allerdings in dem Kardinalsgrab in S. Giovanni erheblich höher. Wahrscheinlich hat Johannes Cosmati um 1300 eine Werkstatt mit Mitarbeitern besessen, die zuvor von Arnolfo beschäftigt wurden. Gegenüber der Werkstattarbeit in S. Maria in Aracoeli erweist sich das Grab des Petrus de Piperno als eigenhändiges Werk hohen Ranges[1308].

Zuschreibung an Johannes Cosmati: Statue eines knienden Papstes (Bonifaz VIII) in S. Giovanni in Laterano. Wie schon im Abschnitt über das Grab des Stephanus de Surdi in S. Balbina angedeutet,

---

[1305] Lit.: Clausse S. 394; Filippini S. 80f.; A. Colosanti, S. Maria in Aracoeli, Roma 1923 (Le chiese di Roma ill.); Bessone S. 112f.; Hutton S. 22; Gardner, Arnolfo S. 438; Merz, Wandgrabmal S. 102ff.; Hetherington, Cavallini S. 59ff.

[1306] Der Giebel ist etwas steiler und statt der sonst üblichen fünf Wappenfelder auf dem Sarkophag sind es hier nur vier.

[1307] Gardner, Arnolfo S. 432. Das Grab ist in der Literatur bisher kaum beachtet worden und in seiner bildhauerischen Qualität noch zu entdecken. Es handelt sich meines Erachtens um die eigenständigste Umsetzung des arnolfischen Erbes durch einen römischen Künstler. Nur Filippini S. 76f. hat das Grab ebenfalls Johannes Cosmati zugeschrieben.

[1308] Zuletzt Herklotz, Sepulcra S. 176.

sehe ich große Ähnlichkeit zwischen dem von Johannes Cosmati signierten Grabmal (Abb. 286, 288) und der Papstfigur in S. Giovanni (Abb. 289). Diese ist von Gerhart B. Ladner aus historischen Gründen als Bildnis Bonifaz VIII bezeichnet worden[1309]. Aus welchem Zusammenhang die kniende Figur mit der wappengeschmückten Rückwand stammt, ist bis heute nicht völlig geklärt. Ladner nimmt an, daß sie von der für das Jubeljahr 1300 errichteten Benediktionsloggia (Abb. 283) stammt. Ich habe auch an die Möglichkeit gedacht, daß Bonifaz VIII oder das Kapitel von S. Giovanni ein Grabmal für den Papst in Auftrag gegeben hat, in Konkurrenz zu dem Grab Arnolfos in St. Peter (Abb. 292) oder um diesem zuvorzukommen. Die kniende Papstfigur hätte dann — ähnlich wie der betende Kardinal am Grab des Guillaume de Braye in Orvieto (Abb. 260A) — seinen Platz über dem eigentlichen Gisant gehabt[1310]. Noch andere Möglichkeiten sind denkbar, doch scheint mir die Idee eines aufgegebenen Grabmalplanes deshalb plausibel, weil die beiden Marmorpfeiler, auf denen das Bildnis heute ruht, wohl von einem Grab stammen. Es sind die gleichen Muster und eingeschriebenen Doppelanzetten wie an den Eckstücken des Sarkophages am Grab des Stephanus de Surdi (Abb. 286, 289). Betrachtet man daraufhin die Gesichter (Abb. 288, 289) genauer, so ist ein ähnliches künstlerisches Bemühen um ernste, individuelle Gesichtszüge zu bemerken. Die tiefen Falten um Mund und Wangen sind dafür das beste Beispiel. Allerdings ist der Ausdruck des Papstbildnisses mit seinen gebohrten und ehemals durch eine dunkle Füllung suggestiv betonten Augen ein anderer als der des asketischen Totenbildes mit seinen geschlossenen Lidern. Besonders eng verwandt in beiden Werken ist die Stofflichkeit der Gewandfalten, die sich in scharfstrahligen Linien zerren, um dann unvermittelt abzubiegen.

Johannes Cosmati hatte, das ist urkundlich belegt, zusammen mit seinem Sohn Lucantonio schon ab 1293 an der Vollendung des Hauptaltars der Laterankirche mitgewirkt[1311]. Nach 1294 und — wenn meine These zu verifizieren ist — vor 1300 begann er dann das Werk für Bonifaz VIII, das möglicherweise niemals vollendet wurde. Damit aber nicht genug. Schon Ladner hat auf die stilistischen Ähnlichkeiten des Papstbildes (Abb. 289) mit den Statuen von Petrus und Paulus (Abb. 290) in S. Giovanni hingewiesen[1312]. Die auffälligste Gemeinsamkeit sind die gebohrten Pupillen. Was den beiden Statuen fehlt, sind die Realismen der Altersphysiognomie des Papstes. Auch die Gewandführung ist insgesamt weicher. Ich bin deshalb nicht völlig sicher, ob diese ihren Formen nach antikennahen Freistatuen ebenfalls zum Oeuvre des Johannes Cosmati gezählt werden dürfen. Das Vorbild antiker Gewandfiguren könnte sein leicht zu beeinflussendes Talent zu diesen bemerkenswerten Schöpfungen befähigt haben. Ihr ursprünglicher Aufstellungsort ist unbekannt. Möglicherweise sind sie auf der Zeichnung von Marten van Heemskerck (Abb. 283) im Giebel der Benediktionsloggia zu identifizieren.

f) LUC. ANTONIO, SOHN DES JOHANNES COSMATI[1313]

Johannes Cosmati hat zusammen mit seinem Sohn Luc.Antonio am Hauptaltar von S. Giovanni in Laterano gearbeitet, der von Cintio Salvati begonnen, aber bei dessen Tod 1293 nicht vollendet war. Das Dokument aus dem Jahr 1293, das dieses belegt, ist schon mehrfach erwähnt worden. Es ist die einzige Spur dieses großen Gemeinschaftswerkes römischer Marmorari im späten 13. Jahrhundert, denn Altar und Ziborium sind im 14. Jahrhundert völlig erneuert worden[1314]. Die dritte Generation der Cosmatus-Familie ist deshalb für uns künstlerisch nicht nachzuweisen.

[1309] Ladner, Papstbildnisse II S. 318ff.

[1310] Zu Arnolfos Grab des Kardinals und zur Rekonstruktion der Aufstellung, Romanini, Arnolfo S. 23ff. und fig. 1.

[1311] Siehe dazu S. 222ff.

[1312] Ladner, Papstbildnisse II S. 218ff.

[1313] Filippini S. 40 und 54. Bessone S. 28; Ladner, Papstbildnisse II S. 253f. Vgl. oben S. 231. und im Abschnitt über Cintio Salvati S. 233.

[1314] Zum Ziborium des 14. Jahrhunderts Monferini, Il ciborio S. 182ff.

15. CINTIO DE SALVATI IN S. GIOVANNI IN LATERANO, ROM[1315]

Cintio de Salvati *marmorarius et sculptor'* war der Schöpfer eines Bildnisses (simulacrum) von Papst Nikolaus IV (1288–92). Außerdem war er kurz vor seinem Tode (+ 1293) mit dem Neubau des Hauptaltares von S. Giovanni in Laterano beschäftigt; ein Werk, das er unvollendet der Weiterführung durch zwei befreundete Meister, Johannes de Aventino und Johannes Cosmati sowie dessen Sohn Lucantonio, überlassen mußte. Diese stifteten Seelenmessen in S. Alessio zugunsten des Verstorbenen.

Alles das verrät uns ein Eintrag im Obituarium von S. Alessio[1316]. Alle anderen Quellen jedoch bleiben stumm. Vor allem fehlt uns jede Evidenz für das Werk des Künstlers, das den Formulierungen des Totengedenkbuches von S. Alessio nach von einiger Bekanntheit gewesen sein muß. Wahrscheinlich ist nichts von den beiden erwähnten Hauptwerken erhalten geblieben: Der Altar von S. Giovanni in Laterano, sicher einer der prominentesten Aufträge, die in Rom zwischen den Pontifikaten Nikolaus III und Bonifaz VIII vergeben wurde, ist 1367 unter Urban V erneuert worden[1317]. Und ob wir in dem Rest einer Papstfigur aus dem Palazzo Venezia, die im „hängenden Zwickel" einer Arkadenstellung thront, wirklich wie Ladner vorsichtig vermutet, jenes Bild Nikolaus IV erkennen dürfen, ist doch mehr als fraglich[1318]. Die Herkunft und Benennung dieses Stückes ist nach wie vor völlig offen. Fest steht lediglich, daß es 1887 in der Nähe des Tempels der Minerva Medica gefunden wurde[1319]. So ist jede These erlaubt, auch die von Martinelli, das Relief sei der Überrest einer präsumtiven Papstgalerie, von der er sich vorstellt, sie habe zu einer Loggia des Palatium Novum am Lateran gehört, das Nikolaus III (1277–80) erbaut hat[1320]. Wahrscheinlich ist das Bildwerk Nikolaus IV, das Cintio de Salvati geschaffen hat, unwiederbringlich verloren. Es war offenbar kein Grabbild, denn vor der frühbarocken Erneuerung in S. Maria Maggiore blieb das Grab des ersten Franziskanerpapstes offenbar ohne Bildnis des Verstorbenen[1321].

Nicht ausgeschlossen ist, daß der gemalte Fries mit Papstmedaillons in S. Francesco in Montefalco im Porträt Nikolaus IV das *simulacrum* wiederspiegelt, das Cintio de Salvati geschaffen hat[1322]. Zweifellos beruft sich die Darstellung auf eine mittelalterliche Porträtskulptur in der Art der vollplastischen Halbfigur Bonifaz VIII in den Grotten, die wahrscheinlich im Zusammenhang mit dessen Grabmal aufgestellt war[1323]. Ladner hält es für möglich, und das ist für die Frühgeschichte der mittelalterlichen Porträtskulptur höchst bemerkenswert, daß schon Papst Nikolaus IV eine Ehrenstatue errichtet wurde[1324]. Bonifaz VIII hätte sich dann mit seinen Denkmälern auf einen franziskanischen

---

[1315] Lit.: Giovannoni, Note S. 14; Filippini S. 44 und 88ff.; Bessone S. 28 und 39; Ladner, Papstbildnisse II S. 253f.; V. Martinelli, La statua Arnolfiana del pontifice sul faldistorio, in: B.A. 58, 1973 S. 88ff.

[1316] „1293. Magr. Cintio de Salvati marmorarius, sculptor simulacri Nicole IV pp. obiit. Ego Johannes de Aventino et Johs. filius magr. Cosmati ab eo sec. et instr. lapicidae cum filio Luc.Antonio altar' lateranense sumam opere expletamus, pretium obrogantes pro animam ejus, semper viveris per omnia saecula". Stato Obituario di S. Alessio. Registro dell'Archivio di S. Alessio S. 39 zitiert nach Filippini S. 54 Anm. 1. Ladner, Papstbildnisse II S. 254 Anm. 1 ist es ebensowenig wie mir gelungen, dieses Archiv aufzufinden und das Original einzusehen. Trotzdem sind etwaige Zweifel an der Echtheit des Textes nicht begründet.

[1317] Filippini S. 54 Anm. 1. Vor allem aber die gründliche Studie von Monferini, Il ciborio S. 182ff.

[1318] Ladner, Papstbildnisse II S. 254.

[1319] Ladner, Papstbildnisse S. 254; Martinelli S. 88ff.

[1320] Martinelli S. 88ff.

[1321] Nach vorbarocken Beschreibungen war das Grab in den Boden versenkt und hatte einen Epitaph. Ladner, Papstbildnise S. 235 und S. 253 mit weiterer Literatur.

[1322] Alinari 5441.

[1323] Ladner, Papstbildnisse II S. 312ff. Die vatikanische Halbfigur gilt als Werk des Arnolfo. Siehe Romanini, Arnolfo S. 84ff. Die jüngste Studie zu diesem Thema, Maria D'Arrigio, Alcune osservazioni sullo stato originario della tomba di Bonifacio VIII, in: Federico II e l'arte del duecento Italiano (Atti della III settimana di studi di storia dell'arte medievale dell'Università di Roma 1978) I Galatina 1980 S. 373ff. kommt allerdings zu der Auffassung, es handele sich bei der segnenden Büste Bonifaz VIII um eine Ehrenstatue, die gar nicht im Zusammenhang des Papstgrabes stand.

[1324] Ladner, Papstbildnisse S. 253.

Vorgänger berufen können. Da Nikolaus IV 1292 starb, Cintio de Salvati aber schon im folgenden Jahr tot war, ist die Wahrscheinlichkeit groß, daß das skulpturale Bildnis noch zu Lebzeiten des Papstes entstanden ist. Nikolaus IV hatte während seines vierjährigen Pontifikates mit großem Aufwand das Querhaus und das Sanktuarium von S. Giovanni renoviert, wovon besonders das Apsismosaik Torritis zeugt[1325]. Teil dieser Erneuerung war auch ein neuer Hauptaltar, wobei man sicher sein kann, daß dazu ein großes und aufwendiges Altarziborium gehörte[1326]. So scheint es mir nicht unwahrscheinlich, daß auch das erwähnte, bildhauerische Porträt des Papstes im Lateranbereich, vielleicht sogar in oder an S. Giovanni in Laterano selbst seinen Platz hatte.

Neben Arnolfo di Cambio, Petrus Oderisius und Johannes Cosmati wird man Cintio de Salvati zu den bedeutenden Bildhauern der zweiten Hälfte des 13. Jahrhunderts in Rom rechnen dürfen. Ärgerlich, daß wir unter der anonym erhaltenen Skulptur dieser Zeit sein Werk nicht erkennen können. Wahrscheinlich ist Cintio de Salvati der Stammvater oder zumindest ein Verwandter der bedeutendsten römischen Bildhauerfamilie des 14. Jahrhunderts. Laura Filippini hat sie zusammengestellt und nennt Pietro Salvati (ca. 1334—36) und Jacobus Salvati (ca. 1336—89)[1327]. Diese waren nach Filippini verwandt mit weiteren Marmorkünstlern, mit Giovanni (ca. 1336—89), mit Paolo (1340) und dem wichtigen Magister Paulus (1405—17), der sich in dem Wandgrab des Kardinals Stefaneschi in S. Cecilia unübersehbar auf die römische Grabmaltradition des späten 13. Jahrhunderts beruft. Da mit diesen Künstlern aber der hier gesteckte zeitliche Rahmen weit überschritten ist, soll abschließend betont werden, daß es offenbar Cintio de Salvati als einzigem gelungen ist, eine Werkstatt römischer Marmorbildhauerei zu gründen, die auch noch im 14. Jahrhundert, in der Zeit des päpstlichen Exils florierte; in einer Zeit in der alle anderen der berühmten Marmorari-Familien, auch die der heute eponymen Cosmati, erloschen waren.

Johannes de Aventino in S. Giovanni in Laterano. Einem Eintrag im Nekrolog von S. Alessio ist zu entnehmen, daß Johannes de Aventino zusammen mit Johannes Cosmati und dessen Sohn Lucantonio den Hauptaltar von S. Giovanni in Laterano fertigstellten. Sie arbeiteten damit an einem Werk fort, das Cintio de Salvati, der 1293 gestorben war, begonnen hatte[1328]. Einer Stiftung zu dessen Gedenken verdanken wir diese Nachricht und den Namen des Johannes de Aventino, der sonst weder urkundlich noch durch ein signiertes Werk zu belegen ist. Daß er gleichbereichtigt mit dem vielbeschäftigten Johannes Cosmati und sogar vor diesem in der Stiftungsurkunde fungiert, zeigt, daß wir es durchaus mit einem geachteten Meister zu tun haben.

16. INSCHRIFTEN, BEI DENEN ES FRAGLICH IST, OB ES SICH UM MARMORARI ROMANI HANDELT:

Magister Johannes in S. Stefano Rotondo. Außen vor der Eingangsportikus von S. Stefano stand bis vor wenigen Jahren ein recht beschädigter, antiker Marmorthron, der wahrscheinlich in mittelalterlicher Zeit restauriert (vielleicht aber auch nur „in Kommission" verkauft) wurde. Am Fußteil ist

---

[1325] Dazu mit ausführlicher Bibliographie auch Krautheimer, Corpus V S. 1ff.

[1326] Vielleicht gehörte dieses Ziborium schon, wie sein Nachfolger des 14. Jahrhunderts, zur Gattung der Reliquienziborien. Allerdings waren die Hauptreliquien des Lateran zu dieser Zeit in der päpstlichen Kapelle Sancta Sanctorum verschlossen. Außerdem wurde wenig später, 1297, ein Ziborium mit einem erhöhten Reliquientresor über dem neueingerichteten Magdalenenaltar im Langhaus der Laterankirche durch Deodatus (Cosmati) eingerichtet (vgl. S. 216ff., Abb. 279). Zu untersuchen wäre, ob die ausgezeichneten, antikisierenden Kapitelle des Hauptaltarziboriums, die als Werke des Giovanni di Stefano gelten, nicht Reste des Ziboriums des Cintio de Salvati sind. Zum Lateranziborium A. Monferini, Il ciborio S. 182ff.

[1327] Filippini S. 88ff. Vgl. auch Giovannoni, Note S. 14f.

[1328] Siehe Anm. 1316 im Abschnitt über Cintio de Salvati mit dem Wortlaut des Nekrologeintrags. Außerdem Filippini S. 54; Bessone S. 28 und 39f., Ladner Papstbildnisse II S. 253f.

zu lesen: MAG IOH̄S. Ob es sich wirklich um die Signatur eines römischen Marmormeisters handelt, wie Armellini/Cecchelli annehmen, ist keineswegs sicher[1329]. Ebenso unsicher ist die Datierung der Inschrift. Der epigraphische Charakter würde gut ins 12. Jahrhundert passen. Meister mit dem Namen Johannes ständen in dieser Zeit vier, im 13. Jahrhundert drei zur Auswahl. Daß nur der Name, nicht aber eine Signaturformel wie *hoc opus fecit* gebraucht wurde, könnte zu der Annahme führen, ein Marmorarius habe hier ein Stück aus seinem Vorrat antiker Spolien mit der „Firmenangabe" verkauft. Möglicherweise hat Vassalletto ähnlich verfahren[1330].

Ioveanus im Dom von Palestrina[1331]. Am Portal des Domes von Palestrina hat Cecconi folgendes epigrahisches Fragment gesehen[1332]:

...ST IOVEANO HOC OPUS FECIT

Das verstümmelte erste Wort ergänzt Marucchi — für mich nicht ganz überzeugend — als MAGIST(ER)[1333]. Die Kirche wurde unter Bischof Conone zur Zeit Paschalis II in einem antiken Vorgängerbau errichtet. Die Weihinschrift des Altares ist für das Jahr 1117 überliefert. Nach Marucchi entspricht auch der epigraphische Charakter für eine Datierung ins 12. Jahrhundert. Es handelt sich der Formulierung nach wahrscheinlich wirklich um eine Signatur. Und da Baumeistersignaturen im römischen Gebiet so selten sind, könnte es sich sehr wohl um einen sonst unbekannten Zeitgenossen der frühesten bekannten Marmorari Romani handeln.

Gregor aurifex im Dom von Palestrina[1334]. Im Dom von Palestrina findet sich in einer späteren Versetzung eine Marmortafel mit der ausführlichen Dedikationsinschrift eines Altares (Abb. 299), datiert vom Dezember 1117[1335]. Unterhalb der Aufzählung der Reliquien und der anwesenden Würdenträger liest man in einer mehr als doppelt so großen Kapitalis eine Signatur:

+ GḠ. AVRIFEX

Noch eine zweite Weihinschrift vom Februar 1117 hat sich erhalten. Diese ist allerdings weniger ausführlich. Gregor aurifex ist kein Unbekannter. Zwei von ihm signierte Reliquiare aus der ersten Hälfte des 12. Jahrhunderts gibt es in Rom[1336]; möglicherweise noch eine kleine Bronzeapplikation in Modena[1337]. In allen diesen Fällen ist die Signatur des Goldschmieds — und das ist sicher als Parallele

[1329] Armellini/Cecchelli I S. 162. Siehe auch Stevenson Cod. Vat. lat. 10581 f. 52v.

[1330] Siehe S. 126. über Vassalletto.

[1331] Lit.: Cecconi, Cod. Barb. lat. XXIX, 148 (von mir nicht eingesehen. Zitiert nach Stevenson); Stevenson, Cod. Vat. lat. 10581 f. 75v; O. Marucchi in: Resoconto delle conferenze dei cultori di Archeologia Cristiana in Roma dal 1875 al 1887, S. 315f.; ders. Memorie storiche della Cattedrale di Palestrina raccolte in occasione del ottavo centenario delle consecrazione fatta dal Papa Pasquale II nel 1117, Roma 1918; P. Romanelli, Palestrina, Cava dei Tirreni 1967.

[1332] Marucchi S. 315f. Siehe auch Stevenson, Cod. Vat. lat. 10581 f. 75v der eine mögliche Datierung in die Zeit des S. Guarino (1144) erwähnt.

[1333] Marucchi S. 315f.

[1334] Lit.: O. Marucchi, Memorie storiche della Cattedrale di Palestrina raccolte in occasione del ottavo centenario della consecrazione fatta dal Papa Pasquale II nel 1117, Roma 1918. P. Romanelli, Palestrina, Cava dei Tirreni 1967. P. Montorsi, Cimeli di oreficeria romanica. Un bronzetto Modenese e due reliquari Romani, in: Federico II e l'arte del duecento italiano (Atti della III settimana di studi di storia dell'arte medievale dell'Università di Roma 1978) II, Galatina 1980 S. 127ff. Dort weitere Literatur über Gregor als Goldschmied.

[1335] Marucchi, 1918 S. 23. Zuletzt Montorsi bes. S. 131ff. mit dem vollständigen Dedikationstext und weiterer Literatur. Auf Fig. 6 bei Montorsi sind beide Weihinschriften abgebildet.

[1336] Siehe A. Colosanti, Reliquiari medioevali in chiese romane, in: Dedalo 1933 S. 292; A. Valente, Intorno ad un orafo del secolo XII, in: B.A. 31 1937/38 S. 261ff.; zuletzt Montorsi S. 127ff.

[1337] Montorsi S. 127ff.; E. Cecchi Gattolin, Un bronzetto siglato „Gregorio aurifes" ed alcune ipotesi sull'oreficeria centroitalica e padana, in: Antichità viva 1973 S. 42ff.

zu der Signaturfreudigkeit der italienischen Bildhauer und Architekten zu sehen — überdeutlich. Marucchi und nach ihm Montorsi nehmen an, daß die Marmorplatte die mittelalterliche Kopie eines Textes ist, der ursprünglich auf Metall — vielleicht an einem Reliquiar oder als Authentisierungsinschrift — in der Confessio aufbewahrt wurde[1338]. Es ist aber nicht auszuschließen, daß sich der Goldschmied als Incisor — als Steingraveur — namentlich nennen durfte[1339]. Dann hätte Gregor, der an anderer Stelle als Senatus Aurifex signierte, den römischen Marmormeistern ins Handwerk gepfuscht.

Magister Iulianus in S. Adriano, Rom[1340]. In S. Adriano, der Kurie auf dem Forum, ist die Weihinschrift eines Altares aus dem Jahr 1244 überliefert, in der sich Stifter, Kardinal Gottifredus dictus Castiloneus, ein rühmendes Denkmal gesetzt hat[1341]. Auf den Schlußsatz: *Ad honorem S. Agnetae suae domus advocate aram hanc marmorem magnifice construi mandavit rogatum deum pro eo* folgt eine Signatur:

MAGISTER IVLIANUS REFECIT HOC OPUS

Forcella datiert diese Inschrift ins 15. Jahrhundert und meint, die Formulierung *refecit*, die in der Tat ungewöhnlich ist, spreche für eine nachträgliche Erneuerung[1342]. Da die Inschrift offenbar nicht mehr existiert, läßt sich das nach der Epigrahik heute nicht mehr entscheiden. Meiner Ansicht nach könnte die Signaturformel sehr wohl aus dem 13. Jahrhundert stammen. Besonders wenn man bedenkt, daß die Kurie im frühen 13. Jahrhundert neu ausgestattet worden war, wofür das Weihedatum 1228 steht[1343]. Wenn nur 16 Jahre später der Ehrgeiz des Kardinals einen neuen Hochaltar erforderte, wird auch die Signaturformel *refecit* verständlicher. Von der mittelalterlichen Ausstattung von S. Adriano gibt ein Plan des Pietro Ligorio eine gewisse Vorstellung. Im Liber Censuum wird außerdem berichtet, daß der Altar frei im Chor stand und dahinter ein Thron[1344].

Romanus filius Constantinus im Kreuzgang des Domes von Monreale. Ein Kapitell des Kreuzgangs von Monreale (Abb. 300, spätes 12. Jahrhundert) ist signiert[1345]:

MAGISTER ROMANUS FILIUS CONSTANTINUS MARMARARIUS

Diese Signatur sagt nichts über die Herkunft des Künstlers aus. Trotzdem ist sie immer wieder mit römischen Marmorkünstlern in Verbindung gebracht worden[1346]. Romanus ist keine Herkunftsbezeichnung, sondern ein Name. Auf ihn sind nicht nur Römer abonniert. Ungewöhnlich für die Signa-

---

[1338] Marucchi S. 23; Montorsi S. 134 stellt auch epigraphische Erwägungen an und meint, die Inschrift selbst könne erst um 1200 entstanden sein, während die Signatur (in der Kopie) durchaus ältere Züge aufweise.

[1339] Die große Inschriftentafel einer Bulle Bonifaz IX, auf die die Statue des Markgrafen Alberto d'Este an der Fassade des Domes von Ferrara hinweist, ist z.B. auch von einem Goldschmied — einem Deutschen im Jahre 1393 — signiert: Henricus de Colonia aurifex sculpsit suprascriptas literas. Siehe auch A. Sautto, Il duomo di Ferrara dal 1135 al 1935, Ferrara 1934 S. 15.

[1340] Lit.: Forcella II S. 50; R. Lanciani, L'aula e gli uffici del Senato Romano, in: Atti dell'Accademia dei Lincei, III ser. XI 1883 S. 1ff.; Lanciani, Scavi S. 33; M. Dattoli, L'aula del senato e la chiesa di S. Adriano, Roma 1921 bes. S. 81ff.; Krautheimer I S. 1ff.; Bartoli, Memorie cristiane del Foro Romano, in: Atti del III Congresso di Archeologia Cristiana 1934 S. 201ff.

[1341] Forcella II S. 50.

[1342] Forcella II S. 50.

[1343] Krautheimer I S 1ff.; auch Dattoli S. 85ff.

[1344] Dattoli S. 88. Ich konnte diese Nachricht im Liber Censuum (Fabre) bisher nicht verifizieren.

[1345] Grundlegend, aber in der stilistischen Ableitung der Bildhauerkunst in Monreale zu einseitig auf Frankreich orientiert, ist die Monographie von R. Salvini, The Cloister of Monreale and Romanesque Sculpture in Sicily, Palermo 1962 bes. S. 196ff. (oder italienische Ausgabe). Dort auch alle ältere Literatur.

[1346] De Rossi 1891 S. 73ff.; Bessone S. 47; Wentzel, Antiken-Imitationen S. 62.

tur eines Römers wäre, daß die Tätigkeit (hoc opus fecit) keine Rolle spielt. Auch wird in Rom die Berufsbezeichnung *marmorarius* zwar in Urkunden häufig, aber in Signaturen so gut wie niemals gebraucht[1347]. Trotzdem möchte ich nicht ausschließen, daß Beziehungen zu Rom bestanden. Immerhin haben im späten 13. Jahrhundert auch römische Künstler wie Nicolaus de Angelo sowie Cesar und Angelus in Süditalien gearbeitet[1348]. Da ich gerade in der „Romanus" signierten Kapitellgruppe Ähnlichkeiten der ornamentalen Palmettenformen mit denen an den Gesimsen der (späteren!) römischen Prachtkreuzgänge von S. Paolo fuori le mura (Abb. 174) und S. Giovanni in Laterano zu sehen glaube, ist allerdings die Idee verführerisch, es könnten direkte Beziehungen zur Vassalletto-Werkstatt bestanden haben[1349].

Presbyter Atto in S. Silvestro in Capite, Rom. Petrus Sabinus überliefert in seinem venezianischen Inschriftenkodex für S. Silvestro eine Inschrift[1350]: *in suggestu, sive pulpito sive pyrgulo*

Abbatis fuit hoc Philippi tempore factum
Hoc opus egregium p'fecit presbr. Atto

Ob man aus dieser Stifterinschrift schließen kann, daß der Presbyter Atto zur Zeit des Abtes Philipp wirklich selbst den Ambo vollendet hat, muß dahingestellt bleiben. Unmöglich ist es nicht[1351]. Giacchetti berichtet, der alte Ambo der Kirche sei unter Kardinal Baronius (1538–1607) nach SS. Nereo ed Achilleo geschafft worden[1352]. Dort gibt es einen reichen Altar und Sanktuariumsschranken aus dem 13. Jahrhundert in einer barocken Neuaufstellung[1353]. Auch eine Kanzel, die allerdings völlig vom normalen Typus des 12. und 13. Jahrhunderts abweicht. Auf einem antiken, runden Porphyrfuß ist sie polygonal aus inkrustierten Marmorplatten zusammengesetzt. Nur am Treppenaufgang sind Teile eines Ambos wiederverwendet. Ob der antike Kanzelfuß mit dem Treppenaufgang nun tatsächlich aus S. Silvestro stammt, ist schwer nachzuprüfen. Noch schwieriger ist die Frage zu beantworten, auf was sich das Werk des Atto bezog, sofern es sich um eine Künstlersignatur handelt.

[1347] Einzige Ausnahmen: die Signatur der Söhne des Paulus in S. Lorenzo fuori le mura. Vgl. S. 16f. und die Inschrift des Angelus de Trivio in S. Maria in Cambiatoribus. S. 153f.
[1348] Vgl. dazu die entsprechenden Abschnitte S. 19ff. und S. 154f.
[1349] Deren „Stammvater" im 12. Jahrhundert hieß wahrscheinlich auch Romanus. Zur Vassalletto-Werkstatt siehe oben S. 104ff., 126ff. und 132ff.
[1350] Petrus Sabinus Cod. marc. lat. X 195 (= 3453) f. 195v. De Rossi 1981 S. 433 berichtet schon von der Inschrift, die ich aber hier zuerst vollständig wiedergebe.
[1351] Merkwürdig ist ja auch der Name Johannes Presbyteri. Vgl. S. 54f. In Apulien sind Geistliche seit dem 11. Jahrhundert als Marmorkünstler, Bildhauer und Baumeister nachgewiesen: der Erzdiakon Acceptus und Nicolaus Sacerdos et protomagister. Die meisten Informationen schon bei Bertaux.
[1352] Giacetti, Historia della venerabile chiesa et monastero di S. Silvestro in Capite di Roma, Roma 1629 S. 43; auch G. Carletti, Memorie istorico-critiche della chiesa e del monastero di S. Silvestro in Capite Roma 1795 S. 28f.; V. Federici, Regesto del monastero di S. Silvestro in Capite, in: A.S.R.S.P. 22, 1899 S. 213ff., bes. S. 229f.
[1353] Über den Anteil des Kardinal Baronius an der Ausstattung von SS. Nereo ed Achilleo ausführlich und mit Quellen R. Krautheimer, Christian Triumph S. 174ff.

IV. SCHLUSSBEMERKUNG

Ein Buch wie das vorliegende, das man auch bei gutem Willen kaum unbeschadet von der ersten bis zur letzten Seite lesen kann, erfordert ein Resumée. Das ist nun schwer zu bewerkstelligen, ohne Dinge, die im Text zum großen Teil schon mehrfach in unterschiedlichen Zusammenhängen gesagt wurden, nochmals zu wiederholen. Ich möchte deshalb kein Ergebnisstenogramm versuchen, sondern Fragen stellen. Die erste: Wie darf man sich die Herren Paulus, Vassalletto oder Petrus Oderisius eigentlich vorstellen? Sind das nun biedere Handwerker, die den Marmor passend zurechtsägen, wie heute noch der Marmista, der Grabsteine verkauft und Treppenstufen legt? Haben wir ihn künstlich auf die Bühne der „hohen Kunst" hinaufgezerrt, weil es in Rom kein künstlerisches Äquivalent zur Architektur und Skulptur des Nordens gibt? Oder sind das große Herren am päpstlichen Hofe? Kunstunternehmer, die den Marmor und ihre Gesellen ausbeuten; die ein doppeltes Monopol zu verteidigen haben, das der Materialschürfung und das der kirchlichen Aufträge? Ist vielleicht sogar das einheitliche Gesicht der Römischen Renovatio in den anikonischen Künsten ein Ergebnis dieser Monopolstellung, damit eben alles, was an Bau und Ausstattung gut und teuer war, in der Hand der Marmorari lag?

Ziemlich extreme Möglichkeiten der Einschätzung sind das, und die Gefahr einer so oder so eingefärbten „science fiction" ist überdeutlich. In dieser Situation war mir die Lektüre der „Hofkünstler" von Martin Warnke Korrektiv und Denkanstoß. Seine Ausgangsthese, daß die städtische Entwicklung der Kunst restriktiv und mittelalterlich sei, der neuzeitliche Kunstbegriff und die Autonomisierung des Künstlerstatus sich dagegen an den Fürstenhöfen entwickeln, leuchtet grosso modo ein. Auch trifft es zu, daß Zeichen einer Bindung der Künstler an die Höfe erst in der zweiten Hälfte des 13. Jahrhunderts deutlicher werden. Manche frühere Nachricht, besonders aus dem Bereich der Goldschmiede, blieb in Warnkes Untersuchung allerdings unberücksichtigt. Die Polarität zwischen einfachem Handwerker und patrizischem Kunstunternehmertum, umreißt unter diesem Blickwinkel die Stellung der Marmorari recht genau. Ohne Zweifel sind diese städtische Bürger: Cives Romani. Wahrscheinlich gab es seit der zweiten Hälfte des 12. Jahrhunderts sogar eine zunftähnliche Berufsorganisation. Das beträfe die städtische, die mittelalterliche Seite, ihr Handwerkertum. Andererseits sind ihre Auftraggeber zum großen Teil Angehörige des ältesten westeuropäischen Hofes, der päpstlichen Kurie. Zufällig erhaltene Nachrichten bezeugen für das 13. Jahrhundert, daß die Marmorari durchaus die Möglichkeit und Fähigkeit hatten, innerhalb dieses Hofes Funktionen und Ämter auszuüben. Sind diese städtischen Handwerker also auch Hofkünstler? Im Normalfall mit Sicherheit nicht. Für keinen ist ein Hofamt bezeugt, das ihn für seine Kunstfertigkeit durch Gehalt oder Geschenke belohnt. Von einer Rangerhöhung qua Tugend und Fama ganz zu schweigen. Eindeutig in die Gegenrichtung deuten Vereinbarungen, die zwischen dem Kloster von Sassovivo und Petrus de Maria geschlossen wurden. Wenn die Verträge in Rom ähnlich aussahen, dann ist die rechtliche Position klar: Die Marmorari sind Handwerker wie andere auch.

Doch in einem Punkt ragen einzelne Marmorari aus dem städtischen Umfeld heraus. Die Größe der Aufträge ließ sich in vielen Fällen kaum von einer Kleinwerkstatt wie der des Petrus de Maria mit ein bis zwei Gesellen lösen. Wenn in Sassovivo etwa fünf Leute beschäftigt waren, so wird Vassalletto für den Laterankreuzgang mindestens die vierfache Zahl von Marmorari eingesetzt haben. Wahrscheinlich gleichzeitig war aber noch die Großbaustelle S. Lorenzo fuori le mura und weitere Kirchenausstattungen auszuführen. So ist es durchaus möglich, Vassalletto als Werkmeister einer Schar von mehr als 50 Mitarbeitern zu sehen. Seine „Firma" steht für eine spezialisierte Bauhütte mit wechselnden Einsatzzielen, deren Mitglieder nicht alle aus der Familie Vassalletto hervorgegangen sein können. Die Grenzen normalen städtischen Handwerks mit Sicherheit überschritten. Jeder bedeutende kirchliche Auftrag hob den künstlerischen Organisator in eine Position, in der städtische Beschränkungen (der Zunft) außer Kraft gesetzt sind. In Einzelfällen mag die Stellung eines Werkmeisters so gewesen sein, daß er monopolartig die meisten der großen Aufträge auf sich vereinen konnte. Die Bekanntheit in der auftraggebenden Schicht der Kurie wird man sich als einen Faktor vorstellen dürfen, der Abstand zu weniger erfolgreichen Kollegen schafft.

Da andere Quellen fehlen, ist der Wortlaut der Signaturen ein wichtiges Indiz, um den anvisierten gesellschaftlichen Status zu bestimmen. Realität und Anspruch beginnen um 1200 auseinanderzudriften. Und diese Dynamisierung der künstlerischen Eigenerwartungen ist meiner Ansicht nach am besten so zu erklären, daß in der Zeit Innocenz III der päpstliche Hof im weiteren Sinne „magnetisch" wird, Ambitionen auslöst und fördert, die gesellschaftlich wohl noch kaum eingelöst werden können. Wenn manche der Formulierungen des Selbstlobes in ihrer Topik auch bis in die Antike zurückverfolgt werden können, so ist doch auffällig, daß in Rom, aber auch anderswo, etwa zwischen 1200 und 1250, eine besondere Steigerung aller Variationen von *doctus* zu registrieren ist, offensichtlich um die Kundigkeit (Gelehrtheit) der Künstler herauszukehren. Für wen nennen sich einzelne Künstler doctor? Da in früheren Künstlerinschriften *doctus* gegenüber etwa *peritus* kaum eine Rolle spielt, halte ich diese Akzentverschiebung für wichtig. Ich habe sie pointierend „akademisch" genannt, ohne damit behaupten zu wollen, die Künstler hätten sich akademischer Titel bedient. Eine Formulierung wie *nobiliter doctus in arte* kann aber kaum aus überkommenem Handwerksstolz erklärt werden, sondern zielt ab auf Wertvorstellungen der größtenteils adeligen und gelehrten Auftraggeberschicht. Kaum jemals wird sich der tatsächliche Status des Künstlers diesem Anspruch, der nur mit Hilfe höfischer Promotion zu verwirklichen war, angenähert haben. In der zweiten Hälfte des 13. Jhs., als der Wortlaut der Signaturen lapidar wurde, dürfte in einigen Fällen eine Stellung des Künstlers erreicht worden sein, der Züge späteren Hofdienstes vorwegnimmt. Von den römischen Künstlern dieser Zeit bringt besonders Petrus Oderisius Voraussetzungen dafür mit. Er ist vom englischen König berufen worden und hat in fernen Ländern gearbeitet. Damit könnte eine Fama begründet sein, die die Grundlage für eine „Stellung" bei Hofe bildet. Arnolfo di Cambio, möglicherweise sein Kompagnon, ist einer der frühesten Vertreter dieses Dienstes an Fürstenhöfen. Sein Ruhm brachte ihm schließlich ein hohes Amt und Steuerbefreiung in seiner Vaterstadt Florenz ein.

Eine zweite Frage stellt sich bei der Sichtung römischer Marmorkunst seit ihren Anfängen im 11. Jahrhundert. Wie ist das Verhältnis zur antiken Kunst? Ist Vasaris Meinung zu halten, daß hier quasi auf natürlichem Wege Antike perpetuiert wird, da man ja inmitten der Überreste lebte und folglich gar keine andere Anschauung entwickeln konnte. Ich meine nein. Die Ornamentik frühmittelalterlicher Zeit in Rom zeigt, daß man auch hier, unbeeindruckt von der normativen Kraft der Antike, eigenständig und zeitgebunden gestalten konnte. Eher trifft zu, daß man seit der zweiten Hälfte des 11. Jahrhunderts mit großer Anstrengung die abgerissen Fäden frühchristlich spätantiker Traditionen wiederaufzunehmen suchte. So jedenfalls wird es in der Chronik des Leo von Ostia für Abt Desiderius vom Montecassino beschrieben. Daß diese Renovatio in der Zeit des Investiturstreits und der fortlaufenden Auseinandersetzung mit dem Kaiser gleichzeitig Reform bedeutet, darf man aus den Denkmälern schließen. Bezeichnend dafür ist, daß die im Kloster auf dem Montecassino erneuerte und geförderte Kunst der Marmorari sich in Rom zuerst auf die liturgische Ausstattung bezieht, auf Pavimente, Altar, Schranken und Ambonen. Desiderius nahm sich byzantinische Kirchenausstattungen als Vorbild, Ausstattungen, deren Form und Materialprunk an die Reste römischer Kirchenausstattungen des 4. bis 6. Jahrhunderts erinnerten. Mit Hilfe griechischer Künstler pflanzte er diese — in Italien fünf Jahrhunderte lang vergessenen Künste — wieder ein.

Das Paviment der desiderianischen Basilika auf dem Montecassino kommt in seinen Mustern byzantinischen Opus-Sectile-Böden tatsächlich sehr nahe. Die großen Augenformen, die man hier wie im Osten findet, sind schon einige Jahrzehnte später aus den ersten erhaltenen Werken der Marmorari Romani verschwunden. Deren Böden sind in ihren Mustern nun nicht mehr teppichhaft angelegt, sondern streng nach den Erfordernissen der Liturgie systematisiert. Hier ist gegenüber dem Montecassino eine konsequente Neukonzeption zu beobachten. Die römische Altar- und Chordisposition, die für eine große Region und für etwa 150 Jahre geradezu kanonisch wird, ist so nicht durch den desiderianischen Bau festgelegt worden. Dessen Ausstattung war z.T. aus Holz. Auch folgen campanische Nachfolgebauten des Montecassino in ihrer liturgischen Ausstattung anderen Formtraditionen. Die Kunst der Marmorari Romani hat also gegenüber den byzantinisch geprägten Anfängen der Renovatio auf dem Montecassino ein eigenes Gesicht. In der römischen Ausprägung ist die byzantinische Hilfestellung schon vergessen. Dagegen wird man sich auf eigene Traditionen berufen haben, so wie man die Schrankenplatten des 6. Jahrhunderts in S. Clemente als Relikt des Vorgängerbaues in das umkonzipierte Ensemble miteinbezog. Und doch ist nicht Antikennähe der erste Eindruck dieser neuen Kunst, sondern bunte, ,,orientalische'' Prachtentfaltung. Wenn die Kombination von weißem Marmor und Goldmosaik am Hauptportal der desiderianischen Basilika in gegenseitiger Steigerung eine antike, monumentale Wirkung erreichte, so sind die bunten Schachbretter und Schmuckborten im Marmor der Schrankenplatten des römischen Gebietes von einer Ästhetik bestimmt, deren Gegenstand Textilien oder Möbel sein könnten. Erreicht wird damit Feierlichkeit und Intimität zugleich. Die Dimensionen der erhaltenen liturgischen Ausstattungen lassen es ausgeschlossen erscheinen, daß sie für den Riesenraum von Alt-St. Peter nun ins Monumentale vergrößert wurden. Auch hier hatten Altar, Ziborium, Schranken und Ambonen Menschenmaß. Umgekehrt gesehen: In den großen frühen Basiliken Roms, für die ursprünglich entsprechend monumentale Altar- und Schrankenarchitekturen überliefert sind, haben sich die hochmittelalterlichen Erneuerungen verhältnismäßig klein ausgenommen. Damit ist deutlich, daß am Anfang der Renovatio nicht die Besinnung auf die antike Größe Roms stand, sondern ganz punktuell eine Erneuerung der liturgischen Funktion der Kirchen nach dem modifizierten und aktualisierten Vorbild frühchristlicher Bauten.

Deutlichere Nähe zu antiken Formen und zu deren Monumentalität entwickeln die Marmorari Romani erst im Laufe des 12. Jahrhunderts in einem neuen Arbeitsfeld: in der Architektur und hier besonders am Außenbau. Die neue Qualität dieser großen Kunst, die das Gesicht Roms veränderte, ist im Werk des Nicolaus de Angelo um 1180 erreicht. Seit etwa der Mitte des 12. Jhs. ersetzt man die Spolienkapitelle bei einem Neubau durch Serien von Neuanfertigungen, die die Einheitlichkeit der Erscheinung garantieren. Es bildet sich ein Kanon der Aufgaben für bestimmte Säulenordnungen heraus: ionische Kapitelle für die große Architektur als Träger der Architrave, korinthisierende oder komposite Formen in den Kleinarchitekturen der Portale und Ziborien, Kelchblattkapitelle für kleindimensionierte Säulen, etwa in Kreuzgängen. In der ersten Hälfte des 13. Jahrhunderts entspricht dem Anspruch, den die Signaturen stellen, eine Kundigkeit der Magistri Doctissimi in der Formensprache der Antike, die auf systematisches Studium schließen läßt. Es ist anzunehmen, daß dieses Interesse auf Resonanz bei den Auftraggebern stieß und dem Künstler Aufträge und Anerkennung brachte. Was als Marmorschreinerei begann, schließt nun die verschiedenartigsten, spezialisierten Fähigkeiten ein: die Kenntnisse des Architekten, die des Steinmetzen, des Bildhauers, des Mosaizisten. Vieles davon ist Serienarbeit innerhalb einer Werkstatt, in der allein im Entwurf und in der Skulptur künstlerische Individualität sichtbar wird. Trotz der Signaturen — und dadurch vielleicht noch verstärkt — wirken die meisten Leistungen der Marmorkünstler als kollektive Zeugnisse anonym. Künstlerische Individualität ist erst stärker unter den veränderten Bedingungen der zweiten Hälfte des 13. Jahrhunderts in der Porträtskulptur der Grabmäler auszumachen.

Die Kunst der Stadt Rom im Mittelalter ist Ausdruck einer ungeheuren Kraft des Beharrens. Das Neue ist immer das Alte, zielt zumindest darauf. Die Ideologie, die dahinter steht, ist der neuzeitlichen Sehnsucht nach Fortschritt und Entwicklung geradezu entgegengesetzt. Maßstäbe wie sie die Kunstgeschichte als ,,Evolutionsgeschichte'' ausgebildet hat, versagen. Innovation als Qualitätskriterium, wie auch in dieser Arbeit oft genug und nahezu automatisch betont, kann diesem Phänomen historisch kaum gerecht werden. Ägypten und Byzanz gelten als Synonyme der Beharrung. Mit gleichem Recht könnte die mittelalterliche Kultur Roms dafür einstehen. Da, wo wir Bewegung beobachten, ist es fast immer die Anstrengung, zum Ausgangspunkt zurückzukehren.

Einer der großartigsten Versuche, die frühchristliche Größe Roms, die zur Ideologie, aber auch zur Utopie geworden war, wiedereinzuholen, ist die hochmittelalterliche Renovatio, deren künstlerischer Träger neben den Mosaizisten die Marmorari Romani sind. Man muß sich das vorstellen: Zur gleichen Zeit, als in Frankreich die hochgotischen Kathedralen von Reims und Amiens gen Himmel wuchsen, wurde in Rom mit höchster Anstrengung die Basilika von S. Lorenzo fuori le mura nach dem Muster einer konstantinischen Basilika neuerbaut[1354]. Der tiefste Grund für diese Gleichzeitigkeit des Ungleichzeitigen liegt nicht im künstlerischen Vermögen, er liegt auch nicht an Landschaft oder gar Rasse: er ist der historisch bedingte Unterschied der Ideen, der die je unterschiedliche Sicht der Welt prägt: in Rom, die Idee, einst Mittelpunkt der Welt gewesen zu sein, eine Ideologie, die die Verschmelzung höchster geistlicher und weltlicher Macht als fortwirkende Legitimation uneinholbar an den Anfang setzt. Ein solches Bewußtsein ist notwendig rückgerichtet wie die Kunst, die ihm entspricht. An der Peripherie, im Norden dagegen zielt ein eschatologisches Denken auf das künftige Gottesreich hin, ein Drang nach Veränderung und Vervollkommnung, der Teil auch des modernen Kunstbegriffs ist. Dadurch sind notwendig die Wertungen der unterschiedlichen Kunstformen bestimmt. Es macht das Dilemma vorliegender Arbeit aus, daß die Beurteilungskriterien für die römische, notwendig beharrende Kunst kaum entwickelt sind, wenn man die theologische Interpretation der Bildprogramme nicht als solche rechnet. Dabei weckt gerade die Frage Neugier, wie sich dieser rückgewandte Anspruch gegenüber der sich je wandelnden Realität behauptet und welche wechselnden Funktionen er erfüllt. Es ist auf die Dauer unbefriedigend, mit dem Blick zurück zur Antike oder vorwärts zur Renaissance die Wegmarken der Renovationes und Renascences abzuschreiten. Wichtiger scheint es mir, die künstlerische Identität einer Zeit und einer Region zunächst aus ihren eigenen Bedingungen und Möglichkeiten zu bestimmen. Die Frage nach dem Künstler, die hier gestellt wurde, verstehe ich als Teil einer solchen Identitätsbestimmung.

[1354] Valentino Pace, dem ich für viele Hinweise zu danken habe, hat ähnliche Gedanken schon in Vorträgen in Heidelberg und Frankfurt geäußert. Auch er ist auf den kontrastierenden Vergleich mit der gotischen Kathedrale gekommen.

BIBLIOGRAPHIE

MANUSKRIPTE

Onofrio Panvinio (†1568) ,,De ecclesii Urbis Roma'', Cod. Vat. lat. 6780.

ders. ,,De rebus antiquis memoralibus Basilicae Sti. Petri Vaticanae libri VII'' Cod. Vat. lat. 6206, teilweise veröffentlicht in: Specilegium Romanum IX, 1834 S. 194ff.

ders. ,,Aedes sacrae Urbis Romae, quae in unaquaque eius regione sitae sunt'' Cod. Vat. lat. 6780 und 6781.

Pompeo Ugonio (Pompeius Ugonius + 1624) ,,Theatrum Urbis Romae'' (ehem. Bibl. Com. in Ferrara) jetzt Bibl. Vat. Barb. lat. 1994. Auch Barb. lat. 1993 und 2160, 2161.

Petrus Sabinus, Venedig, Bibl. Marciana lat. X, 195 (= 3453).

Suárez (Joseph Maria Suaresius 17. Jh.) ,,Schedae epigraphicae idest inscriptiones antiquae pleraeque ab ipso, nonulae ab amicis exscriptae'' Cod. Vat. lat. 9140, 9141. Auch Bibl. Vat. Barb. lat. 3084, 1804, 2009, 3000, 2109, 3047.

Gualdi (†1657) ,,Epitahia et insignia nobilium familiarum ecclesiis Urbis'' Cod. Vat. lat. 8353, 8254, 8251.

Pietro Luigi Galletti (†1790, auch Gallietti) Cod. Vat. lat. 7928, 7929, 8034.

Greg. Giac. Terribilini (†1755) Bibl. Casanatense Cod. T X, XI, XXI.

O. Lauri ,,Storia di Segni'' Bibl. Casanatense Cod. E III.

de Winghe, Cod. Menestre (oder Menestrier). Mir nicht zugänglich. Im 19. Jh. ausgewertet von De Rossi und Stevenson.

Bibl. Vallicellana O, 26; G. 28; A. 28.

Vatikan, Bibl. Angelica Sign. 1729.

G. Lucchesi, Raccolta di varij pavimenti antichi di mosaico che presentemente si vedono in alcune chiese di Roma. Bibl. Vat. Cod. Capponiani 236.

E. Henry (Enrico) Stevenson (†1898) ,,Schedae'' Cod. Vat. lat. 10544ff, von mir besonders ausgewertet die beiden Bände mit gesammelten Notizen Cod. Vat. lat. 10581.

ABKÜRZUNGEN VON ZEITSCHRIFTEN-TITELN:

A.A.	Annales Archéologiques
A.B.	The Art Bulletin
A.J.A.	American Journal of Archaeology
A.e.S.	Arte e Storia
A.S.R.S.P.	Archivio della Società Romana di Storia Patria
B.A.	Bolletino d'Arte
B.A.C.	Bulletino di Archeologia Cristiana
Cah. A.	Cahiers Archéologiques
Bull. Com.	Bulletino della Commissione Archeologica Communale
Burl. Mag.	Burlington Magazine
D O P	Dumbarton Oaks Papers
Jb. d. Pr. Kunsts.	Jahrbuch der Preußischen Kunstsammlungen (Auch Jb. d. königlich Pr. Kunsts.)
J W C I	Journal of the Warburg and Courtauld Instituts
Mél. Éc. Franç.	Mélanges d'archéologie et d'histoire de l'école française de Rome
Mem. Pont. Accad.	Memoire della Pontificia Accademia Romana di Archeologia
Mitt. Florenz	Mitteilungen des Kunsthistorischen Institutes in Florenz
N.B.A.C.	Nuovo Bulletino di Archeologia Christiana
P.B.S.R.	Papers of the British School at Rome
Quad. Ist. St. Arch.	Quaderni dell'Istituto di Storia dell' Architettura
Rendic. Pont. Accad.	Rendiconti della Pontificia Accademia di Archeologia
Rev. Chrét	Revue d l'art chrétien
Röm. Jb. f. Kg.	Römisches Jahrbuch für Kunstgeschichte
R.Q.Schr.	Römische Quartalsschrift für christliche Altertumskunde und Kirchengeschichte
Zs. f. bild. K.	Zeitschrift für bildende Kunst
Z. f. Kg.	Zeitschrift für Kunstgeschichte

LITERATURVERZEICHNIS

Die in den Anmerkungen abgekürzt zitierten Werke sind zuerst mit dem Kurztitel aufgeführt.

„Adinolfi, Roma" — P. Adinolfi, Roma nell'età di mezzo, (2 Bde.) Roma 1880/81.

D'Agincourt, siehe Seroux d'Agincourt.

„Alfaranus, ed. Cerrati" — Tiberius Alfaranus (Alpharanus), De Basilicae Vaticanae antiquissima et nova structura (1589/90), pubblicato per la prima volta con introduzione e note dal dott. D. M. Cerrati, Roma 1914 (Documenti e ricerche per la storia dell'antica Basilica Vaticana I).

E. Amadei, Le torri di Roma, Roma 1969.

„De Angelis, Basilicae S. Mariae Maioris" — Paolo de Angelis, Basilicae S. Mariae Maioris de urbe a Libero Papa I usque ad Paulum V Pont. Max. descriptio et delineatio, Roma 1621.

„Armellini/Cecchelli" — M. Armellini und C. Cecchelli, Le chiese di Roma dal secolo IV al XIX (2 Bde.) Roma 1942.

„Avagnina, Strutture" — M. E. Avagnina, V. Garibaldi, C. Salterini, Strutture murarie degli edifici religiosi di Roma nel XII secolo, in: Rivista dell'Instituo Nazionale d'Archeologia e Storia dell'arte N. S. 23/24, 1976/77 S. 173ff.

„Barbier de Montault, Généalogie" — X. Barbier de Montault, Généalogie d'artists italiens du XIIème siècle, in: A. A. 17, 1858 S. 265ff.

„Bartoli, Il figlio" — A. Bartoli, Il figlio di Pietro Vassalletto a Cività Lavinia, in: B. A. 1, 1907 (9) S. 22ff.

E. Bassan, Il candelabro di S. Paolo fuori le mura: note sulla scultura a Roma tra XII e XIII secolo, in: Storia dell'arte 44, 1982 S. 117ff.

„Bauch, Anfänge" — K. Bauch, Anfänge des figürlichen Grabmals in Italien, in: Mitt. Florenz 15, 1971, S. 227ff.

„Bauch", Grabbild" — K. Bauch, Das mittelalterliche Grabbild. Figürliche Grabmäler des 11. bis 15. Jahrhunderts in Europa, Berlin/New York 1976.

„Belting, Palastaulen" — H. Belting, Die beiden Palastaulen Leos III. im Lateran und die Entstehung einer päpstlichen Programmkunst, in: Frühmittelalterliche Studien. Jahrbuch des Instituts für Frühmittelalterforschung der Universität Münster 12. 1978 S. 55ff.

H. Belting, Beobachtungen an vorromanischen Figurenreliefs aus Stein, in: Kolloquium über frühmittelalterliche Skulptur. Vortragstexte 1968, Mainz 1969 S. 47ff.

„Belting, Assisi" — H. Belting, Die Oberkirche von S. Francesco in Assisi. Ihre Dekoration als Aufgabe und Genese einer neuen Wandmalerei, Berlin 1977.

„Belting, Das Bild" — H. Belting, Das Bild und sein Publikum im Mittelalter. Form und Funktion früher Bildtafeln der Passion, Berlin 1981.

G. Bendinelli, Intorno all'origine e per una nuova denominazione dei mosaici „cosmateschi", in: Studies Presented to David Moore Robinson I, Saint Louis 1951 S. 13ff.

„Bertaux" — E. Bertaux, L'art dans l'Italie méridionale, Paris 1903 (3 Bde.). Die bibliographische Vervollständigung des großen Werkes von Bertaux „L'art dans l'Italie méridionale. Aggiornamento dell'opera di Emile Bertaux sotto la direzione di A. Prandi, Roma 1978 ist von mir nur auszugsweise benutzt worden.

„Besozzi 1750" — R. Besozzi, La storia della basilica di Santa Croce in Gerusalemme, Roma 1750.

„Bessone" — A. M. Bessone Aureli, I marmorari romani, Milano/Roma 1935.

„Biasotti/Whitehead, Cosma e Damiano" — G. Biasotti, Ph. B. Whitehead, La chiesa dei SS. Cosma e Damiano, in: Rendic. Pont. Accad. 3, 1924/25 S. 83ff.

C. Boito, Architettura Cosmatesca, Milano 1860.

„Boito, L'architettura" — C. Boito, L'architettura del medioevo in Italia, Milano 1880. S. 117—82 das Kapitel „I Cosmati".

F. Bologna, I pittori alla corte angioina di Napoli, Roma 1969.

„Boni 1893" — G. Boni, The Roman Marmorarii, Roma 1893.

„Boyle, An Ambry" — L. E. Boyle O. P., An Ambry of 1299 at San Clemente, in: L.E. Boyle O. P., E. M. C. Kane, F. Guidobaldi, San Clemente Miscellany II ed. by L. Dempsey O. P., Rom 1978 S. 36ff.

„Braun, Altar" — J. Braun, Der christliche Altar, München 1924.

„Brentano, Rome before Avignon" — R. Brentano, Rome before Avignon. A Social History of Thirteenth Century Rome, London 1974.

„Brückner, Bildnis und Brauch" — W. Brückner, Bildnis und Brauch. Studien zur Bildfunktion der Effigies, Berlin 1966.

„Buchowiecki" — W. Buchowiecki, Handbuch der Kirche Roms. Der römische Sakralbau in Geschichte und Kunst von der altchristlichen Zeit bis zur Gegenwart, Wien 1967ff (mehrbändig).

T. Buddensieg, Gregory the Great, the Destroyer of Pagan Idols. The History of a Medieval Legend Concerning the Decline of Ancient Art and Literatur, in: J W C I 28, 1965 S. 44ff.

T. Buddensieg, Criticism and Praise of the Pantheon in the Middle Ages and the Renaissance, in: Classical Influence on European Culture A. D. 500—1500. Proceedings of an International Conference Held at King's College Cambridge, ed. by R. R. Bolgar, Cambridge 1969.

T. Buddensieg. Die Statuenstiftung Sixtus IV im Jahre 1471. Von den heidnischen Götzenbildern am Lateran zu den Ruhmeszeichen des römischen Volkes auf dem Kapitol, in: Röm.Jb.f.Kg. 20, 1983 S. 33ff.

,,Burckhardt, Cicerone" — J. Burckhardt, Der Cicerone, Eine Anleitung zum Genuß der Kunstwerke Italiens, 10. Aufl. hrsg. von W. Bode und C. v. Fabriczy, Leipzig 1910.

K. Burdach, Vom Mittelalter zur Reformation. II. Briefwechsel des Cola di Rienzo. I. Rienzo und die geistige Wandlung seiner Zeit, Berlin 1913.

,,Burger, Geschichte" — F. Burger, Geschichte des Florentinischen Grabmals, Straßburg 1904.

H. Buschhausen, Die süditalienische Bauplastik im Königreich Jerusalem von König Wilhelm II bis Kaiser Friedrich II, Wien 1978 (Österreichische Akademie der Wissenschaften. Phil.-Hist. Klasse, Denkschrift 108).

,,Cardinali, Cenni" — A. Cardinali, Cenni storici della chiesa cattedrale di Città-Castellana, Roma 1935.

,,Casimiro 1845²" — P. F. Casimiro, Memorie istoriche delle chiese, e dei conventi dei Frati Minori della provincia Romana, Roma 1744, 1845².

C. Cecchelli, La vita di Roma nel medio evo, Roma 1951ff. (mehrbändig).

,,Ciampini, Vet. Monumenta" — G. Ciampini, Vetera Monumenta in quibus praecipue musiva opera sacrarum, profanarumque aedium structura, Pars I Roma 1690, II 1699. Zweite Auflage 1747.

,,Ciampini, De sacris aedificiis" — G. Ciampini, De sacris aedificiis a Constantino Magno constructis, Rome 1693.

,,Clausse, Cosmati Città Castellana" — G. Clausse, Les Cosmati et l'église de Città Castellana, in: Rev. Chrét. 47, 1897 S. 271ff.

,,Clausse" — G. Clausse, Les marbriers romains et le mobilier presbyteral, Paris 1897.

,,Claussen, Chartres-Studien" — P. C. Claussen, Chartres-Studien zu Vorgeschichte, Funktion und Skulptur der Vorhallen, Wiesbaden 1975 (Forschungen zur Kunstgeschichte und christlichen Archäologie 9).

,,Claussen, Antike und gotische Skulptur" — P. C. Claussen, Antike und gotische Skulptur in Frankreich um 1200, in: Wallraf-Richatz-Jahrbuch 35, 1973 S. 83ff.

,,Claussen, Dreikönigenschrein" — P. C. Claussen, Zum Stil der Plastik am Dreikönigenschrein. Rezeptionen und Reflexionen, in: Kölner Domblatt. Jahrbuch des Zentral-Dombau-Vereins 42, 1977 S. 7ff.

,,Claussen, Goldschmiede" — P. C. Claussen, Goldschmiede des Mittelalters. Quellen zur Struktur ihrer Werkstatt etc. in: Zeitschrift des Deutschen Vereins für Kunstwissenschaft 32, 1978 S. 46ff.

,,Claussen, Scultura Romana" — P. C. Claussen, Scultura romana tra il 1200 e il 1268, in: Federico II e l'arte del 1200 italiano, in: Atti della III settimana di studi di storia dell'arte medievale dell'Università di Roma 1978. I Galatina 1980, S. 325ff.

,,Claussen, Künstlerstolz" — P. C. Claussen, Früher Künstlerstolz. Mittelalterliche Signaturen als Quelle der Kunstsoziologie, in: Bauwerk und Bildwerk im Hochmittelalter. Anschauliche Beiträge zur Kultur- und Sozialgeschichte, hrsg. v. K. Clausberg, D. Kimpel, H.-J. Kunst, R. Suckale, Gießen 1981, S. 7ff.

,,Contardi, Il pavimento" — B. Contardi, Il pavimento. Storia dell'arte e territorio (ed. A. M. Romanini) in: Storia della Città 15/16, 1980 S. 101ff.

,,Corpus della scultura" — Corpus della scultura altomedievale (Centro Italiano di studi sull'alto medioevo).

,,Crescimbeni 1715" — G. M. Crescimbeni, L'istoria della Basilica di Sta. Maria in Cosmedin, Roma 1715.

,,Crescimbeni 1719" — G. M. Crescimbeni, Lo stato della Basilica Diaconale Collegiata e Parochiale di S. Maria in Cosmedin di Roma, Rom 1719.

,,Crescimbeni 1899" — G. M. Crescimbeni, Serie cronologica dei cardinali diaconi dei prelati vicarii degli arcipreti e canonici e di altri componenti. Il capitolo della perinsigne Basilica di S. Maria in Cosmedin, Napoli 1899 (Neuausgabe).

,,Crowe e Cavalcaselle, History of Painting" — J. A. Crowe, G. B. Cavalcaselle, A History of Painting in Italy, Florence 1875—1908 I S. 150ff.

,,Dasti, Notizie" — L. Dasti, Notizie storiche archeologiche di Tarquinia o Corneto, Roma 1878.

,,DeBenedictis, Schola Cantorum" — E. DeBenedictis, The ,,Schola Cantorum" in Rome during the High Middle Ages, Diss. Bryn Mawr College 1983 — Ann Arbor 1984.

,,Déer, Porphyry Tombs" — J. Déer, The Dynastic Porphyry Tombs of the Norman Period in Sicily, Cambridge/Mass. 1959.

,,Delbrueck, Antike Porphyrwerke" — R. Delbrueck, Antike Porphyrwerke, Berlin 1932 (Studien zur spätantiken Kunstgeschichte 6).

,,Delogu, Alba Fucense" — R. Delogu, La chiesa di S. Pietro di Alba Fucense e l'architettura romanica in Abruzzo, in: Alba Fucens II (Accademia Belgica), Roma-Bruxelles 1969 S. 23ff.

DeRossi — siehe Rossi.

„Dietl, Topik — A. Dietl" — Untersuchungen zur Topik mittelalterlicher Künstlereigenschaften in Italien bis zur Zeit Giovanni Pisanos, Mag.-Arbeit Univ. München (Kunsthistorisches Institut) 1985.

E. Dupré Theseider, Roma dal Commune di popolo alla Signoria Pontificia (1252–1377), Bologna 1952.

„Durand, Pavés-mosaiques" — J. Durand, Les pavés-mosaiques en Italie et en France. I. Italie, in: A. A. 15, 1855 S. 233.

„Egger, Veduten" — H. Egger, Römische Veduten. Handzeichnungen aus dem XV. bis XVIII. Jahrhundert, Wien/Leipzig 1911.

„Egidi, Necrologi" — P. Egidi, Necrologi della Provincia Romana I, Roma 1908 (Fonti per la storia d'Italia).

A. Erler, Lupa, Lex und Reiterstandbild im mittelalterlichen Rom, Frankfurt 1972.

„Esch, Spolien" — A. Esch, Spolien. Zur Wiederverwendung antiker Baustücke und Skulpturen im mittelalterlichen Italien, in: Archiv für Kulturgeschichte 51, 1969 S. 1ff.

Eubel, Hierarchia Catholica, Münster 1913².

„Faedo, Sepoltura" — L. Faedo, La sepoltura di Ruggero, conte di Calabria, in: Aparchai, Nuove ricerche e studi sulla Magna Grecia e la Sicilia antica in onore di Paolo Enrico Arias II, Pisa 1982 S. 691ff.

„Faloci Pulignani, Memorie epigrafiche" — D. M. Faloci Pulignani, Del chiostro di Sassovivo presso Foligno: Memorie epigrafiche, Foligno 1879.

„Faloci Pulignani, Marmorari Romani" — D. M. Faloci Pulignani, I marmorari romani a Sassovivo, Perugia 1915; auch erschienen in: Archivio per la storia Ecclesia dell'Umbria 1915 S. 516ff.

P. Fedele, Sul commercio dell'antichità in Roma nel secolo XII, in: A. S. R. S. P. 32, 1909.

„Fedele, L'iscrizione" — P. Fedele, L'iscrizione del Chiostro di S. Paolo, in: A. S. R. S. P. 44, 1921 S. 269ff.

„Felini 1610" — Trattato Nuovo delle cose meravigliose dell'Alma Città di Roma, composto da Pietro Martire Felini, Roma 1610. Mit einem Beitrag von S. Waetzoldt neu herausgegeben in der Reihe: Quellen und Schriften zur bildenden Kunst, hrsg. von O. Lehmann-Brockhaus und S. Waetzoldt, Berlin 1969.

„Filippini" — L. Filippini, La scultura nel trecento in Roma, Torino 1908.

„Forcella" — V. Forcella, Iscrizioni delle Chiese e d'altri edifici dal secolo XI fino ai giorni nostri, Roma (14 Bde.) 1864–84.

G. de Francovich, Il puteale di S. Bartolomeo all'Isola in Roma, in: B. A. 1936, S. 207ff.

G. de Francovich, A Romanesque School of Wood Carvers in Central Italy, in: A. B. 19, 1937 S. 5ff.

C. Frey, Genealogie der Cosmati, in: Jb. d. Pr. Kunsts. 6, 1885 S. 125ff.

„Frothingham 1886" — A. L. Frothingham, Notes on Christian Mosaics II. The Portico of the Lateran Basilica, in: A. J. A. 1886 S. 414ff.

„Frothingham 1889" — A. L. Frothingham, Notes on Roman Artists of the Middle Ages I, in: A. J. A. 1889 S. 182ff.

„Frothingham 1890" — A. L. Frothingham, Notes on Roman Artists of the Middle Ages II Architects, in: A. J. A. 1890 S. 182ff., 307ff., 350.

„Frothingham 1891" — A. L. Frothingham, Notes on Roman Artists of the Middle Ages III. Two Tombs of the Popes at Viterbo by Vassallectus und Petrus Oderisi, in: A. J. A. 1891 S. 38ff.

„Frothingham 1892" — A. L. Frothingham, Scoperta dell'epoca precisa della costruzione del chiostro Lateranense, in: B. A. C. 5. ser. 3, 1892 S. 145ff.

A. L. Frothingham, Notes on the Byzantine Art and Culture in Italy and especially in Rome, in: A. J. A. 10, 1895 S. 192ff.

„Frothingham, Città Castellana" — A. L. Frothingham, Archeological Discussion 1897–98; S. Maria in Città Castellana, in: A. J. A. 1898 S. 399ff.

„Frothingham, Monuments" — A. L. Frothingham, The Monuments of Christian Rome from Constantine to the Renaissance, New York 1908.

„Galieti, Memorie" — A. Galieti, Memorie della chiesa medievale di Città Lavinia, in: L'arte 12, 1909 S. 349ff.

„Gandolfo, Reimpiego" — F. Gandolfo, Reimpiego di sculture antiche nei troni papali del XII secolo, in: Rendic. Pont. Accad. 47, 1974/75 S. 203ff.

„Gandolfo, Cattedra" — F. Gandolfo, La cattedra Papale in età Federiciana, in: Federico II e l'arte del 1200 italiano. Atti della III settimana di studi di storia dell'arte medievale dell'Università di Roma 1978, I Galatina 1980 S. 339ff.

„Gandolfo, Cosma" — F. Gandolfo, Cosma di Iacopo di Lorenzo, in: Dizionario Biografico degli Italiani 30, Roma 1984 S. 66ff.

„Gardner, Relief" — J. Gardner, A Relief in the Walker Art Gallery and Thirteenth Century Italian Tomb Design, in: „Liverpool Bulletin" Walker Art Gallery 13, 1968/70 S. 5ff.

„Gardner, Capocci Tabernacle" — J. Gardner, The Capocci Tabernacle in S. Maria Maggiore, in: P. B. S. R. 38, 1970 S. 220ff.

J. Gardner, S. Paolo fuori le mura, Nicholaus III, and Pietro Cavallini, in: Zs. f. Kg. 34, 1971 S. 240ff.

„Gardner, Arnolfo" — J. Gardner, Arnolfo di Cambio and Roman Tomb Design, in: Burl. Mag. 115, 1973 S. 420ff.

J. Gardner, Pope Nicholaus IV and the Decoration of Santa Maria Maggiore, in: Zs. f. Kg. 36, 1973 S. 1ff.

„Garms" — J. Garms, Bemerkungen zur römischen Skulptur im Spätmittelalter, in: Römische Historische Mitteilungen 21, 1979 S. 145ff.

„Gavini, Storia" — J. C. Gavini, Storia dell'architettura in Abruzzo, Milano/Roma 1927 (2 Bde.).

„Gaye 1839" — Gaye, Besprechung von „Promis, Notizie" in: Kunst-Blatt 1839 S. 241ff. (Nr. 61), S. 245ff. (Nr. 62),S. 249ff. (Nr. 63), S. 253ff. (Nr. 64).

„Gianfrotta, Giovanni Vassalletto" — P. Gianfrotta, Un Giovanni Vassalletto ignoto, in: Bolletino dell'Istituto di Storia ed Arte del Lazio meridionale 8, 1975 S. 63ff.

„Giovannoni, Drudus" — G. Giovannoni, Drudus de Trivio marmorario romano, in: Miscellanea per nozze Hermanin-Hausmann, Roma 1904.

„Giovannoni, Note" — G. Giovannoni, Note sui marmorari romani, in: A.S.R.S.P. 27, 1904 S. 5ff.

„Giovannoni, Subiaco" — I monasteri di Subiaco, Roma 1904 Bd. I: P. Egidi, Notizie storiche; G. Giovannoni, L'architettura; F. Hermanin, Gli affreschi. Bd. II: V. Federici, La biblioteca e l'archivio.

„Giovannoni, Opere" — G. Giovannoni, Opere dei Vassalletti, in: L'arte 11, 1908 S. 262ff.

„Giovannoni, S. Agata dei Goti" — G. Giovannoni, C. Huelsen, C. Cecchelli, U. Monneret de Villard, A. Muñoz, S. Agata dei Goti, Roma 1924 (Monografie sulle chiese di Roma I).

G. Giovannoni, Cosmati, in: Enciclopedia Italiana Bd. VI, Milano 1929 S. 576ff.

G. Giovannoni, L'ambone della chiesa d'Aracoeli, in: A.S.R.S.P. 68, 1945 S. 125ff.

„Giovenale, La Basilica" — G. M. Giovenale, La Basilica di S. Maria in Cosmedin. Associazione Artistica fra i Cultori di Architettura in Roma, Roma 1927 (Monografie sulle chiese di Roma II).

G. M. Giovenale, Il chiostro medioevale di San Paolo fuori le mura, in: Bull. Com. 1917 (1918) S. 125ff.

„Glass, Diss." D. F. Glass, Studies on Cosmatesque Pavements, Baltimore/Maryland. John Hopkins University, Phil. Diss. 1968 (Microfilm).

„Glass, BAR" — D. F. Glass, Studies on Cosmatesque Pavements, Oxford 1980 (British Archaeological Reports Series 82).

„Glass, Papal Patronage" — D. F. Glass, Papal Patronage in the Early Twelfth Century: Notes on the Iconography of Cosmatesque Pavements, in: J W C I 32, 1969 S. 386ff.

„Glass, Romanesque Sculpture" — D. F. Glass, Romanesque Sculpture in Campania and Sicily. A Problem of Method, in: A.B. 56, 1974 S. 315ff.

D. F. Glass, Jonah in Campania, in: Commentari 27, 1976 S. 179ff.

D. F. Glass, Italian Romanesque Sculpture. An annotated bibliography, Boston 1983.

„Gnoli, Marmora Romana" — R. Gnoli, Marmora Romana, Roma 1971 S. 43ff.

V. Golzio, G. Zander, Le chiese di Roma dall'XI al XVI secolo, Bologna 1963 (Roma Christiana IV).

A. Graf, Roma nella memoria e nelle imaginazioni del medioevo, Torino 1923.

„Gregorovius. Rom" — F. Gregorovius, Geschichte der Stadt Rom im Mittelalter, Ausgabe Dresden 1926. Oder andere Ausgabe.

„Grimaldi ed. Niggl" — Giacomo Grimaldi, Descrizione della basilica antica di S. Pietro in Vaticano. Codice Barberini latino 2733. Ed. R. Niggl., Città del Vaticano 1972 (Codices e Vaticanis selecti 32).

H. Grisar, Die römische Kapelle Sancta Sanctorum und ihr Schatz, Freiburg 1908.

H. Grisar, Una scuola classica di Marmorarii medioevali, in: N.B.A.C. 1, 1895 S. 42ff.

W. Gross, Die Revolutionen in der Stadt Rom 1219—54, Berlin 1934 (Historische Studien H. 252).

„Grossi Gondi" — F. Grossi-Gondi, La „confessio" dell'altare maggiore e la cattedra papale a S. Lorenzo in Lucina. Un opera di Magister Paulus?, in: Studi Romani 1, 1913 S. 53ff.

„v. d. Hagen 1818" — F. H. von der Hagen, Briefe in die Heimat aus Deutschland, der Schweiz und Italien, in vier Bänden, Breslau 1818—21. Bes. Bd. IV.

H. Hager, Die Anfänge des italienischen Altarbildes. Untersuchungen zur Entstehungsgeschichte des toskanischen Hochaltarretabels, München 1962 (Römische Forschungen der Bibliotheca Hertziana 17).

„Hahn, Kirchenbaukunst" — H. Hahn, Die frühe Kirchenbaukunst der Zisterzienser. Untersuchungen zur Baugeschichte von Kloster Eberbach im Rheingau und ihren europäischen Analogien im 12. Jahrhundert, Berlin 1957.

„Hamann-MacLean, Antikenstudium" — R. Hamann-MacLean, Antikenstudium in der Kunst des Mittelalters, in: Marburger Jahrbuch für Kunstwissenschaft 15, 1949/50 S. 157ff.

W. S. Heckscher, Die Romruinen. Die geistigen Voraussetzungen ihrer Wertung in Mittelalter und in der Renaissance, Diss. Hamburg 1936.

F. Heer, Die Renaissance-Ideologie im frühen Mittelalter, in: Mitteilungen des Instituts für Österreichische Geschichtsforschung 57, 1949 S. 23ff.

„Herklotz, Sepulcra" — J. Herklotz, „Sepulcra" e „Monumenta" del Medioevo. Studi sull'arte sepolcrale in Italien, Roma 1985.

J. Herklotz, Der Campus Lateranensis im Mittelalter, in: Röm.Jb.f.Kg. 22, 1985 S. 1ff.

„Hermanin, L'arte in Roma" — F. Hermanin, L'arte in Roma dal sec. VIII al sec. XIV, Bologna 1945, 1948².

„Hetherington, Cavallini" — P. Hetherington, Pietro Cavallini. A Study in the Art of Late Medieval Rome, London 1979.

„Hülsen, Chiese" — C. Hülsen, Le chiese di Roma nel Medio Evo, Roma 1927.

„Hutton" — E. Hutton, The Cosmati. The Roman Marble Workers of the XIIth and XIIIth Centuries, London 1950.

„Josi, Chiostro" — E. Josi, Il chiostro lateranense. Cenno storico e illustrazione, Città del Vaticano 1970.

„Jullian, Candélabre" – R. Julllian, Le candélabre pascal de Saint-Paul-hors-les-murs, in: Mél. Ec. Franç. 45, 1928, S. 75ff.

P. F. Kehr, Italia Pontificia, Roma 1906.

„Keller, Il sepolcro" – H. Keller, Il sepolcro di Clemente IV in S. Francesco a Viterbo, in: L'Illustrazione Vaticana 6, 1935 S. 237ff.

„Keller, Die Entstehung" – H. Keller, Die Entstehung des Bildnisses am Ende des Hochmittelalters, in: Röm. Jb. f. Kg. 3, 1939 S. 227ff.

„Keller, Arnolfo" – H. Keller, Arnolfo di Cambio und seine Werkstatt, in: Jb. d. Pr. Kunst. 55, 1934 S. 205ff., 56, 1935 S. 22ff.

„Kier, Schmuckfußböden" – H. Kier, Die mittelalterlichen Schmuckfußböden, Düsseldorf 1970 (Die Kunstdenkmäler des Rheinlandes 14).

D. Kinney, S. Maria in Trastevere from its Foundings to 1215, Phil. Diss. New York University 1975 (Microfilm).

„Kitzinger, Gregorian Reform" – E. Kitzinger, The Gregorian Reform and the Visual Arts: A Problem of Method, in: Transactions of the Royal Historical Society 5th ser. 22, 1972 S. 87ff.

„Klotz, Formen der Anonymität" – H. Klotz, Formen der Anonymität und des Individualismus in der Kunst des Mittelalters und der Renaissance, in: Essays in Honor of Sumner McKnight Crosby (Gesta 15), New York 1976 S. 303ff.

„Krautheimer" – R. Krautheimer, Corpus Basilicarum Christianarum Romae, Città del Vaticano 1937–77 (Monumenti 2,2)
  I.   R. Krautheimer 1937
  II. R. Krautheimer, W. Frankl. S. Corbett 1959, (ital. 1962)
  III. R. Krautheimer, S. Corbett, W. Frankl 1967 (ital. 1971)
  IV. R. Krautheimer, S. Corbett, W. Frankl 1970 (ital. 1976)
  V.   R. Krautheimer, S. Corbett, K. Frazer 1977 (ital. 1980)

R. Krautheimer, Rome. Profile of a City; 312–1308, New Jersey 1980.

R. Krautheimer, A. Christian Triumph in 1597, in: Essays in the History of Art-Presented to Rudolf Wittkower, London 1967 S. 174ff.

„Ladner, Papstbildnisse" – G. B. Ladner, Die Papstbildnisse des Altertums und des Mittelalters, Bd. II. Von Innocenz II zu Benedikt XI, Città del Vaticano 1970 (Monumenti 2,4).

Bd. III. Addenda und Corrigenda. Anhänge und Exkurse. Schlußkapitel: Papstikonographie und allgemeine Porträtikonographie im Mittelalter, 1984.

G. B. Ladner, Cosmati, in: Encyclopedia of the Arts, New York 1946 S. 255f.

„Lanciani, Scavi" – R. Lanciani, Storia degli scavi di Roma e notizie intorno le collezioni romane di antichità, Bd. I Torino 1902.

„Lauer, Latran" – Ph. Lauer, Le palais de Latran. Etude historique et archéologique, Paris 1911.

„Lehmann-Brockhaus, Kanzeln" – O. Lehmann-Brockhaus, Die Kanzeln der Abruzzen im 12. und 13. Jahrhundert, in: Röm. Jb. f. Kg. 6, 1942/44 S. 257ff.

O. Lehmann-Brockhaus, Schriftquellen zur Kunstgeschichte des 11. und 12. Jahrhunderts für Deutschland, Lothringen und Italien, Berlin 1938.

P. M. Létarouilly, Les édifices de Rome moderne, Paris 1856–68.

„Lethaby, Westminster Abbey" – W. R. Lethaby, Westminster Abbey re-examined, London 1925.

„Lethaby, King's Craftsmen" – W. R. Lethaby, Westminster Abbey and the King's Craftsmen, London 1906.

„Liber Censuum (Fabre)" – P. Fabre, L. Duchesne, Le liber censuum de l'église romaine, Paris 1889ff.

„Liber Pontificalis, Duchesne" – L. M. O. Duchesne, Le liber pontificalis. Texte, introduction et commentaire Bd. 1–3, Paris 1886–1957.

„Lloyd, S. Clemente" – J. B. Lloyd, The Architecture of the Medieval Church and Conventual Buildings of S. Clemente in Rome, ca. 1080–ca. 1300, Diss. London 1980 (Manuskript).

„Lübke 1860" – W. Lübke, Reisenotizen über mittelalterliche Kunstwerke in Italien, in: Mitteilungen der k.u.k. Central-Commission zur Erforschung und Erhaltung der Baudenkmale 5, 1860 S. 198ff.

„Lübke 1880" – W. Lübke, Zu den Cosmaten-Arbeiten, in: Zs. f. bild. K. 13, 1878 S. 31f.

„Mabillon, Museum" – J. Mabillon, Museum Italicum seu collectio veterum scriptorum ex bibliothecis Italicis, Paris 1724 II.

„McClendon, Farfa" – Ch. B. MacClendon, The Medieval Abbey Church at Farfa, Phil. Diss. 1978.

Petrus Mallius, Descriptio Basilicae Vaticanae, siehe Valentini/Zucchetti.

„Malmstrom, S. Maria in Aracoeli" – R. E. Malmstrom, S. Maria in Aracoeli at Rome, New York University Phil. Diss. 1973 (Microfilm).

„Malmstrom, The Colonnades" – R. E. Malmstrom, The Colonnades of High Medieval Churches at Rome, in: Gesta 14, 1975 S. 37ff.

„Malmstrom, Twelfth Century Church" – R. E. Malmstrom, The Twelfth Century Church of S. Maria in Capitolio and the Capitoline Obelisk, in: Röm. Jb. f. Kg. 16, 1976 S. 1ff.

„Malmstrom, Speculations" – R. E. Malmstrom, Speculations about Cosmati Pavements. Als vervielfältigtes Manuskript verschickt, Milwaukee 1981.

„Marangoni, Cose gentilesche" — G. Marangoni, Delle cose gentilesche e profane trasportate ad uso e adornamento delle chiese, Roma 1744.

„Marcotti, Giubileo" — G. Marcotti, Il Giubileo dell'anno 1450 secondo una relazione di Giovanni Ruccelai, in: A.S.R.S.P. 4, 1881 S. 563ff.

H. Marucchi, Basiliques et églises de Rome, Paris 1909.

„Martinelli 1653" — F. Martinelli, Roma ex ethnica sacra sanctorum Petri et Pauli apostolica praedicatione profuso sanguine a Fioravante Martinello Romano publicae venerationi exposita, Romae 1653.

G. Matthiae, Componenti del gusto cosmatesco, in: Rivista del R. Istituto di Archeologia e Storia dell'arte, N.S. I 1952 S. 249ff.

„Matthiae, Pittura politica" — G. Matthiae, Pittura politica del medioevo romano, Roma 1964.

G. Matthiae, Cosmati, in: Enciclopedia Universale dell'arte III, Venezia/Roma 1958 Sp. 837–843.

„Matthiae, Pittura romana" — G. Matthiae, Pittura romana del medioevo, Bd. II (sec. XI–XIV), Roma o. D.

„Matthiae, Mosaici" — G. Matthiae, Mosaici medioevali delle chiese di Roma, Roma 1967.

A. Melani, I cosidetti Cosmati, in: A.e S. 18, 1899 S. 26f.

G. Mercati, Sopra tre iscrizioni medievali di chiese Romane ed un'opera scomparsa del marmorario Angelo de Trivio, in: Rendic. Pont. Accad. 11, 1936 S. 159ff.

„Merz, Wandgrabmal" — H. Merz, Das monumentale Wandgrabmal um 1300 in Italien. Versuch einer Typologie, Diss. München 1965.

„Migne, P L" — J. P. Migne, Patrologiae cursus completus series latina ... Paris 1844–1905.

„Mitchell, SS. Quattro Coronati" — J. Mitchell, St. Silvester and Constantine at the SS. Quattro Coronati, in: Federico II e l'arte del 1200 Italiano. Atti della III settimana di studi di storia dell'arte medievale dell'Università di Roma 1978, II Galatina 1980 S. 15ff.

Die mittelalterlichen Grabmäler in Rom und Latium vom 13. bis zum 15. Jahrhundert. Bd. I Roma 1981 (Publiktionen des Österreichischen Kulturinstituts in Rom. Abt. 2: Quellen 5. Bearb. von T. Blittersdorf unter Mitwirkung von H. Jäger-Sustenan. Redigiert von J. Garms, R. Juffinger und B. Ward-Perkins.

Momenti del marmo. Scritti per i duecenti anni dell'Accademia di Carrara, Roma 1969.

„Monaci, Regesto" — A. Monaci, Regesto di Sant Alessio all' Aventino, in A.S.R.S.P. 27, 1904 S. 351ff.

„Monferini, Il ciborio" — A. Monferini, Il ciborio lateranense e Giovanni di Stefano, in: Commentari 13, 1962 S. 182ff.

„Monferini, Pietro di Oderisio" — A. Monferini, Pietro di Oderisio e il rinnovamento tomistico, in: Momenti del marmo. Scritti per i duecenti anni dell'Accademia di Carrara, Roma 1969 S. 39ff.

„Mothes" — O. Mothes, Die Baukunst des Mittelalters in Italien, Jena 1883/84.

„Muñoz, Roma di Dante" — A. Muñoz, Roma di Dante, Milano/Roma 1921.

„Muñoz, Civitacastellana" — A. Muñoz, Alcune sculture della Cattedrale di Civitacastellana, in: B.A. 5, 1911 S. 121ff.

„Muñoz, S. Lorenzo" — A. Muñoz, La Basilica di S. Lorenzo fuori le mura, Roma 1944.

„Muratori S.R.I." — L. A. Muratori, Rerum Italicarum scriptores, Milano 1723–54; N.S. Bologna 1, 1900ff.

„Negri, Pietro d'Oderisio" — F. Negri Arnoldi, Pietro d'Oderisio, Niccola da Monteforte, e la scultura campana del primo trecento, in: Commentari 23, 1972 S. 12ff.

„Nerini, Hystorica Monumenta" — F. Nerini(us), Hystorica Monumenta de templo et coenobio Sancti Bonifacii et Alexi, Roma 1752.

„Niggl, Diss." — R. Niggl, Giacomo Grimaldi (1568–1623). Leben und Werk des römischen Archäologen und Historikers, Diss. München 1971.

„Nilgen, Fastigium" — U. Nilgen, Das Fastigium in der Basilica Constantiana und vier Bronzesäulen des Lateran, in: R. Q. Schr. 72, 1977 S. 1ff.

U. Nilgen, Maria Regina — Ein politischer Kultbildtypus? in: Röm. Jb. f. Kg. 19, 1981 S. 1ff.

„Noehles, Kunst der Cosmaten" — K. Noehles, Die Kunst der Cosmaten und die Idee der Renovatio Romae, in: Festschrift Werner Hager, Recklinghausen 1966 S. 17ff.

„Noehles, Tuscania" — K. Noehles, Die Fassade von S. Pietro in Tuscania. Ein Beitrag zur Frage der Antikenrezeption im 12. und 13. Jahrhundert in Mittelitalien, in: Röm. Jb. f. Kg. 9/10, 1961/62 S. 73ff.

O. Nußbaum. Der Standort des Liturgen am christlichen Altar vor dem Jahr 1000. Eine archäologische und liturgiegeschichtliche Untersuchung, Bonn 1965.

„Oakeshott, Mosaiken" — W. Oakeshott, Die Mosaiken von Rom vom dritten bis zum vierzehnten Jahrhundert, Leipzig 1967² (oder englische Originalausgabe).

C. D'Onofrio, Renovatio Romae. Storia e urbanistica dal Campidoglio all'Eur, Roma 1973.

„D'Onofrio/Pace, Campania" — M. D'Onofrio, V. Pace, La Campania, Milano 1981 (Italia romanica 4).

V. Pace, Campania XI secolo. Tradizione e innovazione in un terra normanna, in: Romanico Padano – Romanico Europeo. Atti del Convegno internazionale (Modena/Parma 1977), Parma 1982.

„Pace, Cultura" — V. Pace, Cultura dell'Europa medievale nella Roma di Innocenzo III: Le illustrazioni marginali del Registro Vaticano 4, in: Röm.Jb.f.Kg. 22, 1985 S. 45ff.

O. Panciroli, I tesori nascosti dell'alma città di Roma, Roma 1625².

„Panofsky, Abbot Suger" − E. Panofsky, Abbot Suger. On the Abbey Church of St. Denis and Its Art Treasures, Princeton 1979² (1948).

„Panofsky, Tomb Sculpture" − E. Panofsky, Tomb Sculpture. Its Changing Aspects from Ancient Egypt to Bernini, London 1964 (oder deutsche Ausgabe Köln 1964).

„Panvinio, De praecipuis Urbis" − O. Panvinio, De praecipuis Urbis Romae sanctioribusque basilicis quas septem ecclesias vulgo vocant liber, Romae 1570.

P. Partner, The Lands of St. Peter, Berkeley/Los Angeles 1972.

A. Pasti, Un altare ed un epigrafe medievali nel duomo di Segni, in: Storia dell'arte 44, 1982 S. 57ff.

„Pesarini, La basilica" − S. Pesarini, La basilica di S. Paolo sulla Via Ostiense prima delle innovazioni del sec. XVI, in: Studi Romani 1, 1913 S. 386ff.

„Pflugk-Harttung" J. v. Pflugk-Harttung, Urkunden der Päpste I−II, 1881−1886 (Neudruck Graz 1958).

„Piazza, Gerarchia" − C. B. Piazza, La Gerarchia Cardinalizia, Roma 1703.

A. Piazzesi, V. Mancini, L. Benevolo, Una statistica sul repertorio geometrico dei Cosmati, in: Quad. Ist. St. Arch. 5, 1954 S. 11ff.

„Pietrangeli, Rione Angelo" − C. Pietrangeli, Rione XI, S. Angelo, Roma 1971² (Guide rionali di Roma 26).

C. Pietrangeli, Rione X. Campitelli II, Roma 1976 (Guide rionali di Roma 25).

B. Platina, Le vite de pontifici del Salvator nostro fino a Paolo II, Venetia 1663 (oder andere Ausgabe).

J. Poeschke, Betrachtungen der römischen Werke des Arnolfo di Cambio, in: R. Q. Schr. 67, 1972 S. 175ff.

„K. Porter, S. Maria di Castello" − A. Kingsley Porter, Santa Maria di Castello in Corneto, in: A.e S. 21, 1912 S. 139ff.

„Promis" − C. Promis, Notizie epigrafiche degli artefici marmorari romani dal X al XV secolo, Torino 1836.

„Ricci" − A. Ricci, Storia dell'architettura in Italia, Bd. I Roma 1848.

„Richter 1877" − J. P. Richter, die Cosmaten-Familien, in: Zs. f. bild. K. 12, 1877 S. 337f.

„Rohault de Fleury, Latran" − G. Rohault de Fleury, Le Latran au moyen âge, Paris 1877.

„Rohault de Fleury, La messe" − Ch. et J. Rohault de Fleury, La messe. Etudes archéologiques sur les monuments, 8 Bde. Paris 1883−97.

„Romanini, Arnolfo" − A. M. Romanini, Arnolfo di Cambio, Milano 1969.

„Ross, Twelfth-Century Interest" − J. B. Ross, A. Study of Twelfth-Century Interest in the Antiquities of Rome, in: Mediaeval and Historiographical Studies in Honor of J. W. Thompson, Chicago 1938 S. 302ff.

„Rossi, Ricerche sull'origine" − G. Rossi, Ricerche sull'origine e scopo dell'architettura archiacuta. Mausoleo di Clemente IV, Siena 1889.

„De Rossi, Musaici" − G. B. De Rossi (Mitarbeiter E. H. Stevenson); Musaici cristiani e saggi dei pavimenti delle chiese di Roma anteriori al secolo XV, Roma 1873−99.

„De Rossi 1875" − G. B. De Rossi, Del cosi detto opus alexandrinum e dei marmorarii romani in S. Maria di Castello, Tarquinia, in: B.A.C. 1875 S. 110ff.

„De Rossi 1891" − G. B. De Rossi, Raccolta di iscrizioni romane relative ad artisti ed alle loro opere nel Medio Evo, compilata alla fine del secolo XVI (Cod. Angel. 1729), in: B.A.C. Ser. V, 2, 1891 S. 73ff.

„Roullet, Egyptian Monuments" − A. Roullet, The Egyptian and Egyptianizing Monuments of Imperial Rome, Leiden 1972.

C. F. v. Rumohr, Italienische Forschungen, 1. Teil, Berlin und Stettin 1827 (ed. J. v. Schlosser, Frankfurt 1920) bes. S. 268ff.

F. Sabatini, Monumenti e reliquie medievali della città e provincia di Roma, 5 Bde. Roma 1906−08.

„Salazaro, Monumenti" − D. Salazaro, Studi sui monumenti dell'Italia meridionale dal IV al XIII secolo. L'arte romana al medioevo, appendice agli studi, I S. 64 und III S. 29ff, Napoli 1881−86.

„Salmi, Arnolfiana" − M. Salmi, Arnolfiana, in: Rivista d'arte 22, 1940 S. 133.

A. Santangelo, Catalogo delle sculture. Museo di Palazzo Venezia, Roma 1954.

Santi (Fra). Le cose maravigliose dell'alma città di Roma etc. Venetia 1588.

„Sauerländer, Gotische Skulptur" − W. Sauerländer, Gotische Skulptur in Frankreich 1140−1270, München 1970.

F. Schneider, Rom und Romgedanke im Mittelalter, 1925.

U. Schneider, Zwei mittelalterliche Chorschranken im Dom San Ciriaco von Ancona. Beiträge zur Geschichte der Inkrustationskunst in Byzanz und Italien, in: Acta Historiae Artium 27, 1981 S. 129ff.

M. Schneider-Flagmeyer, Der mittelalterliche Osterleuchter in Süditalien: ein Beitrag zur Bildgeschichte des Auferstehungsglaubens, Bern 1986 (Europäische Hochschulschriften. Kunstgeschichte 51).

„Schradero, Monumentorum" − L. Schradero, Monumentorum Italiae, 4 Bde. Hermaestadii 1592.

„Schröder, Kunstfördernde Tätigkeit" − H. Schröder, Kunstfördernde Tätigkeit der Päpste des 13. Jahrhunderts, Diss. Leipzig 1931.

„Schulz, Denkmäler" − H. W. Schulz, Denkmäler der Kunst des Mittelalters in Unteritalien, (mehrbändig) Dresden 1860.

M. Seidel, Studien zur Antikenrezeption Nicola Pisanos, in: Mitt. Florenz 19, 1975 S. 307ff.

„Serafini, Torri" − A. Serafini, Torri campanarie, Roma 1927.

G.B.L.G. Seroux d'Agincourt, Histoire de l'art par les monuments, depuis sa décadence au IVᵉ siècle jusqu'à son renouvellement au XVIᵉ, (mehrbändig) II, Paris 1823.

„Severano 1630" − G. Severano, Memorie sacre delle sette chiese, Roma 1630.

S. Sibilia, La cattedrale d'Anagni, Orvieto 1914.

S. Sibilia, Guida storico-artistica della Cattedrale di Anagni, Anagni 1936.

,,Silvagni, Epigraphica" — Monumenta Epigraphica Christiana saeculo XIII antiquiora quae in Italiae finibus adhuc exstant. Jussu Pii XII edita curante A. Silvagni, Civita Vaticana 1943.

S. Spartà, I campanili di Roma. Un itinerario inusitato di fede, curiosità e arte attraverso le torri campanarie antiche e moderne, Roma 1983.

,,Springer, Commentatio" — A. H. Springer, Commentatio de artificibus monachis et laicis medii aevi, Diss. Bonn 1861.

A. Springer, Das Nachleben der Antike im Mittelalter, Bilder aus der neueren Kunstgeschichte Bd. I 1886².

E. H. Stevenson, in: Conferenza della Società d. cultori della archeologia cristiana, in: B.A.C. Ser. 3 1850 S. 59ff.

,,Stevenson, Mostra" — E. H. Stevenson, Mostra della città di Roma all'Espozione di Torino del 1884, Roma 1884.

G. Swarzenski, Cosmaten, in Thieme-Becker VII, 1912 S. 505.

,,Testini, S. Saba" — P. Testini, San Saba, Roma 1961 (Le chiese di Roma illustrate 68).

,,Thieme-Becker" — U. Thieme, F. Becker, Allgemeines Lexikon der bildenden Künstler 1—37, Leipzig 1907—50.

,,Titi 1721" — Titi, Studio di pittura, scoltura, et architettura nelle chiese di Roma, Roma 1674, 1721².

P. Toesca, Il Medioevo, Torino 1927.

,,Toesca, Trecento" — P. Toesca, Il Trecento, Torino 1951.

P. Toesca, storia dell'arte Italiana II, Milano 1927 bes. S. 582ff.

,,Tomassetti, Campagna Romana" — G. Tomassetti, La campagna romana antica, medioevale e moderna III, Roma 1913.

G. Tomassetti, A. MCMVI. Quinto centenario dell'Università dei Marmorarii di Roma, Roma 1906.

,,Tomassetti, Sodalizi" — G. Tomassetti, Dei sodalizi in genere e dei marmorari romani, in: Bull. Com. 34. 1906 S. 235ff.

,,Tomei, L'arredo" — A. Tomei, L'arredo cosmatesco. Storia dell'arte e territorio: Ferentino (ed. A. M. Romanini) in: Storia della città 15/16, 1980 S. 105ff.

,,Torp, Monumentum" — H. Torp, Monumentum Resurrectionis. Studio sulla forma e sul significato del candelabro per il cero pasquale in Santa Maria della Pietà di Cori, in: Acta ad archaelogiam et artium historiam pertinentia 1, 1962 S. 79ff.

P. Toubert, Les structures du Latium médiéval. La Latium méridional et la Sabine du IXᵉ siècle à la fin du XIIᵉ siècle, Paris 1974.

,,Toubert, Le renouveau" — H. Toubert, Le renouveau palèochrétien a Rome au début du XIIᵉ siècle, in: Cah. A. 20, 1970 S. 99ff.

,,Toubert, Rome et le Mont-Cassin" — H. Toubert, Rome et le Mont-Cassin. Nouvelles remarques sur les fresques de l'èglise inférieure de Saint-Clément de Rome, in: D O P 30, 1976 S. 1ff.

,,Toynbee-Ward Perkins 1956" — J. M. C. Toynbee, J. B. Ward Perkins, The Shrine of St. Peter and Vatican Excavations, London 1956.

,,Ughelli, Italia Sacra" — F. Ughelli, Italia Sacra sive de episcopis Italiae et insularum adjacentium etc. 10 Bde. I und II, Venetiis 1717—22².

,,Ugonio, Stazioni" — P. Ugonio, Historia delle stazioni di Roma etc. Rome 1588.

,,Valentini/Zucchetti" — R. Valentini, G. Zucchetti, Codice topografico della città di Roma, 4 Bde. Roma 1940—53 (Fonti per la storia d'Italia 81, 88, 90, 91).

,,della Valle 1791" — G. della Valle, Storia del Duomo d'Orvieto 1791.

,,Vasari, Vite ed. Frey" — K. Frey (Hrsg.), Giorgio Vasari, Le Vite d'più eccellenti Pittori, Scultori ed Architetti etc. I, 1 München 1911.

,,Venturi III" — A. Venturi, Storia dell'arte italiana III, Milano 1904.

W. F. Volbach, Sculture medioevali della Campania, in: Rendic. Pont. Accad. Ser. 3, 12 (1936) 1937 S. 81ff.

W. F. Volbach, Mittelalterliche Bildwerke aus Italien und Byzanz, Berlin/Leipzig 1930².

,,Voss, S. Andrea" — I. M. Voss, Die Benediktinerabtei S. Andrea in Flumine bei Ponzano Romano, Diss. Bonn (1983) 1985.

,,Waetzoldt, Kopien" — S. Waetzoldt, Die Kopien des 17. Jahrhunderts nach Mosaiken und Wandmalereien in Rom, Wien 1964 (Römische Forschungen der Bibliotheca Hertziana 18).

C. Walter, Papal Political Imagery in the Medieval Lateran Palace, in: Cah. A. 30, 1970, S. 155ff.

M. Warnke, Hofkünstler. Zur Vorgeschichte des modernen Künstlers, Köln 1985.

R. Weiss, The Renaissance Discovery of Classical Antiquity, Oxford 1973².

,,Wentzel, Antiken-Imitationen" — H. Wentzel. Antiken-Imitationen des 12. und 13. Jahrhunderts in Italien. in: Zeitschrift für Kunstwissenschaft 9, 1955 S. 29ff.

,,White, Art and Architecture" — J. White, Art and Architecture in Italy 1250—1400. The Pelican History of Art, Harmondsworth 1966.

,,Wilpert, Mosaiken" — J. Wilpert, Die römischen Mosaiken und Malereien der kirchlichen Bauten vom 4. bis zum 13. Jahrhundert, 4 Bde. Freiburg 1916.

,,Witte, Über die Cosmaten 1825" — E. Witte, Über die Cosmaten, eine römische Künstler-Familie des 13ᵗᵉⁿ Jahrhunderts, in: Kunst-Blatt 41, 1825 S. 161ff.; 42, 1825 S. 165ff.; 43, 1825 S. 171ff.; 44, 1825 S. 174ff.; 45, 1825 S. 178ff.; 46, 1825 S. 182ff.

,,Wollesen, Mosaikdekoration" — J. T. Wollesen, Eine ,,vorcavallineske" Mosaikdekoration in Sancta Sanctorum, in: Röm. Jb. f. Kg. 18, 1979 S. 9ff.

,,Wollesen, Fresken in Sancta Sanctorum" — J. T. Wollesen, Die Fresken in Sancta Sanctorum. Studien zur römischen Malerei zur Zeit Nikolaus III (1277—8), in: Röm. Jb. f. Kg. 19, 1981 S. 37ff.

,,Zenker, Kardinalskollegium" — B. Zenker, Die Mitglieder des Kardinalskollegiums 1130—1159, Diss. Würzburg 1964.

REGISTER

1. TOPOGRAPHIE ROM. 2. ORTE. 3. SACHEN. 4. PERSONEN. 5. KÜNSTLER

Orts- und Personennamen sind in der Schreibweise aufgenommen worden, die im Text aufzufinden ist. Andere Schreibweisen (z.B. italienische statt lateinische Namensversion) sind nur gelegentlich durch entsprechende Hinweise berücksichtigt worden. Im Ortsregister nimmt die Stadt Rom durch Umfang und Untergliederung eine Sonderstellung ein. Deshalb wurde dieses Stichwort außerhalb der alphabetischen Reihenfolge an den Anfang gesetzt. Das Sachregister weist Lücken und Mängel auf, die ich zu entschuldigen bitte. In das Personenregister (vor allem Stifter) sind Namen von Wissenschaftlern nur dann aufgenommen worden, wenn diese im Text erwähnt wurden. Vom Personenregister abgespalten wurde ein Verzeichnis der Künstlernamen (auch der neuzeitlichen), in dem die Namen der Marmorari Romani durch ein vorgestelltes Kreuz kenntlich gemacht wurden. Kursive Seitenangaben verweisen auf Kapitel, die dem betreffenden Künstler gewidmet sind.

1. TOPOGRAPHIE ROM

2. ORTSREGISTER

Aufgenommen wurden auch Erwähnungen von Ländern und Landschaften.

Ravello, Dom 5 (A.3), 21 (A.113)
Regensburg, St. Emmeram 20
Reims, Kathedrale 129, 185f., 187f., 241
Rieti 156 (A.871)
Rocca di Botte 87, 110, 125
Rom siehe: Topographie Rom

Salerno, Dom 21 (A.111), 34 (A.194), 36
Salisbury 188 (A.1061)
Saint-Denis (bei Paris), Abteikirche 43, 134 (A.739), 192, 194
Sassovivo 6 (A.8), 57, 78 (A.435), 79, 87, 89, 103 (A.743), 158ff., 238
Segni, Dom 31, 59f., 61f., 63 (A.334), 67 (A.362), 70, 107f., 110
Sessa Aurunca, Dom 34 (A.194), 35
Siena 212
Silvamolle 5 (A.2)
Sizilien 30, 72
Split, Diokletianspalast 90
Spoleto, Dom und S. Pietro 5 (A.3), 22 (A.114), 34 (A.196), 44 (A.239), 86 (A.472), 87
Strawberry Hill 205
Subiaco, Sacro Speco 58, 63; S. Scholastica 70, 77ff., 88, 94f., 98ff., 99 (A.544), 101, 159 (A.889), 209
Sutri 33, 37, 47, 93

Tarquinia, S. Maria di Castello 1, 37ff., 39, 46f., 48f., 57 (A.303), 62 (A.328), 65 (A.346), 66, 89, 106, 145 (A.799)
Teramo 212, 219ff.

Terracina, Dom 26, 33f., 35, 40ff., 59 (A.309), 75 (A.411), 83 (A.459), 88f.
Tivoli, Dom 139 (A.759), 149 (A.827), 219 (S. Pietro), 226
Toledo 229
Toskana 54f., 151, 204, 206, 231
Toulouse 22
Trevi 5 (A.2)
Turin 7
Tuscania 87
Tusculum 89

Udine 91
Umbrien 1, 22, 45, 86f., 156, 162ff., 164

Velletri 221
Venedig 20, 25, 71f., 94
Verdun 69 (A.372)
Véroli 5, 76 (A.415)
Verona 22, 55 (A.288), 193
Vetralla 179 (A.1006)
Via Appia 88
Via Flaminia 88
Vicovaro 55f.
Viterbo, S. Francesco: 1, 121, 134, 144, 168, 183, 185ff., 199ff., 202ff., 205; S. Maria in Gradi: 165ff., 158f., 172, 174, 176, 182f., 185ff., 196ff., 199ff., 206, 225

Wien 200
Windsor 200
Wimpfen 192 (A.1090), 198

3. SACHREGISTER

Es wurden auch ikonographische Stichwörter aufgenommen, soweit es sich nicht um Personen, z.B. Heilige, handelt. Diese sind im Personenkatalog zu finden.

Adler 19, 21, 32, 65, 69, 87, 115f., 126, 130, 137, 139, 200f., 221
Agnus Dei s. Christuslamm
Altar (siehe auch Confessio und Ziborium) 2, 11, 18, 49f., 97f., 139, 141, 152, 154f., 156, 173f., 180, 209, 216f., 223, 232, 233f., 235f., 237, 239f.
Altarschranke siehe Sanktuariumsschranke
Altarziborium siehe Ziborium
Alter der Welt 180f. (bes. A.1008 und 1011)
Ambo/Kanzel 2, 21 (A.113), 28 (A.159), 33ff., 51ff., 53ff., 60ff., 54f., 80, 109, 115, 125, 142, 147, 155, 165f., 172, 180, 209 (A.1190), 237, 239f.
Antikenbezüge 26, 31, 33, 35f., 40, 114, 123, 125, 130f., 138, 142ff., 146, 149, 151, 164, 169, 174, 204, 232, 239f.
Antikenhändler 125
Antike Mythologie 61 (auch A.324), 130, 151
Antike Sarkophage 174f., 176, 191, 202
Antike Statuen 125f., 232
Antikenstudium 149, 240

Antikes (römisches) Porträt 123, 138, 174 (auch A.974)
Apotropäische Skulptur 147, 169
Architektur (auch Marmorari als Architekten) 19, 20, 22, 35, 37, 49, 66, 70, 83, 95, 103, 136ff., 142, 164, 170, 208f., 210, 223 (A.1268), 228, 240
Atlant 122f., 130, 138
Aufbahrung 193, 224f., 227f., 230
Auftraggeber (Namen im Personenregister) 88f., 239f.
Augustinerchorherrn 198 (A.1123)
Augustusvision 62

Baukosten 142, 158ff.
Baumeister (siehe auch Architektur) 5, 170, 171, 240
Basilisk 128
Benediktiner 78, 134f., 162
Beruf siehe Handwerk
Bettelorden 170, 198
Bezahlung 160ff.
Biforien 43, 45, 225

4. PERSONENREGISTER

Aufgenommen wurden sowohl die Namen historischer Personen (z.B. Päpste, Stifter) als auch solche von Heiligen und Gestalten der Mythologie. Wissenschaftler sind nur verzeichnet, wenn sie im Text namentlich genannt wurden (keine Vollständigkeit angestrebt). Alle Künstlernamen sind gesondert in einem eigenen Register aufgeführt.

5. KÜNSTLERREGISTER

Aufgenommen wurden auch neuzeitliche Künstler. Die Marmorari Romani sind durch ein Kreuz vor dem Namen hervorgehoben.

Sauras (Griechischer Künstler) 143f., 149 (A.826)
Solsternus (Spoleto) 34 (A.196), 44 (A.239)
Stephanus (Rom) 5 (A.4)
+ Stephanus Magius *170f.*, 173
+ Stephanus Oderisii 172, *173f.*

Torel, William (Londoner Goldschmied) 183, 193 (A.1102)
Torriti 210 (A.1199), 214, 228, 230, 234

+ Uvo *55f.*

Vasari siehe Personenkatalog
+ Vassalletto-Familie 4, 2, 32 (A.184), 95, *101ff.*, 207, 237
+ Vassalletus 6 (A.9), 16, 26, 57f., 59f., 61 (A.322), 64, 76, 81, 83, 95, 97, 99 (A.540), 102, *110ff., 122ff., 126ff., 138ff.*, 144, 146, 149f., 152f., 165f., 169, 235, 238
Vespignani 151
Villegas y Cordero, Josè (1848–1922) 116
Volterra, Francesco da 118

BILDNACHWEIS

Autor 1, 2, 4, 10, 12, 13, 15, 16, 17, 20, 21, 22, 24, 25, 29, 36, 37, 41, 43, 44, 45, 46, 47, 48, 49, 50, 51, 53,, 54, 54 A, 55, 57, 65, 66, 69, 71, 72, 74, 75, 76, 77, 79, 80, 81, 82, 83, 88, 89, 90, 91, 92, 93, 95, 97, 99, 100, 101, 103, 104, 105, 106, 107, 108,, 110, 116, 117, 120, 121, 122, 124, 125, 127, 128, 132, 134, 135, 141, 142, 143, 146, 151, 152, 153, 157, 158, 159, 160, 167, 168, 169, 171, 173, 174, 176, 177, 178, 179, 180, 181, 182, 183, 184, 185, 187, 188, 189, 190, 191, 191 A, 192, 193, 195, 205, 208, 209, 210, 211, 212, 213, 215, 216, 220, 221, 222, 224, 225, 226, 227, 233, 235 A, 240, 241, 244, 245, 246, 248, 252, 258, 264, 266, 276, 278, 279, 284, 285; Sopr.Mon.Laz. 23, 34, 131, 133; Ist. Centr. 3, 8, 9, 11, 26, 32, 33, 38, 39, 78, 86, 98, 112, 115, 130, 136, 139, 140, 144, 145, 171, 198, 199, 200, 214, 217, 218, 229, 231, 232, 247, 251, 269, 287, 297; Bibl. Hertziana 5, 7, 18, 68, 69 A, 118, 119, 196 (Haase), 230, 283; Vorlagen des 19. Jhs. (Kunsthist. Institut Heidelberg) 5, 27, 30, 31, 35, 40, 56, 110, 111, 114, 129, 138, 148, 175, 189, 194, 203, 204, 206, 207, 219, 223, 255, 274, 277, 282, 290, 291, 293; Reproduktionen 14 (Colozzo), 52 (Voss), 58 A (Pasti), 82 (Hutton), 84, 85 (Oakeshott), 96 (Gandolfo), 102 (Noehles), 123, 126, 137 (Galleti), 149, 150, 197, 201, 235 (Occhiato), 236 (Hutton), 237 (Bond), 238 (Westlake), 239 (Hutton), 242 (Hutton), 243, 250 (Bauch), 254 (Frothingham), 256 (Ladner), 257 (Sauerländer), 260 A (Romanini), 261 (Gardner), 262 (Ladner), 295 (Oakeshott), 296 (Vigorelli), 299 (Romanelli), 300 (Salvini); Anderson 147, 292; Vatikan 58, 286; Brogi 42; Volker Hoffmann 19; Courtauld/Inst. 64, 67, 70, 73, 267; Alinari 272, 280; R.J. Deckers-Matzko/Heidelberg 154, 155, 156, 159, 161, 162, 163, 163 A, 164, 186; Ist. Storia dell'Arte, Roma 165, 166; Dt. Arch. Institut, Rom 202, 234; Fot.Mus.Foligno 228; Harald Keller/Frankfurt 249, 259, 260; Städel-Mus.Frankfurt 253; Fot. Albertina/Wien 265; Herklotz 298

TAFELN

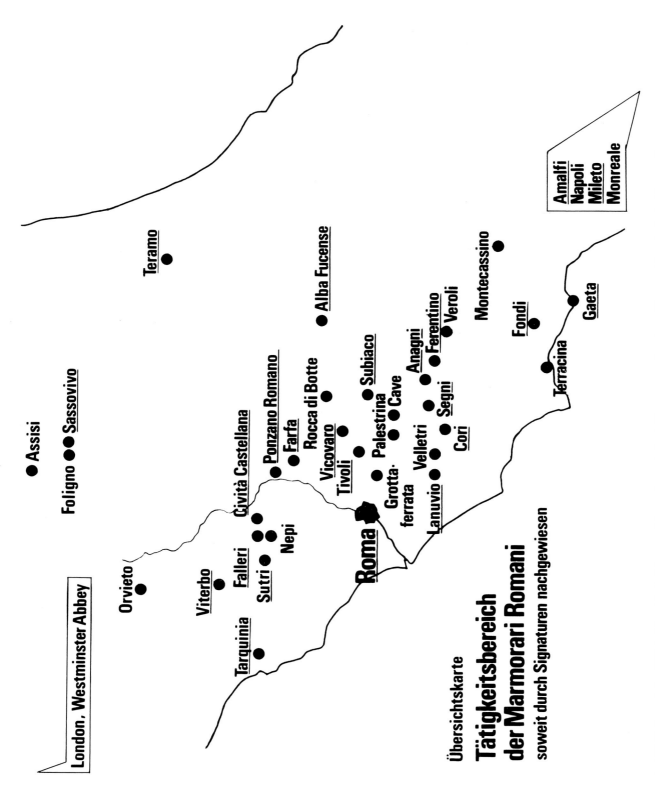

Übersichtskarte
Tätigkeitsbereich
der Marmorari Romani
soweit durch Signaturen nachgewiesen

1. Mittelitalien mit dem Tätigkeitsbereich der Marmorari Romani, soweit durch Signaturen nachgewiesen (Unterstreichung) oder im Text erwähnt

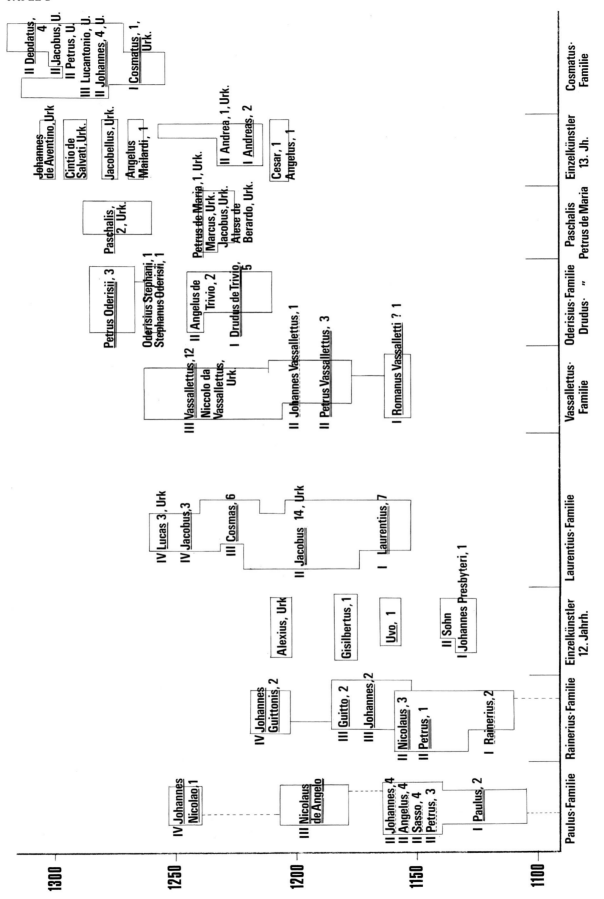

2. Die Familien und Einzelkünstler der Marmorari Romani in genealogischer und chronologischer Übersicht. (Graph. Gestaltung Klaus Gelbhaar)

Legende: Römische Ziffer: Generationenfolge; Unterstreichung: Werke erhalten; Doppelte Unterstreichung: Bedeutendes Oeuvre; Arabische Ziffer: Zahl der überlieferten Signaturen; Urk. oder U.: Urkundliche Erwähnung

3. Ferentino, Dom. Altarbereich, Zustand nach der Restaurierung und Neuausstattung um 1900

5. Rom, S. Maria in Cosmedin. Blick vom Langhaus ins Sanktuarium. Heutiger Zustand

4. Ferentino, Dom. Schrankenplatte der rechten Seite mit der Signatur des Paulus sowie der Stifterinschrift

6. Rom, S. Maria in Cosmedin. Schrankenplatte mit Stifterinschrift

7. Rom, S. Clemente. Blick vom Langhaus mit der Schola Cantorum zum Sanktuarium

8. Rom, S. Maria in Cosmedin. Paviment des Langhauses

TAFEL 6

10. Castel S. Elia, S. Anastasia. Ziborium

9. Rom, SS. Quattro Coronati. Paviment des Langhauses

12. Gaeta, Dom. Turmuntergeschoß und Vorhalle

11. Rom, S. Lorenzo fuori le mura. Altarziborium

13. Gaeta, Dom. Johannesadler und Künstlersignatur des Nicolaus de Angelo im Gurtbogenscheitel der Turmvorhalle

14. Gaeta, Dom. Löwe an der rechten Turmflanke

15. Gaeta, Dom. Jonasrelief an der rechten Innenwand der Turmvorhalle

16. Gaeta, Dom. Jonasrelief an der linken Innenwand der Turmvorhalle

pag. 10

17. Rom, S. Giovanni in Laterano. Ehemalige Vorhalle nach Ciampini. Ausschnitt

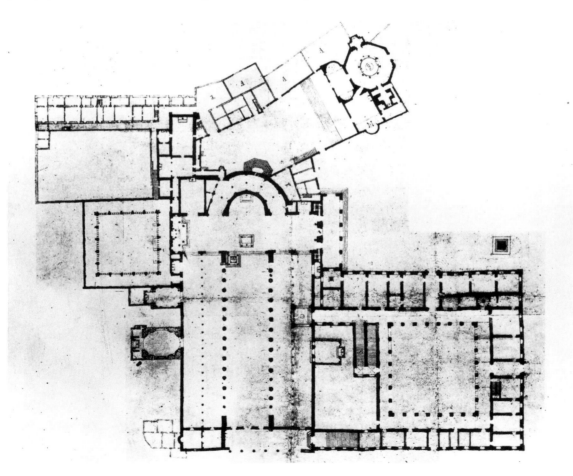

18. Rom, S. Giovanni in Laterano. Grundriß vor der barocken Erneuerung

19. Rom, Lateranbaptisterium. Fresko mit der alten Fassade von S. Giovanni in Laterano von Andrea Sacchi und Carlo Magnoni

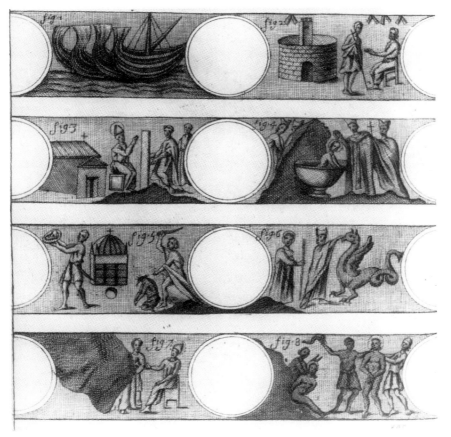

20. Rom, S. Giovanni in Laterano. Mosaikfries der ehemaligen Vorhalle nach Ciampini

21. Terracina, Dom. Fassade nach der Restaurierung

22. Terracina, Dom. Mosaikfries des Vorhallen-Architraves

23. Rom, S. Bartolomeo all'Isola. Pantokratormosaik von der ehemaligen Fassade(?)

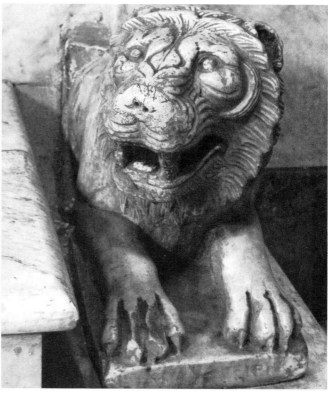

24. Rom, S. Bartolomeo all'Isola. Linker Löwe, ehemals am Portal   25. Rom, S. Bartolomeo all'Isola. Rechter Löwe, ehemals am Portal

27. Rom, S. Paolo fuori le mura. Osterleuchter. Christus vor Pilatus

26. Rom, S. Paolo fuori le mura. Osterleuchter

28. Rom, S. Paolo fuori le mura. Osterleuchter. Fußteil

29. Montecassino. Lapidarium der Abtei. Fragment eines Osterleuchters

31. Rom, S. Paolo fuori le mura. Osterleuchter. Kreuzigung

30. Rom, S. Paolo fuori le mura. Osterleuchter. Christus zwischen
den Häschern

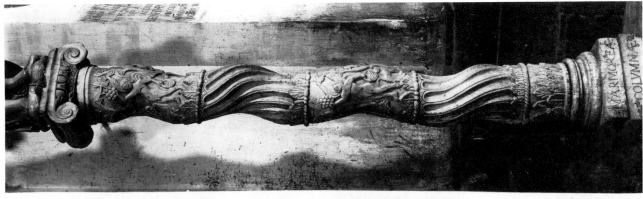

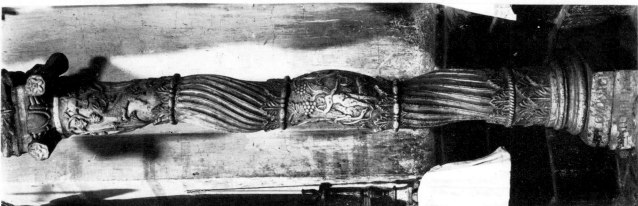

33. Cave, S. Carlo. Säulen nach dem Vorbild der spätantiken „salomonischen" Säulen von St. Peter in Rom

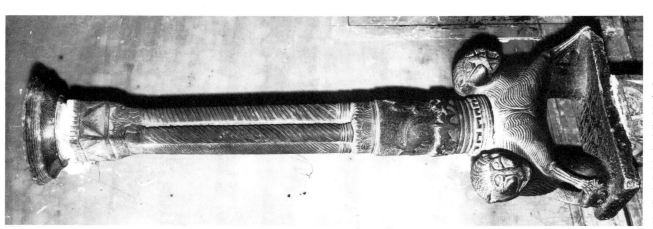

32. Cori, S. Maria della Pietà. Osterleuchter

34. Rom, S. Cesareo. Kanzelkorb eines Ambo

35. Rom, SS. Giovanni e Paolo. Fassade vor der Restaurierung

36. Rom, SS. Giovanni e Paolo. Vorhallenarchitrav

37. Rom, SS. Giovanni e Paolo. Linker Portallöwe

38. Fondi, Dom. Kanzel

40. Rom, ehem. S. Silvestro in Capite. Fragmente mit Signatur des Rainerius und seiner Söhne Nicolaus und Petrus

39. Farfa, Abteikirche. Fragmente der ehemaligen Ausstattung im Paviment

41. Tarquinia, S. Maria di Castello. Fassade

43. Tarquinia, S. Maria di Castello. Langhaus mit Blick in den Chor

42. Tarquinia, S. Maria di Castello. Taufbrunnen

44. Tarquinia, S. Maria di Castello. Kapitell an der Fassade

45. Tarquinia, S. Maria di Castello. Portal und Fenster der Fassade

46. Tarquinia, S. Maria di Castello. Portalarchivolte mit Teil der Künstlerinschrift

47. Montecassino, Lapidarium der Abtei. Fragment der Portalrahmung der Basilika des 11. Jhs

48. Tarquinia, S. Maria di Castello. Portaldetail mit Stifterinschrift auf dem Türsturz

49. Tarquinia, S. Maria di Castello. Fenstertympanon der Fassade mit Künstlersignatur des Nicolaus

50. Ponzano Romano, S. Maria in Flumine. Künstlersignatur des Nicolaus und seiner Söhne Johannes und Guitto rechts von der Confessio

51. Ponzano Romano, S. Maria in Flumine. Blick vom Langhaus auf den Altarbereich

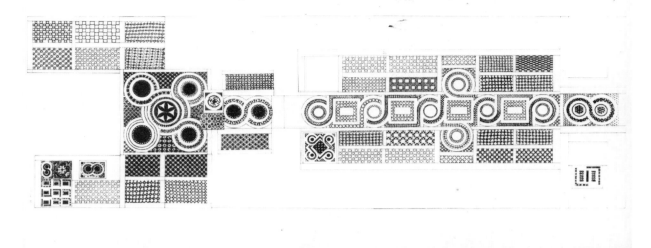

52. Ponzano Romano, S. Maria in Flumine, Pavimentplan von J. Voss

53. Ponzano Romano, S. Maria in Flumine. Fenestella Confessionis

54. Ponzano Romano, S. Maria in Flumine. Rechte Chorschranken-
platte

54A. Tarquinia, S. Maria di Castello. Altarziborium mit Künstlersignatur von Johannes und Guitto

55. Tarquinia, S. Maria di Castello. Altarbereich

56. Tarquinia, S. Maria di Castello. Ambo

57. Tarquinia, S. Maria di Castello. Ambo. Detail mit Künstlerinschrift

58. Alba Fucense, S. Pietro. Ambo

58A. Segni, Erzbischöfliches Seminar. Fragment mit Stifter- und Künstlerinschrift aus dem Dom

59. Vicovaro, S. Cosimato. Relief mit Lamm-Majestas. Heute Altarretabel

60. Vicovaro, S. Cosimato

62. Segni, Dom. Reste der mittelalterlichen Ausstattung

61. Grottaferrata, Abteikirche. Taufbecken

64. Rom, S. Maria in Aracoeli. Nördliche Kanzel

63. Rom, S. Maria in Aracoeli. Südliche Kanzel

67. Rom, S. Maria in Aracoeli. Südliche Kanzel. Frontplatte des Unterbaus

66. Rom, Museo Capitolino. Ehem. Frontplatte vom Ambo in S. Maria in Aracoeli mit Szenen aus der Jugend Achills

65. Rom, S. Maria in Aracoeli. Südliche Kanzel. Detail mit Künstlersignatur des Laurentius und Jacobus

68. Rom, S. Maria in Aracoeli. Frontplatte oder Confessio des ehem. Hochaltares mit Augustus-Vision

69. Grottaferrata, Lapidarium der Abtei. Kapitelle mit Faunsköpfen

69A. Rom, S. Maria in Aracoeli. Ehemalige Schrankenplatten in barocke Neukomposition über dem Hochaltar

70. Rom, S. Maria in Aracoeli. Korb der nördlichen Kanzel

71. Subiaco, Sacro Speco. Türsturz

72. Rom, S. Pietro in Vaticano. Grotten. Fragment eines Ambo

73. Rom, S. Pietro in Vaticano. Grotten. Fragmente der mittelalterlichen Ausstattung

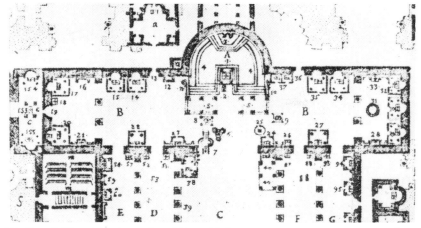

74. Rom, S. Pietro in Vaticano. Grundriß von Alt-St. Peter nach Alpharanus. 7 = Ambo, 6 = Osterleuchter

75. Falleri, Abteikirche. Portal

76. Falleri, Abteikirche. Linkes Gewände mit Künstlersignatur des Laurentius und Jacobus

77. Falleri, Abteikirche. Rechtes Gewände mit Stifterinschrift

78. Città Castellana, Dom. Hauptportal

79. Città Castellana, Dom. Hauptportal

80. Città Castellana, Dom. Löwe am rechten Gewände des Hauptportals

81. Città Castellana, Dom. Hauptportal. Kapitellzone des rechten Gewändes

82. Città Castellana, Dom. Triumphbogen der Vorhalle mit Blick auf die
Fassade und Fassadenrose

83. Città Castellana, Dom. Rechtes Seitenportal

84. Rom, ehem. Alt-St. Peter. Innocenz III aus dem
    Apsismosaik

85. Rom, ehem. Alt-St. Peter. Ekklesia aus dem Apsismosaik

86. Rom, SS. Bonifacio ed Alessio. Säulen aus S. Bartolomeo all'Isola

87. Rom, SS. Bonifacio ed Alessio. Säule aus S. Bartolomeo all'Isola mit Künstlerinschrift

88. Rom, S. Bartolomeo all'Isola. Ottonische(?) Brunneneinfassung

89. Palombara Sabina, S. Giovanni in Argentella. Chorschranke im südlichen Seitenschiff

90. Rom, S. Saba. Hauptportal

91. Rom, S. Saba. Vorhalle nach Felini

92. Subiaco, S. Scholastica. Kreuzgang

93. Subiaco, S. Scholastica. Kreuzgang. Durchgang mit Signatur des Jacobus

94. Subiaco, S. Scholastica. Kreuzgang

95. Subiaco, S. Scholastica. Versatzmarke an einem Pfeiler des Kreuzgangs

96. Rom, S. Maria in Trastevere. Greifen vom Papstthron

97. Subiaco, S. Scholastica. Fragment eines Osterleuchters im gotischen Kreuzgang

98. Civita Castellana, Dom. Fassade und Vorhalle

99. Cività Castellana, Dom. Vorhalle. Signatur des Jacobus und seines Sohnes Cosmas im Gebälk

101. Rocca di Botte, S. Pietro. Konsole am Kanzelkorb

100. Città Castellana, Dom. Matthäusengel am Vorhallenpfeiler

102. Città Castellana, Dom. Reliefs an der Unterseite des Vorhal-
lenarchitravs

103. Città Castellana, Dom. Vorhallengebälk

104. Città Castellana, Dom. Vorhallengebälk

107. Udine, Loggia di S. Giovanni

105. Rom, Gallienus-Bogen. Stich von Tomaso Cuscioni

106. Florenz, Pazzi-Kapelle bei S. Croce

109. Rom, S. Tomaso in Formis. Ädikula mit Mosaiktondo

108. Rom, S. Tomaso in Formis

110. Anagni, Dom. Fragmente der mittelalterlichen Ausstattung im Lapidarium. Zustand vor der Restaurierung des Domes

111. Anagni, Dom. Innenansicht vor der Restaurierung

112. Anagni, Dom. Altarbereich nach Restaurierung

113. Anagni, Dom. Thronender Christus und Inschrifttafel an der Westwand der Krypta

114. Subiaco, S. Scholastica. Kreuzgang mit Signatur

115. Subiaco, S. Scholastica. Kreuzgang

116. Città Castellana, Lapidarium des Domes. Schrankenplatte

117. Città Castellana, Lapidarium des Domes. Schrankenplatte

119. Rom, Romulus-Tempel bei SS. Cosma e Damiano. Säulen des Wandgrabes

118. Rom, Romulus-Tempel bei SS. Cosma e Damiano. Wandgrab

120. Rom, S. Maria in Cosmedin. Grab des Alfanus in der Vorhalle

121. Rom, SS. Apostoli. Löwenskulptur des Vassalletto in der Vorhalle

122. Rom, SS. Apostoli. Löwenskulptur in der Vorhalle

123. Rom, Vatikanische Museen. Antiker ägyptischer Granitlöwe aus der Zeit Nektanebos I

124. Rom, ägyptischer Granitlöwe an der Rampe zum Kapitol

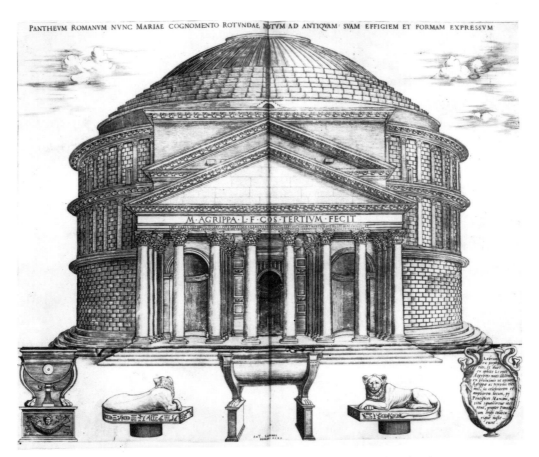

PANTHEVM ROMANVM NVNC MARIAE COGNOMENTO ROTVNDAE NOTVM AD ANTIQVAM SVAM EFFIGIEM ET FORMAM EXPRESSVM

M·AGRIPPA·L·F·COS·TERTIVM·FECIT

125. Rom, Pantheon. Stich aus Lafreri mit den ägyptischen Löwenskulpturen Nektanebos I

126. Rom, SS. Apostoli. Antikes Adlerrelief

127. Rom, S. Croce in Gerusalemme. Kreuz am Turm

129. Rom, Pasticcio mit Teilen einer liturgischen Ausstattung aus S. Saba (?), ehemals im Atelier Villegas

128. Rom, S. Saba. Detail der Schranken

130. Rom, S. Saba. Langhaus mit Schrankenplatten, die als Schola Cantorum rekonstruiert wurden

131. Rom, S. Pudenziana. Türsturz

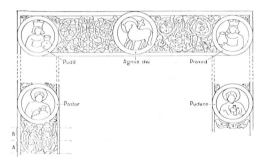

132. Rom, S. Pudenziana. Rekonstruktion des ehemaligen Portalrahmens nach A. Petignani

133. Rom, S. Pudenziana. Türsturz. Medaillons der linken Seite

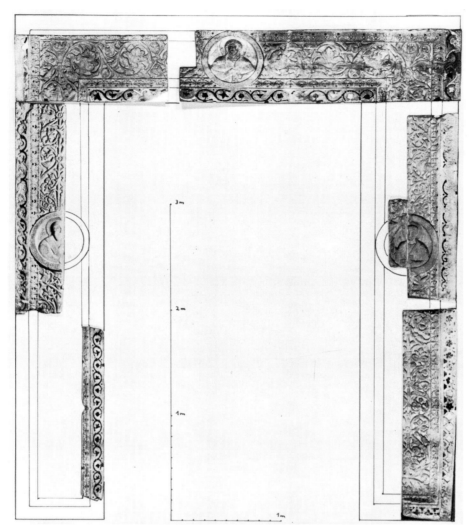

134. Rom, Grotten von S. Pietro in Vaticano. Portal aus der Kirche S. Apollinare
(Rekonstruktion Claussen)

135. Rom, Grotten von S. Pietro in Vaticano. Fragment eines Portales aus der Kirche S. Apollinare

138. Viterbo, S. Francesco. Wandtabernakel

136. Lanuvio, Brunnen

137. Lanuvio, Fragmente der ehem. liturgischen Innenausstattung von S. Maria Assunta

139. Anagni, Dom. Thron

140. Anagni, Dom. Osterleuchter

141. Anagni, Dom. Osterleuchter. Atlant

142. Anagni, Dom. Osterleuchter. Sockel

143. Anagni, Dom. Osterleuchter. Sockel mit Signatur des Vassalletto

144. Anagni, Dom. Nimbus des Thrones mit Stifter- und Künstlersignatur

145. Anagni, Dom. Rechter Löwe des Thrones

146. Rom, S. Giovanni in Laterano. Kreuzgang. Signatur
des Vassalletto an einem Pfeiler der Südseite

147. Rom, S. Giovanni in Laterano. Kreuzgang

148. Rom, S. Giovanni in Laterano. Kreuzgang. Ansicht von Osten

149. Rom, S. Giovanni in Laterano. Kreuzgang. Ostseite

150. Rom, S. Giovanni in Laterano. Kreuzgang. Südostecke

151. Rom, S. Giovanni in Laterano. Kreuzgang. Gesims an der
Nordostecke

152. Rom, S. Giovanni in Laterano. Kreuzgang. Kapitelle
im nördlichen Joch der Ostseite

153. Rom, S. Giovanni in Laterano. Kreuzgang. Arkaden mit Zwickelreliefs

154. Rom, S. Giovanni in Laterano. Kreuzgang. Faunsköpfe im Traufgesims an der Ostseite

155. Rom, S. Giovanni in Laterano. Kreuz-gang. Komödien-maske im Traufge-sims an der Ostseite

156. Rom, S. Giovanni in Laterano. Kreuzgang. Abschlußgesims mit Löwenköpfen und Blattmaske

157. Rom, S. Giovanni in Laterano. Kreuzgang. Abschlußgesims mit Katzenkopf an der Nordseite

158. Rom, S. Giovanni in Laterano. Kreuzgang. Kopf im Traufgesims an der Nordseite

159. Rom, S. Giovanni in Laterano. Kreuzgang. Gesims an der Südseite

160. Rom, S. Giovanni in Laterano. Kreuzgang. Gesims an der Südseite

161. Rom, S. Giovanni in Laterano. Kreuzgang. Zwickelreliefs an der Ostseite

162. Rom, S. Giovanni in Laterano. Kreuzgang. Zwickelreliefs

163. Rom, S. Giovanni in Laterano. Kreuzgang. Zwickelrelief mit Sündenfall

163A. Rom, S. Giovanni in Laterano. Zwickelrelief

164. Rom, S. Giovanni in Laterano. Kreuzgang. Zwickelrelief

165. Rom, S. Giovanni in Laterano. Kreuzgang. Sphingen am Zugang der Südseite

166. Rom, S. Giovanni in Laterano. Kreuzgang. Löwen des Zugangs an der Ostseite

167. Rom, S. Giovanni in Laterano. Kreuzgang. Löwe des Zugangs an der Westseite

168. Rom, S. Giovanni in Laterano. Kreuzgang. Löwe des Zugangs an der Westseite

169. Rom, Kapitolinische Museen. Antike Löwenskulptur

170. Rom, S. Giovanni in Laterano. Kreuzgang, Sphinx am südl. Zugang

171. Rom, S. Giovanni in Laterano. Löwe in der Sakramentskapelle

172. Rom, S. Paolo fuori le mura. Kreuzgang. Ostseite

173. Rom, S. Paolo fuori le mura. Kreuzgang. Nordost-Ecke

174. Rom, S. Paolo fuori le mura. Kreuzgang. Gebälk an der Nordseite

175. Rom, S. Paolo fuori le mura. Kreuzgang. Nordflügel innen

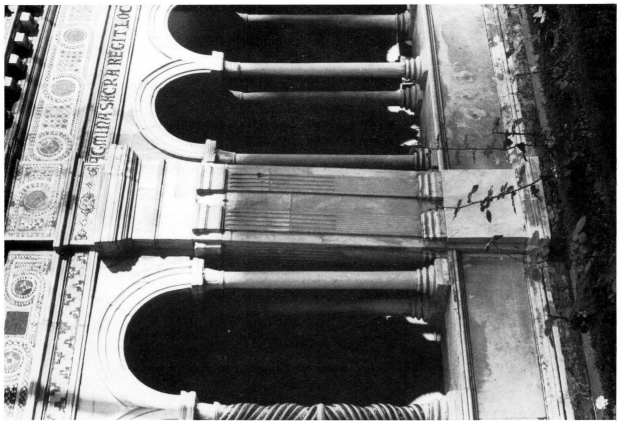

177. Rom, S. Paolo fuori le mura. Kreuzgang. Pfeiler zwischen dem ersten und zweiten Joch der Ostseite

176. Rom, S. Paolo fuori le mura. Kreuzgang. Säulen des Nordflügels

179. Rom, S. Paolo fuori le mura. Kreuzgang. Südlicher Zugang

178. Rom, S. Paolo fuori le mura. Kreuzgang. Nördlicher Zugang

180. Rom, S. Paolo fuori le mura. Kreuzgang. Arkadenzwickel an der Nordseite mit Sündenfall

181. Rom, S. Paolo fuori le mura. Kreuzgang. Arkadenzwickel an der Nordseite

183. Rom, S. Paolo fuori le mura. Kreuzgang. Zwickelrelief im Inneren des Nordflügels. Eule

185. Rom, S. Paolo fuori le mura. Kreuzgang. Zwickelrelief im Inneren des Nordflügels

182. Rom, S. Paolo fuori le mura. Kreuzgang. Zwickelrelief im Inneren des Nordflügels. Adler

184. Rom, S. Paolo fuori le mura. Kreuzgang. Zwickelrelief im Inneren des Nordflügels

186. Rom, S. Paolo fuori le mura. Kreuzgang. Gesims an der Nordseite

187. Rom, S. Paolo fuori le mura. Kreuzgang. Gesims an der Nordseite

188. Rom, S. Paolo fuori le mura. Kreuzgang. Gesims an der Nordseite

189. Rom, S. Lorenzo fuori le mura. Fassade um 1900

190. Rom, S. Lorenzo fuori le mura. Kapitell einer der Vorhallensäulen

191. Rom, S. Lorenzo fuori le mura. Gesims der Vorhalle

193. Rom, S. Lorenzo fuori le mura. Adler am Türsturz des Portals

191A. Rom, S. Lorenzo fuori le mura. Löwe rechts vom Portal

192. Rom, S. Lorenzo fuori le mura. Löwe links vom Portal

194. Rom, S. Lorenzo fuori le mura. Blick vom Langhaus nach Osten

195. Rom, S. Lorenzo fuori le mura. Confessio unter dem Grab des Hl. Laurentius in der Krypta

196. Rom, S. Lorenzo fuori le mura. Mosaikfries der Vorhalle vor der Kriegszerstörung

197. Rom, S. Lorenzo fuori le mura. Wappen der Savelli im Paviment

198. Rom, S. Lorenzo fuori le mura. Sanktuarium. Abschlußschranke mit Thron

199. Rom, S. Lorenzo fuori le mura. Blick vom Langhaus ins Sanktuarium

201. Rom, S. Lorenzo fuori le mura. Löwenskulptur auf den Bänken im Sanktuarium

202. Rom, S. Lorenzo fuori le mura. Kapitell im Langhaus

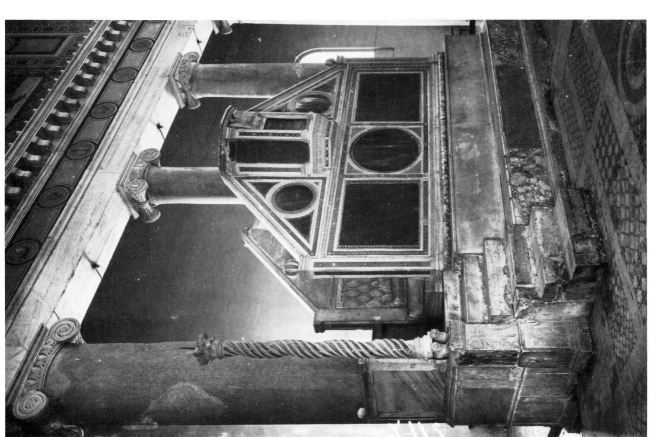

200 Rom, S. Lorenzo fuori le mura. Ambo

203. Città Castellana, Lapidarium des Domes. Schrankenplatte mit Sphinx

204. Città Castellana, Lapidarium des Domes. Schrankenplatte mit Löwe

205. Ferentino, Dom. Stifterinschrift am Ziborium

207. Ferentino, Dom. Ziborium vor der Restaurierung

206. Ferentino, Dom. Teile der mittelalterlichen Ausstattung vor der Restaurierung

208. Ferentino, Dom. Kapitell des Ziboriums

209. Ferentino, Dom. Kapitelle des Ziboriums

210. Ferentino, Dom. Löwe im nördlichen Seitenschiff

211. Ferentino, Dom. Sphinx im nördlichen Seitenschiff

212. Ferentino, Dom. Löwe am Thron

213. Ferentino, Dom. Osterleuchter

214. Rom, Palazzo Venezia. Brunnenbecken unbekannter Herkunft mit Signatur

216. Amalfi, Dom. Fragmente der mittelalterlichen Innenausstattung im Lapidarium des Kreuzgangs

215. Amalfi, Dom. Marmorplatte mit Signatur im Lapidarium des Kreuzgangs

217. Alba Fucense, S. Pietro. Inneres nach Osten vor dem Erdbeben von 1915

218. Alba Fucense, S. Pietro. Chorschranke vor dem Erdbeben von 1915

219. Sassovivo, Kreuzgang der Abtei

220. Sassovivo, Kreuzgang der Abtei. Stifter- und Künstlerinschrift (Petrus de Maria) an einem Pfeiler der Ostseite

221. Spoleto, Archivio Capitolare. Vertrag von 1232

222. Spoleto, Archivio Capitolare. Vertrag von 1233

223. Rom, SS. Quattro Coronati. Kreuzgang

224. Sassovivo, Kreuzgang der Abtei. Südseite

225. Sassovivo, Kreuzgang der Abtei. Östlicher Zugang

226. Sassovivo, Kreuzgang der Abtei. Arkaden

227. Sassovivo, Kreuzgang der Abtei. Arkadensäulen

228. Foligno, Museo Civico. Löwenpaar

229. Rom, S. Maria in Cosmedin. Osterleuchter

230. Viterbo, Museo Civico. Sphinx aus S. Maria in Gradi

231. Viterbo, Museo, Civico. Sphinx aus S. Maria in Gradi

232. Viterbo, S. Francesco. Grabbild des Petrus Grossus mit dem Unterbau des Grabes Clemens IV. Beides ehem. in S. Maria in Gradi

233. Rom, S. Agnese. Fragmente der ehem. Innenausstattung an der Wand des Treppenabgangs

234. Neapel, Museo Archeologico. Antiker Sarkophag, ehem. Grab des normann. Grafen Roger in SS. Trinità in Mileto

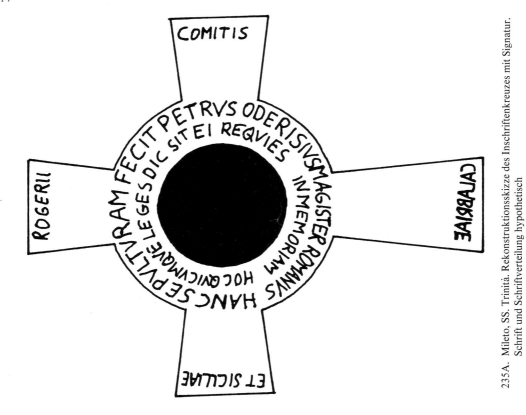

COMITIS

ROGERII

PETRVS ODERISIVS MAGISTER ROMANVS FECIT HANC SEPVLTVRAM IN MEMORIAM HOC QVICVMQVE LE GES DIC SIT EI REQVIES

CALABRIAE

ET SICLLIAE

235A. Mileto, SS. Trinità. Rekonstruktionsskizze des Inschriftenkreuzes mit Signatur. Schrift und Schriftverteilung hypothetisch

235. Mileto, SS. Trinità. Grab des Grafen Roger. Zustand nach dem Erdbeben von 1783.

237. London, Westminster Abbey. Paviment im Sanktuarium

236. London, Westminster Abbey. Paviment im Sanktuarium

238. London, Westminster Abbey. Paviment im Sanktuarium

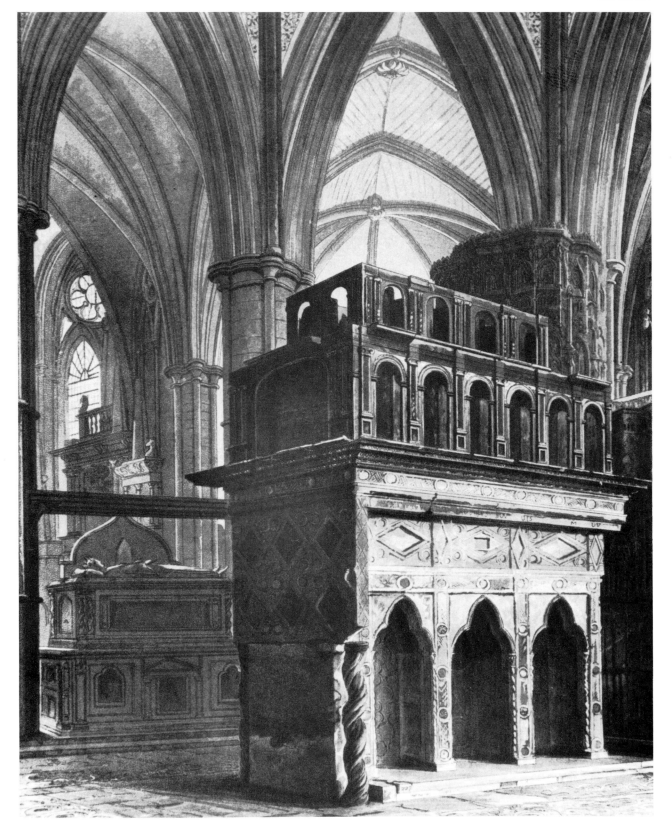

239.* London, Westminster Abbey. Das Grab Edward des Bekenners in der Edwardskapelle. Im Hintergrund das Grab König Heinrichs III

240. London, Westminster Abbey. Das Grab Heinrichs III

241. London, Westminster Abbey. Das Grab Heinrichs III. Öffnung im Grabunterbau mit rahmender Ädikula

242. Rom, S. Maria Maggiore. Altarfront in der Presepe-Kapelle

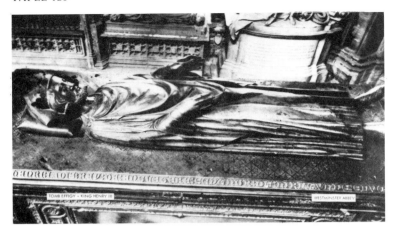

243. London, Westminster Abbey. Grabbild König Heinrichs III

244. London, Westminster Abbey. Grab Edward des Bekenners

245. London, Westminster Abbey. Grab Edward des Bekenners

246. London, Westminster Abbey. Grab Edward des Bekenners

247. Viterbo, S. Francesco. Grab Papst Clemens IV (ehem. in S. Maria in Gradi) vor den Beschädigungen des 2. Weltkriegs

249. Viterbo, S. Francesco. Kopf des Grabbildes Clemens IV

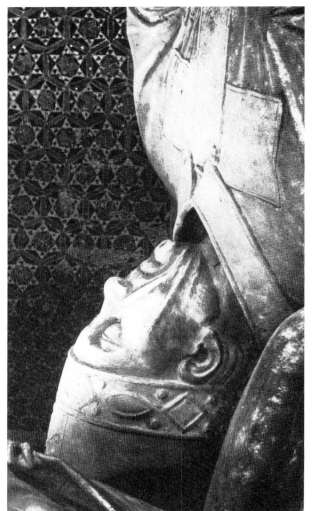

250. Orvieto, S. Domenico. Kopf des Grabbildes von Kardinal Guillaume de Braye (Arnolfo di Cambio)

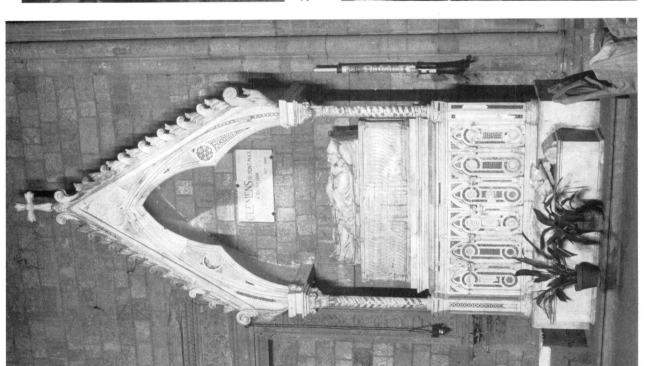

248. Viterbo, S. Francesco. Grab Clemens IV. Heutiger Zustand

EGNANTE **HUMBERTO**

PRISTINAM FORNAM RESTITU

M · DCCC · XC·

251. Viterbo, S. Francesco. Grabfigur Clemens IV. Zustand vor den Zerstörungen des 2. Weltkriegs

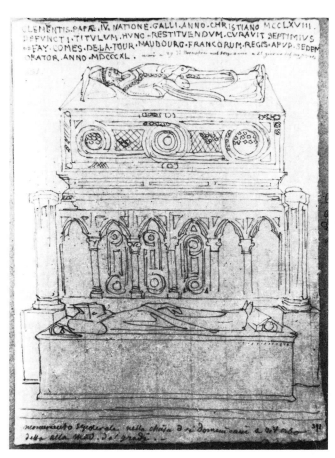

252. Viterbo, ehem. S. Maria in Gradi: Grabmal Clemens IV. Stich bei Papenbroeck

253. Viterbo, ehem. S. Maria in Gradi: Grabmal Clemens IV. Zeichnung von Ramboux

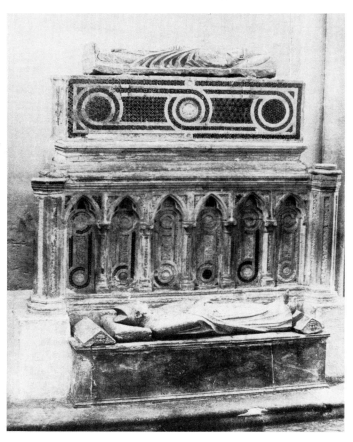

254. Viterbo, ehem. S. Maria in Gradi: Grabmal Clemens IV kurz vor der
Überführung nach S. Francesco (nach Frothingham)

255. Viterbo, S. Francesco. Grabmal Papst Clemens IV vor 1900

256. Viterbo, S. Francesco. Kopf des Grabbildes Clens IV

257. Paris, Saint-Denis. Dagobert-Grab

258. Canterbury, Kathedrale. Sarkophag des Erzbischofs Hubert Walter

260. Viterbo, S. Francesco. Kopf des Grabbildes Clemens IV

259. Reims, Kathedrale. Maske von den oberen Partien des Querhauses

261. Lincoln, Kathedrale, Zwickelrelief im Chor mit Engel der Vertreibung

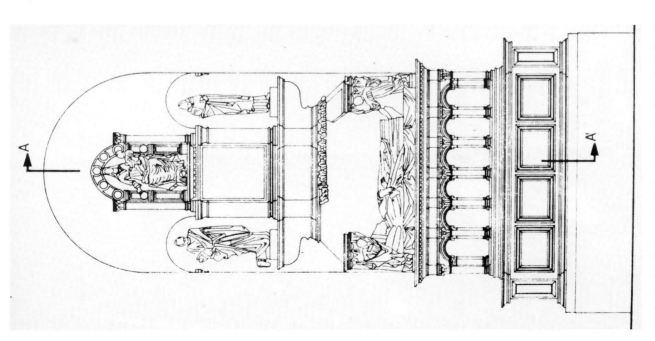

260A. Orvieto, S. Domenico. Rekonstruktion des Grabmals für Kardinal Guillaume de Braye nach Romanini

263. Rom. Grotten von S. Pietro in Vaticano. Kopf der Petrus-Statue

262. Viterbo, S. Francesco. Grabmal Hadrian V. Petruskopf im Giebel

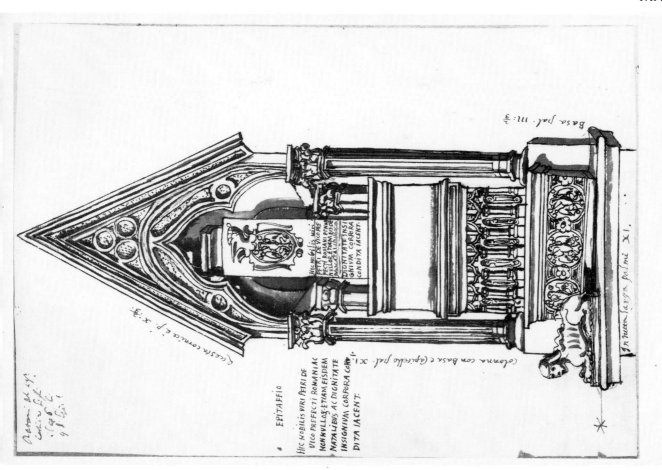

265. Viterbo, S. Maria in Gradi. Grab des Petrus de Vico nach einer Zeichnung in der Albertina, Wien

264. Viterbo, S. Francesco. Grabmal des Petrus de Vico, ehem. in S. Maria in Gradi. Heutiger Zustand

266. Viterbo, Museo Civico. Löwe aus S. Maria in Gradi

267. Viterbo, Museo Civico. Löwe aus S. Maria in Gradi

268. Rom, S. Paolo fuori le mura. Ziborium

269. Viterbo, S. Francesco. Grabmal Hadrian V

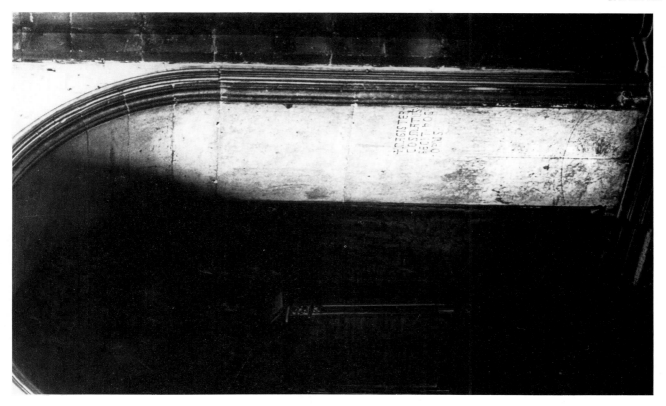

271. Rom, Sancta Sanctorum. Eingangsbogen mit Signatur des Cosmatus

270. Rom, Sancta Sanctorum. Südwestecke mit Eingang

272. Rom, Sancta Sanctorum. Altar und Gebälk des Sanktuariums

273. Rom, Sancta Sanctorum. Mosaik des Gewölbes über dem Altarbereich

276. Rom, ehem. S. Maria in Campitelli. Reliquientresor nach Ciampini

275. Rom, S. Maria in Cosmedin. Ziborium

274. Assisi, S. Francesco. Oberkirche. Papstthron in der Apsis

278. Rom, S. Giovanni in Laterano. Stich des Magdalenenaltars mit Reliquienziborium nach Greuter

277. Rom, S. Giovanni in Laterano. Kreuzgang, Giebel des Magdalenenziboriums mit Signatur des Deodatus

280. Rom. S. Giovanni in Laterano. Thron-Pasticcio mit Teilen des ehem. Magdalenenziboriums im Kreuzgang

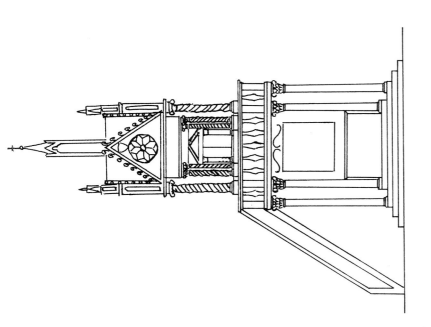

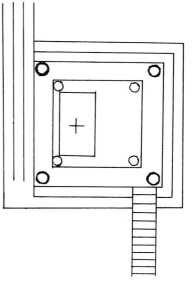

279. Rom, S. Giovanni in Laterano. Rekonstruktionsskizzen (Grundriß und Ansicht) des ehem. Magdalenenziboriums in seinem Zustand im 16. Jahrhundert

282. Anagni, Dom. Grab Petrus Caetani

281. Teramo, Dom. Hauptportal

283. Rom, Ansicht des Lateranpalastes und der Benediktionsloggia (um 1534). Zeichnung von Marten van Heemskerck

284. Velletri, Dom. Aufsatz des Altarziboriums aus Teilen eines mittelalterlichen Reliquienziboriums

285. Grottaferrata, Lapidarium der Abtei. Teile eines Ziboriums

286. Rom, S. Balbina. Grab des Stefanus de Surdi

287. Rom, S. Prassede. Grab des Kard. Ancher de Troyes

288. Rom, S. Balbina. Grabfigur des Stefanus de Surdi

289. Rom, S. Giovanni in Laterano. Fragmente mit kniender Papstfigur (Bonifaz VIII)

290. Rom, S. Giovanni in Laterano. Petrus-Statue.

291. Rom, S. Maria sopra Minerva. Grab des Guillelmus Durandus

292. Rom, Grotten von S. Pietro in Vaticano. Grab Bonifaz VIII

293. Rom, S. Maria Maggiore. Grab des Kardinals Gonsalves

295. Rom, S. Maria Maggiore. Grab Kardinal Gonsalves. Mosaiklunette

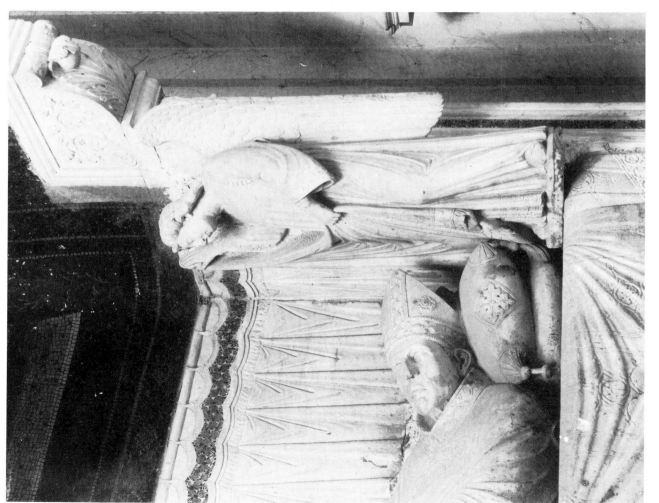

294. Rom, S. Maria Maggiore. Grab des Kardinals Gonsalves. Rechter Vorhangengel

TAFEL 149

297. Rom, S. Maria in Aracoeli. Grab des Kardinals Matthaeus de Aquasparta

296. Giotto, Ognissanti-Madonna. Florenz, Uffizien

5133 – ROMA – Monumento Cardinalizio – Epoca medioevale   Anderson

298. Rom, S. Giovanni in Laterano. Grab des Kardinals Petrus Duraguerra de Piperno. Darunter Kopf des Grabbildes

299. Palestrina, Dom. Weihinschrift mit Signatur

300. Monreale, Dom. Kreuzgang. Kapitell mit Signatur